HOAI
Honorartabellenbuch
in Euro-Werten

HOAI

Honorartabellenbuch
in Euro-Werten

Verordnung über die
Honorare für Leistungen
der Architekten
und der Ingenieure
in der Fassung der
Fünften ÄnderungsVO
unter Berücksichtigung
des Neunten
Euro-Einführungsgesetzes

Stand: 1. Januar 2002

Erweiterte Honorartafeln:
Dipl.-Ing. Werner Seifert

Einleitung:
RA Prof. Dr. Horst Locher

Werner Verlag

Stand: 1. Januar 2002

Die Deutsche Bibliothek – CIP-Einheitsaufnahme
HOAI: Verordnung über die Honorare für Leistungen der Architekten und der Ingenieure; in d. Fassung d. 5. Änderungsverordnung und des Neunten Euro-Einführungsgesetzes; Honorartabellenbuch in Euro-Werten / Einl.: Horst Locher. Erweiterte Honorartafeln: Werner Seifert. – Stand: 1. Januar 2002 – Düsseldorf : Werner, 2001

Einheitssacht.: Honorarordnung für Architekten und Ingenieure.
ISBN 3-8041-5101-9

DK 331.27 : 340.134 (094.57) : 72.011 : 711.1 : 624.041 – 347.453.3
Werner Verlag GmbH & Co. KG • Düsseldorf • 2001
Printed in Germany
Zahlenangaben ohne Gewähr
Gesamtherstellung: Bercker Graphischer Betrieb GmbH, Kevelaer
Archiv-Nr.: 867–10.2001 N 12.2001
Bestell-Nr.: 3-8041-5101-9

Inhaltsübersicht

Einleitung

5. ÄnderungsVO und Euro-Umstellung

I.
Geschichte

Die Bundesregierung wurde nach den §§ 1 und 2 des Gesetzes zur Regelung von Ingenieur- und Architektenleistungen vom 4. November 1971 (BGBl. I S. 1745, 1749) ermächtigt, durch Rechtsverordnung mit Zustimmung des Bundesrates Honorarordnungen für Leistungen der Architekten und Ingenieure zu erlassen. Aufgrund dieser Ermächtigung erging die Honorarordnung für Leistungen der Architekten und Ingenieure vom 17. September 1976. Die Honorarordnung enthielt im Wesentlichen – abgesehen von den Leistungen für die Tragwerksplanung von Gebäuden – Honorarregeln für typische Architektenleistungen. Sie wurde durch fünf Änderungsverordnungen geändert, durch die weitere Ingenieurleistungen in die HOAI einbezogen und Honorar- und strukturelle Anpassungen vorgenommen wurden. In der 2. Änderungsverordnung wurde die Vorschrift über die Unterschreitung der Mindestsätze in § 4 Abs. 2 an die zwischenzeitlich geänderte Ermächtigungsgrundlage angepasst. Mit der 3. Änderungsverordnung wurden insbesondere die Vorschriften über städtebauliche Leistungen an die Veränderungen der Bauleitplanung angepasst, vor allem an das Baugesetzbuch vom 8. Dezember 1986 (BGBl. I S. 2253). Bei den Vorschriften über landschaftsplanerische Leistungen wurden die Anforderungen des Bundesnaturschutzgesetzes in der Fassung der Bekanntmachung vom 12. März 1987 (BGBl. I S. 889) und die hiernach ergangenen landesrechtlichen Vorschriften berücksichtigt. Die 4. Änderungsverordnung hat insbesondere die Honorare der Teile II, VII (Ingenieurbauwerke), VIII, XI und XII linear um 10 v. H. angehoben, die Honorare in den Honorartafeln der Teile VII (Verkehrsanlagen) und IX um 15 v. H. Des Weiteren wurden die Vorschriften über Umbauten und Modernisierung abgeändert, die Zeithonorare in § 6 an die wirtschaftliche Entwicklung angepasst sowie in Teil V ein neues Honorarsystem für Bauleitpläne aufgenommen und im Teil VII Honorare für Umweltverträglichkeitsstudien und landschaftspflegerische Begleitpläne an die Anforderungen der Umweltgesetzgebung angepasst. Ein besonderer Teil VIIa mit verkehrsplanerischen Leistungen wurde aufgenommen.

Der 5. Änderungsverordnung (Drucksache 238/94 vom 17. März 1994 der Bundesregierung) wurde durch Beschluss des Bundesrats in seiner 687. Sitzung am 14. Juli 1995 gemäß Art. 80 Abs. 2 des Grundgesetzes nach Maßgabe eines Änderungskatalogs zugestimmt. Die Zustimmung war mit einer Entschließung verbunden, die für zukünftige Novellierungen stärkere Anreize für kostensparendes Bauen durch Hereinnahme entsprechender Vorschriften in die HOAI verlangte und Honorarregelungen ohne Anbindung an die voraussichtliche Bausumme anregte.

Die Novelle wurde am 21. September 1995 verkündet und im Bundesgesetzblatt veröffentlicht (BGBl. I S. 1174). Sie trat am 1. Januar 1996 in Kraft, nachdem der Bundesrat die ursprünglich vorgesehene zweite Stufe der Honorarerhöhung gestrichen und dies mit den rechtlichen Risiken bei rückwirkendem Inkrafttreten und Abgrenzungsschwierigkeiten bei bereits laufenden Verträgen begründet hat. Verträge, die vor dem 1. Januar 1996 abgeschlossen wurden, sind, soweit keine abweichende Vereinbarung rechtswirksam getroffen ist, nach „altem" Recht zu beurteilen.

II.
Honoraranhebung

Die für Architekten und Ingenieure wohl interessanteste Folge der Novelle liegt in der Honoraranhebung um insgesamt etwa 5 v. H. einschließlich der Erhöhung der Zeithonorare. Die Honorare in den Honorartafeln der Teile II, VII (Ingenieurbauwerke) bis XII werden linear um 6 v. H., die Honorare für Verkehrsanlagen (VII) um 3 v. H. angehoben. In Teil IV steigen die Honorare um 5 v. H. Die Honorartafeln in Teil V und VI werden an die wirtschaftliche Entwicklung angepasst und um 8,5 v. H. angehoben, die Honorare für Pflege- und Entwicklungspläne um 3 v. H.

Der Verordnungsentwurf sah eine zweite Stufe der Anhebung der baukostenabhängigen Honorare in Art. 2 6 Monate nach der in Art. 1 erfolgten Erhöhung vor. Der Bundesrat hat die Notwendigkeit eines zweiten Anpassungsschritts verneint und Art. 2 inhaltlich ersatzlos gestrichen. Art. 3 wurde zu Art. 2 mit der Formulierung: „Diese Verordnung tritt am 1. Januar 1996 in Kraft."

III.
Änderungen und Ergänzungen der HOAI zum Zwecke der Kostenersparnis und Kostentransparenz

Die Architektenhonorare für die Objektplanung von Gebäuden, Innenräumen und Freianlagen werden weiter als bisher von den tatsächlichen Herstellungskosten des Objekts abgekoppelt. Während bisher die Honorare für die Leistungsphasen 5–7 ebenso wie diejenigen für die Leistungsphasen 8 und 9 nach der Kostenfeststellung, also den endgültigen Herstellungskosten, zu berechnen waren, sind diese nunmehr nach dem Kostenanschlag endgültig zu berechnen. Die Berechnung der Leistungen für Vollarchitektur nach drei Kostenermittlungsarten bringt eine erhebliche Mehrarbeit für Architekten und Ingenieure mit sich.

Die Kostenkontrolle, die bisher lediglich in Leistungsphase 8 behandelt war, wird durch Änderung des § 15 Abs. 2 bereits für die Entwurfsplanung, und zwar durch Vergleich der Kostenberechnung mit der Kostenschätzung, eingeführt. Dasselbe gilt für die Leistungsphase § 15 Nr. 7 durch Vergleich des Kostenanschlags mit der Kostenberechnung und in Leistungsphase 8 durch Überprüfen der Leistungsabrechnung der bauausführenden Unternehmen im Vergleich zu den Vertragspreisen und dem Kostenanschlag.

Der Kostentransparenz und dem kostensparenden wirtschaftlichen Bauen dienen auch die neugefassten Bestimmungen der §§ 55 Abs. 2, 64 Abs. 3, 69 Abs. 3 und 73 Abs. 3.

Durch Beschluss des Bundesrates wurde § 4a eingefügt. Danach ist eine abweichende Honorarermittlung, die schriftlich bei Auftragserteilung getroffen wird, zulässig, wonach das Honorar auf der Grundlage einer nachprüfbaren Ermittlung der voraussichtlichen Herstellungskosten nach der Kostenberechnung oder nach dem Kostenanschlag berechnet wird.

In § 5 wird ein Absatz 4a eingeführt, wonach für Besondere Leistungen, die unter Ausschöpfung der technisch-wirtschaftlichen Lösungsmöglichkeiten zu einer wesentlichen Kostensenkung ohne Verminderung des Standards führen, ein Erfolgshonorar zuvor schriftlich vereinbart werden kann, das bis zu 20 v. H. der vom Auftragnehmer durch seine Leistungen eingesparten Kosten betragen kann. Beispiele für derartige über das übliche Maß hinausgehende planerische Leistungen sollen Varianten der Ausschreibung, die Konzipierung von Alternativen, die Reduzierung der Bauzeit, die systematische Kostenplanung und -kontrolle (was ist dies über die Pflichten im Kostenbereich hinaus, deren Erfüllung durch den „normalen" Architektenvertrag verlangt wird!), die verstärkte Koordinierung aller Fachplanungen sowie die Analyse zur Optimierung der Energie- und sonstigen Betriebskosten sein.

IV.
Verringerung des Energieverbrauchs, Nutzung erneuerbarer Energien und Verminderung der Schadstoffemissionen

Die Novelle legt besonderen Wert auf die Berücksichtigung von Maßnahmen zur Verringerung des Energieverbrauchs und Verminderung von Schadstoff- und CO_2-Emissionen sowie zur Nutzung erneuerbarer Energien. So wird in § 15 Abs. 2 Nr. 2 als Besondere Leistung eingeführt: Maßnahmen zur Gebäude- und Bauteiloptimierung, die über das übliche Maß der Planungsleistungen hinausgehen, zur Verringerung des Energieverbrauchs sowie der Schadstoff- und CO_2-Emissionen und zur Nutzung erneuerbarer Energien in Abstimmung mit anderen an der Planung fachlich Beteiligten. Dabei wird betont, dass das „übliche Maß" durch die Anforderungen geboten sei, die sich aus Rechtsvorschriften und den allgemein anerkannten Regeln der Technik ergeben. Auch hier sind Abgrenzungsschwierigkeiten vorprogrammiert.

Auch beim Leistungsbild Technische Ausrüstung (§ 73 Abs. 3) werden Besondere Leistungen im Rahmen der „optimierenden" Leistungsbilder eingefügt. Über die Grundleistungen hinausgehende optimierte Energiekonzepte und Nutzung von Möglichkeiten passiver Energieeinsparung sollen als Besondere Leistungen vergütet werden können.

V.
Sonstige redaktionelle Änderungen

Neben redaktionellen Korrekturen und kleineren Anpassungen ist auch eine Anpassung der Leistungsbilder und der Möglichkeit der freien Vereinbarung von Honoraren für einzelne Teile der HOAI erfolgt. So bei § 45a Abs. 6, wonach die Leistungsphase 2 bei überdurchschnittlichem Aufwand für das Ermitteln der Planungsgrundlagen bis zu 60 v. H. bewertet werden kann. Die freie Vereinbarung bis

43 v. H. wird auch in § 47 Abs. 5 bei überdurchschnittlichem Aufwand für die Landschaftsanalyse eingefügt. Bei der Tragwerksplanung wurde der § 64 hinsichtlich der Zusammenfassung mit Ingenieurbauwerksleistungen und des Grundleistungskatalogs sowie der Kostenkontrolle geändert. In § 98 Abs. 4 ist eine Klarstellung hinsichtlich des Regelungsumfangs getroffen.

VI.
Offen gebliebene Wünsche

Die Novelle hat eine Reihe von erforderlichen Korrekturen oder Ergänzungen nicht vorgenommen und damit Erwartungen enttäuscht. So bleibt es dabei, dass sich das Honorar der Architekten und Ingenieure nach der schriftlichen Vereinbarung richtet, die die Vertragsparteien **bei Auftragserteilung** im Rahmen der durch die HOAI festgesetzten Mindest- und Höchstsätze treffen. Es hätte der Tendenz der Novelle in Richtung größerer Mobilität und dem berechtigten Anliegen der Parteien entsprochen, wenn die Worte „bei Auftragserteilung" entfallen wären.

In § 10 Abs. 2 HOAI ist es dabei geblieben, dass für die Honorarermittlung die DIN 276 in der Fassung vom April 1981 zugrunde zu legen ist. Nachdem die DIN 276 am 1. Juni 1993 novelliert wurde und die Neufassung beträchtliche Änderungen aufweist, wäre es im Hinblick auf Transparenz und Arbeitserleichterung geboten gewesen, eine Synchronisierung vorzunehmen, insbesondere auch insoweit, als bei Ingenieurleistungen auf die DIN 276 verwiesen wird (vgl. z. B. § 81 Abs. 3 HOAI) ohne Festlegung auf die Fassung vom April 1981.

Neben anderem vermisst man auch schmerzlich, dass auch in der 5. Novelle nicht geregelt ist, wie für anrechenbare Kosten über 25 564 594 € zu verfahren ist, sofern keine Honorarvereinbarung getroffen ist, und dass die Honorartafel in § 74 bei 3 834 689 € endet.

VII.
Vereinbarkeit mit Europarecht

In letzter Zeit wurde verschiedentlich die Vereinbarkeit der HOAI mit dem EG-Recht bezweifelt (Quack/Thode, Internationale Bau- und Architektenverträge S. 21). Die Dienstleistungsrichtlinie enthält in § 36 DLR einen Vorbehalt zugunsten nationaler Gebührenordnungen. Dass die HOAI gegen das Diskriminierungsverbot des Art. 6 Abs. 1 EGV verstosse, kann ernsthaft kaum behauptet werden. Dagegen kann diskutiert werden, ob die HOAI nicht das Gebot der Niederlassungsfreiheit (Art. 52 EGV) und der Dienstleistungsfreiheit (Art. 59 EGV) verletzt. Mit der h.M. ist dies jedoch zu verneinen, weil der Architekt oder Ingenieur, der eine Tätigkeit in einem anderen Mitgliedstaat der Europäischen Gemeinschaft aufnimmt, grundsätzlich zu Beachtung des im Aufnahmestaat geltenden Berufsrechts verpflichtet ist und die HOAI als Berufsausübungsregelung leistungsbezogen auf Planungs- und Beratungsleistungen abstellt. Die Beschränkungen der Dienstleistungsfreiheit ist hinnehmbar, wenn sie durch das Allgemeininteresse gerechtfertigt wird. Dieses liegt darin, dass durch die HOAI eine qualitätsvolle Planung ermöglicht und ruinöser Wettbewerb unterbunden wird (für die Vereinbarung Randelzhofer/Dörr DAB 5/96874; Müller-Wrede VOF § 16 Rdn. 25).

Diese Auffassung wird unterstützt durch die „Entschliessung des Europäischen Parlaments zu verbindlichen Honoraren für gewisse freie Berufe, vor allem Rechtsanwälte und der besonderen Rolle und Stellung der freien Berufe in der modernen Gesellschaft", wo es unter Ziff. 10 heisst: „Vertritt die Auffassung, dass die Mitgliedstaaten befugt sind, unter Berücksichtigung des Allgemeinwohls (und nicht nur des Wohls des jeweiligen Berufsstands) verbindliche Honorare festzulegen".

Die Rechts- und Baupraxis kann also nach dem derzeitigen Stand von der Rechtsgültigkeit der HOAI ausgehen. Unbestritten ist es vor allem im Hinblick auf die Regelung des § 4 Abs. 2 HOAI nicht.

VIII.
Euro-Umstellung

Die Verordnung (EG) Nr. 974/98 v. 3. Mai 1998 des Rates der Europäischen Union über die Einführung des Euro „Euroverordnung II" bestimmt den Euro für Deutschland und die übrigen Mitgliedstaaten als alleinige Währung. Die nationalen Geldzeichen bleiben bis zum 31. 12. 2001 als Untereinheit des Euro und gesetzliches Zahlungsmittel bestehen. Mit dem 31. 12. 2001 endet gem. § 1 Satz 1 des DM-Beendigungsgesetzes die Eigenschaft der DM als gesetzliches Zahlungsmittel.

Die HOAI-Gebührentabellen sind zum 1. 1. 2002 von DM auf Euro umzurechnen. Die politische Vorgabe lautete, dass die Gebühren kostenneutral umzusetzen sind, wobei die Bezugsgrösse „anrechenbare Kosten" als Signalbetrag erhalten bleiben soll. Es werden danach die anrechenbaren Kosten und die entsprechenden Honorare mit dem offiziellen Umrechnungsfaktor 1,95583 festgelegt. Da neue Euro-Signalbeträge in den Honorartabellen auszuweisen sind, wurden für diese neuen Signalbetäge die entsprechenden Euro-Honorare durch Interpolation ermittelt.

Rechtsanwalt Prof. Dr.
Horst Locher
Reutlingen/Tübingen

Gesetz zur Verbesserung des Mietrechts und zur Begrenzung des Mietanstiegs sowie zur Regelung von Ingenieur- und Architektenleistungen

Vom 4. November 1971 (BGBl. I, 1745, 1749)
i. d. F. vom 12. November 1984
– Auszug –

Der Bundestag hat mit Zustimmung des Bundesrates das folgende Gesetz beschlossen:

Artikel 10 Gesetz zur Regelung von Ingenieur- und Architektenleistungen

§ 1 Ermächtigung zum Erlaß einer Honorarordnung für Ingenieure

(1) Die Bundesregierung wird ermächtigt, durch Rechtsverordnung mit Zustimmung des Bundesrates eine Honorarordnung für Leistungen der Ingenieure zu erlassen. In der Honorarordnung sind Honorare für Leistungen bei der Beratung des Auftraggebers, bei der Planung und Ausführung von Bauwerken und technischen Anlagen, bei der Ausschreibung und Vergabe von Bauleistungen sowie bei der Vorbereitung, Planung und Durchführung von städtebaulichen und verkehrstechnischen Maßnahmen zu regeln.

(2) In der Honorarordnung sind Mindest- und Höchstsätze festzusetzen. Dabei ist den berechtigten Interessen der Ingenieure und der zur Zahlung der Honorare Verpflichteten Rechnung zu tragen. Die Honorarsätze sind an der Art und dem Umfang der Aufgabe sowie an der Leistung des Ingenieurs auszurichten. Für rationalisierungswirksame besondere Leistungen des Ingenieurs, die zu einer Senkung der Bau- und Nutzungskosten führen, können besondere Honorare festgesetzt werden.

(3) In der Honorarordnung ist vorzusehen, daß

1. die Mindestsätze durch schriftliche Vereinbarung in Ausnahmefällen unterschritten werden können;
2. die Höchstsätze nur bei außergewöhnlichen oder ungewöhnlich lange dauernden Leistungen überschritten werden dürfen;
3. die Mindestsätze als vereinbart gelten, sofern nicht bei Erteilung des Ingenieurauftrages etwas anderes schriftlich vereinbart ist.

§ 2 Ermächtigung zum Erlaß einer Honorarordnung für Architekten

(1) Die Bundesregierung wird ermächtigt, durch Rechtsverordnung mit Zustimmung des Bundesrates eine Honorarordnung für Leistungen der Architekten (einschließlich der Garten- und Landschaftsarchitekten) zu erlassen. In der Honorarordnung sind Honorare für Leistungen bei der Beratung des Auftraggebers, bei der Planung und Ausführung von Bauwerken und Anlagen, bei der Ausschreibung und Vergabe von Bauleistungen sowie bei der Vorbereitung, Planung und Durchführung von städtebaulichen Maßnahmen zu regeln.

(2) In der Honorarordnung sind Mindest- und Höchstsätze festzusetzen. Dabei ist den berechtigten Interessen der Architekten und der zur Zahlung der Honorare Verpflichteten Rechnung zu tragen. Die Honorarsätze sind an der Art und dem Umfang der Aufgabe sowie an der Leistung des Architekten auszurichten. Für rationalisierungswirksame besondere Leistungen des Architekten, die zu einer Senkung der Bau- und Nutzungskosten führen, können besondere Honorare festgesetzt werden.

(3) In der Honorarordnung ist vorzusehen, daß

1. die Mindestsätze durch schriftliche Vereinbarung in Ausnahmefällen unterschritten werden können;

2. die Höchstsätze nur bei außergewöhnlichen oder ungewöhnlich lange dauernden Leistungen überschritten werden dürfen;

3. die Mindestsätze als vereinbart gelten, sofern nicht bei Erteilung des Architektenauftrages etwas anderes schriftlich vereinbart ist.

§ 3 Unverbindlichkeit der Kopplung von Grundstückskaufverträgen mit Ingenieur- und Architektenverträgen

Eine Vereinbarung, durch die der Erwerber eines Grundstücks sich im Zusammenhang mit dem Erwerb verpflichtet, bei der Planung oder Ausführung eines Bauwerks auf dem Grundstück die Leistungen eines bestimmten Ingenieurs oder Architekten in Anspruch zu nehmen, ist unwirksam. Die Wirksamkeit des auf den Erwerb des Grundstücks gerichteten Vertrages bleibt unberührt.

Verordnung über die Honorare für Leistungen der Architekten und der Ingenieure (Honorarordnung für Architekten und Ingenieure)

Vom 17. September 1976 (BGBl. I S. 2805, 3616)
in der Fassung vom 21. September 1995 (BGBl. I S. 1174)
zuletzt geändert durch das Neunte Euro-Einführungsgesetz

Inhaltsübersicht

Teil I: Allgemeine Vorschriften

Teil II: Leistungen bei Gebäuden, Freianlagen und raumbildenden Ausbauten

Teil IX: Leistungen bei der Technischen Ausrüstung

Teil X: Leistungen für Thermische Bauphysik

Teil XI: Leistungen für Schallschutz und Raumakustik

Teil XII: Leistungen für Bodenmechanik, Erd- und Grundbau

Teil XIII: Vermessungstechnische Leistungen

Teil XIV: Schluß- und Überleitungsvorschriften

Aufgrund der §§ 1 und 2 des Gesetzes zur Regelung von Ingenieur- und Architektenleistungen vom 4. November 1971 (BGBl. I S. 1745, 1749), die durch das Gesetz vom 12. November 1984 (BGBl. I S. 1337) geändert worden sind, verordnet die Bundesregierung:

Teil I: Allgemeine Vorschriften

§ 1 Anwendungsbereich

Die Bestimmungen dieser Verordnung gelten für die Berechnung der Entgelte für die Leistungen der Architeken und der Ingenieure (Auftragnehmer), soweit sie durch Leistungsbilder oder andere Bestimmungen dieser Verordnung erfaßt werden.

§ 2 Leistungen

(1) Soweit Leistungen in Leistungsbildern erfaßt sind, gliedern sich die Leistungen in Grundleistungen und Besondere Leistungen.

(2) Grundleistungen umfassen die Leistungen, die zur ordnungsgemäßen Erfüllung eines Auftrags im allgemeinen erforderlich sind. Sachlich zusammengehörige Grundleistungen sind zu jeweils in sich abgeschlossenen Leistungsphasen zusammengefaßt.

(3) Besondere Leistungen können zu den Grundleistungen hinzu – oder an deren Stelle treten, wenn besondere Anforderungen an die Ausführung des Auftrags gestellt werden, die über die allgemeinen Leistungen hinausgehen oder diese ändern. Sie sind in den Leistungsbildern nicht abschließend aufgeführt. Die Besonderen Leistungen eines Leistungsbildes können auch in anderen Leistungsbildern oder Leistungsphasen vereinbart werden, in denen sie nicht aufgeführt sind, soweit sie dort nicht Grundleistungen darstellen.

§ 3 Begriffsbestimmungen

Im Sinne dieser Verordnung gelten folgende Begriffsbestimmungen:
1. Objekte sind Gebäude, sonstige Bauwerke, Anlagen, Freianlagen und raumbildende Ausbauten.
2. Neubauten und Neuanlagen sind neu zu errichtende oder neu herzustellende Objekte.
3. Wiederaufbauten sind die Wiederherstellung zerstörter Objekte auf vorhandenen Bau- oder Anlageteilen. Sie gelten als Neubauten, sofern eine neue Planung erforderlich ist.
4. Erweiterungsbauten sind Ergänzungen eines vorhandenen Objekts, zum Beispiel durch Aufstockung oder Anbau.
5. Umbauten sind Umgestaltungen eines vorhandenen Objekts mit wesentlichen Eingriffen in Konstruktion oder Bestand.
6. Modernisierungen sind bauliche Maßnahmen zur nachhaltigen Erhöhung des Gebrauchswertes eines Objekts, soweit sie nicht unter die Nummern 4,

7

5 oder 10 fallen, jedoch einschließlich der durch diese Maßnahmen verursachten Instandsetzungen.

7. Raumbildende Ausbauten sind die innere Gestaltung oder Erstellung von Innenräumen ohne wesentliche Eingriffe in Bestand oder Konstruktion. Sie können im Zusammenhang mit Leistungen nach den Nummern 2 bis 6 anfallen.

8. Einrichtungsgegenstände sind nach Einzelplanung angefertigte nicht serienmäßig bezogene Gegenstände, die keine wesentlichen Bestandteile des Objekts sind.

9. Integrierte Werbeanlagen sind der Werbung an Bauwerken dienende Anlagen, die fest mit dem Bauwerk verbunden sind und es gestalterisch beeinflussen.

10. Instandsetzungen sind Maßnahmen zur Wiederherstellung des zum bestimmungsmäßigen Gebrauch geeigneten Zustandes (Soll-Zustandes) eines Objekts, soweit sie nicht unter Nummer 3 fallen oder durch Maßnahmen nach Nummer 6 verursacht sind.

11. Instandhaltungen sind Maßnahmen zur Erhaltung des Soll-Zustandes eines Objekts.

12. Freianlagen sind planerisch gestaltete Freiflächen und Freiräume sowie entsprechend gestaltete Anlagen in Verbindung mit Bauwerken oder in Bauwerken.

§ 4 Vereinbarung des Honorars

(1) Das Honorar richtet sich nach der schriftlichen Vereinbarung, die die Vertragsparteien bei Auftragserteilung im Rahmen der durch diese Verordnung festgesetzten Mindest- und Höchstsätze treffen.

(2) Die in dieser Verordnung festgesetzten Mindestsätze können durch schriftliche Vereinbarung in Ausnahmefällen unterschritten werden.

(3) Die in dieser Verordnung festgesetzten Höchstsätze dürfen nur bei außergewöhnlichen oder ungewöhnlich lange dauernden Leistungen durch schriftliche Vereinbarung überschritten werden. Dabei haben Umstände, soweit sie bereits für die Einordnung in Honorarzonen oder Schwierigkeitsstufen, für die Vereinbarung von Besonderen Leistungen oder für die Einordnung in den Rahmen der Mindest- und Höchstsätze mitbestimmend gewesen sind, außer Betracht zu bleiben.

(4) Sofern nicht bei Auftragserteilung etwas anderes schriftlich vereinbart worden ist, gelten die jeweiligen Mindestsätze als vereinbart.

§ 4a Abweichende Honorarermittlung

Die Vertragsparteien können abweichend von den in der Verordnung vorgeschriebenen Honorarermittlungen schriftlich bei Auftragserteilung vereinbaren, daß das Honorar auf der Grundlage einer nachprüfbaren Ermittlung der voraussichtlichen Herstellungskosten nach Kostenberechnung oder nach Kostenanschlag berechnet wird. Soweit auf Veranlassung des Auftraggebers Mehrleistungen des Auftragnehmers erforderlich werden, sind diese Mehrleistungen zusätzlich zu honorieren. Verlängert sich die Planungs- und Bauzeit wesentlich durch Umstände, die der Auftragnehmer nicht zu vertreten hat, kann für die dadurch verursachten Mehraufwendungen ein zusätzliches Honorar vereinbart werden.

§ 5 Berechnung des Honorars in besonderen Fällen

(1) Werden nicht alle Leistungsphasen eines Leistungsbildes übertragen, so dürfen nur die für die übertragenen Phasen vorgesehenen Teilhonorare berechnet werden.

(2) Werden nicht alle Grundleistungen einer Leistungsphase übertragen, so darf für die übertragenen Leistungen nur ein Honorar berechnet werden, das dem Anteil der übertragenen Leistungen an der gesamten Leistungsphase entspricht. Das gleiche gilt, wenn wesentliche Teile von Grundleistungen dem Auftragnehmer nicht übertragen werden. Ein zusätzlicher Koordinierungs- und Einarbeitungsaufwand ist zu berücksichtigen.

(3) Werden Grundleistungen im Einvernehmen mit dem Auftraggeber insgesamt oder teilweise von anderen an der Planung und Überwachung fachlich Beteiligten erbracht, so darf nur ein Honorar berechnet werden, das dem verminderten Leistungsumfang des Auftragnehmers entspricht. § 10 Abs. 4 bleibt unberührt.

(4) Für Besondere Leistungen, die zu den Grundleistungen hinzutreten, darf ein Honorar nur berechnet werden, wenn die Leistungen im Verhältnis zu den Grundleistungen einen nicht unwesentlichen Arbeits- und Zeitaufwand verursachen und das Honorar schriftlich vereinbart worden ist. Das Honorar ist in angemessenem Verhältnis zu dem Honorar für die Grundleistung zu berechnen, mit der die Besondere Leistung nach Art und Umfang vergleichbar ist. Ist die Besondere Leistung nicht mit einer Grundleistung vergleichbar, so ist das Honorar als Zeithonorar nach § 6 zu berechnen.

(4a) Für Besondere Leistungen, die unter Ausschöpfung der technisch-wirtschaftlichen Lösungsmöglichkeiten zu einer wesentlichen Kostensenkung ohne Verminderung des Standards führen, kann ein Erfolgshonorar zuvor schriftlich vereinbart werden, das bis zu 20 v. H. der vom Auftragnehmer durch seine Leistungen eingesparten Kosten betragen kann.

(5) Soweit Besondere Leistungen ganz oder teilweise an die Stelle von Grundleistungen treten, ist für sie ein Honorar zu berechnen, das dem Honorar für die ersetzten Grundleistungen entspricht.

§ 5 a Interpolation

Die zulässigen Mindest- und Höchstsätze für Zwischenstufen der in den Honorartafeln angegebenen anrechenbaren Kosten, Werte und Verrechnungseinheiten (VE) sind durch lineare Interpolation zu ermitteln.

§ 6 Zeithonorar

(1) Zeithonorare sind auf der Grundlage der Stundensätze nach Absatz 2 durch Vorausschätzung des Zeitbedarfs als Fest- oder Höchstbetrag zu be-

rechnen. Ist eine Vorausschätzung des Zeitbedarfs nicht möglich, so ist das Honorar nach dem nachgewiesenen Zeitbedarf auf der Grundlage der Stundensätze nach Absatz 2 zu berechnen.

(2) Werden Leistungen des Auftragnehmers oder seiner Mitarbeiter nach Zeitaufwand berechnet, so kann für jede Stunde folgender Betrag berechnet werden:

1. für den Auftragnehmer   38 bis 82 Euro,
2. für Mitarbeiter, die technische oder wirtschaftliche Aufgaben erfüllen, soweit sie nicht unter Nummer 3 fallen,   36 bis 59 Euro,
3. für Technische Zeichner und sonstige Mitarbeiter mit vergleichbarer Qualifikation, die technische oder wirtschaftliche Aufgaben erfüllen,   31 bis 43 Euro.

§ 7 Nebenkosten

(1) Die bei der Ausführung des Auftrages entstehenden Auslagen (Nebenkosten) des Auftragnehmers können, soweit sie erforderlich sind, abzüglich der nach § 15 Abs. 1 des Umsatzsteuergesetzes abziehbaren Vorsteuern neben den Honoraren dieser Verordnung berechnet werden. Die Vertragsparteien können bei Auftragserteilung schriftlich vereinbaren, daß abweichend von Satz 1 eine Erstattung ganz oder teilweise ausgeschlossen ist.

(2) Zu den Nebenkosten gehören insbesondere:
1. Post- und Fernmeldegebühren,
2. Kosten für Vervielfältigungen von Zeichnungen und von schriftlichen Unterlagen sowie Anfertigung von Filmen und Fotos,
3. Kosten für ein Baustellenbüro einschließlich der Einrichtung, Beleuchtung und Beheizung,
4. Fahrtkosten für Reisen, die über den Umkreis von mehr als 15 Kilometer vom Geschäftssitz des Auftragnehmers hinausgehen, in Höhe der steuerlich zulässigen Pauschalsätze, sofern nicht höhere Aufwendungen nachgewiesen werden,
5. Trennungsentschädigungen und Kosten für Familienheimfahrten nach den steuerlich zulässigen Pauschalsätzen, sofern nicht höhere Aufwendungen an Mitarbeiter des Auftragnehmers aufgrund von tariflichen Vereinbarungen bezahlt werden,
6. Entschädigungen für den sonstigen Aufwand bei längeren Reisen nach Nummer 4, sofern die Entschädigungen vor der Geschäftsreise schriftlich vereinbart worden sind,
7. Entgelte für nicht dem Auftragnehmer obliegende Leistungen, die von ihm im Einvernehmen mit dem Auftraggeber Dritten übertragen worden sind,
8. im Falle der Vereinbarung eines Zeithonorars nach § 6 die Kosten für Vermessungsfahrzeuge und andere Meßfahrzeuge, die mit umfangreichen Meßinstrumenten ausgerüstet sind, sowie für hochwertige Geräte, die für Vermessungsleistungen und für andere meßtechnische Leistungen verwandt werden.

(3) Nebenkosten können pauschal oder nach Einzelnachweis abgerechnet werden. Sie sind nach Einzelnachweis abzurechnen, sofern nicht bei Auftragserteilung eine pauschale Abrechnung schriftlich vereinbart worden ist.

§ 8 Zahlungen

(1) Das Honorar wird fällig, wenn die Leistung vertragsgemäß erbracht und eine prüffähige Honorarschlußrechnung überreicht worden ist.

(2) Abschlagszahlungen können in angemessenen zeitlichen Abständen für nachgewiesene Leistungen gefordert werden.

(3) Nebenkosten sind auf Nachweis fällig, sofern nicht bei Auftragserteilung etwas anderes schriftlich vereinbart worden ist.

(4) Andere Zahlungsweisen können schriftlich vereinbart werden.

§ 9 Umsatzsteuer

(1) Der Auftragnehmer hat Anspruch auf Ersatz der Umsatzsteuer, die auf sein nach dieser Verordnung berechnetes Honorar und auf die nach § 7 berechneten Nebenkosten entfällt, sofern sie nicht nach § 19 Abs. 1 des Umsatzsteuergesetzes unerhoben bleibt; dies gilt auch für Abschlagszahlungen gemäß § 8 Abs. 2. Die weiterberechneten Nebenkosten sind Teil des umsatzsteuerlichen Entgelts für eine einheitliche Leistung des Auftragnehmers.

(2) Die auf die Kosten von Objekten entfallende Umsatzsteuer ist nicht Bestandteil der anrechenbaren Kosten.

Teil II: Leistungen bei Gebäuden, Freianlagen und raumbildenden Ausbauten

§ 10 Grundlagen des Honorars

(1) Das Honorar für Grundleistungen bei Gebäuden, Freianlagen und raumbildenden Ausbauten richtet sich nach den anrechenbaren Kosten des Objekts, nach der Honorarzone, der das Objekt angehört, sowie bei Gebäuden und raumbildenden Ausbauten nach der Honorartafel in § 16 und bei Freianlagen nach der Honorartafel in § 17.

(2) Anrechenbare Kosten sind unter Zugrundelegung der Kostenermittlungsarten nach DIN 276 in der Fassung vom April 1981 (DIN 276*)) zu ermitteln
1. für die Leistungsphasen 1 bis 4 nach der Kostenberechnung, solange diese nicht vorliegt, nach der Kostenschätzung;
2. für die Leistungsphasen 5 bis 7 nach dem Kostenanschlag, solange dieser nicht vorliegt, nach der Kostenberechnung;

---

* Zu beziehen durch Beuth Verlag GmbH, 10787 Berlin und 50672 Köln.

3. für die Leistungsphasen 8 und 9 nach der Kostenfeststellung, solange diese nicht vorliegt, nach dem Kostenanschlag.

(3) Als anrechenbare Kosten nach Absatz 2 gelten die ortsüblichen Preise, wenn der Auftraggeber
1. selbst Lieferungen oder Leistungen übernimmt,
2. von bauausführenden Unternehmen oder von Lieferern sonst nicht übliche Vergünstigungen erhält,
3. Lieferungen oder Leistungen in Gegenrechnung ausführt oder
4. vorhandene oder vorbeschaffte Baustoffe oder Bauteile einbauen läßt.

(3 a) Vorhandene Bausubstanz, die technisch oder gestalterisch mitverarbeitet wird, ist bei den anrechenbaren Kosten angemessen zu berücksichtigen; der Umfang der Anrechnung bedarf der schriftlichen Vereinbarung.

(4) Anrechenbar sind für Grundleistungen bei Gebäuden und raumbildenden Ausbauten die Kosten für Installationen, zentrale Betriebstechnik und betriebliche Einbauten (DIN 276, Kostengruppen 3.2 bis 3.4 und 3.5.2 bis 3.5.4), die der Auftragnehmer fachlich nicht plant und deren Ausführung er fachlich auch nicht überwacht,
1. vollständig bis zu 25 v. H. der sonstigen anrechenbaren Kosten,
2. zur Hälfte mit dem 25 v. H. der sonstigen anrechenbaren Kosten übersteigenden Betrag.

Plant der Auftragnehmer die in Satz 1 genannten Gegenstände fachlich und/oder überwacht er fachlich deren Ausführung, so kann für diese Leistungen ein Honorar neben dem Honorar nach Satz 1 vereinbart werden.

(4 a) Zu den anrechenbaren Kosten für Grundleistungen bei Freianlagen rechnen insbesondere auch die Kosten für folgende Bauwerke und Anlagen, soweit sie der Auftragnehmer plant oder ihre Ausführung überwacht:
1. Einzelgewässer mit überwiegend ökologischen und landschaftsgestalterischen Elementen,
2. Teiche ohne Dämme,
3. flächenhafter Erdbau zur Geländegestaltung,
4. einfache Durchlässe und Uferbefestigungen als Mittel zur Geländegestaltung, soweit keine Leistungen nach Teil VIII erforderlich sind,
5. Lärmschutzwälle als Mittel zur Geländegestaltung,
6. Stützbauwerke und Geländeabstützungen ohne Verkehrsbelastung als Mittel zur Geländegestaltung, soweit keine Leistungen nach § 63 Abs. 1 Nr. 3 bis 5 erforderlich sind,
7. Stege und Brücken, soweit keine Leistungen nach Teil VIII erforderlich sind,
8. Wege ohne Eignung für den regelmäßigen Fahrverkehr mit einfachen Entwässerungsverhältnissen sowie andere Wege und befestigte Flächen, die als Gestaltungselement der Freianlagen geplant werden und für die Leistungen nach Teil VII nicht erforderlich sind.

(5) Nicht anrechenbar sind für Grundleistungen bei Gebäuden und raumbildenden Ausbauten die Kosten für:
1. das Baugrundstück einschließlich der Kosten des Erwerbs und des Freimachens (DIN 276, Kostengruppen 1.1 bis 1.3),
2. das Herrichten des Grundstücks (DIN 276, Kostengruppe 1.4), soweit der Auftragnehmer es weder plant noch seine Ausführung überwacht,

3. die öffentliche Erschließung und andere einmalige Abgaben (DIN 276, Kostengruppen 2.1 und 2.3),
4. die nichtöffentliche Erschließung (DIN 276, Kostengruppe 2.2) sowie die Abwasser- und Versorgungsanlagen und die Verkehrsanlagen (DIN 276, Kostengruppen 5.3 und 5.7), soweit der Auftragnehmer sie weder plant noch ihre Ausführung überwacht,
5. die Außenanlagen (DIN 276, Kostengruppe 5), soweit nicht unter Nummer 4 erfaßt,
6. Anlagen und Einrichtungen aller Art, die in DIN 276, Kostengruppen 4 oder 5.4 aufgeführt sind, sowie die nicht in DIN 276 aufgeführten, soweit der Auftragnehmer sie weder plant, noch bei ihrer Beschaffung mitwirkt, noch ihre Ausführung oder ihren Einbau überwacht,
7. Geräte und Wirtschaftsgegenstände, die nicht in DIN 276, Kostengruppen 4 und 5.4 aufgeführt sind, oder die der Auftraggeber ohne Mitwirkung des Auftragnehmers beschafft,
8. Kunstwerke, soweit sie nicht wesentliche Bestandteile des Objekts sind,
9. künstlerisch gestaltete Bauteile, soweit der Auftragnehmer sie weder plant noch ihre Ausführung überwacht,
10. die Kosten der Winterbauschutzvorkehrungen und sonstige zusätzliche Maßnahmen nach DIN 276, Kostengruppe 6; § 32 Abs. 4 bleibt unberührt,
11. Entschädigungen und Schadensersatzleistungen,
12. die Baunebenkosten (DIN 276, Kostengruppe 7),
13. fernmeldetechnische Einrichtungen und andere zentrale Einrichtungen der Fernmeldetechnik für Ortsvermittlungsstellen sowie Anlagen der Maschinentechnik, die nicht überwiegend der Ver- und Entsorgung des Gebäudes zu dienen bestimmt sind, soweit der Auftragnehmer diese fachlich nicht plant oder ihre Ausführung fachlich nicht überwacht; Absatz 4 bleibt unberührt.

(6) Nicht anrechenbar sind für Grundleistungen bei Freianlagen die Kosten für:
1. das Gebäude (DIN 276, Kostengruppe 3) sowie die in Absatz 5 Nr. 1 bis 4 und 6 bis 13 genannten Kosten,
2. den Unter- und Oberbau von Fußgängerbereichen nach § 14 Nr. 4, ausgenommen die Kosten für die Oberflächenbefestigung.

§ 11 Honorarzonen für Leistungen bei Gebäuden

(1) Die Honorarzone wird bei Gebäuden aufgrund folgender Bewertungsmerkmale ermittelt:
1. Honorarzone I: Gebäude mit sehr geringen Planungsanforderungen, das heißt mit
   – sehr geringen Anforderungen an die Einbindung in die Umgebung,
   – einem Funktionsbereich,
   – sehr geringen gestalterischen Anforderungen,
   – einfachsten Konstruktionen,
   – keiner oder einfacher Technischer Ausrüstung,
   – keinem oder einfachem Ausbau;

2. Honorarzone II: Gebäude mit geringen Planungsanforderungen, das heißt mit
   - geringen Anforderungen an die Einbindung in die Umgebung,
   - wenigen Funktionsbereichen,
   - geringen gestalterischen Anforderungen,
   - einfachen Konstruktionen,
   - geringer Technischer Ausrüstung,
   - geringem Ausbau;
3. Honorarzone III: Gebäude mit durchschnittlichen Planungsanforderungen, das heißt mit
   - durchschnittlichen Anforderungen an die Einbindung in die Umgebung,
   - mehreren einfachen Funktionsbereichen,
   - durchschnittlichen gestalterischen Anforderungen,
   - normalen oder gebräuchlichen Konstruktionen,
   - durchschnittlicher Technischer Ausrüstung,
   - durchschnittlichem normalem Ausbau;
4. Honorarzone IV: Gebäude mit überdurchschnittlichen Planungsanforderungen, das heißt mit
   - überdurchschnittlichen Anforderungen an die Einbindung in die Umgebung,
   - mehreren Funktionsbereichen mit vielfältigen Beziehungen,
   - überdurchschnittlichen gestalterischen Anforderungen,
   - überdurchschnittlichen konstruktiven Anforderungen,
   - überdurchschnittlicher Technischer Ausrüstung,
   - überdurchschnittlichem Ausbau;
5. Honorarzone V: Gebäude mit sehr hohen Planungsanforderungen, das heißt mit
   - sehr hohen Anforderungen an die Einbindung in die Umgebung,
   - einer Vielzahl von Funktionsbereichen mit umfassenden Beziehungen,
   - sehr hohen gestalterischen Anforderungen,
   - sehr hohen konstruktiven Ansprüchen,
   - einer vielfältigen Technischen Ausrüstung mit hohen technischen Ansprüchen,
   - umfangreichem qualitativ hervorragendem Ausbau.

(2) Sind für ein Gebäude Bewertungsmerkmale aus mehreren Honorarzonen anwendbar und bestehen deswegen Zweifel, welcher Honorarzone das Gebäude zugerechnet werden kann, so ist die Anzahl der Bewertungspunkte nach Absatz 3 zu ermitteln; das Gebäude ist nach der Summe der Bewertungspunkte folgenden Honorarzonen zuzurechnen:
1. Honorarzone I: Gebäude mit bis zu 10 Punkten,
2. Honorarzone II: Gebäude mit 11 bis 18 Punkten,
3. Honorarzone III: Gebäude mit 19 bis 26 Punkten,
4. Honorarzone IV: Gebäude mit 27 bis 34 Punkten,
5. Honorarzone V: Gebäude mit 35 bis 42 Punkten.

(3) Bei der Zurechnung eines Gebäudes in die Honorarzonen sind entsprechend dem Schwierigkeitsgrad der Planungsanforderungen die Bewertungsmerkmale Anforderungen an die Einbindung in die Umgebung, konstruktive

Anforderungen, Technische Ausrüstungen und Ausbau mit je bis zu sechs Punkten zu bewerten, die Bewertungsmerkmale Anzahl der Funktionsbereiche und gestalterische Anforderungen mit je bis zu neun Punkten.

§ 12 Objektliste für Gebäude

Nachstehende Gebäude werden nach Maßgabe der in § 11 genannten Merkmale in der Regel folgenden Honorarzonen zugerechnet:

1. Honorarzone I: Schlaf- und Unterkunftsbaracken und andere Behelfsbauten für vorübergehende Nutzung;
   Pausenhallen, Spielhallen, Liege- und Wandelhallen, Einstellhallen, Verbindungsgänge, Feldscheunen und andere einfache landwirtschaftliche Gebäude; Tribünenbauten, Wetterschutzhäuser;
2. Honorarzone II: Einfache Wohnbauten mit gemeinschaftlichen Sanitär- und Kücheneinrichtungen;
   Garagenbauten, Parkhäuser, Gewächshäuser;
   geschlossene, eingeschossige Hallen und Gebäude als selbständige Bauaufgabe, Kassengebäude, Bootshäuser; einfache Werkstätten ohne Kranbahnen;
   Verkaufslager, Unfall- und Sanitätswachen;
   Musikpavillons;
3. Honorarzone III: Wohnhäuser, Wohnheime und Heime mit durchschnittlicher Ausstattung;
   Kinderhorte, Kindergärten, Gemeinschaftsunterkünfte, Jugendherbergen, Grundschulen;
   Jugendfreizeitstätten, Jugendzentren, Bürgerhäuser, Studentenhäuser, Altentagesstätten und andere Betreuungseinrichtungen;
   Fertigungsgebäude der metallverarbeitenden Industrie, Druckereien, Kühlhäuser;
   Werkstätten, geschlossene Hallen und landwirtschaftliche Gebäude, soweit nicht in Honorarzone I, II oder IV erwähnt, Parkhäuser mit integrierten weiteren Nutzungsarten;
   Bürobauten mit durchschnittlicher Ausstattung, Ladenbauten, Einkaufszentren, Märkte und Großmärkte, Messehallen, Gaststätten, Kantinen, Mensen, Wirtschaftsgebäude, Feuerwachen, Rettungsstationen, Ambulatorien, Pflegeheime ohne medizinisch-technische Ausrüstung, Hilfskrankenhäuser;
   Ausstellungsgebäude, Lichtspielhäuser;
   Turn- und Sportgebäude sowie -anlagen, soweit nicht in Honorarzone II oder IV erwähnt;
4. Honorarzone IV: Wohnhäuser mit überdurchschnittlicher Ausstattung, Terrassen- und Hügelhäuser, planungsaufwendige Einfamilienhäuser mit entsprechendem Ausbau und Hausgruppen in planungsaufwendiger verdichteter Bauweise auf kleinen Grundstücken, Heime mit zusätzlichen medizinisch-technischen Einrichtungen;
   Zentralwerkstätten, Brauereien, Produktionsgebäude der Automobilindustrie, Kraftwerksgebäude;
   Schulen, ausgenommen Grundschulen; Bildungszentren, Volkshochschu-

len, Fachhochschulen, Hochschulen, Universitäten, Akademien, Hörsaalge-
bäude, Laborgebäude, Bibliotheken und Archive, Institutsgebäude für Lehre
und Forschung, soweit nicht in Honorarzone V erwähnt;
landwirtschaftliche Gebäude mit überdurchschnittlicher Ausstattung, Großküchen, Hotels, Banken, Kaufhäuser, Rathäuser, Parlaments- und Gerichts-
gebäude sowie sonstige Gebäude für die Verwaltung mit überdurchschnittlicher Ausstattung;
Krankenhäuser der Versorgungsstufe I und II, Fachkrankenhäuser, Krankenhäuser besonderer Zweckbestimmung, Therapie- und Rehabilitations-
einrichtungen, Gebäude für Erholung, Kur und Genesung;
Kirchen, Konzerthallen, Museen, Studiobühnen, Mehrzweckhallen für religiöse, kulturelle oder sportliche Zwecke;
Hallenschwimmbäder, Sportleistungszentren, Großsportstätten;
5. Honorarzone V: Krankenhäuser der Versorgungsstufe III, Universitätskliniken;
Stahlwerksgebäude, Sintergebäude, Kokereien;
Studios für Rundfunk, Fernsehen und Theater, Konzertgebäude, Theater-
bauten, Kulissengebäude, Gebäude für die wissenschaftliche Forschung
(experimentelle Fachrichtungen).

§ 13 Honorarzonen für Leistungen bei Freianlagen

(1) Die Honorarzone wird bei Freianlagen aufgrund folgender Bewertungsmerkmale ermittelt:
1. Honorarzone I: Freianlagen mit sehr geringen Planungsanforderungen, das
heißt mit
   – sehr geringen Anforderungen an die Einbindung in die Umgebung,
   – sehr geringen Anforderungen an Schutz, Pflege und Entwicklung von
     Natur und Landschaft,
   – einem Funktionsbereich,
   – sehr geringen gestalterischen Anforderungen,
   – keinen oder einfachsten Ver- und Entsorgungseinrichtungen;
2. Honorarzone II: Freianlagen mit geringen Planungsanforderungen, das heißt
mit
   – geringen Anforderungen an die Einbindung in die Umgebung,
   – geringen Anforderungen an Schutz, Pflege und Entwicklung von Natur
     und Landschaft,
   – wenigen Funktionsbereichen,
   – geringen gestalterischen Anforderungen,
   – geringen Ansprüchen an Ver- und Entsorgung;
3. Honorarzone III: Freianlagen mit durchschnittlichen Planungsanforderungen, das heißt mit
   – durchschnittlichen Anforderungen an die Einbindung in die Umgebung,
   – durchschnittlichen Anforderungen an Schutz, Pflege und Entwicklung von
     Natur und Landschaft,
   – mehreren Funktionsbereichen mit einfachen Beziehungen,
   – durchschnittlichen gestalterischen Anforderungen,
   – normaler oder gebräuchlicher Ver- und Entsorgung;

4. Honorarzone IV: Freianlagen mit überdurchschnittlichen Planungsanforderungen, das heißt mit
   - überdurchschnittlichen Anforderungen an die Einbindung in die Umgebung,
   - überdurchschnittlichen Anforderungen an Schutz, Pflege und Entwicklung von Natur und Landschaft,
   - mehreren Funktionsbereichen mit vielfältigen Beziehungen,
   - überdurchschnittlichen gestalterischen Anforderungen,
   - einer über das Durchschnittliche hinausgehenden Ver- und Entsorgung;
5. Honorarzone V: Freianlagen mit sehr hohen Planungsanforderungen, das heißt mit
   - sehr hohen Anforderungen an die Einbindung in die Umgebung,
   - sehr hohen Anforderungen an Schutz, Pflege und Entwicklung von Natur und Landschaft,
   - einer Vielzahl von Funktionsbereichen mit umfassenden Beziehungen,
   - sehr hohen gestalterischen Anforderungen,
   - besonderen Anforderungen an die Ver- und Entsorgung aufgrund besonderer technischer Gegebenheiten.

(2) Sind für eine Freianlage Bewertungsmerkmale aus mehreren Honorarzonen anwendbar und bestehen deswegen Zweifel, welcher Honorarzone die Freianlage zugerechnet werden kann, so ist die Anzahl der Bewertungspunkte nach Absatz 3 zu ermitteln; die Freianlage ist nach der Summe der Bewertungspunkte folgenden Honorarzonen zuzurechnen:
1. Honorarzone I: Freianlagen mit bis zu 8 Punkten,
2. Honorarzone II: Freianlagen mit 9 bis 15 Punkten,
3. Honorarzone III: Freianlagen mit 16 bis 22 Punkten,
4. Honorarzone IV: Freianlagen mit 23 bis 29 Punkten,
5. Honorarzone V: Freianlagen mit 30 bis 36 Punkten.

(3) Bei der Zurechnung einer Freianlage in die Honorarzone sind entsprechend dem Schwierigkeitsgrad der Planungsanforderungen die Bewertungsmerkmale Anforderungen an die Einbindung in die Umgebung, an Schutz, Pflege und Entwicklung von Natur und Landschaft und der gestalterischen Anforderungen mit je bis zu acht Punkten, die Bewertungsmerkmale Anzahl der Funktionsbereiche sowie Ver- und Entsorgungseinrichtungen mit je bis zu sechs Punkten zu bewerten.

§ 14 Objektliste für Freianlagen

Nachstehende Freianlagen werden nach Maßgabe der in § 13 genannten Merkmale in der Regel folgenden Honorarzonen zugerechnet:
1. Honorarzone I:
   Geländegestaltungen mit Einsaaten in der freien Landschaft;
   Windschutzpflanzungen;
   Spielwiesen, Ski- und Rodelhänge ohne technische Einrichtungen;
2. Honorarzone II:
   Freiflächen mit einfachem Ausbau bei kleineren Siedlungen, bei Einzelbauwerken und bei landwirtschaftlichen Aussiedlungen;

17

Begleitgrün an Verkehrsanlagen, soweit nicht in Honorarzone I oder III erwähnt; Grünverbindungen ohne besondere Ausstattung; Ballspielplätze (Bolzplätze); Ski- und Rodelhänge mit technischen Einrichtungen; Sportplätze ohne Laufbahnen oder ohne sonstige technische Einrichtungen; Geländegestaltungen und Pflanzungen für Deponien, Halden und Entnahmestellen; Pflanzungen in der freien Landschaft, soweit nicht in Honorarzone I erwähnt; Ortsrandeingrünungen;

3. Honorarzone III:
Freiflächen bei privaten und öffentlichen Bauwerken, soweit nicht in Honorarzone II, IV oder V erwähnt;
Begleitgrün an Verkehrsanlagen mit erhöhten Anforderungen an Schutz, Pflege und Entwicklung von Natur und Landschaft;
Flächen für den Arten- und Biotopschutz, soweit nicht in Honorarzone IV oder V erwähnt;
Ehrenfriedhöfe, Ehrenmale; Kombinationsspielfelder, Sportanlagen Typ D und andere Sportanlagen, soweit nicht in Honorarzone II oder IV erwähnt; Camping-, Zelt- und Badeplätze, Kleingartenanlagen;

4. Honorarzone IV:
Freiflächen mit besonderen topographischen oder räumlichen Verhältnissen bei privaten und öffentlichen Bauwerken;
innerörtliche Grünzüge, Oberflächengestaltungen und Pflanzungen für Fußgängerbereiche; extensive Dachbegrünungen;
Flächen für den Arten- und Biotopschutz mit differenzierten Gestaltungsansprüchen oder mit Biotopverbundfunktionen;
Sportanlagen Typ A bis C, Spielplätze, Sportstadien, Freibäder, Golfplätze; Friedhöfe, Parkanlagen, Freilichtbühnen, Schulgärten, naturkundliche Lehrpfade und -gebiete;

5. Honorarzone V:
Hausgärten und Gartenhöfe für hohe Repräsentationsansprüche, Terrassen- und Dachgärten, intensive Dachbegrünungen;
Freiflächen im Zusammenhang mit historischen Anlagen; historische Parkanlagen, Gärten und Plätze;
botanische und zoologische Gärten;
Freiflächen mit besonderer Ausstattung für hohe Benutzungsansprüche, Garten- und Hallenschauen.

§ 14 a Honorarzonen für Leistungen bei raumbildenden Ausbauten

(1) Die Honorarzone wird bei raumbildenden Ausbauten aufgrund folgender Bewertungsmerkmale ermittelt:
1. Honorarzone I: Raumbildende Ausbauten mit sehr geringen Planungsanforderungen, das heißt mit
   – einem Funktionsbereich,
   – sehr geringen Anforderungen an die Lichtgestaltung,
   – sehr geringen Anforderungen an die Raum-Zuordnung und Raum-Proportionen,
   – keiner oder einfacher Technischer Ausrüstung,

– sehr geringen Anforderungen an Farb- und Materialgestaltung,
– sehr geringen Anforderungen an die konstruktive Detailgestaltung;
2. Honorarzone II: Raumbildende Ausbauten mit geringen Planungsanforderungen, das heißt mit
   – wenigen Funktionsbereichen,
   – geringen Anforderungen an die Lichtgestaltung,
   – geringen Anforderungen an die Raum-Zuordnung und Raum-Proportionen,
   – geringer Technischer Ausrüstung,
   – geringen Anforderungen an Farb- und Materialgestaltung,
   – geringen Anforderungen an die konstruktive Detailgestaltung;
3. Honorarzone III: Raumbildende Ausbauten mit durchschnittlichen Planungsanforderungen, das heißt mit
   – mehreren einfachen Funktionsbereichen,
   – durchschnittlichen Anforderungen an die Lichtgestaltung,
   – durchschnittlichen Anforderungen an die Raum-Zuordnung und Raum-Proportionen,
   – durchschnittlicher Technischer Ausrüstung,
   – durchschnittlichen Anforderungen an Farb- und Materialgestaltung,
   – durchschnittlichen Anforderungen an die konstruktive Detailgestaltung;
4. Honorarzone IV: Raumbildende Ausbauten mit überdurchschnittlichen Planungsanforderungen, das heißt mit
   – mehreren Funktionsbereichen mit vielfältigen Beziehungen,
   – überdurchschnittlichen Anforderungen an die Lichtgestaltung,
   – überdurchschnittlichen Anforderungen an die Raum-Zuordnung und Raum-Proportionen,
   – überdurchschnittlichen Anforderungen an die Technische Ausrüstung,
   – überdurchschnittlichen Anforderungen an die Farb- und Materialgestaltung,
   – überdurchschnittlichen Anforderungen an die konstruktive Detailgestaltung;
5. Honorarzone V: Raumbildende Ausbauten mit sehr hohen Planungsanforderungen, das heißt mit
   – einer Vielzahl von Funktionsbereichen mit umfassenden Beziehungen,
   – sehr hohen Anforderungen an die Lichtgestaltung,
   – sehr hohen Anforderungen an die Raum-Zuordnung und Raum-Proportionen,
   – einer vielfältigen Technischen Ausrüstung mit hohen technischen Ansprüchen,
   – sehr hohen Anforderungen an die Farb- und Materialgestaltung,
   – sehr hohen Anforderungen an die konstruktive Detailgestaltung.

(2) Sind für einen raumbildenden Ausbau Bewertungsmerkmale aus mehreren Honorarzonen anwendbar und bestehen deswegen Zweifel, welcher Honorarzone der raumbildende Ausbau zugerechnet werden kann, so ist die Anzahl der Bewertungspunkte nach Absatz 3 zu ermitteln; der raumbildende Ausbau ist nach der Summe der Bewertungspunkte folgenden Honorarzonen zuzurechnen:
1. Honorarzone I: Raumbildende Ausbauten mit bis zu 10 Punkten,
2. Honorarzone II: Raumbildende Ausbauten mit 11 bis 18 Punkten,

3. Honorarzone III: Raumbildende Ausbauten mit 19 bis 26 Punkten,
4. Honorarzone IV: Raumbildende Ausbauten mit 27 bis 34 Punkten,
5. Honorarzone V: Raumbildende Ausbauten mit 35 bis 42 Punkten.

(3) Bei der Zurechnung eines raumbildenden Ausbaus in die Honorarzonen sind entsprechend dem Schwierigkeitsgrad der Planungsanforderungen die Bewertungsmerkmale Anzahl der Funktionsbereiche, Anforderungen an die Lichtgestaltung, Anforderungen an die Raum-Zuordnung und Raum-Proportionen sowie Anforderungen an die Technische Ausrüstung mit je bis zu sechs Punkten zu bewerten, die Bewertungsmerkmale Farb- und Materialgestaltung sowie konstruktive Detailgestaltung mit je bis zu neun Punkten.

§ 14 b Objektliste für raumbildende Ausbauten

Nachstehende raumbildende Ausbauten werden nach Maßgabe der in § 14 a genannten Merkmale in der Regel folgenden Honorarzonen zugerechnet:
1. Honorarzone I: Innere Verkehrsflächen, offene Pausen-, Spiel- und Liegehallen, einfachste Innenräume für vorübergehende Nutzung;
2. Honorarzone II: Einfache Wohn-, Aufenthalts- und Büroräume, Werkstätten; Verkaufslager, Nebenräume in Sportanlagen, einfache Verkaufskioske; Innenräume, die unter Verwendung von serienmäßig hergestellten Möbeln und Ausstattungsgegenständen einfacher Qualität gestaltet werden;
3. Honorarzone III: Aufenthalts-, Büro-, Freizeit-, Gaststätten-, Gruppen-, Wohn-, Sozial-, Versammlungs- und Verkaufsräume, Kantinen sowie Hotel-, Kranken-, Klassenzimmer und Bäder mit durchschnittlichem Ausbau, durchschnittlicher Ausstattung oder durchschnittlicher technischer Einrichtung;
Messestände bei Verwendung von System- oder Modulbauteilen;
Innenräume mit durchschnittlicher Gestaltung, die zum überwiegenden Teil unter Verwendung von serienmäßig hergestellten Möbeln und Ausstattungsgegenständen gestaltet werden;
4. Honorarzone IV: Wohn-, Aufenthalts-, Behandlungs-, Verkaufs-, Arbeits-, Bibliotheks-, Sitzungs-, Gesellschafts-, Gaststätten-, Vortragsräume, Hörsäle, Ausstellungen, Messestände, Fachgeschäfte, soweit nicht in Honorarzone II oder III erwähnt;
Empfangs- und Schalterhallen mit überdurchschnittlichem Ausbau, gehobener Ausstattung oder überdurchschnittlichen technischen Einrichtungen, zum Beispiel in Krankenhäusern, Hotels, Banken, Kaufhäusern, Einkaufszentren oder Rathäusern;
Parlaments- und Gerichtssäle, Mehrzweckhallen für religiöse, kulturelle oder sportliche Zwecke;
Raumbildende Ausbauten von Schwimmbädern und Wirtschaftsküchen;
Kirchen;
Innenräume mit überdurchschnittlicher Gestaltung unter Mitverwendung von serienmäßig hergestellten Möbeln und Ausstattungsgegenständen gehobener Qualität;
5. Honorarzone V: Konzert- und Theatersäle; Studioräume für Rundfunk, Fernsehen und Theater;

Geschäfts- und Versammlungsräume mit anspruchsvollem Ausbau, aufwendiger Ausstattung oder sehr hohen technischen Ansprüchen;
Innenräume der Repräsentationsbereiche mit anspruchsvollem Ausbau, aufwendiger Ausstattung oder mit besonderen Anforderungen an die technischen Einrichtungen.

§ 15 Leistungsbild Objektplanung für Gebäude, Freianlagen und raumbildende Ausbauten

(1) Das Leistungsbild Objektplanung umfaßt die Leistungen der Auftragnehmer für Neubauten, Neuanlagen, Wiederaufbauten, Erweiterungsbauten, Umbauten, Modernisierungen, raumbildende Ausbauten, Instandhaltungen und Instandsetzungen. Die Grundleistungen sind in den in Absatz 2 aufgeführten Leistungsphasen 1 bis 9 zusammengefaßt. Sie sind in der folgenden Tabelle für Gebäude und raumbildende Ausbauten in Vomhundertsätzen der Honorare des § 16 und für Freianlagen in Vomhundertsätzen der Honorare des § 17 bewertet.

	Bewertung der Grundleistungen in v. H. der Honorare		
	Gebäude	Frei- anlagen	raumbildende Ausbauten
1. Grundlagenermittlung Ermitteln der Voraussetzungen zur Lösung der Bauaufgabe durch die Planung	3	3	3
2. Vorplanung (Projekt- und Planungsvorbereitung) Erarbeiten der wesentlichen Teile einer Lösung der Planungsaufgabe	7	10	7
3. Entwurfsplanung (System- und Integrationsplanung) Erarbeiten der endgültigen Lösung der Planungsaufgabe	11	15	14
4. Genehmigungsplanung Erarbeiten und Einreichen der Vorlagen für die erforderlichen Genehmigungen oder Zustimmungen	6	6	2
5. Ausführungsplanung Erarbeiten und Darstellen der ausführungsreifen Planungslösung	25	24	30
6. Vorbereitung der Vergabe Ermitteln der Mengen und Aufstellen von Leistungsverzeichnissen	10	7	7
7. Mitwirkung bei der Vergabe Ermitteln der Kosten und Mitwirkung bei der Auftragsvergabe	4	3	3

8. Objektüberwachung (Bauüberwa-
chung)
Überwachen der Ausführung des
Objekts   31   29   31
9. Objektbetreuung und Dokumenta-
tion
Überwachen der Beseitigung von
Mängeln und Dokumentation des
Gesamtergebnisses   3   3   3

(2) Das Leistungsbild setzt sich wie folgt zusammen:

Grundleistungen	Besondere Leistungen

1. Grundlagenermittlung

Klären der Aufgabenstellung	Bestandsaufnahme
Beraten zum gesamten Leistungsbedarf	Standortanalyse
Formulieren von Entscheidungshilfen für	Betriebsplanung
die Auswahl anderer an der Planung fach-	Aufstellen eines Raumprogramms
lich Beteiligter	Aufstellen eines Funktionsprogramms
	Prüfen der Umwelterheblichkeit
Zusammenfassen der Ergebnisse	Prüfen der Umweltverträglichkeit

2. Vorplanung (Projekt- und Planungs-
vorbereitung)

Analyse der Grundlagen	Untersuchen von Lösungsmöglichkeiten
Abstimmen der Zielvorstellungen	nach grundsätzlich verschiedenen Anfor-
(Randbedingungen, Zielkonflikte)	derungen
Aufstellen eines planungsbezogenen Ziel-	Ergänzen der Vorplanungsunterlagen auf-
katalogs (Programmziele)	grund besonderer Anforderungen
Erarbeiten eines Planungskonzepts ein-	Aufstellen eines Finanzierungsplanes
schließlich Untersuchung der alternativen	Aufstellen einer Bauwerks- und Betriebs-
Lösungsmöglichkeiten nach gleichen An-	Kosten-Nutzen-Analyse
forderungen mit zeichnerischer Darstel-	Mitwirken bei der Kreditbeschaffung
lung und Bewertung, zum Beispiel ver-	Durchführen der Voranfrage (Bauanfrage)
suchsweise zeichnerische Darstellungen,	Anfertigen von Darstellungen durch beson-
Strichskizzen, gegebenenfalls mit erläu-	dere Techniken, wie zum Beispiel Per-
ternden Angaben	spektiven, Muster, Modelle
Integrieren der Leistungen anderer an der	Aufstellen eines Zeit- und Organisations-
Planung fachlich Beteiligter	planes
Klären und Erläutern der wesentlichen	Ergänzen der Vorplanungsunterlagen hin-
städtebaulichen, gestalterischen, funktio-	sichtlich besonderer Maßnahmen zur Ge-
nalen, technischen, bauphysikalischen,	bäude- und Bauteiloptimierung, die über
wirtschaftlichen, energiewirtschaftlichen	das übliche Maß der Planungsleistungen
(zum Beispiel hinsichtlich rationeller Ener-	hinausgehen, zur Verringerung des Ener-
gieverwendung und der Verwendung er-	gieverbrauchs sowie der Schadstoff- und

22

neuerbarer Energien) und landschaftsökologischen Zusammenhänge, Vorgänge
und Bedingungen, sowie der Belastung
und Empfindlichkeit der betroffenen Ökosysteme
Vorverhandlungen mit Behörden und anderen an der Planung fachlich Beteiligten
über die Genehmigungsfähigkeit
Bei Freianlagen: Erfassen, Bewerten und
Erläutern der ökosystemaren Strukturen
und Zusammenhänge, zum Beispiel Boden, Wasser, Klima, Luft, Pflanzen- und
Tierwelt, sowie Darstellen der räumlichen
und gestalterischen Konzeption mit erläu-
ternden Angaben, insbesondere zur Geländegestaltung, Biotopverbesserung und
-vernetzung, vorhandenen Vegetation,
Neupflanzung, Flächenverteilung der
Grün-, Verkehrs-, Wasser-, Spiel- und
Sportflächen; ferner Klären der Rand-
gestaltung und der Anbindung an die Umgebung
Kostenschätzung nach DIN 276 oder nach
dem wohnungsrechtlichen Berechnungsrecht
Zusammenstellen aller Vorplanungsergebnisse

CO_2-Emissionen und zur Nutzung erneu-
erbarer Energien in Abstimmung mit ande-
ren an der Planung fachlich Beteiligten.
Das übliche Maß ist für Maßnahmen zur
Energieeinsparung durch die Erfüllung der
Anforderungen gegeben, die sich aus
Rechtsvorschriften und den allgemein
anerkannten Regeln der Technik ergeben.

3. Entwurfsplanung
(System- und Integrationsplanung)

Durcharbeiten des Planungskonzepts (stufenweise Erarbeitung einer zeichnerischen
Lösung) unter Berücksichtigung städtebaulicher, gestalterischer, funktionaler,
technischer, bauphysikalischer, wirtschaftlicher, energiewirtschaftlicher (zum Beispiel hinsichtlich rationeller Energieverwendung und der Verwendung erneuerbarer Energien) und landschaftsökologischer Anforderungen unter Verwendung
der Beiträge anderer an der Planung fachlich Beteiligter bis zum vollständigen Entwurf
Integrieren der Leistungen anderer an der
Planung fachlich Beteiligter
Objektbeschreibung mit Erläuterung von
Ausgleichs- und Ersatzmaßnahmen nach
Maßgabe der naturschutzrechtlichen Ein-
griffsregelung
Zeichnerische Darstellung des Gesamtentwurfs, zum Beispiel durchgearbeitete, vollständige Vorentwurfs- und/oder Entwurfs-

Analyse der Alternativen/Varianten und
deren Wertung mit Kostenuntersuchung
(Optimierung)
Wirtschaftlichkeitsberechnung
Kostenberechnung durch Aufstellen von
Mengengerüsten oder Bauelementkatalog
Ausarbeiten besonderer Maßnahmen zur
Gebäude- und Bauteiloptimierung, die
über das übliche Maß der Planungsleistungen hinausgehen, zur Verringerung des
Energieverbrauchs sowie der Schadstoff-
und CO_2-Emissionen und zur Nutzung erneuerbarer Energien unter Verwendung
der Beiträge anderer an der Planung fachlich Beteiligter. Das übliche Maß ist für
Maßnahmen zur Energieeinsparung durch
die Erfüllung der Anforderungen gegeben,
die sich aus Rechtsvorschriften und den
allgemein anerkannten Regeln der Technik ergeben.

zeichnungen (Maßstab nach Art und Größe des Bauvorhabens; bei Freianlagen: im Maßstab 1:500 bis 1:100, insbesondere mit Angaben zur Verbesserung der Biotopfunktion, zu Vermeidungs-, Schutz-, Pflege- und Entwicklungsmaßnahmen sowie zur differenzierten Bepflanzung; bei raumbildenden Ausbauten: im Maßstab 1 : 50 bis 1 : 20, insbesondere mit Einzelheiten der Wandabwicklungen, Farb-, Licht- und Materialgestaltung), gegebenenfalls auch Detailpläne mehrfach wiederkehrender Raumgruppen

Verhandlungen mit Behörden und anderen an der Planung fachlich Beteiligten über die Genehmigungsfähigkeit

Kostenberechnung nach DIN 276 oder nach dem wohnungsrechtlichen Berechnungsrecht

Kostenkontrolle durch Vergleich der Kostenberechnung mit der Kostenschätzung

Zusammenfassen aller Entwurfsunterlagen

4. Genehmigungsplanung

Erarbeiten der Vorlagen für die nach den öffentlich-rechtlichen Vorschriften erforderlichen Genehmigungen oder Zustimmungen einschließlich der Anträge auf Ausnahmen und Befreiungen unter Verwendung der Beiträge anderer an der Planung fachlich Beteiligter sowie noch notwendiger Verhandlungen mit Behörden

Einreichen dieser Unterlagen

Vervollständigen und Anpassen der Planungsunterlagen, Beschreibungen und Berechnungen unter Verwendung der Beiträge anderer an der Planung fachlich Beteiligter

Bei Freianlagen und raumbildenden Ausbauten: Prüfen auf notwendige Genehmigungen, Einholen von Zustimmungen und Genehmigungen

Mitwirken bei der Beschaffung der nachbarlichen Zustimmung

Erarbeiten von Unterlagen für besondere Prüfverfahren

Fachliche und organisatorische Unterstützung des Bauherrn im Widerspruchsverfahren, Klageverfahren oder ähnliches

Ändern der Genehmigungsunterlagen infolge von Umständen, die der Auftragnehmer nicht zu vertreten hat

5. Ausführungsplanung

Durcharbeiten der Ergebnisse der Leistungsphasen 3 und 4 (stufenweise Erar-

Aufstellen einer detaillierten Objektbeschreibung*) als Baubuch zur Grundlage

*) Diese Besondere Leistung wird bei Leistungsbeschreibung mit Leistungsprogramm ganz oder teilweise Grundleistung. In diesem Fall entfallen die entsprechenden Grundleistungen dieser Leistungsphase, soweit die Leistungsbeschreibung mit Leistungsprogramm angewandt wird.

beitung und Darstellung der Lösung) unter Berücksichtigung städtebaulicher, gestalterischer, funktionaler, technischer, bauphysikalischer, wirtschaftlicher, energiewirtschaftlicher (zum Beispiel hinsichtlich rationeller Energieverwendung und der Verwendung erneuerbarer Energien) und landschaftsökologischer Anforderungen unter Verwendung der Beiträge anderer an der Planung fachlich Beteiligter bis zur ausführungsreifen Lösung

Zeichnerische Darstellung des Objekts mit allen für die Ausführung notwendigen Einzelangaben, zum Beispiel endgültige, vollständige Ausführungs-, Detail- und Konstruktionszeichnungen im Maßstab 1 : 50 bis 1 : 1, bei Freianlagen je nach Art des Bauvorhabens im Maßstab 1 : 200 bis 1 : 50, insbesondere Bepflanzungspläne, mit den erforderlichen textlichen Ausführungen

Bei raumbildenden Ausbauten: Detaillierte Darstellung der Räume und Raumfolgen im Maßstab 1 : 25 bis 1 : 1, mit den erforderlichen textlichen Ausführungen; Materialbestimmung

Erarbeiten der Grundlagen für die anderen an der Planung fachlich Beteiligten und Integrierung ihrer Beiträge bis zur ausführungsreifen Lösung

Fortschreiben der Ausführungsplanung während der Objektausführung

der Leistungsbeschreibung mit Leistungsprogramm*)

Aufstellen einer detaillierten Objektbeschreibung als Raumbuch zur Grundlage der Leistungsbeschreibung mit Leistungsprogramm*)

Prüfen der vom bauausführenden Unternehmen aufgrund der Leistungsbeschreibung mit Leistungsprogramm ausgearbeiteten Ausführungspläne auf Übereinstimmung mit der Entwurfsplanung*)

Erarbeiten von Detailmodellen

Prüfen und Anerkennen von Plänen Dritter nicht an der Planung fachlich Beteiligter auf Übereinstimmung mit den Ausführungsplänen (zum Beispiel Werkstattzeichnungen von Unternehmen, Aufstellungs- und Fundamentpläne von Maschinenlieferanten), soweit die Leistungen Anlagen betreffen, die in den anrechenbaren Kosten nicht erfaßt sind

6. Vorbereitung der Vergabe

Ermitteln und Zusammenstellen von Mengen als Grundlage für das Aufstellen von Leistungsbeschreibungen unter Verwendung der Beiträge anderer an der Planung fachlich Beteiligter

Aufstellen von Leistungsbeschreibungen mit Leistungsverzeichnissen nach Leistungsbereichen

Abstimmen und Koordinieren der Leistungsbeschreibungen der an der Planung fachlich Beteiligten

Aufstellen von Leistungsbeschreibungen mit Leistungsprogramm unter Bezug auf Baubuch/Raumbuch*)

Aufstellen von alternativen Leistungsbeschreibungen für geschlossene Leistungsbereiche

Aufstellen von vergleichenden Kostenübersichten unter Auswertung der Beiträge anderer an der Planung fachlich Beteiligter

---

*) Diese Besondere Leistung wird bei Leistungsbeschreibung mit Leistungsprogramm ganz oder teilweise Grundleistung. In diesem Fall entfallen die entsprechenden Grundleistungen dieser Leistungsphase, soweit die Leistungsbeschreibung mit Leistungsprogramm angewandt wird.

7. Mitwirkung bei der Vergabe

Zusammenstellen der Verdingungsunterlagen für alle Leistungsbereiche
Einholen von Angeboten
Prüfen und Werten der Angebote einschließlich Aufstellen eines Preisspiegels nach Teilleistungen unter Mitwirkung aller während der Leistungsphasen 6 und 7 fachlich Beteiligten
Abstimmen und Zusammenstellen der Leistungen der fachlich Beteiligten, die an der Vergabe mitwirken
Verhandlung mit Bietern
Kostenanschlag nach DIN 276 aus Einheits- oder Pauschalpreisen der Angebote
Kostenkontrolle durch Vergleich des Kostenanschlags mit der Kostenberechnung
Mitwirken bei der Auftragserteilung

Prüfen und Werten der Angebote aus Leistungsbeschreibung mit Leistungsprogramm einschließlich Preisspiegel*)

Aufstellen, Prüfen und Werten von Preisspiegeln nach besonderen Anforderungen

8. Objektüberwachung (Bauüberwachung)

Überwachen der Ausführung des Objekts auf Übereinstimmung mit der Baugenehmigung oder Zustimmung, den Ausführungsplänen und den Leistungsbeschreibungen sowie mit den allgemein anerkannten Regeln der Technik und den einschlägigen Vorschriften
Überwachen der Ausführung von Tragwerken nach § 63 Abs. 1 Nr. 1 und 2 auf Übereinstimmung mit dem Standsicherheitsnachweis
Koordinieren der an der Objektüberwachung fachlich Beteiligten
Überwachung und Detailkorrektur von Fertigteilen
Aufstellen und Überwachen eines Zeitplanes (Balkendiagramm)
Führen eines Bautagebuches
Gemeinsames Aufmaß mit den bauausführenden Unternehmen
Abnahme der Bauleistungen unter Mitwirkung anderer an der Planung und Objektüberwachung fachlich Beteiligter unter Feststellung von Mängeln
Rechnungsprüfung

Aufstellen, Überwachen und Fortschreiben eines Zahlungsplanes
Aufstellen, Überwachen und Fortschreiben von differenzierten Zeit-, Kosten- oder Kapazitätsplänen
Tätigkeit als verantwortlicher Bauleiter, soweit diese Tätigkeit nach jeweiligem Landesrecht über die Grundleistungen der Leistungsphase 8 hinausgeht

---

*) Diese Besondere Leistung wird bei Leistungsbeschreibung mit Leistungsprogramm ganz oder teilweise Grundleistung. In diesem Fall entfallen die entsprechenden Grundleistungen dieser Leistungsphase, soweit die Leistungsbeschreibung mit Leistungsprogramm angewandt wird.

Kostenfeststellung nach DIN 276 oder nach dem wohnungsrechtlichen Berechnungsrecht

Antrag auf behördliche Abnahmen und Teilnahme daran

Übergabe des Objekts einschließlich Zusammenstellung und Übergabe der erforderlichen Unterlagen, zum Beispiel Bedienungsanleitungen, Prüfprotokolle

Auflisten der Gewährleistungsfristen

Überwachen der Beseitigung der bei der Abnahme der Bauleistungen festgestellten Mängel

Kostenkontrolle durch Überprüfen der Leistungsabrechnung der bauausführenden Unternehmen im Vergleich zu den Vertragspreisen und dem Kostenanschlag

9. Objektbetreuung und Dokumentation

Objektbegehung zur Mängelfeststellung vor Ablauf der Verjährungsfristen der Gewährleistungsansprüche gegenüber den bauausführenden Unternehmen

Überwachen der Beseitigung von Mängeln, die innerhalb der Verjährungsfristen der Gewährleistungsansprüche, längstens jedoch bis zum Ablauf von fünf Jahren seit Abnahme der Bauleistungen auftreten

Mitwirken bei der Freigabe von Sicherheitsleistungen

Systematische Zusammenstellung der zeichnerischen Darstellungen und rechnerischen Ergebnisse des Objekts

Erstellen von Bestandsplänen

Aufstellen von Ausrüstungs- und Inventarverzeichnissen

Erstellen von Wartungs- und Pflegeanweisungen

Objektbeobachtung

Objektverwaltung

Baubegehungen nach Übergabe

Überwachen der Wartungs- und Pflegeleistungen

Aufbereiten des Zahlenmaterials für eine Objektdatei

Ermittlung und Kostenfeststellung zu Kostenrichtwerten

Überprüfen der Bauwerks- und Betriebs-Kosten-Nutzen-Analyse

(3) Wird das Überwachen der Herstellung des Objekts hinsichtlich der Einzelheiten der Gestaltung an einen Auftragnehmer in Auftrag gegeben, dem Grundleistungen nach den Leistungsphasen 1 bis 7, jedoch nicht nach der Leistungsphase 8, übertragen wurden, so kann für diese Leistung ein besonderes Honorar schriftlich vereinbart werden.

(4) Bei Umbauten und Modernisierungen im Sinne des § 3 Nr. 5 und 6 können neben den in Absatz 2 erwähnten Besonderen Leistungen insbesondere die nachstehenden Besonderen Leistungen vereinbart werden:

maßliches, technisches und verformungsgerechtes Aufmaß

Schadenskartierung

Ermitteln von Schadensursachen

Planen und Überwachen von Maßnahmen zum Schutz von vorhandener Substanz

Organisation von Betreuungsmaßnahmen für Nutzer und andere Planungs-
betroffene
Mitwirken an Betreuungsmaßnahmen für Nutzer und andere Planungsbetroffene
Wirkungskontrollen von Planungsansatz und Maßnahmen im Hinblick auf die
Nutzer, zum Beispiel durch Befragen.

§ 16 Honorartafel für Grundleistungen bei Gebäuden
und raumbildenden Ausbauten

(1) Die Mindest- und Höchstsätze der Honorare für die in § 15 aufgeführten
Grundleistungen bei Gebäuden und raumbildenden Ausbauten sind in der
nachfolgenden Honorartafel festgesetzt [siehe Seite 29].

(2) Das Honorar für Grundleistungen bei Gebäuden und raumbildenden
Ausbauten, deren anrechenbare Kosten unter 25 565 Euro liegen, kann als
Pauschalhonorar oder als Zeithonorar nach § 6 berechnet werden, höchstens
jedoch bis zu den in der Honorartafel nach Absatz 1 für anrechenbare Kosten
von 25 565 Euro festgesetzten Höchstsätzen. Als Mindestsätze gelten die
Stundensätze nach § 6 Abs. 2, höchstens jedoch die in der Honorartafel nach
Absatz 1 für anrechenbare Kosten von 25 565 Euro festgesetzten Mindest-
sätze.

(3) Das Honorar für Gebäude und raumbildende Ausbauten, deren anrechenbare Kosten über 25 564 594 Euro liegen, kann frei vereinbart werden.

§ 17 Honorartafel für Grundleistungen bei Freianlagen

(1) Die Mindest- und Höchstsätze der Honorare für die in § 15 aufgeführten
Grundleistungen bei Freianlagen sind in der nachfolgenden Honorartafel festgesetzt [siehe Seite 30].

(2) § 16 Abs. 2 und 3 gilt sinngemäß.

(3) Werden Ingenieurbauwerke und Verkehrsanlagen, die innerhalb von
Freianlagen liegen, von dem Auftragnehmer gestalterisch in die Umgebung
eingebunden, dem Grundleistungen bei Freianlagen übertragen sind, so kann
ein Honorar für diese Leistungen schriftlich vereinbart werden. Honoraransprü-
che nach Teil VII bleiben unberührt.

§ 18 Auftrag über Gebäude und Freianlagen

Honorare für Grundleistungen für Gebäude und für Grundleistungen für
Freianlagen sind getrennt zu berechnen. Dies gilt nicht, wenn die getrennte
Berechnung weniger als 7 500 Euro anrechenbare Kosten zum Gegenstand
hätte; § 10 Abs. 5 Nr. 5 und Abs. 6 findet insoweit keine Anwendung.

§ 19 Vorplanung, Entwurfsplanung und Objektüberwachung
als Einzelleistung

(1) Wird die Anfertigung der Vorplanung (Leistungsphase 2 des § 15) oder
der Entwurfsplanung (Leistungsphase 3 des § 15) bei Gebäuden als Einzellei-

Honorartafel zu § 16 Abs. 1

Anrechenbare Kosten Euro	Zone I von Euro	Zone I bis Euro	Zone II von Euro	Zone II bis Euro	Zone III von Euro	Zone III bis Euro	Zone IV von Euro	Zone IV bis Euro	Zone V von Euro	Zone V bis Euro
25 565	1 984	2 413	2 413	2 991	2 991	3 855	3 855	4 433	4 433	4 862
30 000	2 325	2 826	2 826	3 497	3 497	4 498	4 498	5 169	5 169	5 670
35 000	2 719	3 299	3 299	4 075	4 075	5 236	5 236	6 012	6 012	6 593
40 000	3 101	3 762	3 762	4 647	4 647	5 968	5 968	6 853	6 853	7 513
45 000	3 494	4 234	4 234	5 221	5 221	6 702	6 702	7 689	7 689	8 429
50 000	3 881	4 697	4 697	5 780	5 780	7 413	7 413	8 496	8 496	9 312
100 000	7 755	9 278	9 278	11 311	11 311	14 360	14 360	16 393	16 393	17 916
150 000	11 635	13 753	13 753	16 578	16 578	20 818	20 818	23 644	23 644	25 761
200 000	15 510	18 115	18 115	21 586	21 586	26 792	26 792	30 263	30 263	32 868
250 000	19 385	22 384	22 384	26 380	26 380	32 373	32 373	36 369	36 369	39 368
300 000	22 484	25 983	25 983	30 650	30 650	37 643	37 643	42 309	42 309	45 808
350 000	25 060	29 131	29 131	34 561	34 561	42 700	42 700	48 131	48 131	52 201
400 000	27 272	31 922	31 922	38 127	38 127	47 432	47 432	53 637	53 637	58 287
450 000	29 144	34 382	34 382	41 362	41 362	51 840	51 840	58 820	58 820	64 059
500 000	30 671	36 488	36 488	44 243	44 243	55 876	55 876	63 631	63 631	69 447
1 000 000	55 293	65 535	65 535	79 193	79 193	99 682	99 682	113 340	113 340	123 582
1 500 000	80 167	94 804	94 804	114 317	114 317	143 592	143 592	163 105	163 105	177 742
2 000 000	105 005	124 033	124 033	149 401	149 401	187 455	187 455	212 823	212 823	231 851
2 500 000	129 845	153 271	153 271	184 503	184 503	231 352	231 352	262 584	262 584	286 006
3 000 000	155 660	182 183	182 183	217 541	217 541	270 581	270 581	305 940	305 940	332 462
3 500 000	181 605	211 053	211 053	250 321	250 321	309 221	309 221	348 488	348 488	377 937
4 000 000	207 550	239 927	239 927	283 101	283 101	347 856	347 856	391 030	391 030	423 407
4 500 000	233 491	268 798	268 798	315 877	315 877	386 495	386 495	433 574	433 574	468 881
5 000 000	259 435	297 672	297 672	348 656	348 656	425 135	425 135	476 119	476 119	514 356
10 000 000	518 870	589 823	589 823	684 426	684 426	826 334	826 334	920 937	920 937	991 890
15 000 000	778 305	877 041	877 041	1 008 690	1 008 690	1 206 165	1 206 165	1 337 814	1 337 814	1 436 550
20 000 000	1 037 740	1 159 131	1 159 131	1 320 989	1 320 989	1 563 771	1 563 771	1 725 629	1 725 629	1 847 020
25 000 000	1 297 175	1 442 062	1 442 062	1 635 242	1 635 242	1 925 012	1 925 012	2 118 192	2 118 192	2 263 075
25 564 594	1 326 470	1 474 024	1 474 024	1 670 759	1 670 759	1 965 861	1 965 861	2 162 596	2 162 596	2 310 145

Honorartafel zu § 17 Abs. 1

Anrechenbare Kosten Euro	Zone I von Euro	Zone I bis Euro	Zone II von Euro	Zone II bis Euro	Zone III von Euro	Zone III bis Euro	Zone IV von Euro	Zone IV bis Euro	Zone V von Euro	Zone V bis Euro
20 452	2 378	2 914	2 914	3 625	3 625	4 694	4 694	5 404	5 404	5 941
25 000	2 896	3 547	3 547	4 412	4 412	5 708	5 708	6 573	6 573	7 224
30 000	3 453	4 228	4 228	5 259	5 259	6 805	6 805	7 836	7 836	8 607
35 000	4 008	4 904	4 904	6 100	6 100	7 887	7 887	9 083	9 083	9 979
40 000	4 559	5 575	5 575	6 931	6 931	8 959	8 959	10 316	10 316	11 332
45 000	5 100	6 237	6 237	7 749	7 749	10 017	10 017	11 529	11 529	12 665
50 000	5 636	6 889	6 889	8 556	8 556	11 056	11 056	12 723	12 723	13 975
100 000	10 664	12 978	12 978	16 059	16 059	20 687	20 687	23 768	23 768	26 082
150 000	15 082	18 275	18 275	22 532	22 532	28 918	28 918	33 174	33 174	36 367
200 000	18 922	22 808	22 808	27 983	27 983	35 754	35 754	40 929	40 929	44 815
250 000	22 149	26 542	26 542	32 398	32 398	41 189	41 189	47 045	47 045	51 438
300 000	26 410	31 337	31 337	37 903	37 903	47 758	47 758	54 323	54 323	59 250
350 000	30 815	36 187	36 187	43 350	43 350	54 095	54 095	61 258	61 258	66 630
400 000	35 215	40 933	40 933	48 555	48 555	59 991	59 991	67 612	67 612	73 330
450 000	39 619	45 565	45 565	53 490	53 490	65 377	65 377	73 303	73 303	79 248
500 000	44 016	50 083	50 083	58 172	58 172	70 309	70 309	78 398	78 398	84 465
1 000 000	88 035	97 296	97 296	109 643	109 643	128 165	128 165	140 512	140 512	149 773
1 500 000	132 050	145 172	145 172	162 670	162 670	188 919	188 919	206 416	206 416	219 538
1 533 876	135 032	148 418	148 418	166 267	166 267	193 043	193 043	210 893	210 893	224 278

stung in Auftrag gegeben, so können hierfür anstelle der in § 15 Abs. 1 festgesetzten Vomhundersätze folgende Vomhundertsätze der Honorare nach § 16 vereinbart werden:

1. für die Vorplanung   bis zu 10 v. H.,
2. für die Entwurfsplanung bis zu 18 v. H.

(2) Wird die Anfertigung der Vorplanung (Leistungsphase 2 des § 15) oder der Entwurfsplanung (Leistungsphase 3 des § 15) bei Freianlagen als Einzelleistung in Auftrag gegeben, so können hierfür anstelle der in § 15 Abs. 1 festgesetzten Vomhundersätze folgende Vomhundertsätze der Honorare nach § 17 vereinbart werden:

1. für die Vorplanung   bis zu 15 v. H.,
2. für die Entwurfsplanung bis zu 25 v. H.

(3) Wird die Anfertigung der Vorplanung (Leistungsphase 2 des § 15) oder der Entwurfsplanung (Leistungsphase 3 des § 15) bei raumbildenden Ausbauten als Einzelleistung in Auftrag gegeben, so können hierfür anstelle der in § 15 Abs. 1 festgesetzten Vomhundersätze folgende Vomhundertsätze der Honorare nach § 16 vereinbart werden:

1. für die Vorplanung   bis zu 10 v. H.,
2. für die Entwurfsplanung bis zu 21 v. H.

(4) Wird die Objektüberwachung (Leistungsphase 8 des § 15) bei Gebäuden als Einzelleistung in Auftrag gegeben, so können hierfür anstelle der Mindestsätze nach den §§ 15 und 16 folgende Vomhundertsätze der anrechenbaren Kosten nach § 10 berechnet werden:

1. 2,1 v. H. bei Gebäuden der Honorarzone 2,
2. 2,3 v. H. bei Gebäuden der Honorarzone 3,
3. 2,5 v. H. bei Gebäuden der Honorarzone 4,
4. 2,7 v. H. bei Gebäuden der Honorarzone 5.

§ 20 Mehrere Vor- oder Entwurfsplanungen

Werden für dasselbe Gebäude auf Veranlassung des Auftraggebers mehrere Vor- oder Entwurfsplanungen nach grundsätzlich verschiedenen Anforderungen gefertigt, so können für die umfassendste Vor- oder Entwurfsplanung die vollen Vomhundertsätze dieser Leistungsphase nach § 15, außerdem für jede andere Vor- oder Entwurfsplanung die Hälfte dieser Vomhundertsätze berechnet werden. Satz 1 gilt entsprechend für Freianlagen und raumbildende Ausbauten.

§ 21 Zeitliche Trennung der Ausführung

Wird ein Auftrag, der ein oder mehrere Gebäude umfaßt, nicht einheitlich in einem Zuge, sondern abschnittsweise in größeren Zeitabständen ausgeführt, so ist für die das ganze Gebäude oder das ganze Bauvorhaben betreffenden, zusammenhängend durchgeführten Leistungen das anteilige Honorar zu berechnen, das sich nach den gesamten anrechenbaren Kosten ergibt. Das Honorar für die restlichen Leistungen ist jeweils nach den anrechenbaren Kosten der einzelnen Bauabschnitte zu berechnen. Die Sätze 1 und 2 gelten entsprechend für Freianlagen und raumbildende Ausbauten.

§ 22 Auftrag für mehrere Gebäude

(1) Umfaßt ein Auftrag mehrere Gebäude, so sind die Honorare vorbehaltlich der nachfolgenden Absätze für jedes Gebäude getrennt zu berechnen.

(2) Umfaßt ein Auftrag mehrere gleiche, spiegelgleiche oder im wesentlichen gleichartige Gebäude, die im zeitlichen oder örtlichen Zusammenhang und unter gleichen baulichen Verhältnissen errichtet werden sollen, oder Gebäude nach Typenplanung oder Serienbauten, so sind für die 1. bis 4. Wiederholung die Vomhundertsätze der Leistungsphasen 1 bis 7 in § 15 um 50 vom Hundert, von der 5. Wiederholung an um 60 vom Hundert zu mindern. Als gleich gelten Gebäude, die nach dem gleichen Entwurf ausgeführt werden. Als Serienbauten gelten Gebäude, die nach einem im wesentlichen gleichen Entwurf ausgeführt werden.

(3) Erteilen mehrere Auftraggeber einem Auftragnehmer Aufträge über Gebäude, die gleich, spiegelgleich oder im wesentlichen gleichartig sind und die im zeitlichen oder örtlichen Zusammenhang und unter gleichen baulichen Verhältnissen errichtet werden sollen, so findet Absatz 2 mit der Maßgabe entsprechende Anwendung, daß der Auftragnehmer die Honorarminderungen gleichmäßig auf alle Auftraggeber verteilt.

(4) Umfaßt ein Auftrag Leistungen, die bereits Gegenstand eines anderen Auftrags für ein Gebäude nach gleichem oder spiegelgleichem Entwurf zwischen den Vertragsparteien waren, so findet Absatz 2 auch dann entsprechende Anwendung, wenn die Leistungen nicht im zeitlichen oder örtlichen Zusammenhang erbracht werden sollen.

§ 23 Verschiedene Leistungen an einem Gebäude

(1) Werden Leistungen bei Wiederaufbauten, Erweiterungsbauten, Umbauten oder raumbildenden Ausbauten (§ 3 Nr. 3 bis 5 und 7) gleichzeitg durchgeführt, so sind die anrechenbaren Kosten für jede einzelne Leistung festzustellen und das Honorar danach getrennt zu berechnen. § 25 Abs. 1 bleibt unberührt.

(2) Soweit sich der Umfang jeder einzelnen Leistung durch die gleichzeitige Durchführung der Leistungen nach Absatz 1 mindert, ist dies bei der Berechnung des Honorars entsprechend zu berücksichtigen.

§ 24 Umbauten und Modernisierungen von Gebäuden

(1) Honorare für Leistungen bei Umbauten und Modernisierungen im Sinne des § 3 Nr. 5 und 6 sind nach den anrechenbaren Kosten nach § 10, der Honorarzone, der der Umbau oder die Modernisierung bei sinngemäßer Anwendung des § 11 zuzuordnen ist, den Leistungsphasen des § 15 und der Honorartafel des § 16 mit der Maßgabe zu ermitteln, daß eine Erhöhung der Honorare um einen Vomhundertsatz schriftlich zu vereinbaren ist. Bei der Vereinbarung der Höhe des Zuschlags ist insbesondere der Schwierigkeitsgrad der Leistungen zu berücksichtigen. Bei durchschnittlichem Schwierigkeitsgrad der Leistungen kann ein Zuschlag von 20 bis 33 vom Hundert

vereinbart werden. Sofern nicht etwas anderes schriftlich vereinbart ist, gilt ab durchschnittlichem Schwierigkeitsgrad ein Zuschlag von 20 vom Hundert als vereinbart.

(2) Werden bei Umbauten und Modernisierungen im Sinne des § 3 Nr. 5 und 6 erhöhte Anforderungen in der Leistungsphase 1 bei der Klärung der Maßnahmen und Erkundung der Substanz, oder in der Leistungsphase 2 bei der Beurteilung der vorhandenen Substanz auf ihre Eignung zur Übernahme in die Planung oder in der Leistungsphase 8 gestellt, so können die Vertragsparteien anstelle der Vereinbarung eines Zuschlags nach Absatz 1 schriftlich vereinbaren, daß die Grundleistungen für diese Leistungsphasen höher bewertet werden, als in § 15 Abs. 1 vorgeschrieben ist.

§ 25 Leistungen des raumbildenden Ausbaus

(1) Werden Leistungen des raumbildenden Ausbaus in Gebäuden, die neugebaut, wiederaufgebaut, erweitert oder umgebaut werden, einem Auftragnehmer übertragen, dem auch Grundleistungen für diese Gebäude nach § 15 übertragen werden, so kann für die Leistungen des raumbildenden Ausbaus ein besonderes Honorar nicht berechnet werden. Diese Leistungen sind bei der Vereinbarung des Honorars für die Grundleistungen für Gebäude im Rahmen der für diese Leistungen festgesetzten Mindest- und Höchstsätze zu berücksichtigen.

(2) Für Leistungen des raumbildenden Ausbaus in bestehenden Gebäuden ist eine Erhöhung der Honorare um einen Vomhundertsatz schriftlich zu vereinbaren. Bei der Vereinbarung der Höhe des Zuschlags ist insbesondere der Schwierigkeitsgrad der Leistungen zu berücksichtigen. Bei durchschnittlichem Schwierigkeitsgrad der Leistungen kann ein Zuschlag von 25 bis 50 vom Hundert vereinbart werden. Sofern nicht etwas anderes schriftlich vereinbart ist, gilt ab durchschnittlichem Schwierigkeitsgrad ein Zuschlag von 25 vom Hundert als vereinbart.

§ 26 Einrichtungsgegenstände und integrierte Werbeanlagen

Honorare für Leistungen bei Einrichtungsgegenständen und integrierten Werbeanlagen können als Pauschalhonorar frei vereinbart werden. Wird ein Pauschalhonorar nicht bei Auftragserteilung schriftlich vereinbart, so ist das Honorar als Zeithonorar nach § 6 zu berechnen.

§ 27 Instandhaltungen und Instandsetzungen

Honorare für Leistungen bei Instandhaltungen und Instandsetzungen sind nach den anrechenbaren Kosten nach § 10, der Honorarzone, der das Gebäude nach den §§ 11 und 12 zuzuordnen ist, den Leistungsphasen des § 15 und der Honorartafel des § 16 mit der Maßgabe zu ermitteln, daß eine Erhöhung des Vomhundertsatzes für die Bauüberwachung (Leistungsphase 8 des § 15) um bis zu 50 vom Hundert vereinbart werden kann.

Teil III: Zusätzliche Leistungen

§ 28 Entwicklung und Herstellung von Fertigteilen

(1) Fertigteile sind industriell in Serienfertigung hergestellte Konstruktionen oder Gegenstände im Bauwesen.

(2) Zu den Fertigteilen gehören insbesondere:

1. tragende Konstruktionen, wie Stützen, Unterzüge, Binder, Rahmenriegel,
2. Decken- und Dachkonstruktionen sowie Fassadenelemente,
3. Ausbaufertigteile, wie nichttragende Trennwände, Naßzellen und abgehängte Decken,
4. Einrichtungsfertigteile, wie Wandvertäfelungen, Möbel, Beleuchtungskörper.

(3) Das Honorar für Planungs- und Überwachungsleistungen bei der Entwicklung und Herstellung von Fertigteilen kann als Pauschalhonorar frei vereinbart werden. Wird ein Pauschalhonorar nicht bei Auftragserteilung schriftlich vereinbart, so ist das Honorar als Zeithonorar nach § 6 zu berechnen. Die Berechnung eines Honorars nach Satz 1 oder 2 ist ausgeschlossen, wenn die Leistungen im Rahmen der Objektplanung (§ 15) erbracht werden.

§ 29 Rationalisierungswirksame besondere Leistungen

(1) Rationalisierungswirksame besondere Leistungen sind zum ersten Mal erbrachte Leistungen, die durch herausragende technisch-wirtschaftliche Lösungen über den Rahmen einer wirtschaftlichen Planung oder über den allgemeinen Stand des Wissens wesentlich hinausgehen und dadurch zu einer Senkung der Bau- und Nutzungskosten des Objekts führen. Die vom Auftraggeber an das Objekt gestellten Anforderungen dürfen dabei nicht unterschritten werden.

(2) Honorare für rationalisierungswirksame besondere Leistungen dürfen nur berechnet werden, wenn sie vorher schriftlich vereinbart worden sind. Sie können als Erfolgshonorar nach dem Verhältnis der geplanten oder vorgegebenen Ergebnisse zu den erreichten Ergebnissen oder als Zeithonorar nach § 6 vereinbart werden.

§ 30

(weggefallen)

§ 31 Projektsteuerung

(1) Leistungen der Projektsteuerung werden von Auftragnehmern erbracht, wenn sie Funktionen des Auftraggebers bei der Steuerung von Projekten mit mehreren Fachbereichen übernehmen. Hierzu gehören insbesondere:

1. Klärung der Aufgabenstellung, Erstellung und Koordinierung des Programms für das Gesamtprojekt,
2. Klärung der Voraussetzungen für den Einsatz von Planern und anderen an der Planung fachlich Beteiligten (Projektbeteiligte),

3. Aufstellung und Überwachung von Organisations-, Termin- und Zahlungsplänen, bezogen auf Projekt und Projektbeteiligte,
4. Koordinierung und Kontrolle der Projektbeteiligten, mit Ausnahme der ausführenden Firmen,
5. Vorbereitung und Betreuung der Beteiligung von Planungsbetroffenen,
6. Fortschreibung der Planungsziele und Klärung von Zielkonflikten,
7. laufende Information des Auftraggebers über die Projektabwicklung und rechtzeitiges Herbeiführen von Entscheidungen des Auftraggebers,
8. Koordinierung und Kontrolle der Bearbeitung von Finanzierungs-, Förderungs- und Genehmigungsverfahren.

(2) Honorare für Leistungen bei der Projektsteuerung dürfen nur berechnet werden, wenn sie bei Auftragserteilung schriftlich vereinbart worden sind; sie können frei vereinbart werden.

§ 32 Winterbau

(1) Leistungen für den Winterbau sind Leistungen der Auftragnehmer zur Durchführung von Bauleistungen in der Zeit winterlicher Witterung.

(2) Hierzu rechnen insbesondere:
1. Untersuchung über Wirtschaftlichkeit der Bauausführung mit und ohne Winterbau, zum Beispiel in Form von Kosten-Nutzen-Berechnungen,
2. Untersuchungen über zweckmäßige Schutzvorkehrungen,
3. Untersuchungen über die für eine Bauausführung im Winter am besten geeigneten Baustoffe, Bauarten, Methoden und Konstruktionsdetails,
4. Vorbereitung der Vergabe und Mitwirkung bei der Vergabe von Winterbauschutzvorkehrungen.

(3) Das Honorar für Leistungen für den Winterbau kann als Pauschalhonorar frei vereinbart werden. Wird ein Pauschalhonorar nicht bei Auftragserteilung schriftlich vereinbart, so ist das Honorar als Zeithonorar nach § 6 zu berechnen.

(4) Werden von einem Auftragnehmer Leistungen nach Absatz 2 Nr. 4 erbracht, dem gleichzeitig Grundleistungen nach § 15 übertragen worden sind, so kann abweichend von Absatz 3 vereinbart werden, daß die Kosten der Winterbauschutzvorkehrungen den anrechenbaren Kosten nach § 10 zugerechnet werden.

Teil IV: Gutachten und Wertermittlungen

§ 33 Gutachten

Das Honorar für Gutachten über Leistungen, die in dieser Verordnung erfaßt sind, kann frei vereinbart werden. Wird ein Honorar nicht bei Auftragserteilung schriftlich vereinbart, so ist das Honorar als Zeithonorar nach § 6 zu berechnen. Die Sätze 1 und 2 sind nicht anzuwenden, soweit in den Vorschriften dieser Verordnung etwa anderes bestimmt ist.

§ 34 Wertermittlungen

(1) Die Mindest- und Höchstsätze der Honorare für die Ermittlung des Wertes von Grundstücken, Gebäuden und anderen Bauwerken oder von Rechten an Grundstücken sind in der nachfolgenden Honorartafel festgesetzt [siehe Seite 37].

(2) Das Honorar richtet sich nach dem Wert der Grundstücke, Gebäude, anderen Bauwerke oder Rechte, der nach dem Zweck der Ermittlung zum Zeitpunkt der Wertermittlung festgestellt wird; bei unbebauten Grundstücken ist der Bodenwert maßgebend. Sind im Rahmen einer Wertermittlung mehrere der in Absatz 1 genannten Objekte zu bewerten, so ist das Honorar nach der Summe der ermittelten Werte der einzelnen Objekte zu berechnen.

(3) § 16 Abs. 2 und 3 gilt sinngemäß.

(4) Wertermittlungen können nach Anzahl und Gewicht der Schwierigkeiten nach Absatz 5 der Schwierigkeitsstufe der Honorartafel nach Absatz 1 zugeordnet werden, wenn es bei Auftragserteilung schriftlich vereinbart worden ist. Die Honorare der Schwierigkeitsstufe können bei Schwierigkeiten nach Absatz 5 Nr. 3 überschritten werden.

(5) Schwierigkeiten können insbesondere vorliegen
1. bei Wertermittlungen
   - für Erbbaurechte, Nießbrauchs- und Wohnrechte sowie sonstige Rechte,
   - bei Umlegungen und Enteignungen,
   - bei steuerlichen Bewertungen,
   - für unterschiedliche Nutzungsarten auf einem Grundstück,
   - bei Berücksichtigung von Schadensgraden,
   - bei besonderen Unfallgefahren, starkem Staub oder Schmutz oder sonstigen nicht unerheblichen Erschwernissen bei der Durchführung des Auftrages;
2. bei Wertermittlungen, zu deren Durchführung der Auftragnehmer die erforderlichen Unterlagen beschaffen, überarbeiten oder anfertigen muß, zum Beispiel
   - Beschaffung und Ergänzung der Grundstücks-, Grundbuch- und Kasterangaben,
   - Feststellung der Roheinnahmen,
   - Feststellung der Bewirtschaftungskosten,
   - Örtliche Aufnahme der Bauten,
   - Anfertigung von Systemskizzen im Maßstab nach Wahl,
   - Ergänzung vorhandener Grundriß- und Schnittzeichnungen;
3. bei Wertermittlungen
   - für mehrere Stichtage,
   - die im Einzelfall eine Auseinandersetzung mit Grundsatzfragen der Wertermittlung und eine entsprechende schriftliche Begründung erfordern.

(6) Die nach den Absätzen 1, 2, 4 und 5 ermittelten Honorare mindern sich bei
- überschlägigen Wertermittlungen nach Vorlagen von Banken und Versicherungen um   30 v. H.,
- Verkehrswertermittlungen nur unter Heranziehung des Sachwerts oder Ertragswerts um   20 v. H.,

Honorartafel zu § 34 Abs. 1

Wert Euro	Normalstufe		Schwierigkeitsstufe	
	von Euro	bis Euro	von Euro	bis Euro
25 565	225	291	281	435
50 000	323	394	384	537
75 000	437	537	517	733
100 000	543	664	643	910
125 000	639	780	755	1 062
150 000	725	881	856	1 203
175 000	767	938	912	1 278
200 000	860	1 051	1 017	1 432
225 000	929	1 131	1 095	1 544
250 000	977	1 193	1 157	1 628
300 000	1 071	1 304	1 264	1 779
350 000	1 149	1 397	1 356	1 908
400 000	1 207	1 479	1 425	2 012
450 000	1 266	1 546	1 490	2 104
500 000	1 318	1 611	1 559	2 198
750 000	1 563	1 912	1 847	2 610
1 000 000	1 776	2 180	2 104	2 965
1 250 000	1 981	2 417	2 336	3 292
1 500 000	2 164	2 644	2 548	3 599
1 750 000	2 357	2 877	2 780	3 917
2 000 000	2 510	3 062	2 956	4 165
2 250 000	2 671	3 249	3 150	4 437
2 500 000	2 856	3 487	3 382	4 757
3 000 000	3 152	3 849	3 724	5 253
3 500 000	3 450	4 194	4 079	5 771
4 000 000	3 729	4 569	4 410	6 250
4 500 000	4 082	5 027	4 837	6 851
5 000 000	4 348	5 314	5 148	7 274
7 500 000	5 706	6 973	6 762	9 511
10 000 000	7 071	8 555	8 242	11 719
12 500 000	8 340	10 180	9 903	13 974
15 000 000	9 369	11 433	10 980	15 440
17 500 000	10 547	12 776	12 386	17 350
20 000 000	11 268	13 788	13 368	18 856
22 500 000	12 328	15 163	14 692	20 661
25 000 000	13 443	16 593	16 068	22 634
25 564 594	13 692	16 914	16 377	23 085

– Umrechnungen von bereits festgestellten Wertermittlungen auf einen anderen Zeitpunkt um   20 v. H.

(7) Wird eine Wertermittlung um Feststellungen ergänzt und sind dabei lediglich Zugänge oder Abgänge beziehungsweise Zuschläge oder Abschläge zu berücksichtigen, so mindern sich die nach den vorstehenden Vorschriften ermittelten Honorare um 20 vom Hundert. Dasselbe gilt für andere Ergänzungen, deren Leistungsumfang nicht oder nur unwesentlich über den einer Wertermittlung nach Satz 1 hinausgeht.

Teil V: Städtebauliche Leistungen

§ 35 Anwendungsbereich

(1) Städtebauliche Leistungen umfassen die Vorbereitung, die Erstellung der für die Planarten nach Absatz 2 erforderlichen Ausarbeitungen und Planfassungen, die Mitwirkung beim Verfahren sowie sonstige städtebauliche Leistungen nach § 42.

(2) Die Bestimmungen dieses Teils gelten für folgende Planarten:
1. Flächennutzungspläne nach den §§ 5 bis 7 des Baugesetzbuchs,
2. Bebauungspläne nach den §§ 8 bis 13 des Baugesetzbuchs.

§ 36 Kosten von EDV-Leistungen

Kosten von EDV-Leistungen können bei städtebaulichen Leistungen als Nebenkosten im Sinne des § 7 Abs. 3 berechnet werden, wenn dies bei Auftragserteilung schriftlich vereinbart worden ist. Verringern EDV-Leistungen den Leistungsumfang von städtebaulichen Leistungen, so ist dies bei der Vereinbarung des Honorars zu berücksichtigen.

§ 36 a Honorarzonen für Leistungen bei Flächennutzungsplänen

(1) Die Honorarzone wird bei Flächennutzungsplänen aufgrund folgender Bewertungsmerkmale ermittelt:
1. Honorarzone I:
Flächennutzungspläne mit sehr geringen Planungsanforderungen, das heißt mit
– sehr geringen Anforderungen aus den topographischen Verhältnissen und geologischen Gegebenheiten,
– sehr geringen Anforderungen aus der baulichen und landschaftlichen Umgebung und Denkmalpflege,
– sehr geringen Anforderungen an die Nutzung, sehr geringe Dichte,
– sehr geringen gestalterischen Anforderungen,
– sehr geringen Anforderungen an die Erschließung,
– sehr geringen Anforderungen an die Umweltvorsorge sowie an die ökologischen Bedingungen;

2. Honorarzone II:
Flächennutzungspläne mit geringen Planungsanforderungen, das heißt mit
- geringen Anforderungen aus den topographischen Verhältnissen und geologischen Gegebenheiten,
- geringen Anforderungen aus der baulichen und landschaftlichen Umgebung und Denkmalpflege,
- geringen Anforderungen an die Nutzung, geringe Dichte,
- geringen gestalterischen Anforderungen,
- geringen Anforderungen an die Erschließung,
- geringen Anforderungen an die Umweltvorsorge sowie an die ökologischen Bedingungen;

3. Honorarzone III:
Flächennutzungspläne mit durchschnittlichen Planungsanforderungen, das heißt mit
- durchschnittlichen Anforderungen aus den topographischen Verhältnissen und geologischen Gegebenheiten,
- durchschnittlichen Anforderungen aus der baulichen und landschaftlichen Umgebung und Denkmalpflege,
- durchschnittlichen Anforderungen an die Nutzung, durchschnittliche Dichte,
- durchschnittlichen gestalterischen Anforderungen,
- durchschnittlichen Anforderungen an die Erschließung,
- durchschnittlichen Anforderungen an die Umweltvorsorge sowie an die ökologischen Bedingungen;

4. Honorarzone IV:
Flächennutzungspläne mit überdurchschnittlichen Planungsanforderungen, das heißt mit
- überdurchschnittlichen Anforderungen aus den topographischen Verhältnissen und geologischen Gegebenheiten,
- überdurchschnittlichen Anforderungen aus der baulichen und landschaftlichen Umgebung und Denkmalpflege,
- überdurchschnittlichen Anforderungen an die Nutzung, überdurchschnittliche Dichte,
- überdurchschnittlichen gestalterischen Anforderungen,
- überdurchschnittlichen Anforderungen an die Erschließung,
- überdurchschnittlichen Anforderungen an die Umweltvorsorge sowie an die ökologischen Bedingungen;

5. Honorarzone V:
Flächennutzungspläne mit sehr hohen Planungsanforderungen, das heißt mit
- sehr hohen Anforderungen aus den topographischen Verhältnissen und geologischen Gegebenheiten,
- sehr hohen Anforderungen aus der baulichen und landschaftlichen Umgebung und Denkmalpflege,
- sehr hohen Anforderungen an die Nutzung, sehr hohe Dichte,
- sehr hohen gestalterischen Anforderungen,
- sehr hohen Anforderungen an die Erschließung,

– sehr hohen Anforderungen an die Umweltvorsorge sowie an die ökologischen Bedingungen.

(2) Sind für einen Flächennutzungsplan Bewertungsmerkmale aus mehreren Honorarzonen anwendbar und bestehen deswegen Zweifel, welcher Honorarzone der Flächennutzungsplan zugerechnet werden kann, so ist die Anzahl der Bewertungspunkte nach Absatz 3 zu ermitteln; der Flächennutzungsplan ist nach der Summe der Bewertungspunkte folgenden Honorarzonen zuzurechnen:

1. Honorarzone I: Ansätze mit bis zu 9 Punkten,
2. Honorarzone II: Ansätze mit 10 bis 14 Punkten,
3. Honorarzone III: Ansätze mit 15 bis 19 Punkten,
4. Honorarzone IV: Ansätze mit 20 bis 24 Punkten,
5. Honorarzone V: Ansätze mit 25 bis 30 Punkten.

(3) Bei der Zurechnung eines Flächennutzungsplans in die Honorarzonen sind entsprechend dem Schwierigkeitsgrad der Planungsanforderungen die in Absatz 1 genannten Bewertungsmerkmale mit je bis zu 5 Punkten zu bewerten.

§ 37 Leistungsbild Flächennutzungsplan

(1) Die Grundleistungen bei Flächennutzungsplänen sind in den in Absatz 2 aufgeführten Leistungsphasen 1 bis 5 zusammengefaßt. Sie sind in der folgenden Tabelle in Vomhundertsätzen der Honorare des § 38 bewertet.

	Bewertung der Grundleistungen in v. H. der Honorare
1. Klären der Aufgabenstellung und Ermitteln des Leistungsumfangs Ermitteln der Voraussetzungen zur Lösung der Planungsaufgabe	1 bis 3
2. Ermitteln der Planungsvorgaben Bestandsaufnahme und Analyse des Zustands sowie Prognose der voraussichtlichen Entwicklung	10 bis 20
3. Vorentwurf Erarbeiten der wesentlichen Teile einer Lösung der Planungsaufgabe	40
4. Entwurf Erarbeiten der endgültigen Lösung der Planungsaufgabe als Grundlage für den Beschluß der Gemeinde	30
5. Genehmigungsfähige Planfassung Erarbeiten der Unterlagen zum Einreichen für die erforderliche Genehmigung	7

(2) Das Leistungsbild setzt sich wie folgt zusammen:

Grundleistungen	Besondere Leistungen

**1. Klären der Aufgabenstellung und Er-
mitteln des Leistungsumfangs**

Zusammenstellen einer Übersicht der vor-gegebenen bestehenden und laufenden örtlichen und überörtlichen Planungen und Untersuchungen einschließlich solcher benachbarter Gemeinden	Ausarbeiten eines Leistungskatalogs

Zusammenstellen der verfügbaren Kartenunterlagen und Daten nach Umfang und Qualität

Festlegen ergänzender Fachleistungen und Formulieren von Entscheidungshilfen für die Auswahl anderer an der Planung fachlich Beteiligter, soweit notwendig

Werten des vorhandenen Grundlagenmaterials und der materiellen Ausstattung

Ermitteln des Leistungsumfangs

Ortsbesichtigungen

2. Ermitteln der Planungsvorgaben

a) Bestandsaufnahme

Erfassen und Darlegen der Ziele der Raumordnung und Landesplanung, der beabsichtigten Planungen und Maßnahmen der Gemeinde und der Träger öffentlicher Belange

Darstellen des Zustands unter Verwendung hierzu vorliegender Fachbeiträge, insbesondere im Hinblick auf Topographie, vorhandene Bebauung und ihre Nutzung, Freiflächen und ihre Nutzung, Verkehrs-, Ver- und Entsorgungsanlagen, Umweltverhältnisse, wasserwirtschaftliche Verhältnisse, Lagerstätten, Bevölkerung, gewerbliche Wirtschaft, land- und forstwirtschaftliche Struktur

Darstellen von Flächen, deren Böden erheblich mit umweltgefährdenden Stoffen belastet sind, soweit Angaben hierzu vorliegen

Kleinere Ergänzungen vorhandener Karten nach örtlichen Feststellungen unter Berücksichtigung aller Gegebenheiten, die auf die Planung von Einfluß sind

Beschreiben des Zustands mit statistischen Angaben im Text, in Zahlen sowie zeichnerischen oder graphischen

Besondere Leistungen zu 2 a):

Geländemodelle

Geodätische Feldarbeit

Kartentechnische Ergänzungen

Erstellen von pausfähigen Bestandskarten

Erarbeiten einer Planungsgrundlage aus unterschiedlichem Kartenmaterial

Auswerten von Luftaufnahmen

Befragungsaktion für Primärstatistik unter Auswerten von sekundärstatistischem Material

Strukturanalysen

Statistische und örtliche Erhebungen sowie Bedarfsermittlungen, zum Beispiel Versorgung, Wirtschafts-, Sozial- und Baustruktur sowie soziokulturelle Struktur, soweit nicht in den Grundleistungen erfaßt

Differenzierte Erhebung des Nutzungsbestands

Darstellungen, die den letzten Stand der Entwicklung zeigen
Örtliche Erhebungen
Erfassen von vorliegenden Äußerungen der Einwohner

b) Analyse des in der Bestandsaufnahme ermittelten und beschriebenen Zustands

c) Zusammenstellen und Gewichten der vorliegenden Fachprognosen über die voraussichtliche Entwicklung der Bevölkerung, der sozialen und kulturellen Einrichtungen, der gewerblichen Wirtschaft, der Land- und Forstwirtschaft, des Verkehrs, der Ver- und Entsorgung und des Umweltschutzes in Abstimmung mit dem Auftraggeber sowie unter Berücksichtigung von Auswirkungen übergeordneter Planungen

d) Mitwirken beim Aufstellen von Zielen und Zwecken der Planung

3. Vorentwurf

Grundsätzliche Lösung der wesentlichen Teile der Aufgabe in zeichnerischer Darstellung mit textlichen Erläuterungen zur Begründung der städtebaulichen Konzeption unter Darstellung von sich wesentlich unterscheidenden Lösungen nach gleichen Anforderungen
Darlegen der Auswirkungen der Planung
Berücksichtigen von Fachplanungen
Mitwirken an der Beteiligung der Behörden und Stellen, die Träger öffentlicher Belange sind und von der Planung berührt werden können
Mitwirken an der Abstimmung mit den Nachbargemeinden
Mitwirken an der frühzeitigen Beteiligung der Bürger einschließlich Erörterung der Planung
Mitwirken bei der Auswahl einer sich wesentlich unterscheidenden Lösung zur weiteren Bearbeitung als Entwurfsgrundlage
Abstimmen des Vorentwurfs mit dem Auftraggeber

Mitwirken an der Öffentlichkeitsarbeit des Auftraggebers einschließlich Mitwirken an Informationsschriften und öffentlichen Diskussionen sowie Erstellen der dazu notwendigen Planungsunterlagen und Schriftsätze
Vorbereiten, Durchführen und Auswerten der Verfahren im Sinne des § 3 Abs. 1 des Baugesetzbuchs
Vorbereiten, Durchführen und Auswerten der Verfahren im Sinne des § 3 Abs. 2 des Baugesetzbuchs
Erstellen von Sitzungsvorlagen, Arbeitsheften und anderen Unterlagen
Durchführen der Beteiligung von Behörden und Stellen, die Träger öffentlicher Belange sind und von der Planung berührt werden können

4. Entwurf

Entwurf des Flächennutzungsplans für die öffentliche Auslegung in der vorgeschriebenen Fassung mit Erläuterungsbericht

Anfertigen von Beiplänen, zum Beispiel für Verkehr, Infrastruktureinrichtungen, Flurbereinigung sowie von Wege- und Gewäs-

Grundleistungen	Besondere Leistungen

Mitwirken bei der Abfassung der Stellungnahme der Gemeinde zu Bedenken und Anregungen
Abstimmen des Entwurfs mit dem Auftraggeber

serplänen, Grundbesitzkarten und Gütekarten unter Berücksichtigung der Pläne anderer an der Planung fachlich Beteiligter
Wesentliche Änderungen oder Neubearbeitung des Entwurfs, insbesondere nach Bedenken und Anregungen
Ausarbeiten der Beratungsunterlagen der Gemeinde zu Bedenken und Anregungen
Differenzierte Darstellung der Nutzung

5. Genehmigungsfähige Planfassung

Erstellen des Flächennutzungsplans in der durch Beschluß der Gemeinde aufgestellten Fassung für die Vorlage zur Genehmigung durch die höhere Verwaltungsbehörde in einer farbigen oder vervielfältigungsfähigen Schwarz-Weiß-Ausfertigung nach den Landesregelungen

Leistungen für die Drucklegung
Herstellen von zusätzlichen farbigen Ausfertigungen des Flächennutzungsplans
Überarbeiten von Planzeichnungen und von dem Erläuterungsbericht nach der Genehmigung

(3) Die Teilnahme an bis zu 10 Sitzungen von politischen Gremien des Auftraggebers oder Sitzungen im Rahmen der Bürgerbeteiligung, die bei Leistungen nach Absatz 1 anfallen, ist als Grundleistung mit dem Honorar nach § 38 abgegolten.

(4) Wird die Anfertigung des Vorentwurfs (Leistungsphase 3) oder des Entwurfs (Leistungsphase 4) als Einzelleistung in Auftrag gegeben, so können hierfür folgende Vomhundertsätze der Honorare nach § 38 vereinbart werden:
1. für den Vorentwurf bis zu 47 v. H.,
2. für den Entwurf bis zu 36 v. H.

(5) Sofern nicht vor Erbringung der Grundleistungen der Leistungsphasen 1 und 2 jeweils etwas anderes schriftlich vereinbart ist, sind die Leistungsphase 1 mit 1 vom Hundert und die Leistungsphase 2 mit 10 vom Hundert der Honorare nach § 38 zu bewerten.

§ 38 Honorartafel für Grundleistungen bei Flächennutzungsplänen

(1) Die Mindest- und Höchstsätze der Honorare für die in § 37 aufgeführten Grundleistungen bei Flächennutzungsplänen sind in der nachfolgenden Honorartafel festgesetzt [siehe Seite 45].

(2) Die Honorare sind nach Maßgabe der Ansätze nach Absatz 3 zu berechnen. Sie sind für die Einzelansätze der Nummern 1 bis 4 gemäß der Honorartafel des Absatzes 1 getrennt zu berechnen und zum Zwecke der Ermittlung des Gesamthonorars zu addieren. Dabei sind die Ansätze nach den Nummern 1 bis 3 gemeinsam einer Honorarzone nach § 36 a zuzuordnen; der Ansatz nach Nummer 4 ist gesondert einer Honorarzone zuzuordnen.

(3) Für die Ermittlung des Honorars ist von folgenden Ansätzen auszugehen:

1. nach der für den Planungszeitraum entsprechend den Zielen der Raumordnung und Landesplanung anzusetzenden Zahl der Einwohner
je Einwohner   10 VE,
2. für die darzustellenden Bauflächen
je Hektar Fläche   1800 VE,
3. für die darzustellenden Flächen nach § 5 Abs. 2 Nr. 4 des Baugesetzbuchs sowie nach § 5 Abs. 2 Nr. 5, 8 und 10 des Baugesetzbuchs, die nicht nach § 5 Abs. 4 des Baugesetzbuchs nur nachrichtlich übernommen werden sollen,
je Hektar Fläche   1400 VE,
4. für darzustellende Flächen, die nicht unter die Nummern 2 oder 3 oder Absatz 4 fallen, zum Beispiel Flächen für Landwirtschaft und Wald nach § 5 Abs. 2 Nr. 9 des Baugesetzbuchs
je Hektar Fläche   35 VE.

(4) Gemeindebedarfsflächen und Sonderbauflächen ohne nähere Darstellung der Art der Nutzung sind mit dem Hektaransatz nach Absatz 3 Nr. 2 anzusetzen.

(5) Liegt ein gültiger Landschaftsplan vor, der unverändert zu übernehmen ist, so ist ein Ansatz nach Absatz 3 Nr. 3 für Flächen mit Darstellungen nach § 5 Abs. 2 Nr. 10 des Baugesetzbuchs nicht zu berücksichtigen; diese Flächen sind den Flächen nach Absatz 3 Nr. 4 zuzurechnen.

(6) Das Gesamthonorar für Grundleistungen nach den Leistungsphasen 1 bis 5, das nach den Absätzen 1 bis 5 zu berechnen ist, beträgt mindestens 2 300 Euro. Die Vertragsparteien können abweichend von Satz 1 bei Auftragserteilung ein Zeithonorar nach § 6 schriftlich vereinbaren.

(7) Ist nach Absatz 3 ein Einzelansatz für die Nummern 1 bis 4 höher als 3 Millionen VE, so kann das Honorar frei vereinbart werden. Wird ein Honorar nicht bei Auftragserteilung schriftlich vereinbart, so ist das Honorar als Zeithonorar nach § 6 zu berechnen.

(8) Wird ein Auftrag über alle Leistungsphasen des § 37 nicht einheitlich in einem Zuge, sondern für die Leistungsphasen einzeln in größeren Zeitabständen ausgeführt, so kann für den damit verbundenen erhöhten Aufwand ein Pauschalhonorar frei vereinbart werden.

(9) Für Flächen von Flächennutzungsplänen nach Absatz 3 Nr. 2 bis 4, für die eine umfassende Umstrukturierung in baulicher, verkehrlicher, sozioökonomischer oder ökologischer Sicht vorgesehen ist, kann ein Zuschlag zum Honorar frei vereinbart werden.

(10) § 20 gilt sinngemäß.

§ 39 Planausschnitte

Werden Teilflächen bereits aufgestellter Flächennutzungspläne geändert oder überarbeitet (Planausschnitte), so sind bei der Berechnung des Honorars nur die Ansätze des zu bearbeitenden Planausschnitts anzusetzen. Anstelle eines Honorars nach Satz 1 kann ein Zeithonorar nach § 6 vereinbart werden.

Honorartafel zu § 38 Abs. 1

Ansätze VE	Zone I von Euro	Zone I bis Euro	Zone II von Euro	Zone II bis Euro	Zone III von Euro	Zone III bis Euro	Zone IV von Euro	Zone IV bis Euro	Zone V von Euro	Zone V bis Euro
5 000	946	1 063	1 063	1 186	1 186	1 304	1 304	1 427	1 427	1 544
10 000	1 897	2 132	2 132	2 367	2 367	2 608	2 608	2 843	2 843	3 078
20 000	3 032	3 410	3 410	3 789	3 789	4 172	4 172	4 550	4 550	4 929
40 000	5 307	5 972	5 972	6 637	6 637	7 296	7 296	7 961	7 961	8 625
60 000	7 204	8 104	8 104	9 004	9 004	9 899	9 899	10 798	10 798	11 698
80 000	8 896	10 011	10 011	11 121	11 121	12 235	12 235	13 345	13 345	14 459
100 000	10 354	11 647	11 647	12 946	12 946	14 239	14 239	15 538	15 538	16 832
150 000	13 641	15 349	15 349	17 052	17 052	18 759	18 759	20 462	20 462	22 170
200 000	16 423	18 478	18 478	20 528	20 528	22 584	22 584	24 634	24 634	26 689
250 000	18 948	21 316	21 316	23 688	23 688	26 055	26 055	28 428	28 428	30 795
300 000	21 602	24 302	24 302	27 001	27 001	29 701	29 701	32 401	32 401	35 100
350 000	24 317	27 359	27 359	30 396	30 396	33 438	33 438	36 476	36 476	39 518
400 000	26 275	29 558	29 558	32 840	32 840	36 128	36 128	39 410	39 410	42 693
450 000	27 850	31 332	31 332	34 814	34 814	38 301	38 301	41 783	41 783	45 265
500 000	29 680	33 392	33 392	37 104	37 104	40 811	40 811	44 523	44 523	48 235
600 000	32 590	36 665	36 665	40 740	40 740	44 810	44 810	48 885	48 885	52 960
700 000	34 487	38 797	38 797	43 107	43 107	47 422	47 422	51 733	51 733	56 043
800 000	36 384	40 929	40 929	45 474	45 474	50 025	50 025	54 570	54 570	59 116
900 000	37 513	42 202	42 202	46 896	46 896	51 584	51 584	56 278	56 278	60 966
1 000 000	39 160	44 053	44 053	48 951	48 951	53 844	53 844	58 742	58 742	63 635
1 500 000	43 577	49 023	49 023	54 473	54 473	59 918	59 918	65 369	65 369	70 814
2 000 000	45 474	51 160	51 160	56 845	56 845	62 526	62 526	68 211	68 211	73 897
3 000 000	49 263	55 419	55 419	61 580	61 580	67 736	67 736	73 897	73 897	80 053

§ 39 a Honorarzonen für Leistungen bei Bebauungsplänen

Für die Ermittlung der Honorarzone bei Bebauungsplänen gilt § 36 a sinngemäß mit der Maßgabe, daß der Bebauungsplan insgesamt einer Honorarzone zuzurechnen ist.

§ 40 Leistungsbild Bebauungsplan

(1) Die Grundleistungen bei Bebauungsplänen sind in den in Absatz 2 aufgeführten Leistungsphasen 1 bis 5 zusammengefaßt. Sie sind in der nachfolgenden Tabelle in Vomhundertsätzen der Honorare des § 41 bewertet. § 37 Abs. 3 bis 5 gilt sinngemäß.

	Bewertung der Grundleistungen in v. H. der Honorare
1. Klären der Aufgabenstellung und Ermitteln des Leistungsumfangs Ermitteln der Voraussetzungen zur Lösung der Planungsaufgabe	1 bis 3
2. Ermitteln der Planungsvorgaben Bestandsaufnahme und Analyse des Zustandes sowie Prognose der voraussichtlichen Entwicklung	10 bis 20
3. Vorentwurf Erarbeiten der wesentlichen Teile einer Lösung der Planungsaufgabe	40
4. Entwurf Erarbeiten der endgültigen Lösung der Planungsaufgabe als Grundlage für den Beschluß der Gemeinde	30
5. Planfassung für die Anzeige oder Genehmigung Erarbeiten der Unterlagen zum Einreichen für die Anzeige oder Genehmigung	7

(2) Das Leistungsbild setzt sich wie folgt zusammen:

Grundleistungen	Besondere Leistungen
1. Klären der Aufgabenstellung und Ermitteln des Leistungsumfangs	
Festlegen des räumlichen Geltungsbereichs und Zusammenstellung einer Übersicht der vorgegebenen bestehenden und laufenden örtlichen und überörtlichen Planungen und Untersuchungen	Feststellen der Art und des Umfangs weiterer notwendiger Voruntersuchungen, besonders bei Gebieten, die bereits überwiegend bebaut sind

Grundleistungen	Besondere Leistungen

Ermitteln des nach dem Baugesetzbuch erforderlichen Leistungsumfangs

Festlegen ergänzender Fachleistungen und Formulieren von Entscheidungshilfen für die Auswahl anderer an der Planung fachlich Beteiligter, soweit notwendig

Überprüfen, inwieweit der Bebauungsplan aus einem Flächennutzungsplan entwikkelt werden kann

Ortsbesichtigungen

Stellungnahme zu Einzelvorhaben während der Planaufstellung

2. Ermitteln der Planungsvorgaben

a) Bestandsaufnahme
   Ermitteln des Planungsbestands, wie die bestehenden Planungen und Maßnahmen der Gemeinde und der Stellen, die Träger öffentlicher Belange sind
   Ermitteln des Zustands des Planbereichs, wie Topographie, vorhandene Bebauung und Nutzung, Freiflächen und Nutzung einschließlich Bepflanzungen, Verkehrs-, Ver- und Entsorgungsanlagen, Umweltverhältnisse, Baugrund, wasserwirtschaftliche Verhältnisse, Denkmalschutz und Milieuwerte, Naturschutz, Baustrukturen, Gewässerflächen, Eigentümer, durch: Begehungen, zeichnerische Darstellungen, Beschreibungen unter Verwendung von Beiträgen anderer an der Planung fachlich Beteiligter. Die Ermittlungen sollen sich auf die Bestandsaufnahme gemäß Flächennutzungsplan und deren Fortschreibung und Ergänzung stützen beziehungsweise darauf aufbauen
   Darstellen von Flächen, deren Böden erheblich mit umweltgefährdenden Stoffen belastet sind, soweit Angaben hierzu vorliegen
   Örtliche Erhebungen
   Erfassen von vorliegenden Äußerungen der Einwohner

b) Analyse des in der Bestandsaufnahme ermittelten und beschriebenen Zustands

c) Prognose der voraussichtlichen Entwicklung, insbesondere unter Berücksichtigung von Auswirkungen übergeordneter Planungen unter Verwendung von Beiträgen anderer an der Planung fachlich Beteiligter

d) Mitwirken beim Aufstellen von Zielen und Zwecken der Planung

Geodätische Einmessung
Primärerhebungen
(Befragungen, Objektaufnahme)
Ergänzende Untersuchungen bei nicht vorhandenem Flächennutzungsplan
Mitwirken bei der Ermittlung der Förderungsmöglichkeiten durch öffentliche Mittel
Stadtbildanalyse

Grundleistungen	Besondere Leistungen

3. Vorentwurf

Grundsätzliche Lösung der wesentlichen Teile der Aufgabe in zeichnerischer Darstellung mit textlichen Erläuterungen zur Begründung der städtebaulichen Konzeption unter Darstellung von sich wesentlich unterscheidenden Lösungen nach gleichen Anforderungen

Darlegen der wesentlichen Auswirkungen der Planung

Berücksichtigen von Fachplanungen

Mitwirken an der Beteiligung der Behörden und Stellen, die Träger öffentlicher Belange sind und von der Planung berührt werden können

Mitwirken an der Abstimmung mit den Nachbargemeinden

Mitwirken an der frühzeitigen Beteiligung der Bürger einschließlich Erörterung der Planung

Überschlägige Kostenschätzung

Abstimmen des Vorentwurfs mit dem Auftraggeber und den Gremien der Gemeinden

Modelle

4. Entwurf

Entwurf des Bebauungsplans für die öffentliche Auslegung in der vorgeschriebenen Fassung mit Begründung

Mitwirken bei der überschlägigen Ermittlung der Kosten und, soweit erforderlich, Hinweise auf bodenordnende und sonstige Maßnahmen, für die der Bebauungsplan die Grundlage bilden soll

Mitwirken bei der Abfassung der Stellungnahme der Gemeinde zu Bedenken und Anregungen

Abstimmen des Entwurfs mit dem Auftraggeber

Berechnen und Darstellen der Umweltschutzmaßnahmen

5. Planfassung für die Anzeige oder Genehmigung

Erstellen des Bebauungsplans in der durch Beschluß der Gemeinde aufgestellten Fassung und seiner Begründung für die Anzeige oder Genehmigung in einer farbigen oder vervielfältigungsfähigen Schwarz-Weiß-Ausfertigung nach den Landesregelungen

Herstellen von zusätzlichen farbigen Ausfertigungen des Bebauungsplans

§ 41 Honorartafel für Grundleistungen bei Bebauungsplänen

(1) Die Mindest- und Höchstsätze der Honorare für die in § 40 aufgeführten Grundleistungen bei Bebauungsplänen sind nach der Fläche des Planbereichs in Hektar in der nachfolgenden Honorartafel [siehe Seite 50] festgesetzt.

(2) Das Honorar ist nach der Größe des Planbereichs zu berechnen, die dem Aufstellungsbeschluß zugrunde liegt. Wird die Größe des Planbereichs im förmlichen Verfahren geändert, so ist das Honorar für die Leistungsphasen, die bis zur Änderung der Größe des Planbereichs noch nicht erbracht sind, nach der geänderten Größe des Planbereichs zu berechnen; die Honorarzone ist entsprechend zu überprüfen.

(3) Für Bebauungspläne,

1. für die eine umfassende Umstrukturierung in baulicher, verkehrlicher, sozioökonomischer und ökologischer Sicht vorgesehen ist,
2. für die die Erhaltung des Bestands bei besonders komplexen Gegebenheiten zu sichern ist,
3. deren Planbereich insgesamt oder zum überwiegenden Teil als Sanierungsgebiet nach dem Baugesetzbuch festgelegt ist oder werden soll,

kann ein Zuschlag zum Honorar frei vereinbart werden.

(4) Das Honorar für die Grundleistungen nach den Leistungsphasen 1 bis 5 beträgt mindestens 2 300 Euro. Die Vertragsparteien können abweichend von Satz 1 bei Auftragserteilung ein Zeithonorar nach § 6 schriftlich vereinbaren.

(5) Das Honorar für Bebauungspläne mit einer Gesamtfläche des Plangebiets von mehr als 100 ha kann frei vereinbart werden. Wird ein Honorar nicht bei Auftragserteilung schriftlich vereinbart, so ist das Honorar als Zeithonorar nach § 6 zu berechnen.

(6) Die §§ 20 und 38 Abs. 8 und § 39 gelten sinngemäß.

§ 42 Sonstige städtebauliche Leistungen

(1) Zu den sonstigen städtebaulichen Leistungen rechnen insbesondere:

1. Mitwirken bei der Ergänzung des Grundlagenmaterials für städtebauliche Pläne und Leistungen;
2. informelle Planungen, zum Beispiel Entwicklungs-, Struktur-, Rahmen- oder Gestaltpläne, die der Lösung und Veranschaulichung von Problemen dienen, die durch die formellen Planarten nicht oder nur unzureichend geklärt werden können. Sie können sich auf gesamte oder Teile von Gemeinden erstrecken;
3. Mitwirken bei der Durchführung des genehmigten Bebauungsplans, soweit nicht in § 41 erfaßt, zum Beispiel Programme zu Einzelmaßnahmen, Gutachten zu Baugesuchen, Beratung bei Gestaltungsfragen, städtebauliche Oberleitung, Überarbeitung der genehmigten Planfassung, Mitwirken am Sozialplan;
4. städtebauliche Sonderleistungen, zum Beispiel Gutachten zu Einzelfragen der Planung, besondere Plandarstellungen und Modelle, Grenzbeschreibun-

Honorartafel zu § 41 Abs. 1

Fläche ha	Zone I von Euro	Zone I bis Euro	Zone II von Euro	Zone II bis Euro	Zone III von Euro	Zone III bis Euro	Zone IV von Euro	Zone IV bis Euro	Zone V von Euro	Zone V bis Euro
0,5	429	1 447	1 447	3 196	3 196	4 944	4 944	6 693	6 693	7 710
1	864	2 643	2 643	5 696	5 696	8 753	8 753	11 806	11 806	13 585
2	1 723	4 607	4 607	9 556	9 556	14 500	14 500	19 450	19 450	22 333
3	2 582	6 396	6 396	12 936	12 936	19 480	19 480	26 020	26 020	29 834
4	3 446	8 012	8 012	15 835	15 835	23 657	23 657	31 480	31 480	36 046
5	4 305	9 617	9 617	18 729	18 729	27 840	27 840	36 951	36 951	42 263
6	5 169	11 018	11 018	21 050	21 050	31 081	31 081	41 113	41 113	46 962
7	5 931	12 240	12 240	23 054	23 054	33 873	33 873	44 687	44 687	50 996
8	6 499	13 314	13 314	25 002	25 002	36 690	36 690	48 378	48 378	55 194
9	7 071	14 352	14 352	26 833	26 833	39 308	39 308	51 789	51 789	59 070
10	7 639	15 380	15 380	28 653	28 653	41 931	41 931	55 204	55 204	62 945
11	8 201	16 372	16 372	30 376	30 376	44 380	44 380	58 384	58 384	66 555
12	8 774	17 292	17 292	31 894	31 894	46 502	46 502	61 104	61 104	69 623
13	9 346	18 212	18 212	33 413	33 413	48 619	48 619	63 819	63 819	72 685
14	9 847	19 189	19 189	35 202	35 202	51 216	51 216	67 230	67 230	76 571
15	10 318	20 191	20 191	37 120	37 120	54 054	54 054	70 983	70 983	80 856
16	10 793	21 203	21 203	39 047	39 047	56 886	56 886	74 730	74 730	85 140
17	11 269	22 211	22 211	40 965	40 965	59 714	59 714	78 468	78 468	89 410
18	11 744	23 218	23 218	42 887	42 887	62 557	62 557	82 226	82 226	93 699
19	12 220	24 225	24 225	44 805	44 805	65 389	65 389	85 969	85 969	97 974
20	12 690	25 232	25 232	46 727	46 727	68 222	68 222	89 716	89 716	102 258
21	13 166	26 188	26 188	48 516	48 516	70 850	70 850	93 178	93 178	106 200
22	13 641	27 155	27 155	50 321	50 321	73 483	73 483	96 650	96 650	110 163
23	14 101	28 106	28 106	52 111	52 111	76 121	76 121	100 126	100 126	114 131
24	14 577	29 067	29 067	53 911	53 911	78 749	78 749	103 593	103 593	118 083
25	15 063	30 038	30 038	55 715	55 715	81 387	81 387	107 065	107 065	122 040
30	17 087	34 666	34 666	64 806	64 806	94 942	94 942	125 082	125 082	142 661
35	18 928	39 119	39 119	73 733	73 733	108 353	108 353	142 967	142 967	163 158
40	20 784	43 434	43 434	82 267	82 267	121 105	121 105	159 937	159 937	182 587
45	22 635	47 519	47 519	90 177	90 177	132 829	132 829	175 486	175 486	200 370
50	24 491	51 456	51 456	97 682	97 682	143 903	143 903	190 129	190 129	217 095
60	27 385	58 272	58 272	111 221	111 221	164 166	164 166	217 115	217 115	248 002
70	29 905	64 213	64 213	123 022	123 022	181 831	181 831	240 640	240 640	274 947
80	32 380	70 119	70 119	134 807	134 807	199 496	199 496	264 185	264 185	301 923
90	34 727	76 044	76 044	146 874	146 874	217 698	217 698	288 527	288 527	329 845
100	37 033	82 231	82 231	159 717	159 717	237 204	237 204	314 690	314 690	359 888

gen sowie Eigentümer- und Grundstücksverzeichnisse, Beratungs- und Betreuungsleistungen, Teilnahme an Verhandlungen mit Behörden und an Sitzungen der Gemeindevertretungen nach Plangenehmigung;

5. städtebauliche Untersuchungen und Planungen im Zusammenhang mit der Vorbereitung oder Durchführung von Maßnahmen des besonderen Städtebaurechts;

6. Ausarbeiten von sonstigen städtebaulichen Satzungsentwürfen.

(2) Die Honorare für die in Absatz 1 genannten Leistungen können auf der Grundlage eines detaillierten Leistungskatalogs frei vereinbart werden. Wird ein Honorar nicht bei Auftragserteilung schriftlich vereinbart, so ist das Honorar als Zeithonorar nach § 6 zu berechnen.

Teil VI: Landschaftsplanerische Leistungen

§ 43 Anwendungsbereich

(1) Landschaftsplanerische Leistungen umfassen das Vorbereiten, das Erstellen der für die Pläne nach Absatz 2 erforderlichen Ausarbeitungen, das Mitwirken beim Verfahren sowie sonstige landschaftsplanerische Leistungen nach § 50.

(2) Die Bestimmungen dieses Teils gelten für folgende Pläne:

1. Landschafts- und Grünordnungspläne auf der Ebene der Bauleitpläne,

2. Landschaftsrahmenpläne,

3. Umweltverträglichkeitsstudien, Landschaftspflegerische Begleitpläne zu Vorhaben, die den Naturhaushalt, das Landschaftsbild oder den Zugang zur freien Natur beeinträchtigen können, Pflege- und Entwicklungspläne sowie sonstige landschaftsplanerische Leistungen.

§ 44 Anwendung von Vorschriften aus den Teilen II und V

Die §§ 20, 36, 38 Abs. 8 und § 39 gelten sinngemäß.

§ 45 Honorarzonen für Leistungen bei Landschaftsplänen

(1) Die Honorarzone wird bei Landschaftsplänen aufgrund folgender Bewertungsmerkmale ermittelt:

1. Honorarzone I:

Landschaftspläne mit geringem Schwierigkeitsgrad, insbesondere

– wenig bewegte topographische Verhältnisse,

– einheitliche Flächennutzung,

– wenig gegliedertes Landschaftsbild,

– geringe Anforderungen an Umweltsicherung und Umweltschutz,

– einfache ökologische Verhältnisse,

– geringe Bevölkerungsdichte;

2. Honorarzone II:
Landschaftspläne mit durchschnittlichem Schwierigkeitsgrad, insbesondere
– bewegte topographische Verhältnisse,
– differenzierte Flächennutzung,
– gegliedertes Landschaftsbild,
– durchschnittliche Anforderungen an Umweltsicherung und Umweltschutz,
– durchschnittliche ökologische Verhältnisse,
– durchschnittliche Bevölkerungsdichte;
3. Honorarzone III:
Landschaftspläne mit hohem Schwierigkeitsgrad, insbesondere
– stark bewegte topographische Verhältnisse,
– sehr differenzierte Flächennutzung,
– stark gegliedertes Landschaftsbild,
– hohe Anforderungen an Umweltsicherung und Umweltschutz,
– schwierige ökologische Verhältnisse,
– hohe Bevölkerungsdichte.

(2) Sind für einen Landschaftsplan Bewertungsmerkmale aus mehreren Honorarzonen anwendbar und bestehen deswegen Zweifel, welcher Honorarzone der Landschaftsplan zugerechnet werden kann, so ist die Anzahl der Bewertungspunkte nach Absatz 3 zu ermitteln; der Landschaftsplan ist nach der Summe der Bewertungspunkte folgenden Honorarzonen zuzurechnen:
1. Honorarzone I:
Landschaftspläne mit bis zu 16 Punkten,
2. Honorarzone II:
Landschaftspläne mit 17 bis 30 Punkten,
3. Honorarzone III:
Landschaftspläne mit 31 bis 42 Punkten.

(3) Bei der Zurechnung eines Landschaftsplans in die Honorarzonen sind entsprechend dem Schwierigkeitsgrad der Planungsanforderungen die Bewertungsmerkmale topographische Verhältnisse, Flächennutzung, Landschaftsbild und Bevölkerungsdichte mit je bis zu 6 Punkten, die Bewertungsmerkmale ökologische Verhältnisse sowie Umweltsicherung und Umweltschutz mit je bis zu 9 Punkten zu bewerten.

§ 45 a Leistungsbild Landschaftsplan

(1) Die Grundleistungen bei Landschaftsplänen sind in den in Absatz 2 aufgeführten Leistungsphasen 1 bis 5 zusammengefaßt. Sie sind in der nachfolgenden Tabelle in Vomhundertsätzen der Honorare des § 45 b bewertet.

	Bewertung der Grundleistungen in v. H. der Honorare
1. Klären der Aufgabenstellung und Ermitteln des Leistungsumfangs Ermitteln der Voraussetzungen zur Lösung der Planungsaufgabe	1 bis *3

2. Ermitteln der Planungsgrundlagen
Bestandsaufnahme, Landschaftsbewertung und zusammenfassen-
de Darstellung   20 bis 37
3. Vorläufige Planfassung (Vorentwurf)
Erarbeiten der wesentlichen Teile
einer Lösung der Planungsaufgabe   50
4. Entwurf
Erarbeiten der endgültigen Lösung
der Planungsaufgabe   10
5. Genehmigungsfähige Planfassung   –

(2) Das Leistungsbild setzt sich wie folgt zusammen:

Grundleistungen	Besondere Leistungen

**1. Klären der Aufgabenstellung und Er-
mitteln des Leistungsumfangs**

Zusammenstellen einer Übersicht der vor-
gegebenen bestehenden und laufenden
örtlichen und überörtlichen Planungen und
Untersuchungen
Abgrenzen des Planungsgebiets
Zusammenstellen der verfügbaren Karten-
unterlagen und Daten nach Umfang und
Qualität
Werten des vorhandenen Grundlagenma-
terials
Ermitteln des Leistungsumfangs und der
Schwierigkeitsmerkmale
Festlegen ergänzender Fachleistungen,
soweit notwendig
Ortsbesichtigungen

Antragsverfahren für Planungszuschüsse

2. Ermitteln der Planungsgrundlagen

a) Bestandsaufnahme einschließlich vor-
aussehbarer Veränderungen von Natur
und Landschaft
Erfassen aufgrund vorhandener Unterlagen und örtlicher Erhebungen, insbesondere
– der größeren naturräumlichen Zusammenhänge und siedlungsgeschichtlichen Entwicklungen
– des Naturhaushalts
– der landschaftsökologischen Einhei-
ten
– des Landschaftsbildes
– der Schutzgebiete und geschützten
Landschaftsbestandteile

Einzeluntersuchungen natürlicher Grund-
lagen
Einzeluntersuchungen zu spezifischen
Nutzungen

53

- der Erholungsgebiete und -flächen, ihrer Erschließung sowie Bedarfssituation
- von Kultur-, Bau- und Bodendenkmälern
- der Flächennutzung
- voraussichtlicher Änderungen aufgrund städtebaulicher Planungen, Fachplanungen und anderer Eingriffe in Natur und Landschaft

Erfassen von vorliegenden Äußerungen der Einwohner

b) Landschaftsbewertung nach den Zielen und Grundsätzen des Naturschutzes und der Landschaftspflege einschließlich der Erholungsvorsorge

Bewerten des Landschaftsbildes sowie der Leistungsfähigkeit des Zustands, der Faktoren und der Funktionen des Naturhaushalts, insbesondere hinsichtlich

- der Empfindlichkeit
- besonderer Flächen- und Nutzungsfunktionen
- nachteiliger Nutzungsauswirkungen
- geplanter Eingriffe in Natur und Landschaft

Feststellung von Nutzungs- und Zielkonflikten nach den Zielen und Grundsätzen von Naturschutz und Landschaftspflege

c) Zusammenfassende Darstellung der Bestandsaufnahme und der Landschaftsbewertung in Erläuterungstext und Karten

3. Vorläufige Planfassung (Vorentwurf)

Grundsätzliche Lösung der Aufgabe mit sich wesentlich unterscheidenden Lösungen nach gleichen Anforderungen und Erläuterungen in Text und Karte

a) Darlegen der Entwicklungsziele des Naturschutzes und der Landschaftspflege, insbesondere in bezug auf die Leistungsfähigkeit des Naturhaushalts, die Pflege natürlicher Ressourcen, das Landschaftsbild, die Erholungsvorsorge, den Biotop- und Artenschutz, den Boden-, Wasser- und Klimaschutz sowie Minimierung von Eingriffen (und deren Folgen) in Natur und Landschaft

b) Darlegen der im einzelnen angestrebten Flächenfunktionen einschließlich not-

wendiger Nutzungsänderungen, insbesondere für
- landschaftspflegerische Sanierungs-
  gebiete
- Flächen für landschaftspflegerische
  Entwicklungsmaßnahmen
- Freiräume einschließlich Sport-,
  Spiel- und Erholungsflächen
- Vorrangflächen und -objekte des Naturschutzes und der Landschaftspflege, Flächen für Kultur-, Bau- und Bo-
  dendenkmäler, für besonders schutz-
  würdige Biotope oder Ökosysteme
  sowie für Erholungsvorsorge
- Flächen für landschaftspflegerische
  Maßnahmen in Verbindung mit sonstigen Nutzungen, Flächen für Aus-
  gleichs- und Ersatzmaßnahmen in
  bezug auf die oben genannten Eingriffe
c) Vorschläge für Inhalte, die für die Übernahme in andere Planungen, insbesondere in die Bauleitplanung, geeignet sind
d) Hinweise auf landschaftliche Folgepla-
   nungen und -maßnahmen sowie kom-
   munale Förderungsprogramme
   Beteiligung an der Mitwirkung von Verbänden nach § 29 des Bundesnaturschutzgesetzes
   Berücksichtigen von Fachplanungen
   Mitwirken an der Abstimmung des Vorentwurfs mit der für Naturschutz und
   Landschaftspflege zuständigen Behörde
   Abstimmen des Vorentwurfs mit dem
   Auftraggeber

4. Entwurf

Darstellen des Landschaftsplans in der
vorgeschriebenen Fassung in Text und
Karte mit Erläuterungsbericht

5. Genehmigungsfähige Planfassung

(3) Das Honorar für die genehmigungsfähige Planfassung kann als Pauschalhonorar frei vereinbart werden. Wird ein Pauschalhonorar nicht bei Auftragserteilung schriftlich vereinbart, so ist das Honorar als Zeithonorar nach § 6
zu berechnen.

(4) Wird die Anfertigung der Vorläufigen Planfassung (Leistungsphase 3) als
Einzelleistung in Auftrag gegeben, so können hierfür bis zu 60 vom Hundert
der Honorare nach § 45 b vereinbart werden.

(5) Sofern nicht vor Erbringung der Grundleistungen etwas anderes schriftlich vereinbart ist, sind die Leistungsphase 1 mit 1 vom Hundert und die Leistungsphase 2 mit 20 vom Hundert der Honorare nach § 45 b zu bewerten.

(6) Die Vertragsparteien können bei Auftragserteilung schriftlich vereinbaren, daß die Leistungsphase 2 abweichend von Absatz 1 mit mehr als bis 37 bis zu 60 v. H. bewertet wird, wenn in dieser Leistungsphase ein überdurchschnittlicher Aufwand für das Ermitteln der Planungsgrundlagen erforderlich wird. Ein überdurchschnittlicher Aufwand liegt vor, wenn

1. die Daten aus vorhandenen Unterlagen im einzelnen ermittelt und aufbereitet werden müssen oder

2. örtliche Erhebungen erforderlich werden, die nicht überwiegend der Kontrolle der aus Unterlagen erhobenen Daten dienen.

(7) Die Teilnahme an bis zu 6 Sitzungen von politischen Gremien des Auftraggebers oder Sitzungen im Rahmen der Bürgerbeteiligungen, die bei Leistungen nach Absatz 2 anfallen, ist als Grundleistung mit dem Honorar nach § 45 b abgegolten.

Honorartafel zu § 45 b Abs. 1

Fläche ha	Zone I von Euro	Zone I bis Euro	Zone II von Euro	Zone II bis Euro	Zone III von Euro	Zone III bis Euro
1 000	11 484	13 779	13 779	16 080	16 080	18 376
1 300	13 928	16 714	16 714	19 501	19 501	22 287
1 600	16 597	19 915	19 915	23 228	23 228	26 546
1 900	18 877	22 655	22 655	26 429	26 429	30 207
2 200	21 004	25 207	25 207	29 404	29 404	33 607
2 500	22 967	27 559	27 559	32 155	32 155	36 747
3 000	25 994	31 194	31 194	36 389	36 389	41 588
3 500	28 893	34 671	34 671	40 448	40 448	46 226
4 000	31 669	38 004	38 004	44 339	44 339	50 674
4 500	34 328	41 195	41 195	48 056	48 056	54 923
5 000	36 864	44 237	44 237	51 605	51 605	58 978
5 500	39 267	47 121	47 121	54 974	54 974	62 828
6 000	41 558	49 871	49 871	58 180	58 180	66 494
6 500	43 726	52 474	52 474	61 217	61 217	69 965
7 000	45 776	54 928	54 928	64 080	64 080	73 232
7 500	47 734	57 280	57 280	66 826	66 826	76 372
8 000	49 611	59 535	59 535	69 454	69 454	79 378
8 500	51 410	61 692	61 692	71 975	71 975	82 257
9 000	53 128	63 753	63 753	74 373	74 373	84 997
9 500	54 759	65 711	65 711	76 663	76 663	87 615
10 000	56 314	67 577	67 577	78 836	78 836	90 100
11 000	59 254	71 105	71 105	82 957	82 957	94 809
12 000	62 122	74 541	74 541	86 966	86 966	99 385
13 000	64 893	77 875	77 875	90 851	90 851	103 833
14 000	67 593	81 111	81 111	94 630	94 630	108 148
15 000	70 205	84 246	84 246	98 291	98 291	112 331

§ 45 b Honorartafel für Grundleistungen bei Landschaftsplänen

(1) Die Mindest- und Höchstsätze der Honorare für die in § 45 a aufgeführten Grundleistungen bei Landschaftsplänen sind in der Honorartafel [siehe Seite 56] festgesetzt.

(2) Die Honorare sind nach der Gesamtfläche des Plangebiets in Hektar zu berechnen.

(3) Das Honorar für Grundleistungen bei Landschaftsplänen mit einer Gesamtfläche des Plangebiets in Hektar unter 1000 ha kann als Pauschalhonorar oder als Zeithonorar nach § 6 berechnet werden, höchstens jedoch bis zu den in der Honorartafel nach Absatz 1 für Flächen von 1000 ha festgesetzten Höchstsätzen. Als Mindestsätze gelten die Stundensätze nach § 6 Abs. 2, höchstens jedoch die in der Honorartafel nach Absatz 1 für Flächen von 1000 ha festgesetzten Mindestsätze.

(4) Das Honorar für Landschaftspläne mit einer Gesamtfläche des Plangebiets über 15 000 ha kann frei vereinbart werden. Wird ein Honorar nicht bei Auftragserteilung schriftlich vereinbart, so ist das Honorar als Zeithonorar nach § 6 zu berechnen.

§ 46 Leistungsbild Grünordnungsplan

(1) Die Grundleistungen bei Grünordnungsplänen sind in den in Absatz 2 aufgeführten Leistungsphasen 1 bis 5 zusammengefaßt. Sie sind in der nachfolgenden Tabelle in Vomhundertsätzen der Honorare des § 46 a bewertet.

	Bewertung der Grundleistungen in v. H. der Honorare
1. Klären der Aufgabenstellung und Ermitteln des Leistungsumfangs Ermitteln der Voraussetzungen zur Lösung der Planungsaufgabe	1 bis 3
2. Ermitteln der Planungsgrundlagen Bestandsaufnahme und Bewertung des Planungsbereichs	20 bis 37
3. Vorläufige Planfassung (Vorentwurf) Erarbeiten der wesentlichen Teile einer Lösung der Planungsaufgabe	50
4. Endgültige Planfassung (Entwurf) Erarbeiten der endgültigen Lösung der Planungsaufgabe	10
5. Genehmigungsfähige Planfassung	–

(2) Das Leistungsbild setzt sich wie folgt zusammen:

Grundleistungen	Besondere Leistungen

1. Klären der Aufgabenstellung und Ermitteln des Leistungsumfangs

Zusammenstellen einer Übersicht der vorgegebenen bestehenden und laufenden örtlichen und überörtlichen Planungen und Untersuchungen
Abgrenzen des Planungsbereichs
Zusammenstellen der verfügbaren Kartenunterlagen und Daten nach Umfang und Qualität
Werten des vorhandenen Grundlagenmaterials
Ermitteln des Leistungsumfangs und der Schwierigkeitsmerkmale
Festlegen ergänzender Fachleistungen, soweit notwendig
Ortsbesichtigungen

2. Ermitteln der Planungsgrundlagen

a) Bestandsaufnahme einschließlich voraussichtlicher Änderungen
Erfassen aufgrund vorhandener Unterlagen eines Landschaftsplans und örtlicher Erhebungen, insbesondere
 – des Naturhaushalts als Wirkungsgefüge der Naturfaktoren
 – der Vorgaben des Artenschutzes, des Bodenschutzes und des Orts-/Landschaftsbildes
 – der siedlungsgeschichtlichen Entwicklung
 – der Schutzgebiete und geschützten Landschaftsbestandteile einschließlich der unter Denkmalschutz stehenden Objekte
 – der Flächennutzung unter besonderer Berücksichtigung der Flächenversiegelung, Größe, Nutzungsarten oder Ausstattung, Verteilung, Vernetzung von Frei- und Grünflächen sowie der Erschließungsflächen für Freizeit- und Erholungsanlagen
 – des Bedarfs an Erholungs- und Freizeiteinrichtungen sowie an sonstigen Grünflächen
 – der voraussichtlichen Änderungen aufgrund städtebaulicher Planungen, Fachplanungen und anderer Eingriffe in Natur und Landschaft

58

- der Immissionen, Boden- und Gewässerbelastungen
- der Eigentümer

Erfassen von vorliegenden Äußerungen der Einwohner

b) Bewerten der Landschaft nach den Zielen und Grundsätzen des Naturschutzes und der Landschaftspflege einschließlich der Erholungsvorsorge

Bewerten des Landschaftsbildes sowie der Leistungsfähigkeit, des Zustands, der Faktoren und Funktionen des Naturhaushalts, insbesondere hinsichtlich

- der Empfindlichkeit des jeweiligen Ökosystems für bestimmte Nutzungen, seiner Größe, der räumlichen Lage und der Einbindung in Grünflächensysteme, der Beziehungen zum Außenraum sowie der Ausstattung und Beeinträchtigung der Grün- und Freiflächen
- nachteiliger Nutzungsauswirkungen

c) Zusammenfassende Darstellung der Bestandsaufnahme und der Bewertung des Planungsbereichs in Erläuterungstext und Karten

3. Vorläufige Planfassung (Vorentwurf)

Grundsätzliche Lösung der wesentlichen Teile der Aufgabe mit sich wesentlich unterscheidenden Lösungen nach gleichen Anforderungen in Text und Karten mit Begründung

a) Darlegen der Flächenfunktionen und räumlichen Strukturen nach ökologischen und gestalterischen Gesichtspunkten, insbesondere

- Flächen mit Nutzungsbeschränkungen – einschließlich notwendiger Nutzungsänderungen zur Erhaltung oder Verbesserung des Naturhaushalts oder des Landschafts-/Ortsbildes
- landschaftspflegerische Sanierungsbereiche
- Flächen für landschaftspflegerische Entwicklungs- und Gestaltungsmaßnahmen
- Flächen für Ausgleichs- und Ersatzmaßnahmen
- Schutzgebiete und -objekte
- Freiräume

– Flächen für landschaftspflegerische Maßnahmen in Verbindung mit sonstigen Nutzungen

b) Darlegen von Entwicklungs-, Schutz-, Gestaltungs- und Pflegemaßnahmen, insbesondere für

– Grünflächen
– Anpflanzung und Erhaltung von Grünbeständen
– Sport-, Spiel- und Erholungsflächen
– Fußwegesystemen
– Gehölzanpflanzungen zur Einbindung baulicher Anlagen in die Umgebung
– Ortseingänge und Siedlungsränder
– pflanzliche Einbindung von öffentlichen Straßen und Plätzen
– klimatisch wichtige Freiflächen
– Immissionsschutzmaßnahmen

Festlegen von Pflegemaßnahmen aus Gründen des Naturschutzes und der Landschaftspflege

Erhaltung und Verbesserung der natürlichen Selbstreinigungskraft von Gewässern

Erhaltung und Pflege von naturnahen Vegetationsbeständen

bodenschützende   Maßnahmen   – Schutz vor Schadstoffeintrag

Vorschläge für Gehölzarten der potentiell natürlichen Vegetation, für Leitarten bei Bepflanzungen, für Befestigungsarbeiten bei Wohnstraßen, Gehwegen, Plätzen, Parkplätzen, für Versickerungsflächen

Festlegen der zeitlichen Folge von Maßnahmen

Kostenschätzung für durchzuführende Maßnahmen

c) Hinweise auf weitere Aufgaben von Naturschutz und Landschaftspflege

Vorschläge für Inhalte, die für die Übernahme in andere Planungen, insbesondere in die Bauleitplanung, geeignet sind

Beteiligung an der Mitwirkung von Verbänden nach § 29 des Bundesnaturschutzgesetzes

Berücksichtigen von Fachplanungen

Mitwirken an der Abstimmung des Vorentwurfs mit der für Naturschutz und Landschaftspflege zuständigen Behörde

Abstimmen des Vorentwurfs mit dem Auftraggeber

4. Endgültige Planfassung (Entwurf)

Darstellen des Grünordnungsplans in der
vorgeschriebenen Fassung in Text und
Karte mit Begründung

5. Genehmigungsfähige Planfassung

(3) Wird die Anfertigung der vorläufigen Planfassung (Leistungsphase 3) als
Einzelleistung in Auftrag gegeben, so können hierfür bis zu 60 vom Hundert
der Honorare nach § 46 a vereinbart werden.

(4) § 45a Abs. 3 und 5 bis 7 gilt sinngemäß.

§ 46 a Honorartafel für Grundleistungen bei Grünordnungsplänen

(1) Die Mindest- und Höchstsätze der Honorare für die in § 46 aufgeführten
Grundleistungen bei Grünordnungsplänen sind in der nachfolgenden Honorartafel festgesetzt.

Honorartafel zu § 46 a Abs. 1

Ansätze VE	Normalstufe von Euro	bis Euro	Schwierigkeitsstufe von Euro	bis Euro
bis 1 500	1 723	2 153	2 153	2 582
5 000	5 742	7 179	7 179	8 615
10 000	9 530	11 918	11 918	14 301
20 000	15 850	19 813	19 813	23 770
40 000	25 723	32 155	32 155	38 582
60 000	32 380	40 479	40 479	48 573
80 000	38 582	48 230	48 230	57 878
100 000	43 639	54 550	54 550	65 456
150 000	60 292	75 364	75 364	90 432
200 000	75 789	94 737	94 737	113 686
250 000	91 869	114 836	114 836	137 798
300 000	106 794	133 498	133 498	160 198
350 000	120 573	150 719	150 719	180 864
400 000	133 207	166 512	166 512	199 813
450 000	144 690	180 864	180 864	217 033
500 000	155 024	193 785	193 785	232 541
600 000	175 695	219 620	219 620	263 545
700 000	196 945	246 177	246 177	295 409
800 000	220 479	275 602	275 602	330 719
900 000	242 874	303 595	303 595	364 311
1 000 000	264 118	330 146	330 146	396 175

(2) Die Honorare sind für die Summe der Einzelansätze des Absatzes 3
gemäß der Honorartafel des Absatzes 1 zu berechnen.

(3) Für die Ermittlung des Honorars ist von folgenden Ansätzen auszugehen:

1. für Flächen nach § 9 des Baugesetzbuchs mit Festsetzungen einer GFZ oder Baumassenzahl
   je Hektar Fläche 400 VE,
2. für Flächen nach § 9 des Baugesetzbuchs mit Festsetzungen einer GFZ oder Baumassenzahl und Pflanzbindungen oder Pflanzpflichten
   je Hektar Fläche 1150 VE,
3. für Grünflächen nach § 9 Abs. 1 Nr. 15 des Baugesetzbuchs, soweit nicht Bestand
   je Hektar Fläche 1000 VE,
4. für sonstige Grünflächen
   je Hektar Fläche 400 VE,
5. für Flächen mit besonderen Maßnahmen des Naturschutzes und der Landschaftspflege, die nicht bereits unter Nummer 2 angesetzt sind
   je Hektar Fläche 1200 VE,
6. für Flächen für Aufschüttungen, Abgrabungen oder für die Gewinnung von Steinen, Erden und anderen Bodenschätzen
   je Hektar Fläche 400 VE,
7. für Flächen für Landwirtschaft und Wald mit mäßigem Anteil an Maßnahmen für Naturschutz und Landschaftspflege
   je Hektar Fläche 400 VE,
8. für Flächen für Landwirtschaft und Wald ohne Maßnahmen für Naturschutz und Landschaftspflege oder flurbereinigte Flächen von Landwirtschaft und Wald
   je Hektar Fläche 100 VE,
9. für Wasserflächen mit Maßnahmen für Naturschutz und Landschaftspflege
   je Hektar Fläche 400 VE,
10. für Wasserflächen ohne Maßnahmen für Naturschutz und Landschaftspflege
    je Hektar Fläche 100 VE,
11. sonstige Flächen
    je Hektar Fläche 100 VE.

(4) Ist die Summe der Einzelansätze nach Absatz 3 höher als 1 Million VE, so kann das Honorar frei vereinbart werden.

(4 a) Die Honorare sind nach den Darstellungen der endgültigen Planfassung nach Leistungsphase 4 von § 46 zu berechnen. Kommt es nicht zur endgültigen Planfassung, so sind die Honorare nach den Festsetzungen der mit dem Auftraggeber abgestimmten Planfassung zu berechnen.

(5) Grünordnungspläne können nach Anzahl und Gewicht der Schwierigkeitsmerkmale der Schwierigkeitsstufe zugeordnet werden, wenn es bei Auftragserteilung schriftlich vereinbart worden ist. Schwierigkeitsmerkmale sind insbesondere:

1. schwierige ökologische oder topographische Verhältnisse oder sehr differenzierte Flächennutzungen,
2. erschwerte Planung durch besondere Maßnahmen auf den Gebieten Umweltschutz, Denkmalschutz, Naturschutz, Spielflächenleitplanung, Sportstättenplanung,

3. Änderungen oder Überarbeitungen von Teilgebieten vorliegender Grünordnungspläne mit einem erhöhten Arbeitsaufwand,
4. Grünordnungspläne in einem Entwicklungsbereich oder in einem Sanierungsgebiet.

§ 47 Leistungsbild Landschaftsrahmenplan

(1) Landschaftsrahmenpläne umfassen die Darstellungen von überörtlichen Erfordernissen und Maßnahmen zur Verwirklichung der Ziele des Naturschutzes und der Landschaftspflege.

(2) Die Grundleistungen bei Landschaftsrahmenplänen sind in den in Absatz 3 aufgeführten Leistungsphasen 1 bis 4 zusammengefaßt. Sie sind in der nachfolgenden Tabelle in Vomhundertsätzen der Honorare des § 47 a bewertet.

	Bewertung der Grundleistungen in v. H. der Honorare
1. Landschaftsanalyse	20
2. Landschaftsdiagnose	20
3. Entwurf	50
4. Endgültige Planfassung	10

(3) Das Leistungsbild setzt sich wie folgt zusammen:

Grundleistungen	Besondere Leistungen

1. Landschaftsanalyse

Erfassen und Darstellen in Text und Karten der
a) natürlichen Grundlagen
b) Landschaftsgliederung
 – Naturräume
 – Ökologische Raumeinheiten
c) Flächennutzung
d) Geschützten Flächen und Einzelbestandteile der Natur

2. Landschaftsdiagnose

Bewerten der ökologischen Raumeinheiten und Darstellen in Text und Karten hinsichtlich
a) Naturhaushalt
b) Landschaftsbild
 – naturbedingt
 – anthropogen
c) Nutzungsauswirkungen, insbesondere Schäden an Naturhaushalt und Landschaftsbild
d) Empfindlichkeit der Ökosysteme bezie-

hungsweise einzelner Landschaftsfaktoren

e) Zielkonflikte zwischen Belangen des Naturschutzes und der Landschaftspflege einerseits und raumbeanspruchenden Vorhaben andererseits

3. Entwurf

Darstellung der Erfordernisse und Maßnahmen zur Verwirklichung der Ziele des Naturschutzes und der Landschaftspflege in Text und Karten mit Begründung

a) Ziele der Landschaftsentwicklung nach Maßgabe der Empfindlichkeit des Naturhaushalts
   – Bereiche ohne Nutzung oder mit naturnaher Nutzung
   – Bereiche mit extensiver Nutzung
   – Bereiche mit intensiver landwirtschaftlicher Nutzung
   – Bereiche städtisch-industrieller Nutzung

b) Ziele des Arten- und Biotopschutzes

c) Ziele zum Schutz und zur Pflege abiotischer Landschaftsfaktoren

d) Sicherung und Pflege von Schutzgebieten und Einzelbestandteilen von Natur und Landschaft

e) Pflege-, Gestaltungs- und Entwicklungsmaßnahmen zur
   – Sicherung überörtlicher Grünzüge
   – Grünordnung im Siedlungsbereich
   – Landschaftspflege einschließlich des Arten- und Biotopschutzes sowie des Wasser-, Boden- und Klimaschutzes
   – Sanierung von Landschaftsschäden

f) Grundsätze einer landschaftsschonenden Landnutzung

g) Leitlinien für die Erholung in der freien Natur

h) Gebiete, für die detaillierte landschaftliche Planungen erforderlich sind:
   – Landschaftspläne
   – Grünordnungspläne
   – Landschaftspflegerische Begleitpläne
   Abstimmung des Entwurfs mit dem Auftraggeber

4. Endgültige Planfassung

Mitwirkung bei der Einarbeitung von Zielen der Landschaftsentwicklung in Programme und Pläne im Sinne des § 5 Abs. 1 Satz 1 und 2 und Abs. 3 des Raumordnungsgesetzes

(4) Bei einer Fortschreibung des Landschaftsrahmenplans ermäßigt sich die Bewertung der Leistungsphase 1 des Absatzes 2 auf 5 vom Hundert der Honorare nach § 47 a.

(5) Die Vertragsparteien können bei Auftragserteilung schriftlich vereinbaren, daß die Leistungsphase 1 abweichend von Absatz 2 mit mehr als 20 bis zu 43 v. H. bewertet wird, wenn in dieser Leistungsphase ein überdurchschnittlicher Aufwand für die Landschaftsanalyse erforderlich wird. Ein überdurchschnittlicher Aufwand liegt vor, wenn

1. Daten aus vorhandenen Unterlagen im einzelnen ermittelt und aufbereitet werden müssen oder
2. örtliche Erhebungen erforderlich werden, die nicht überwiegend der Kontrolle der aus Unterlagen erhobenen Daten dienen.

§ 47 a Honorartafel für Grundleistungen bei Landschaftsrahmenplänen

(1) Die Mindest- und Höchstsätze der Honorare für die in § 47 aufgeführten Grundleistungen bei Landschaftsrahmenplänen sind in der nachfolgenden Honorartafel festgesetzt:

Honorartafel zu § 47 a Abs. 1

Fläche ha	Normalstufe		Schwierigkeitsstufe	
	von Euro	bis Euro	von Euro	bis Euro
5 000	29 456	36 818	36 818	44 181
6 000	33 863	42 330	42 330	50 797
7 000	38 020	47 525	47 525	57 029
8 000	41 936	52 423	52 423	62 904
9 000	45 474	56 845	56 845	68 211
10 000	48 660	60 828	60 828	72 997
12 000	54 550	68 186	68 186	81 817
14 000	59 724	74 659	74 659	89 589
16 000	64 673	80 845	80 845	97 013
18 000	69 244	86 557	86 557	103 869
20 000	74 122	92 656	92 656	111 186
25 000	86 270	107 842	107 842	129 408
30 000	96 460	120 578	120 578	144 690
35 000	105 101	131 382	131 382	157 657
40 000	112 535	140 672	140 672	168 803
45 000	118 563	148 208	148 208	177 848
50 000	125 456	156 823	156 823	188 186
60 000	138 085	172 607	172 607	207 129
70 000	149 512	186 893	186 893	224 268
80 000	158 470	198 090	198 090	237 705
90 000	167 428	209 287	209 287	251 141
100 000	176 846	221 057	221 057	265 263

(2) § 45 b Abs. 2 bis 4 gilt sinngemäß.

(3) Landschaftsrahmenpläne können nach Anzahl und Gewicht der Schwierigkeitsmerkmale der Schwierigkeitsstufe zugeordnet werden, wenn es bei Auftragserteilung schriftlich vereinbart worden ist. Schwierigkeitsmerkmale sind insbesondere:
1. schwierige ökologische Verhältnisse,
2. Verdichtungsräume,
3. Erholungsgebiete,
4. tiefgreifende Nutzungsansprüche wie großflächiger Abbau von Bodenbestandteilen,
5. erschwerte Planung durch besondere Maßnahmen der Umweltsicherung und des Umweltschutzes.

§ 48 Honorarzonen für Leistungen bei Umweltverträglichkeitsstudien

(1) Die Honorarzone wird bei Umweltverträglichkeitsstudien aufgrund folgender Bewertungsmerkmale ermittelt:
1. Honorarzone I:
Umweltverträglichkeitsstudien mit geringem Schwierigkeitsgrad, insbesondere bei einem Untersuchungsraum
– mit geringer Ausstattung an ökologisch bedeutsamen Strukturen,
– mit schwach gegliedertem Landschaftsbild,
– mit schwach ausgeprägter Erholungsnutzung,
– mit gering ausgeprägten und einheitlichen Nutzungsansprüchen,
– mit geringer Empfindlichkeit gegenüber Umweltbelastungen und Beeinträchtigungen von Natur und Landschaft,
und bei Vorhaben und Maßnahmen mit geringer potentieller Beeinträchtigungsintensität;
2. Honorarzone II:
Umweltverträglichkeitsstudien mit durchschnittlichem Schwierigkeitsgrad, insbesondere bei einem Untersuchungsraum
– mit durchschnittlicher Ausstattung an ökologisch bedeutsamen Strukturen,
– mit mäßig gegliedertem Landschaftsbild,
– mit durchschnittlich ausgeprägter Erholungsnutzung,
– mit differenzierten Nutzungsansprüchen,
– mit durchschnittlicher Empfindlichkeit gegenüber Umweltbelastungen und Beeinträchtigungen von Natur und Landschaft,
und bei Vorhaben und Maßnahmen mit durchschnittlicher potentieller Beeinträchtigungsintensität;
3. Honorarzone III:
Umweltverträglichkeitsstudien mit hohem Schwierigkeitsgrad, insbesondere bei einem Untersuchungsraum
– mit umfangreicher und vielgestaltiger Ausstattung an ökologisch bedeutsamen Strukturen,
– mit stark gegliedertem Landschaftsbild,
– mit intensiv ausgeprägter Erholungsnutzung,
– mit stark differenzierten oder kleinräumigen Nutzungsansprüchen,

– mit hoher Empfindlichkeit gegenüber Umweltbelastungen und Beeinträchtigungen von Natur und Landschaft,

und bei Vorhaben und Maßnahmen mit hoher potentieller Beeinträchtigungsintensität.

(2) Sind für eine Umweltverträglichkeitsstudie Bewertungsmerkmale aus mehreren Honorarzonen anwendbar und bestehen deswegen Zweifel, welcher Honorarzone die Umweltverträglichkeitsstudie zugerechnet werden kann, so ist die Anzahl der Bewertungspunkte nach Absatz 3 zu ermitteln; die Umweltverträglichkeitsstudie ist nach der Summe der Bewertungspunkte folgenden Honorarzonen zuzurechnen:

1. Honorarzone I
Umweltverträglichkeitsstudien mit bis zu 16 Punkten,
2. Honorarzone II
Umweltverträglichkeitsstudien mit 17 bis zu 30 Punkten,
3. Honorarzone III
Umweltverträglichkeitsstudien mit 31 bis zu 42 Punkten.

(3) Bei der Zurechnung einer Umweltverträglichkeitsstudie in die Honorarzonen sind entsprechend dem Schwierigkeitsgrad der Aufgabenstellung die Bewertungsmerkmale Ausstattung an ökologisch bedeutsamen Strukturen, Landschaftsbild, Erholungsnutzung sowie Nutzungsansprüche mit je bis zu sechs Punkten zu bewerten, die Bewertungsmerkmale Empfindlichkeit gegenüber Umweltbelastungen und Beeinträchtigungen von Natur und Landschaft sowie Vorhaben und Maßnahmen mit potentieller Beeinträchtigungsintensität mit je bis zu neun Punkten.

§ 48 a Leistungsbild Umweltverträglichkeitsstudie

(1) Die Grundleistungen bei Umweltverträglichkeitsstudien zur Standortfindung als Beitrag zur Umweltverträglichkeitsprüfung sind in den in Absatz 2 aufgeführten Leistungsphasen 1 bis 5 zusammengefaßt. Sie sind in der nachfolgenden Tabelle in Vomhundertsätzen der Honorare des § 48 b bewertet.

	Bewertung der Grundleistungen in v. H. der Honorare
1. Klären der Aufgabenstellung und Ermitteln des Leistungsumfangs	3
2. Ermitteln und Bewerten der Planungsgrundlagen Bestandsaufnahme, Bestandsbewertung und zusammenfassende Darstellung	30
3. Konfliktanalyse und Alternativen	20
4. Vorläufige Fassung der Studie	40
5. Endgültige Fassung der Studie	7

(2) Das Leistungsbild setzt sich wie folgt zusammen:

Grundleistungen	Besondere Leistungen

1. Klären der Aufgabenstellung und Ermitteln des Leistungsumfangs

Abgrenzen des Untersuchungsbereichs
Zusammenstellen der verfügbaren planungsrelevanten Unterlagen, insbesondere
- örtliche und überörtliche Planungen und Untersuchungen
- thematische Karten, Luftbilder und sonstige Daten

Ermitteln des Leistungsumfangs und ergänzender Fachleistungen
Ortsbesichtigungen

2. Ermitteln und Bewerten der Planungsgrundlagen

a) Bestandsaufnahme
Erfassen auf der Grundlage vorhandener Unterlagen und örtlicher Erhebungen
- des Naturhaushalts in seinen Wirkungszusammenhängen, insbesondere durch Landschaftsfaktoren wie Relief, Geländegestalt, Gestein, Boden, oberirdische Gewässer, Grundwasser, Geländeklima sowie Tiere und Pflanzen und deren Lebensräume
- der Schutzgebiete, geschützten Landschaftsbestandteile und schützenswerten Lebensräume
- der vorhandenen Nutzungen, Beeinträchtigungen und Vorhaben
- des Landschaftsbildes und der -struktur
- der Sachgüter und des kulturellen Erbes

b) Bestandsbewertung
Bewerten der Leistungsfähigkeit und der Empfindlichkeit des Naturhaushalts und des Landschaftsbildes nach den Zielen und Grundsätzen des Naturschutzes und der Landschaftspflege
Bewerten der vorhandenen und vorhersehbaren Umweltbelastungen der Bevölkerung sowie Beeinträchtigungen (Vorbelastung) von Natur und Landschaft

c) Zusammenfassende Darstellung der Bestandsaufnahme und der -bewertung in Text und Karte

Einzeluntersuchungen zu natürlichen Grundlagen, zur Vorbelastung und zu sozioökonomischen Fragestellungen
Sonderkartierungen
Prognosen
Ausbreitungsberechnungen
Beweissicherung
Aktualisierung der Planungsgrundlagen
Untersuchen von Sekundäreffekten außerhalb des Untersuchungsgebiets

3. Konfliktanalyse und Alternativen

Ermitteln der projektbedingten umwelterheblichen Wirkungen

Verknüpfen der ökologischen und nutzungsbezogenen Empfindlichkeit des Untersuchungsgebiets mit den projektbedingten umwelterheblichen Wirkungen und Beschreiben der Wechselwirkungen zwischen den betroffenen Faktoren

Ermitteln konfliktarmer Bereiche und Abgrenzen der vertieft zu untersuchenden Alternativen

Überprüfen der Abgrenzung des Untersuchungsbereichs

Abstimmen mit dem Auftraggeber

Zusammenfassende Darstellung in Text und Karte

4. Vorläufige Fassung der Studie

Erarbeiten der grundsätzlichen Lösung der wesentlichen Teile der Aufgabe in Text und Karte mit Alternativen

a) Ermitteln, Bewerten und Darstellen für jede sich wesentlich unterscheidende Lösung unter Berücksichtigung des Vermeidungs- und/oder Ausgleichsgebots
   - des ökologischen Risikos für den Naturhaushalt
   - der Beeinträchtigungen des Landschaftsbildes
   - der Auswirkungen auf den Menschen, die Nutzungsstruktur, die Sachgüter und das kulturelle Erbe

   Aufzeigen von Entwicklungstendenzen des Untersuchungsbereichs ohne das geplante Vorhaben (Status-quo-Prognose)
b) Ermitteln und Darstellen voraussichtlich nicht ausgleichbarer Beeinträchtigungen
c) Vergleichende Bewertung der sich wesentlich unterscheidenden Alternativen

   Abstimmen der vorläufigen Fassung der Studie mit dem Auftraggeber

Erstellen zusätzlicher Hilfsmittel der Darstellung

Vorstellen der Planung vor Dritten

Detailausarbeitungen in besonderen Maßstäben

5. Endgültige Fassung der Studie

Darstellen der Umweltverträglichkeitsstudie in der vorgeschriebenen Fassung in Text und Karte in der Regel im Maßstab 1:5000 einschließlich einer nichttechnischen Zusammenfassung

§ 48 b Honorartafel für Grundleistungen bei Umweltverträglichkeitsstudien

(1) Die Mindest- und Höchstsätze der Honorare für die in § 48 a aufgeführten Grundleistungen bei Umweltverträglichkeitsstudien sind in der nachfolgenden Honorartafel festgesetzt.

Honorartafel zu § 48 b Abs. 1

Fläche ha	Zone I		Zone II		Zone III	
	von Euro	bis Euro	von Euro	bis Euro	von Euro	bis Euro
50	6 892	8 416	8 416	9 934	9 934	11 458
100	9 188	11 218	11 218	13 242	13 242	15 272
250	14 930	18 453	18 453	21 970	21 970	25 493
500	23 110	28 919	28 919	34 727	34 727	40 535
750	30 217	38 142	38 142	46 073	46 073	53 998
1 000	36 747	46 737	46 737	56 728	56 728	66 718
1 250	42 703	54 545	54 545	66 386	66 386	78 228
1 500	48 230	62 009	62 009	75 789	75 789	89 568
1 750	54 258	69 669	69 669	85 074	85 074	100 484
2 000	59 714	76 556	76 556	93 398	93 398	110 240
2 500	69 618	89 236	89 236	108 854	108 854	128 472
3 000	79 235	100 765	100 765	122 296	122 296	143 826
3 500	87 416	110 858	110 858	134 306	134 306	157 749
4 000	95 310	120 189	120 189	145 074	145 074	169 953
4 500	102 059	128 759	128 759	155 458	155 458	182 158
5 000	109 094	137 323	137 323	165 556	165 556	193 785
5 500	116 846	145 790	145 790	174 739	174 739	203 683
6 000	124 019	153 878	153 878	183 733	283 733	213 592
6 500	130 625	161 727	161 727	192 824	192 824	223 925
7 000	136 653	169 381	169 381	202 109	202 109	234 836
7 500	144 261	178 712	178 712	213 163	213 163	247 614
8 000	151 583	187 562	187 562	223 542	223 542	259 522
8 500	158 613	196 842	196 842	235 077	235 077	273 306
9 000	165 362	205 841	205 841	246 320	246 320	286 799
9 500	171 820	215 003	215 003	258 182	258 182	301 366
10 000	177 991	223 925	223 925	269 860	269 860	315 794

(2) Die Honorare sind nach der Gesamtfläche des Untersuchungsraumes in Hektar zu berechnen.

(3) § 45 b Abs. 3 und 4 gilt sinngemäß.

§ 49 Honorarzonen für Leistungen bei Landschaftspflegerischen Begleitplänen

Für die Ermittlung der Honorarzone für Leistungen bei Landschaftspflegerischen Begleitplänen gilt § 48 sinngemäß.

§ 49 a Leistungsbild Landschaftspflegerischer Begleitplan

(1) Die Grundleistungen bei Landschaftspflegerischen Begleitplänen sind in den in Absatz 2 aufgeführten Leistungsphasen 1 bis 5 zusammengefaßt. Sie sind in der nachfolgenden Tabelle in Vomhundertsätzen der Honorare des Absatzes 3 bewertet.

	Bewertung der Grundleistungen in v. H. der Honorare
1. Klären der Aufgabenstellung und Ermitteln des Leistungsumfangs	1 bis 3
2. Ermitteln und Bewerten der Planungsgrundlagen Bestandsaufnahme, Bestandsbewertung und zusammenfassende Darstellung	15 bis 22
3. Ermitteln und Bewerten des Eingriffs Konfliktanalyse und -minderung der Beeinträchtigungen des Naturhaushalts und Landschaftsbildes	25
4. Vorläufige Planfassung Erarbeiten der wesentlichen Teile einer Lösung der Planungsaufgabe	40
5. Endgültige Planfassung	10

(2) Das Leistungsbild setzt sich wie folgt zusammen:

Grundleistungen	Besondere Leistungen
1. Klären der Aufgabenstellung und Ermitteln des Leistungsumfangs Abgrenzen des Planungsbereichs Zusammenstellen der verfügbaren planungsrelevanten Unterlagen, insbesondere – örtliche und überörtliche Planungen und Untersuchungen – thematische Karten, Luftbilder und sonstige Daten Ermitteln des Leistungsumfangs und ergänzender Fachleistungen Aufstellen eines verbindlichen Arbeitspapiers Ortsbesichtigungen	

2. Ermitteln und Bewerten der Planungsgrundlagen

a) Bestandsaufnahme
   Erfassen aufgrund vorhandener Unterlagen und örtlicher Erhebungen
   - des Naturhaushalts in seinen Wirkungszusammenhängen, insbesondere durch Landschaftsfaktoren wie Relief, Geländegestalt, Gestein, Boden, oberirdische Gewässer, Grundwasser, Geländeklima sowie Tiere und Pflanzen und deren Lebensräume
   - der Schutzgebiete, geschützten Landschaftsbestandteile und schützenswerten Lebensräume
   - der vorhandenen Nutzungen und Vorhaben
   - des Landschaftsbildes und der -struktur
   - der kulturgeschichtlich bedeutsamen Objekte
   Erfassen der Eigentumsverhältnisse aufgrund vorhandener Unterlagen
b) Bestandsbewertung
   Bewerten der Leistungsfähigkeit und Empfindlichkeit des Naturhaushalts und des Landschaftsbildes nach den Zielen und Grundsätzen des Naturschutzes und der Landschaftspflege
   Bewerten der vorhandenen Beeinträchtigungen von Natur und Landschaft (Vorbelastung)
c) Zusammenfassende Darstellung der Bestandsaufnahme und der -bewertung in Text und Karte

3. Ermitteln und Bewerten des Eingriffs

a) Konfliktanalyse
   Ermitteln und Bewerten der durch das Vorhaben zu erwartenden Beeinträchtigungen des Naturhaushalts und des Landschaftsbildes nach Art, Umfang, Ort und zeitlichem Ablauf
b) Konfliktminderung
   Erarbeiten von Lösungen zur Vermeidung oder Verminderung von Beeinträchtigungen des Naturhaushalts und des Landschaftsbildes in Abstimmung

mit den an der Planung fachlich Beteiligten

c) Ermitteln der unvermeidbaren Beeinträchtigungen

d) Überprüfen der Abgrenzung des Untersuchungsbereichs

e) Abstimmen mit dem Auftraggeber Zusammenfassende Darstellung der Ergebnisse von Konfliktanalyse und Konfliktminderung sowie der unvermeidbaren Beeinträchtigungen in Text und Karte

4. Vorläufige Planfassung

Erarbeiten der grundsätzlichen Lösung der wesentlichen Teile der Aufgabe in Text und Karte mit Alternativen

a) Darstellen und Begründen von Maßnahmen des Naturschutzes und der Landschaftspflege nach Art, Umfang, Lage und zeitlicher Abfolge einschließlich Biotopentwicklungs- und Pflegemaßnahmen, insbesondere Ausgleichs-, Ersatz-, Gestaltungs- und Schutzmaßnahmen sowie Maßnahmen nach § 3 Abs. 2 des Bundesnaturschutzgesetzes

b) Vergleichendes Gegenüberstellen von Beeinträchtigungen und Ausgleich einschließlich Darstellen verbleibender, nicht ausgleichbarer Beeinträchtigungen

c) Kostenschätzung

Abstimmen der vorläufigen Planfassung mit dem Auftraggeber und der für Naturschutz und Landschaftspflege zuständigen Behörde

5. Endgültige Planfassung

Darstellen des landschaftspflegerischen Begleitplans in der vorgeschriebenen Fassung in Text und Karte

(3) Die Honorare sind bei einer Planung im Maßstab des Flächennutzungsplans nach § 45 b, bei einer Planung im Maßstab des Bebauungsplans nach § 46 a zu berechnen. Anstelle eines Honorars nach Satz 1 kann ein Zeithonorar nach § 6 vereinbart werden.

§ 49 b Honorarzonen für Leistungen bei Pflege- und Entwicklungsplänen

(1) Die Honorarzone wird bei Pflege- und Entwicklungsplänen aufgrund folgender Bewertungsmerkmale ermittelt:
1. Honorarzone I:
Pflege- und Entwicklungspläne mit geringem Schwierigkeitsgrad, insbesondere
- gute fachliche Vorgaben,
- geringe Differenziertheit des floristischen Inventars oder der Pflanzengesellschaften,
- geringe Differenziertheit des faunistischen Inventars,
- geringe Beeinträchtigungen oder Schädigungen von Naturhaushalt und Landschaftsbild,
- geringer Aufwand für die Festlegung von Zielaussagen sowie Pflege- und Entwicklungsmaßnahmen;
2. Honorarzone II:
Pflege- und Entwicklungspläne mit durchschnittlichem Schwierigkeitsgrad, insbesondere
- durchschnittliche fachliche Vorgaben,
- durchschnittliche Differenziertheit des floristischen Inventars oder der Pflanzengesellschaften,
- durchschnittliche Differenziertheit des faunistischen Inventars,
- durchschnittliche Beeinträchtigungen oder Schädigungen von Naturhaushalt und Landschaftsbild,
- durchschnittlicher Aufwand für die Festlegung von Zielaussagen sowie Pflege- und Entwicklungsmaßnahmen;
3. Honorarzone III:
Pflege- und Entwicklungspläne mit hohem Schwierigkeitsgrad, insbesondere
- geringe fachliche Vorgaben,
- starke Differenziertheit des floristischen Inventars oder der Pflanzengesellschaften,
- starke Differenziertheit des faunistischen Inventars,
- umfangreiche Beeinträchtigungen oder Schädigungen von Naturhaushalt und Landschaftsbild,
- hoher Aufwand für die Festlegung von Zielaussagen sowie Pflege- und Entwicklungsmaßnahmen.

(2) Sind für einen Pflege- und Entwicklungsplan Bewertungsmerkmale aus mehreren Honorarzonen anwendbar und bestehen deswegen Zweifel, welcher Honorarzone der Pflege- und Entwicklungsplan zugerechnet werden kann, so ist die Anzahl der Bewertungspunkte nach Absatz 3 zu ermitteln; der Pflege- und Entwicklungsplan ist nach der Summe der Bewertungspunkte folgenden Honorarzonen zuzurechnen:
1. Honorarzone I:
Pflege- und Entwicklungspläne bis zu 13 Punkten,
2. Honorarzone II:
Pflege- und Entwicklungspläne mit 14 bis 24 Punkten,

3. Honorarzone III:
   Pflege- und Entwicklungspläne mit 25 bis 34 Punkten.

(3) Bei der Zurechnung eines Pflege- und Entwicklungsplans in die Honorarzonen ist entsprechend dem Schwierigkeitsgrad der Planungsanforderungen das Bewertungsmerkmal fachliche Vorgaben mit bis zu 4 Punkten, die Bewertungsmerkmale Beeinträchtigungen oder Schädigungen von Naturhaushalt und Landschaftsbild und Aufwand für die Festlegung von Zielaussagen sowie Pflege- und Entwicklungsmaßnahmen mit je bis zu 6 Punkten und die Bewertungsmerkmale Differenziertheit des floristischen Inventars oder der Pflanzengesellschaften sowie Differenziertheit des faunistischen Inventars mit je bis zu 9 Punkten zu bewerten.

§ 49 c Leistungsbild Pflege- und Entwicklungsplan

(1) Pflege- und Entwicklungspläne umfassen die weiteren Festlegungen von Pflege und Entwicklung (Biotopmanagement) von Schutzgebieten oder schützenswerten Landschaftsteilen.

(2) Die Grundleistungen bei Pflege- und Entwicklungsplänen sind in den in Absatz 3 aufgeführten Leistungsphasen 1 bis 4 zusammengefaßt. Sie sind in der nachfolgenden Tabelle in Vomhundertsätzen der Honorare des § 49 d bewertet.

	Bewertung der Grundleistungen in v. H. der Honorare
1. Zusammenstellen der Ausgangsbedingungen	1 bis 5
2. Ermitteln der Planungsgrundlagen	20 bis 50
3. Konzept der Pflege- und Entwicklungsmaßnahmen	20 bis 40
4. Endgültige Planfassung	5

(3) Das Leistungsbild setzt sich wie folgt zusammen:

Grundleistungen	Besondere Leistungen
1. Zusammenstellen der Ausgangsbedingungen	

Abgrenzen des Planungsbereichs
Zusammenstellen der planungsrelevanten Unterlagen, insbesondere
– ökologische und wissenschaftliche Bedeutung des Planungsbereichs
– Schutzzweck
– Schutzverordnungen
– Eigentümer

Grundleistungen	Besondere Leistungen

2. Ermitteln der Planungsgrundlagen

Erfassen und Beschreiben der natürlichen Grundlagen Ermitteln von Beeinträchtigungen des Planungsbereichs	Flächendeckende detaillierte Vegetationskartierung Eingehende zoologische Erhebungen einzelner Arten oder Artengruppen

3. Konzept der Pflege- und Entwicklungsmaßnahmen

Erfassen und Darstellen von
– Flächen, auf denen eine Nutzung weiter betrieben werden soll
– Flächen, auf denen regelmäßig Pflegemaßnahmen durchzuführen sind
– Maßnahmen zur Verbesserung der ökologischen Standortverhältnisse
– Maßnahmen zur Änderung der Biotopstruktur
Vorschläge für
– gezielte Maßnahmen zur Förderung bestimmter Tier- und Pflanzenarten
– Maßnahmen zur Lenkung des Besucherverkehrs
– Maßnahmen zur Änderung der rechtlichen Vorschriften
– die Durchführung der Pflege- und Entwicklungsmaßnahmen
Hinweise für weitere wissenschaftliche Untersuchungen
Kostenschätzung der Pflege- und Entwicklungsmaßnahmen
Abstimmen der Konzepte mit dem Auftraggeber

4. Endgültige Planfassung

Darstellen des Pflege- und Entwicklungsplans in der vorgeschriebenen Fassung in Text und Karte

(4) Sofern nicht vor Erbringung der Grundleistungen etwas anderes schriftlich vereinbart ist, sind die Leistungsphase 1 mit 1 vom Hundert sowie die Leistungsphasen 2 und 3 mit jeweils 20 vom Hundert der Honorare des § 49 d zu bewerten.

§ 49 d Honorartafel für Grundleistungen bei Pflege- und Entwicklungsplänen

(1) Die Mindest- und Höchstsätze der Honorare für die in § 49 c aufgeführten Grundleistungen bei Pflege- und Entwicklungsplänen sind in der nachfolgenden Honorartafel festgesetzt:

Honorartafel zu § 49 d Abs. 1

Fläche ha	Zone I von Euro	Zone I bis Euro	Zone II von Euro	Zone II bis Euro	Zone III von Euro	Zone III bis Euro
5	2 342	4 678	4 678	7 020	7 020	9 357
10	2 945	5 885	5 885	8 820	8 820	11 760
15	3 375	6 749	6 749	10 124	10 124	13 498
20	3 712	7 419	7 419	11 126	11 126	14 833
30	4 305	8 615	8 615	12 931	12 931	17 241
40	4 842	9 689	9 689	14 531	14 531	19 378
50	5 312	10 625	10 625	15 932	15 932	21 244
75	6 309	12 624	12 624	18 943	18 943	25 258
100	7 153	14 301	14 301	21 454	21 454	28 602
150	8 493	16 975	16 975	25 462	25 462	33 945
200	9 484	18 974	18 974	28 464	28 464	37 953
300	10 824	21 648	21 648	32 472	32 472	43 296
400	11 826	23 652	23 652	35 484	35 484	47 310
500	12 634	25 263	25 263	37 887	37 887	50 516
1 000	15 973	31 940	31 940	47 913	47 913	63 881
2 500	23 990	47 975	47 975	71 964	71 964	95 949
5 000	34 011	68 022	68 022	102 028	102 028	136 039
10 000	47 376	94 747	94 747	142 124	142 124	189 495

(2) Die Honorare sind nach der Grundfläche des Planungsbereichs in Hektar zu berechnen.

(3) § 45 b Abs. 3 und 4 gilt sinngemäß.

§ 50 Sonstige landschaftsplanerische Leistungen

(1) Zu den sonstigen landschaftsplanerischen Leistungen rechnen insbesondere:

1. Gutachten zu Einzelfragen der Planung, ökologische Gutachten, Gutachten zu Baugesuchen,
2. Beratungen bei Gestaltungsfragen,
3. besondere Plandarstellungen und Modelle,
4. Ausarbeitungen von Satzungen, Teilnahme an Verhandlungen mit Behörden und an Sitzungen der Gemeindevertretungen nach Fertigstellung der Planung,
5. Beiträge zu Plänen und Programmen der Landes- oder Regionalplanung.

(2) Die Honorare für die in Absatz 1 genannten Leistungen können auf der Grundlage eines detaillierten Leistungskatalogs frei vereinbart werden. Wird das Honorar nicht bei Auftragserteilung schriftlich vereinbart, so ist es als Zeithonorar nach § 6 zu berechnen.

Teil VII: Leistungen bei Ingenieurbauwerken und Verkehrsanlagen

§ 51 Anwendungsbereich

(1) Ingenieurbauwerke umfassen:
1. Bauwerke und Anlagen der Wasserversorgung,
2. Bauwerke und Anlagen der Abwasserentsorgung,
3. Bauwerke und Anlagen des Wasserbaus, ausgenommen Freianlagen nach § 3 Nr. 12,
4. Bauwerke und Anlagen für Ver- und Entsorgung mit Gasen, Feststoffen einschließlich wassergefährdenden Flüssigkeiten, ausgenommen Anlagen nach § 68,
5. Bauwerke und Anlagen der Abfallentsorgung,
6. konstruktive Ingenieurbauwerke für Verkehrsanlagen,
7. sonstige Einzelbauwerke, ausgenommen Gebäude und Freileitungsmaste.

(2) Verkehrsanlagen umfassen:
1. Anlagen des Straßenverkehrs, ausgenommen Freianlagen nach § 3 Nr. 12,
2. Anlagen des Schienenverkehrs,
3. Anlagen des Flugverkehrs.

§ 52 Grundlagen des Honorars

(1) Das Honorar für Grundleistungen bei Ingenieurbauwerken und Verkehrsanlagen richtet sich nach den anrechenbaren Kosten des Objekts, nach der Honorarzone, der das Objekt angehört, sowie bei Ingenieurbauwerken nach der Honorartafel zu § 56 Abs. 1 und bei Verkehrsanlagen nach der Honorartafel zu § 56 Abs. 2.

(2) Anrechenbare Kosten sind die Herstellungskosten des Objekts. Sie sind zu ermitteln:
1. für die Leistungsphasen 1 bis 4 nach der Kostenberechnung, solange diese nicht vorliegt oder wenn die Vertragsparteien dies bei Auftragserteilung schriftlich vereinbaren, nach der Kostenschätzung;
2. für die Leistungsphasen 5 bis 9 nach der Kostenfeststellung, solange diese nicht vorliegt oder wenn die Vertragsparteien dies bei Auftragserteilung schriftlich vereinbaren, nach der Kostenberechnung.

(3) § 10 Abs. 3 bis 4 gilt sinngemäß.

(4) Anrechenbar sind für Grundleistungen der Leistungsphasen 1 bis 7 und 9 des § 55 bei Verkehrsanlagen:
1. die Kosten für Erdarbeiten einschließlich Felsarbeiten, soweit sie 40 vom Hundert der sonstigen anrechenbaren Kosten nach Absatz 2 nicht übersteigen;
2. 10 vom Hundert der Kosten für Ingenieurbauwerke, wenn dem Auftragnehmer nicht gleichzeitig Grundleistungen nach § 55 für diese Ingenieurbauwerke übertragen werden.

(5) Anrechenbar sind für Grundleistungen der Leistungsphasen 1 bis 7 und 9 des § 55 bei Straßen mit mehreren durchgehenden Fahrspuren, wenn diese eine gemeinsame Entwurfsachse und eine gemeinsame Entwurfsgradiente

haben, sowie bei Gleis- und Bahnsteiganlagen mit zwei Gleisen, wenn diese ein gemeinsames Planum haben, nur folgende Vomhundertsätze der nach den Absätzen 2 bis 4 ermittelten Kosten:

1. bei dreispurigen Straßen 85 v. H.,
2. bei vierspurigen Straßen 70 v. H.,
3. bei mehr als vierspurigen Straßen 60 v. H.,
4. bei Gleis- und Bahnsteiganlagen mit zwei Gleisen 90 v. H.

(6) Nicht anrechenbar sind für Grundleistungen die Kosten für:

1. das Baugrundstück einschließlich der Kosten des Erwerbs und des Freimachens,
2. andere einmalige Abgaben für Erschließung (DIN 276, Kostengruppe 2.3),
3. Vermessung und Vermarkung,
4. Kunstwerke, soweit sie nicht wesentliche Bestandteile des Objekts sind,
5. Winterbauschutzvorkehrungen und sonstige zusätzliche Maßnahmen bei der Erschließung, beim Bauwerk und bei den Außenanlagen für den Winterbau,
6. Entschädigungen und Schadensersatzleistungen,
7. die Baunebenkosten.

(7) Nicht anrechenbar sind neben den in Absatz 6 genannten Kosten, soweit der Auftragnehmer die Anlagen oder Maßnahmen weder plant noch ihre Ausführung überwacht, die Kosten für:

1. das Herrichten des Grundstücks (DIN 276, Kostengruppe 1.4),
2. die öffentliche Erschließung (DIN 276, Kostengruppe 2.1),
3. die nichtöffentliche Erschließung und die Außenanlagen (DIN 276, Kostengruppen 2.2 und 5),
4. verkehrsregelnde Maßnahmen während der Bauzeit,
5. das Umlegen und Verlegen von Leitungen,
6. Ausstattung und Nebenanlagen von Straßen sowie Ausrüstung und Nebenanlagen von Gleisanlagen,
7. Anlagen der Maschinentechnik, die der Zweckbestimmung des Ingenieurbauwerks dienen.

(8) Die §§ 20 bis 22 und 32 gelten sinngemäß; § 23 gilt sinngemäß für Ingenieurbauwerke nach § 51 Abs. 1 Nr. 1 bis 5.

(9) Das Honorar für Leistungen bei Deponien für unbelasteten Erdaushub, beim Ausräumen oder bei hydraulischer Sanierung von Altablagerungen und bei kontaminierten Standorten, bei selbständigen Geh- und Radwegen mit rechnerischer Festlegung nach Lage und Höhe, bei nachträglich an vorhandene Straßen angepaßten landwirtschaftlichen Wegen, Gehwegen und Radwegen sowie bei Gleis- und Bahnsteiganlagen mit mehr als zwei Gleisen kann frei vereinbart werden. Wird ein Honorar nicht bei Auftragserteilung schriftlich vereinbart, so ist das Honorar als Zeithonorar nach § 6 zu berechnen.

§ 53 Honorarzonen für Leistungen bei Ingenieurbauwerken und Verkehrsanlagen

(1) Ingenieurbauwerke und Verkehrsanlagen werden nach den in Absatz 2 genannten Bewertungsmerkmalen folgenden Honorarzonen zugerechnet:

1. Honorarzone I: Objekte mit sehr geringen Planungsanforderungen,
2. Honorarzone II: Objekte mit geringen Planungsanforderungen,
3. Honorarzone III: Objekte mit durchschnittlichen Planungsanforderungen,
4. Honorarzone IV: Objekte mit überdurchschnittlichen Planungsanforderungen,
5. Honorarzone V: Objekte mit sehr hohen Planungsanforderungen.
   (2) Bewertungsmerkmale sind:
1. geologische und baugrundtechnische Gegebenheiten,
2. technische Ausrüstung oder Ausstattung,
3. Anforderungen an die Einbindung in die Umgebung oder das Objektumfeld,
4. Umfang der Funktionsbereiche oder der konstruktiven oder technischen Anforderungen,
5. fachspezifische Bedingungen.
   (3) Sind für Ingenieurbauwerke oder Verkehrsanlagen Bewertungsmerkmale aus mehreren Honorarzonen anwendbar und bestehen deswegen Zweifel, welcher Honorarzone das Objekt zugerechnet werden kann, so ist die Anzahl der Bewertungspunkte nach Absatz 4 zu ermitteln. Das Objekt ist nach der Summe der Bewertungspunkte folgenden Honorarzonen zuzurechnen:
1. Honorarzone I: Objekte mit bis zu 10 Punkten,
2. Honorarzone II: Objekte mit 11 bis 17 Punkten,
3. Honorarzone III: Objekte mit 18 bis 25 Punkten,
4. Honorarzone IV: Objekte mit 26 bis 33 Punkten,
5. Honorarzone V: Objekte mit 34 bis 40 Punkten.
   (4) Bei der Zurechnung eines Ingenieurbauwerks oder einer Verkehrsanlage in die Honorarzonen sind entsprechend dem Schwierigkeitsgrad der Planungsanforderungen die Bewertungsmerkmale mit bis zu folgenden Punkten zu bewerten:

	Ingenieurbauwerke nach § 51 Abs. 1	Verkehrsanlagen nach § 51 Abs. 2
1. Geologische und baugrundtechnische Gegebenheiten	5	5
2. Technische Ausrüstung oder Ausstattung	5	5
3. Anforderungen an die Einbindung in die Umgebung oder das Objektumfeld	5	15
4. Umfang der Funktionsbereiche oder konstruktiven oder technischen Anforderungen	10	10
5. Fachspezifische Bedingungen	15	5

§ 54 Objektliste für Ingenieurbauwerke und Verkehrsanlagen

(1) Nachstehende Ingenieurbauwerke werden nach Maßgabe der in § 53 genannten Merkmale in der Regel folgenden Honorarzonen zugerechnet:

1. Honorarzone I:
   a) Zisternen, Leitungen für Wasser ohne Zwangspunkte;
   b) Leitungen für Abwasser ohne Zwangspunkte;
   c) Einzelgewässer mit gleichförmigem ungegliedertem Querschnitt ohne Zwangspunkte, ausgenommen Einzelgewässer mit überwiegend ökologischen und landschaftsgestalterischen Elementen; Teiche bis 3 m Dammhöhe über Sohle ohne Hochwasserentlastung, ausgenommen Teiche ohne Dämme; Bootsanlegestellen an stehenden Gewässern; einfache Deich- und Dammbauten; einfacher, insbesondere flächenhafter Erdbau, ausgenommen flächenhafter Erdbau zur Geländegestaltung;
   d) Transportleitungen für wassergefährdende Flüssigkeiten und Gase ohne Zwangspunkte, handelsübliche Fertigbehälter für Tankanlagen;
   e) Zwischenlager, Sammelstellen und Umladestationen offener Bauart für Abfälle oder Wertstoffe ohne Zusatzeinrichtungen;
   f) Stege, soweit Leistungen nach Teil VIII erforderlich sind; einfache Durchlässe und Uferbefestigungen, ausgenommen einfache Durchlässe und Uferbefestigungen als Mittel zur Geländegestaltung, soweit keine Leistungen nach Teil VIII erforderlich sind; einfache Ufermauern; Lärmschutzwälle, ausgenommen Lärmschutzwälle als Mittel zur Geländegestaltung; Stützbauwerke und Geländeabstützungen ohne Verkehrsbelastung als Mittel zur Geländegestaltung, soweit Leistungen nach § 63 Abs. 1 Nr. 3 bis 5 erforderlich sind;
   g) einfache gemauerte Schornsteine, einfache Maste und Türme ohne Aufbauten; Versorgungsbauwerke und Schutzrohre in sehr einfachen Fällen ohne Zwangspunkte;

2. Honorarzone II:
   a) einfache Anlagen zur Gewinnung und Förderung von Wasser, zum Beispiel Quellfassungen, Schachtbrunnen; einfache Anlagen zur Speicherung von Wasser, zum Beispiel Behälter in Fertigbauweise, Feuerlöschbecken; Leitungen für Wasser mit geringen Verknüpfungen und wenigen Zwangspunkten, einfache Leitungsnetze für Wasser;
   b) industriell systematisierte Abwasserbehandlungsanlagen; Schlammabsetzanlagen, Schlammpolder, Erdbecken als Regenrückhaltebecken; Leitungen für Abwasser mit geringen Verknüpfungen und wenigen Zwangspunkten, einfache Leitungsnetze für Abwasser;
   c) einfache Pumpanlagen, Pumpwerke und Schöpfwerke; einfache feste Wehre, Düker mit wenigen Zwangspunkten, Einzelgewässer mit gleichförmigem gegliedertem Querschnitt und einigen Zwangspunkten, Teiche mit mehr als 3 m Dammhöhe über Sohle ohne Hochwasserentlastung, Teiche bis 3 m Dammhöhe über Sohle mit Hochwasserentlastung; Ufer- und Sohlensicherung an Wasserstraßen, einfache Schiffsanlege-, -lösch- und -ladestellen, Bootsanlegestellen an fließenden Gewässern, Deich- und Dammbauten, soweit nicht in Honorarzone I, III oder IV erwähnt; Berieselung und rohrlose Dränung, flächenhafter Erdbau mit unterschiedlichen Schütthöhen oder Materialien;

d) Transportleitungen für wassergefährdende Flüssigkeiten und Gase mit geringen Verknüpfungen und wenigen Zwangspunkten, industriell vorgefertigte einstufige Leichtflüssigkeitsabscheider;

e) Zwischenlager, Sammelstellen und Umladestationen offener Bauart für Abfälle oder Wertstoffe mit einfachen Zusatzeinrichtungen; einfache, einstufige Aufbereitungsanlagen für Wertstoffe, einfache Bauschuttaufbereitungsanlagen; Pflanzenabfall-Kompostierungsanlagen und Bauschuttdeponien ohne besondere Einrichtungen;

f) gerade Einfeldbrücken einfacher Bauart, Durchlässe, soweit nicht in Honorarzone I erwähnt; Stützbauwerke mit Verkehrsbelastungen, einfache Kaimauern und Piers, Schmalwände; Uferspundwände und Ufermauern, soweit nicht in Honorarzone I oder III erwähnt; einfache Lärmschutzanlagen, soweit Leistungen nach Teil VIII oder Teil XII erforderlich sind;

g) einfache Schornsteine, soweit nicht in Honorarzone I erwähnt; Maste und Türme ohne Aufbauten, soweit nicht in Honorarzone I erwähnt; Versorgungsbauwerke und Schutzrohre mit zugehörigen Schächten für Versorgungssysteme mit wenigen Zwangspunkten; flach gegründete, einzeln stehende Silos ohne Anbauten; einfache Werft-, Aufschlepp- und Helgenanlagen;

3. Honorarzone III:

a) Tiefbrunnen, Speicherbehälter; einfache Wasseraufbereitungsanlagen und Anlagen mit mechanischen Verfahren; Leitungen für Wasser mit zahlreichen Verknüpfungen und zahlreichen Zwangspunkten, Leitungsnetze mit mehreren Verknüpfungen und mehreren Zwangspunkten und mit einer Druckzone;

b) Abwasserbehandlungsanlagen mit gemeinsamer aerober Stabilisierung, Schlammabsetzanlagen mit mechanischen Einrichtungen; Leitungen für Abwasser mit zahlreichen Verknüpfungen und zahlreichen Zwangspunkten, Leitungsnetze für Abwasser mit mehreren Verknüpfungen und mehreren Zwangspunkten;

c) Pump- und Schöpfwerke, soweit nicht in Honorarzone II oder IV erwähnt; Kleinwasserkraftanlagen; feste Wehre, soweit nicht in Honorarzone II erwähnt; einfache bewegliche Wehre, Düker, soweit nicht in Honorarzone II oder IV erwähnt; Einzelgewässer mit ungleichförmigem ungegliedertem Querschnitt und einigen Zwangspunkten, Gewässersysteme mit einigen Zwangspunkten; Hochwasserrückhaltebecken und Talsperren bis 5 m Dammhöhe über Sohle oder bis 100 000 m³ Speicherraum; Schiffahrtskanäle, Schiffsanlege-, -lösch- und -ladestellen; Häfen, schwierige Deich- und Dammbauten; Siele, einfache Sperrwerke, Sperrtore, einfache Schiffsschleusen, Bootsschleusen, Regenbecken und Kanalstauräume mit geringen Verknüpfungen und wenigen Zwangspunkten, Beregnung und Rohrdränung;

d) Transportleitungen für wassergefährdende Flüssigkeiten und Gase mit geringen Verknüpfungen und wenigen Zwangspunkten; Anlagen zur Lagerung wassergefährdender Flüssigkeiten in einfachen Fällen, Pumpzentralen für Tankanlagen in Ortbetonbauweise; einstufige Leichtflüssigkeitsabscheider, soweit nicht in Honorarzone II erwähnt; Leerrohrnetze mit wenigen Verknüpfungen;

e) Zwischenlager, Sammelstellen und Umladestationen für Abfälle oder Wertstoffe, soweit nicht in Honorarzone I oder II erwähnt; Aufbereitungsanlagen für Wertstoffe, soweit nicht in Honorarzone II oder IV erwähnt; Bauschuttaufbereitungsanlagen, soweit nicht in Honorarzone II erwähnt; Biomüll-Kompostierungsanlagen;   Pflanzenabfall-Kompostierungsanlagen, soweit nicht in Honorarzone II erwähnt; Bauschuttdeponien, soweit nicht in Honorarzone II erwähnt; Hausmüll- und Monodeponien, soweit nicht in Honorarzone IV erwähnt; Abdichtung von Altablagerungen und kontaminierten Standorten, soweit nicht in Honorarzone IV erwähnt;

f) Einfeldbrücken, soweit nicht in Honorarzone II oder IV erwähnt; einfache Mehrfeld- und Bogenbrücken, Stützbauwerke mit Verankerungen; Kaimauern und Piers, soweit nicht in Honorarzone II oder IV erwähnt; Schlitz- und Bohrpfahlwände, Trägerbohlwände, schwierige Uferspundwände und Ufermauern; Lärmschutzanlagen, soweit nicht in Honorarzone II oder IV erwähnt und soweit Leistungen nach Teil VIII oder Teil XII erforderlich sind; einfache Tunnel- und Trogbauwerke;

g) Schornsteine mittlerer Schwierigkeit, Maste und Türme mit Aufbauten, einfache Kühltürme; Versorgungsbauwerke mit zugehörigen Schächten für Versorgungssysteme unter beengten Verhältnissen; einzeln stehende Silos mit einfachen Anbauten; Werft-, Aufschlepp- und Helgenanlagen, soweit nicht in Honorarzone II oder IV erwähnt; einfache Docks; einfache, selbständige Tiefgaragen; einfache Schacht- und Kavernenbauwerke, einfache Stollenbauten, schwierige Bauwerke für Heizungsanlagen in Ortbetonbauweise, einfache Untergrundbahnhöfe;

4. Honorarzone IV:

a) Brunnengalerien und Horizontalbrunnen, Speicherbehälter in Turmbauweise, Wasseraufbereitungsanlagen mit physikalischen und chemischen Verfahren, einfache Grundwasserdekontaminierungsanlagen, Leitungsnetze für Wasser mit zahlreichen Verknüpfungen und zahlreichen Zwangspunkten;

b) Abwasserbehandlungsanlagen, soweit nicht in Honorarzone II, III oder V erwähnt; Schlammbehandlungsanlagen; Leitungsnetze für Abwasser mit zahlreichen Zwangspunkten;

c) schwierige Pump- und Schöpfwerke; Druckerhöhungsanlagen, Wasserkraftanlagen, bewegliche Wehre, soweit nicht in Honorarzone III erwähnt; mehrfunktionale Düker, Einzelgewässer mit ungleichförmigem gegliedertem Querschnitt und vielen Zwangspunkten, Gewässersysteme mit vielen Zwangspunkten, besonders schwieriger Gewässerausbau mit sehr hohen technischen Anforderungen und ökologischen Ausgleichsmaßnahmen; Hochwasserrückhaltebecken und Talsperren mit mehr als 100 000 m^3 und weniger als 5 000 000 m^3 Speicherraum; Schiffsanlege-, -lösch- und -ladestellen bei Tide- oder Hochwasserbeeinflussung; Schiffsschleusen, Häfen bei Tide- und Hochwasserbeeinflussung; besonders schwierige Deich- und Dammbauten; Sperrwerke, soweit nicht in Honorarzone III erwähnt; Regenbecken und Kanalstauräume mit zahlreichen Verknüpfungen und zahlreichen Zwangspunkten; kombinierte Regenwasserbewirtschaftungsanlagen; Beregnung und Rohrdränung bei ungleichmäßigen Boden- und schwierigen Geländeverhältnissen;

d) Transportleitungen für wassergefährdende Flüssigkeiten und Gase mit zahlreichen Verknüpfungen und zahlreichen Zwangspunkten; mehrstufige Leichtflüssigkeitsabscheider; Leerrohrnetze mit zahlreichen Verknüpfungen;

e) mehrstufige Aufbereitungsanlagen für Wertstoffe, Kompostwerke, Anlagen zur Konditionierung von Sonderabfällen, Hausmülldeponien und Monodeponien mit schwierigen technischen Anforderungen, Sonderabfalldeponien, Anlagen für Untertagedeponien, Behälterdeponien, Abdichtung von Altablagerungen und kontaminierten Standorten mit schwierigen technischen Anforderungen, Anlagen zur Behandlung kontaminierter Böden;

f) schwierige Einfeld-, Mehrfeld- und Bogenbrücken; schwierige Kaimauern und Piers; Lärmschutzanlagen in schwieriger städtebaulicher Situation, soweit Leistungen nach Teil VIII oder Teil XII erforderlich sind; schwierige Tunnel- und Trogbauwerke;

g) schwierige Schornsteine; Maste und Türme mit Aufbauten und Betriebsgeschoß; Kühltürme, soweit nicht in Honorarzone III oder V erwähnt; Versorgungskanäle mit zugehörigen Schächten in schwierigen Fällen für mehrere Medien, Silos mit zusammengefügten Zellenblöcken und Anbauten, schwierige Werft-, Aufschlepp- und Helgenanlagen, schwierige Docks; selbständige Tiefgaragen, soweit nicht in Honorarzone III erwähnt; schwierige Schacht- und Kavernenbauwerke, schwierige Stollenbauten; schwierige Untergrundbahnhöfe, soweit nicht in Honorarzone V erwähnt;

5. Honorarzone V:

a) Bauwerke und Anlagen mehrstufiger oder kombinierter Verfahren der Wasseraufbereitung; komplexe Grundwasserdekontaminierungsanlagen;

b) schwierige Abwasserbehandlungsanlagen, Bauwerke und Anlagen für mehrstufige oder kombinierte Verfahren der Schlammbehandlung;

c) schwierige Wasserkraftanlagen, zum Beispiel Pumpspeicherwerke oder Kavernenkraftwerke, Schiffshebewerke; Hochwasserrückhaltebecken und Talsperren mit mehr als 5 000 000 m^3 Speicherraum;

d) –;

e) Verbrennungsanlagen, Pyrolyseanlagen;

f) besonders schwierige Brücken, besonders schwierige Tunnel- und Trogbauwerke;

g) besonders schwierige Schornsteine; Maste und Türme mit Aufbauten, Betriebsgeschoß und Publikumseinrichtungen; schwierige Kühltürme, besonders schwierige Schacht- und Kavernenbauwerke, Untergrund-Kreuzungsbahnhöfe, Offshore-Anlagen.

(2) Nachstehende Verkehrsanlagen werden nach Maßgabe der in § 53 genannten Merkmale in der Regel folgenden Honorarzonen zugerechnet:

1. Honorarzone I:
   a) Wege im ebenen oder wenig bewegten Gelände mit einfachen Entwässerungsverhältnissen, ausgenommen Wege ohne Eignung für den regelmäßigen Fahrverkehr mit einfachen Entwässerungsverhältnissen sowie andere Wege und befestigte Flächen, die als Gestaltungselement der Freianlage geplant werden und für die Leistungen nach Teil VII nicht erforderlich sind; einfache Verkehrsflächen, Parkplätze in Außenbereichen;
   b) Gleis- und Bahnsteiganlagen ohne Weichen und Kreuzungen, soweit nicht in den Honorarzonen II bis V erwähnt;
   c) –;
2. Honorarzone II:
   a) Wege im bewegten Gelände mit einfachen Baugrund- und Entwässerungsverhältnissen, ausgenommen Wege ohne Eignung für den regelmäßigen Fahrverkehr und mit einfachen Entwässerungsverhältnissen sowie andere Wege und befestigte Flächen, die als Gestaltungselement der Freianlage geplant werden und für die Leistungen nach Teil VII nicht erforderlich sind; außerörtliche Straßen ohne besondere Zwangspunkte oder im wenig bewegten Gelände; Tankstellen- und Rastanlagen einfacher Art; Anlieger- und Sammelstraßen in Neubaugebieten, innerörtliche Parkplätze, einfache höhengleiche Knotenpunkte;
   b) Gleisanlagen der freien Strecke ohne besondere Zwangspunkte, Gleisanlagen der freien Strecke im wenig bewegten Gelände, Gleis- und Bahnsteiganlagen der Bahnhöhe mit einfachen Spurplänen;
   c) einfache Verkehrsflächen für Landeplätze, Segelfluggelände;
3. Honorarzone III:
   a) Wege im bewegten Gelände mit schwierigen Baugrund- und Entwässerungsverhältnissen; außerörtliche Straßen mit besonderen Zwangspunkten oder im bewegten Gelände; schwierige Tankstellen- und Rastanlagen; innerörtliche Straßen und Plätze, soweit nicht in Honorarzone II, IV oder V erwähnt; verkehrsberuhigte Bereiche, ausgenommen Oberflächengestaltungen und Pflanzungen für Fußgängerbereiche nach § 14 Nr. 4; schwierige höhengleiche Knotenpunkte, einfache höhenungleiche Knotenpunkte, Verkehrsflächen für Güterumschlag Straße/Straße;
   b) innerörtliche Gleisanlagen, soweit nicht in Honorarzone IV erwähnt; Gleisanlagen der freien Strecke mit besonderen Zwangspunkten; Gleisanlagen der freien Strecke im bewegten Gelände; Gleis- und Bahnsteiganlagen der Bahnhöfe mit schwierigen Spurplänen;
   c) schwierige Verkehrsflächen für Landeplätze, einfache Verkehrsflächen für Flughäfen;
4. Honorarzone IV:
   a) außerörtliche Straßen mit einer Vielzahl besonderer Zwangspunkte oder im stark bewegten Gelände, soweit nicht in Honorarzone V erwähnt; innerörtliche Straßen und Plätze mit hohen verkehrstechnischen Anforderungen oder in schwieriger städtebaulicher Situation, sowie vergleichbare verkehrsberuhigte Bereiche, ausgenommen Oberflächengestaltungen und Pflanzungen für Fußgängerbereiche nach § 14 Nr. 4; sehr schwieri-

ge höhengleiche Knotenpunkte; schwierige höhenungleiche Knotenpunkte; Verkehrsflächen für Güterumschlag im kombinierten Ladeverkehr;
b) schwierige innerörtliche Gleisanlagen, Gleisanlagen der freien Strecke mit einer Vielzahl besonderer Zwangspunkte, Gleisanlagen der freien Strecke im stark bewegten Gelände; Gleis- und Bahnsteiganlagen der Bahnhöfe mit sehr schwierigen Spurplänen;
c) schwierige Verkehrsflächen für Flughäfen;

5. Honorarzone V:
a) schwierige Gebirgsstraßen, schwierige innerörtliche Straßen und Plätze mit sehr hohen verkehrstechnischen Anforderungen oder in sehr schwieriger städtebaulicher Situation; sehr schwierige höhenungleiche Knotenpunkte;
b) sehr schwierige innerörtliche Gleisanlagen;
c) –.

§ 55 Leistungsbild Objektplanung für Ingenieurbauwerke und Verkehrsanlagen

(1) Das Leistungsbild Objektplanung umfaßt die Leistungen der Auftragnehmer für Neubauten, Neuanlagen, Wiederaufbauten, Erweiterungsbauten, Umbauten, Modernisierungen, Instandhaltungen und Instandsetzungen. Die Grundleistungen sind in den in Absatz 2 aufgeführten Leistungsphasen 1 bis 9 zusammengefaßt und in der folgenden Tabelle für Ingenieurbauwerke in Vomhundertsätzen der Honorare des § 56 Abs. 1 und für Verkehrsanlagen in Vomhundertsätzen der Honorare des § 56 Abs. 2 bewertet.

	Bewertung der Grundleistungen in v. H. der Honorare
1. Grundlagenermittlung Ermitteln der Voraussetzungen zur Lösung der Aufgabe durch die Planung	2
2. Vorplanung (Projekt- und Planungsvorbereitung) Erarbeiten der wesentlichen Teile einer Lösung der Planungsaufgabe*)	15
3. Entwurfsplanung (System- und Integrationsplanung) Erarbeiten der endgültigen Lösung der Planungsaufgabe	30
4. Genehmigungsplanung Erarbeiten und Einreichen der Vorlagen für die erforderlichen öffentlich-rechtlichen Verfahren	5
5. Ausführungsplanung Erarbeiten und Darstellen der ausführungsreifen Planungslösung	15
6. Vorbereitung der Vergabe Ermitteln der Mengen und Aufstellen von Ausschreibungsunterlagen	10
7. Mitwirkung bei der Vergabe Einholen und Werten von Angeboten und Mitwirkung bei der Auftragsvergabe	5
8. Bauoberleitung Aufsicht über die örtliche Bauüberwachung Abnahme und Übergabe des Objekts	15
9. Objektbetreuung und Dokumentation Überwachen der Beseitigung von Mängeln und Dokumentation des Gesamtergebnisses	3

---

*) Bei Objekten nach § 51 Abs. 1 Nr. 6 und 7, die eine Tragwerksplanung erfordern, wird die Leistungsphase 2 mit 8 v. H. bewertet.

(2) Das Leistungsbild setzt sich wie folgt zusammen:

Grundleistungen	Besondere Leistungen

1. Grundlagenermittlung

Klären der Aufgabenstellung
Ermitteln der vorgegebenen Randbedingungen
Bei Objekten nach § 51 Abs. 1 Nr. 6 und 7, die eine Tragwerksplanung erfordern: Klären der Aufgabenstellung auch auf dem Gebiet der Tragwerksplanung
Ortsbesichtigung
Zusammenstellen der die Aufgabe beeinflussenden Planungsabsichten
Zusammenstellen und Werten von Unterlagen
Erläutern von Planungsdaten
Ermitteln des Leistungsumfangs und der erforderlichen Vorarbeiten, zum Beispiel Baugrunduntersuchungen, Vermessungsleistungen, Immissionsschutz; ferner bei Verkehrsanlagen: Verkehrszählungen
Formulieren von Entscheidungshilfen für die Auswahl anderer an der Planung fachlich Beteiligter
Zusammenfassen der Ergebnisse

Auswahl und Besichtigen ähnlicher Objekte
Ermitteln besonderer, in den Normen nicht festgelegter Belastungen

2. Vorplanung (Projekt- und Planungsvorbereitung)

Analyse der Grundlagen
Abstimmen der Zielvorstellungen auf die Randbedingungen, die insbesondere durch Raumordnung, Landesplanung, Bauleitplanung, Rahmenplanung sowie örtliche und überörtliche Fachplanungen vorgegeben sind
Untersuchen von Lösungsmöglichkeiten mit ihren Einflüssen auf bauliche und konstruktive Gestaltung, Zweckmäßigkeit, Wirtschaftlichkeit unter Beachtung der Umweltverträglichkeit
Beschaffen und Auswerten amtlicher Karten
Erarbeiten eines Planungskonzepts einschließlich Untersuchung der alternativen Lösungsmöglichkeiten nach gleichen Anforderungen mit zeichnerischer Darstellung und Bewertung unter Einarbeitung der Beiträge anderer an der Planung fachlich Beteiligter

Anfertigen von Nutzen-Kosten-Untersuchungen
Anfertigen von topographischen und hydrologischen Unterlagen
Genaue Berechnung besonderer Bauteile
Koordinieren und Darstellen der Ausrüstung und Leitungen bei Gleisanlagen

Bei Verkehrsanlagen: Überschlägige verkehrstechnische Bemessung der Verkehrsanlage; Ermitteln der Schallimmissionen von der Verkehrsanlage an kritischen Stellen nach Tabellenwerten; Untersuchen der möglichen Schallschutzmaßnahmen, ausgenommen detaillierte schalltechnische Untersuchungen, insbesondere in komplexen Fällen

Klären und Erläutern der wesentlichen fachspezifischen Zusammenhänge, Vorgänge und Bedingungen

Vorverhandlungen mit Behörden und anderen an der Planung fachlich Beteiligten über die Genehmigungsfähigkeit, gegebenenfalls über die Bezuschussung und Kostenbeteiligung

Mitwirken beim Erläutern des Planungskonzepts gegenüber Bürgern und politischen Gremien

Überarbeiten des Planungskonzepts nach Bedenken und Anregungen

Bereitstellen von Unterlagen als Auszüge aus dem Vorentwurf zur Verwendung für ein Raumordnungsverfahren

Kostenschätzung

Zusammenstellung aller Vorplanungsergebnisse

3. Entwurfsplanung

Durcharbeiten des Planungskonzepts (stufenweise Erarbeitung einer zeichnerischen Lösung) unter Berücksichtigung aller fachspezifischer Anforderungen und unter Verwendung der Beiträge anderer an der Planung fachlich Beteiligter bis zum vollständigen Entwurf

Erläuterungsbericht

Fachspezifische Berechnungen, ausgenommen Berechnungen des Tragwerks

Zeichnerische Darstellung des Gesamtentwurfs

Finanzierungsplan; Bauzeiten- und Kostenplan; Ermitteln und Begründen der zuwendungsfähigen Kosten sowie Vorbereiten der Anträge auf Finanzierung; Mitwirken beim Erläutern des vorläufigen Entwurfs gegenüber Bürgern und politischen Gremien; Überarbeiten des vorläufigen Entwurfs aufgrund von Bedenken und Anregungen

Beschaffen von Auszügen aus Grundbuch, Kataster und anderen amtlichen Unterlagen

Fortschreiben von Nutzen-Kosten-Untersuchungen

Signaltechnische Berechnung

Mitwirken bei Verwaltungsvereinbarungen

Verhandlungen mit Behörden und anderen an der Planung fachlich Beteiligten über die Genehmigungsfähigkeit
Kostenberechnung
Kostenkontrolle durch Vergleich der Kostenberechnung mit der Kostenschätzung
Bei Verkehrsanlagen: Überschlägige Festlegung der Abmessungen von Ingenieurbauwerken; Zusammenfassen aller vorläufigen Entwurfsunterlagen; Weiterentwikkeln des vorläufigen Entwurfs zum endgültigen Entwurf; Ermitteln der Schallimmissionen von der Verkehrsanlage nach Tabellenwerten; Festlegen der erforderlichen Schallschutzmaßnahmen an der Verkehrsanlage, gegebenenfalls unter Einarbeitung der Ergebnisse detaillierter schalltechnischer Untersuchungen und Feststellen der Notwendigkeit von Schallschutzmaßnahmen an betroffenen Gebäuden; rechnerische Festlegung der Anlage in den Haupt- und Kleinpunkten; Darlegen der Auswirkungen auf Zwangspunkte; Nachweis der Lichtraumprofile; überschlägiges Ermitteln der wesentlichen Bauphasen unter Berücksichtigung der Verkehrslenkung während der Bauzeit
Zusammenfassen aller Entwurfsunterlagen

4. Genehmigungsplanung

Erarbeiten der Unterlagen für die erforderlichen öffentlich-rechtlichen Verfahren einschließlich der Anträge auf Ausnahmen und Befreiungen, Aufstellen des Bauwerksverzeichnisses unter Verwendung der Beiträge anderer an der Planung fachlich Beteiligter
Einreichen dieser Unterlagen
Grunderwerbsplan und Grunderwerbsverzeichnis
Bei Verkehrsanlagen: Einarbeiten der Ergebnisse der schalltechnischen Untersuchungen
Verhandlungen mit Behörden
Vervollständigen und Anpassen der Planungsunterlagen, Beschreibungen und Berechnungen unter Verwendung der Beiträge anderer an der Planung fachlich Beteiligter
Mitwirken beim Erläutern gegenüber Bürgern

Mitwirken beim Beschaffen der Zustimmung von Betroffenen
Herstellen der Unterlagen für Verbandsgründungen

Mitwirken im Planfeststellungsverfahren einschließlich der Teilnahme an Erörterungsterminen sowie Mitwirken bei der Abfassung der Stellungnahmen zu Bedenken und Anregungen

5. Ausführungsplanung

Durcharbeiten der Ergebnisse der Leistungsphasen 3 und 4 (stufenweise Erarbeitung und Darstellung der Lösung) unter Berücksichtigung aller fachspezifischen Anforderungen und Verwendung der Beiträge anderer an der Planung fachlich Beteiligter bis zur ausführungsreifen Lösung

Aufstellen von Ablauf- und Netzplänen

Zeichnerische und rechnerische Darstellung des Objekts mit allen für die Ausführung notwendigen Einzelangaben einschließlich Detailzeichnungen in den erforderlichen Maßstäben

Erarbeiten der Grundlagen für die anderen an der Planung fachlich Beteiligten und Integrieren ihrer Beiträge bis zur ausführungsreifen Lösung

Fortschreiben der Ausführungsplanung während der Objektausführung

6. Vorbereitung der Vergabe

Mengenermittlung und Aufgliederung nach Einzelpositionen unter Verwendung der Beiträge anderer an der Planung fachlich Beteiligter

Aufstellen der Verdingungsunterlagen, insbesondere Anfertigen der Leistungsbeschreibungen mit Leistungsverzeichnissen sowie der Besonderen Vertragsbedingungen

Abstimmen und Koordinieren der Verdingungsunterlagen der an der Planung fachlich Beteiligten

Festlegen der wesentlichen Ausführungsphasen

7. Mitwirkung bei der Vergabe

Zusammenstellen der Verdingungsunterlagen für alle Leistungsbereiche

Einholen von Angeboten

Prüfen und Werten der Angebote einschließlich Aufstellen eines Preisspiegels

Abstimmen und Zusammenstellen der Lei-

Prüfen und Werten von Nebenangeboten und Änderungsvorschlägen mit grundlegend anderen Konstruktionen im Hinblick auf die technische und funktionelle Durchführbarkeit

stungen der fachlich Beteiligten, die an der Vergabe mitwirken
Mitwirken bei Verhandlungen mit Bietern
Fortschreiben der Kostenberechnung
Mitwirken bei der Auftragserteilung
Kostenkontrolle durch Vergleich der fortgeschriebenen Kostenberechnung mit der Kostenberechnung

8. Bauoberleitung

Aufsicht über die örtliche Bauüberwachung, soweit die Bauoberleitung und die örtliche Bauüberwachung getrennt vergeben werden, Koordinieren der an der Objektüberwachung fachlich Beteiligten, insbesondere Prüfen auf Übereinstimmung und Freigeben von Plänen Dritter
Aufstellen und Überwachen eines Zeitplans (Balkendiagramm)
Inverzugsetzen der ausführenden Unternehmen
Abnahme von Leistungen und Lieferungen unter Mitwirkung der örtlichen Bauüberwachung und anderer an der Planung und Objektüberwachung fachlich Beteiligter unter Fertigung einer Niederschrift über das Ergebnis der Abnahme
Antrag auf behördliche Abnahmen und Teilnahme daran
Übergabe des Objekts einschließlich Zusammenstellung und Übergabe der erforderlichen Unterlagen, zum Beispiel Abnahmeniederschriften und Prüfungsprotokolle
Zusammenstellen von Wartungsvorschriften für das Objekt
Überwachen der Prüfungen der Funktionsfähigkeit der Anlagenteile und der Gesamtanlage
Auflisten der Verjährungsfristen der Gewährleistungsansprüche
Kostenfeststellung
Kostenkontrolle durch Überprüfen der Leistungsabrechnung der bauausführenden Unternehmen im Vergleich zu den Vertragspreisen und der fortgeschriebenen Kostenberechnung

9. Objektbetreuung und Dokumentation

Objektbegehung zur Mängelfeststellung vor Ablauf der Verjährungsfristen der Ge-

Erstellen eines Bauwerksbuchs

währleistungsansprüche gegenüber den
ausführenden Unternehmen
Überwachen der Beseitigung von Mängeln, die innerhalb der Verjährungsfristen
der Gewährleistungsansprüche, längstens
jedoch bis zum Ablauf von 5 Jahren seit
Abnahme der Leistungen auftreten
Mitwirken bei der Freigabe von Sicherheitsleistungen
Systematische Zusammenstellung der
zeichnerischen Darstellungen und rechnerischen Ergebnisse des Objekts

(3) Die Teilnahme an bis zu 5 Erläuterungs- oder Erörterungsterminen mit
Bürgern oder politischen Gremien, die bei Leistungen nach Absatz 2 anfallen,
sind als Grundleistung mit den Honoraren nach § 56 abgegolten.

(4) Die Vertragsparteien können bei Auftragserteilung schriftlich vereinbaren, daß die Leistungsphase 5 bei Ingenieurbauwerken nach § 51 Abs. 1 Nr. 1
bis 3 und 5 abweichend von Absatz 1 mit mehr als 15 bis zu 35 vom Hundert
bewertet wird, wenn in dieser Leistungsphase ein überdurchschnittlicher Aufwand an Ausführungszeichnungen erforderlich wird. Wird die Planung von
Anlagen der Verfahrens- und Prozeßtechnik für die in Satz 1 genannten Ingenieurbauwerke an den Auftragnehmer übertragen, dem auch Grundleistungen
für diese Ingenieurbauwerke in Auftrag gegeben sind, so kann für diese Leistungen ein Honorar frei vereinbart werden. Wird ein Honorar nach Satz 2 nicht
bei Auftragserteilung schriftlich vereinbart, so ist das Honorar als Zeithonorar
nach § 6 zu berechnen.

(5) Bei Umbauten und Modernisierungen im Sinne des § 3 Nr. 5 und 6 von
Ingenieurbauwerken können neben den in Absatz 2 erwähnten Besonderen
Leistungen insbesondere die nachstehenden Besonderen Leistungen verein-
bart werden:
– Ermitteln substanzbezogener Daten und Vorschriften
– Untersuchen und Abwickeln der notwendigen Sicherungsmaßnahmen
  von Bau- oder Betriebszuständen
– Örtliches Überprüfen von Planungsdetails an der vorgefundenen Sub-
  stanz und Überarbeiten der Planung bei Abweichen von den ursprüng-
  lichen Feststellungen
– Erarbeiten eines Vorschlags zur Behebung von Schäden oder Mängeln.
Satz 1 gilt sinngemäß für Verkehrsanlagen mit geringen Kosten für Erdarbeiten einschließlich Felsarbeiten sowie mit gebundener Gradiente oder bei
schwieriger Anpassung an vorhandene Randbebauung.

§ 56 Honorartafeln für Grundleistungen bei Ingenieurbauwerken und Verkehrsanlagen

(1) Die Mindest- und Höchstsätze der Honorare für die in § 55 aufgeführten Grundleistungen bei Ingenieurbauwerken sind in der nachfolgenden Honorartafel [siehe Seite 95] für den Anwendungsbereich des § 51 Abs. 1 festgesetzt.

(2) Die Mindest- und Höchstsätze der Honorare für die in § 55 aufgeführten Grundleistungen bei Verkehrsanlagen sind in der nachfolgenden Honorartafel [siehe Seite 96] für den Anwendungsbereich des § 51 Abs. 2 festgesetzt.

(3) § 16 Abs. 2 und 3 gilt sinngemäß.

§ 57 Örtliche Bauüberwachung

(1) Die örtliche Bauüberwachung bei Ingenieurbauwerken und Verkehrsanlagen umfaßt folgende Leistungen:
1. Überwachen der Ausführung des Objekts auf Übereinstimmung mit den zur Ausführung genehmigten Unterlagen, dem Bauvertrag sowie den allgemein anerkannten Regeln der Technik und den einschlägigen Vorschriften,
2. Hauptachsen für das Objekt von objektnahen Festpunkten abstecken sowie Höhenfestpunkte im Objektbereich herstellen, soweit die Leistungen nicht mit besonderen instrumentellen und vermessungstechnischen Verfahrensanforderungen erbracht werden müssen; Baugelände örtlich kennzeichnen,
3. Führen eines Bautagebuchs,
4. gemeinsames Aufmaß mit den ausführenden Unternehmen,
5. Mitwirken bei der Abnahme von Leistungen und Lieferungen,
6. Rechnungsprüfung,
7. Mitwirken bei behördlichen Abnahmen,
8. Mitwirken beim Überwachen der Prüfung der Funktionsfähigkeit der Anlagenteile und der Gesamtanlage,
9. Überwachen der Beseitigung der bei der Abnahme der Leistungen festgestellten Mängel,
10. bei Objekten nach § 51 Abs. 1: Überwachen der Ausführung von Tragwerken nach § 63 Abs. 1 Nr. 1 und 2 auf Übereinstimmung mit dem Standsicherheitsnachweis.

(2) Das Honorar für die örtliche Bauüberwachung kann mit 2,1 bis 3,2 vom Hundert der anrechenbaren Kosten nach § 52 Abs. 2, 3, 6 und 7 vereinbart werden. Die Vertragsparteien können abweichend von Satz 1 ein Honorar als Festbetrag unter Zugrundelegung der geschätzten Bauzeit vereinbaren. Wird ein Honorar nach Satz 1 oder Satz 2 nicht bei Auftragserteilung schriftlich vereinbart, so gilt ein Honorar in Höhe von 2,1 vom Hundert der anrechenbaren Kosten nach § 52 Abs. 2, 3, 6 und 7 als vereinbart. § 5 Abs. 2 und 3 gilt sinngemäß.

(3) Das Honorar für die örtliche Bauüberwachung bei Objekten nach § 52 Abs. 9 kann abweichend von Absatz 2 frei vereinbart werden.

Honorartafel zu § 56 Abs. 1 (Anwendungsbereich des § 51 Abs. 1)

nrechen- bare Kosten DM	Zone I von Euro	Zone I bis Euro	Zone II von Euro	Zone II bis Euro	Zone III von Euro	Zone III bis Euro	Zone IV von Euro	Zone IV bis Euro	Zone V von Euro	Zone V bis Euro
25 565	2 378	2 991	2 991	3 599	3 599	4 213	4 213	4 821	4 821	5 435
30 000	2 710	3 395	3 395	4 079	4 079	4 767	4 767	5 451	5 451	6 136
35 000	3 068	3 832	3 832	4 601	4 601	5 367	5 367	6 135	6 135	6 900
40 000	3 410	4 255	4 255	5 100	5 100	5 940	5 940	6 786	6 786	7 630
45 000	3 750	4 667	4 667	5 587	5 587	6 502	6 502	7 423	7 423	8 339
50 000	4 086	5 077	5 077	6 068	6 068	7 054	7 054	8 046	8 046	9 036
75 000	5 666	6 988	6 988	8 310	8 310	9 628	9 628	10 950	10 950	12 272
100 000	7 148	8 772	8 772	10 396	10 396	12 016	12 016	13 640	13 640	15 264
150 000	9 911	12 078	12 078	14 246	14 246	16 412	16 412	18 579	18 579	20 746
200 000	12 503	15 164	15 164	17 824	17 824	20 480	20 480	23 140	23 140	25 801
250 000	14 970	18 084	18 084	21 202	21 202	24 316	24 316	27 434	27 434	30 548
300 000	17 336	20 882	20 882	24 434	24 434	27 980	27 980	31 531	31 531	35 078
350 000	19 630	23 589	23 589	27 549	27 549	31 504	31 504	35 464	35 464	39 423
400 000	21 869	26 217	26 217	30 569	30 569	34 916	34 916	39 269	39 269	43 617
450 000	24 046	28 775	28 775	33 505	33 505	38 229	38 229	42 959	42 959	47 688
500 000	26 175	31 272	31 272	36 365	36 365	41 461	41 461	46 554	46 554	51 651
750 000	36 278	43 057	43 057	49 835	49 835	56 614	56 614	63 393	63 393	70 171
1 000 000	45 762	54 062	54 062	62 366	62 366	70 666	70 666	78 971	78 971	87 271
1 500 000	63 453	74 482	74 482	85 511	85 511	96 544	96 544	107 573	107 573	118 602
2 000 000	80 039	93 531	93 531	107 023	107 023	120 520	120 520	134 012	134 012	147 504
2 500 000	95 821	111 595	111 595	127 363	127 363	143 137	143 137	158 906	158 906	174 679
3 000 000	111 004	128 913	128 913	146 822	146 822	164 736	164 736	182 645	182 645	200 555
3 500 000	125 699	145 638	145 638	165 577	165 577	185 512	185 512	205 451	205 451	225 390
4 000 000	140 001	161 879	161 879	183 753	183 753	205 630	205 630	227 504	227 504	249 382
4 500 000	153 954	177 696	177 696	201 436	201 436	225 174	225 174	248 915	248 915	272 656
5 000 000	167 609	193 149	193 149	218 689	218 689	244 232	244 232	269 771	269 771	295 311
7 500 000	232 309	266 086	266 086	299 864	299 864	333 642	333 642	367 419	367 419	401 196
10 000 000	293 023	334 208	334 208	375 393	375 393	416 578	416 578	457 764	457 764	498 949
15 000 000	406 268	460 635	460 635	514 998	514 998	569 365	569 365	623 727	623 727	678 094
20 000 000	512 446	578 613	578 613	644 780	644 780	710 952	710 952	777 119	777 119	843 286
25 000 000	613 537	690 564	690 564	767 585	767 585	844 612	844 612	921 634	921 634	998 660
25 564 594	624 901	703 144	703 144	781 382	781 382	859 625	859 625	937 863	937 863	1 016 106

95

Honorartafel zu § 56 Abs. 2 (Anwendungsbereich des § 51 Abs. 2)

Anrechenbare Kosten Euro	Zone I		Zone II		Zone III		Zone IV		Zone V	
	von Euro	bis Euro	von Euro	bis Euro	von Euro	bis Euro	von Euro	bis Euro	von Euro	bis Euro
25 565	2 613	3 282	3 282	3 952	3 952	4 627	4 627	5 297	5 297	5 967
30 000	2 972	3 722	3 722	4 471	4 471	5 222	5 222	5 971	5 971	6 721
35 000	3 364	4 204	4 204	5 039	5 039	5 879	5 879	6 714	6 714	7 554
40 000	3 737	4 658	4 658	5 583	5 583	6 504	6 504	7 429	7 429	8 350
45 000	4 107	5 108	5 108	6 115	6 115	7 116	7 116	8 122	8 122	9 123
50 000	4 465	5 546	5 546	6 629	6 629	7 710	7 710	8 792	8 792	9 874
75 000	6 159	7 597	7 597	9 036	9 036	10 479	10 479	11 917	11 917	13 355
100 000	7 742	9 502	9 502	11 263	11 263	13 019	13 019	14 780	14 780	16 541
150 000	10 653	12 982	12 982	15 306	15 306	17 635	17 635	19 959	19 959	22 288
200 000	13 311	16 144	16 144	18 977	18 977	21 815	21 815	24 648	24 648	27 482
250 000	15 801	19 093	19 093	22 386	22 386	25 674	25 674	28 967	28 967	32 259
300 000	18 147	21 859	21 859	25 575	25 575	29 287	29 287	33 003	33 003	36 715
350 000	20 373	24 479	24 479	28 585	28 585	32 686	32 686	36 792	36 792	40 897
400 000	22 486	26 961	26 961	31 435	31 435	35 904	35 904	40 379	40 379	44 853
450 000	24 504	29 322	29 322	34 141	34 141	38 959	38 959	43 778	43 778	48 597
500 000	26 440	31 587	31 587	36 734	36 734	41 877	41 877	47 023	47 023	52 170
750 000	34 951	41 485	41 485	48 013	48 013	54 546	54 546	61 074	61 074	67 607
1 000 000	41 994	49 614	49 614	57 232	57 232	64 847	64 847	72 466	72 466	80 085
1 500 000	58 018	68 101	68 101	78 185	78 185	88 273	88 273	98 356	98 356	108 439
2 000 000	73 178	85 513	85 513	97 848	97 848	110 188	110 188	122 523	122 523	134 858
2 500 000	87 609	102 028	102 028	116 448	116 448	130 869	130 869	145 289	145 289	159 709
3 000 000	101 490	117 865	117 865	134 239	134 239	150 614	150 614	166 988	166 988	183 363
3 500 000	114 930	133 158	133 158	151 386	151 386	169 614	169 614	187 842	187 842	206 070
4 000 000	128 007	148 007	148 007	168 008	168 008	188 005	188 005	208 005	208 005	228 006
4 500 000	140 756	162 464	162 464	184 171	184 171	205 874	205 874	227 581	227 581	249 289
5 000 000	153 239	176 590	176 590	199 941	199 941	223 294	223 294	246 645	246 645	269 996
7 500 000	212 400	243 281	243 281	274 161	274 161	305 046	305 046	335 926	335 926	366 806
10 000 000	267 906	305 559	305 559	343 212	343 212	380 870	380 870	418 523	418 523	456 176
15 000 000	371 445	421 149	421 149	470 852	470 852	520 561	520 561	570 265	570 265	619 968
20 000 000	468 516	529 012	529 012	589 507	589 507	650 008	650 008	710 503	710 503	770 998
25 000 000	560 948	631 370	631 370	701 788	701 788	772 212	772 212	842 630	842 630	913 052
25 564 594	571 338	642 873	642 873	714 403	714 403	785 937	785 937	857 467	857 467	929 002

§ 58 Vorplanung und Entwurfsplanung als Einzelleistung

Wird die Anfertigung der Vorplanung (Leistungsphase 2 des § 55) oder der Entwurfsplanung (Leistungsphase 3 des § 55) als Einzelleistung in Auftrag gegeben, so können hierfür anstelle der in § 55 festgesetzten Vomhundertsätze folgende Vomhundertsätze der Honorare nach § 56 vereinbart werden:
1. für die Vorplanung   bis zu 17 v. H.,
2. für die Entwurfsplanung   bis zu 45 v. H.

§ 59 Umbauten und Modernisierung von Ingenieurbauwerken und Verkehrsanlagen

(1) Honorare für Leistungen bei Umbauten und Modernisierungen im Sinne des § 3 Nr. 5 und 6 sind bei Ingenieurbauwerken nach den anrechenbaren Kosten nach § 52, der Honorarzone, der der Umbau oder die Modernisierung bei sinngemäßer Anwendung des § 53 zuzuordnen ist, den Leistungsphasen des § 55 und den Honorartafeln des § 56 mit der Maßgabe zu ermitteln, daß eine Erhöhung der Honorare für die Grundleistungen nach § 55 und für die örtliche Bauüberwachung nach § 57 um einen Vomhundertsatz schriftlich zu vereinbaren ist. Bei der Vereinbarung nach Satz 1 ist insbesondere der Schwierigkeitsgrad der Leistungen zu berücksichtigen. Bei durchschnittlichem Schwierigkeitsgrad der Leistungen nach Satz 1 kann ein Zuschlag von 20 bis 33 vom Hundert vereinbart werden. Sofern nicht etwas anderes schriftlich vereinbart ist, gilt ab durchschnittlichem Schwierigkeitsgrad ein Zuschlag von 20 vom Hundert als vereinbart.

(2) § 24 Abs. 2 gilt sinngemäß.

(3) Die Absätze 1 und 2 gelten sinngemäß bei Verkehrsanlagen mit geringen Kosten für Erdarbeiten einschließlich Felsarbeiten sowie mit gebundener Gradiente oder bei schwieriger Anpassung an vorhandene Bebauung.

§ 60 Instandhaltungen und Instandsetzungen

Honorare für Leistungen bei Instandhaltungen und Instandsetzungen sind nach den anrechenbaren Kosten nach § 52, der Honorarzone, der das Objekt nach den §§ 53 und 54 zuzuordnen ist, den Leistungsphasen des § 55 und den Honorartafeln des § 56 mit der Maßgabe zu ermitteln, daß eine Erhöhung des Vomhundertsatzes für die Bauoberleitung (Leistungsphase 8 des § 55) und des Betrages für die örtliche Bauüberwachung nach § 57 um bis zu 50 vom Hundert vereinbart werden kann.

§ 61 Bau- und landschaftsgestalterische Beratung

(1) Leistungen für bau- und landschaftsgestalterische Beratung werden erbracht, um Ingenieurbauwerke und Verkehrsanlagen bei besonderen städtebaulichen oder landschaftsgestalterischen Anforderungen planerisch in die Umgebung einzubinden.

(2) Zu den Leistungen für bau- und landschaftsgestalterische Beratung rechnen insbesondere:

1. Mitwirken beim Erarbeiten und Durcharbeiten der Vorplanung in gestalterischer Hinsicht,
2. Darstellung des Planungskonzepts unter Berücksichtigung städtebaulicher, gestalterischer, funktionaler, technischer und umweltbeeinflussender Zusammenhänge, Vorgänge und Bedingungen,
3. Mitwirken beim Werten von Angeboten einschließlich Sondervorschlägen unter gestalterischen Gesichtspunkten,
4. Mitwirken beim Überwachen der Ausführung des Objekts auf Übereinstimmung mit dem gestalterischen Konzept.

(3) Werden Leistungen für bau- und landschaftsgestalterische Beratung einem Auftragnehmer übertragen, dem auch gleichzeitig Grundleistungen nach § 55 für diese Ingenieurbauwerke oder Verkehrsanlagen übertragen werden, so kann für die Leistungen für bau- und landschaftsgestalterische Beratung ein besonderes Honorar nicht berechnet werden. Diese Leistungen sind bei der Vereinbarung des Honorars für die Grundleistungen im Rahmen der für diese Leistungen festgesetzten Mindest- und Höchstsätze zu berücksichtigen.

(4) Werden Leistungen für bau- und landschaftsgestalterische Beratung einem Auftragnehmer übertragen, dem nicht gleichzeitig Grundleistungen nach § 55 für diese Ingenieurbauwerke oder Verkehrsanlagen übertragen werden, so kann ein Honorar frei vereinbart werden. Wird ein Honorar nicht bei Auftragserteilung schriftlich vereinbart, so ist das Honorar als Zeithonorar nach § 6 zu berechnen.

(5) Die Absätze 1 bis 4 gelten sinngemäß, wenn Leistungen für verkehrsplanerische Beratungen bei der Planung von Freianlagen nach Teil II oder bei städtebaulichen Planungen nach Teil V erbracht werden.

Teil VII a: Verkehrsplanerische Leistungen

§ 61 a Honorar für verkehrsplanerische Leistungen

(1) Verkehrsplanerische Leistungen sind das Vorbereiten und Erstellen der für nachstehende Planarten erforderlichen Ausarbeitungen und Planfassungen:

1. Bearbeiten aller Verkehrssektoren im Gesamtverkehrsplan,
2. Bearbeiten einzelner Verkehrssektoren im Teilverkehrsplan

sowie sonstige verkehrsplanerische Leistungen.

(2) Die verkehrsplanerischen Leistungen nach Absatz 1 Nr. 1 und 2 umfassen insbesondere folgende Leistungen:

1. Erarbeiten eines Zielkonzeptes,
2. Analyse des Zustandes und Feststellen von Mängeln,
3. Ausarbeiten eines Konzepts für eine Verkehrsmengenerhebung, Durchführen und Auswerten dieser Verkehrsmengenerhebung,
4. Beschreiben der zukünftigen Entwicklung,
5. Ausarbeiten von Planfällen,
6. Berechnen der zukünftigen Verkehrsnachfrage,
7. Abschätzen der Auswirkungen und Bewerten,
8. Erarbeiten von Planungsempfehlungen.

(3) Das Honorar für verkehrsplanerische Leistungen kann frei vereinbart werden. Wird ein Honorar nicht bei Auftragserteilung schriftlich vereinbart, so ist das Honorar als Zeithonorar nach § 6 zu berechnen.

Teil VIII: Leistungen bei der Tragwerksplanung

§ 62 Grundlagen des Honorars

(1) Das Honorar für Grundleistungen bei der Tragwerksplanung richtet sich nach den anrechenbaren Kosten des Objekts, nach der Honorarzone, der das Tragwerk angehört, sowie nach der Honorartafel in § 65.

(2) Anrechenbare Kosten sind, bei Gebäuden und zugehörigen baulichen Anlagen unter Zugrundelegung der Kostenermittlungsarten nach DIN 276, zu ermitteln:

1. bei Anwendung von Absatz 4
   a) für die Leistungsphasen 1 bis 3 nach der Kostenberechnung, solange diese nicht vorliegt, nach der Kostenschätzung;
   b) für die Leistungsphasen 4 bis 6 nach der Kostenfeststellung, solange diese nicht vorliegt, nach dem Kostenanschlag;
   die Vertragsparteien können bei Auftragserteilung abweichend von den Buchstaben a und b eine andere Zuordnung der Leistungsphasen schriftlich vereinbaren;
2. bei Anwendung von Absatz 5 oder 6 nach der Kostenfeststellung, solange diese nicht vorliegt oder wenn die Vertragsparteien dies bei der Auftragserteilung schriftlich vereinbaren, nach dem Kostenanschlag.

(3) § 10 Abs. 3 und 3 a sowie die §§ 21 und 32 gelten sinngemäß.

(4) Anrechenbare Kosten sind bei Gebäuden und zugehörigen baulichen Anlagen

− 55 v. H. der Kosten der Baukonstruktionen und besonderen Baukonstruktionen (DIN 276, Kostengruppen 3.1 und 3.5.1) und
− 20 v. H. der Kosten der Installationen und besonderen Installationen (DIN 276, Kostengruppen 3.2 und 3.5.2).

(5) Die Vertragsparteien können bei Gebäuden mit einem hohen Anteil an Kosten der Gründung und der Tragkonstruktionen (DIN 276, Kostengruppen 3.1.1 und 3.1.2) sowie bei Umbauten bei der Auftragserteilung schriftlich vereinbaren, daß die anrechenbaren Kosten abweichend von Absatz 4 nach Absatz 6 Nr. 1 bis 12 ermittelt werden.

(6) Anrechenbare Kosten sind bei Ingenieurbauwerken die vollständigen Kosten für:

1. Erdarbeiten,
2. Mauerarbeiten,
3. Beton- und Stahlbetonarbeiten,
4. Naturwerksteinarbeiten,
5. Betonwerksteinarbeiten,
6. Zimmer- und Holzbauarbeiten,
7. Stahlbauarbeiten,
8. Tragwerke und Tragwerksteile aus Stoffen, die anstelle der in den vorgenannten Leistungen enthaltenen Stoffe verwendet werden,
9. Abdichtungsarbeiten,
10. Dachdeckungs- und Dachabdichtungsarbeiten,
11. Klempnerarbeiten,

12. Metallbau- und Schlosserarbeiten für tragende Konstruktionen,
13. Bohrarbeiten, außer Bohrungen zur Baugrunderkundung,
14. Verbauarbeiten für Baugruben,
15. Rammarbeiten,
16. Wasserhaltungsarbeiten,

einschließlich der Kosten für Baustelleneinrichtungen. Absatz 7 bleibt unberührt.

(7) Nicht anrechenbar sind bei Anwendung von Absatz 5 oder 6 die Kosten für

1. das Herrichten des Baugrundstücks,
2. Oberbodenauftrag,
3. Mehrkosten für außergewöhnliche Ausschachtungsarbeiten,
4. Rohrgräben ohne statischen Nachweis,
5. nichttragendes Mauerwerk < 11,5 cm,
6. Bodenplatten ohne statischen Nachweis,
7. Mehrkosten für Sonderausführungen, zum Beispiel von Dächern, Sichtbeton oder Fassadenverkleidungen,
8. Winterbauschutzvorkehrungen und sonstige zusätzliche Maßnahmen für den Winterbau (bei Gebäuden und zugehörigen baulichen Anlagen: nach DIN 276, Kostengruppe 6),
9. Naturwerkstein-, Betonwerkstein-, Zimmer- und Holzbau-, Stahlbau- und Klempnerarbeiten, die in Verbindung mit dem Ausbau eines Gebäudes oder Ingenieurbauwerks ausgeführt werden,
10. die Baunebenkosten.

(8) Die Vertragsparteien können bei Ermittlung der anrechenbaren Kosten vereinbaren, daß Kosten von Arbeiten, die nicht in den Absätzen 4 bis 6 erfaßt sind, sowie die in Absatz 7 Nr. 7 und bei Gebäuden die in Absatz 6 Nr. 13 bis 16 genannten Kosten ganz oder teilweise zu den anrechenbaren Kosten gehören, wenn der Auftragnehmer wegen dieser Arbeiten Mehrleistungen für das Tragwerk nach § 64 erbringt.

§ 63 Honorarzonen für Leistungen bei der Tragwerksplanung

(1) Die Honorarzone wird bei der Tragwerksplanung nach dem statisch-konstruktiven Schwierigkeitsgrad aufgrund folgender Bewertungsmerkmale ermittelt:

1. Honorarzone I:
   Tragwerke mit sehr geringem Schwierigkeitsgrad, insbesondere
   – einfache statisch bestimmte ebene Tragwerke aus Holz, Stahl, Stein oder unbewehrtem Beton mit ruhenden Lasten, ohne Nachweis horizontaler Aussteifung;
2. Honorarzone II:
   Tragwerke mit geringem Schwierigkeitsgrad, insbesondere
   – statisch bestimmte ebene Tragwerke in gebräuchlichen Bauarten ohne Vorspann- und Verbundkonstruktionen, mit vorwiegend ruhenden Lasten,

- Deckenkonstruktionen mit vorwiegend ruhenden Flächenlasten, die sich mit gebräuchlichen Tabellen berechnen lassen,
- Mauerwerksbauten mit bis zur Gründung durchgehenden tragenden Wänden ohne Nachweis horizontaler Aussteifung,
- Flachgründungen und Stützwände einfacher Art;

3. Honorarzone III:
Tragwerke mit durchschnittlichem Schwierigkeitsgrad, insbesondere
- schwierige statisch bestimmte und statisch unbestimmte ebene Tragwerke in gebräuchlichen Bauarten ohne Vorspannkonstruktionen und ohne Stabilitätsuntersuchungen,
- einfache Verbundkonstruktionen des Hochbaus ohne Berücksichtigung des Einflusses von Kriechen und Schwinden,
- Tragwerke für Gebäude mit Abfangung der tragenden, beziehungsweise aussteifenden Wände,
- ausgesteifte Skelettbauten,
- ebene Pfahlrostgründungen,
- einfache Gewölbe,
- einfache Rahmentragwerke ohne Vorspannkonstruktionen und ohne Stabilitätsuntersuchungen,
- einfache Traggerüste und andere einfache Gerüste für Ingenieurbauwerke,
- einfache verankerte Stützwände;

4. Honorarzone IV:
Tragwerke mit überdurchschnittlichem Schwierigkeitsgrad, insbesondere
- statisch und konstruktiv schwierige Tragwerke in gebräuchlichen Bauarten und Tragwerke, für deren Standsicherheits- und Festigkeitsnachweis schwierig zu ermitelnde Einflüsse zu berücksichtigen sind,
- vielfach statisch unbestimmte Systeme,
- statisch bestimmte räumliche Fachwerke,
- einfache Faltwerke nach der Balkentheorie,
- statisch bestimmte Tragwerke, die Schnittgrößenbestimmungen nach der Theorie II. Ordnung erfordern,
- einfach berechnete, seilverspannte Konstruktionen,
- Tragwerke für schwierige Rahmen- und Skelettbauten sowie turmartige Bauten, bei denen der Nachweis der Stabilität und Aussteifung die Anwendung besonderer Berechnungsverfahren erfordert,
- Verbundkonstruktionen, soweit nicht in Honorarzone III oder V erwähnt,
- einfache Trägerroste und einfache orthotrope Platten,
- Tragwerke mit einfachen Schwingungsuntersuchungen,
- schwierige statisch unbestimmte Flachgründungen, schwierige ebene und räumliche Pfahlgründungen, besondere Gründungsverfahren, Unterfahrungen,
- schiefwinklige Einfeldplatten für Ingenieurbauwerke,
- schiefwinklig gelagerte oder gekrümmte Träger,
- schwierige Gewölbe und Gewölbereihen,
- Rahmentragwerke, soweit nicht in Honorarzone III oder V erwähnt,
- schwierige Traggerüste und andere schwierige Gerüste für Ingenieurbauwerke,

- schwierige, verankerte Stützwände,
- Konstruktionen mit Mauerwerk nach Eignungsprüfung (Ingenieurmauerwerk);
5. Honorarzone V:
Tragwerke mit sehr hohem Schwierigkeitsgrad, insbesondere
- statisch und konstruktiv ungewöhnlich schwierige Tragwerke,
- schwierige Tragwerke in neuen Bauarten,
- räumliche Stabwerke und statisch unbestimmte räumliche Fachwerke,
- schwierige Trägerroste und schwierige orthotrope Platten,
- Verbundträger mit Vorspannung durch Spannglieder oder andere Maßnahmen,
- Flächentragwerke (Platten, Scheiben, Faltwerke, Schalen), die die Anwendung der Elastizitätstheorie erfordern,
- statisch unbestimmte Tragwerke, die Schnittgrößenbestimmungen nach der Theorie II. Ordnung erfordern,
- Tragwerke mit Standsicherheitsnachweisen, die nur unter Zuhilfenahme modellstatischer Untersuchungen oder durch Berechnungen mit finiten Elementen beurteilt werden können,
- Tragwerke mit Schwingungsuntersuchungen, soweit nicht in Honorarzone IV erwähnt,
- seilverspannte Konstruktionen, soweit nicht in Honorarzone IV erwähnt,
- schiefwinklige Mehrfeldplatten,
- schiefwinklig gelagerte, gekrümmte Träger,
- schwierige Rahmentragwerke mit Vorspannkonstruktionen und Stabilitätsuntersuchungen,
- sehr schwierige Traggerüste und andere sehr schwierige Gerüste für Ingenieurbauwerke, zum Beispiel weit gespannte oder hohe Traggerüste,
- Tragwerke, bei denen die Nachgiebigkeit der Verbindungsmittel bei der Schnittkraftermittlung zu berücksichtigen ist.

(2) Sind für ein Tragwerk Bewertungsmerkmale aus mehreren Honorarzonen anwendbar und bestehen deswegen Zweifel, welcher Honorarzone das Tragwerk zugerechnet werden kann, so ist für die Zuordnung die Mehrzahl der in den jeweiligen Honorarzonen nach Absatz 1 aufgeführten Bewertungsmerkmale und ihre Bedeutung im Einzelfall maßgebend.

§ 64 Leistungsbild Tragwerksplanung

(1) Die Grundleistungen bei der Tragwerksplanung sind für Gebäude und zugehörige bauliche Anlagen sowie für Ingenieurbauwerke nach § 51 Abs. 1 Nr. 1 bis 5 in den in Absatz 3 aufgeführten Leistungsphasen 1 bis 6, für Ingenieurbauwerke nach § 51 Abs. 1 Nr. 6 und 7 in den in Absatz 3 aufgeführten Leistungsphasen 2 bis 6 zusammengefaßt. Sie sind in der folgenden Tabelle in Vomhundertsätzen der Honorare des § 65 bewertet.

	Bewertung der Grundleistungen in v. H. der Honorare
1. Grundlagenermittlung*) Klären der Aufgabenstellung	3
2. Vorplanung (Projekt- und Planungsvorbereitung) Erarbeiten des statisch-konstruktiven Konzepts des Tragwerks	10
3. Entwurfsplanung (System- und Integrationsplanung) Erarbeiten der Tragwerkslösung mit überschlägiger statischer Berechnung	12
4. Genehmigungsplanung Anfertigen und Zusammenstellen der statischen Berechnung mit Positionsplänen für die Prüfung	30
5. Ausführungsplanung Anfertigen der Tragwerksausführungszeichnungen	42
6. Vorbereitung der Vergabe Beitrag zur Mengenermittlung und zum Leistungsverzeichnis	3
7. Mitwirkung bei der Vergabe	–
8. Objektüberwachung	–
9. Objektbetreuung	–

(2) Die Leistungsphase 5 ist abweichend von Absatz 1 mit 26 vom Hundert der Honorare des § 65 zu bewerten:
1. im Stahlbetonbau, sofern keine Schalpläne in Auftrag gegeben werden,
2. im Stahlbau, sofern der Auftragnehmer die Werkstattzeichnungen nicht auf Übereinstimmung mit der Genehmigungsplanung und den Ausführungszeichnungen nach Absatz 3 Nr. 5 überprüft,
3. im Holzbau, sofern das Tragwerk in den Honorarzonen 1 oder 2 eingeordnet ist.

---

*) Die Grundleistungen dieser Leistungsphase für Ingenieurbauwerke nach § 51 Abs. 1 Nr. 6 und 7 sind im Leistungsbild der Objektplanung des § 55 enthalten.

(3) Das Leistungsbild setzt sich wie folgt zusammen:

Grundleistungen	Besondere Leistungen

1. Grundlagenermittlung

Klären der Aufgabenstellung auf dem Fachgebiet Tragwerksplanung im Benehmen mit dem Objektplaner

2. Vorplanung (Projekt- und Planungsvorbereitung)

Bei Ingenieurbauwerken nach § 51 Abs. 1 Nr. 6 und 7: Übernahme der Ergebnisse aus Leistungsphase 1 von § 55 Abs. 2
Beraten in statisch-konstruktiver Hinsicht unter Berücksichtigung der Belange der Standsicherheit, der Gebrauchsfähigkeit und der Wirtschaftlichkeit
Mitwirken bei dem Erarbeiten eines Planungskonzepts einschließlich Untersuchung der Lösungsmöglichkeiten des Tragwerks unter gleichen Objektbedingungen mit skizzenhafter Darstellung, Klärung und Angabe der für das Tragwerk wesentlichen konstruktiven Festlegungen für zum Beispiel Baustoffe, Bauarten und Herstellungsverfahren, Konstruktionsraster und Gründungsart
Mitwirken bei Vorverhandlungen mit Behörden und anderen an der Planung fachlich Beteiligten über die Genehmigungsfähigkeit
Mitwirken bei der Kostenschätzung nach DIN 276

Besondere Leistungen:
Aufstellen von Vergleichsberechnungen für mehrere Lösungsmöglichkeiten unter verschiedenen Objektbedingungen
Aufstellen eines Lastenplanes, zum Beispiel als Grundlage für die Baugrundbeurteilung und Gründungsberatung
Vorläufige nachprüfbare Berechnung wesentlicher tragender Teile
Vorläufige nachprüfbare Berechnung der Gründung

3. Entwurfsplanung (System- und Integrationsplanung)

Erarbeiten der Tragwerkslösung unter Beachtung der durch die Objektplanung integrierten Fachplanungen bis zum konstruktiven Entwurf mit zeichnerischer Darstellung
Überschlägige statische Berechnung und Bemessung
Grundlegende Festlegungen der konstruktiven Details und Hauptabmessungen des Tragwerks für zum Beispiel Gestaltung der tragenden Querschnitte, Aussparungen und Fugen; Ausbildung der Auflager- und Knotenpunkte sowie der Verbindungsmittel
Mitwirken bei der Objektbeschreibung

Besondere Leistungen:
Vorgezogene, prüfbare und für die Ausführung geeignete Berechnung wesentlich tragender Teile
Vorgezogene, prüfbare und für die Ausführung geeignete Berechnung der Gründung
Mehraufwand bei Sonderbauweisen oder Sonderkonstruktionen, zum Beispiel Klären von Konstruktionsdetails
Vorgezogene Stahl- oder Holzmengenermittlung des Tragwerks und der kraftübertragenden Verbindungsteile für eine Ausschreibung, die ohne Vorliegen von Ausführungsunterlagen durchgeführt wird
Nachweise der Erdbebensicherung

Grundleistungen	Besondere Leistungen

Mitwirken bei Verhandlungen mit Behörden und anderen an der Planung fachlich Beteiligten über die Genehmigungsfähigkeit

Mitwirken bei der Kostenberechnung, bei Gebäuden und zugehörigen baulichen Anlagen: nach DIN 276

Mitwirken bei der Kostenkontrolle durch Vergleich der Kostenberechnung mit der Kostenschätzung.

4. Genehmigungsplanung

Aufstellen der prüffähigen statischen Berechnungen für das Tragwerk unter Berücksichtigung der vorgegebenen bauphysikalischen Anforderungen

Bei Ingenieurbauwerken: Erfassen von normalen Bauzuständen

Anfertigen der Positionspläne für das Tragwerk oder Eintragen der statischen Positionen, der Tragwerksabmessungen, der Verkehrslasten, der Art und Güte der Baustoffe und der Besonderheiten der Konstruktionen in die Entwurfszeichnungen des Objektplaners (zum Beispiel in Transparentpausen)

Zusammenstellen der Unterlagen der Tragwerksplanung zur bauaufsichtlichen Genehmigung

Verhandlungen mit Prüfämtern und Prüfingenieuren

Vervollständigen und Berichtigen der Berechnungen und Pläne

Besondere Leistungen (Spalte):

Bauphysikalische Nachweise zum Brandschutz

Statische Berechnung und zeichnerische Darstellung für Bergschadenssicherungen und Bauzustände, soweit diese Leistungen über das Erfassen von normalen Bauzuständen hinausgehen

Zeichnungen mit statischen Positionen und den Tragwerksabmessungen, den Bewehrungs-Querschnitten, den Verkehrslasten und der Art und Güte der Baustoffe sowie Besonderheiten der Konstruktionen zur Vorlage bei der bauaufsichtlichen Prüfung anstelle von Positionsplänen

Aufstellen der Berechnungen nach militärischen Lastenklassen (MLC)

Erfassen von Bauzuständen bei Ingenieurbauwerken, in denen das statische System von dem des Endzustands abweicht

5. Ausführungsplanung

Durcharbeiten der Ergebnisse der Leistungsphasen 3 und 4 unter Beachtung der durch die Objektplanung integrierten Fachplanungen

Anfertigen der Schalpläne in Ergänzung der fertiggestellten Ausführungspläne des Objektplaners

Zeichnerische Darstellung der Konstruktionen mit Einbau- und Verlegeanweisungen, zum Beispiel Bewehrungspläne, Stahlbaupläne, Holzkonstruktionspläne (keine Werkstattzeichnungen)

Aufstellen detaillierter Stahl- oder Stücklisten als Ergänzung zur zeichnerischen Darstellung der Konstruktionen mit Stahlmengenermittlung

Besondere Leistungen (Spalte):

Werkstattzeichnungen im Stahl- und Holzbau einschließlich Stücklisten, Elementpläne für Stahlbetonfertigteile einschließlich Stahl- und Stücklisten

Berechnen der Dehnwege, Festlegen des Spannvorganges und Erstellen der Spannprotokolle im Spannbetonbau

Wesentliche Leistungen, die infolge Änderungen der Planung, die vom Auftragnehmer nicht zu vertreten sind, erforderlich werden

Rohbauzeichnungen im Stahlbetonbau, die auf der Baustelle nicht der Ergänzung durch die Pläne des Objektplaners bedürfen

6. Vorbereitung der Vergabe

Ermitteln der Betonstahlmengen im Stahlbetonbau, der Stahlmengen im Stahlbau
und der Holzmengen im Ingenieurholzbau
als Beitrag zur Mengenermittlung des Objektplaners
Überschlägliches Ermitteln der Mengen
der konstruktiven Stahlteile und statisch erforderlichen Verbindungs- und Befesti-
gungsmittel im Ingenieurholzbau
Aufstellen von Leistungsbeschreibungen
als Ergänzung zu den Mengenermittlungen
als Grundlage für das Leistungsverzeichnis
des Tragwerks

Beitrag zur Leistungsbeschreibung mit Lei-
stungsprogramm des Objektplaners*)
Beitrag zum Aufstellen von vergleichenden
Kostenübersichten des Objektplaners
Aufstellen des Leistungsverzeichnisses
des Tragwerks

7. Mitwirkung bei der Vergabe

Mitwirken bei der Prüfung und Wertung der
Angebote aus Leistungsbeschreibung mit
Leistungsprogramm
Mitwirken bei der Prüfung und Wertung
von Nebenangeboten
Beitrag zum Kostenanschlag nach DIN
276 aus Einheitspreisen oder Pauschalan-
geboten

8. Objektüberwachung
   (Bauüberwachung)

Ingenieurtechnische Kontrolle der Ausführung des Tragwerks auf Übereinstimmung
mit den geprüften statischen Unterlagen
Ingenieurtechnische Kontrolle der Baube-
helfe, zum Beispiel Arbeits- und Lehrgerü-
ste, Kranbahnen, Baugrubensicherungen
Kontrolle der Betonherstellung und -verar-
beitung auf der Baustelle in besonderen
Fällen sowie statistische Auswertung der
Güteprüfung
Betontechnologische Beratung

9. Objektbetreuung und Dokumen-
      tation

Baubegehung zur Feststellung und Überwachung von die Standsicherheit betreffenden Einflüssen

---

*) Diese Besondere Leistung wird bei Leistungsbeschreibung mit Leistungsprogramm
Grundleistung. In diesem Fall entfallen die Grundleistungen dieser Leistungsphase.

(4) Bei Umbauten und Modernisierungen im Sinne des § 3 Nr. 5 und 6 kann neben den in Absatz 3 erwähnten Besonderen Leistungen insbesondere nachstehende Besondere Leistung vereinbart werden: Mitwirken bei der Überwachung der Ausführung der Tragwerkseingriffe.

§ 65 Honorartafel für Grundleistungen bei der Tragwerksplanung

(1) Die Mindest- und Höchstsätze der Honorare für die in § 64 aufgeführten Grundleistungen bei der Tragwerksplanung sind in der nachfolgenden Honorartafel [siehe Seite 109] festgesetzt.

(2) § 16 Abs. 2 und 3 gilt sinngemäß.

§ 66 Auftrag über mehrere Tragwerke und bei Umbauten

(1) Umfaßt ein Auftrag mehrere Gebäude oder Ingenieurbauwerke mit konstruktiv verschiedenen Tragwerken, so sind die Honorare für jedes Tragwerk getrennt zu berechnen.

(2) Umfaßt ein Auftrag mehrere Gebäude oder Ingenieurbauwerke mit konstruktiv weitgehend vergleichbaren Tragwerken derselben Honorarzone, so sind die anrechenbaren Kosten der Tragwerke einer Honorarzone zur Berechnung des Honorars zusammenzufassen; das Honorar ist nach der Summe der anrechenbaren Kosten zu berechnen.

(3) Umfaßt ein Auftrag mehrere Gebäude oder Ingenieurbauwerke mit konstruktiv gleichen Tragwerken, die sich durch geringfügige Änderungen der Tragwerksplanung unterscheiden und die einen wesentlichen Arbeitsaufwand verursachen, so sind für die 1. bis 4. Wiederholung die Vomhundertsätze der Leistungsphasen 1 bis 6 des § 64 um 50 vom Hundert, von der 5. Wiederholung an um 60 vom Hundert zu mindern.

(4) Umfaßt ein Auftrag mehrere Gebäude oder Ingenieurbauwerke mit konstruktiv gleichen Tragwerken, für die eine Änderung der Tragwerksplanung entweder nicht erforderlich ist oder nur einen unwesentlichen Arbeitsaufwand erfordert, so sind für jede Wiederholung
1. bei Gebäuden und Ingenieurbauwerken nach § 51 Abs. 1 Nr. 1 bis 5 die Vomhundertsätze der Leistungsphasen 1 bis 6 des § 64,
2. bei Ingenieurbauwerken nach § 51 Abs. 1 Nr. 6 und 7 die Vomhundertsätze der Leistungsphasen 2 bis 6 des § 64
um 90 vom Hundert zu mindern.

(5) Bei Umbauten nach § 3 Nr. 5 ist bei Gebäuden und Ingenieurbauwerken eine Erhöhung des nach § 65 ermittelten Honorars um einen Vomhundertsatz schriftlich zu vereinbaren. Bei der Vereinbarung nach Satz 1 ist insbesondere der Schwierigkeitsgrad der Leistungen zu berücksichtigen. Bei durchschnittlichem Schwierigkeitsgrad kann ein Zuschlag von 20 bis 50 vom Hundert vereinbart werden. Sofern nicht etwas anderes schriftlich vereinbart ist, gilt ab durchschnittlichem Schwierigkeitsgrad ein Zuschlag von 20 vom Hundert als vereinbart. Bei einer Vereinbarung nach Satz 1 können bei Gebäuden die Kosten für das Abbrechen von Bauwerksteilen (DIN 276, Kostengruppe 1.4.4) den anre-

Honorartafel zu § 65 Abs. 1

Anrechenbare Kosten Euro	Zone I von Euro	Zone I bis Euro	Zone II von Euro	Zone II bis Euro	Zone III von Euro	Zone III bis Euro	Zone IV von Euro	Zone IV bis Euro	Zone V von Euro	Zone V bis Euro
10 226	1 017	1 186	1 186	1 600	1 600	2 096	2 096	2 516	2 516	2 679
15 000	1 399	1 621	1 621	2 168	2 168	2 827	2 827	3 375	3 375	3 596
20 000	1 771	2 043	2 043	2 726	2 726	3 540	3 540	4 224	4 224	4 495
25 000	2 123	2 445	2 445	3 249	3 249	4 214	4 214	5 019	5 019	5 340
30 000	2 469	2 836	2 836	3 756	3 756	4 862	4 862	5 782	5 782	6 149
35 000	2 805	3 217	3 217	4 248	4 248	5 481	5 481	6 512	6 512	6 924
40 000	3 123	3 580	3 580	4 717	4 717	6 088	6 088	7 224	7 224	7 681
45 000	3 447	3 945	3 945	5 186	5 186	6 676	6 676	7 918	7 918	8 416
50 000	3 756	4 294	4 294	5 636	5 636	7 245	7 245	8 588	8 588	9 126
75 000	5 238	5 961	5 961	7 770	7 770	9 941	9 941	11 750	11 750	12 474
100 000	6 629	7 524	7 524	9 761	9 761	12 450	12 450	14 686	14 686	15 581
150 000	9 242	10 448	10 448	13 463	13 463	17 086	17 086	20 101	20 101	21 308
200 000	11 702	13 195	13 195	16 920	16 920	21 394	21 394	25 119	25 119	26 612
250 000	14 047	15 807	15 807	20 201	20 201	25 470	25 470	29 863	29 863	31 623
300 000	16 320	18 332	18 332	23 355	23 355	29 378	29 378	34 401	34 401	36 413
350 000	18 516	20 769	20 769	26 391	26 391	33 143	33 143	38 770	38 770	41 018
400 000	20 663	23 143	23 143	29 348	29 348	36 791	36 791	42 997	42 997	45 476
450 000	22 762	25 467	25 467	32 227	32 227	40 343	40 343	47 103	47 103	49 808
500 000	24 816	27 738	27 738	35 044	35 044	43 811	43 811	51 113	51 113	54 035
750 000	34 583	38 513	38 513	48 334	48 334	60 125	60 125	69 945	69 945	73 876
1 000 000	43 787	48 639	48 639	60 760	60 760	75 304	75 304	87 430	87 430	92 276
1 500 000	61 058	67 572	67 572	83 852	83 852	103 394	103 394	119 675	119 675	126 188
2 000 000	77 308	85 342	85 342	105 417	105 417	129 515	129 515	149 595	149 595	157 624
2 500 000	92 842	102 291	102 291	125 904	125 904	154 244	154 244	177 858	177 858	187 306
3 000 000	107 824	118 607	118 607	145 562	145 562	177 909	177 909	204 865	204 865	215 647
3 500 000	122 355	134 415	134 415	164 557	164 557	200 732	200 732	230 878	230 878	242 934
4 000 000	136 522	149 806	149 806	183 007	183 007	222 857	222 857	256 059	256 059	269 342
4 500 000	150 366	164 832	164 832	200 987	200 987	244 381	244 381	280 540	280 540	295 002
5 000 000	163 936	179 545	179 545	218 567	218 567	265 393	265 393	304 417	304 417	320 025
7 500 000	228 489	249 391	249 391	301 642	301 642	364 343	364 343	416 594	416 594	437 496
10 000 000	289 333	315 049	315 049	379 337	379 337	456 484	456 484	520 772	520 772	546 488
15 000 000	403 375	437 772	437 772	523 761	523 761	626 947	626 947	712 936	712 936	747 333
15 338 756	411 079	446 061	446 061	533 513	533 513	638 455	638 455	725 907	725 907	760 889

chenbaren Kosten nach § 62 zugerechnet werden. Für Ingenieurbauwerke gilt Satz 5 sinngemäß.

(6) § 24 Abs. 2 gilt sinngemäß.

§ 67 Tragwerksplanung für Traggerüste bei Ingenieurbauwerken

(1) Das Honorar für Leistungen bei der Tragwerksplanung für Traggerüste bei Ingenieurbauwerken richtet sich nach den anrechenbaren Kosten nach Absatz 2, der Honorarzone, der diese Traggerüste nach § 63 zuzurechnen sind, nach den Leistungsphasen des § 64 und der Honorartafel des § 65.

(2) Anrechenbare Kosten sind die Herstellungskosten der Traggerüste. Bei mehrfach verwendeten Bauteilen von Traggerüsten ist jeweils der Neuwert anrechenbar. Im übrigen gilt § 62 sinngemäß.

(3) Die §§ 21 und 66 gelten sinngemäß.

(4) Das Honorar für Leistungen bei der Tragwerksplanung für verschiebbare Gerüste bei Ingenieurbauwerken kann frei vereinbart werden. Wird ein Honorar nicht bei Auftragserteilung schriftlich vereinbart, so ist das Honorar als Zeithonorar nach § 6 zu berechnen.

Teil IX: Leistungen bei der Technischen Ausrüstung

§ 68 Anwendungsbereich

Die Technische Ausrüstung umfaßt die Anlagen folgender Anlagengruppen von Gebäuden, soweit die Anlagen in DIN 276 erfaßt sind, und die entsprechenden Anlagen von Ingenieurbauwerken auf dem Gebiet der
1. Gas-, Wasser-, Abwasser- und Feuerlöschtechnik,
2. Wärmeversorgungs-, Brauchwassererwärmungs- und Raumlufttechnik,
3. Elektrotechnik,
4. Aufzug-, Förder- und Lagertechnik,
5. Küchen-, Wäscherei- und chemische Reinigungstechnik,
6. Medizin- und Labortechnik.

Werden Anlagen der nichtöffentlichen Erschließung sowie Abwasser- und Versorgungsanlagen in Außenanlagen (DIN 276, Kostengruppen 2.2 und 5.3) von Auftragnehmern im Zusammenhang mit Anlagen nach Satz 1 geplant, so können die Vertragsparteien das Honorar für diese Leistungen schriftlich bei Auftragserteilung frei vereinbaren. Wird ein Honorar nicht bei Auftragserteilung schriftlich vereinbart, so ist das Honorar für die in Satz 2 genannten Anlagen als Zeithonorar nach § 6 zu berechnen.

§ 69 Grundlagen des Honorars

(1) Das Honorar für Grundleistungen bei der Technischen Ausrüstung richtet sich nach den anrechenbaren Kosten der Anlagen einer Anlagengruppe nach

§ 68 Satz 1 Nr. 1 bis 6, nach der Honorarzone, der die Anlagen angehören, und nach der Honorartafel in § 74.

(2) Werden Anlagen einer Anlagengruppe verschiedenen Honorarzonen zugerechnet, so ergibt sich das Honorar nach Absatz 1 aus der Summe der Einzelhonorare. Ein Einzelhonorar wird jeweils für die Anlagen ermittelt, die einer Honorarzone zugerechnet werden. Für die Ermittlung des Einzelhonorars ist zunächst für die Anlagen jeder Honorarzone das Honorar zu berechnen, das sich ergeben würde, wenn die gesamten anrechenbaren Kosten der Anlagengruppe nur der Honorarzone zugerechnet würden, für die das Einzelhonorar berechnet wird. Das Einzelhonorar ist dann nach dem Verhältnis der Summe der anrechenbaren Kosten der Anlagen einer Honorarzone zu den gesamten anrechenbaren Kosten der Anlagengruppe zu ermitteln.

(3) Anrechenbare Kosten sind, bei Anlagen in Gebäuden unter Zugrundelegung der Kostenermittlungsarten nach DIN 276, zu ermitteln
1. für die Leistungsphasen 1 bis 4 nach der Kostenberechnung, solange diese nicht vorliegt, nach der Kostenschätzung;
2. für die Leistungsphasen 5 bis 7 nach dem Kostenanschlag, solange dieser nicht vorliegt, nach der Kostenberechnung;
3. für die Leistungsphasen 8 und 9 nach der Kostenfeststellung, solange diese nicht vorliegt, nach dem Kostenanschlag.

(4) § 10 Abs. 3 und 3 a gilt sinngemäß.

(5) Nicht anrechenbar sind für Grundleistungen bei der Technischen Ausrüstung die Kosten für
1. Winterbauschutzvorkehrungen und sonstige zusätzliche Maßnahmen nach DIN 276, Kostengruppe 6;
2. die Baunebenkosten (DIN 276, Kostengruppe 7).

(6) Werden Teile der Technischen Ausrüstung in Baukonstruktionen ausgeführt, die zur DIN 276, Kostengruppe 3.1 gehören, so können die Vertragsparteien vereinbaren, daß die Kosten hierfür ganz oder teilweise zu den anrechenbaren Kosten nach Absatz 3 gehören. Satz 1 gilt entsprechend für Bauteile der Kostengruppe Baukonstruktionen, deren Abmessung oder Konstruktion durch die Leistung der Technischen Ausrüstung wesentlich beeinflußt werden.

(7) Die §§ 20 bis 23, 27 und 32 gelten sinngemäß.

§ 70

(weggefallen)

§ 71 Honorarzonen für Leistungen bei der Technischen Ausrüstung

(1) Anlagen der Technischen Ausrüstung werden nach den in Absatz 2 genannten Bewertungsmerkmalen folgenden Honorarzonen zugerechnet:
1. Honorarzone I: Anlagen mit geringen Planungsanforderungen,
2. Honorarzone II: Anlagen mit durchschnittlichen Planungsanforderungen,
3. Honorarzone III: Anlagen mit hohen Planungsanforderungen.

(2) Bewertungsmerkmale sind:
1. Anzahl der Funktionsbereiche,
2. Integrationsansprüche,
3. technische Ausgestaltung,
4. Anforderungen an die Technik,
5. konstruktive Anforderungen.
   (3) § 63 Abs. 2 gilt sinngemäß.

§ 72 Objektliste für Anlagen der Technischen Ausrüstung

Nachstehende Anlagen werden nach Maßgabe der in § 71 genannten Merkmale in der Regel folgenden Honorarzonen zugerechnet:
1. Honorarzone I:
   a) Gas-, Wasser-, Abwasser- und sanitärtechnische Anlagen mit kurzen einfachen Rohrnetzen;
   b) Heizungsanlagen mit direktbefeuerten Einzelgeräten und einfache Gebäudeheizungsanlagen ohne besondere Anforderung an die Regelung, Lüftungsanlagen einfacher Art;
   c) einfache Niederspannungs- und Fernmeldeinstallationen;
   d) Abwurfanlagen für Abfall oder Wäsche, einfache Einzelaufzüge, Regalanlagen, soweit nicht in Honorarzone II oder III erwähnt;
   e) chemische Reinigungsanlagen;
   f) medizinische und labortechnische Anlagen der Elektromedizin, Dentalmedizin, Medizinmechanik und Feinmechanik/Optik jeweils für Arztpraxen der Allgemeinmedizin;
2. Honorarzone II:
   a) Gas-, Wasser-, Abwasser- und sanitärtechnische Anlagen mit umfangreichen verzweigten Rohrnetzen, Hebeanlagen und Druckerhöhungsanlagen, manuelle Feuerlösch- und Brandschutzanlagen;
   b) Gebäudeheizungsanlagen mit besonderen Anforderungen an die Regelung, Fernheiz- und Kältenetze mit Übergabestationen, Lüftungsanlagen mit Anforderungen an Geräuschstärke, Zugfreiheit oder mit zusätzlicher Luftaufbereitung (außer geregelter Luftkühlung);
   c) Kompaktstationen, Niederspannungsleitungs- und Verteilungsanlagen, soweit nicht in Honorarzone I oder III erwähnt, kleine Fernmeldeanlagen und -netze, zum Beispiel kleine Wählanlagen nach Telekommunikationsordnung, Beleuchtungsanlagen nach der Wirkungsgrad-Berechnungsmethode, Blitzschutzanlagen;
   d) Hebebühnen, flurgesteuerte Krananlagen, Verfahr-, Einschub- und Umlaufregalanlagen, Fahrtreppen und Fahrsteige, Förderanlagen mit bis zu zwei Sende- und Empfangsstellen, schwierige Einzelaufzüge, einfache Aufzugsgruppen ohne besondere Anforderungen, technische Anlagen für Mittelbühnen;
   e) Küchen und Wäschereien mittlerer Größe;
   f) medizinische und labortechnische Anlagen der Elektromedizin, Dentalmedizin, Medizinmechanik und Feinmechanik/Optik sowie Röntgen- und Nuklearanlagen mit kleinen Strahlendosen jeweils für Facharzt- oder

Gruppenpraxen, Sanatorien, Altersheime und einfache Krankenhaus-
fachabteilungen, Laboreinrichtungen, zum Beispiel für Schulen und Foto-
labors;
3. Honorarzone III:
a) Gaserzeugungsanlagen und Gasdruckreglerstationen einschließlich zu-
   gehöriger Rohrnetze, Anlagen zur Reinigung, Entgiftung und Neutralisa-
   tion von Abwasser, Anlagen zur biologischen, chemischen und physikalischen Behandlung von Wasser; Wasser-, Abwasser- und sanitärtechnische Anlagen mit überdurchschnittlichen hygienischen Anforderungen;
   automatische Feuerlösch- und Brandschutzanlagen;
b) Dampfanlagen, Heißwasseranlagen, schwierige Heizungssysteme neuer
   Technologien, Wärmepumpenanlagen, Zentralen für Fernwärme und
   Fernkälte, Kühlanlagen, Lüftungsanlagen mit geregelter Luftkühlung und
   Klimaanlagen einschließlich der zugehörigen Kälteerzeugungsanlagen;
c) Hoch- und Mittelspannungsanlagen, Niederspannungsschaltanlagen, Ei-
   genstromerzeugungs- und Umformeranlagen, Niederspannungsleitungs-
   und Verteilungsanlagen mit Kurzschlußberechnungen, Beleuchtungsanlagen nach der Punkt-für-Punkt-Berechnungsmethode, große Fernmeldeanlagen und -netze;
d) Aufzugsgruppen mit besonderen Anforderungen, gesteuerte Förderanlagen mit mehr als zwei Sende- und Empfangsstellen, Regalbediengeräte
   mit zugehörigen Regalanlagen, zentrale Entsorgungsanlagen für Wäsche, Abfall oder Staub, technische Anlagen für Großbühnen, höhenver-
   stellbare Zwischenböden und Wellenerzeugungsanlagen in Schwimm-
   becken, automatisch betriebene Sonnenschutzanlagen;
e) Großküchen und Großwäschereien;
f) medizinische und labortechnische Anlagen für große Krankenhäuser mit
   ausgeprägten Untersuchungs- und Behandlungsräumen sowie für Klini-
   ken und Institute mit Lehr- und Forschungsaufgaben, Klimakammern und
   Anlagen für Klimakammern, Sondertemperaturräume und Reinräume,
   Vakuumanlagen, Medienver- und -entsorgungsanlagen, chemische und
   physikalische Einrichtungen für Großbetriebe, Forschung und Entwicklung, Fertigung, Klinik und Lehre.

§ 73 Leistungsbild Technische Ausrüstung

(1) Das Leistungsbild Technische Ausrüstung umfaßt die Leistungen der
Auftragnehmer für Neuanlagen, Wiederaufbauten, Erweiterungsbauten, Umbauten, Modernisierungen, Instandhaltungen und Instandsetzungen. Die
Grundleistungen sind in den in Absatz 3 aufgeführten Leistungsphasen 1 bis 9
zusammengefaßt und in der folgenden Tabelle in Vomhundertsätzen der Honorare des § 74 bewertet.

113

	Bewertung der Grundleistungen in v. H. der Honorare
1. Grundlagenermittlung Ermitteln der Voraussetzungen zur Lösung der technischen Aufgabe	3
2. Vorplanung (Projekt- und Planungsvorbereitung) Erarbeiten der wesentlichen Teile einer Lösung der Planungsaufgabe	11
3. Entwurfsplanung (System- und Integrationsplanung) Erarbeiten der endgültigen Lösung der Planungsaufgabe	15
4. Genehmigungsplanung Erarbeiten der Vorlagen für die erforderlichen Genehmigungen	6
5. Ausführungsplanung Erarbeiten und Darstellen der ausführungsreifen Planungslösung	18
6. Vorbereitung der Vergabe Ermitteln der Mengen und Aufstellen von Leistungsverzeichnissen	6
7. Mitwirkung bei der Vergabe Prüfen der Angebote und Mitwirkung bei der Auftragsvergabe	5
8. Objektüberwachung (Bauüberwachung) Überwachen der Ausführung des Objekts	33
9. Objektbetreuung und Dokumentation Überwachen der Beseitigung von Mängeln und Dokumentation des Gesamtergebnisses	3

(2) Die Leistungsphase 5 ist abweichend von Absatz 1, sofern das Anfertigen von Schlitz- und Durchbruchsplänen nicht in Auftrag gegeben wird, mit 14 vom Hundert der Honorare des § 74 zu bewerten.

(3) Das Leistungsbild setzt sich wie folgt zusammen:

Grundleistungen	Besondere Leistungen

1. Grundlagenermittlung

Klären der Aufgabenstellung der Technischen Ausrüstung im Benehmen mit dem Auftraggeber und dem Objektplaner, insbesondere in technischen und wirtschaftlichen Grundsatzfragen
Zusammenfassen der Ergebnisse

Systemanalyse (Klären der möglichen Systeme nach Nutzen, Aufwand, Wirtschaftlichkeit, Durchführbarkeit und Umweltverträglichkeit)
Datenerfassung, Analysen und Optimierungsprozesse für energiesparendes und umweltverträgliches Bauen

2. Vorplanung (Projekt- und Planungsvorbereitung)

Analyse der Grundlagen
Erarbeiten eines Planungskonzepts mit überschläger Auslegung der wichtigen Systeme und Anlagenteile einschließlich Untersuchung der alternativen Lösungsmöglichkeiten nach gleichen Anforderungen mit skizzenhafter Darstellung zur Integrierung in die Objektplanung einschließlich Wirtschaftlichkeitsvorbetrachtung
Aufstellen eines Funktionsschemas beziehungsweise Prinzipschaltbildes für jede Anlage
Klären und Erläutern der wesentlichen fachspezifischen Zusammenhänge, Vorgänge und Bedingungen
Mitwirken bei Vorverhandlungen mit Behörden und anderen an der Planung fachlich Beteiligten über die Genehmigungsfähigkeit
Mitwirken bei der Kostenschätzung, bei Anlagen in Gebäuden: nach DIN 276
Zusammenstellen der Vorplanungsergebnisse

Durchführen von Versuchen und Modellversuchen
Untersuchung zur Gebäude- und Anlagenoptimierung hinsichtlich Energieverbrauch und Schadstoffemission (z. B. SO_2, NO_x)
Erarbeiten optimierter Energiekonzepte

3. Entwurfsplanung (System- und Integrationsplanung)

Durcharbeiten des Planungskonzepts (stufenweise Erarbeitung einer zeichnerischen Lösung) unter Berücksichtigung aller fachspezifischen Anforderungen sowie unter Beachtung der durch die Objektplanung integrierten Fachplanungen bis zum vollständigen Entwurf
Festlegen aller Systeme und Anlagenteile
Berechnung und Bemessung sowie zeichnerische Darstellung und Anlagenbeschreibung
Angabe und Abstimmung der für die Trag-

Erarbeiten von Daten für die Planung Dritter, zum Beispiel für die Zentrale Leittechnik
Detaillierter Wirtschaftlichkeitsnachweis
Detaillierter Vergleich von Schadstoffemissionen
Betriebskostenberechnungen
Schadstoffemissionsberechnungen
Erstellen des technischen Teils eines Raumbuchs als Beitrag zur Leistungsbeschreibung mit Leistungsprogrammen des Objektplaners

werksplanung notwendigen Durchführungen und Lastangaben (ohne Anfertigen von Schlitz- und Durchbruchsplänen)
Mitwirken bei Verhandlungen mit Behörden und anderen an der Planung fachlich Beteiligten über die Genehmigungsfähigkeit
Mitwirken bei der Kostenberechnung, bei Anlagen in Gebäuden: nach DIN 276
Mitwirken bei der Kostenkontrolle durch Vergleich der Kostenberechnung mit der Kostenschätzung

4. Genehmigungsplanung

Erarbeiten der Vorlagen für die nach den öffentlich-rechtlichen Vorschriften erforderlichen Genehmigungen oder Zustimmungen einschließlich der Anträge auf Ausnahmen und Befreiungen sowie noch notwendiger Verhandlungen mit Behörden
Zusammenstellen dieser Unterlagen
Vervollständigen und Anpassen der Planungsunterlagen, Beschreibungen und Berechnungen

5. Ausführungsplanung

Durcharbeiten der Ergebnisse der Leistungsphasen 3 und 4 (stufenweise Erarbeitung und Darstellung der Lösung) unter Berücksichtigung aller fachspezifischen Anforderungen sowie unter Beachtung der durch die Objektplanung integrierten Fachleistungen bis zur ausführungsreifen Lösung
Zeichnerische Darstellung der Anlagen mit Dimensionen (keine Montage- und Werkstattzeichnungen)
Anfertigen von Schlitz- und Durchbruchsplänen
Fortschreibung der Ausführungsplanung auf den Stand der Ausschreibungsergebnisse

Prüfen und Anerkennen von Schalplänen des Tragwerksplaners und von Montage- und Werkstattzeichnungen auf Übereinstimmung mit der Planung
Anfertigen von Plänen für Anschlüsse von beigestellten Betriebsmitteln und Maschinen
Anfertigen von Stromlaufplänen

6. Vorbereitung der Vergabe

Ermitteln von Mengen als Grundlage für das Aufstellen von Leistungsverzeichnissen in Abstimmung mit Beiträgen anderer an der Planung fachlich Beteiligter
Aufstellen von Leistungsbeschreibungen mit Leistungsverzeichnissen nach Leistungsbereichen

Anfertigen von Ausschreibungszeichnungen bei Leistungsbeschreibung mit Leistungsprogramm

7. Mitwirken bei der Vergabe

Prüfen und Werten der Angebote einschließlich Aufstellen eines Preisspiegels nach Teilleistungen

Mitwirken bei der Verhandlung mit Bietern und Erstellen eines Vergabevorschlages

Mitwirken beim Kostenanschlag aus Einheits- oder Pauschalpreisen der Angebote, bei Anlagen in Gebäuden: nach DIN 276

Mitwirken bei der Kostenkontrolle durch Vergleich des Kostenanschlags mit der Kostenberechnung

Mitwirken bei der Auftragserteilung

8. Objektüberwachung (Bauüberwachung)

Überwachen der Ausführung des Objekts auf Übereinstimmung mit der Baugenehmigung oder Zustimmung, den Ausführungsplänen, den Leistungsbeschreibungen oder Leistungsverzeichnissen sowie mit den allgemein anerkannten Regeln der Technik und den einschlägigen Vorschriften

Mitwirken bei dem Aufstellen und Überwachen eines Zeitplanes (Balkendiagramm)

Mitwirken bei dem Führen eines Bautagebuches

Mitwirken beim Aufmaß mit den ausführenden Unternehmen

Fachtechnische Abnahme der Leistungen und Feststellen der Mängel

Rechnungsprüfung

Mitwirken bei der Kostenfeststellung, bei Anlagen in Gebäuden: nach DIN 276

Antrag auf behördliche Abnahmen und Teilnahme daran

Zusammenstellen und Übergeben der Revisionsunterlagen, Bedienungsanleitungen und Prüfprotokolle

Mitwirken beim Auflisten der Verjährungsfristen der Gewährleistungsansprüche

Überwachen der Beseitigung der bei der Abnahme der Leistungen festgestellten Mängel

Mitwirken bei der Kostenkontrolle durch Überprüfen der Leistungsabrechnung der bauausführenden Unternehmen im Vergleich zu den Vertragspreisen und dem Kostenanschlag

Durchführen von Leistungs- und Funktionsmessungen

Ausbilden und Einweisen von Bedienungspersonal

Überwachen und Detailkorrektur beim Hersteller

Aufstellen, Fortschreiben und Überwachen von Ablaufplänen (Netzplantechnik für EDV)

9. Objektbetreuung und Dokumentation

Objektbegehung zur Mängelfeststellung vor Ablauf der Verjährungsfristen der Gewährleistungsansprüche gegenüber den ausführenden Unternehmen
Überwachen der Beseitigung von Mängeln, die innerhalb der Verjährungsfristen der Gewährleistungsansprüche, längstens jedoch bis zum Ablauf von 5 Jahren seit Abnahme der Leistungen auftreten
Mitwirken bei der Freigabe von Sicherheitsleistungen
Mitwirken bei der systematischen Zusammenstellung der zeichnerischen Darstellungen und rechnerischen Ergebnisse des Objekts

Erarbeiten der Wartungsplanung und -organisation
Ingenieurtechnische Kontrolle des Energieverbrauchs und der Schadstoffemission

(4) Bei Umbauten und Modernisierungen im Sinne des § 3 Nr. 5 und 6 können neben den in Absatz 3 erwähnten Besonderen Leistungen insbesondere die nachstehenden Besonderen Leistungen vereinbart werden:
Durchführen von Verbrauchsmessungen
Endoskopische Untersuchungen.

§ 74 Honorartafel für Grundleistungen bei der Technischen Ausrüstung

(1) Die Mindest- und Höchstsätze der Honorare für die in § 73 aufgeführten Grundleistungen bei einzelnen Anlagen sind in der nachfolgenden Honorartafel [siehe Seite 119] festgesetzt.
(2) § 16 Abs. 2 und 3 gilt sinngemäß.
(3) Die Vertragsparteien können bei Auftragserteilung abweichend von § 73 Abs. 1 Nr. 8 ein Honorar als Festbetrag unter Zugrundelegung der geschätzten Bauzeit schriftlich vereinbaren.

§ 75 Vorplanung, Entwurfsplanung und Objektüberwachung als Einzelleistung

Wird die Anfertigung der Vorplanung (Leistungsphase 2 des § 73) oder der Entwurfsplanung (Leistungsphase 3 des § 73) oder wird die Objektüberwachung (Leistungsphase 8 des § 73) als Einzelleistung in Auftrag gegeben, so können hierfür anstelle der in § 73 festgesetzten Vomhundertsätze folgende Vomhundertsätze der Honorare nach § 74 vereinbart werden:
1. für die Vorplanung   bis zu 14 v. H.,
2. für die Entwurfsplanung   bis zu 26 v. H.,
3. für die Objektüberwachung   bis zu 38 v. H.

Honorartafel zu § 74 Abs. 1

Anrechenbare Kosten Euro	Zone I von Euro	Zone I bis Euro	Zone II von Euro	Zone II bis Euro	Zone III von Euro	Zone III bis Euro
5 113	1 478	1 917	1 917	2 357	2 357	2 797
7 500	2 031	2 624	2 624	3 216	3 216	3 809
10 000	2 556	3 289	3 289	4 019	4 019	4 752
15 000	3 548	4 528	4 528	5 503	5 503	6 484
20 000	4 473	5 693	5 693	6 914	6 914	8 134
25 000	5 347	6 808	6 808	8 273	8 273	9 734
30 000	6 177	7 882	7 882	9 593	9 593	11 298
35 000	6 976	8 913	8 913	10 847	10 847	12 784
40 000	7 733	9 901	9 901	12 063	12 063	14 230
45 000	8 487	10 856	10 856	13 219	13 219	15 588
50 000	9 234	11 810	11 810	14 380	14 380	16 956
75 000	12 568	16 041	16 041	19 518	19 518	22 991
100 000	15 622	19 854	19 854	24 082	24 082	28 314
150 000	21 105	26 593	26 593	32 082	32 082	37 571
200 000	26 415	32 827	32 827	39 235	39 235	45 647
250 000	31 956	39 250	39 250	46 548	46 548	53 842
300 000	37 512	45 677	45 677	53 843	53 843	62 008
350 000	43 175	52 249	52 249	61 323	61 323	70 397
400 000	48 818	58 870	58 870	68 926	68 926	78 978
450 000	54 510	65 482	65 482	76 452	76 452	87 424
500 000	60 231	72 092	72 092	83 957	83 957	95 818
750 000	87 896	103 271	103 271	118 651	118 651	134 025
1 000 000	144 267	131 760	131 760	149 249	149 249	166 741
1 500 000	164 316	182 612	182 612	200 903	200 903	219 199
2 000 000	212 619	231 248	231 248	249 881	249 881	268 510
2 500 000	259 767	280 334	280 334	300 907	300 907	321 474
3 000 000	304 679	326 477	326 477	348 271	348 271	370 069
3 500 000	345 783	368 653	368 653	391 527	391 527	414 398
3 750 000	365 114	388 450	388 450	411 792	411 792	435 128
3 834 689	371 515	394 999	394 999	418 487	418 487	441 971

§ 76 Umbauten und Modernisierungen von Anlagen der Technischen Ausrüstung

(1) Honorare für Leistungen bei Umbauten und Modernisierungen im Sinne des § 3 Nr. 5 und 6 sind nach den anrechenbaren Kosten nach § 69, der Honorarzone, der der Umbau oder die Modernisierung bei sinngemäßer Anwendung des § 71 zuzurechnen ist, den Leistungsphasen des § 73 und der Honorartafel des § 74 mit der Maßgabe zu ermitteln, daß eine Erhöhung der Honorare um einen Vomhundertsatz schriftlich zu vereinbaren ist. Bei der Vereinbarung nach Satz 1 ist insbesondere der Schwierigkeitsgrad der Leistungen zu berücksichtigen. Bei durchschnittlichem Schwierigkeitsgrad der Leistungen nach Satz 1 kann ein Zuschlag von 20 bis 50 vom Hundert vereinbart werden. Sofern nicht etwas anderes schriftlich vereinbart ist, gilt ab durchschnittlichem Schwierigkeitsgrad ein Zuschlag von 20 vom Hundert als vereinbart.

(2) § 24 Abs. 2 gilt sinngemäß.

Teil X: Leistungen für Thermische Bauphysik

§ 77 Anwendungsbereich

(1) Leistungen für Thermische Bauphysik (Wärme- und Kondensatfeuchteschutz) werden erbracht, um thermodynamische Einflüsse und deren Wirkungen auf Gebäude und Ingenieurbauwerke sowie auf Menschen, Tiere und Pflanzen und auf die Raumhygiene zu erfassen und zu begrenzen.

(2) Zu den Leistungen für Thermische Bauphysik rechnen insbesondere:
1. Entwurf, Bemessung und Nachweis des Wärmeschutzes nach der Wärmeschutzverordnung und nach den bauordnungsrechtlichen Vorschriften,
2. Leistungen zum Begrenzen der Wärmeverluste und Kühllasten,
3. Leistungen zum Ermitteln der wirtschaftlich optimalen Wärmedämm-Maßnahmen, insbesondere durch Minimieren der Bau- und Nutzungskosten,
4. Leistungen zum Planen von Maßnahmen für den sommerlichen Wärmeschutz in besonderen Fällen,
5. Leistungen zum Begrenzen der dampfdiffusionsbedingten Wasserdampfkondensation auf und in den Konstruktionsquerschnitten,
6. Leistungen zum Begrenzen von thermisch bedingten Einwirkungen auf Bauteile durch Wärmeströme,
7. Leistungen zum Regulieren des Feuchte- und Wärmehaushaltes von belüfteten Fassaden- und Dachkonstruktionen.

(3) Bei den Leistungen nach Absatz 2 Nr. 2 bis 7 können zusätzlich bauphysikalische Messungen an Bauteilen und Baustoffen, zum Beispiel Temperatur- und Feuchtemessungen, Messungen zur Bestimmung der Sorptionsfähigkeit, Bestimmungen des Wärmedurchgangskoeffizienten am Bau oder der Luftgeschwindigkeit in Luftschichten anfallen.

§ 78 Wärmeschutz

(1) Leistungen für den Wärmeschutz nach § 77 Abs. 2 Nr. 1 umfassen folgende Leistungen:

	Bewertung in v. H. der Honorare
1. Erarbeiten des Planungskonzepts für den Wärmeschutz	20
2. Erarbeiten des Entwurfs einschließlich der überschlägigen Bemessung für den Wärmeschutz und Durcharbeiten konstruktiver Details der Wärmeschutzmaßnahmen	40
3. Aufstellen des prüffähigen Nachweises des Wärmeschutzes	25
4. Abstimmen des geplanten Wärmeschutzes mit der Ausführungsplanung und der Vergabe	15
5. Mitwirken bei der Ausführungsüberwachung	–

Honorartafel zu § 78 Abs. 3

Anrechenbare Kosten Euro	Zone I		Zone II		Zone III		Zone IV		Zone V	
	von Euro	bis Euro	von Euro	bis Euro	von Euro	bis Euro	von Euro	bis Euro	von Euro	bis Euro
255 646	542	624	624	736	736	900	900	1 012	1 012	1 094
500 000	698	829	829	1 010	1 010	1 271	1 271	1 452	1 452	1 583
2 500 000	1 894	2 196	2 196	2 594	2 594	3 193	3 193	3 590	3 590	3 892
5 000 000	2 851	3 305	3 305	3 909	3 909	4 815	4 815	5 420	5 420	5 873
25 000 000	11 808	13 124	13 124	14 881	14 881	17 516	17 516	19 273	19 273	20 589
25 564 594	12 061	13 401	13 401	15 190	15 190	17 875	17 875	19 664	19 664	21 004

(2) Das Honorar für die Leistungen nach Absatz 1 richtet sich nach den anrechenbaren Kosten des Gebäudes nach § 10, der Honorarzone, der das Gebäude nach den §§ 11 und 12 zuzurechnen ist, und nach der Honorartafel in Absatz 3.

(3) Die Mindest- und Höchstsätze der Honorare für die in Absatz 1 aufgeführten Leistungen für den Wärmeschutz sind in der Honorartafel [siehe Seite 121] festgesetzt.

(4) § 5 Abs. 1 und 2, § 16 Abs. 2 und 3 sowie § 22 gelten sinngemäß.

§ 79 Sonstige Leistungen für Thermische Bauphysik

Für Leistungen nach § 77 Abs. 2 Nr. 2 bis 7 und Abs. 3 kann ein Honorar frei vereinbart werden; dabei kann bei den Leistungen nach § 77 Abs. 2 Nr. 2 bis 7 der § 78 Abs. 1 sinngemäß angewandt werden. Wird ein Honorar nicht bei Auftragserteilung schriftlich vereinbart, so ist das Honorar als Zeithonorar nach § 6 zu berechnen.

Teil XI: Leistungen für Schallschutz und Raumakustik

§ 80 Schallschutz

(1) Leistungen für Schallschutz werden erbracht, um
1. in Gebäuden und Innenräumen einen angemessenen Luft- und Trittschallschutz, Schutz gegen von außen eindringende Geräusche und gegen Geräusche von Anlagen der Technischen Ausrüstung nach § 68 und anderen technischen Anlagen und Einrichtungen zu erreichen (baulicher Schallschutz),
2. die Umgebung geräuscherzeugender Anlagen gegen schädliche Umwelteinwirkungen durch Lärm zu schützen (Schallimmissionsschutz).

(2) Zu den Leistungen für baulichen Schallschutz rechnen insbesondere:
1. Leistungen zur Planung und zum Nachweis der Erfüllung von Schallschutzanforderungen, soweit objektbezogene schalltechnische Berechnungen oder Untersuchungen erforderlich werden (Bauakustik),
2. schalltechnische Messungen, zum Beispiel zur Bestimmung von Luft- und Trittschalldämmung, der Geräusche von Anlagen der Technischen Ausrüstung und von Außengeräuschen.

(3) Zu den Leistungen für den Schallimmissionsschutz rechnen insbesondere:
1. schalltechnische Bestandsaufnahme,
2. Festlegen der schalltechnischen Anforderungen,
3. Entwerfen der Schallschutzmaßnahmen,
4. Mitwirken bei der Ausführungsplanung,
5. Abschlußmessungen.

§ 81 Bauakustik

(1) Leistungen für Bauakustik nach § 80 Abs. 2 Nr. 1 umfassen folgende Leistungen:

	Bewertung in v. H. der Honorare
1. Erarbeiten des Planungskonzepts Festlegen der Schallschutzanforderungen	10
2. Erarbeiten des Entwurfs einschließlich Aufstellen der Nachweise des Schallschutzes	35
3. Mitwirken bei der Ausführungsplanung	30
4. Mitwirken bei der Vorbereitung der Vergabe und bei der Vergabe	5
5. Mitwirken bei der Überwachung schalltechnisch wichtiger Ausführungsarbeiten	20

(2) Das Honorar für die Leistungen nach Absatz 1 richtet sich nach den anrechenbaren Kosten nach den Absätzen 3 bis 5, der Honorarzone, der das Objekt nach § 82 zuzurechnen ist, und nach der Honorartafel in § 83.

(3) Anrechenbare Kosten sind die Kosten für Baukonstruktionen, Installationen, zentrale Betriebstechnik und betriebliche Einbauten (DIN 276, Kostengruppen 3.1 bis 3.4).

(4) § 10 Abs. 2, 3 und 3 a gilt sinngemäß.

(5) Die Vertragsparteien können vereinbaren, daß die Kosten für besondere Bauausführungen (DIN 276, Kostengruppe 3.5) ganz oder teilweise zu den anrechenbaren Kosten gehören, wenn hierdurch dem Auftragnehmer ein erhöhter Arbeitsaufwand entsteht.

(6) Werden nicht sämtliche Leistungen nach Absatz 1 übertragen, so gilt § 5 Abs. 1 und 2 sinngemäß.

(7) § 22 gilt sinngemäß.

§ 82 Honorarzonen für Leistungen bei der Bauakustik

(1) Die Honorarzone wird bei der Bauakustik aufgrund folgender Bewertungsmerkmale ermittelt:

1. Honorarzone I:

   Objekte mit geringen Planungsanforderungen an die Bauakustik, insbesondere

   – Wohnhäuser, Heime, Schulen, Verwaltungsgebäude und Banken mit jeweils durchschnittlicher Technischer Ausrüstung und entsprechendem Ausbau;

2. Honorarzone II:
Objekte mit durchschnittlichen Planungsanforderungen an die Bauakustik, insbesondere
– Heime, Schulen, Verwaltungsgebäude mit jeweils überdurchschnittlicher Technischer Ausrüstung und entsprechendem Ausbau,
– Wohnhäuser mit versetzten Grundrissen,
– Wohnhäuser mit Außenlärmbelastungen,
– Hotels, soweit nicht in Honorarzone III erwähnt,
– Universitäten und Hochschulen,
– Krankenhäuser, soweit nicht in Honorarzone III erwähnt,
– Gebäude für Erholung, Kur und Genesung,
– Versammlungsstätten, soweit nicht in Honorarzone III erwähnt,
– Werkstätten mit schutzbedürftigen Räumen;
3. Honorarzone III:
Objekte mit überdurchschnittlichen Planungsanforderungen an die Bauakustik, insbesondere
– Hotels mit umfangreichen gastronomischen Einrichtungen,
– Gebäude mit gewerblicher und Wohnnutzung,
– Krankenhäuser in bauakustisch besonders ungünstigen Lagen oder mit ungünstiger Anordnung der Versorgungseinrichtungen,
– Theater-, Konzert- und Kongreßgebäude,
– Tonstudios und akustische Meßräume.
(2) § 63 Abs. 2 gilt sinngemäß.

§ 83 Honorartafel für Leistungen bei der Bauakustik

(1) Die Mindest- und Höchstsätze der Honorare für die in § 81 aufgeführten Leistungen für Bauakustik sind in der nachfolgenden Honorartafel [siehe Seite 125] festgesetzt.

(2) § 16 Abs. 2 und 3 gilt sinngemäß.

§ 84 Sonstige Leistungen für Schallschutz

Für Leistungen nach § 80 Abs. 2, soweit sie nicht in § 81 erfaßt sind, sowie für Leistungen nach § 80 Abs. 3 kann ein Honorar frei vereinbart werden. Wird ein Honorar nicht bei Auftragserteilung schriftlich vereinbart, so ist es als Zeithonorar nach § 6 zu berechnen.

§ 85 Raumakustik

(1) Leistungen für Raumakustik werden erbracht, um Räume mit besonderen Anforderungen an die Raumakustik durch Mitwirkung bei Formgebung, Materialauswahl und Ausstattung ihrem Verwendungszweck akustisch anzupassen.

(2) Zu den Leistungen für Raumakustik rechnen insbesondere:
1. raumakustische Planung und Überwachung,
2. akustische Messungen,
3. Modelluntersuchungen,
4. Beraten bei der Planung elektroakustischer Anlagen.

Honorartafel zu § 83 Abs. 1

Anrechen-bare Kosten Euro	Zone I		Zone II		Zone III	
	von Euro	bis Euro	von Euro	bis Euro	von Euro	bis Euro
255 646	1 605	1 841	1 841	2 117	2 117	2 439
300 000	1 765	2 027	2 027	2 334	2 334	2 692
350 000	1 941	2 228	2 228	2 566	2 566	2 959
400 000	2 112	2 420	2 420	2 792	2 792	3 216
450 000	2 278	2 610	2 610	3 009	3 009	3 463
500 000	2 427	2 784	2 784	3 212	3 212	3 704
750 000	3 147	3 610	3 610	4 164	4 164	4 799
1 000 000	3 792	4 347	4 347	5 011	5 011	5 777
1 500 000	4 939	5 663	5 663	6 534	6 534	7 531
2 000 000	5 967	6 843	6 843	7 895	7 895	9 099
2 500 000	6 914	7 931	7 931	9 150	9 150	10 549
3 000 000	7 801	8 949	8 949	10 319	10 319	11 896
3 500 000	8 637	9 907	9 907	11 427	11 427	13 170
4 000 000	9 438	10 823	10 823	12 485	12 485	14 389
4 500 000	10 204	11 705	11 705	13 498	13 498	15 558
5 000 000	10 940	12 548	12 548	14 475	14 475	16 686
7 500 000	14 309	16 412	16 412	18 929	18 929	21 818
10 000 000	17 328	19 876	19 876	22 921	22 921	26 425
15 000 000	22 688	26 025	26 025	30 015	30 015	34 600
20 000 000	27 482	31 524	31 524	36 357	36 357	41 915
25 000 000	31 891	36 579	36 579	42 188	42 188	48 633
25 564 594	32 385	37 145	37 145	42 841	42 841	49 386

§ 86 Raumakustische Planung und Überwachung

(1) Die raumakustische Planung und Überwachung nach § 85 Abs. 2 Nr. 1 umfaßt folgende Leistungen:

	Bewertung in v. H. der Honorare
1. Erarbeiten des raumakustischen Planungskonzepts, Festlegen der raumakustischen Anforderungen	20
2. Erarbeiten des raumakustischen Entwurfs	35
3. Mitwirken bei der Ausführungsplanung	25
4. Mitwirken bei der Vorbereitung der Vergabe und bei der Vergabe	5
5. Mitwirken bei der Überwachung raumakustisch wichtiger Ausführungsarbeiten	15

(2) Das Honorar für jeden Innenraum, für den Leistungen nach Absatz 1 erbracht werden, richtet sich nach den anrechenbaren Kosten nach den Absätzen 3 bis 5, der Honorarzone, der der Innenraum nach den §§ 87 und 88 zuzurechnen ist, sowie nach der Honorartafel in § 89. § 22 bleibt unberührt.

(3) Anrechenbare Kosten sind die Kosten für Baukonstruktionen (DIN 276, Kostengruppe 3.1), geteilt durch den Bruttorauminhalt des Gebäudes und multipliziert mit dem Rauminhalt des betreffenden Innenraumes, sowie die Kosten für betriebliche Einbauten, Möbel und Textilien (DIN 276, Kostengruppen 3.4, 4.2 und 4.3) des betreffenden Innenraumes.

(4) § 10 Abs. 2, 3 und 3 a gilt sinngemäß.

(5) Werden bei Innenräumen nicht sämtliche Leistungen nach Absatz 1 übertragen, so gilt § 5 Abs. 1 und 2 sinngemäß.

(6) Das Honorar für Leistungen nach Absatz 1 bei Freiräumen kann frei vereinbart werden. Wird ein Honorar nicht bei Auftragserteilung schriftlich vereinbart, so ist das Honorar als Zeithonorar nach § 6 zu berechnen.

§ 87 Honorarzonen für Leistungen bei der raumakustischen Planung und Überwachung

(1) Innenräume werden bei der raumakustischen Planung und Überwachung nach den in Absatz 2 genannten Bewertungsmerkmalen folgenden Honorarzonen zugerechnet:
1. Honorarzone I: Innenräume mit sehr geringen Planungsanforderungen;
2. Honorarzone II: Innenräume mit geringen Planungsanforderungen;
3. Honorarzone III: Innenräume mit durchschnittlichen Planungsanforderungen;
4. Honorarzone IV: Innenräume mit überdurchschnittlichen Planungsanforderungen;
5. Honorarzone V: Innenräume mit sehr hohen Planungsanforderungen.

(2) Bewertungsmerkmale sind:
1. Anforderungen an die Einhaltung der Nachhallzeit,
2. Einhalten eines bestimmten Frequenzganges der Nachhallzeit,
3. Anforderungen an die räumliche und zeitliche Schallverteilung,
4. akustische Nutzungsart des Innenraums,
5. Veränderbarkeit der akustischen Eigenschaften des Innenraums.

(3) § 63 Abs. 2 gilt sinngemäß.

§ 88 Objektliste für raumakustische Planung und Überwachung

Nachstehende Innenräume werden bei der raumakustischen Planung und Überwachung nach Maßgabe der in § 87 genannten Merkmale in der Regel folgenden Honorarzonen zugerechnet:
1. Honorarzone I: Pausenhallen, Spielhallen, Liege- und Wandelhallen;
2. Honorarzone II: Unterrichts-, Vortrags- und Sitzungsräume bis 500 m³, nicht teilbare Sporthallen, Filmtheater und Kirchen bis 1000 m³, Großraumbüros;

3. Honorarzone III: Unterrichts-, Vortrags- und Sitzungsräume über 500 bis 1500 m^3, Filmtheater und Kirchen über 1000 bis 3000 m^3, teilbare Turn- und Sporthallen bis 3000 m^3;
4. Honorarzone IV: Unterrichts-, Vortrags- und Sitzungsräume über 1500 m^3, Mehrzweckhallen bis 3000 m^3, Filmtheater und Kirchen über 3000 m^3;
5. Honorarzone V: Konzertsäle, Theater, Opernhäuser, Mehrzweckhallen über 3000 m^3, Tonaufnahmeräume, Innenräume mit veränderlichen akustischen Eigenschaften, akustische Meßräume.

§ 89 Honorartafel für Leistungen bei der raumakustischen Planung und Überwachung

(1) Die Mindest- und Höchstsätze der Honorare für die in § 86 aufgeführten Leistungen für raumakustische Planung und Überwachung bei Innenräumen sind in der nachfolgenden Honorartafel [siehe Seite 128] festgesetzt.

(2) § 16 Abs. 2 und 3 gilt sinngemäß.

§ 90 Sonstige Leistungen für Raumakustik

Für Leistungen nach § 85 Abs. 2, soweit sie nicht in § 86 erfaßt sind, kann ein Honorar frei vereinbart werden. Wird ein Honorar nicht bei Auftragserteilung schriftlich vereinbart, so ist das Honorar als Zeithonorar nach § 6 zu berechnen.

Teil XII: Leistungen für Bodenmechanik, Erd- und Grundbau

§ 91 Anwendungsbereich

(1) Leistungen für Bodenmechanik, Erd- und Grundbau werden erbracht, um die Wechselwirkung zwischen Baugrund und Bauwerk sowie seiner Umgebung zu erfassen und die für die Berechnungen erforderlichen Bodenkennwerte festzulegen.

(2) Zu den Leistungen für Bodenmechanik, Erd- und Grundbau rechnen insbesondere:
1. Baugrundbeurteilung und Gründungsberatung für Flächen- und Pfahlgründungen als Grundlage für die Bemessung der Gründung durch den Tragwerksplaner, soweit diese Leistungen nicht durch Anwendung von Tabellen oder anderen Angaben, zum Beispiel in den bauordnungsrechtlichen Vorschriften, erbracht werden können,
2. Ausschreiben und Überwachen der Aufschlußarbeiten,
3. Durchführen von Labor- und Feldversuchen,
4. Beraten bei der Sicherung von Nachbarbauwerken,

Honorartafel zu § 89 Abs. 1

Anrechen- bare Kosten Euro	Zone I von Euro	Zone I bis Euro	Zone II von Euro	Zone II bis Euro	Zone III von Euro	Zone III bis Euro	Zone IV von Euro	Zone IV bis Euro	Zone V von Euro	Zone V bis Euro
51 129	1 084	1 411	1 411	1 738	1 738	2 061	2 061	2 388	2 388	2 715
100 000	1 245	1 621	1 621	1 993	1 993	2 368	2 368	2 740	2 740	3 116
150 000	1 405	1 827	1 827	2 248	2 248	2 664	2 664	3 085	3 085	3 507
200 000	1 556	2 022	2 022	2 493	2 493	2 959	2 959	3 430	3 430	3 897
250 000	1 706	2 217	2 217	2 734	2 734	3 245	3 245	3 762	3 762	4 273
300 000	1 861	2 417	2 417	2 974	2 974	3 530	3 530	4 087	4 087	4 644
350 000	1 998	2 600	2 600	3 201	3 201	3 802	3 802	4 404	4 404	5 005
400 000	2 142	2 784	2 784	3 426	3 426	4 072	4 072	4 714	4 714	5 356
450 000	2 287	2 969	2 969	3 655	3 655	4 338	4 338	5 024	5 024	5 706
500 000	2 420	3 146	3 146	3 873	3 873	4 603	4 603	5 330	5 330	6 056
750 000	3 094	4 021	4 021	4 943	4 943	5 871	5 871	6 793	6 793	7 721
1 000 000	3 731	4 849	4 849	5 967	5 967	7 089	7 089	8 207	8 207	9 325
1 500 000	4 958	6 442	6 442	7 926	7 926	9 414	9 414	10 898	10 898	12 381
2 000 000	6 132	7 971	7 971	9 806	9 806	11 646	11 646	13 480	13 480	15 319
2 500 000	7 270	9 451	9 451	11 631	11 631	13 812	13 812	15 992	15 992	18 172
3 000 000	8 387	10 904	10 904	13 420	13 420	15 932	15 932	18 448	18 448	20 964
3 500 000	9 485	12 328	12 328	15 175	15 175	18 016	18 016	20 863	20 863	23 706
4 000 000	10 568	13 735	13 735	16 904	16 904	20 075	20 075	23 244	23 244	26 411
4 500 000	11 635	15 124	15 124	18 612	18 612	22 106	22 106	25 594	25 594	29 083
5 000 000	12 692	16 501	16 501	20 305	20 305	24 115	24 115	27 919	27 919	31 728
7 500 000	17 858	23 213	23 213	28 569	28 569	33 925	33 925	39 281	39 281	44 636
7 669 378	18 207	23 668	23 668	29 128	29 128	34 589	34 589	40 049	40 049	45 510

5. Aufstellen von Setzungs-, Grundbruch- und anderen erdstatischen Berechnungen, soweit diese Leistungen nicht in den Leistungen nach Nummer 1 oder in den Grundleistungen nach §§ 55 oder 64 erfaßt sind,
6. Untersuchungen zur Berücksichtigung dynamischer Beanspruchungen bei der Bemessung des Bauwerks oder seiner Gründung,
7. Beraten bei Baumaßnahmen im Fels,
8. Abnahme von Gründungssohlen und Aushubsohlen,
9. allgemeine Beurteilung der Tragfähigkeit des Baugrundes und der Gründungsmöglichkeiten, die sich nicht auf ein bestimmtes Gebäude oder Ingenieurbauwerk bezieht.

§ 92 Baugrundbeurteilung und Gründungsberatung

(1) Die Baugrundbeurteilung und Gründungsberatung nach § 91 Abs. 2 Nr. 1 umfaßt folgende Leistungen für Gebäude und Ingenieurbauwerke:

	Bewertung in v. H. der Honorare
1. Klären der Aufgabenstellung, Ermitteln der Baugrundverhältnisse aufgrund der vorhandenen Unterlagen, Festlegen und Darstellen der erforderlichen Baugrunderkundungen	15
2. Auswerten und Darstellen der Baugrunderkundungen sowie der Labor- und Feldversuche; Abschätzen des Schwankungsbereiches von Wasserständen im Boden; Baugrundbeurteilung; Festlegen der Bodenkennwerte	35
3. Vorschlag für die Gründung mit Angabe der zulässigen Bodenpressungen in Abhängigkeit von den Fundamentabmessungen, gegebenenfalls mit Angaben zur Bemessung der Pfahlgründung; Angabe der zu erwartenden Setzungen für die vom Tragwerksplaner im Rahmen der Entwurfsplanung nach § 64 zu erbringenden Grundleistungen; Hinweise zur Herstellung und Trockenhaltung der Baugrube und des Bauwerks sowie zur Auswirkung der Baumaßnahme auf Nachbarbauwerke	50

(2) Das Honorar für die Leistungen nach Absatz 1 richtet sich nach den anrechenbaren Kosten nach § 62 Abs. 3 bis 8, der Honorarzone, der die Gründung nach § 93 zuzurechnen ist, und nach der Honorartafel in § 94.

(3) Die anrechenbaren Kosten sind zu ermitteln nach der Kostenberechnung oder, wenn die Vertragsparteien dies bei Auftragserteilung schriftlich vereinbaren, nach einer anderen Kostenermittlungsart.

(4) Werden nicht sämtliche Leistungen nach Absatz 1 übertragen, so gilt § 5 Abs. 1 und 2 sinngemäß.

(5) Das Honorar für Ingenieurbauwerke mit großer Längenausdehnung (Linienbauwerke) kann frei vereinbart werden. Wird ein Honorar nicht bei Auftragserteilung schriftlich vereinbart, so ist das Honorar als Zeithonorar nach § 6 zu berechnen.

(6) § 66 Abs. 1, 2, 5 und 6 gilt sinngemäß.

§ 93 Honorarzonen für Leistungen bei der Baugrundbeurteilung und Gründungsberatung

(1) Die Honorarzone wird bei der Baugrundbeurteilung und Gründungsberatung aufgrund folgender Bewertungsmerkmale ermittelt:
1. Honorarzone I:
Gründungen mit sehr geringem Schwierigkeitsgrad, insbesondere
– gering setzungsempfindliche Bauwerke mit einheitlicher Gründungsart bei annähernd regelmäßigem Schichtenaufbau des Untergrundes mit einheitlicher Tragfähigkeit (Scherfestigkeit) und Setzungsfähigkeit innerhalb der Baufläche;
2. Honorarzone II:
Gründungen mit geringem Schwierigkeitsgrad, insbesondere
– setzungsempfindliche Bauwerke sowie gering setzungsempfindliche Bauwerke mit bereichsweise unterschiedlicher Gründungsart oder bereichsweise stark unterschiedlichen Lasten bei annähernd regelmäßigem Schichtenaufbau des Untergrundes mit einheitlicher Tragfähigkeit und Setzungsfähigkeit innerhalb der Baufläche,
– gering setzungsempfindliche Bauwerke mit einheitlicher Gründungsart bei unregelmäßigem Schichtenaufbau des Untergrundes mit unterschiedlicher Tragfähigkeit und Setzungsfähigkeit innerhalb der Baufläche;
3. Honorarzone III:
Gründungen mit durchschnittlichem Schwierigkeitsgrad, insbesondere
– stark setzungsempfindliche Bauwerke bei annähernd regelmäßigem Schichtenaufbau des Untergrundes mit einheitlicher Tragfähigkeit und Setzungsfähigkeit innerhalb der Baufläche,
– setzungsempfindliche Bauwerke sowie gering setzungsempfindliche Bauwerke mit bereichsweise unterschiedlicher Gründungsart oder bereichsweise stark unterschiedlichen Lasten bei unregelmäßigem Schichtenaufbau des Untergrundes mit unterschiedlicher Tragfähigkeit und Setzungsfähigkeit innerhalb der Baufläche,
– gering setzungsempfindliche Bauwerke mit einheitlicher Gründungsart bei unregelmäßigem Schichtenaufbau des Untergrundes mit stark unterschiedlicher Tragfähigkeit und Setzungsfähigkeit innerhalb der Baufläche;
4. Honorarzone IV:
Gründungen mit überdurchschnittlichem Schwierigkeitsgrad, insbesondere

– stark setzungsempfindliche Bauwerke bei unregelmäßigem Schichtenaufbau des Untergrundes mit unterschiedlicher Tragfähigkeit und Setzungsfähigkeit innerhalb der Baufläche,

– setzungsempfindliche Bauwerke sowie gering setzungsempfindliche Bauwerke mit bereichsweise unterschiedlicher Gründungsart oder bereichsweise stark unterschiedlichen Lasten bei unregelmäßigem Schichtenaufbau des Untergrundes mit stark unterschiedlicher Tragfähigkeit und Setzungsfähigkeit innerhalb der Baufläche;

5. Honorarzone V:

Gründungen mit sehr hohem Schwierigkeitsgrad, insbesondere

– stark setzungsempfindliche Bauwerke bei unregelmäßigem Schichtenaufbau des Untergrundes mit stark unterschiedlicher Tragfähigkeit und Setzungsfähigkeit innerhalb der Baufläche.

(2) § 63 Abs. 2 gilt sinngemäß.

§ 94 Honorartafel für Leistungen bei der Baugrundbeurteilung und Gründungsberatung

(1) Die Mindest- und Höchstsätze der Honorare für die in § 92 aufgeführten Leistungen für die Baugrundbeurteilung und Gründungsberatung sind in der nachfolgenden Honorartafel [siehe Seite 132] festgesetzt.

(2) § 16 Abs. 2 und 3 gilt sinngemäß.

§ 95 Sonstige Leistungen für Bodenmechanik, Erd- und Grundbau

Für Leistungen nach § 91 Abs. 2, soweit sie nicht in § 92 erfaßt sind, kann ein Honorar frei vereinbart werden. Wird ein Honorar nicht bei Auftragserteilung schriftlich vereinbart, so ist das Honorar als Zeithonorar nach § 6 zu berechnen.

Teil XIII: Vermessungstechnische Leistungen

§ 96 Anwendungsbereich

(1) Vermessungstechnische Leistungen sind das Erfassen ortsbezogener Daten über Bauwerke und Anlagen, Grundstücke und Topographie, das Erstellen von Plänen, das Übertragen von Planungen in die Örtlichkeit sowie das vermessungstechnische Überwachen der Bauausführung, soweit die Leistungen mit besonderen instrumentellen und vermessungstechnischen Verfahrensanforderungen erbracht werden müssen. Ausgenommen von Satz 1 sind Leistungen, die nach landesrechtlichen Vorschriften für Zwecke der Landesvermessung und des Liegenschaftskatasters durchgeführt werden.

(2) Zu den vermessungstechnischen Leistungen rechnen:

1. Entwurfsvermessung für die Planung und den Entwurf von Gebäuden, Ingenieurbauwerken und Verkehrsanlagen,

Honorartafel zu § 94 Abs. 1

Anrechenbare Kosten	Zone I		Zone II		Zone III		Zone IV		Zone V	
Euro	von Euro	bis Euro	von Euro	bis Euro	von Euro	bis Euro	von Euro	bis Euro	von Euro	bis Euro
51 129	476	859	859	1 237	1 237	1 621	1 621	1 999	1 999	2 383
75 000	585	1 036	1 036	1 481	1 481	1 931	1 931	2 376	2 376	2 827
100 000	682	1 188	1 188	1 694	1 694	2 196	2 196	2 701	2 701	3 208
150 000	838	1 440	1 440	2 037	2 037	2 639	2 639	3 236	3 236	3 838
200 000	979	1 658	1 658	2 336	2 336	3 009	3 009	3 687	3 687	4 365
250 000	1 097	1 841	1 841	2 585	2 585	3 333	3 333	4 078	4 078	4 822
300 000	1 212	2 016	2 016	2 821	2 821	3 622	3 622	4 427	4 427	5 232
350 000	1 314	2 170	2 170	3 026	3 026	3 886	3 886	4 742	4 742	5 598
400 000	1 409	2 316	2 316	3 222	3 222	4 125	4 125	5 031	5 031	5 937
450 000	1 496	2 448	2 448	3 400	3 400	4 351	4 351	5 303	5 303	6 256
500 000	1 581	2 574	2 574	3 571	3 571	4 564	4 564	5 562	5 562	6 555
750 000	1 954	3 132	3 132	4 312	4 312	5 486	5 486	6 665	6 665	7 843
1 000 000	2 282	3 608	3 608	4 935	4 935	6 261	6 261	7 587	7 587	8 914
1 500 000	2 817	4 386	4 386	5 955	5 955	7 528	7 528	9 097	9 097	10 666
2 000 000	3 282	5 049	5 049	6 820	6 820	8 587	8 587	10 359	10 359	12 126
2 500 000	3 687	5 626	5 626	7 566	7 566	9 510	9 510	11 449	11 449	13 388
3 000 000	4 056	6 148	6 148	8 239	8 239	10 331	10 331	12 422	12 422	14 513
3 500 000	4 400	6 628	6 628	8 856	8 856	11 085	11 085	13 313	13 313	15 541
4 000 000	4 719	7 073	7 073	9 424	9 424	11 779	11 779	14 130	14 130	16 485
4 500 000	5 017	7 489	7 489	9 960	9 960	12 427	12 427	14 898	14 898	17 370
5 000 000	5 304	7 887	7 887	10 466	10 466	13 047	13 047	15 626	15 626	18 209
7 500 000	6 567	9 609	9 609	12 651	12 651	15 693	15 693	18 734	18 734	21 776
10 000 000	7 640	11 063	11 063	14 485	14 485	17 907	17 907	21 330	21 330	24 752
15 000 000	9 450	13 484	13 484	17 518	17 518	21 552	21 552	25 586	25 586	29 620
20 000 000	10 998	15 530	15 530	20 061	20 061	24 598	24 598	29 130	29 130	33 661
25 000 000	12 369	17 327	17 327	22 289	22 289	27 248	27 248	32 211	32 211	37 169
25 564 594	12 522	17 527	17 527	22 538	22 538	27 543	27 543	32 554	32 554	37 560

2. Bauvermessung für den Bau und die abschließende Bestandsdokumentation von Gebäuden, Ingenieurbauwerken und Verkehrsanlagen,
3. Vermessung an Objekten außerhalb der Entwurfs- und Bauphase, Leistungen für nicht objektgebundene Vermessungen, Fernerkundung und geographisch-geometrische Datenbasen sowie andere sonstige vermessungstechnische Leistungen.

§ 97 Grundlagen des Honorars bei der Entwurfsvermessung

(1) Das Honorar für Grundleistungen bei der Entwurfsvermessung richtet sich nach den anrechenbaren Kosten des Objekts, nach der Honorarzone, der die Entwurfsvermessung angehört, sowie nach der Honorartafel in § 99.

(2) Anrechenbare Kosten sind unter Zugrundelegung der Kostenermittlungsarten nach DIN 276 nach der Kostenberechnung zu ermitteln, solange diese nicht vorliegt oder wenn die Vertragsparteien dies bei Auftragserteilung schriftlich vereinbaren, nach der Kostenschätzung.

(3) Anrechenbare Kosten sind die Herstellungskosten des Objekts. Sie sind zu ermitteln:
1. bei Gebäuden nach § 10 Abs. 3, 4 und 5,
2. bei Ingenieurbauwerken nach § 52 Abs. 6 bis 8 und sinngemäß nach § 10 Abs. 4,
3. bei Verkehrsanlagen nach § 52 Abs. 4 bis 8 und sinngemäß nach § 10 Abs. 4.

(4) Anrechenbar sind bei Gebäuden und Ingenieurbauwerken nur folgende Vomhundertsätze der nach Absatz 3 ermittelten anrechenbaren Kosten, die wie folgt gestaffelt aufzusummieren sind:

1. bis zu 511 292 Euro	40 v. H.,
2. über 511 292 bis zu 1 022 584 Euro	35 v. H.,
3. über 1 022 584 bis zu 2 556 459 Euro	30 v. H.,
4. über 2 556 459 Euro	25 v. H.

(5) Die Absätze 1 bis 4 sowie die §§ 97 a und 97 b gelten nicht für vermessungstechnische Leistungen bei ober- und unterirdischen Leitungen, innerörtlichen Verkehrsanlagen mit überwiegend innerörtlichem Verkehr – ausgenommen Wasserstraßen –, Geh- und Radwegen sowie Gleis- und Bahnsteiganlagen. Das Honorar für die in Satz 1 genannten Objekte kann frei vereinbart werden. Wird ein Honorar nicht bei Auftragserteilung schriftlich vereinbart, so ist das Honorar als Zeithonorar nach § 6 zu berechnen.

(6) § 21 gilt sinngemäß.

(7) Umfaßt ein Auftrag Vermessungen für mehrere Objekte, so sind die Honorare für die Vermessung jedes Objekts getrennt zu berechnen. § 23 Abs. 2 gilt sinngemäß.

§ 97 a Honorarzonen für Leistungen bei der Entwurfsvermessung

(1) Die Honorarzone wird bei der Entwurfsvermessung aufgrund folgender Bewertungsmerkmale ermittelt:
1. Honorarzone I:
Vermessungen mit sehr geringen Anforderungen, das heißt mit

- sehr hoher Qualität der vorhandenen Kartenunterlagen,
- sehr geringen Anforderungen an die Genauigkeit,
- sehr hoher Qualität des vorhandenen Lage- und Höhenfestpunktfeldes,
- sehr geringen Beeinträchtigungen durch die Geländebeschaffenheit und bei der Begehbarkeit,
- sehr geringer Behinderung durch Bebauung und Bewuchs,
- sehr geringer Behinderung durch Verkehr,
- sehr geringer Topographiedichte;

2. Honorarzone II:
   Vermessungen mit geringen Anforderungen, das heißt mit
   - guter Qualität der vorhandenen Kartenunterlagen,
   - geringen Anforderungen an die Genauigkeit,
   - guter Qualität des vorhandenen Lage- und Höhenfestpunktfeldes,
   - geringen Beeinträchtigungen durch die Geländebeschaffenheit und bei der Begehbarkeit,
   - geringer Behinderung durch Bebauung und Bewuchs,
   - geringer Behinderung durch Verkehr,
   - geringer Topographiedichte;

3. Honorarzone III:
   Vermessungen mit durchschnittlichen Anforderungen, das heißt mit
   - befriedigender Qualität der vorhandenen Kartenunterlagen,
   - durchschnittlichen Anforderungen an die Genauigkeit,
   - befriedigender Qualität des vorhandenen Lage- und Höhenfestpunktfeldes,
   - durchschnittlichen Beeinträchtigungen durch die Geländebeschaffenheit und bei der Begehbarkeit,
   - durchschnittlicher Behinderung durch Bebauung und Bewuchs,
   - durchschnittlicher Behinderung durch Verkehr,
   - durchschnittlicher Topographiedichte;

4. Honorarzone IV:
   Vermessungen mit überdurchschnittlichen Anforderungen, das heißt mit
   - kaum ausreichender Qualität der vorhandenen Kartenunterlagen,
   - überdurchschnittlichen Anforderungen an die Genauigkeit,
   - kaum ausreichender Qualität des vorhandenen Lage- und Höhenfestpunktfeldes,
   - überdurchschnittlichen Beeinträchtigungen durch die Geländebeschaffenheit und bei der Begehbarkeit,
   - überdurchschnittlicher Behinderung durch Bebauung und Bewuchs,
   - überdurchschnittlicher Behinderung durch Verkehr,
   - überdurchschnittlicher Topographiedichte;

5. Honorarzone V:
   Vermessungen mit sehr hohen Anforderungen, das heißt mit
   - mangelhafter Qualität der vorhandenen Kartenunterlagen,
   - sehr hohen Anforderungen an die Genauigkeit,
   - mangelhafter Qualität des vorhandenen Lage- und Höhenfestpunktfeldes,
   - sehr hohen Beeinträchtigungen durch die Geländebeschaffenheit und bei der Begehbarkeit,

- sehr hoher Behinderung durch Bebauung und Bewuchs,
- sehr hoher Behinderung durch Verkehr,
- sehr hoher Topographiedichte.

(2) Sind für eine Entwurfsvermessung Bewertungsmerkmale aus mehreren Honorarzonen anwendbar und bestehen deswegen Zweifel, welcher Honorarzone die Vermessung zugerechnet werden kann, so ist die Anzahl der Bewertungspunkte nach Absatz 3 zu ermitteln. Die Vermessung ist nach der Summe der Bewertungspunkte folgenden Honorarzonen zuzurechnen:

1. Honorarzone I:
   Vermessungen mit bis zu 14 Punkten,
2. Honorarzone II:
   Vermessungen mit 15 bis 25 Punkten,
3. Honorarzone III:
   Vermessungen mit 26 bis 37 Punkten,
4. Honorarzone IV:
   Vermessungen mit 38 bis 48 Punkten,
5. Honorarzone V:
   Vermessungen mit 49 bis 60 Punkten.

(3) Bei der Zurechnung einer Entwurfsvermessung in die Honorarzonen sind entsprechend dem Schwierigkeitsgrad der Anforderungen an die Vermessung die Bewertungsmerkmale Qualität der vorhandenen Kartenunterlagen, Anforderungen an die Genauigkeit und Qualität des vorhandenen Lage- und Höhenfestpunktfeldes mit je bis zu 5 Punkten, die Bewertungsmerkmale Beeinträchtigungen durch die Geländebeschaffenheit und bei der Begehbarkeit, Behinderung durch Bebauung und Bewuchs sowie Behinderung durch Verkehr mit je bis zu 10 Punkten und das Bewertungsmerkmal Topographiedichte mit bis zu 15 Punkten zu bewerten.

§ 97 b Leistungsbild Entwurfsvermessung

(1) Das Leistungsbild Entwurfsvermessung umfaßt die terrestrischen und photogrammetrischen Vermessungsleistungen für die Planung und den Entwurf von Gebäuden, Ingenieurbauwerken und Verkehrsanlagen. Die Grundleistungen sind in den in Absatz 2 aufgeführten Leistungsphasen 1 bis 6 zusammengefaßt. Sie sind in der nachfolgenden Tabelle in Vomhundertsätzen der Honorare des § 99 bewertet.

	Bewertung der Grundleistungen in v. H. der Honorare
1. Grundlagenermittlung	3
2. Geodätisches Festpunktfeld	15
3. Vermessungstechnische Lage- und Höhenpläne	52
4. Absteckungsunterlagen	15
5. Absteckung für Entwurf	5
6. Geländeschnitte	10

(2) Das Leistungsbild setzt sich wie folgt zusammen:

Grundleistungen	Besondere Leistungen

1. Grundlagenermittlung

Einholen von Informationen und Beschaffen von Unterlagen über die Örtlichkeit und das geplante Objekt
Beschaffen vermessungstechnischer Unterlagen
Ortsbesichtigung
Ermitteln des Leistungsumfangs in Abhängigkeit von den Genauigkeitsanforderungen und dem Schwierigkeitsgrad

Schriftliches Einholen von Genehmigungen zum Betreten von Grundstücken, zum Befahren von Gewässern und für anordnungsbedürftige Verkehrssicherungsmaßnahmen

2. Geodätisches Festpunktfeld

Erkunden und Vermarken von Lage- und Höhenpunkten
Erstellen von Punktbeschreibungen und Einmessungsskizzen
Messungen zum Bestimmen der Fest- und Paßpunkte
Auswerten der Messungen und Erstellen des Koordinaten- und Höhenverzeichnisses

Netzanalyse und Meßprogramm für Grundnetze hoher Genauigkeit
Vermarken bei besonderen Anforderungen
Bau von Festpunkten und Signalen

3. Vermessungstechnische Lage- und Höhenpläne

Topographisch/Morphologische Geländeaufnahme (terrestrisch/photogrammetrisch) einschließlich Erfassen von Zwangspunkten
Auswerten der Messungen/Luftbilder
Erstellen von Plänen mit Darstellen der Situation im Planungsbereich einschließlich der Einarbeitung der Katasterinformation
Darstellen der Höhen in Punkt-, Raster- oder Schichtlinienform
Erstellen eines digitalen Geländemodells
Graphisches Übernehmen von Kanälen, Leitungen, Kabeln und unterirdischen Bauwerken aus vorhandenen Unterlagen
Eintragen der bestehenden öffentlich-rechtlichen Festsetzungen
Liefern aller Meßdaten in digitaler Form

Orten und Aufmessen des unterirdischen Bestandes
Vermessungsarbeiten unter Tage, unter Wasser oder bei Nacht
Maßnahmen für umfangreiche anordnungsbedürftige Verkehrssicherung
Detailliertes Aufnehmen bestehender Objekte und Anlagen außerhalb normaler topographischer Aufnahmen, wie zum Beispiel Fassaden und Innenräume von Gebäuden
Eintragen von Eigentümerangaben
Darstellen in verschiedenen Maßstäben
Aufnahmen über den Planungsbereich hinaus
Ausarbeiten der Lagepläne entsprechend der rechtlichen Bedingungen für behördliche Genehmigungsverfahren
Erfassen von Baumkronen

4. Absteckungsunterlagen

Berechnen der Detailgeometrie anhand des Entwurfes und Erstellen von Absteckungsunterlagen

Durchführen von Optimierungsberechnungen im Rahmen der Baugeometrie (Flächennutzung, Abstandflächen, Fahrbahndecken)

5. Absteckung für den Entwurf

Übertragen der Leitlinie linienhafter Objekte in die Örtlichkeit
Übertragen der Projektgeometrie in die Örtlichkeit für Erörterungsverfahren

6. Geländeschnitte

Ermitteln und Darstellen von Längs- und Querprofilen aus terrestrischen/photogrammetrischen Aufnahmen

§ 98 Grundlagen des Honorars bei der Bauvermessung

(1) Das Honorar für Grundleistungen bei der Bauvermessung richtet sich nach den anrechenbaren Kosten des Objekts, nach der Honorarzone, der die Bauvermessung angehört, sowie nach der Honorartafel in § 99.

(2) Anrechenbare Kosten sind unter Zugrundelegung der Kostenermittlungsarten nach DIN 276 nach der Kostenfeststellung zu ermitteln, solange diese nicht vorliegt oder wenn die Vertragsparteien dies bei Auftragserteilung schriftlich vereinbaren, nach der Kostenberechnung.

(3) Anrechenbar sind bei Ingenieurbauwerken 100 vom Hundert, bei Gebäuden und Verkehrsanlagen 80 vom Hundert der nach § 97 Abs. 3 ermittelten Kosten.

(4) Die Absätze 1 bis 3 sowie die §§ 98a und 98b gelten nicht für vermessungstechnische Leistungen bei ober- und unterirdischen Leitungen, Tunnel-, Stollen- und Kavernenbauwerken, innerörtlichen Verkehrsanlagen mit überwiegend innerörtlichem Verkehr – ausgenommen Wasserstraßen –, Geh- und Radwegen sowie Gleis- und Bahnsteiganlagen. Das Honorar für die in Satz 1 genannten Objekte kann frei vereinbart werden. Wird ein Honorar nicht bei Auftragserteilung schriftlich vereinbart, so ist das Honorar als Zeithonorar nach § 6 zu berechnen.

(5) Die §§ 21 und 97 Abs. 3 und 7 gelten sinngemäß.

§ 98 a Honorarzonen für Leistungen bei der Bauvermessung

(1) Die Honorarzone wird bei der Bauvermessung aufgrund folgender Bewertungsmerkmale ermittelt:
1. Honorarzone I:
Vermessungen mit sehr geringen Anforderungen, das heißt mit
– sehr geringen Beeinträchtigungen durch die Geländebeschaffenheit und bei der Begehbarkeit,
– sehr geringen Behinderungen durch Bebauung und Bewuchs,
– sehr geringer Behinderung durch den Verkehr,
– sehr geringen Anforderungen an die Genauigkeit,

- sehr geringen Anforderungen durch die Geometrie des Objekts,
- sehr geringer Behinderung durch den Baubetrieb;

2. Honorarzone II:
Vermessungen mit geringen Anforderungen, das heißt mit
- geringen Beeinträchtigungen durch die Geländebeschaffenheit und bei der Begehbarkeit,
- geringen Behinderungen durch Bebauung und Bewuchs,
- geringer Behinderung durch den Verkehr,
- geringen Anforderungen an die Genauigkeit,
- geringen Anforderungen durch die Geometrie des Objekts,
- geringer Behinderung durch den Baubetrieb;

3. Honorarzone III:
Vermessungen mit durchschnittlichen Anforderungen, das heißt mit
- durchschnittlichen Beeinträchtigungen durch die Geländebeschaffenheit und bei der Begehbarkeit,
- durchschnittlichen Behinderungen durch Bebauung und Bewuchs,
- durchschnittlicher Behinderung durch den Verkehr,
- durchschnittlichen Anforderungen an die Genauigkeit,
- durchschnittlichen Anforderungen durch die Geometrie des Objekts,
- durchschnittlicher Behinderung durch den Baubetrieb;

4. Honorarzone IV:
Vermessungen mit überdurchschnittlichen Anforderungen, das heißt mit
- überdurchschnittlichen Beeinträchtigungen durch die Geländebeschaffenheit und bei der Begehbarkeit,
- überdurchschnittlichen Behinderungen durch Bebauung und Bewuchs,
- überdurchschnittlicher Behinderung durch den Verkehr,
- überdurchschnittlichen Anforderungen an die Genauigkeit,
- überdurchschnittlichen Anforderungen durch die Geometrie des Objekts,
- überdurchschnittlicher Behinderung durch den Baubetrieb;

5. Honorarzone V:
Vermessungen mit sehr hohen Anforderungen, das heißt mit
- sehr hohen Beeinträchtigungen durch die Geländebeschaffenheit und bei der Begehbarkeit,
- sehr hohen Behinderungen durch Bebauung und Bewuchs,
- sehr hoher Behinderung durch den Verkehr,
- sehr hohen Anforderungen an die Genauigkeit,
- sehr hohen Anforderungen durch die Geometrie des Objekts,
- sehr hoher Behinderung durch den Baubetrieb.

(2) § 97 a Abs. 2 gilt sinngemäß.

(3) Bei der Zurechnung einer Bauvermessung in die Honorarzonen ist entsprechend dem Schwierigkeitsgrad der Anforderungen an die Vermessung das Bewertungsmerkmal Beeinträchtigungen durch die Geländebeschaffenheit und bei der Begehbarkeit mit bis zu 5 Punkten, die Bewertungsmerkmale Behinderungen durch Bebauung und Bewuchs, Behinderung durch den Verkehr, Anforderungen an die Genauigkeit sowie Anforderungen durch die Geometrie des Objekts mit je bis zu 10 Punkten und das Bewertungsmerkmal Behinderung durch den Baubetrieb mit bis zu 15 Punkten zu bewerten.

§ 98 b Leistungsbild Bauvermessung

(1) Das Leistungsbild Bauvermessung umfaßt die terrestrischen und photogrammetrischen Vermessungsleistungen für den Bau und die abschließende Bestandsdokumentation von Gebäuden, Ingenieurbauwerken und Verkehrsanlagen. Die Grundleistungen sind in den in Absatz 2 aufgeführten Leistungsphasen 1 bis 4 zusammengefaßt. Sie sind in der nachfolgenden Tabelle in Vomhundertsätzen der Honorare des § 99 bewertet.

	Bewertung der Grundleistungen in v. H. der Honorare
1. Baugeometrische Beratung	2
2. Absteckung für die Bauausführung	14
3. Bauausführungsvermessung	66
4. Vermessungstechnische Überwachung der Bauausführung	18

(2) Das Leistungsbild setzt sich wie folgt zusammen:

Grundleistungen	Besondere Leistungen

1. Baugeometrische Beratung

Grundleistungen	Besondere Leistungen
Beraten bei der Planung insbesondere im Hinblick auf die erforderlichen Genauigkeiten Erstellen eines konzeptionellen Meßprogramms Festlegen eines für alle Beteiligten verbindlichen Maß-, Bezugs- und Benennungssystems Erstellen von Meßprogrammen für Bewegungs- und Deformationsmessungen, einschließlich Vorgaben für die Baustelleneinrichtung	Erstellen von vermessungstechnischen Leistungsbeschreibungen Erarbeiten von Organisationsvorschlägen über Zuständigkeiten, Verantwortlichkeit und Schnittstellen der Objektvermessung

2. Absteckung für Bauausführung

Grundleistungen	Besondere Leistungen
Übertragen der Projektgeometrie (Hauptpunkte) in die Örtlichkeit Übergabe der Lage- und Höhenfestpunkte, der Hauptpunkte und der Absteckungsunterlagen an das bauausführende Unternehmen	

3. Bauausführungsvermessung

Grundleistungen	Besondere Leistungen
Messungen zur Verdichtung des Lage- und Höhenfestpunktfeldes Messungen zur Überprüfung und Sicherung von Fest- und Achspunkten	Absteckung unter Berücksichtigung von belastungs- und fertigungstechnischen Verformungen Prüfen der Meßgenauigkeit von Fertigteilen

Grundleistungen	Besondere Leistungen
Baubegleitende Absteckungen der geometriebestimmenden Bauwerkspunkte nach Lage und Höhe Messungen zur Erfassung von Bewegungen und Deformationen des zu erstellenden Objekts an konstruktiv bedeutsamen Punkten (bei Wasserstraßen keine Grundleistung) Stichprobenartige Eigenüberwachungsmessungen Fortlaufende Bestandserfassung während der Bauausführung als Grundlage für den Bestandsplan	Aufmaß von Bauleistungen, soweit besondere vermessungstechnische Leistungen gegeben sind Herstellen von Bestandsplänen Ausgabe von Baustellenbestandsplänen während der Bauausführung · Fortführen der vermessungstechnischen Bestandspläne nach Abschluß der Grundleistung

4. Vermessungstechnische Überwachung der Bauausführung

Grundleistungen	Besondere Leistungen
Kontrollieren der Bauausführung durch stichprobenartige Messungen an Schalungen und entstehenden Bauteilen Fertigen von Meßprotokollen Stichprobenartige Bewegungs- und Deformationsmessungen an konstruktiv bedeutsamen Punkten des zu erstellenden Objekts	Prüfen der Mengenermittlungen Einrichten eines geometrischen Objektinformationssystems Planen und Durchführen von langfristigen vermessungstechnischen Objektüberwachungen im Rahmen der Ausführungskontrolle baulicher Maßnahmen Vermessungen für die Abnahme von Bauleistungen, soweit besondere vermessungstechnische Anforderungen gegeben sind

(3) Die Leistungsphase 3 ist abweichend von Absatz 1 bei Gebäuden mit 45 bis 66 vom Hundert zu bewerten.

§ 99 Honorartafel für Grundleistungen bei der Vermessung

(1) Die Mindest- und Höchstsätze der Honorare für die in den §§ 97 b und 98 b aufgeführten Grundleistungen sind in der nachfolgenden Honorartafel [siehe Seite 141] festgesetzt.

(2) § 16 Abs. 2 und 3 gilt sinngemäß

§ 100 Sonstige vermessungstechnische Leistungen

(1) Zu den sonstigen vermessungstechnischen Leistungen rechnen:
1. Vermessungen an Objekten außerhalb der Entwurfs- oder Bauphase,
2. nicht objektgebundene Flächenvermessungen, die die Herstellung von Lage- und Höhenplänen zum Ziel haben und nicht unmittelbar mit der Realisierung eines Objekts in Verbindung stehen, sowie Vermessungslei-

Honorartafel zu § 99 Abs. 1

Anrechenbare Kosten Euro	Zone I von Euro	Zone I bis Euro	Zone II von Euro	Zone II bis Euro	Zone III von Euro	Zone III bis Euro	Zone IV von Euro	Zone IV bis Euro	Zone V von Euro	Zone V bis Euro
51 129	2 045	2 403	2 403	2 761	2 761	3 119	3 119	3 477	3 477	3 835
100 000	3 023	3 478	3 478	3 934	3 934	4 390	4 390	4 845	4 845	5 301
150 000	3 927	4 483	4 483	5 038	5 038	5 594	5 594	6 150	6 150	6 705
200 000	4 687	5 296	5 296	5 952	5 952	6 561	6 561	7 217	7 217	7 826
250 000	5 346	6 051	6 051	6 761	6 761	7 465	7 465	8 176	8 176	8 880
300 000	5 952	6 712	6 712	7 472	7 472	8 232	8 232	8 993	8 993	9 753
350 000	6 552	7 362	7 362	8 215	8 215	9 026	9 026	9 879	9 879	10 689
400 000	7 152	8 054	8 054	8 923	8 923	9 826	9 826	10 695	10 695	11 597
450 000	7 752	8 713	8 713	9 664	9 664	10 585	10 585	11 536	11 536	12 497
500 000	8 352	9 363	9 363	10 375	10 375	11 375	11 375	12 386	12 386	13 397
750 000	10 302	11 515	11 515	12 729	12 729	13 942	13 942	15 156	15 156	16 369
1 000 000	12 295	13 615	13 615	15 029	15 029	16 442	16 442	17 856	17 856	19 269
1 500 000	16 104	17 815	17 815	19 629	19 629	21 442	21 442	23 256	23 256	25 069
2 000 000	19 904	22 015	22 015	24 229	24 229	26 442	26 442	28 656	28 656	30 869
2 500 000	23 704	26 215	26 215	28 829	28 829	31 442	31 442	34 056	34 056	36 669
3 000 000	27 504	30 415	30 415	33 429	33 429	36 442	36 442	39 456	39 456	42 469
3 500 000	31 304	34 615	34 615	38 029	38 029	41 442	41 442	44 856	44 856	48 269
4 000 000	35 104	38 815	38 815	42 629	42 629	46 442	46 442	50 256	50 256	54 069
4 500 000	38 904	43 015	43 015	47 229	47 229	51 442	51 442	55 656	55 656	59 869
5 000 000	42 704	47 215	47 215	51 829	51 829	56 442	56 442	61 056	61 056	65 669
7 500 000	61 704	68 215	68 215	74 829	74 829	81 442	81 442	88 056	88 056	94 669
10 000 000	80 611	89 215	89 215	97 829	97 829	106 442	106 442	115 056	115 056	123 669
10 225 838	82 318	91 112	91 112	99 906	99 906	108 701	108 701	117 495	117 495	126 289

stungen für Freianlagen und im Zusammenhang mit städtebaulichen oder landschaftsplanerischen Leistungen,

3. Fernerkundungen, die das Aufnehmen, Auswerten und Interpretieren von Luftbildern und anderer raumbezogener Daten umfassen, die durch Aufzeichnung über eine große Distanz erfaßt sind, als Grundlage insbesondere für Zwecke der Raumordnung und des Umweltschutzes,

4. vermessungstechnische Leistungen zum Aufbau von geographisch-geometrischen Datenbasen für raumbezogene Informationssysteme,

5. Leistungen nach § 96, soweit sie nicht in den §§ 97 b und 98 b erfaßt sind.

(2) Für sonstige vermessungstechnische Leistungen kann ein Honorar frei vereinbart werden. Wird ein Honorar nicht bei Auftragserteilung schriftlich vereinbart, so ist das Honorar als Zeithonorar nach § 6 zu berechnen.

Teil XIV: Schluß- und Überleitungsvorschriften

§ 101 (Aufhebung von Vorschriften)

§ 102 Berlin-Klausel

(gegenstandslos)

§ 103 Inkrafttreten und Überleitungsvorschriften

(1) Diese Verordnung tritt am 1. Januar 1977 in Kraft. Sie gilt nicht für Leistungen von Auftragnehmern zur Erfüllung von Verträgen, die vor ihrem Inkrafttreten abgeschlossen worden sind; insoweit bleiben die bisherigen Vorschriften anwendbar.

(2) Die Vertragsparteien können vereinbaren, daß die Leistungen zur Erfüllung von Verträgen, die vor dem Inkrafttreten dieser Verordnung abgeschlossen worden sind, nach dieser Verordnung abgerechnet werden, soweit sie bis zum Tage des Inkrafttretens noch nicht erbracht worden sind.

(3) Absatz 1 Satz 2 und Absatz 2 gelten entsprechend für die Anwendbarkeit der am 1. Januar 1985 in Kraft tretenden Änderungen dieser Verordnung auf vor diesem Zeitpunkt abgeschlossene Verträge.

(4) Absatz 1 Satz 2 und Absatz 2 gelten entsprechend für die Anwendbarkeit der am 1. April 1988 in Kraft tretenden Änderungen dieser Verordnung auf vor diesem Zeitpunkt abgeschlossene Verträge.

(5) Absatz 1 Satz 2 und Absatz 2 gelten entsprechend für die Anwendbarkeit der am 1. Januar 1991 in Kraft tretenden Änderungen dieser Verordnung auf vor diesem Zeitpunkt abgeschlossene Verträge.

(6) Absatz 1 Satz 2 und Absatz 2 gelten entsprechend für die Anwendbarkeit der am 1. Januar 1996 in Kraft tretenden Änderungen dieser Verordnung auf vor diesem Zeitpunkt abgeschlossene Verträge.

HOAI-Honorartafeln

Erweiterte Honorartafeln der §§ 16, 17, 34, 38, 41, 45b, 46a, 47a, 48b, 49d, 56 (1), 56 (2), 65, 74, 78, 83, 89, 94 und 99

bearbeitet von
R. D. Seiler, St. Augustin (†)

neu bearbeitet von
Dipl.-Ing. Werner Seifert, Würzburg

Erweiterte Honorartafeln der HOAI

1 Die Verordnung über die Honorare für Leistungen der Architekten und der Ingenieure (HOAI) vom 17. September 1976 (BGBl. I, S. 2805) und die hierzu ergangene „Erste Verordnung zur Änderung der Honorarordnung für Architekten und Ingenieure" vom 17. Juli 1984 (BGBl. I, S. 948), die „Dritte Verordnung zur Änderung der Honorarordnung für Architekten und Ingenieure" vom 17. März 1988 (BGBl. I, S. 359), der „Vierten Verordnung zur Änderung der Honorarordnung für Architekten und Ingenieure" vom 13. Dezember 1990 (BGBl. I, S. 2707), der „Fünften Verordnung zur Änderung der Honorarordnung für Architekten und Ingenieure" vom 21. September 1995 (BGBl. I, S. 1174) sowie dem Neunten Euro-Einführungsgesetz haben die aufgrund ihrer sonstigen Bestimmungen verbindlich vorgeschriebenen Honorarsätze für bestimmte Leistungen in 19 verschiedenen Honorartafeln festgelegt. Diese Tafeln sind verhältnismäßig kurz; sie umfassen zwischen 5 und 36 Zeilen. Man hat sich auf die Honorarsätze für bestimmte „Eckwerte", für runde, zum Teil weit auseinanderliegende Meßgrößen („Anrechenbare Kosten", „Werte", „Verrechnungseinheiten") beschränkt. Um aber den praktischen Anforderungen zu genügen, ist – nun deutlicher durch die Erste Änderungs-VO – für alle 19 Honorartafeln in § 5a festgelegt, daß „die zulässigen Mindest- und Höchstsätze für Zwischenstufen . . . durch lineare Interpolation zu ermitteln" sind.

2 Um Auftraggebern und Auftragnehmern Zeit und Kosten zu ersparen, haben wir eine vertikale Erweiterung sämtlicher Honorartafeln vorgenommen. Es wurden die in der HOAI enthaltenen Intervalle in einer an der Praxis orientierten Weise weiter unterteilt. Generell ist zu sagen, daß durch die Berechnung sinnvoll erscheinender Zwischenwerte die Tafeln auf etwa das Zehnfache ihrer ursprünglichen Länge gebracht wurden. Damit sollte es für eine erhebliche Zahl konkreter Projekte möglich sein, die gültigen Honorarsätze unmittelbar den Tabellen zu entnehmen.

2.1 Die Honorarsätze für jeden weiteren Zwischenwert sind durch § 5a eindeutig bestimmt. Ihr Abstand zum ablesbaren nächstniedrigeren und nächsthöheren Honorarbetrag muß gleich sein dem Abstand der „Anrechenbaren Kosten" des in Frage stehenden Projekts zu den in der entsprechenden Tafel zu findenden nächstniedrigeren als auch den nächsthöheren Kosten.*) Zur einfachen und sicheren Errechnung solcher Zwischenstufen finden sich in den einschlägigen Veröffentlichungen und Kommentaren zum Teil unterschiedlich aufgebaute Gleichungen, die aber alle zum gleichen Ergebnis führen.

2.2 Die Ermittlung jedes nicht aus den erweiterten Honorartafeln unmittelbar zu entnehmenden Honorars kann anhand der Gleichung

---

*) Statt der „Anrechenbaren Kosten" gelten im Falle des § 34 der „Wert", der §§ 38 und 46a die „Ansätze VE", der §§ 41, 45b, 47a, 48b und 49d die „Fläche ha".

$$a' = b' + \frac{(a-b) \cdot (c'-b')}{c-b}$$

vorgenommen werden.

Dabei bedeuten:*)

a   tatsächliche anrechenbare Kosten
a' tatsächliches Honorar
b   nächstniedrige anrechenbare Kosten
b' nächstniedriges Honorar
c   nächsthöhere anrechenbare Kosten
c' nächsthöheres Honorar

Diese Gleichung läßt sich auch auf die Spalten „Viertelsatz", „Mittelsatz" und „Dreiviertelsatz" anwenden (vgl. dazu Ziff. 3.2).

Beispiel: Sind für ein Projekt nach § 16 615 000,– € anrechenbare Kosten festgestellt bzw. anzusetzen und ist hierfür der Von-Satz der Honorarzone III ermittelt worden, ergibt sich als Honorar *a'* durch Einsetzen der Beträge

b'	nächstniedriges Honorar	51 233 €
a	tatsächliche anrechenbare Kosten	615 000 €
b	nächstniedrige anrechenbare Kosten	600 000 €
c'	nächsthöheres Honorar	54 728 €
c	nächsthöhere anrechenbare Kosten	650 000 €

in vorstehende Gleichung:

$$a' = 51\ 233\ € + \frac{(615\ 000\ € - 600\ 000\ €) \cdot (54\ 728\ € - 51\ 233\ €)}{650\ 000\ € - 600\ 000\ €}$$

$$= 51\ 233\ € + \frac{15\ 000\ € \cdot 3\ 495\ €}{50\ 000\ €}$$

$$= 51\ 233\ € + \frac{3 \cdot 3\ 495\ €}{10}$$

$$= 51\ 233\ € + 1\ 048,50\ €$$

$$a' = 52\ 281,50\ €$$

3 Für die Einordnung des Honorars innerhalb der „Von-Bis"-Sätze der jeweiligen Zone oder Stufe enthält die HOAI keine Hinweise. In der Amtlichen Begründung zu § 11 heißt es, daß die Anzahl der Bewertungspunkte, die über die Zuordnung eines Projektes zu den Honorarzonen entscheidet, „noch nicht ein Honorar innerhalb der Mindest- und Höchstsätze bestimmt". Sie sei „bei der Vereinbarung des Honorars lediglich ein Kriterium, das neben mehreren anderen bei der Höhe des Honorars berücksichtigt werden kann".

---

*)   Siehe Fußnote auf Seite 146.

3.1 Da die Verhältnisse des Einzelfalles sowie das Verhandlungsgeschick und die Marktsituation die über eine Einordnung des Honorarssatzes zwischen Mindest- und Höchstsatz entscheiden müssen die tatsächlichen Honorarsätze zwischen Auftraggeber und Auftragnehmer im Sinne von § 4 Abs. 1 schriftlich bei Auftragserteilung vereinbart werden. Keine der vertragschließenden Parteien dürfte dabei in der Lage sein zu belegen, um wieviel Prozent genau ihre Meinung nach der Mindestsatz überschritten werden dürfe oder müsse. In der Regel ist eine Einigung auf einen „runden" Prozentsatz naheliegend. Um solche Entscheidungen zu erleichtern und ihre finanzielle Auswirkung übersehbar zu machen, sind die Honorartafeln (mit Ausnahme derjenigen zu den §§ 34, 38, 46a und 47) gleichzeitig „horizontal" erweitert worden. Für jede der 5 bzw. 3 Zonen wurde die Spanne zwischen Mindest- und Höchstsatz in einen „Viertelsatz" (25%), einen „Mittelsatz" (50%) und einen „Dreiviertelsatz" (75%) unterteilt. Kommt darüber eine schriftliche Vereinbarung nicht bei Auftragserteilung (also zum Leistungsbeginn) zu Stande, gelten lediglich die Mindestsätze als vereinbart (§ 4 Abs. 4).

3.2 Die in Ziffer 2.2 dargestellte Gleichung zur Berechnung des Honorars für Zwischenstufen ist auf jede Spalte der horizontal erweiterten Honorartafeln gleichermaßen anwendbar. Weicht jedoch der vereinbarte Prozentsatz, um den der jeweilige Von-Satz überschritten werden soll, von den hier durchgerechneten Sätzen ab, so empfiehlt es sich, wie folgt vorzugehen: Anhand der Gleichung wird das tatsächliche Honorar bei den gegebenen Kosten sowohl für den Von-Satz wie für den Bis-Satz berechnet. Von der Differenz zwischen beiden Beträgen wird der dem vereinbarten Prozentsatz entsprechende Teil dem berechneten Honorar nach dem Von-Satz zugeschlagen.

4 Für eine bessere Übersichtlichkeit wurden alle Honorartafeln mit der Bezeichnung des Leistungsbildes überschrieben und die Originalwerte der Verordnungstabellen fett hervorgehoben.

5 *In den Honorartafeln der HOAI sind die Honorarsätze auf Wunsch des Bundesrates einheitlich auf 4 Stellen gerundet. Da die von uns vorgenommenen vertikalen und horizontalen Erweiterungen primär als Rechenoperationen zu verstehen sind, wurden alle Zwischenwerte auf volle Euro abgerundet.*

Wir glauben, mit diesen „Erweiterten Honorartafeln" den Praktikern aber auch den Juristen eine zeit- und arbeitssparende Hilfe in die Hand zu geben. Weitere Anregungen und Hinweise nehmen wir gern entgegen.

Honorartafel zu § 16 Abs. 1 – Gebäude und raumbildende Ausbauten, Honorarzone I

Anrechen-bare Kosten Euro	Von-satz Euro	Viertel-satz Euro	Mittel-satz Euro	Drei-viertel-satz Euro	Bis-satz Euro
25.565	**1.984**	2.091	2.199	2.306	**2.413**
26.000	2.017	2.126	2.235	2.344	2.454
26.500	2.056	2.167	2.278	2.389	2.500
27.000	2.094	2.207	2.320	2.434	2.547
27.500	2.133	2.248	2.363	2.478	2.593
28.000	2.171	2.288	2.405	2.523	2.640
28.500	2.210	2.329	2.448	2.567	2.686
29.000	2.248	2.369	2.490	2.612	2.733
29.500	2.287	2.410	2.533	2.656	2.779
30.000	**2.325**	2.450	2.576	2.701	**2.826**
30.500	2.364	2.492	2.619	2.746	2.873
31.000	2.404	2.533	2.662	2.791	2.921
31.500	2.443	2.574	2.706	2.837	2.968
32.000	2.483	2.616	2.749	2.882	3.015
32.500	2.522	2.657	2.792	2.927	3.063
33.000	2.561	2.699	2.836	2.973	3.110
33.500	2.601	2.740	2.879	3.018	3.157
34.000	2.640	2.781	2.922	3.063	3.204
34.500	2.680	2.823	2.966	3.109	3.252
35.000	**2.719**	2.864	3.009	3.154	**3.299**
35.500	2.757	2.904	3.051	3.198	3.345
36.000	2.795	2.944	3.094	3.243	3.392
36.500	2.834	2.985	3.136	3.287	3.438
37.000	2.872	3.025	3.178	3.331	3.484
37.500	2.910	3.065	3.220	3.375	3.531
38.000	2.948	3.105	3.263	3.420	3.577
38.500	2.986	3.146	3.305	3.464	3.623
39.000	3.025	3.186	3.347	3.508	3.669
39.500	3.063	3.226	3.389	3.552	3.716
40.000	**3.101**	3.266	3.432	3.597	**3.762**
40.500	3.140	3.308	3.475	3.642	3.809
41.000	3.180	3.349	3.518	3.687	3.856
41.500	3.219	3.390	3.561	3.732	3.904
42.000	3.258	3.431	3.605	3.778	3.951
42.500	3.298	3.473	3.648	3.823	3.998
43.000	3.337	3.514	3.691	3.868	4.045
43.500	3.376	3.555	3.734	3.913	4.092
44.000	3.415	3.596	3.778	3.959	4.140
44.500	3.455	3.638	3.821	4.004	4.187
45.000	**3.494**	3.679	3.864	4.049	**4.234**
45.500	3.533	3.720	3.907	4.093	4.280
46.000	3.571	3.760	3.949	4.138	4.327
46.500	3.610	3.801	3.992	4.182	4.373
47.000	3.649	3.841	4.034	4.227	4.419
47.500	3.688	3.882	4.077	4.271	4.466
48.000	3.726	3.923	4.119	4.315	4.512
48.500	3.765	3.963	4.162	4.360	4.558
49.500	3.842	4.044	4.247	4.449	4.651

§ 16

Abs. 1

Zone I Honorartafel zu § 16 Abs. 1 – Gebäude und raumbildende Ausbauten, Honorarzone I

Anrechen-bare Kosten Euro	Von-satz Euro	Viertel-satz Euro	Mittel-satz Euro	Drei-viertel-satz Euro	Bis-satz Euro
50.000	**3.881**	4.085	4.289	4.493	**4.697**
55.000	4.268	4.490	4.712	4.933	5.155
60.000	4.656	4.895	5.135	5.374	5.613
65.000	5.043	5.300	5.557	5.814	6.071
70.000	5.431	5.705	5.980	6.255	6.529
75.000	5.818	6.110	6.403	6.695	6.988
80.000	6.205	6.515	6.826	7.136	7.446
85.000	6.593	6.921	7.248	7.576	7.904
90.000	6.980	7.326	7.671	8.016	8.362
95.000	7.368	7.731	8.094	8.457	8.820
100.000	**7.755**	8.136	8.517	8.897	**9.278**
105.000	8.143	8.539	8.934	9.330	9.726
110.000	8.531	8.942	9.352	9.763	10.173
115.000	8.919	9.344	9.770	10.195	10.621
120.000	9.307	9.747	10.188	10.628	11.068
125.000	9.695	10.150	10.605	11.060	11.516
130.000	10.083	10.553	11.023	11.493	11.963
135.000	10.471	10.956	11.441	11.926	12.411
140.000	10.859	11.359	11.859	12.358	12.858
145.000	11.247	11.762	12.276	12.791	13.306
150.000	**11.635**	12.165	12.694	13.224	**13.753**
155.000	12.023	12.564	13.106	13.648	14.189
160.000	12.410	12.964	13.518	14.072	14.625
165.000	12.798	13.364	13.930	14.496	15.062
170.000	13.185	13.763	14.341	14.920	15.498
175.000	13.573	14.163	14.753	15.344	15.934
180.000	13.960	14.563	15.165	15.768	16.370
185.000	14.348	14.962	15.577	16.192	16.806
190.000	14.735	15.362	15.989	16.616	17.243
195.000	15.123	15.762	16.401	17.040	17.679
200.000	**15.510**	16.161	16.813	17.464	**18.115**
205.000	15.898	16.559	17.220	17.881	18.542
210.000	16.285	16.956	17.627	18.298	18.969
215.000	16.673	17.353	18.034	18.715	19.396
220.000	17.060	17.751	18.441	19.132	19.823
225.000	17.448	18.148	18.849	19.549	20.250
230.000	17.835	18.545	19.256	19.966	20.676
235.000	18.223	18.943	19.663	20.383	21.103
240.000	18.610	19.340	20.070	20.800	21.530
245.000	18.998	19.737	20.477	21.217	21.957
250.000	**19.385**	20.135	20.885	21.634	**22.384**
255.000	19.695	20.457	21.219	21.982	22.744
260.000	20.005	20.780	21.554	22.329	23.104
265.000	20.315	21.102	21.889	22.676	23.464
270.000	20.625	21.424	22.224	23.024	23.824
275.000	20.935	21.747	22.559	23.371	24.184
280.000	21.244	22.069	22.894	23.719	24.543
285.000	21.554	22.392	23.229	24.066	24.903
290.000	21.864	22.714	23.564	24.413	25.263
295.000	22.174	23.036	23.899	24.761	25.623

Honorartafel zu § 16 Abs. 1 – Gebäude und raumbildende Ausbauten, Honorarzone I

Anrechenbare Kosten Euro	Vonsatz Euro	Viertelsatz Euro	Mittelsatz Euro	Dreiviertelsatz Euro	Bissatz Euro
300.000	22.484	23.359	24.234	25.108	25.983
305.000	22.742	23.631	24.520	25.409	26.298
310.000	22.999	23.903	24.806	25.709	26.613
315.000	23.257	24.174	25.092	26.010	26.927
320.000	23.514	24.446	25.378	26.310	27.242
325.000	23.772	24.718	25.665	26.611	27.557
330.000	24.030	24.990	25.951	26.911	27.872
335.000	24.287	25.262	26.237	27.212	28.187
340.000	24.545	25.534	26.523	27.512	28.501
345.000	24.802	25.806	26.809	27.813	28.816
350.000	25.060	26.078	27.096	28.113	29.131
355.000	25.281	26.313	27.346	28.378	29.410
360.000	25.502	26.549	27.596	28.643	29.689
365.000	25.724	26.785	27.846	28.907	29.968
370.000	25.945	27.020	28.096	29.172	30.247
375.000	26.166	27.256	28.346	29.436	30.527
380.000	26.387	27.492	28.596	29.701	30.806
385.000	26.608	27.727	28.847	29.966	31.085
390.000	26.830	27.963	29.097	30.230	31.364
395.000	27.051	28.199	29.347	30.495	31.643
400.000	27.272	28.435	29.597	30.760	31.922
405.000	27.459	28.636	29.814	30.991	32.168
410.000	27.646	28.838	30.030	31.222	32.414
415.000	27.834	29.040	30.247	31.453	32.660
420.000	28.021	29.242	30.463	31.685	32.906
425.000	28.208	29.444	30.680	31.916	33.152
430.000	28.395	29.646	30.897	32.147	33.398
435.000	28.582	29.848	31.113	32.379	33.644
440.000	28.770	30.050	31.330	32.610	33.890
445.000	28.957	30.252	31.546	32.841	34.136
450.000	29.144	30.454	31.763	33.073	34.382
455.000	29.297	30.621	31.945	33.269	34.593
460.000	29.449	30.788	32.126	33.465	34.803
465.000	29.602	30.955	32.308	33.661	35.014
470.000	29.755	31.122	32.490	33.857	35.224
475.000	29.908	31.289	32.671	34.053	35.435
480.000	30.060	31.457	32.853	34.249	35.646
485.000	30.213	31.624	33.035	34.445	35.856
490.000	30.366	31.791	33.216	34.642	36.067
495.000	30.518	31.958	33.398	34.838	36.277
500.000	30.671	32.125	33.580	35.034	36.488
550.000	33.133	34.698	36.263	37.828	39.393
600.000	35.595	37.271	38.946	40.622	42.297
650.000	38.058	39.844	41.630	43.416	45.202
700.000	40.520	42.417	44.313	46.210	48.107
750.000	42.982	44.989	46.997	49.004	51.012
800.000	45.444	47.562	49.680	51.798	53.916
850.000	47.906	50.135	52.364	54.592	56.821
900.000	50.369	52.708	55.047	57.386	59.726
950.000	52.831	55.281	57.731	60.180	62.630

Honorartafel zu § 16 Abs. 1 – Gebäude und raumbildende Ausbauten, Honorarzone I

Anrechen-bare Kosten Euro	Von-satz Euro	Viertel-satz Euro	Mittel-satz Euro	Drei-viertel-satz Euro	Bis-satz Euro
1.000.000	**55.293**	57.854	60.414	62.975	**65.535**
1.050.000	57.780	60.451	63.121	65.792	68.462
1.100.000	60.268	63.048	65.828	68.609	71.389
1.150.000	62.755	65.645	68.535	71.426	74.316
1.200.000	65.243	68.243	71.243	74.243	77.243
1.250.000	67.730	70.840	73.950	77.060	80.170
1.300.000	70.217	73.437	76.657	79.877	83.096
1.350.000	72.705	76.034	79.364	82.694	86.023
1.400.000	75.192	78.632	82.071	85.511	88.950
1.450.000	77.680	81.229	84.778	88.328	91.877
1.500.000	**80.167**	83.826	87.486	91.145	**94.804**
1.550.000	82.651	86.420	90.189	93.958	97.727
1.600.000	85.135	89.013	92.892	96.771	100.650
1.650.000	87.618	91.607	95.596	99.584	103.573
1.700.000	90.102	94.201	98.299	102.397	106.496
1.750.000	92.586	96.794	101.002	105.210	109.419
1.800.000	95.070	99.388	103.706	108.024	112.341
1.850.000	97.554	101.981	106.409	110.837	115.264
1.900.000	100.037	104.575	109.112	113.650	118.187
1.950.000	102.521	107.168	111.816	116.463	121.110
2.000.000	**105.005**	109.762	114.519	119.276	**124.033**
2.050.000	107.489	112.356	117.223	122.090	126.957
2.100.000	109.973	114.950	119.927	124.904	129.881
2.150.000	112.457	117.544	122.631	127.718	132.804
2.200.000	114.941	120.138	125.335	130.531	135.728
2.250.000	117.425	122.732	128.039	133.345	138.652
2.300.000	119.909	125.326	130.742	136.159	141.576
2.350.000	122.393	127.920	133.446	138.973	144.500
2.400.000	124.877	130.514	136.150	141.787	147.423
2.450.000	127.361	133.108	138.854	144.601	150.347
2.500.000	**129.845**	135.702	141.558	147.415	**153.271**
2.550.000	132.427	138.360	144.294	150.228	156.162
2.600.000	135.008	141.019	147.031	153.042	159.053
2.650.000	137.590	143.678	149.767	155.856	161.945
2.700.000	140.171	146.337	152.503	158.670	164.836
2.750.000	142.753	148.996	155.240	161.483	167.727
2.800.000	145.334	151.655	157.976	164.297	170.618
2.850.000	147.916	154.314	160.712	167.111	173.509
2.900.000	150.497	156.973	163.449	169.925	176.401
2.950.000	153.079	159.632	166.185	172.738	179.292
3.000.000	**155.660**	162.291	168.922	175.552	**182.183**
3.050.000	158.255	164.958	171.662	178.366	185.070
3.100.000	160.849	167.626	174.403	181.180	187.957
3.150.000	163.444	170.294	177.144	183.994	190.844
3.200.000	166.038	172.961	179.885	186.808	193.731
3.250.000	168.633	175.629	182.625	189.622	196.618
3.300.000	171.227	178.297	185.366	192.436	199.505
3.350.000	173.822	180.964	188.107	195.249	202.392
3.400.000	176.416	183.632	190.848	198.063	205.279
3.450.000	179.011	186.299	193.588	200.877	208.166

Honorartafel zu § 16 Abs. 1 – Gebäude und raumbildende Ausbauten, Honorarzone I

Anrechen-bare Kosten Euro	Von-satz Euro	Viertel-satz Euro	Mittel-satz Euro	Drei-viertel-satz Euro	Bis-satz Euro
3.500.000	**181.605**	188.967	196.329	203.691	**211.053**
3.550.000	184.200	191.635	199.070	206.505	213.940
3.600.000	186.794	194.302	201.811	209.319	216.828
3.650.000	189.389	196.970	204.552	212.134	219.715
3.700.000	191.983	199.638	207.293	214.948	222.603
3.750.000	194.578	202.306	210.034	217.762	225.490
3.800.000	197.172	204.973	212.775	220.576	228.377
3.850.000	199.767	207.641	215.516	223.390	231.265
3.900.000	202.361	210.309	218.257	226.204	234.152
3.950.000	204.956	212.977	220.998	229.019	237.040
4.000.000	**207.550**	215.644	223.739	231.833	**239.927**
4.050.000	210.144	218.312	226.479	234.647	242.814
4.100.000	212.738	220.979	229.220	237.460	245.701
4.150.000	215.332	223.646	231.960	240.274	248.588
4.200.000	217.926	226.314	234.701	243.088	251.475
4.250.000	220.521	228.981	237.442	245.902	254.363
4.300.000	223.115	231.648	240.182	248.716	257.250
4.350.000	225.709	234.316	242.923	251.530	260.137
4.400.000	228.303	236.983	245.663	254.344	263.024
4.450.000	230.897	239.650	248.404	257.157	265.911
4.500.000	**233.491**	242.318	251.145	259.971	**268.798**
4.550.000	236.085	244.985	253.885	262.785	271.685
4.600.000	238.680	247.653	256.626	265.600	274.573
4.650.000	241.274	250.321	259.367	268.414	277.460
4.700.000	243.869	252.988	262.108	271.228	280.348
4.750.000	246.463	255.656	264.849	274.042	283.235
4.800.000	249.057	258.324	267.590	276.856	286.122
4.850.000	251.652	260.991	270.331	279.670	289.010
4.900.000	254.246	263.659	273.072	282.484	291.897
4.950.000	256.841	266.327	275.813	285.299	294.785
5.000.000	**259.435**	268.994	278.554	288.113	**297.672**
5.500.000	285.379	295.756	306.133	316.510	326.887
6.000.000	311.322	322.517	333.712	344.907	356.102
6.500.000	337.266	349.278	361.291	373.304	385.317
7.000.000	363.209	376.040	388.871	401.702	414.532
7.500.000	389.153	402.801	416.450	430.099	443.748
8.000.000	415.096	429.563	444.029	458.496	472.963
8.500.000	441.040	456.324	471.609	486.893	502.178
9.000.000	466.983	483.085	499.188	515.290	531.393
9.500.000	492.927	509.847	526.767	543.688	560.608
10.000.000	**518.870**	536.608	554.347	572.085	**589.823**
10.500.000	544.814	563.246	581.679	600.112	618.545
11.000.000	570.757	589.884	609.012	628.139	647.267
11.500.000	596.701	616.522	636.344	656.166	675.988
12.000.000	622.644	643.161	663.677	684.194	704.710
12.500.000	648.588	669.799	691.010	712.221	733.432
13.000.000	674.531	696.437	718.342	740.248	762.154
13.500.000	700.475	723.075	745.675	768.275	790.876
14.000.000	726.418	749.713	773.008	796.303	819.597
14.500.000	752.362	776.351	800.340	824.330	848.319

Honorartafel zu § 16 Abs. 1– Gebäude und raumbildende Ausbauten, Honorarzone I

Anrechen-bare Kosten Euro	Von-satz Euro	Viertel-satz Euro	Mittel-satz Euro	Drei-viertel-satz Euro	Bis-satz Euro
15.000.000	**778.305**	802.989	827.673	852.357	**877.041**
15.500.000	804.249	829.499	854.749	880.000	905.250
16.000.000	830.192	856.009	881.826	907.642	933.459
16.500.000	856.136	882.519	908.902	935.285	961.668
17.000.000	882.079	909.029	935.978	962.928	989.877
17.500.000	908.023	935.538	963.054	990.570	1.018.086
18.000.000	933.966	962.048	990.131	1.018.213	1.046.295
18.500.000	959.910	988.558	1.017.207	1.045.855	1.074.504
19.000.000	985.853	1.015.068	1.044.283	1.073.498	1.102.713
19.500.000	1.011.797	1.041.578	1.071.359	1.101.141	1.130.922
20.000.000	**1.037.740**	1.068.088	1.098.436	1.128.783	**1.159.131**
20.500.000	1.063.684	1.094.619	1.125.554	1.156.489	1.187.424
21.000.000	1.089.627	1.121.150	1.152.672	1.184.195	1.215.717
21.500.000	1.115.571	1.147.680	1.179.790	1.211.900	1.244.010
22.000.000	1.141.514	1.174.211	1.206.909	1.239.606	1.272.303
22.500.000	1.167.458	1.200.742	1.234.027	1.267.312	1.300.597
23.000.000	1.193.401	1.227.273	1.261.145	1.295.017	1.328.890
23.500.000	1.219.345	1.253.804	1.288.264	1.322.723	1.357.183
24.000.000	1.245.288	1.280.335	1.315.382	1.350.429	1.385.476
24.500.000	1.271.232	1.306.866	1.342.500	1.378.135	1.413.769
25.000.000	**1.297.175**	1.333.397	1.369.619	1.405.840	**1.442.062**
25.500.000	1.323.118	1.359.931	1.396.743	1.433.555	1.470.367
25.564.594	**1.326.470**	1.363.359	1.400.247	1.437.136	**1.474.024**

Honorartafel zu § 16 Abs. 1 – Gebäude und raumbildende Ausbauten, Honorarzone II

Anrechen-bare Kosten Euro	Von-satz Euro	Viertel-satz Euro	Mittel-satz Euro	Drei-, viertel-satz Euro	Bis-satz Euro
25.565	**2.413**	2.558	2.702	2.847	**2.991**
26.000	2.454	2.600	2.747	2.894	3.041
26.500	2.500	2.649	2.799	2.948	3.098
27.000	2.547	2.699	2.851	3.003	3.155
27.500	2.593	2.748	2.902	3.057	3.212
28.000	2.640	2.797	2.954	3.112	3.269
28.500	2.686	2.846	3.006	3.166	3.326
29.000	2.733	2.895	3.058	3.220	3.383
29.500	2.779	2.945	3.110	3.275	3.440
30.000	**2.826**	2.994	3.162	3.329	**3.497**
30.500	2.873	3.044	3.214	3.384	3.555
31.000	2.921	3.094	3.267	3.440	3.613
31.500	2.968	3.144	3.319	3.495	3.670
32.000	3.015	3.193	3.372	3.550	3.728
32.500	3.063	3.243	3.424	3.605	3.786
33.000	3.110	3.293	3.477	3.660	3.844
33.500	3.157	3.343	3.529	3.715	3.902
34.000	3.204	3.393	3.582	3.771	3.959
34.500	3.252	3.443	3.634	3.826	4.017
35.000	**3.299**	3.493	3.687	3.881	**4.075**
35.500	3.345	3.542	3.739	3.935	4.132
36.000	3.392	3.591	3.791	3.990	4.189
36.500	3.438	3.640	3.842	4.044	4.247
37.000	3.484	3.689	3.894	4.099	4.304
37.500	3.531	3.738	3.946	4.153	4.361
38.000	3.577	3.787	3.998	4.208	4.418
38.500	3.623	3.836	4.049	4.262	4.475
39.000	3.669	3.885	4.101	4.317	4.533
39.500	3.716	3.934	4.153	4.371	4.590
40.000	**3.762**	3.983	4.205	4.426	**4.647**
40.500	3.809	4.033	4.257	4.481	4.704
41.000	3.856	4.083	4.309	4.535	4.762
41.500	3.904	4.133	4.361	4.590	4.819
42.000	3.951	4.182	4.414	4.645	4.877
42.500	3.998	4.232	4.466	4.700	4.934
43.000	4.045	4.282	4.518	4.755	4.991
43.500	4.092	4.332	4.571	4.810	5.049
44.000	4.140	4.381	4.623	4.865	5.106
44.500	4.187	4.431	4.675	4.919	5.164
45.000	**4.234**	4.481	4.728	4.974	**5.221**
45.500	4.280	4.529	4.779	5.028	5.277
46.000	4.327	4.578	4.830	5.081	5.333
46.500	4.373	4.627	4.881	5.135	5.389
47.000	4.419	4.676	4.932	5.188	5.445
47.500	4.466	4.724	4.983	5.242	5.501
48.000	4.512	4.773	5.034	5.295	5.556
48.500	4.558	4.822	5.085	5.349	5.612
49.000	4.604	4.870	5.136	5.402	5.668
49.500	4.651	4.919	5.187	5.456	5.724

Honorartafel zu § 16 Abs. 1 – Gebäude und raumbildende Ausbauten, Honorarzone II

Anrechen- bare Kosten Euro	Von- satz Euro	Viertel- satz Euro	Mittel- satz Euro	Drei-, viertel- satz Euro	Bis- satz Euro
50.000	**4.697**	4.968	5.239	5.509	**5.780**
55.000	5.155	5.450	5.744	6.039	6.333
60.000	5.613	5.931	6.250	6.568	6.886
65.000	6.071	6.413	6.755	7.097	7.439
70.000	6.529	6.895	7.261	7.627	7.992
75.000	6.988	7.377	7.767	8.156	8.546
80.000	7.446	7.859	8.272	8.685	9.099
85.000	7.904	8.341	8.778	9.215	9.652
90.000	8.362	8.823	9.283	9.744	10.205
95.000	8.820	9.304	9.789	10.273	10.758
100.000	**9.278**	9.786	10.295	10.803	**11.311**
105.000	9.726	10.254	10.782	11.310	11.838
110.000	10.173	10.721	11.269	11.817	12.364
115.000	10.621	11.188	11.756	12.323	12.891
120.000	11.068	11.655	12.243	12.830	13.418
125.000	11.516	12.123	12.730	13.337	13.945
130.000	11.963	12.590	13.217	13.844	14.471
135.000	12.411	13.057	13.704	14.351	14.998
140.000	12.858	13.525	14.191	14.858	15.525
145.000	13.306	13.992	14.678	15.365	16.051
150.000	**13.753**	14.459	15.166	15.872	**16.578**
155.000	14.189	14.912	15.634	16.356	17.079
160.000	14.625	15.364	16.103	16.841	17.580
165.000	15.062	15.816	16.571	17.326	18.080
170.000	15.498	16.269	17.040	17.810	18.581
175.000	15.934	16.721	17.508	18.295	19.082
180.000	16.370	17.173	17.977	18.780	19.583
185.000	16.806	17.626	18.445	19.264	20.084
190.000	17.243	18.078	18.914	19.749	20.584
195.000	17.679	18.530	19.382	20.234	21.085
200.000	**18.115**	18.983	19.851	20.718	**21.586**
205.000	18.542	19.423	20.304	21.185	22.065
210.000	18.969	19.863	20.757	21.651	22.545
215.000	19.396	20.303	21.210	22.117	23.024
220.000	19.823	20.743	21.663	22.583	23.504
225.000	20.250	21.183	22.116	23.050	23.983
230.000	20.676	21.623	22.569	23.516	24.462
235.000	21.103	22.063	23.023	23.982	24.942
240.000	21.530	22.503	23.476	24.448	25.421
245.000	21.957	22.943	23.929	24.915	25.901
250.000	**22.384**	23.383	24.382	25.381	**26.380**
255.000	22.744	23.760	24.775	25.791	26.807
260.000	23.104	24.136	25.169	26.201	27.234
265.000	23.464	24.513	25.562	26.612	27.661
270.000	23.824	24.890	25.956	27.022	28.088
275.000	24.184	25.266	26.349	27.432	28.515
280.000	24.543	25.643	26.743	27.842	28.942
285.000	24.903	26.020	27.136	28.253	29.369
290.000	25.263	26.396	27.530	28.663	29.796
295.000	25.623	26.773	27.923	29.073	30.223

Honorartafel zu § 16 Abs. 1 – Gebäude und raumbildende Ausbauten, Honorarzone II

Anrechen- bare Kosten Euro	Von- satz Euro	Viertel- satz Euro	Mittel- satz Euro	Drei-, viertel- satz Euro	Bis- satz Euro
300.000	**25.983**	27.150	28.317	29.483	**30.650**
305.000	26.298	27.484	28.669	29.855	31.041
310.000	26.613	27.818	29.022	30.227	31.432
315.000	26.927	28.151	29.375	30.599	31.823
320.000	27.242	28.485	29.728	30.971	32.214
325.000	27.557	28.819	30.081	31.343	32.606
330.000	27.872	29.153	30.434	31.715	32.997
335.000	28.187	29.487	30.787	32.087	33.388
340.000	28.501	29.821	31.140	32.459	33.779
345.000	28.816	30.155	31.493	32.831	34.170
350.000	**29.131**	30.489	31.846	33.204	**34.561**
355.000	29.410	30.787	32.164	33.541	34.918
360.000	29.689	31.085	32.482	33.878	35.274
365.000	29.968	31.384	32.800	34.215	35.631
370.000	30.247	31.682	33.117	34.552	35.987
375.000	30.527	31.981	33.435	34.890	36.344
380.000	30.806	32.279	33.753	35.227	36.701
385.000	31.085	32.578	34.071	35.564	37.057
390.000	31.364	32.876	34.389	35.901	37.414
395.000	31.643	33.175	34.707	36.239	37.770
400.000	**31.922**	33.473	35.025	36.576	**38.127**
405.000	32.168	33.739	35.309	36.880	38.451
410.000	32.414	34.004	35.594	37.184	38.774
415.000	32.660	34.269	35.879	37.488	39.098
420.000	32.906	34.535	36.164	37.792	39.421
425.000	33.152	34.800	36.448	38.096	39.745
430.000	33.398	35.066	36.733	38.401	40.068
435.000	33.644	35.331	37.018	38.705	40.392
440.000	33.890	35.596	37.303	39.009	40.715
445.000	34.136	35.862	37.587	39.313	41.039
450.000	**34.382**	36.127	37.872	39.617	**41.362**
455.000	34.593	36.357	38.121	39.886	41.650
460.000	34.803	36.587	38.371	40.154	41.938
465.000	35.014	36.817	38.620	40.423	42.226
470.000	35.224	37.047	38.869	40.692	42.514
475.000	35.435	37.277	39.119	40.961	42.803
480.000	35.646	37.507	39.368	41.229	43.091
485.000	35.856	37.737	39.617	41.498	43.379
490.000	36.067	37.967	39.867	41.767	43.667
495.000	36.277	38.197	40.116	42.036	43.955
500.000	**36.488**	38.427	40.366	42.30	**44.243**
550.000	39.393	41.479	43.565	45.652	47.738
600.000	42.297	44.531	46.765	48.999	51.233
650.000	45.202	47.584	49.965	52.347	54.728
700.000	48.107	50.636	53.165	55.694	58.223
750.000	51.012	53.688	56.365	59.041	61.718
800.000	53.916	56.740	59.565	62.389	65.213
850.000	56.821	59.793	62.764	65.736	68.708
900.000	59.726	62.845	65.964	69.084	72.203
950.000	62.630	65.897	69.164	72.431	75.698

Honorartafel zu § 16 Abs. 1 – Gebäude und raumbildende Ausbauten, Honorarzone II

Anrechen-bare Kosten Euro	Von-satz Euro	Viertel-satz Euro	Mittel-satz Euro	Drei-, viertel-satz Euro	Bis-satz Euro
1.000.000	**65.535**	68.950	72.364	75.779	**79.193**
1.050.000	68.462	72.023	75.584	79.145	82.705
1.100.000	71.389	75.096	78.803	82.511	86.218
1.150.000	74.316	78.169	82.023	85.877	89.730
1.200.000	77.243	81.243	85.243	89.243	93.243
1.250.000	80.170	84.316	88.462	92.609	96.755
1.300.000	83.096	87.389	91.682	95.975	100.267
1.350.000	86.023	90.462	94.902	99.341	103.780
1.400.000	88.950	93.536	98.121	102.707	107.292
1.450.000	91.877	96.609	101.341	106.073	110.805
1.500.000	**94.804**	99.682	104.561	109.439	**114.317**
1.550.000	97.727	102.752	107.776	112.801	117.825
1.600.000	100.650	105.821	110.992	116.163	121.334
1.650.000	103.573	108.890	114.207	119.525	124.842
1.700.000	106.496	111.959	117.423	122.887	128.351
1.750.000	109.419	115.029	120.639	126.249	131.859
1.800.000	112.341	118.098	123.854	129.611	135.367
1.850.000	115.264	121.167	127.070	132.973	138.876
1.900.000	118.187	124.236	130.286	136.335	142.384
1.950.000	121.110	127.306	133.501	139.697	145.893
2.000.000	**124.033**	130.375	136.717	143.059	**149.401**
2.050.000	126.957	133.445	139.934	146.423	152.911
2.100.000	129.881	136.516	143.151	149.786	156.421
2.150.000	132.804	139.586	146.368	153.150	159.932
2.200.000	135.728	142.657	149.585	156.513	163.442
2.250.000	138.652	145.727	152.802	159.877	166.952
2.300.000	141.576	148.797	156.019	163.241	170.462
2.350.000	144.500	151.868	159.236	166.604	173.972
2.400.000	147.423	154.938	162.453	169.968	177.483
2.450.000	150.347	158.009	165.670	173.331	180.993
2.500.000	**153.271**	161.079	168.887	176.695	**184.503**
2.550.000	156.162	164.073	171.985	179.896	187.807
2.600.000	159.053	167.068	175.082	183.096	191.111
2.650.000	161.945	170.062	178.180	186.297	194.414
2.700.000	164.836	173.056	181.277	189.498	197.718
2.750.000	167.727	176.051	184.375	192.698	201.022
2.800.000	170.618	179.045	187.472	195.899	204.326
2.850.000	173.509	182.039	190.570	199.100	207.630
2.900.000	176.401	185.034	193.667	202.300	210.933
2.950.000	179.292	188.028	196.765	205.501	214.237
3.000.000	**182.183**	191.023	199.862	208.702	**217.541**
3.050.000	185.070	194.007	202.945	211.882	220.819
3.100.000	187.957	196.992	206.027	215.062	224.097
3.150.000	190.844	199.977	209.110	218.242	227.375
3.200.000	193.731	202.962	212.192	221.423	230.653
3.250.000	196.618	205.946	215.275	224.603	233.931
3.300.000	199.505	208.931	218.357	227.783	237.209
3.350.000	202.392	211.916	221.440	230.963	240.487
3.400.000	205.279	214.901	224.522	234.144	243.765
3.450.000	208.166	217.885	227.605	237.324	247.043

Anrechen-bare Kosten Euro	Von-satz Euro	Viertel-satz Euro	Mittel-satz Euro	Drei-, viertel-satz Euro	Bis-satz Euro
3.500.000	**211.053**	220.870	230.687	240.504	**250.321**
3.550.000	213.940	223.855	233.770	243.684	253.599
3.600.000	216.828	226.840	236.852	246.865	256.877
3.650.000	219.715	229.825	239.935	250.045	260.155
3.700.000	222.603	232.810	243.018	253.225	263.433
3.750.000	225.490	235.795	246.101	256.406	266.711
3.800.000	228.377	238.780	249.183	259.586	269.989
3.850.000	231.265	241.765	252.266	262.766	273.267
3.900.000	234.152	244.750	255.349	265.947	276.545
3.950.000	237.040	247.735	258.431	269.127	279.823
4.000.000	**239.927**	250.721	261.514	272.308	**283.101**
4.050.000	242.814	253.705	264.596	275.487	286.379
4.100.000	245.701	256.690	267.679	278.667	289.656
4.150.000	248.588	259.675	270.761	281.847	292.934
4.200.000	251.475	262.659	273.843	285.027	296.211
4.250.000	254.363	265.644	276.926	288.207	299.489
4.300.000	257.250	268.629	280.008	291.387	302.767
4.350.000	260.137	271.614	283.090	294.567	306.044
4.400.000	263.024	274.598	286.173	297.747	309.322
4.450.000	265.911	277.583	289.255	300.927	312.599
4.500.000	**268.798**	280.568	292.338	304.107	**315.877**
4.550.000	271.685	283.553	295.420	307.288	319.155
4.600.000	274.573	286.538	298.503	310.468	322.433
4.650.000	277.460	289.523	301.585	313.648	325.711
4.700.000	280.348	292.508	304.668	316.828	328.989
4.750.000	283.235	295.493	307.751	320.009	332.267
4.800.000	286.122	298.478	310.833	323.189	335.544
4.850.000	289.010	301.463	313.916	326.369	338.822
4.900.000	291.897	304.448	316.999	329.549	342.100
4.950.000	294.785	307.433	320.081	332.730	345.378
5.000.000	**297.672**	310.418	323.164	335.910	**348.656**
5.500.000	326.887	340.724	354.560	368.397	382.233
6.000.000	356.102	371.029	385.956	400.883	415.810
6.500.000	385.317	401.335	417.352	433.370	449.387
7.000.000	414.532	431.640	448.748	465.856	482.964
7.500.000	443.748	461.946	480.144	498.343	516.541
8.000.000	472.963	492.251	511.540	530.829	550.118
8.500.000	502.178	522.557	542.936	563.316	583.695
9.000.000	531.393	552.863	574.332	595.802	617.272
9.500.000	560.608	583.168	605.728	628.289	650.849
10.000.000	**589.823**	613.474	637.125	660.775	**684.426**
10.500.000	618.545	643.122	667.699	692.276	716.852
11.000.000	647.267	672.770	698.273	723.776	749.279
11.500.000	675.988	702.418	728.847	755.276	781.705
12.000.000	704.710	732.066	759.421	786.776	814.132
12.500.000	733.432	761.714	789.995	818.277	846.558
13.000.000	762.154	791.361	820.569	849.777	878.984
13.500.000	790.876	821.009	851.143	881.277	911.411
14.000.000	819.597	850.657	881.717	912.777	943.837
14.500.000	848.319	880.305	912.291	944.278	976.264

Honorartafel zu § 16 Abs. 1– Gebäude und raumbildende Ausbauten, Honorarzone II

Anrechen-bare Kosten Euro	Von-satz Euro	Viertel-satz Euro	Mittel-satz Euro	Drei-, viertel-satz Euro	Bis-satz Euro
15.000.000	**877.041**	909.953	942.866	975.778	**1.008.690**
15.500.000	905.250	938.917	972.585	1.006.252	1.039.920
16.000.000	933.459	967.882	1.002.304	1.036.727	1.071.150
16.500.000	961.668	996.846	1.032.024	1.067.202	1.102.380
17.000.000	989.877	1.025.810	1.061.743	1.097.676	1.133.610
17.500.000	1.018.086	1.054.774	1.091.463	1.128.151	1.164.840
18.000.000	1.046.295	1.083.739	1.121.182	1.158.626	1.196.069
18.500.000	1.074.504	1.112.703	1.150.902	1.189.100	1.227.299
19.000.000	1.102.713	1.141.667	1.180.621	1.219.575	1.258.529
19.500.000	1.130.922	1.170.631	1.210.341	1.250.050	1.289.759
20.000.000	**1.159.131**	1.199.596	1.240.060	1.280.525	**1.320.989**
20.500.000	1.187.424	1.228.672	1.269.919	1.311.167	1.352.414
21.000.000	1.215.717	1.257.748	1.299.778	1.341.809	1.383.840
21.500.000	1.244.010	1.286.824	1.329.638	1.372.451	1.415.265
22.000.000	1.272.303	1.315.900	1.359.497	1.403.094	1.446.690
22.500.000	1.300.597	1.344.976	1.389.356	1.433.736	1.478.116
23.000.000	1.328.890	1.374.052	1.419.215	1.464.378	1.509.541
23.500.000	1.357.183	1.403.129	1.449.074	1.495.020	1.540.966
24.000.000	1.385.476	1.432.205	1.478.934	1.525.663	1.572.391
24.500.000	1.413.769	1.461.281	1.508.793	1.556.305	1.603.817
25.000.000	**1.442.062**	1.490.357	1.538.652	1.586.947	**1.635.242**
25.500.000	1.470.367	1.519.449	1.568.531	1.617.614	1.666.696
25.564.594	**1.474.024**	1.523.208	1.572.392	1.621.575	**1.670.759**

Honorartafel zu § 16 Abs. 1 – Gebäude und raumbildende Ausbauten, Honorarzone III

Anrechen-bare Kosten Euro	Von-satz Euro	Viertel-satz Euro	Mittel-satz Euro	Drei-, viertel-satz Euro	Bis-satz Euro
25.565	**2.991**	3.207	3.423	3.639	**3.855**
26.000	3.041	3.260	3.479	3.699	3.918
26.500	3.098	3.321	3.544	3.767	3.991
27.000	3.155	3.382	3.609	3.836	4.063
27.500	3.212	3.443	3.674	3.905	4.136
28.000	3.269	3.504	3.738	3.973	4.208
28.500	3.326	3.565	3.803	4.042	4.281
29.000	3.383	3.625	3.868	4.110	4.353
29.500	3.440	3.686	3.933	4.179	4.426
30.000	**3.497**	3.747	3.998	4.248	**4.498**
30.500	3.555	3.809	4.063	4.318	4.572
31.000	3.613	3.871	4.129	4.387	4.646
31.500	3.670	3.933	4.195	4.457	4.719
32.000	3.728	3.994	4.261	4.527	4.793
32.500	3.786	4.056	4.327	4.597	4.867
33.000	3.844	4.118	4.392	4.667	4.941
33.500	3.902	4.180	4.458	4.736	5.015
34.000	3.959	4.242	4.524	4.806	5.088
34.500	4.017	4.303	4.590	4.876	5.162
35.000	**4.075**	4.365	4.656	4.946	**5.236**
35.500	4.132	4.426	4.721	5.015	5.309
36.000	4.189	4.488	4.786	5.084	5.382
36.500	4.247	4.549	4.851	5.153	5.456
37.000	4.304	4.610	4.916	5.223	5.529
37.500	4.361	4.671	4.982	5.292	5.602
38.000	4.418	4.732	5.047	5.361	5.675
38.500	4.475	4.794	5.112	5.430	5.748
39.000	4.533	4.855	5.177	5.499	5.822
39.500	4.590	4.916	5.242	5.569	5.895
40.000	**4.647**	4.977	5.308	5.638	**5.968**
40.500	4.704	5.039	5.373	5.707	6.041
41.000	4.762	5.100	5.438	5.777	6.115
41.500	4.819	5.161	5.504	5.846	6.188
42.000	4.877	5.223	5.569	5.915	6.262
42.500	4.934	5.284	5.635	5.985	6.335
43.000	4.991	5.346	5.700	6.054	6.408
43.500	5.049	5.407	5.765	6.124	6.482
44.000	5.106	5.468	5.831	6.193	6.555
44.500	5.164	5.530	5.896	6.262	6.629
45.000	**5.221**	5.591	5.962	6.332	**6.702**
45.500	5.277	5.651	6.025	6.399	6.773
46.000	5.333	5.711	6.089	6.466	6.844
46.500	5.389	5.770	6.152	6.534	6.915
47.000	5.445	5.830	6.216	6.601	6.986
47.500	5.501	5.890	6.279	6.668	7.058
48.000	5.556	5.949	6.343	6.736	7.129
48.500	5.612	6.009	6.406	6.803	7.200
49.000	5.668	6.069	6.470	6.870	7.271
49.500	5.724	6.129	6.533	6.937	7.342

Honorartafel zu § 16 Abs. 1 – Gebäude und raumbildende Ausbauten, Honorarzone III

Anrechen-bare Kosten Euro	Von-satz Euro	Viertel-satz Euro	Mittel-satz Euro	Drei-, viertel-satz Euro	Bis-satz Euro
50.000	**5.780**	6.188	6.597	7.005	**7.413**
55.000	6.333	6.777	7.220	7.664	8.108
60.000	6.886	7.365	7.844	8.323	8.802
65.000	7.439	7.954	8.468	8.983	9.497
70.000	7.992	8.542	9.092	9.642	10.192
75.000	8.546	9.131	9.716	10.301	10.887
80.000	9.099	9.719	10.340	10.961	11.581
85.000	9.652	10.308	10.964	11.620	12.276
90.000	10.205	10.896	11.588	12.279	12.971
95.000	10.758	11.485	12.212	12.938	13.665
100.000	**11.311**	12.073	12.836	13.598	**14.360**
105.000	11.838	12.630	13.422	14.214	15.006
110.000	12.364	13.186	14.008	14.830	15.652
115.000	12.891	13.743	14.594	15.446	16.297
120.000	13.418	14.299	15.181	16.062	16.943
125.000	13.945	14.856	15.767	16.678	17.589
130.000	14.471	15.412	16.353	17.294	18.235
135.000	14.998	15.969	16.939	17.910	18.881
140.000	15.525	16.525	17.526	18.526	19.526
145.000	16.051	17.082	18.112	19.142	20.172
150.000	**16.578**	17.638	18.698	19.758	**20.818**
155.000	17.079	18.163	19.247	20.331	21.415
160.000	17.580	18.688	19.796	20.905	22.013
165.000	18.080	19.213	20.345	21.478	22.610
170.000	18.581	19.738	20.894	22.051	23.208
175.000	19.082	20.263	21.444	22.624	23.805
180.000	19.583	20.788	21.993	23.198	24.402
185.000	20.084	21.313	22.542	23.771	25.000
190.000	20.584	21.838	23.091	24.344	25.597
195.000	21.085	22.363	23.640	24.917	26.195
200.000	**21.586**	22.888	24.189	25.491	**26.792**
205.000	22.065	23.387	24.708	26.029	27.350
210.000	22.545	23.886	25.227	26.567	27.908
215.000	23.024	24.385	25.745	27.106	28.466
220.000	23.504	24.884	26.264	27.644	29.024
225.000	23.983	25.383	26.783	28.183	29.583
230.000	24.462	25.882	27.302	28.721	30.141
235.000	24.942	26.381	27.820	29.259	30.699
240.000	25.421	26.880	28.339	29.798	31.257
245.000	25.901	27.379	28.858	30.336	31.815
250.000	**26.380**	27.878	29.377	30.875	**32.373**
255.000	26.807	28.330	29.854	31.377	32.900
260.000	27.234	28.782	30.331	31.879	33.427
265.000	27.661	29.234	30.808	32.381	33.954
270.000	28.088	29.686	31.285	32.883	34.481
275.000	28.515	30.138	31.762	33.385	35.008
280.000	28.942	30.590	32.239	33.887	35.535
285.000	29.369	31.042	32.716	34.389	36.062
290.000	29.796	31.494	33.193	34.891	36.589
295.000	30.223	31.946	33.670	35.393	37.116

Honorartafel zu § 16 Abs. 1 – Gebäude und raumbildende Ausbauten, Honorarzone III

Anrechen-bare Kosten Euro	Von-satz Euro	Viertel-satz Euro	Mittel-satz Euro	Drei-, viertel-satz Euro	Bis-satz Euro
300.000	30.650	32.398	34.147	35.895	37.643
305.000	31.041	32.818	34.595	36.372	38.149
310.000	31.432	33.238	35.043	36.849	38.654
315.000	31.823	33.658	35.492	37.326	39.160
320.000	32.214	34.077	35.940	37.803	39.666
325.000	32.606	34.497	36.389	38.280	40.172
330.000	32.997	34.917	36.837	38.757	40.677
335.000	33.388	35.337	37.285	39.234	41.183
340.000	33.779	35.756	37.734	39.711	41.689
345.000	34.170	36.176	38.182	40.188	42.194
350.000	34.561	36.596	38.631	40.665	42.700
355.000	34.918	36.982	39.045	41.109	43.173
360.000	35.274	37.367	39.460	41.553	43.646
365.000	35.631	37.753	39.875	41.997	44.120
370.000	35.987	38.139	40.290	42.441	44.593
375.000	36.344	38.525	40.705	42.886	45.066
380.000	36.701	38.910	41.120	43.330	45.539
385.000	37.057	39.296	41.535	43.774	46.012
390.000	37.414	39.682	41.950	44.218	46.486
395.000	37.770	40.068	42.365	44.662	46.959
400.000	38.127	40.453	42.780	45.106	47.432
405.000	38.451	40.806	43.162	45.517	47.873
410.000	38.774	41.159	43.544	45.929	48.314
415.000	39.098	41.512	43.926	46.340	48.754
420.000	39.421	41.865	44.308	46.752	49.195
425.000	39.745	42.217	44.690	47.163	49.636
430.000	40.068	42.570	45.072	47.575	50.077
435.000	40.392	42.923	45.455	47.986	50.518
440.000	40.715	43.276	45.837	48.398	50.958
445.000	41.039	43.629	46.219	48.809	51.399
450.000	41.362	43.982	46.601	49.221	51.840
455.000	41.650	44.298	46.947	49.595	52.244
460.000	41.938	44.615	47.293	49.970	52.647
465.000	42.226	44.932	47.639	50.345	53.051
470.000	42.514	45.249	47.984	50.719	53.454
475.000	42.803	45.566	48.330	51.094	53.858
480.000	43.091	45.883	48.676	51.469	54.262
485.000	43.379	46.200	49.022	51.844	54.665
490.000	43.667	46.517	49.368	52.218	55.069
495.000	43.955	46.834	49.714	52.593	55.472
500.000	44.243	47.151	50.060	52.968	55.876
550.000	47.738	50.868	53.997	57.127	60.257
600.000	51.233	54.584	57.935	61.286	64.637
650.000	54.728	58.300	61.873	65.445	69.018
700.000	58.223	62.017	65.811	69.605	73.398
750.000	61.718	65.733	69.749	73.764	77.779
800.000	65.213	69.450	73.686	77.923	82.160
850.000	68.708	73.166	77.624	82.082	86.540
900.000	72.203	76.882	81.562	86.241	90.921
950.000	75.698	80.599	85.500	90.401	95.301

§ 16

Abs. 1

Zone III Honorartafel zu § 16 Abs. 1 – Gebäude und raumbildende Ausbauten, Honorarzone III

Anrechen-bare Kosten Euro	Von-satz Euro	Viertel-satz Euro	Mittel-satz Euro	Drei-, viertel-satz Euro	Bis-satz Euro
1.000.000	**79.193**	84.315	89.438	94.560	**99.682**
1.050.000	82.705	88.047	93.389	98.731	104.073
1.100.000	86.218	91.779	97.341	102.902	108.464
1.150.000	89.730	95.511	101.293	107.074	112.855
1.200.000	93.243	99.243	105.244	111.245	117.246
1.250.000	96.755	102.976	109.196	115.417	121.637
1.300.000	100.267	106.708	113.148	119.588	126.028
1.350.000	103.780	110.440	117.099	123.759	130.419
1.400.000	107.292	114.172	121.051	127.931	134.810
1.450.000	110.805	117.904	125.003	132.102	139.201
1.500.000	**114.317**	121.636	128.955	136.273	**143.592**
1.550.000	117.825	125.364	132.902	140.440	147.978
1.600.000	121.334	129.092	136.849	144.607	152.365
1.650.000	124.842	132.819	140.797	148.774	156.751
1.700.000	128.351	136.547	144.744	152.941	161.137
1.750.000	131.859	140.275	148.691	157.107	165.524
1.800.000	135.367	144.003	152.639	161.274	169.910
1.850.000	138.876	147.731	156.586	165.441	174.296
1.900.000	142.384	151.459	160.533	169.608	178.682
1.950.000	145.893	155.187	164.481	173.775	183.069
2.000.000	**149.401**	158.915	168.428	177.942	**187.455**
2.050.000	152.911	162.645	172.378	182.111	191.845
2.100.000	156.421	166.375	176.328	186.281	196.234
2.150.000	159.932	170.105	180.278	190.451	200.624
2.200.000	163.442	173.835	184.228	194.621	205.014
2.250.000	166.952	177.565	188.178	198.791	209.404
2.300.000	170.462	181.295	192.128	202.960	213.793
2.350.000	173.972	185.025	196.078	207.130	218.183
2.400.000	177.483	188.755	200.028	211.300	222.573
2.450.000	180.993	192.485	203.978	215.470	226.962
2.500.000	**184.503**	196.215	207.928	219.640	**231.352**
2.550.000	187.807	199.674	211.541	223.408	235.275
2.600.000	191.111	203.132	215.154	227.176	239.198
2.650.000	194.414	206.591	218.768	230.944	243.121
2.700.000	197.718	210.050	222.381	234.712	247.044
2.750.000	201.022	213.508	225.994	238.480	250.967
2.800.000	204.326	216.967	229.608	242.249	254.889
2.850.000	207.630	220.425	233.221	246.017	258.812
2.900.000	210.933	223.884	236.834	249.785	262.735
2.950.000	214.237	227.342	240.448	253.553	266.658
3.000.000	**217.541**	230.801	244.061	257.321	**270.581**
3.050.000	220.819	234.226	247.632	261.039	274.445
3.100.000	224.097	237.650	251.203	264.756	278.309
3.150.000	227.375	241.075	254.774	268.474	282.173
3.200.000	230.653	244.499	258.345	272.191	286.037
3.250.000	233.931	247.924	261.916	275.909	289.901
3.300.000	237.209	251.348	265.487	279.626	293.765
3.350.000	240.487	254.773	269.058	283.344	297.629
3.400.000	243.765	258.197	272.629	287.061	301.493
3.450.000	247.043	261.622	276.200	290.779	305.357

Honorartafel zu § 16 Abs. 1 – Gebäude und raumbildende Ausbauten, Honorarzone III

Anrechen-bare Kosten Euro	Von-satz Euro	Viertel-satz Euro	Mittel-satz Euro	Drei-, viertel-satz Euro	Bis-satz Euro
3.500.000	250.321	265.046	279.771	294.496	309.221
3.550.000	253.599	268.470	283.342	298.213	313.085
3.600.000	256.877	271.895	286.913	301.930	316.948
3.650.000	260.155	275.319	290.483	305.647	320.812
3.700.000	263.433	278.744	294.054	309.365	324.675
3.750.000	266.711	282.168	297.625	313.082	328.539
3.800.000	269.989	285.592	301.196	316.799	332.402
3.850.000	273.267	289.017	304.766	320.516	336.266
3.900.000	276.545	292.441	308.337	324.233	340.129
3.950.000	279.823	295.865	311.908	327.950	343.993
4.000.000	283.101	299.290	315.479	331.667	347.856
4.050.000	286.379	302.714	319.049	335.385	351.720
4.100.000	289.656	306.138	322.620	339.102	355.584
4.150.000	292.934	309.562	326.191	342.819	359.448
4.200.000	296.211	312.986	329.762	346.537	363.312
4.250.000	299.489	316.411	333.332	350.254	367.176
4.300.000	302.767	319.835	336.903	353.971	371.039
4.350.000	306.044	323.259	340.474	357.689	374.903
4.400.000	309.322	326.683	344.045	361.406	378.767
4.450.000	312.599	330.107	347.615	365.123	382.631
4.500.000	315.877	333.532	351.186	368.841	386.495
4.550.000	319.155	336.956	354.757	372.558	390.359
4.600.000	322.433	340.380	358.328	376.275	394.223
4.650.000	325.711	343.805	361.899	379.993	398.087
4.700.000	328.989	347.229	365.470	383.710	401.951
4.750.000	332.267	350.654	369.041	387.428	405.815
4.800.000	335.544	354.078	372.612	391.145	409.679
4.850.000	338.822	357.502	376.183	394.863	413.543
4.900.000	342.100	360.927	379.754	398.580	417.407
4.950.000	345.378	364.351	383.325	402.298	421.271
5.000.000	348.656	367.776	386.896	406.015	425.135
5.500.000	382.233	402.988	423.744	444.499	465.255
6.000.000	415.810	438.201	460.592	482.984	505.375
6.500.000	449.387	473.414	497.441	521.468	545.495
7.000.000	482.964	508.627	534.289	559.952	585.615
7.500.000	516.541	543.839	571.138	598.436	625.735
8.000.000	550.118	579.052	607.986	636.920	665.854
8.500.000	583.695	614.265	644.835	675.404	705.974
9.000.000	617.272	649.478	681.683	713.889	746.094
9.500.000	650.849	684.690	718.532	752.373	786.214
10.000.000	684.426	719.903	755.380	790.857	826.334
10.500.000	716.852	753.719	790.585	827.451	864.317
11.000.000	749.279	787.534	825.790	864.045	902.300
11.500.000	781.705	821.350	860.994	900.639	940.283
12.000.000	814.132	855.165	896.199	937.233	978.266
12.500.000	846.558	888.981	931.404	973.827	1.016.250
13.000.000	878.984	922.796	966.609	1.010.421	1.054.233
13.500.000	911.411	956.612	1.001.813	1.047.014	1.092.216
14.000.000	943.837	990.428	1.037.018	1.083.608	1.130.199
14.500.000	976.264	1.024.243	1.072.223	1.120.202	1.168.182

Honorartafel zu § 16 Abs. 1– Gebäude und raumbildende Ausbauten, Honorarzone III

Anrechen-bare Kosten Euro	Von-satz Euro	Viertel-satz Euro	Mittel-satz Euro	Drei-, viertel-satz Euro	Bis-satz Euro
15.000.000	**1.008.690**	1.058.059	1.107.428	1.156.796	**1.206.165**
15.500.000	1.039.920	1.090.421	1.140.923	1.191.424	1.241.926
16.000.000	1.071.150	1.122.784	1.174.418	1.226.052	1.277.686
16.500.000	1.102.380	1.155.146	1.207.913	1.260.680	1.313.447
17.000.000	1.133.610	1.187.509	1.241.409	1.295.308	1.349.207
17.500.000	1.164.840	1.219.872	1.274.904	1.329.936	1.384.968
18.000.000	1.196.069	1.252.234	1.308.399	1.364.564	1.420.729
18.500.000	1.227.299	1.284.597	1.341.894	1.399.192	1.456.489
19.000.000	1.258.529	1.316.959	1.375.390	1.433.820	1.492.250
19.500.000	1.289.759	1.349.322	1.408.885	1.468.448	1.528.010
20.000.000	**1.320.989**	1.381.685	1.442.380	1.503.076	**1.563.771**
20.500.000	1.352.414	1.414.285	1.476.155	1.538.025	1.599.895
21.000.000	1.383.840	1.446.885	1.509.929	1.572.974	1.636.019
21.500.000	1.415.265	1.479.485	1.543.704	1.607.924	1.672.143
22.000.000	1.446.690	1.512.085	1.577.479	1.642.873	1.708.267
22.500.000	1.478.116	1.544.685	1.611.254	1.677.823	1.744.392
23.000.000	1.509.541	1.577.285	1.645.028	1.712.772	1.780.516
23.500.000	1.540.966	1.609.885	1.678.803	1.747.721	1.816.640
24.000.000	1.572.391	1.642.485	1.712.578	1.782.671	1.852.764
24.500.000	1.603.817	1.675.085	1.746.352	1.817.620	1.888.888
25.000.000	**1.635.242**	1.707.685	1.780.127	1.852.570	**1.925.012**
25.500.000	1.666.696	1.740.319	1.813.942	1.887.565	1.961.188
25.564.594	**1.670.759**	1.744.535	1.818.310	1.892.086	**1.965.861**

Honorartafel zu § 16 Abs. 1 – Gebäude und raumbildende Ausbauten, Honorarzone IV

Anrechen-bare Kosten Euro	Von-satz Euro	Viertel-satz Euro	Mittel-satz Euro	Drei-, viertel-satz Euro	Bis-satz Euro
25.565	**3.855**	4.000	4.144	4.289	**4.433**
26.000	3.918	4.065	4.212	4.358	4.505
26.500	3.991	4.140	4.289	4.439	4.588
27.000	4.063	4.215	4.367	4.519	4.671
27.500	4.136	4.290	4.445	4.599	4.754
28.000	4.208	4.365	4.523	4.680	4.837
28.500	4.281	4.440	4.600	4.760	4.920
29.000	4.353	4.516	4.678	4.841	5.003
29.500	4.426	4.591	4.756	4.921	5.086
30.000	**4.498**	4.666	4.834	5.001	**5.169**
30.500	4.572	4.742	4.913	5.083	5.253
31.000	4.646	4.819	4.992	5.165	5.338
31.500	4.719	4.895	5.071	5.246	5.422
32.000	4.793	4.971	5.150	5.328	5.506
32.500	4.867	5.048	5.229	5.410	5.591
33.000	4.941	5.124	5.308	5.491	5.675
33.500	5.015	5.201	5.387	5.573	5.759
34.000	5.088	5.277	5.466	5.655	5.843
34.500	5.162	5.354	5.545	5.736	5.928
35.000	**5.236**	5.430	5.624	5.818	**6.012**
35.500	5.309	5.506	5.703	5.899	6.096
36.000	5.382	5.582	5.781	5.981	6.180
36.500	5.456	5.658	5.860	6.062	6.264
37.000	5.529	5.734	5.939	6.144	6.348
37.500	5.602	5.810	6.017	6.225	6.433
38.000	5.675	5.886	6.096	6.306	6.517
38.500	5.748	5.961	6.175	6.388	6.601
39.000	5.822	6.037	6.253	6.469	6.685
39.500	5.895	6.113	6.332	6.550	6.769
40.000	**5.968**	6.189	6.411	6.632	**6.853**
40.500	6.041	6.265	6.489	6.713	6.937
41.000	6.115	6.341	6.568	6.794	7.020
41.500	6.188	6.417	6.646	6.875	7.104
42.000	6.262	6.493	6.725	6.956	7.187
42.500	6.335	6.569	6.803	7.037	7.271
43.000	6.408	6.645	6.882	7.118	7.355
43.500	6.482	6.721	6.960	7.199	7.438
44.000	6.555	6.797	7.039	7.280	7.522
44.500	6.629	6.873	7.117	7.361	7.605
45.000	**6.702**	6.949	7.196	7.442	**7.689**
45.500	6.773	7.022	7.271	7.521	7.770
46.000	6.844	7.096	7.347	7.599	7.850
46.500	6.915	7.169	7.423	7.677	7.931
47.000	6.986	7.243	7.499	7.755	8.012
47.500	7.058	7.316	7.575	7.834	8.093
48.000	7.129	7.390	7.651	7.912	8.173
48.500	7.200	7.463	7.727	7.990	8.254
49.000	7.271	7.537	7.803	8.069	8.335
49.500	7.342	7.610	7.879	8.147	8.415

§ 16
Abs. 1

Zone IV   Honorartafel zu § 16 Abs. 1 – Gebäude und raumbildende Ausbauten, Honorarzone IV

Anrechen-bare Kosten Euro	Von-satz Euro	Viertel-satz Euro	Mittel-satz Euro	Drei-, viertel-satz Euro	Bis-satz Euro
50.000	**7.413**	7.684	7.955	8.225	**8.496**
55.000	8.108	8.402	8.697	8.991	9.286
60.000	8.802	9.121	9.439	9.757	10.075
65.000	9.497	9.839	10.181	10.523	10.865
70.000	10.192	10.558	10.923	11.289	11.655
75.000	10.887	11.276	11.666	12.055	12.445
80.000	11.581	11.994	12.408	12.821	13.234
85.000	12.276	12.713	13.150	13.587	14.024
90.000	12.971	13.431	13.892	14.353	14.814
95.000	13.665	14.150	14.634	15.119	15.603
100.000	**14.360**	14.868	15.377	15.885	**16.393**
105.000	15.006	15.534	16.062	16.590	17.118
110.000	15.652	16.200	16.747	17.295	17.843
115.000	16.297	16.865	17.433	18.001	18.568
120.000	16.943	17.531	18.118	18.706	19.293
125.000	17.589	18.196	18.804	19.411	20.019
130.000	18.235	18.862	19.489	20.116	20.744
135.000	18.881	19.528	20.175	20.822	21.469
140.000	19.526	20.193	20.860	21.527	22.194
145.000	20.172	20.859	21.546	22.232	22.919
150.000	**20.818**	21.525	22.231	22.938	**23.644**
155.000	21.415	22.138	22.861	23.583	24.306
160.000	22.013	22.752	23.490	24.229	24.968
165.000	22.610	23.365	24.120	24.875	25.630
170.000	23.208	23.979	24.750	25.521	26.292
175.000	23.805	24.592	25.379	26.166	26.954
180.000	24.402	25.206	26.009	26.812	27.615
185.000	25.000	25.819	26.639	27.458	28.277
190.000	25.597	26.433	27.268	28.104	28.939
195.000	26.195	27.046	27.898	28.749	29.601
200.000	**26.792**	27.660	28.528	29.395	**30.263**
205.000	27.350	28.231	29.112	29.993	30.874
210.000	27.908	28.802	29.696	30.590	31.484
215.000	28.466	29.373	30.281	31.188	32.095
220.000	29.024	29.945	30.865	31.785	32.705
225.000	29.583	30.516	31.449	32.383	33.316
230.000	30.141	31.087	32.034	32.980	33.927
235.000	30.699	31.658	32.618	33.578	34.537
240.000	31.257	32.230	33.202	34.175	35.148
245.000	31.815	32.801	33.787	34.773	35.758
250.000	**32.373**	33.372	34.371	35.370	**36.369**
255.000	32.900	33.916	34.932	35.947	36.963
260.000	33.427	34.460	35.492	36.525	37.557
265.000	33.954	35.003	36.053	37.102	38.151
270.000	34.481	35.547	36.613	37.679	38.745
275.000	35.008	36.091	37.174	38.256	39.339
280.000	35.535	36.635	37.734	38.834	39.933
285.000	36.062	37.178	38.295	39.411	40.527
290.000	36.589	37.722	38.855	39.988	41.121
295.000	37.116	38.266	39.416	40.565	41.715

Honorartafel zu § 16 Abs. 1 – Gebäude und raumbildende Ausbauten, Honorarzone IV

Anrechen-bare Kosten Euro	Von-satz Euro	Viertel-satz Euro	Mittel-satz Euro	Drei-, viertel-satz Euro	Bis-satz Euro
300.000	**37.643**	38.810	39.976	41.143	**42.309**
305.000	38.149	39.334	40.520	41.706	42.891
310.000	38.654	39.859	41.064	42.269	43.473
315.000	39.160	40.384	41.608	42.832	44.056
320.000	39.666	40.909	42.152	43.395	44.638
325.000	40.172	41.434	42.696	43.958	45.220
330.000	40.677	41.958	43.240	44.521	45.802
335.000	41.183	42.483	43.784	45.084	46.384
340.000	41.689	43.008	44.328	45.647	46.967
345.000	42.194	43.533	44.872	46.210	47.549
350.000	**42.700**	44.058	45.416	46.773	**48.131**
355.000	43.173	44.550	45.927	47.305	48.682
360.000	43.646	45.043	46.439	47.836	49.232
365.000	44.120	45.535	46.951	48.367	49.783
370.000	44.593	46.028	47.463	48.898	50.333
375.000	45.066	46.521	47.975	49.430	50.884
380.000	45.539	47.013	48.487	49.961	51.435
385.000	46.012	47.506	48.999	50.492	51.985
390.000	46.486	47.998	49.511	51.023	52.536
395.000	46.959	48.491	50.023	51.555	53.086
400.000	**47.432**	48.983	50.535	52.086	**53.637**
405.000	47.873	49.443	51.014	52.585	54.155
410.000	48.314	49.904	51.494	53.084	54.674
415.000	48.754	50.364	51.973	53.583	55.192
420.000	49.195	50.824	52.453	54.081	55.710
425.000	49.636	51.284	52.932	54.580	56.229
430.000	50.077	51.744	53.412	55.079	56.747
435.000	50.518	52.204	53.891	55.578	57.265
440.000	50.958	52.665	54.371	56.077	57.783
445.000	51.399	53.125	54.850	56.576	58.302
450.000	**51.840**	53.585	55.330	57.075	**58.820**
455.000	52.244	54.008	55.772	57.537	59.301
460.000	52.647	54.431	56.215	57.998	59.782
465.000	53.051	54.854	56.657	58.460	60.263
470.000	53.454	55.277	57.099	58.922	60.744
475.000	53.858	55.700	57.542	59.384	61.226
480.000	54.262	56.123	57.984	59.845	61.707
485.000	54.665	56.546	58.426	60.307	62.188
490.000	55.069	56.969	58.869	60.769	62.669
495.000	55.472	57.392	59.311	61.231	63.150
500.000	**55.876**	57.815	59.754	61.692	**63.631**
550.000	60.257	62.343	64.429	66.516	68.602
600.000	64.637	66.871	69.105	71.339	73.573
650.000	69.018	71.399	73.781	76.162	78.544
700.000	73.398	75.927	78.457	80.986	83.515
750.000	77.779	80.456	83.132	85.809	88.486
800.000	82.160	84.984	87.808	90.632	93.456
850.000	86.540	89.512	92.484	95.456	98.427
900.000	90.921	94.040	97.160	100.279	103.398
950.000	95.301	98.568	101.835	105.102	108.369

Anrechen-bare Kosten Euro	Von-satz Euro	Viertel-satz Euro	Mittel-satz Euro	Drei-, viertel-satz Euro	Bis-satz Euro
1.000.000	**99.682**	103.097	106.511	109.926	**113.340**
1.050.000	104.073	107.634	111.195	114.756	118.317
1.100.000	108.464	112.171	115.879	119.586	123.293
1.150.000	112.855	116.709	120.562	124.416	128.270
1.200.000	117.246	121.246	125.246	129.246	133.246
1.250.000	121.637	125.783	129.930	134.076	138.223
1.300.000	126.028	130.321	134.614	138.906	143.199
1.350.000	130.419	134.858	139.297	143.736	148.176
1.400.000	134.810	139.396	143.981	148.567	153.152
1.450.000	139.201	143.933	148.665	153.397	158.129
1.500.000	**143.592**	148.470	153.349	158.227	**163.105**
1.550.000	147.978	153.003	158.028	163.052	168.077
1.600.000	152.365	157.536	162.707	167.878	173.049
1.650.000	156.751	162.068	167.386	172.703	178.020
1.700.000	161.137	166.601	172.065	177.528	182.992
1.750.000	165.524	171.134	176.744	182.354	187.964
1.800.000	169.910	175.666	181.423	187.179	192.936
1.850.000	174.296	180.199	186.102	192.005	197.908
1.900.000	178.682	184.732	190.781	196.830	202.879
1.950.000	183.069	189.264	195.460	201.656	207.851
2.000.000	**187.455**	193.797	200.139	206.481	**212.823**
2.050.000	191.845	198.333	204.822	211.311	217.799
2.100.000	196.234	202.870	209.505	216.140	222.775
2.150.000	200.624	207.406	214.188	220.970	227.751
2.200.000	205.014	211.942	218.871	225.799	232.727
2.250.000	209.404	216.479	223.554	230.629	237.704
2.300.000	213.793	221.015	228.236	235.458	242.680
2.350.000	218.183	225.551	232.919	240.288	247.656
2.400.000	222.573	230.087	237.602	245.117	252.632
2.450.000	226.962	234.624	242.285	249.947	257.608
2.500.000	**231.352**	239.160	246.968	254.776	**262.584**
2.550.000	235.275	243.186	251.097	259.008	266.920
2.600.000	239.198	247.212	255.227	263.241	271.255
2.650.000	243.121	251.238	259.356	267.473	275.591
2.700.000	247.044	255.264	263.485	271.706	279.926
2.750.000	250.967	259.290	267.614	275.938	284.262
2.800.000	254.889	263.316	271.744	280.171	288.598
2.850.000	258.812	267.343	275.873	284.403	292.933
2.900.000	262.735	271.369	280.002	288.635	297.269
2.950.000	266.658	275.395	284.131	292.868	301.604
3.000.000	**270.581**	279.421	288.261	297.100	**305.940**
3.050.000	274.445	283.382	292.320	301.257	310.195
3.100.000	278.309	287.344	296.379	305.414	314.450
3.150.000	282.173	291.306	300.439	309.572	318.704
3.200.000	286.037	295.268	304.498	313.729	322.959
3.250.000	289.901	299.229	308.558	317.886	327.214
3.300.000	293.765	303.191	312.617	322.043	331.469
3.350.000	297.629	307.153	316.676	326.200	335.724
3.400.000	301.493	311.114	320.736	330.357	339.978
3.450.000	305.357	315.076	324.795	334.514	344.233

Karl-Krämer-Bestellkarte

Ich/Wir bestelle(n) die unten aufgeführten Titel. Es gelten die
Karl-Krämer-Lieferbedingungen
im Katalog Baufachbücher.

Zutreffendes bitte ankreuzen:

☐ **fest auf Rechnung**

☐ **zur Ansicht**
(Einschränkungen vorbehalten)

Vor- und Zuname:

Beruf:

Straße, Nr.:

PLZ, Ort:

Kundennummer
(falls bekannt)

Anzahl	Nr. (falls bekannt)	Titel (Autor, Bezeichnung...)	Preis

Ihre Vorteile auf einen Blick:

✓ **Bestellung rund um die Uhr:**
Per Telefon (0711/669930 - ab 18.00 Uhr autom.),
Telefax (0711/628955) oder per Post.

✓ **Schnelle Lieferung:**
Alle wichtigen Architektur- und Baufachbücher werden bei Karl Krämer ständig am Lager geführt und können deshalb sofort geliefert werden. Auf Wunsch auch ganz unverbindlich zur Ansicht.

✓ **Gratis-Katalog:**
Kostenlos für Sie: Der umfassende Katalog "Baufachbücher" mit 5000 übersichtlich nach Themen geordneten Titeln. Von A wie "Abdichtung" bis Z wie "Zweckbauten".

✓ **Aktuelle Informationen**
Was gibt's Neues auf dem Fachbuchmarkt? Als Karl-Krämer-Kunde wissen Sie immer über die neuesten Bücher und Zeitschriften Ihres Fachgebiets Bescheid.

Fachbuchhandlung Karl Krämer Stuttgart
Die führende deutsche Fachbuchhandlung für Architektur und Bauwesen

---

Antwort

**Fachbuchhandlung
Karl Krämer
Postfach 102842**

D-70024 Stuttgart

Bitte
frankieren,
falls Marke
zur Hand.

Honorartafel zu § 16 Abs. 1 – Gebäude und raumbildende Ausbauten, Honorarzone IV

Anrechen-bare Kosten Euro	Von-satz Euro	Viertel-satz Euro	Mittel-satz Euro	Drei-, viertel-satz Euro	Bis-satz Euro
3.500.000	309.221	319.038	328.855	338.671	348.488
3.550.000	313.085	322.999	332.913	342.828	352.742
3.600.000	316.948	326.960	336.972	346.984	356.996
3.650.000	320.812	330.921	341.031	351.141	361.251
3.700.000	324.675	334.882	345.090	355.297	365.505
3.750.000	328.539	338.844	349.149	359.454	369.759
3.800.000	332.402	342.805	353.208	363.610	374.013
3.850.000	336.266	346.766	357.266	367.767	378.267
3.900.000	340.129	350.727	361.325	371.923	382.522
3.950.000	343.993	354.688	365.384	376.080	386.776
4.000.000	347.856	358.650	369.443	380.237	391.030
4.050.000	351.720	362.611	373.502	384.393	395.284
4.100.000	355.584	366.573	377.561	388.550	399.539
4.150.000	359.448	370.534	381.620	392.707	403.793
4.200.000	363.312	374.496	385.680	396.864	408.048
4.250.000	367.176	378.457	389.739	401.020	412.302
4.300.000	371.039	382.419	393.798	405.177	416.556
4.350.000	374.903	386.380	397.857	409.334	420.811
4.400.000	378.767	390.342	401.916	413.491	425.065
4.450.000	382.631	394.303	405.975	417.647	429.320
4.500.000	386.495	398.265	410.035	421.804	433.574
4.550.000	390.359	402.226	414.094	425.961	437.829
4.600.000	394.223	406.188	418.153	430.118	442.083
4.650.000	398.087	410.150	422.212	434.275	446.338
4.700.000	401.951	414.111	426.272	438.432	450.592
4.750.000	405.815	418.073	430.331	442.589	454.847
4.800.000	409.679	422.035	434.390	446.746	459.101
4.850.000	413.543	425.996	438.449	450.902	463.356
4.900.000	417.407	429.958	442.509	455.059	467.610
4.950.000	421.271	433.919	446.568	459.216	471.865
5.000.000	425.135	437.881	450.627	463.373	476.119
5.500.000	465.255	479.091	492.928	506.764	520.601
6.000.000	505.375	520.302	535.229	550.156	565.083
6.500.000	545.495	561.512	577.530	593.547	609.564
7.000.000	585.615	602.723	619.830	636.938	654.046
7.500.000	625.735	643.933	662.131	680.330	698.528
8.000.000	665.854	685.143	704.432	723.721	743.010
8.500.000	705.974	726.354	746.733	767.112	787.492
9.000.000	746.094	767.564	789.034	810.504	831.973
9.500.000	786.214	808.774	831.335	853.895	876.455
10.000.000	826.334	849.985	873.636	897.286	920.937
10.500.000	864.317	888.894	913.471	938.048	962.625
11.000.000	902.300	927.803	953.306	978.809	1.004.312
11.500.000	940.283	966.713	993.142	1.019.571	1.046.000
12.000.000	978.266	1.005.622	1.032.977	1.060.332	1.087.688
12.500.000	1.016.250	1.044.531	1.072.813	1.101.094	1.129.376
13.000.000	1.054.233	1.083.440	1.112.648	1.141.856	1.171.063
13.500.000	1.092.216	1.122.350	1.152.483	1.182.617	1.212.751
14.000.000	1.130.199	1.161.259	1.192.319	1.223.379	1.254.439
14.500.000	1.168.182	1.200.168	1.232.154	1.264.140	1.296.126

§ 16

Honorartafel zu § 16 Abs. 1– Gebäude und raumbildende Ausbauten, Honorarzone IV

Anrechen-bare Kosten Euro	Von-satz Euro	Viertel-satz Euro	Mittel-satz Euro	Drei-, viertel-satz Euro	Bis-satz Euro
15.000.000	**1.206.165**	1.239.077	1.271.990	1.304.902	**1.337.814**
15.500.000	1.241.926	1.275.593	1.309.261	1.342.928	1.376.596
16.000.000	1.277.686	1.312.109	1.346.532	1.380.954	1.415.377
16.500.000	1.313.447	1.348.625	1.383.803	1.418.981	1.454.159
17.000.000	1.349.207	1.385.141	1.421.074	1.457.007	1.492.940
17.500.000	1.384.968	1.421.656	1.458.345	1.495.033	1.531.722
18.000.000	1.420.729	1.458.172	1.495.616	1.533.059	1.570.503
18.500.000	1.456.489	1.494.688	1.532.887	1.571.086	1.609.285
19.000.000	1.492.250	1.531.204	1.570.158	1.609.112	1.648.066
19.500.000	1.528.010	1.567.720	1.607.429	1.647.138	1.686.848
20.000.000	**1.563.771**	1.604.236	1.644.700	1.685.165	**1.725.629**
20.500.000	1.599.895	1.641.143	1.682.390	1.723.638	1.764.885
21.000.000	1.636.019	1.678.050	1.720.080	1.762.111	1.804.142
21.500.000	1.672.143	1.714.957	1.757.771	1.800.584	1.843.398
22.000.000	1.708.267	1.751.864	1.795.461	1.839.058	1.882.654
22.500.000	1.744.392	1.788.771	1.833.151	1.877.531	1.921.911
23.000.000	1.780.516	1.825.678	1.870.841	1.916.004	1.961.167
23.500.000	1.816.640	1.862.586	1.908.531	1.954.477	2.000.423
24.000.000	1.852.764	1.899.493	1.946.222	1.992.951	2.039.679
24.500.000	1.888.888	1.936.400	1.983.912	2.031.424	2.078.936
25.000.000	**1.925.012**	1.973.307	2.021.602	2.069.897	**2.118.192**
25.500.000	1.961.188	2.010.270	2.059.352	2.108.434	2.157.516
25.564.594	**1.965.861**	2.015.045	2.064.229	2.113.412	**2.162.596**

Honorartafel zu § 16 Abs. 1 – Gebäude und raumbildende Ausbauten, Honorarzone V

Anrechen-bare Kosten Euro	Von-satz Euro	Viertel-satz Euro	Mittel-satz Euro	Drei-, viertel-satz Euro	Bis-satz Euro
25.565	4.433	4.540	4.648	4.755	4.862
26.000	4.505	4.614	4.723	4.832	4.941
26.500	4.588	4.699	4.810	4.921	5.032
27.000	4.671	4.784	4.897	5.010	5.123
27.500	4.754	4.869	4.984	5.099	5.215
28.000	4.837	4.954	5.071	5.188	5.306
28.500	4.920	5.039	5.158	5.278	5.397
29.000	5.003	5.124	5.245	5.367	5.488
29.500	5.086	5.209	5.332	5.456	5.579
30.000	5.169	5.294	5.420	5.545	5.670
30.500	5.253	5.381	5.508	5.635	5.762
31.000	5.338	5.467	5.596	5.725	5.855
31.500	5.422	5.553	5.684	5.816	5.947
32.000	5.506	5.639	5.773	5.906	6.039
32.500	5.591	5.726	5.861	5.996	6.132
33.000	5.675	5.812	5.949	6.087	6.224
33.500	5.759	5.898	6.038	6.177	6.316
34.000	5.843	5.985	6.126	6.267	6.408
34.500	5.928	6.071	6.214	6.357	6.501
35.000	6.012	6.157	6.303	6.448	6.593
35.500	6.096	6.243	6.391	6.538	6.685
36.000	6.180	6.329	6.479	6.628	6.777
36.500	6.264	6.415	6.567	6.718	6.869
37.000	6.348	6.502	6.655	6.808	6.961
37.500	6.433	6.588	6.743	6.898	7.053
38.000	6.517	6.674	6.831	6.988	7.145
38.500	6.601	6.760	6.919	7.078	7.237
39.000	6.685	6.846	7.007	7.168	7.329
39.500	6.769	6.932	7.095	7.258	7.421
40.000	6.853	7.018	7.183	7.348	7.513
40.500	6.937	7.104	7.271	7.438	7.605
41.000	7.020	7.189	7.358	7.527	7.696
41.500	7.104	7.275	7.446	7.617	7.788
42.000	7.187	7.360	7.533	7.706	7.879
42.500	7.271	7.446	7.621	7.796	7.971
43.000	7.355	7.532	7.709	7.886	8.063
43.500	7.438	7.617	7.796	7.975	8.154
44.000	7.522	7.703	7.884	8.065	8.246
44.500	7.605	7.788	7.971	8.154	8.337
45.000	7.689	7.874	8.059	8.244	8.429
45.500	7.770	7.957	8.144	8.330	8.517
46.000	7.850	8.039	8.228	8.417	8.606
46.500	7.931	8.122	8.313	8.503	8.694
47.000	8.012	8.204	8.397	8.590	8.782
47.500	8.093	8.287	8.482	8.676	8.871
48.000	8.173	8.370	8.566	8.762	8.959
48.500	8.254	8.452	8.651	8.849	9.047
49.000	8.335	8.535	8.735	8.935	9.135
49.500	8.415	8.617	8.820	9.022	9.224

Honorartafel zu § 16 Abs. 1 – Gebäude und raumbildende Ausbauten, Honorarzone V

Anrechen-bare Kosten Euro	Von-satz Euro	Viertel-satz Euro	Mittel-satz Euro	Drei-, viertel-satz Euro	Bis-satz Euro
50.000	**8.496**	8.700	8.904	9.108	**9.312**
55.000	9.286	9.507	9.729	9.951	10.172
60.000	10.075	10.315	10.554	10.793	11.033
65.000	10.865	11.122	11.379	11.636	11.893
70.000	11.655	11.930	12.204	12.479	12.754
75.000	12.445	12.737	13.029	13.322	13.614
80.000	13.234	13.544	13.854	14.164	14.474
85.000	14.024	14.352	14.679	15.007	15.335
90.000	14.814	15.159	15.504	15.850	16.195
95.000	15.603	15.966	16.329	16.693	17.056
100.000	**16.393**	16.774	17.155	17.535	**17.916**
105.000	17.118	17.514	17.909	18.305	18.701
110.000	17.843	18.254	18.664	19.075	19.485
115.000	18.568	18.994	19.419	19.844	20.270
120.000	19.293	19.734	20.174	20.614	21.054
125.000	20.019	20.474	20.929	21.384	21.839
130.000	20.744	21.213	21.683	22.153	22.623
135.000	21.469	21.953	22.438	22.923	23.408
140.000	22.194	22.693	23.193	23.692	24.192
145.000	22.919	23.433	23.948	24.462	24.977
150.000	**23.644**	24.173	24.703	25.232	**25.761**
155.000	24.306	24.847	25.389	25.930	26.472
160.000	24.968	25.521	26.075	26.629	27.182
165.000	25.630	26.196	26.761	27.327	27.893
170.000	26.292	26.870	27.448	28.026	28.604
175.000	26.954	27.544	28.134	28.724	29.315
180.000	27.615	28.218	28.820	29.423	30.025
185.000	28.277	28.892	29.507	30.121	30.736
190.000	28.939	29.566	30.193	30.820	31.447
195.000	29.601	30.240	30.879	31.518	32.157
200.000	**30.263**	30.914	31.566	32.217	**32.868**
205.000	30.874	31.535	32.196	32.857	33.518
210.000	31.484	32.155	32.826	33.497	34.168
215.000	32.095	32.776	33.456	34.137	34.818
220.000	32.705	33.396	34.087	34.777	35.468
225.000	33.316	34.017	34.717	35.418	36.118
230.000	33.927	34.637	35.347	36.058	36.768
235.000	34.537	35.257	35.978	36.698	37.418
240.000	35.148	35.878	36.608	37.338	38.068
245.000	35.758	36.498	37.238	37.978	38.718
250.000	**36.369**	37.119	37.869	38.618	**39.368**
255.000	36.963	37.725	38.488	39.250	40.012
260.000	37.557	38.332	39.107	39.881	40.656
265.000	38.151	38.938	39.726	40.513	41.300
270.000	38.745	39.545	40.345	41.144	41.944
275.000	39.339	40.151	40.964	41.776	42.588
280.000	39.933	40.758	41.583	42.407	43.232
285.000	40.527	41.364	42.202	43.039	43.876
290.000	41.121	41.971	42.821	43.670	44.520
295.000	41.715	42.577	43.440	44.302	45.164

Honorartafel zu § 16 Abs. 1 – Gebäude und raumbildende Ausbauten, Honorarzone V

Anrechenbare Kosten Euro	Vonsatz Euro	Viertelsatz Euro	Mittelsatz Euro	Drei-, viertelsatz Euro	Bissatz Euro
300.000	**42.309**	43.184	44.059	44.933	**45.808**
305.000	42.891	43.780	44.669	45.558	46.447
310.000	43.473	44.377	45.280	46.183	47.087
315.000	44.056	44.973	45.891	46.808	47.726
320.000	44.638	45.570	46.502	47.433	48.365
325.000	45.220	46.166	47.112	48.058	49.005
330.000	45.802	46.763	47.723	48.683	49.644
335.000	46.384	47.359	48.334	49.308	50.283
340.000	46.967	47.956	48.945	49.933	50.922
345.000	47.549	48.552	49.555	50.558	51.562
350.000	**48.131**	49.149	50.166	51.184	**52.201**
355.000	48.682	49.714	50.746	51.778	52.810
360.000	49.232	50.279	51.325	52.372	53.418
365.000	49.783	50.844	51.905	52.966	54.027
370.000	50.333	51.409	52.484	53.560	54.635
375.000	50.884	51.974	53.064	54.154	55.244
380.000	51.435	52.539	53.644	54.748	55.853
385.000	51.985	53.104	54.223	55.342	56.461
390.000	52.536	53.669	54.803	55.936	57.070
395.000	53.086	54.234	55.382	56.530	57.678
400.000	**53.637**	54.800	55.962	57.125	**58.287**
405.000	54.155	55.333	56.510	57.687	58.864
410.000	54.674	55.866	57.058	58.249	59.441
415.000	55.192	56.399	57.605	58.812	60.019
420.000	55.710	56.932	58.153	59.374	60.596
425.000	56.229	57.465	58.701	59.937	61.173
430.000	56.747	57.998	59.249	60.499	61.750
435.000	57.265	58.531	59.796	61.062	62.327
440.000	57.783	59.064	60.344	61.624	62.905
445.000	58.302	59.597	60.892	62.187	63.482
450.000	**58.820**	60.130	61.440	62.749	**64.059**
455.000	59.301	60.625	61.949	63.274	64.598
460.000	59.782	61.121	62.459	63.798	65.137
465.000	60.263	61.616	62.969	64.322	65.675
470.000	60.744	62.112	63.479	64.847	66.214
475.000	61.226	62.607	63.989	65.371	66.753
480.000	61.707	63.103	64.499	65.896	67.292
485.000	62.188	63.598	65.009	66.420	67.831
490.000	62.669	64.094	65.519	66.944	68.369
495.000	63.150	64.589	66.029	67.469	68.908
500.000	**63.631**	65.085	66.539	67.993	**69.447**
550.000	68.602	70.167	71.731	73.296	74.861
600.000	73.573	75.248	76.923	78.599	80.274
650.000	78.544	80.330	82.116	83.902	85.688
700.000	83.515	85.411	87.308	89.204	91.101
750.000	88.486	90.493	92.500	94.507	96.515
800.000	93.456	95.574	97.692	99.810	101.928
850.000	98.427	100.656	102.884	105.113	107.342
900.000	103.398	105.737	108.077	110.416	112.755
950.000	108.369	110.819	113.269	115.719	118.169

Honorartafel zu § 16 Abs. 1 – Gebäude und raumbildende Ausbauten, Honorarzone V

Anrechen-bare Kosten Euro	Von-satz Euro	Viertel-satz Euro	Mittel-satz Euro	Drei-, viertel-satz Euro	Bis-satz Euro
1.000.000	**113.340**	115.901	118.461	121.022	**123.582**
1.050.000	118.317	120.987	123.657	126.328	128.998
1.100.000	123.293	126.073	128.854	131.634	134.414
1.150.000	128.270	131.160	134.050	136.940	139.830
1.200.000	133.246	136.246	139.246	142.246	145.246
1.250.000	138.223	141.332	144.442	147.552	150.662
1.300.000	143.199	146.419	149.639	152.858	156.078
1.350.000	148.176	151.505	154.835	158.164	161.494
1.400.000	153.152	156.592	160.031	163.471	166.910
1.450.000	158.129	161.678	165.227	168.777	172.326
1.500.000	**163.105**	166.764	170.424	174.083	**177.742**
1.550.000	168.077	171.846	175.615	179.384	183.153
1.600.000	173.049	176.927	180.806	184.685	188.564
1.650.000	178.020	182.009	185.998	189.986	193.975
1.700.000	182.992	187.091	191.189	195.287	199.386
1.750.000	187.964	192.172	196.380	200.588	204.797
1.800.000	192.936	197.254	201.572	205.890	210.207
1.850.000	197.908	202.335	206.763	211.191	215.618
1.900.000	202.879	207.417	211.954	216.492	221.029
1.950.000	207.851	212.498	217.146	221.793	226.440
2.000.000	**212.823**	217.580	222.337	227.094	**231.851**
2.050.000	217.799	222.666	227.533	232.400	237.267
2.100.000	222.775	227.752	232.729	237.705	242.682
2.150.000	227.751	232.838	237.924	243.011	248.098
2.200.000	232.727	237.924	243.120	248.317	253.513
2.250.000	237.704	243.010	248.316	253.622	258.929
2.300.000	242.680	248.096	253.512	258.928	264.344
2.350.000	247.656	253.182	258.708	264.234	269.760
2.400.000	252.632	258.268	263.903	269.539	275.175
2.450.000	257.608	263.354	269.099	274.845	280.591
2.500.000	**262.584**	268.440	274.295	280.151	**286.006**
2.550.000	266.920	272.853	278.786	284.719	290.652
2.600.000	271.255	277.266	283.276	289.287	295.297
2.650.000	275.591	281.679	287.767	293.855	299.943
2.700.000	279.926	286.092	292.257	298.423	304.588
2.750.000	284.262	290.505	296.748	302.991	309.234
2.800.000	288.598	294.918	301.239	307.559	313.880
2.850.000	292.933	299.331	305.729	312.127	318.525
2.900.000	297.269	303.744	310.220	316.695	323.171
2.950.000	301.604	308.157	314.710	321.263	327.816
3.000.000	**305.940**	312.571	319.201	325.832	**332.462**
3.050.000	310.195	316.898	323.602	330.306	337.010
3.100.000	314.450	321.226	328.003	334.780	341.557
3.150.000	318.704	325.554	332.404	339.254	346.105
3.200.000	322.959	329.882	336.806	343.729	350.652
3.250.000	327.214	334.210	341.207	348.203	355.200
3.300.000	331.469	338.538	345.608	352.677	359.747
3.350.000	335.724	342.866	350.009	357.152	364.295
3.400.000	339.978	347.194	354.410	361.626	368.842
3.450.000	344.233	351.522	358.811	366.100	373.390

Honorartafel zu § 16 Abs. 1 – Gebäude und raumbildende Ausbauten, Honorarzone V

Anrechenbare Kosten Euro	Vonsatz Euro	Viertelsatz Euro	Mittelsatz Euro	Drei-, viertelsatz Euro	Bissatz Euro
3.500.000	**348.488**	355.850	363.213	370.575	**377.937**
3.550.000	352.742	360.178	367.613	375.049	382.484
3.600.000	356.996	364.505	372.014	379.522	387.031
3.650.000	361.251	368.832	376.414	383.996	391.578
3.700.000	365.505	373.160	380.815	388.470	396.125
3.750.000	369.759	377.487	385.216	392.944	400.672
3.800.000	374.013	381.815	389.616	397.418	405.219
3.850.000	378.267	386.142	394.017	401.891	409.766
3.900.000	382.522	390.469	398.417	406.365	414.313
3.950.000	386.776	394.797	402.818	410.839	418.860
4.000.000	**391.030**	399.124	407.219	415.313	**423.407**
4.050.000	395.284	403.452	411.619	419.787	427.954
4.100.000	399.539	407.780	416.020	424.261	432.502
4.150.000	403.793	412.107	420.421	428.735	437.049
4.200.000	408.048	416.435	424.822	433.209	441.597
4.250.000	412.302	420.763	429.223	437.684	446.144
4.300.000	416.556	425.090	433.624	442.158	450.691
4.350.000	420.811	429.418	438.025	446.632	455.239
4.400.000	425.065	433.745	442.426	451.106	459.786
4.450.000	429.320	438.073	446.827	455.580	464.334
4.500.000	**433.574**	442.401	451.228	460.054	**468.881**
4.550.000	437.829	446.729	455.629	464.529	473.429
4.600.000	442.083	451.056	460.030	469.003	477.976
4.650.000	446.338	455.384	464.431	473.477	482.524
4.700.000	450.592	459.712	468.832	477.951	487.071
4.750.000	454.847	464.040	473.233	482.426	491.619
4.800.000	459.101	468.367	477.634	486.900	496.166
4.850.000	463.356	472.695	482.035	491.374	500.714
4.900.000	467.610	477.023	486.436	495.848	505.261
4.950.000	471.865	481.351	490.837	500.323	509.809
5.000.000	**476.119**	485.678	495.238	504.797	**514.356**
5.500.000	520.601	530.978	541.355	551.732	562.109
6.000.000	565.083	576.278	587.473	598.668	609.863
6.500.000	609.564	621.577	633.590	645.603	657.616
7.000.000	654.046	666.877	679.708	692.539	705.370
7.500.000	698.528	712.177	725.826	739.474	753.123
8.000.000	743.010	757.476	771.943	786.410	800.876
8.500.000	787.492	802.776	818.061	833.345	848.630
9.000.000	831.973	848.076	864.178	880.281	896.383
9.500.000	876.455	893.376	910.296	927.216	944.137
10.000.000	**920.937**	938.675	956.414	974.152	**991.890**
10.500.000	962.625	981.058	999.490	1.017.923	1.036.356
11.000.000	1.004.312	1.023.440	1.042.567	1.061.695	1.080.822
11.500.000	1.046.000	1.065.822	1.085.644	1.105.466	1.125.288
12.000.000	1.087.688	1.108.204	1.128.721	1.149.237	1.169.754
12.500.000	1.129.376	1.150.587	1.171.798	1.193.009	1.214.220
13.000.000	1.171.063	1.192.969	1.214.875	1.236.780	1.258.686
13.500.000	1.212.751	1.235.351	1.257.951	1.280.552	1.303.152
14.000.000	1.254.439	1.277.733	1.301.028	1.324.323	1.347.618
14.500.000	1.296.126	1.320.116	1.344.105	1.368.095	1.392.084

Honorartafel zu § 16 Abs. 1– Gebäude und raumbildende Ausbauten, Honorarzone V

Anrechen-bare Kosten Euro	Von-satz Euro	Viertel-satz Euro	Mittel-satz Euro	Drei-, viertel-satz Euro	Bis-satz Euro
15.000.000	**1.337.814**	1.362.498	1.387.182	1.411.866	**1.436.550**
15.500.000	1.376.596	1.401.846	1.427.096	1.452.347	1.477.597
16.000.000	1.415.377	1.441.194	1.467.011	1.492.827	1.518.644
16.500.000	1.454.159	1.480.542	1.506.925	1.533.308	1.559.691
17.000.000	1.492.940	1.519.890	1.546.839	1.573.789	1.600.738
17.500.000	1.531.722	1.559.237	1.586.753	1.614.269	1.641.785
18.000.000	1.570.503	1.598.585	1.626.668	1.654.750	1.682.832
18.500.000	1.609.285	1.637.933	1.666.582	1.695.230	1.723.879
19.000.000	1.648.066	1.677.281	1.706.496	1.735.711	1.764.926
19.500.000	1.686.848	1.716.629	1.746.410	1.776.192	1.805.973
20.000.000	**1.725.629**	1.755.977	1.786.325	1.816.672	**1.847.020**
20.500.000	1.764.885	1.795.820	1.826.755	1.857.690	1.888.626
21.000.000	1.804.142	1.835.664	1.867.186	1.898.709	1.930.231
21.500.000	1.843.398	1.875.508	1.907.617	1.939.727	1.971.837
22.000.000	1.882.654	1.915.351	1.948.048	1.980.745	2.013.442
22.500.000	1.921.911	1.955.195	1.988.479	2.021.763	2.055.048
23.000.000	1.961.167	1.995.038	2.028.910	2.062.781	2.096.653
23.500.000	2.000.423	2.034.882	2.069.341	2.103.800	2.138.259
24.000.000	2.039.679	2.074.726	2.109.772	2.144.818	2.179.864
24.500.000	2.078.936	2.114.569	2.150.203	2.185.836	2.221.470
25.000.000	**2.118.192**	2.154.413	2.190.634	2.226.854	**2.263.075**
25.500.000	2.157.516	2.194.327	2.231.138	2.267.949	2.304.760
25.564.594	**2.162.596**	2.199.483	2.236.371	2.273.258	**2.310.145**

Honorartafel zu § 17 Abs. 1 – Freianlagen, Honorarzone I

Anrechenbare Kosten Euro	Vonsatz Euro	Viertelsatz Euro	Mittelsatz Euro	Drei-, viertelsatz Euro	Bissatz Euro
20.452	**2.374**	2.509	2.644	2.779	**2.914**
20.500	2.380	2.515	2.650	2.785	2.921
21.000	2.437	2.575	2.714	2.852	2.990
21.500	2.494	2.636	2.777	2.918	3.060
22.000	2.552	2.696	2.841	2.985	3.129
22.500	2.609	2.757	2.904	3.052	3.199
23.000	2.666	2.817	2.968	3.118	3.269
23.500	2.724	2.877	3.031	3.185	3.338
24.000	2.781	2.938	3.095	3.251	3.408
24.500	2.839	2.998	3.158	3.318	3.477
25.000	**2.896**	3.059	3.222	3.384	**3.547**
25.500	2.952	3.118	3.283	3.449	3.615
26.000	3.007	3.176	3.345	3.514	3.683
26.500	3.063	3.235	3.407	3.579	3.751
27.000	3.119	3.294	3.469	3.644	3.819
27.500	3.175	3.353	3.531	3.709	3.888
28.000	3.230	3.412	3.593	3.774	3.956
28.500	3.286	3.470	3.655	3.839	4.024
29.000	3.342	3.529	3.717	3.904	4.092
29.500	3.397	3.588	3.779	3.969	4.160
30.000	**3.453**	3.647	3.841	4.034	**4.228**
30.500	3.509	3.705	3.902	4.099	4.296
31.000	3.564	3.764	3.964	4.163	4.363
31.500	3.620	3.822	4.025	4.228	4.431
32.000	3.675	3.881	4.087	4.293	4.498
32.500	3.731	3.939	4.148	4.357	4.566
33.000	3.786	3.998	4.210	4.422	4.634
33.500	3.842	4.056	4.271	4.486	4.701
34.000	3.897	4.115	4.333	4.551	4.769
34.500	3.953	4.173	4.394	4.615	4.836
35.000	**4.008**	4.232	4.456	4.680	**4.904**
35.500	4.063	4.290	4.517	4.744	4.971
36.000	4.118	4.348	4.578	4.808	5.038
36.500	4.173	4.406	4.639	4.872	5.105
37.000	4.228	4.464	4.700	4.936	5.172
37.500	4.284	4.523	4.762	5.001	5.240
38.000	4.339	4.581	4.823	5.065	5.307
38.500	4.394	4.639	4.884	5.129	5.374
39.000	4.449	4.697	4.945	5.193	5.441
39.500	4.504	4.755	5.006	5.257	5.508
40.000	**4.559**	4.813	5.067	5.321	**5.575**
40.500	4.613	4.870	5.127	5.384	5.641
41.000	4.667	4.927	5.187	5.447	5.707
41.500	4.721	4.984	5.247	5.511	5.774
42.000	4.775	5.042	5.308	5.574	5.840
42.500	4.830	5.099	5.368	5.637	5.906
43.000	4.884	5.156	5.428	5.700	5.972
43.500	4.938	5.213	5.488	5.763	6.038
44.000	4.992	5.270	5.548	5.826	6.105
44.500	5.046	5.327	5.608	5.890	6.171

Anrechen-bare Kosten Euro	Von-satz Euro	Viertel-satz Euro	Mittel-satz Euro	Drei-, viertel-satz Euro	Bis-satz Euro
45.000	**5.100**	5.384	5.669	5.953	**6.237**
45.500	5.154	5.441	5.728	6.015	6.302
46.000	5.207	5.497	5.787	6.077	6.367
46.500	5.261	5.554	5.847	6.140	6.433
47.000	5.314	5.610	5.906	6.202	6.498
47.500	5.368	5.667	5.966	6.264	6.563
48.000	5.422	5.723	6.025	6.327	6.628
48.500	5.475	5.780	6.084	6.389	6.693
49.000	5.529	5.836	6.144	6.451	6.759
49.500	5.582	5.893	6.203	6.513	6.824
50.000	**5.636**	5.949	6.263	6.576	**6.889**
55.000	6.139	6.479	6.818	7.158	7.498
60.000	6.642	7.008	7.374	7.741	8.107
65.000	7.144	7.537	7.930	8.323	8.716
70.000	7.647	8.067	8.486	8.905	9.325
75.000	8.150	8.596	9.042	9.488	9.934
80.000	8.653	9.125	9.598	10.070	10.542
85.000	9.156	9.655	10.153	10.652	11.151
90.000	9.658	10.184	10.709	11.235	11.760
95.000	10.161	10.713	11.265	11.817	12.369
100.000	**10.664**	11.243	11.821	12.400	**12.978**
105.000	11.106	11.706	12.307	12.907	13.508
110.000	11.548	12.170	12.793	13.415	14.037
115.000	11.989	12.634	13.278	13.923	14.567
120.000	12.431	13.098	13.764	14.430	15.097
125.000	12.873	13.561	14.250	14.938	15.627
130.000	13.315	14.025	14.736	15.446	16.156
135.000	13.757	14.489	15.221	15.954	16.686
140.000	14.198	14.953	15.707	16.461	17.216
145.000	14.640	15.416	16.193	16.969	17.745
150.000	**15.082**	15.880	16.679	17.477	**18.275**
155.000	15.466	16.282	17.097	17.913	18.728
160.000	15.850	16.683	17.516	18.349	19.182
165.000	16.234	17.084	17.934	18.785	19.635
170.000	16.618	17.486	18.353	19.221	20.088
175.000	17.002	17.887	18.772	19.657	20.542
180.000	17.386	18.288	19.190	20.093	20.995
185.000	17.770	18.690	19.609	20.529	21.448
190.000	18.154	19.091	20.028	20.965	21.901
195.000	18.538	19.492	20.446	21.401	22.355
200.000	**18.922**	19.894	20.865	21.837	**22.808**
205.000	19.245	20.229	21.213	22.197	23.181
210.000	19.567	20.564	21.561	22.558	23.555
215.000	19.890	20.900	21.909	22.919	23.928
220.000	20.213	21.235	22.257	23.279	24.302
225.000	20.536	21.570	22.605	23.640	24.675
230.000	20.858	21.906	22.953	24.001	25.048
235.000	21.181	22.241	23.301	24.362	25.422
240.000	21.504	22.577	23.649	24.722	25.795
245.000	21.826	22.912	23.997	25.083	26.169

Honorartafel zu § 17 Abs. 1 – Freianlagen, Honorarzone I

Anrechen- bare Kosten Euro	Von- satz Euro	Viertel- satz Euro	Mittel- satz Euro	Drei-, viertel- satz Euro	Bis- satz Euro
250.000	**22.149**	23.247	24.346	25.444	**26.542**
255.000	22.575	23.687	24.798	25.910	27.022
260.000	23.001	24.126	25.251	26.376	27.501
265.000	23.427	24.566	25.704	26.842	27.981
270.000	23.853	25.005	26.157	27.308	28.460
275.000	24.280	25.445	26.610	27.775	28.940
280.000	24.706	25.884	27.062	28.241	29.419
285.000	25.132	26.323	27.515	28.707	29.899
290.000	25.558	26.763	27.968	29.173	30.378
295.000	25.984	27.202	28.421	29.639	30.858
300.000	**26.410**	27.642	28.874	30.105	**31.337**
305.000	26.851	28.093	29.336	30.579	31.822
310.000	27.291	28.545	29.799	31.053	32.307
315.000	27.732	28.997	30.262	31.527	32.792
320.000	28.172	29.448	30.725	32.001	33.277
325.000	28.613	29.900	31.187	32.475	33.762
330.000	29.053	30.352	31.650	32.949	34.247
335.000	29.494	30.803	32.113	33.422	34.732
340.000	29.934	31.255	32.576	33.896	35.217
345.000	30.375	31.706	33.038	34.370	35.702
350.000	**30.815**	32.158	33.501	34.844	**36.187**
355.000	31.255	32.607	33.958	35.310	36.662
360.000	31.695	33.055	34.416	35.776	37.136
365.000	32.135	33.504	34.873	36.242	37.611
370.000	32.575	33.953	35.330	36.708	38.085
375.000	33.015	34.401	35.788	37.174	38.560
380.000	33.455	34.850	36.245	37.640	39.035
385.000	33.895	35.299	36.702	38.106	39.509
390.000	34.335	35.747	37.159	38.572	39.984
395.000	34.775	36.196	37.617	39.038	40.458
400.000	**35.215**	36.645	38.074	39.504	**40.933**
405.000	35.655	37.091	38.526	39.961	41.396
410.000	36.096	37.537	38.978	40.419	41.859
415.000	36.536	37.983	39.429	40.876	42.323
420.000	36.977	38.429	39.881	41.334	42.786
425.000	37.417	38.875	40.333	41.791	43.249
430.000	37.857	39.321	40.785	42.249	43.712
435.000	38.298	39.767	41.237	42.706	44.175
440.000	38.738	40.213	41.688	43.164	44.639
445.000	39.179	40.659	42.140	43.621	45.102
450.000	**39.619**	41.106	42.592	44.079	**45.565**
455.000	40.059	41.548	43.038	44.527	46.017
460.000	40.498	41.991	43.484	44.976	46.469
465.000	40.938	42.434	43.929	45.425	46.920
470.000	41.378	42.876	44.375	45.874	47.372
475.000	41.818	43.319	44.821	46.322	47.824
480.000	42.257	43.762	45.267	46.771	48.276
485.000	42.697	44.205	45.712	47.220	48.728
490.000	43.137	44.647	46.158	47.669	49.179
495.000	43.576	45.090	46.604	48.117	49.631

Honorartafel zu § 17 Abs. 1 – Freianlagen, Honorarzone I

Anrechen-bare Kosten Euro	Von-satz Euro	Viertel-satz Euro	Mittel-satz Euro	Drei-, viertel-satz Euro	Bis-satz Euro
500.000	**44.016**	45.533	47.050	48.566	**50.083**
550.000	48.418	50.015	51.611	53.208	54.804
600.000	52.820	54.496	56.173	57.849	59.526
650.000	57.222	58.978	60.734	62.491	64.247
700.000	61.624	63.460	65.296	67.132	68.968
750.000	66.026	67.942	69.858	71.774	73.690
800.000	70.427	72.423	74.419	76.415	78.411
850.000	74.829	76.905	78.981	81.056	83.132
900.000	79.231	81.387	83.542	85.698	87.853
950.000	83.633	85.869	88.104	90.339	92.575
1.000.000	**88.035**	90.350	92.666	94.981	**97.296**
1.050.000	92.437	94.848	97.260	99.672	102.084
1.100.000	96.838	99.346	101.855	104.363	106.871
1.150.000	101.240	103.844	106.449	109.054	111.659
1.200.000	105.641	108.342	111.044	113.745	116.446
1.250.000	110.043	112.840	115.638	118.436	121.234
1.300.000	114.444	117.338	120.233	123.127	126.022
1.350.000	118.846	121.836	124.827	127.818	130.809
1.400.000	123.247	126.334	129.422	132.509	135.597
1.450.000	127.649	130.832	134.016	137.200	140.384
1.500.000	**132.050**	135.331	138.611	141.892	**145.172**
1.533.876	**135.032**	138.379	141.725	145.072	**148.418**

Honorartafel zu § 17 Abs. 1 – Freianlagen, Honorarzone II

Anrechen- bare Kosten Euro	Von- satz Euro	Viertel- satz Euro	Mittel- satz Euro	Drei-, viertel- satz Euro	Bis- satz Euro
20.452	**2.914**	3.092	3.270	3.447	**3.625**
20.500	2.921	3.099	3.277	3.455	3.633
21.000	2.990	3.173	3.355	3.537	3.720
21.500	3.060	3.246	3.433	3.620	3.806
22.000	3.129	3.320	3.511	3.702	3.893
22.500	3.199	3.394	3.589	3.784	3.979
23.000	3.269	3.468	3.667	3.867	4.066
23.500	3.338	3.542	3.745	3.949	4.152
24.000	3.408	3.616	3.823	4.031	4.239
24.500	3.477	3.689	3.901	4.113	4.325
25.000	**3.547**	3.763	3.980	4.196	**4.412**
25.500	3.615	3.836	4.056	4.276	4.497
26.000	3.683	3.908	4.132	4.357	4.581
26.500	3.751	3.980	4.209	4.437	4.666
27.000	3.819	4.052	4.285	4.518	4.751
27.500	3.888	4.125	4.362	4.599	4.836
28.000	3.956	4.197	4.438	4.679	4.920
28.500	4.024	4.269	4.514	4.760	5.005
29.000	4.092	4.341	4.591	4.840	5.090
29.500	4.160	4.414	4.667	4.921	5.174
30.000	**4.228**	4.486	4.744	5.001	**5.259**
30.500	4.296	4.557	4.819	5.081	5.343
31.000	4.363	4.629	4.895	5.161	5.427
31.500	4.431	4.701	4.971	5.241	5.511
32.000	4.498	4.773	5.047	5.321	5.595
32.500	4.566	4.844	5.123	5.401	5.680
33.000	4.634	4.916	5.199	5.481	5.764
33.500	4.701	4.988	5.274	5.561	5.848
34.000	4.769	5.060	5.350	5.641	5.932
34.500	4.836	5.131	5.426	5.721	6.016
35.000	**4.904**	5.203	5.502	5.801	**6.100**
35.500	4.971	5.274	5.577	5.880	6.183
36.000	5.038	5.345	5.652	5.959	6.266
36.500	5.105	5.416	5.727	6.038	6.349
37.000	5.172	5.487	5.802	6.117	6.432
37.500	5.240	5.559	5.878	6.197	6.516
38.000	5.307	5.630	5.953	6.276	6.599
38.500	5.374	5.701	6.028	6.355	6.682
39.000	5.441	5.772	6.103	6.434	6.765
39.500	5.508	5.843	6.178	6.513	6.848
40.000	**5.575**	5.914	6.253	6.592	**6.931**
40.500	5.641	5.984	6.327	6.670	7.013
41.000	5.707	6.054	6.401	6.748	7.095
41.500	5.774	6.124	6.475	6.826	7.176
42.000	5.840	6.194	6.549	6.904	7.258
42.500	5.906	6.265	6.623	6.982	7.340
43.000	5.972	6.335	6.697	7.059	7.422
43.500	6.038	6.405	6.771	7.137	7.504
44.000	6.105	6.475	6.845	7.215	7.585
44.500	6.171	6.545	6.919	7.293	7.667

Honorartafel zu § 17 Abs. 1 – Freianlagen, Honorarzone II

Anrechen- bare Kosten Euro	Von- satz Euro	Viertel- satz Euro	Mittel- satz Euro	Drei-, viertel- satz Euro	Bis- satz Euro
45.000	**6.237**	6.615	6.993	7.371	**7.749**
45.500	6.302	6.684	7.066	7.448	7.830
46.000	6.367	6.753	7.139	7.525	7.910
46.500	6.433	6.822	7.212	7.601	7.991
47.000	6.498	6.891	7.285	7.678	8.072
47.500	6.563	6.960	7.358	7.755	8.153
48.000	6.628	7.029	7.431	7.832	8.233
48.500	6.693	7.099	7.504	7.909	8.314
49.000	6.759	7.168	7.577	7.986	8.395
49.500	6.824	7.237	7.650	8.062	8.475
50.000	**6.889**	7.306	7.723	8.139	**8.556**
55.000	7.498	7.950	8.402	8.854	9.306
60.000	8.107	8.594	9.082	9.569	10.057
65.000	8.716	9.239	9.761	10.284	10.807
70.000	9.325	9.883	10.441	10.999	11.557
75.000	9.934	10.527	11.121	11.714	12.308
80.000	10.542	11.171	11.800	12.429	13.058
85.000	11.151	11.816	12.480	13.144	13.808
90.000	11.760	12.460	13.159	13.859	14.558
95.000	12.369	13.104	13.839	14.574	15.309
100.000	**12.978**	13.748	14.519	15.289	**16.059**
105.000	13.508	14.307	15.107	15.907	16.706
110.000	14.037	14.866	15.696	16.525	17.354
115.000	14.567	15.426	16.284	17.142	18.001
120.000	15.097	15.985	16.873	17.760	18.648
125.000	15.627	16.544	17.461	18.378	19.296
130.000	16.156	17.103	18.050	18.996	19.943
135.000	16.686	17.662	18.638	19.614	20.590
140.000	17.216	18.221	19.227	20.232	21.237
145.000	17.745	18.780	19.815	20.850	21.885
150.000	**18.275**	19.339	20.404	21.468	**22.532**
155.000	18.728	19.816	20.903	21.990	23.077
160.000	19.182	20.292	21.402	22.512	23.622
165.000	19.635	20.768	21.901	23.034	24.167
170.000	20.088	21.244	22.400	23.556	24.712
175.000	20.542	21.721	22.900	24.079	25.258
180.000	20.995	22.197	23.399	24.601	25.803
185.000	21.448	22.673	23.898	25.123	26.348
190.000	21.901	23.149	24.397	25.645	26.893
195.000	22.355	23.626	24.896	26.167	27.438
200.000	**22.808**	24.102	25.396	26.689	**27.983**
205.000	23.181	24.492	25.803	27.114	28.425
210.000	23.555	24.883	26.210	27.538	28.866
215.000	23.928	25.273	26.618	27.963	29.308
220.000	24.302	25.663	27.025	28.387	29.749
225.000	24.675	26.054	27.433	28.812	30.191
230.000	25.048	26.444	27.840	29.236	30.632
235.000	25.422	26.835	28.248	29.661	31.074
240.000	25.795	27.225	28.655	30.085	31.515
245.000	26.169	27.616	29.063	30.510	31.957

Honorartafel zu § 17 Abs. 1 – Freianlagen, Honorarzone II

Anrechen-bare Kosten Euro	Von-satz Euro	Viertel-satz Euro	Mittel-satz Euro	Drei-, viertel-satz Euro	Bis-satz Euro
250.000	26.542	28.006	29.470	30.934	32.398
255.000	27.022	28.503	29.985	31.467	32.949
260.000	27.501	29.001	30.500	32.000	33.499
265.000	27.981	29.498	31.015	32.532	34.050
270.000	28.460	29.995	31.530	33.065	34.600
275.000	28.940	30.492	32.045	33.598	35.151
280.000	29.419	30.990	32.560	34.131	35.701
285.000	29.899	31.487	33.075	34.663	36.252
290.000	30.378	31.984	33.590	35.196	36.802
295.000	30.858	32.481	34.105	35.729	37.353
300.000	31.337	32.979	34.620	36.262	37.903
305.000	31.822	33.478	35.135	36.791	38.448
310.000	32.307	33.978	35.650	37.321	38.992
315.000	32.792	34.478	36.165	37.851	39.537
320.000	33.277	34.978	36.679	38.381	40.082
325.000	33.762	35.478	37.194	38.910	40.627
330.000	34.247	35.978	37.709	39.440	41.171
335.000	34.732	36.478	38.224	39.970	41.716
340.000	35.217	36.978	38.739	40.500	42.261
345.000	35.702	37.478	39.254	41.029	42.805
350.000	36.187	37.978	39.769	41.559	43.350
355.000	36.662	38.464	40.266	42.068	43.871
360.000	37.136	38.950	40.764	42.577	44.391
365.000	37.611	39.436	41.261	43.086	44.912
370.000	38.085	39.922	41.759	43.595	45.432
375.000	38.560	40.408	42.256	44.104	45.953
380.000	39.035	40.894	42.754	44.613	46.473
385.000	39.509	41.380	43.251	45.122	46.994
390.000	39.984	41.866	43.749	45.631	47.514
395.000	40.458	42.352	44.246	46.140	48.035
400.000	40.933	42.839	44.744	46.650	48.555
405.000	41.396	43.309	45.222	47.135	49.049
410.000	41.859	43.780	45.701	47.621	49.542
415.000	42.323	44.251	46.179	48.107	50.036
420.000	42.786	44.722	46.657	48.593	50.529
425.000	43.249	45.192	47.136	49.079	51.023
430.000	43.712	45.663	47.614	49.565	51.516
435.000	44.175	46.134	48.092	50.051	52.010
440.000	44.639	46.605	48.571	50.537	52.503
445.000	45.102	47.075	49.049	51.023	52.997
450.000	45.565	47.546	49.528	51.509	53.490
455.000	46.017	48.002	49.988	51.973	53.958
460.000	46.469	48.458	50.448	52.437	54.426
465.000	46.920	48.914	50.908	52.901	54.895
470.000	47.372	49.370	51.368	53.365	55.363
475.000	47.824	49.826	51.828	53.829	55.831
480.000	48.276	50.282	52.288	54.293	56.299
485.000	48.728	50.738	52.748	54.757	56.767
490.000	49.179	51.193	53.208	55.222	57.236
495.000	49.631	51.649	53.668	55.686	57.704

Anrechen-bare Kosten Euro	Von-satz Euro	Viertel-satz Euro	Mittel-satz Euro	Drei-, viertel-satz Euro	Bis-satz Euro
500.000	**50.083**	52.105	54.128	56.150	**58.172**
550.000	54.804	56.933	59.062	61.190	63.319
600.000	59.526	61.761	63.996	66.231	68.466
650.000	64.247	66.589	68.930	71.272	73.613
700.000	68.968	71.416	73.864	76.312	78.760
750.000	73.690	76.244	78.799	81.353	83.908
800.000	78.411	81.072	83.733	86.394	89.055
850.000	83.132	85.900	88.667	91.434	94.202
900.000	87.853	90.727	93.601	96.475	99.349
950.000	92.575	95.555	98.535	101.516	104.496
1.000.000	**97.296**	100.383	103.470	106.556	**109.643**
1.050.000	102.084	105.299	108.515	111.730	114.946
1.100.000	106.871	110.216	113.560	116.904	120.248
1.150.000	111.659	115.132	118.605	122.078	125.551
1.200.000	116.446	120.048	123.650	127.252	130.854
1.250.000	121.234	124.965	128.695	132.426	136.157
1.300.000	126.022	129.881	133.740	137.600	141.459
1.350.000	130.809	134.797	138.786	142.774	146.762
1.400.000	135.597	139.714	143.831	147.948	152.065
1.450.000	140.384	144.630	148.876	153.122	157.367
1.500.000	**145.172**	149.547	153.921	158.296	**162.670**
1.533.876	**148.418**	152.880	157.343	161.805	**166.267**

Honorartafel zu § 17 Abs. 1 – Freianlagen, Honorarzone III

Anrechen-bare Kosten Euro	Von-satz Euro	Viertel-satz Euro	Mittel-satz Euro	Drei-, viertel-satz Euro	Bis-satz Euro
20.452	**3.625**	3.892	4.160	4.427	**4.694**
20.500	3.633	3.901	4.169	4.437	4.705
21.000	3.720	3.994	4.268	4.542	4.816
21.500	3.806	4.087	4.367	4.647	4.928
22.000	3.893	4.179	4.466	4.753	5.039
22.500	3.979	4.272	4.565	4.858	5.151
23.000	4.066	4.365	4.664	4.963	5.262
23.500	4.152	4.458	4.763	5.068	5.374
24.000	4.239	4.550	4.862	5.174	5.485
24.500	4.325	4.643	4.961	5.279	5.597
25.000	**4.412**	4.736	5.060	5.384	**5.708**
25.500	4.497	4.827	5.157	5.487	5.818
26.000	4.581	4.918	5.254	5.591	5.927
26.500	4.666	5.009	5.352	5.694	6.037
27.000	4.751	5.100	5.449	5.798	6.147
27.500	4.836	5.191	5.546	5.901	6.257
28.000	4.920	5.282	5.643	6.005	6.366
28.500	5.005	5.373	5.740	6.108	6.476
29.000	5.090	5.464	5.838	6.212	6.586
29.500	5.174	5.555	5.935	6.315	6.695
30.000	**5.259**	5.646	6.032	6.419	**6.805**
30.500	5.343	5.736	6.128	6.521	6.913
31.000	5.427	5.826	6.224	6.623	7.021
31.500	5.511	5.916	6.320	6.725	7.130
32.000	5.595	6.006	6.417	6.827	7.238
32.500	5.680	6.096	6.513	6.929	7.346
33.000	5.764	6.186	6.609	7.032	7.454
33.500	5.848	6.276	6.705	7.134	7.562
34.000	5.932	6.367	6.801	7.236	7.671
34.500	6.016	6.457	6.897	7.338	7.779
35.000	**6.100**	6.547	6.994	**7.440**	**7.887**
35.500	6.183	6.636	7.089	7.541	7.994
36.000	6.266	6.725	7.184	7.643	8.101
36.500	6.349	6.814	7.279	7.744	8.209
37.000	6.432	6.903	7.374	7.845	8.316
37.500	6.516	6.992	7.469	7.946	8.423
38.000	6.599	7.082	7.564	8.047	8.530
38.500	6.682	7.171	7.660	8.148	8.637
39.000	6.765	7.260	7.755	8.250	8.745
39.500	6.848	7.349	7.850	8.351	8.852
40.000	**6.931**	7.438	7.945	8.452	**8.959**
40.500	7.013	7.526	8.039	8.552	9.065
41.000	7.095	7.614	8.133	8.652	9.171
41.500	7.176	7.701	8.226	8.751	9.276
42.000	7.258	7.789	8.320	8.851	9.382
42.500	7.340	7.877	8.414	8.951	9.488
43.000	7.422	7.965	8.508	9.051	9.594
43.500	7.504	8.053	8.602	9.151	9.700
44.000	7.585	8.140	8.695	9.250	9.805
44.500	7.667	8.228	8.789	9.350	9.911

Anrechen-bare Kosten Euro	Von-satz Euro	Viertel-satz Euro	Mittel-satz Euro	Drei-, viertel-satz Euro	Bis-satz Euro
45.000	**7.749**	8.316	8.883	9.450	**10.017**
45.500	7.830	8.403	8.975	9.548	10.121
46.000	7.910	8.489	9.068	9.646	10.225
46.500	7.991	8.576	9.160	9.744	10.329
47.000	8.072	8.662	9.252	9.842	10.433
47.500	8.153	8.749	9.345	9.941	10.537
48.000	8.233	8.835	9.437	10.039	10.640
48.500	8.314	8.922	9.529	10.137	10.744
49.000	8.395	9.008	9.621	10.235	10.848
49.500	8.475	9.095	9.714	10.333	10.952
50.000	**8.556**	9.181	9.806	10.431	**11.056**
55.000	9.306	9.985	10.663	11.341	12.019
60.000	10.057	10.788	11.519	12.251	12.982
65.000	10.807	11.592	12.376	13.161	13.945
70.000	11.557	12.395	13.233	14.071	14.908
75.000	12.308	13.199	14.090	14.981	15.872
80.000	13.058	14.002	14.946	15.890	16.835
85.000	13.808	14.806	15.803	16.800	17.798
90.000	14.558	15.609	16.660	17.710	18.761
95.000	15.309	16.413	17.516	18.620	19.724
100.000	**16.059**	17.216	18.373	19.530	**20.687**
105.000	16.706	17.907	19.108	20.309	21.510
110.000	17.354	18.599	19.843	21.088	22.333
115.000	18.001	19.290	20.579	21.867	23.156
120.000	18.648	19.981	21.314	22.647	23.979
125.000	19.296	20.672	22.049	23.426	24.803
130.000	19.943	21.364	22.784	24.205	25.626
135.000	20.590	22.055	23.519	24.984	26.449
140.000	21.237	22.746	24.255	25.763	27.272
145.000	21.885	23.437	24.990	26.542	28.095
150.000	**22.532**	24.129	25.725	27.322	**28.918**
155.000	23.077	24.708	26.339	27.970	29.602
160.000	23.622	25.288	26.954	28.619	30.285
165.000	24.167	25.868	27.568	29.268	30.969
170.000	24.712	26.447	28.182	29.917	31.652
175.000	25.258	27.027	28.797	30.566	32.336
180.000	25.803	27.607	29.411	31.215	33.020
185.000	26.348	28.187	30.025	31.864	33.703
190.000	26.893	28.766	30.640	32.513	34.387
195.000	27.438	29.346	31.254	33.162	35.070
200.000	**27.983**	29.926	31.869	33.811	**35.754**
205.000	28.425	30.393	32.361	34.329	36.298
210.000	28.866	30.860	32.854	34.847	36.841
215.000	29.308	31.327	33.346	35.365	37.385
220.000	29.749	31.794	33.839	35.883	37.928
225.000	30.191	32.261	34.331	36.401	38.472
230.000	30.632	32.728	34.824	36.919	39.015
235.000	31.074	33.195	35.316	37.437	39.559
240.000	31.515	33.662	35.809	37.955	40.102
245.000	31.957	34.129	36.301	38.473	40.646

Honorartafel zu § 17 Abs. 1 – Freianlagen, Honorarzone III

Anrechen-bare Kosten Euro	Von-satz Euro	Viertel-satz Euro	Mittel-satz Euro	Drei-, viertel-satz Euro	Bis-satz Euro
250.000	**32.398**	34.596	36.794	38.991	**41.189**
255.000	32.949	35.173	37.397	39.622	41.846
260.000	33.499	35.750	38.001	40.252	42.503
265.000	34.050	36.327	38.605	40.882	43.160
270.000	34.600	36.904	39.208	41.512	43.817
275.000	35.151	37.481	39.812	42.143	44.474
280.000	35.701	38.058	40.416	42.773	45.130
285.000	36.252	38.635	41.019	43.403	45.787
290.000	36.802	39.213	41.623	44.034	46.444
295.000	37.353	39.790	42.227	44.664	47.101
300.000	**37.903**	40.367	42.831	45.294	**47.758**
305.000	38.448	40.934	43.420	45.906	48.392
310.000	38.992	41.501	44.009	46.517	49.025
315.000	39.537	42.068	44.598	47.129	49.659
320.000	40.082	42.635	45.187	47.740	50.293
325.000	40.627	43.202	45.777	48.352	50.927
330.000	41.171	43.768	46.366	48.963	51.560
335.000	41.716	44.335	46.955	49.574	52.194
340.000	42.261	44.902	47.544	50.186	52.828
345.000	42.805	45.469	48.133	50.797	53.461
350.000	**43.350**	46.036	48.723	51.409	**54.095**
355.000	43.871	46.574	49.278	51.981	54.685
360.000	44.391	47.112	49.833	52.553	55.274
365.000	44.912	47.650	50.388	53.126	55.864
370.000	45.432	48.187	50.943	53.698	56.453
375.000	45.953	48.725	51.498	54.270	57.043
380.000	46.473	49.263	52.053	54.843	57.633
385.000	46.994	49.801	52.608	55.415	58.222
390.000	47.514	50.338	53.163	55.987	58.812
395.000	48.035	50.876	53.718	56.560	59.401
400.000	**48.555**	51.414	54.273	57.132	**59.991**
405.000	49.049	51.919	54.789	57.659	60.530
410.000	49.542	52.424	55.305	58.187	61.068
415.000	50.036	52.928	55.821	58.714	61.607
420.000	50.529	53.433	56.337	59.241	62.145
425.000	51.023	53.938	56.853	59.769	62.684
430.000	51.516	54.443	57.369	60.296	63.223
435.000	52.010	54.947	57.885	60.823	63.761
440.000	52.503	55.452	58.401	61.351	64.300
445.000	52.997	55.957	58.917	61.878	64.838
450.000	**53.490**	56.462	59.434	62.405	**65.377**
455.000	53.958	56.936	59.914	62.892	65.870
460.000	54.426	57.411	60.395	63.379	66.363
465.000	54.895	57.885	60.876	63.866	66.857
470.000	55.363	58.360	61.356	64.353	67.350
475.000	55.831	58.834	61.837	64.840	67.843
480.000	56.299	59.308	62.318	65.327	68.336
485.000	56.767	59.783	62.798	65.814	68.829
490.000	57.236	60.257	63.279	66.301	69.323
495.000	57.704	60.732	63.760	66.788	69.816

Honorartafel zu § 17 Abs. 1 – Freianlagen, Honorarzone III

Anrechen-bare Kosten Euro	Von-satz Euro	Viertel-satz Euro	Mittel-satz Euro	Drei-, viertel-satz Euro	Bis-satz Euro
500.000	**58.172**	61.206	64.241	67.275	**70.309**
550.000	63.319	66.513	69.707	72.901	76.095
600.000	68.466	71.820	75.173	78.527	81.880
650.000	73.613	77.126	80.640	84.153	87.666
700.000	78.760	82.433	86.106	89.779	93.451
750.000	83.908	87.740	91.572	95.405	99.237
800.000	89.055	93.047	97.039	101.031	105.023
850.000	94.202	98.353	102.505	106.657	110.808
900.000	99.349	103.660	107.971	112.283	116.594
950.000	104.496	108.967	113.438	117.909	122.379
1.000.000	**109.643**	114.274	118.904	123.535	**128.165**
1.050.000	114.946	119.769	124.593	129.417	134.240
1.100.000	120.248	125.265	130.282	135.299	140.316
1.150.000	125.551	130.761	135.971	141.181	146.391
1.200.000	130.854	136.257	141.660	147.063	152.467
1.250.000	136.157	141.753	147.349	152.946	158.542
1.300.000	141.459	147.249	153.038	158.828	164.617
1.350.000	146.762	152.745	158.727	164.710	170.693
1.400.000	152.065	158.241	164.416	170.592	176.768
1.450.000	157.367	163.736	170.105	176.475	182.844
1.500.000	**162.670**	169.232	175.795	182.357	**188.919**
1.533.876	**166.267**	172.961	179.655	186.349	**193.043**

Honorartafel zu § 17 Abs. 1 – Freianlagen, Honorarzone IV

Anrechen- bare Kosten Euro	Von- satz Euro	Viertel- satz Euro	Mittel- satz Euro	Drei-, viertel- satz Euro	Bis- satz Euro
20.452	**4.694**	4.872	5.049	5.227	**5.404**
20.500	4.705	4.883	5.061	5.238	5.416
21.000	4.816	4.998	5.181	5.363	5.545
21.500	4.928	5.114	5.301	5.487	5.673
22.000	5.039	5.230	5.421	5.611	5.802
22.500	5.151	5.346	5.541	5.735	5.930
23.000	5.262	5.461	5.661	5.860	6.059
23.500	5.374	5.577	5.781	5.984	6.187
24.000	5.485	5.693	5.901	6.108	6.316
24.500	5.597	5.809	6.021	6.232	6.444
25.000	**5.708**	5.924	6.141	6.357	**6.573**
25.500	5.818	6.038	6.259	6.479	6.699
26.000	5.927	6.152	6.377	6.601	6.826
26.500	6.037	6.266	6.495	6.723	6.952
27.000	6.147	6.380	6.613	6.845	7.078
27.500	6.257	6.494	6.731	6.968	7.205
28.000	6.366	6.607	6.849	7.090	7.331
28.500	6.476	6.721	6.967	7.212	7.457
29.000	6.586	6.835	7.085	7.334	7.583
29.500	6.695	6.949	7.203	7.456	7.710
30.000	**6.805**	7.063	7.321	7.578	**7.836**
30.500	6.913	7.175	7.437	7.699	7.961
31.000	7.021	7.287	7.553	7.819	8.085
31.500	7.130	7.400	7.670	7.940	8.210
32.000	7.238	7.512	7.786	8.061	8.335
32.500	7.346	7.624	7.903	8.181	8.460
33.000	7.454	7.737	8.019	8.302	8.584
33.500	7.562	7.849	8.136	8.422	8.709
34.000	7.671	7.961	8.252	8.543	8.834
34.500	7.779	8.074	8.369	8.663	8.958
35.000	**7.887**	8.186	8.485	8.784	**9.083**
35.500	7.994	8.297	8.600	8.903	9.206
36.000	8.101	8.408	8.716	9.023	9.330
36.500	8.209	8.520	8.831	9.142	9.453
37.000	8.316	8.631	8.946	9.261	9.576
37.500	8.423	8.742	9.061	9.380	9.700
38.000	8.530	8.853	9.177	9.500	9.823
38.500	8.637	8.965	9.292	9.619	9.946
39.000	8.745	9.076	9.407	9.738	10.069
39.500	8.852	9.187	9.522	9.857	10.193
40.000	**8.959**	9.298	9.638	9.977	**10.316**
40.500	9.065	9.408	9.751	10.094	10.437
41.000	9.171	9.518	9.865	10.212	10.559
41.500	9.276	9.627	9.978	10.329	10.680
42.000	9.382	9.737	10.092	10.446	10.801
42.500	9.488	9.847	10.205	10.564	10.923
43.000	9.594	9.956	10.319	10.681	11.044
43.500	9.700	10.066	10.432	10.799	11.165
44.000	9.805	10.176	10.546	10.916	11.286
44.500	9.911	10.285	10.659	11.034	11.408

Honorartafel zu § 17 Abs. 1 – Freianlagen, Honorarzone IV

Anrechenbare Kosten Euro	Von- satz Euro	Viertel- satz Euro	Mittel- satz Euro	Drei-, viertel- satz Euro	Bis- satz Euro
45.000	**10.017**	10.395	10.773	11.151	**11.529**
45.500	10.121	10.503	10.885	11.267	11.648
46.000	10.225	10.611	10.996	11.382	11.768
46.500	10.329	10.718	11.108	11.498	11.887
47.000	10.433	10.826	11.220	11.613	12.007
47.500	10.537	10.934	11.331	11.729	12.126
48.000	10.640	11.042	11.443	11.844	12.245
48.500	10.744	11.149	11.555	11.960	12.365
49.000	10.848	11.257	11.666	12.075	12.484
49.500	10.952	11.365	11.778	12.191	12.604
50.000	**11.056**	11.473	11.890	12.306	**12.723**
55.000	12.019	12.471	12.923	13.375	13.828
60.000	12.982	13.470	13.957	14.445	14.932
65.000	13.945	14.468	14.991	15.514	16.037
70.000	14.908	15.467	16.025	16.583	17.141
75.000	15.872	16.465	17.059	17.652	18.246
80.000	16.835	17.463	18.092	18.721	19.350
85.000	17.798	18.462	19.126	19.790	20.455
90.000	18.761	19.460	20.160	20.859	21.559
95.000	19.724	20.459	21.194	21.929	22.664
100.000	**20.687**	21.457	22.228	22.998	**23.768**
105.000	21.510	22.310	23.109	23.909	24.709
110.000	22.333	23.162	23.991	24.820	25.649
115.000	23.156	24.015	24.873	25.731	26.590
120.000	23.979	24.867	25.755	26.643	27.530
125.000	24.803	25.720	26.637	27.554	28.471
130.000	25.626	26.572	27.519	28.465	29.412
135.000	26.449	27.425	28.400	29.376	30.352
140.000	27.272	28.277	29.282	30.288	31.293
145.000	28.095	29.130	30.164	31.199	32.233
150.000	**28.918**	29.982	31.046	32.110	**33.174**
155.000	29.602	30.689	31.776	32.863	33.950
160.000	30.285	31.395	32.505	33.615	34.725
165.000	30.969	32.102	33.235	34.368	35.501
170.000	31.652	32.808	33.964	35.120	36.276
175.000	32.336	33.515	34.694	35.873	37.052
180.000	33.020	34.221	35.423	36.625	37.827
185.000	33.703	34.928	36.153	37.378	38.603
190.000	34.387	35.635	36.882	38.130	39.378
195.000	35.070	36.341	37.612	38.883	40.154
200.000	**35.754**	37.048	38.342	39.635	**40.929**
205.000	36.298	37.608	38.919	40.230	41.541
210.000	36.841	38.169	39.497	40.824	42.152
215.000	37.385	38.729	40.074	41.419	42.764
220.000	37.928	39.290	40.652	42.014	43.375
225.000	38.472	39.850	41.229	42.608	43.987
230.000	39.015	40.411	41.807	43.203	44.599
235.000	39.559	40.971	42.384	43.797	45.210
240.000	40.102	41.532	42.962	44.392	45.822
245.000	40.646	42.092	43.539	44.986	46.433

Honorartafel zu § 17 Abs. 1 – Freianlagen, Honorarzone IV

Anrechenbare Kosten Euro	Von- satz Euro	Viertel- satz Euro	Mittel- satz Euro	Drei-, viertel- satz Euro	Bis- satz Euro
250.000	**41.189**	42.653	44.117	45.581	**47.045**
255.000	41.846	43.328	44.809	46.291	47.773
260.000	42.503	44.002	45.502	47.001	48.501
265.000	43.160	44.677	46.194	47.711	49.228
270.000	43.817	45.352	46.886	48.421	49.956
275.000	44.474	46.026	47.579	49.131	50.684
280.000	45.130	46.701	48.271	49.841	51.412
285.000	45.787	47.375	48.963	50.552	52.140
290.000	46.444	48.050	49.656	51.262	52.867
295.000	47.101	48.725	50.348	51.972	53.595
300.000	**47.758**	49.399	51.041	52.682	**54.323**
305.000	48.392	50.048	51.704	53.360	55.017
310.000	49.025	50.697	52.368	54.039	55.710
315.000	49.659	51.345	53.031	54.717	56.404
320.000	50.293	51.994	53.695	55.396	57.097
325.000	50.927	52.643	54.359	56.075	57.791
330.000	51.560	53.291	55.022	56.753	58.484
335.000	52.194	53.940	55.686	57.432	59.178
340.000	52.828	54.588	56.349	58.110	59.871
345.000	53.461	55.237	57.013	58.789	60.565
350.000	**54.095**	55.886	57.677	59.467	**61.258**
355.000	54.685	56.487	58.289	60.091	61.893
360.000	55.274	57.088	58.902	60.715	62.529
365.000	55.864	57.689	59.514	61.339	63.164
370.000	56.453	58.290	60.127	61.963	63.800
375.000	57.043	58.891	60.739	62.587	64.435
380.000	57.633	59.492	61.352	63.211	65.070
385.000	58.222	60.093	61.964	63.835	65.706
390.000	58.812	60.694	62.577	64.459	66.341
395.000	59.401	61.295	63.189	65.083	66.977
400.000	**59.991**	61.896	63.802	65.707	**67.612**
405.000	60.530	62.442	64.355	66.268	68.181
410.000	61.068	62.989	64.909	66.830	68.750
415.000	61.607	63.535	65.463	67.391	69.319
420.000	62.145	64.081	66.017	67.953	69.888
425.000	62.684	64.627	66.571	68.514	70.458
430.000	63.223	65.174	67.125	69.076	71.027
435.000	63.761	65.720	67.678	69.637	71.596
440.000	64.300	66.266	68.232	70.199	72.165
445.000	64.838	66.812	68.786	70.760	72.734
450.000	**65.377**	67.359	69.340	71.322	**73.303**
455.000	65.870	67.856	69.841	71.827	73.813
460.000	66.363	68.353	70.343	72.332	74.322
465.000	66.857	68.850	70.844	72.838	74.832
470.000	67.350	69.348	71.345	73.343	75.341
475.000	67.843	69.845	71.847	73.849	75.851
480.000	68.336	70.342	72.348	74.354	76.360
485.000	68.829	70.839	72.849	74.859	76.870
490.000	69.323	71.337	73.351	75.365	77.379
495.000	69.816	71.834	73.852	75.870	77.889

Honorartafel zu § 17 Abs. 1 – Freianlagen, Honorarzone IV

Anrechen- bare Kosten Euro	Von- satz Euro	Viertel- satz Euro	Mittel- satz Euro	Drei-, viertel- satz Euro	Bis- satz Euro
500.000	**70.309**	72.331	74.354	76.376	**78.398**
550.000	76.095	78.223	80.352	82.481	84.609
600.000	81.880	84.115	86.351	88.586	90.821
650.000	87.666	90.007	92.349	94.691	97.032
700.000	93.451	95.899	98.348	100.796	103.244
750.000	99.237	101.792	104.346	106.901	109.455
800.000	105.023	107.684	110.345	113.005	115.666
850.000	110.808	113.576	116.343	119.110	121.878
900.000	116.594	119.468	122.342	125.215	128.089
950.000	122.379	125.360	128.340	131.320	134.301
1.000.000	**128.165**	131.252	134.339	137.425	**140.512**
1.050.000	134.240	137.456	140.671	143.887	147.102
1.100.000	140.316	143.660	147.004	150.349	153.693
1.150.000	146.391	149.864	153.337	156.810	160.283
1.200.000	152.467	156.068	159.670	163.272	166.874
1.250.000	158.542	162.273	166.003	169.734	173.464
1.300.000	164.617	168.477	172.336	176.195	180.054
1.350.000	170.693	174.681	178.669	182.657	186.645
1.400.000	176.768	180.885	185.002	189.118	193.235
1.450.000	182.844	187.089	191.335	195.580	199.826
1.500.000	**188.919**	193.293	197.668	202.042	**206.416**
1.533.876	**193.043**	197.506	201.968	206.431	**210.893**

Honorartafel zu § 17 Abs. 1 – Freianlagen, Honorarzone V

Anrechen-bare Kosten Euro	Von-satz Euro	Viertel-satz Euro	Mittel-satz Euro	Drei-, viertel-satz Euro	Bis-satz Euro
20.452	**5.404**	5.538	5.673	5.807	**5.941**
20.500	5.416	5.551	5.685	5.820	5.955
21.000	5.545	5.683	5.820	5.958	6.096
21.500	5.673	5.814	5.955	6.096	6.237
22.000	5.802	5.946	6.090	6.234	6.378
22.500	5.930	6.077	6.225	6.372	6.519
23.000	6.059	6.209	6.359	6.510	6.660
23.500	6.187	6.341	6.494	6.647	6.801
24.000	6.316	6.472	6.629	6.785	6.942
24.500	6.444	6.604	6.764	6.923	7.083
25.000	**6.573**	6.736	6.899	7.061	**7.224**
25.500	6.699	6.865	7.031	7.197	7.362
26.000	6.826	6.994	7.163	7.332	7.501
26.500	6.952	7.124	7.295	7.467	7.639
27.000	7.078	7.253	7.428	7.602	7.777
27.500	7.205	7.382	7.560	7.738	7.916
28.000	7.331	7.512	7.692	7.873	8.054
28.500	7.457	7.641	7.825	8.008	8.192
29.000	7.583	7.770	7.957	8.144	8.330
29.500	7.710	7.899	8.089	8.279	8.469
30.000	**7.836**	8.029	8.222	8.414	**8.607**
30.500	7.961	8.157	8.352	8.548	8.744
31.000	8.085	8.284	8.483	8.682	8.881
31.500	8.210	8.412	8.614	8.816	9.019
32.000	8.335	8.540	8.745	8.951	9.156
32.500	8.460	8.668	8.876	9.085	9.293
33.000	8.584	8.796	9.007	9.219	9.430
33.500	8.709	8.924	9.138	9.353	9.567
34.000	8.834	9.051	9.269	9.487	9.705
34.500	8.958	9.179	9.400	9.621	9.842
35.000	**9.083**	9.307	9.531	9.755	**9.979**
35.500	9.206	9.433	9.660	9.887	10.114
36.000	9.330	9.560	9.790	10.020	10.250
36.500	9.453	9.686	9.919	10.152	10.385
37.000	9.576	9.812	10.048	10.284	10.520
37.500	9.700	9.939	10.178	10.417	10.656
38.000	9.823	10.065	10.307	10.549	10.791
38.500	9.946	10.191	10.436	10.681	10.926
39.000	10.069	10.317	10.565	10.813	11.061
39.500	10.193	10.444	10.695	10.946	11.197
40.000	**10.316**	10.570	10.824	11.078	**11.332**
40.500	10.437	10.694	10.951	11.208	11.465
41.000	10.559	10.819	11.079	11.339	11.599
41.500	10.680	10.943	11.206	11.469	11.732
42.000	10.801	11.067	11.333	11.599	11.865
42.500	10.923	11.192	11.461	11.730	11.999
43.000	11.044	11.316	11.588	11.860	12.132
43.500	11.165	11.440	11.715	11.990	12.265
44.000	11.286	11.564	11.842	12.120	12.398
44.500	11.408	11.689	11.970	12.251	12.532

Anrechen-bare Kosten Euro	Von-satz Euro	Viertel-satz Euro	Mittel-satz Euro	Drei-, viertel-satz Euro	Bis-satz Euro
45.000	**11.529**	11.813	12.097	12.381	**12.665**
45.500	11.648	11.935	12.222	12.509	12.796
46.000	11.768	12.058	12.347	12.637	12.927
46.500	11.887	12.180	12.473	12.765	13.058
47.000	12.007	12.302	12.598	12.893	13.189
47.500	12.126	12.425	12.723	13.022	13.320
48.000	12.245	12.547	12.848	13.150	13.451
48.500	12.365	12.669	12.973	13.278	13.582
49.000	12.484	12.791	13.099	13.406	13.713
49.500	12.604	12.914	13.224	13.534	13.844
50.000	**12.723**	13.036	13.349	13.662	**13.975**
55.000	13.828	14.167	14.507	14.846	15.186
60.000	14.932	15.298	15.664	16.030	16.396
65.000	16.037	16.429	16.822	17.214	17.607
70.000	17.141	17.560	17.979	18.399	18.818
75.000	18.246	18.691	19.137	19.583	20.029
80.000	19.350	19.822	20.295	20.767	21.239
85.000	20.455	20.953	21.452	21.951	22.450
90.000	21.559	22.084	22.610	23.135	23.661
95.000	22.664	23.215	23.767	24.319	24.871
100.000	**23.768**	24.347	24.925	25.504	**26.082**
105.000	24.709	25.309	25.910	26.510	27.111
110.000	25.649	26.272	26.894	27.517	28.139
115.000	26.590	27.234	27.879	28.523	29.168
120.000	27.530	28.197	28.863	29.530	30.196
125.000	28.471	29.159	29.848	30.536	31.225
130.000	29.412	30.122	30.832	31.543	32.253
135.000	30.352	31.085	31.817	32.549	33.282
140.000	31.293	32.047	32.801	33.556	34.310
145.000	32.233	33.010	33.786	34.562	35.339
150.000	**33.174**	33.972	34.771	35.569	**36.367**
155.000	33.950	34.765	35.581	36.396	37.212
160.000	34.725	35.558	36.391	37.224	38.057
165.000	35.501	36.351	37.201	38.051	38.901
170.000	36.276	37.144	38.011	38.879	39.746
175.000	37.052	37.936	38.821	39.706	40.591
180.000	37.827	38.729	39.631	40.534	41.436
185.000	38.603	39.522	40.442	41.361	42.281
190.000	39.378	40.315	41.252	42.189	43.125
195.000	40.154	41.108	42.062	43.016	43.970
200.000	**40.929**	41.901	42.872	43.844	**44.815**
205.000	41.541	42.525	43.509	44.493	45.477
210.000	42.152	43.149	44.146	45.143	46.140
215.000	42.764	43.773	44.783	45.792	46.802
220.000	43.375	44.398	45.420	46.442	47.464
225.000	43.987	45.022	46.057	47.092	48.127
230.000	44.599	45.646	46.694	47.741	48.789
235.000	45.210	46.270	47.331	48.391	49.451
240.000	45.822	46.895	47.968	49.041	50.113
245.000	46.433	47.519	48.605	49.690	50.776

Honorartafel zu § 17 Abs. 1 – Freianlagen, Honorarzone V

Anrechen-bare Kosten Euro	Von-satz Euro	Viertel-satz Euro	Mittel-satz Euro	Drei-, viertel-satz Euro	Bis-satz Euro
250.000	**47.045**	48.143	49.242	50.340	**51.438**
255.000	47.773	48.884	49.996	51.108	52.219
260.000	48.501	49.626	50.751	51.875	53.000
265.000	49.228	50.367	51.505	52.643	53.782
270.000	49.956	51.108	52.260	53.411	54.563
275.000	50.684	51.849	53.014	54.179	55.344
280.000	51.412	52.590	53.769	54.947	56.125
285.000	52.140	53.331	54.523	55.715	56.906
290.000	52.867	54.072	55.278	56.483	57.688
295.000	53.595	54.814	56.032	57.250	58.469
300.000	**54.323**	55.555	56.787	58.018	**59.250**
305.000	55.017	56.259	57.502	58.745	59.988
310.000	55.710	56.964	58.218	59.472	60.726
315.000	56.404	57.669	58.934	60.199	61.464
320.000	57.097	58.373	59.650	60.926	62.202
325.000	57.791	59.078	60.365	61.653	62.940
330.000	58.484	59.783	61.081	62.380	63.678
335.000	59.178	60.487	61.797	63.106	64.416
340.000	59.871	61.192	62.513	63.833	65.154
345.000	60.565	61.896	63.228	64.560	65.892
350.000	**61.258**	62.601	63.944	65.287	**66.630**
355.000	61.893	63.245	64.597	65.948	67.300
360.000	62.529	63.889	65.249	66.610	67.970
365.000	63.164	64.533	65.902	67.271	68.640
370.000	63.800	65.177	66.555	67.932	69.310
375.000	64.435	65.821	67.208	68.594	69.980
380.000	65.070	66.465	67.860	69.255	70.650
385.000	65.706	67.109	68.513	69.916	71.320
390.000	66.341	67.753	69.166	70.578	71.990
395.000	66.977	68.397	69.818	71.239	72.660
400.000	**67.612**	69.042	70.471	71.901	**73.330**
405.000	68.181	69.616	71.051	72.487	73.922
410.000	68.750	70.191	71.632	73.073	74.514
415.000	69.319	70.766	72.212	73.659	75.105
420.000	69.888	71.341	72.793	74.245	75.697
425.000	70.458	71.915	73.373	74.831	76.289
430.000	71.027	72.490	73.954	75.417	76.881
435.000	71.596	73.065	74.534	76.003	77.473
440.000	72.165	73.640	75.115	76.590	78.064
445.000	72.734	74.214	75.695	77.176	78.656
450.000	**73.303**	74.789	76.276	77.762	**79.248**
455.000	73.813	75.302	76.791	78.280	79.770
460.000	74.322	75.814	77.307	78.799	80.291
465.000	74.832	76.327	77.822	79.318	80.813
470.000	75.341	76.839	78.338	79.836	81.335
475.000	75.851	77.352	78.854	80.355	81.857
480.000	76.360	77.865	79.369	80.874	82.378
485.000	76.870	78.377	79.885	81.392	82.900
490.000	77.379	78.890	80.400	81.911	83.422
495.000	77.889	79.402	80.916	82.430	83.943

Honorartafel zu § 17 Abs. 1 – Freianlagen, Honorarzone V

Anrechen-bare Kosten Euro	Von-satz Euro	Viertel-satz Euro	Mittel-satz Euro	Drei-, viertel-satz Euro	Bis-satz Euro
500.000	**78.398**	79.915	81.432	82.948	**84.465**
550.000	84.609	86.206	87.803	89.399	90.996
600.000	90.821	92.497	94.174	95.850	97.527
650.000	97.032	98.789	100.545	102.301	104.057
700.000	103.244	105.080	106.916	108.752	110.588
750.000	109.455	111.371	113.287	115.203	117.119
800.000	115.666	117.662	119.658	121.654	123.650
850.000	121.878	123.954	126.029	128.105	130.181
900.000	128.089	130.245	132.400	134.556	136.711
950.000	134.301	136.536	138.771	141.007	143.242
1.000.000	**140.512**	142.827	145.143	147.458	**149.773**
1.050.000	147.102	149.514	151.926	154.338	156.750
1.100.000	153.693	156.201	158.709	161.218	163.726
1.150.000	160.283	162.888	165.493	168.098	170.703
1.200.000	166.874	169.575	172.276	174.978	177.679
1.250.000	173.464	176.262	179.060	181.858	184.656
1.300.000	180.054	182.949	185.843	188.738	191.632
1.350.000	186.645	189.636	192.627	195.618	198.609
1.400.000	193.235	196.323	199.410	202.498	205.585
1.450.000	199.826	203.010	206.194	209.378	212.562
1.500.000	**206.416**	209.697	212.977	216.258	**219.538**
1.533.876	**210.893**	214.239	217.586	220.932	**224.278**

Anrechen-bare Kosten Euro	Normalstufe		Schwierigkeitsstufe	
	Von-satz Euro	Bis-satz Euro	Von-satz Euro	Bis-satz Euro
25.565	**225**	291	281	**435**
30.000	243	310	300	454
35.000	263	331	321	474
40.000	283	352	342	495
45.000	303	373	363	516
50.000	**323**	394	384	**537**
55.000	346	423	411	576
60.000	369	451	437	615
65.000	391	480	464	655
70.000	414	508	490	694
75.000	**437**	537	517	**733**
80.000	458	562	542	768
85.000	479	588	567	804
90.000	501	613	593	839
95.000	522	639	618	875
100.000	**543**	664	643	**910**
105.000	562	687	665	940
110.000	581	710	688	971
115.000	601	734	710	1.001
120.000	620	757	733	1.032
125.000	**639**	780	755	**1.062**
130.000	656	800	775	1.090
135.000	673	820	795	1.118
140.000	691	841	816	1.147
145.000	708	861	836	1.175
150.000	**725**	881	856	**1.203**
155.000	733	892	867	1.218
160.000	742	904	878	1.233
165.000	750	915	890	1.248
170.000	759	927	901	1.263
175.000	**767**	938	912	**1.278**
180.000	786	961	933	1.309
185.000	804	983	954	1.340
190.000	823	1.006	975	1.370
195.000	841	1.028	996	1.401
200.000	**860**	1.051	1.017	**1.432**
205.000	874	1.067	1.033	1.454
210.000	888	1.083	1.048	1.477
215.000	901	1.099	1.064	1.499
220.000	915	1.115	1.079	1.522
225.000	**929**	1.131	1.095	**1.544**
230.000	939	1.143	1.107	1.561
235.000	948	1.156	1.120	1.578
240.000	958	1.168	1.132	1.594
245.000	967	1.181	1.145	1.611

Honorartafel zu § 34 Abs. 1 – Wertermittlungen

Anrechen-bare Kosten Euro	Normalstufe		Schwierigkeitsstufe	
	Von-satz Euro	Bis-satz Euro	Von-satz Euro	Bis-satz Euro
250.000	**977**	1.193	1.157	**1.628**
260.000	996	1.215	1.178	1.658
270.000	1.015	1.237	1.200	1.688
280.000	1.033	1.260	1.221	1.719
290.000	1.052	1.282	1.243	1.749
300.000	**1.071**	1.304	1.264	**1.779**
310.000	1.087	1.323	1.282	1.805
320.000	1.102	1.341	1.301	1.831
330.000	1.118	1.360	1.319	1.856
340.000	1.133	1.378	1.338	1.882
350.000	**1.149**	1.397	1.356	**1.908**
360.000	1.161	1.413	1.370	1.929
370.000	1.172	1.430	1.384	1.950
380.000	1.184	1.446	1.397	1.970
390.000	1.195	1.463	1.411	1.991
400.000	**1.207**	1.479	1.425	**2.012**
410.000	1.219	1.492	1.438	2.030
420.000	1.231	1.506	1.451	2.049
430.000	1.242	1.519	1.464	2.067
440.000	1.254	1.533	1.477	2.086
450.000	**1.266**	1.546	1.490	**2.104**
460.000	1.276	1.559	1.504	2.123
470.000	1.287	1.572	1.518	2.142
480.000	1.297	1.585	1.531	2.160
490.000	1.308	1.598	1.545	2.179
500.000	**1.318**	1.611	1.559	**2.198**
550.000	1.367	1.671	1.617	2.280
600.000	1.416	1.731	1.674	2.363
650.000	1.465	1.792	1.732	2.445
700.000	1.514	1.852	1.789	2.528
750.000	**1.563**	1.912	1.847	**2.610**
800.000	1.606	1.966	1.898	2.681
850.000	1.648	2.019	1.950	2.752
900.000	1.691	2.073	2.001	2.823
950.000	1.733	2.126	2.053	2.894
1.000.000	**1.776**	2.180	2.104	**2.965**
1.050.000	1.817	2.227	2.150	3.030
1.100.000	1.858	2.275	2.197	3.096
1.150.000	1.899	2.322	2.243	3.161
1.200.000	1.940	2.370	2.290	3.227
1.250.000	**1.981**	2.417	2.336	**3.292**
1.300.000	2.018	2.462	2.378	3.353
1.350.000	2.054	2.508	2.421	3.415
1.400.000	2.091	2.553	2.463	3.476
1.450.000	2.127	2.599	2.506	3.538

Honorartafel zu § 34 Abs. 1 – Wertermittlungen

Anrechen-bare Kosten Euro	Normalstufe		Schwierigkeitsstufe	
	Von-satz Euro	Bis-satz Euro	Von-satz Euro	Bis-satz Euro
1.500.000	**2.164**	2.644	2.548	**3.599**
1.550.000	2.203	2.691	2.594	3.663
1.600.000	2.241	2.737	2.641	3.726
1.650.000	2.280	2.784	2.687	3.790
1.700.000	2.318	2.830	2.734	3.853
1.750.000	**2.357**	2.877	2.780	**3.917**
1.800.000	2.388	2.914	2.815	3.967
1.850.000	2.418	2.951	2.850	4.016
1.900.000	2.449	2.988	2.886	4.066
1.950.000	2.479	3.025	2.921	4.115
2.000.000	**2.510**	3.062	2.956	**4.165**
2.050.000	2.542	3.099	2.995	4.219
2.100.000	2.574	3.137	3.034	4.274
2.150.000	2.607	3.174	3.072	4.328
2.200.000	2.639	3.212	3.111	4.383
2.250.000	**2.671**	3.249	3.150	**4.437**
2.300.000	2.708	3.297	3.196	4.501
2.350.000	2.745	3.344	3.243	4.565
2.400.000	2.782	3.392	3.289	4.629
2.450.000	2.819	3.439	3.336	4.693
2.500.000	**2.856**	3.487	3.382	**4.757**
2.600.000	2.915	3.559	3.450	4.856
2.700.000	2.974	3.632	3.519	4.955
2.800.000	3.034	3.704	3.587	5.055
2.900.000	3.093	3.777	3.656	5.154
3.000.000	**3.152**	3.849	3.724	**5.253**
3.100.000	3.212	3.918	3.795	5.357
3.200.000	3.271	3.987	3.866	5.460
3.300.000	3.331	4.056	3.937	5.564
3.400.000	3.390	4.125	4.008	5.667
3.500.000	**3.450**	4.194	4.079	**5.771**
3.600.000	3.506	4.269	4.145	5.867
3.700.000	3.562	4.344	4.211	5.963
3.800.000	3.617	4.419	4.278	6.058
3.900.000	3.673	4.494	4.344	6.154
4.000.000	**3.729**	4.569	4.410	**6.250**
4.100.000	3.800	4.661	4.495	6.370
4.200.000	3.870	4.752	4.581	6.490
4.300.000	3.941	4.844	4.666	6.611
4.400.000	4.011	4.935	4.752	6.731
4.500.000	**4.082**	5.027	4.837	**6.851**
4.600.000	4.135	5.084	4.899	6.936
4.700.000	4.188	5.142	4.961	7.020
4.800.000	4.242	5.199	5.024	7.105
4.900.000	4.295	5.257	5.086	7.189

Honorartafel zu § 34 Abs. 1 – Wertermittlungen

Anrechen- bare Kosten Euro	Normalstufe		Schwierigkeitsstufe	
	Von- satz Euro	Bis- satz Euro	Von- satz Euro	Bis- satz Euro
5.000.000	**4.348**	5.314	5.148	**7.274**
5.500.000	4.620	5.646	5.471	7.721
6.000.000	4.891	5.978	5.794	8.169
6.500.000	5.163	6.309	6.116	8.616
7.000.000	5.434	6.641	6.439	9.064
7.500.000	**5.706**	6.973	6.762	**9.511**
8.000.000	5.979	7.289	7.058	9.953
8.500.000	6.252	7.606	7.354	10.394
9.000.000	6.525	7.922	7.650	10.836
9.500.000	6.798	8.239	7.946	11.277
10.000.000	**7.071**	8.555	8.242	**11.719**
10.500.000	7.325	8.880	8.574	12.170
11.000.000	7.579	9.205	8.906	12.621
11.500.000	7.832	9.530	9.239	13.072
12.000.000	8.086	9.855	9.571	13.523
12.500.000	**8.340**	10.180	9.903	**13.974**
13.000.000	8.546	10.431	10.118	14.267
13.500.000	8.752	10.681	10.334	14.560
14.000.000	8.957	10.932	10.549	14.854
14.500.000	9.163	11.182	10.765	15.147
15.000.000	**9.369**	11.433	10.980	**15.440**
15.500.000	9.605	11.702	11.261	15.822
16.000.000	9.840	11.970	11.542	16.204
16.500.000	10.076	12.239	11.824	16.586
17.000.000	10.311	12.507	12.105	16.968
17.500.000	**10.547**	12.776	12.386	**17.350**
18.000.000	10.691	12.978	12.582	17.651
18.500.000	10.835	13.181	12.779	17.952
19.000.000	10.980	13.383	12.975	18.254
19.500.000	11.124	13.586	13.172	18.555
20.000.000	**11.268**	13.788	13.368	**18.856**
20.500.000	11.480	14.063	13.633	19.217
21.000.000	11.692	14.338	13.898	19.578
21.500.000	11.904	14.613	14.162	19.939
22.000.000	12.116	14.888	14.427	20.300
22.500.000	**12.328**	15.163	14.692	**20.661**
23.000.000	12.551	15.449	14.967	21.056
23.500.000	12.774	15.735	15.242	21.450
24.000.000	12.997	16.021	15.518	21.845
24.500.000	13.220	16.307	15.793	22.239
25.000.000	**13.443**	16.593	16.068	**22.634**
25.500.000	13.664	16.877	16.342	23.033
25.564.594	**13.692**	16.914	16.377	**23.085**

Ansätze VE	Von- satz Euro	Viertel- satz Euro	Mittel- satz Euro	Drei- viertel- satz Euro	Bis- satz Euro
5.000	**946**	975	1.005	1.034	**1.063**
5.500	1.041	1.073	1.106	1.138	1.170
6.000	1.136	1.171	1.207	1.242	1.277
6.500	1.231	1.269	1.308	1.346	1.384
7.000	1.305	1.346	1.386	1.427	1.467
7.500	1.383	1.426	1.469	1.512	1.555
8.000	1.517	1.564	1.611	1.657	1.704
8.500	1.612	1.662	1.712	1.761	1.811
9.000	1.707	1.760	1.813	1.865	1.918
9.500	1.802	1.858	1.914	1.969	2.025
10.000	**1.897**	1.956	2.015	2.073	**2.132**
11.000	2.011	2.073	2.135	2.197	2.260
12.000	2.124	2.190	2.256	2.322	2.388
13.000	2.238	2.307	2.376	2.446	2.515
14.000	2.351	2.424	2.497	2.570	2.643
15.000	2.465	2.541	2.618	2.694	2.771
16.000	2.578	2.658	2.738	2.819	2.899
17.000	2.692	2.775	2.859	2.943	3.027
18.000	2.805	2.892	2.980	3.067	3.154
19.000	2.919	3.009	3.100	3.191	3.282
20.000	**3.032**	3.127	3.221	3.316	**3.410**
21.000	3.146	3.244	3.342	3.440	3.538
22.000	3.260	3.361	3.463	3.565	3.666
23.000	3.373	3.479	3.584	3.689	3.794
24.000	3.487	3.596	3.705	3.814	3.922
25.000	3.601	3.713	3.826	3.938	4.051
26.000	3.715	3.831	3.947	4.063	4.179
27.000	3.828	3.948	4.067	4.187	4.307
28.000	3.942	4.065	4.188	4.312	4.435
29.000	4.056	4.183	4.309	4.436	4.563
30.000	**4.170**	4.300	4.430	4.561	**4.691**
31.000	4.283	4.417	4.551	4.685	4.819
32.000	4.397	4.535	4.672	4.810	4.947
33.000	4.511	4.652	4.793	4.934	5.075
34.000	4.625	4.769	4.914	5.059	5.203
35.000	4.738	4.887	5.035	5.183	5.332
36.000	4.852	5.004	5.156	5.308	5.460
37.000	4.966	5.121	5.277	5.432	5.588
38.000	5.080	5.239	5.398	5.557	5.716
39.000	5.193	5.356	5.519	5.681	5.844
40.000	**5.307**	5.473	5.640	5.806	**5.972**
42.000	5.497	5.669	5.841	6.013	6.185
44.000	5.686	5.864	6.042	6.220	6.398
46.000	5.876	6.060	6.244	6.428	6.612
48.000	6.066	6.256	6.445	6.635	6.825
50.000	6.256	6.451	6.647	6.842	7.038
52.000	6.445	6.647	6.848	7.050	7.251
54.000	6.635	6.842	7.050	7.257	7.464
56.000	6.825	7.038	7.251	7.464	7.678
58.000	7.014	7.233	7.453	7.672	7.891

Honorartafel zu § 38 Abs. 1 – Flächennutzungspläne, Honorarzone I

Ansätze VE	Von-satz Euro	Viertel-satz Euro	Mittel-satz Euro	Drei-viertel-satz Euro	Bis-satz Euro
60.000	**7.204**	7.429	7.654	7.879	**8.104**
62.000	7.373	7.604	7.834	8.064	8.295
64.000	7.542	7.778	8.014	8.250	8.485
66.000	7.712	7.953	8.194	8.435	8.676
68.000	7.881	8.127	8.374	8.620	8.867
70.000	8.050	8.302	8.554	8.806	9.058
72.000	8.219	8.476	8.734	8.991	9.248
74.000	8.388	8.651	8.914	9.176	9.439
76.000	8.558	8.826	9.094	9.362	9.630
78.000	8.727	9.000	9.274	9.547	9.820
80.000	**8.896**	9.175	9.454	9.732	**10.011**
82.000	9.042	9.325	9.608	9.891	10.175
84.000	9.188	9.475	9.763	10.051	10.338
86.000	9.333	9.626	9.918	10.210	10.502
88.000	9.479	9.776	10.072	10.369	10.665
90.000	9.625	9.926	10.227	10.528	10.829
92.000	9.771	10.076	10.382	10.687	10.993
94.000	9.917	10.227	10.536	10.846	11.156
96.000	10.062	10.377	10.691	11.005	11.320
98.000	10.208	10.527	10.846	11.165	11.483
100.000	**10.354**	10.677	11.001	11.324	**11.647**
105.000	10.683	11.016	11.350	11.684	12.017
110.000	11.011	11.355	11.699	12.043	12.387
115.000	11.340	11.694	12.049	12.403	12.758
120.000	11.669	12.034	12.398	12.763	13.128
125.000	11.998	12.373	12.748	13.123	13.498
130.000	12.326	12.712	13.097	13.483	13.868
135.000	12.655	13.051	13.447	13.843	14.238
140.000	12.984	13.390	13.796	14.202	14.609
145.000	13.312	13.729	14.146	14.562	14.979
150.000	**13.641**	14.068	14.495	14.922	**15.349**
155.000	13.919	14.355	14.791	15.226	15.662
160.000	14.197	14.642	15.086	15.530	15.975
165.000	14.476	14.929	15.382	15.835	16.288
170.000	14.754	15.216	15.677	16.139	16.601
175.000	15.032	15.502	15.973	16.443	16.914
180.000	15.310	15.789	16.268	16.747	17.226
185.000	15.588	16.076	16.564	17.052	17.539
190.000	15.867	16.363	16.859	17.356	17.852
195.000	16.145	16.650	17.155	17.660	18.165
200.000	**16.423**	16.937	17.451	17.964	**18.478**
205.000	16.676	17.197	17.719	18.240	18.762
210.000	16.928	17.457	17.987	18.516	19.046
215.000	17.181	17.718	18.255	18.792	19.329
220.000	17.433	17.978	18.523	19.068	19.613
225.000	17.686	18.238	18.791	19.344	19.897
230.000	17.938	18.499	19.059	19.620	20.181
235.000	18.191	18.759	19.328	19.896	20.465
240.000	18.443	19.019	19.596	20.172	20.748
245.000	18.696	19.280	19.864	20.448	21.032

Honorartafel zu § 38 Abs. 1, Flächennutzungspläne, Honorarzone I

Ansätze VE	Von- satz Euro	Viertel- satz Euro	Mittel- satz Euro	Drei- viertel- satz Euro	Bis- satz Euro
250.000	**18.948**	19.540	20.132	20.724	**21.316**
255.000	19.213	19.814	20.414	21.014	21.615
260.000	19.479	20.087	20.696	21.305	21.913
265.000	19.744	20.361	20.978	21.595	22.212
270.000	20.010	20.635	21.260	21.885	22.510
275.000	20.275	20.909	21.542	22.176	22.809
280.000	20.540	21.182	21.824	22.466	23.108
285.000	20.806	21.456	22.106	22.756	23.406
290.000	21.071	21.730	22.388	23.046	23.705
295.000	21.337	22.003	22.670	23.337	24.003
300.000	**21.602**	22.277	22.952	23.627	**24.302**
305.000	21.874	22.557	23.241	23.924	24.608
310.000	22.145	22.837	23.529	24.221	24.913
315.000	22.417	23.117	23.818	24.518	25.219
320.000	22.688	23.397	24.106	24.816	25.525
325.000	22.960	23.677	24.395	25.113	25.831
330.000	23.231	23.957	24.684	25.410	26.136
335.000	23.503	24.237	24.972	25.707	26.442
340.000	23.774	24.517	25.261	26.004	26.748
345.000	24.046	24.797	25.549	26.301	27.053
350.000	**24.317**	25.078	25.838	26.599	**27.359**
355.000	24.513	25.279	26.046	26.812	27.579
360.000	24.709	25.481	26.254	27.026	27.799
365.000	24.904	25.683	26.462	27.240	28.019
370.000	25.100	25.885	26.669	27.454	28.239
375.000	25.296	26.087	26.877	27.668	28.459
380.000	25.492	26.288	27.085	27.882	28.678
385.000	25.688	26.490	27.293	28.096	28.898
390.000	25.883	26.692	27.501	28.310	29.118
395.000	26.079	26.894	27.709	28.523	29.338
400.000	**26.275**	27.096	27.917	28.737	**29.558**
405.000	26.433	27.258	28.084	28.910	29.735
410.000	26.590	27.421	28.251	29.082	29.913
415.000	26.748	27.583	28.419	29.255	30.090
420.000	26.905	27.746	28.586	29.427	30.268
425.000	27.063	27.908	28.754	29.599	30.445
430.000	27.220	28.071	28.921	29.772	30.622
435.000	27.378	28.233	29.089	29.944	30.800
440.000	27.535	28.396	29.256	30.117	30.977
445.000	27.693	28.558	29.424	30.289	31.155
450.000	**27.850**	28.721	29.591	30.462	**31.332**
455.000	28.033	28.909	29.786	30.662	31.538
460.000	28.216	29.098	29.980	30.862	31.744
465.000	28.399	29.287	30.175	31.062	31.950
470.000	28.582	29.476	30.369	31.263	32.156
475.000	28.765	29.664	30.564	31.463	32.362
480.000	28.948	29.853	30.758	31.663	32.568
485.000	29.131	30.042	30.953	31.863	32.774
490.000	29.314	30.231	31.147	32.064	32.980
495.000	29.497	30.419	31.342	32.264	33.186

Honorartafel zu § 38 Abs. 1, Flächennutzungspläne, Honorarzone I

Ansätze VE	Von- satz Euro	Viertel- satz Euro	Mittel- satz Euro	Drei- viertel- satz Euro	Bis- satz Euro
500.000	**29.680**	30.608	31.536	32.464	**33.392**
510.000	29.971	30.908	31.845	32.782	33.719
520.000	30.262	31.208	32.154	33.100	34.047
530.000	30.553	31.508	32.463	33.419	34.374
540.000	30.844	31.808	32.773	33.737	34.701
550.000	31.135	32.108	33.082	34.055	35.029
560.000	31.426	32.408	33.391	34.373	35.356
570.000	31.717	32.709	33.700	34.692	35.683
580.000	32.008	33.009	34.009	35.010	36.010
590.000	32.299	33.309	34.318	35.328	36.338
600.000	**32.590**	33.609	34.628	35.646	**36.665**
610.000	32.780	33.804	34.829	35.854	36.878
620.000	32.969	34.000	35.030	36.061	37.091
630.000	33.159	34.195	35.232	36.268	37.305
640.000	33.349	34.391	35.433	36.476	37.518
650.000	33.539	34.587	35.635	36.683	37.731
660.000	33.728	34.782	35.836	36.890	37.944
670.000	33.918	34.978	36.038	37.098	38.157
680.000	34.108	35.173	36.239	37.305	38.371
690.000	34.297	35.369	36.441	37.512	38.584
700.000	**34.487**	35.565	36.642	37.720	**38.797**
710.000	34.677	35.760	36.843	37.927	39.010
720.000	34.866	35.956	37.045	38.134	39.223
730.000	35.056	36.151	37.246	38.341	39.437
740.000	35.246	36.347	37.448	38.549	39.650
750.000	35.436	36.542	37.649	38.756	39.863
760.000	35.625	36.738	37.851	38.963	40.076
770.000	35.815	36.934	38.052	39.171	40.289
780.000	36.005	37.129	38.254	39.378	40.503
790.000	36.194	37.325	38.455	39.585	40.716
800.000	**36.384**	37.520	38.657	39.793	**40.929**
810.000	36.497	37.637	38.777	39.916	41.056
820.000	36.610	37.753	38.897	40.040	41.184
830.000	36.723	37.870	39.017	40.164	41.311
840.000	36.836	37.986	39.137	40.288	41.438
850.000	36.949	38.103	39.257	40.411	41.566
860.000	37.061	38.219	39.377	40.535	41.693
870.000	37.174	38.336	39.497	40.659	41.820
880.000	37.287	38.452	39.617	40.782	41.947
890.000	37.400	38.569	39.737	40.906	42.075
900.000	**37.513**	38.685	39.858	41.030	**42.202**
910.000	37.678	38.855	40.032	41.210	42.387
920.000	37.842	39.025	40.207	41.390	42.572
930.000	38.007	39.195	40.382	41.570	42.757
940.000	38.172	39.364	40.557	41.750	42.942
950.000	38.337	39.534	40.732	41.930	43.128
960.000	38.501	39.704	40.907	42.110	43.313
970.000	38.666	39.874	41.082	42.290	43.498
980.000	38.831	40.044	41.257	42.470	43.683
990.000	38.995	40.213	41.432	42.650	43.868

Honorartafel zu § 38 Abs. 1– Flächennutzungspläne, Honorarzone I

Ansätze VE	Von-satz Euro	Viertel-satz Euro	Mittel-satz Euro	Drei-viertel-satz Euro	Bis-satz Euro
1.000.000	**39.160**	40.383	41.607	42.830	**44.053**
1.050.000	39.602	40.839	42.076	43.313	44.550
1.100.000	40.043	41.294	42.545	43.796	45.047
1.150.000	40.485	41.750	43.015	44.279	45.544
1.200.000	40.927	42.205	43.484	44.762	46.041
1.250.000	41.369	42.661	43.953	45.246	46.538
1.300.000	41.810	43.116	44.423	45.729	47.035
1.350.000	42.252	43.572	44.892	46.212	47.532
1.400.000	42.694	44.027	45.361	46.695	48.029
1.450.000	43.135	44.483	45.831	47.178	48.526
1.500.000	**43.577**	44.939	46.300	47.662	**49.023**
1.550.000	43.767	45.134	46.502	47.869	49.237
1.600.000	43.956	45.330	46.703	48.077	49.450
1.650.000	44.146	45.526	46.905	48.285	49.664
1.700.000	44.336	45.721	47.107	48.492	49.878
1.750.000	44.526	45.917	47.309	48.700	50.092
1.800.000	44.715	46.113	47.510	48.908	50.305
1.850.000	44.905	46.308	47.712	49.115	50.519
1.900.000	45.095	46.504	47.914	49.323	50.733
1.950.000	45.284	46.700	48.115	49.531	50.946
2.000.000	**45.474**	46.896	48.317	49.739	**51.160**
2.050.000	45.663	47.091	48.518	49.946	51.373
2.100.000	45.853	47.286	48.719	50.153	51.586
2.150.000	46.042	47.481	48.921	50.360	51.799
2.200.000	46.232	47.677	49.122	50.567	52.012
2.250.000	46.421	47.872	49.323	50.774	52.225
2.300.000	46.611	48.067	49.524	50.981	52.438
2.350.000	46.800	48.263	49.725	51.188	52.651
2.400.000	46.990	48.458	49.927	51.395	52.864
2.450.000	47.179	48.653	50.128	51.602	53.077
2.500.000	**47.369**	48.849	50.329	51.809	**53.290**
2.550.000	47.558	49.044	50.530	52.016	53.502
2.600.000	47.747	49.239	50.731	52.223	53.715
2.650.000	47.937	49.435	50.933	52.430	53.928
2.700.000	48.126	49.630	51.134	52.638	54.141
2.750.000	48.316	49.825	51.335	52.845	54.354
2.800.000	48.505	50.021	51.536	53.052	54.567
2.850.000	48.695	50.216	51.737	53.259	54.780
2.900.000	48.884	50.411	51.939	53.466	54.993
2.950.000	49.074	50.607	52.140	53.673	55.206
3.000.000	**49.263**	50.802	52.341	53.880	**55.419**

Honorartafel zu § 38 Abs. 1 – Flächennutzungspläne, Honorarzone II

Ansätze VE	Von-satz Euro	Viertel-satz Euro	Mittel-satz Euro	Drei-viertel-satz Euro	Bis-satz Euro
5.000	**1.063**	1.094	1.125	1.155	**1.186**
5.500	1.170	1.203	1.237	1.271	1.304
6.000	1.277	1.313	1.350	1.386	1.422
6.500	1.384	1.423	1.462	1.501	1.540
7.000	1.491	1.533	1.575	1.616	1.658
7.500	1.598	1.642	1.687	1.732	1.777
8.000	1.704	1.752	1.800	1.847	1.895
8.500	1.811	1.862	1.912	1.962	2.013
9.000	1.918	1.971	2.025	2.078	2.131
9.500	2.025	2.081	2.137	2.193	2.249
10.000	**2.132**	2.191	2.250	2.308	**2.367**
11.000	2.260	2.322	2.385	2.447	2.509
12.000	2.388	2.454	2.520	2.585	2.651
13.000	2.515	2.585	2.655	2.724	2.794
14.000	2.643	2.716	2.790	2.863	2.936
15.000	2.771	2.848	2.925	3.001	3.078
16.000	2.899	2.979	3.060	3.140	3.220
17.000	3.027	3.111	3.195	3.278	3.362
18.000	3.154	3.242	3.330	3.417	3.505
19.000	3.282	3.373	3.465	3.556	3.647
20.000	**3.410**	3.505	3.600	3.694	**3.789**
21.000	3.538	3.636	3.735	3.833	3.931
22.000	3.666	3.768	3.870	3.972	4.074
23.000	3.794	3.900	4.005	4.111	4.216
24.000	3.922	4.031	4.141	4.250	4.359
25.000	4.051	4.163	4.276	4.388	4.501
26.000	4.179	4.295	4.411	4.527	4.643
27.000	4.307	4.426	4.546	4.666	4.786
28.000	4.435	4.558	4.682	4.805	4.928
29.000	4.563	4.690	4.817	4.944	5.071
30.000	**4.691**	4.822	4.952	5.083	**5.213**
31.000	4.819	4.953	5.087	5.221	5.355
32.000	4.947	5.085	5.223	5.360	5.498
33.000	5.075	5.217	5.358	5.499	5.640
34.000	5.203	5.348	5.493	5.638	5.783
35.000	5.332	5.480	5.628	5.777	5.925
36.000	5.460	5.612	5.764	5.915	6.067
37.000	5.588	5.743	5.899	6.054	6.210
38.000	5.716	5.875	6.034	6.193	6.352
39.000	5.844	6.007	6.169	6.332	6.495
40.000	**5.972**	6.138	6.305	6.471	**6.637**
42.000	6.185	6.357	6.529	6.702	6.874
44.000	6.398	6.576	6.754	6.932	7.110
46.000	6.612	6.795	6.979	7.163	7.347
48.000	6.825	7.015	7.204	7.394	7.584
50.000	7.038	7.234	7.429	7.625	7.821
52.000	7.251	7.453	7.654	7.856	8.057
54.000	7.464	7.672	7.879	8.087	8.294
56.000	7.678	7.891	8.104	8.317	8.531
58.000	7.891	8.110	8.329	8.548	8.767

Honorartafel zu § 38 Abs. 1 – Flächennutzungspläne, Honorarzone II

Ansätze VE	Von-satz Euro	Viertel-satz Euro	Mittel-satz Euro	Drei-viertel-satz Euro	Bis-satz Euro
60.000	**8.104**	8.329	8.554	8.779	**9.004**
62.000	8.295	8.525	8.755	8.985	9.216
64.000	8.485	8.721	8.956	9.192	9.427
66.000	8.676	8.917	9.158	9.398	9.639
68.000	8.867	9.113	9.359	9.605	9.851
70.000	9.058	9.309	9.560	9.811	10.063
72.000	9.248	9.505	9.761	10.018	10.274
74.000	9.439	9.701	9.962	10.224	10.486
76.000	9.630	9.897	10.164	10.431	10.698
78.000	9.820	10.093	10.365	10.637	10.909
80.000	**10.011**	10.289	10.566	10.844	**11.121**
82.000	10.175	10.457	10.739	11.021	11.304
84.000	10.338	10.625	10.912	11.199	11.486
86.000	10.502	10.793	11.085	11.377	11.669
88.000	10.665	10.962	11.258	11.555	11.851
90.000	10.829	11.130	11.431	11.732	12.034
92.000	10.993	11.298	11.604	11.910	12.216
94.000	11.156	11.467	11.777	12.088	12.399
96.000	11.320	11.635	11.950	12.266	12.581
98.000	11.483	11.803	12.123	12.443	12.764
100.000	**11.647**	11.972	12.297	12.621	**12.946**
105.000	12.017	12.352	12.687	13.022	13.357
110.000	12.387	12.732	13.077	13.422	13.767
115.000	12.758	13.113	13.468	13.823	14.178
120.000	13.128	13.493	13.858	14.223	14.588
125.000	13.498	13.873	14.249	14.624	14.999
130.000	13.868	14.254	14.639	15.024	15.410
135.000	14.238	14.634	15.029	15.425	15.820
140.000	14.609	15.014	15.420	15.825	16.231
145.000	14.979	15.394	15.810	16.226	16.641
150.000	**15.349**	15.775	16.201	16.626	**17.052**
155.000	15.662	16.096	16.531	16.965	17.400
160.000	15.975	16.418	16.861	17.304	17.747
165.000	16.288	16.739	17.191	17.643	18.095
170.000	16.601	17.061	17.522	17.982	18.442
175.000	16.914	17.383	17.852	18.321	18.790
180.000	17.226	17.704	18.182	18.660	19.138
185.000	17.539	18.026	18.512	18.999	19.485
190.000	17.852	18.347	18.843	19.338	19.833
195.000	18.165	18.669	19.173	19.677	20.180
200.000	**18.478**	18.991	19.503	20.016	**20.528**
205.000	18.762	19.282	19.803	20.323	20.844
210.000	19.046	19.574	20.103	20.631	21.160
215.000	19.329	19.866	20.403	20.939	21.476
220.000	19.613	20.158	20.703	21.247	21.792
225.000	19.897	20.450	21.003	21.555	22.108
230.000	20.181	20.742	21.302	21.863	22.424
235.000	20.465	21.033	21.602	22.171	22.740
240.000	20.748	21.325	21.902	22.479	23.056
245.000	21.032	21.617	22.202	22.787	23.372

Honorartafel zu § 38 Abs. 1 – Flächennutzungspläne, Honorarzone II

Ansätze VE	Von-satz Euro	Viertel-satz Euro	Mittel-satz Euro	Drei-viertel-satz Euro	Bis-satz Euro
250.000	**21.316**	21.909	22.502	23.095	**23.688**
255.000	21.615	22.216	22.817	23.418	24.019
260.000	21.913	22.523	23.132	23.741	24.351
265.000	22.212	22.829	23.447	24.064	24.682
270.000	22.510	23.136	23.762	24.388	25.013
275.000	22.809	23.443	24.077	24.711	25.345
280.000	23.108	23.750	24.392	25.034	25.676
285.000	23.406	24.056	24.707	25.357	26.007
290.000	23.705	24.363	25.022	25.680	26.338
295.000	24.003	24.670	25.337	26.003	26.670
300.000	**24.302**	24.977	25.652	26.326	**27.001**
305.000	24.608	25.291	25.974	26.657	27.341
310.000	24.913	25.605	26.297	26.988	27.680
315.000	25.219	25.919	26.619	27.319	28.020
320.000	25.525	26.233	26.942	27.650	28.359
325.000	25.831	26.548	27.265	27.982	28.699
330.000	26.136	26.862	27.587	28.313	29.038
335.000	26.442	27.176	27.910	28.644	29.378
340.000	26.748	27.490	28.232	28.975	29.717
345.000	27.053	27.804	28.555	29.306	30.057
350.000	**27.359**	28.118	28.878	29.637	**30.396**
355.000	27.579	28.344	29.110	29.875	30.640
360.000	27.799	28.570	29.342	30.113	30.885
365.000	28.019	28.796	29.574	30.352	31.129
370.000	28.239	29.022	29.806	30.590	31.374
375.000	28.459	29.248	30.038	30.828	31.618
380.000	28.678	29.474	30.270	31.066	31.862
385.000	28.898	29.700	30.503	31.305	32.107
390.000	29.118	29.926	30.735	31.543	32.351
395.000	29.338	30.152	30.967	31.781	32.596
400.000	**29.558**	30.379	31.199	32.020	**32.840**
405.000	29.735	30.561	31.386	32.212	33.037
410.000	29.913	30.743	31.574	32.404	33.235
415.000	30.090	30.926	31.761	32.597	33.432
420.000	30.268	31.108	31.949	32.789	33.630
425.000	30.445	31.291	32.136	32.982	33.827
430.000	30.622	31.473	32.323	33.174	34.024
435.000	30.800	31.655	32.511	33.366	34.222
440.000	30.977	31.838	32.698	33.559	34.419
445.000	31.155	32.020	32.886	33.751	34.617
450.000	**31.332**	32.203	33.073	33.944	**34.814**
455.000	31.538	32.414	33.291	34.167	35.043
460.000	31.744	32.626	33.508	34.390	35.272
465.000	31.950	32.838	33.726	34.613	35.501
470.000	32.156	33.050	33.943	34.837	35.730
475.000	32.362	33.261	34.161	35.060	35.959
480.000	32.568	33.473	34.378	35.283	36.188
485.000	32.774	33.685	34.596	35.506	36.417
490.000	32.980	33.897	34.813	35.730	36.646
495.000	33.186	34.108	35.031	35.953	36.875

Honorartafel zu § 38 Abs. 1 – Flächennutzungspläne, Honorarzone II

Ansätze VE	Von- satz Euro	Viertel- satz Euro	Mittel- satz Euro	Drei- viertel- satz Euro	Bis- satz Euro
500.000	**33.392**	34.320	35.248	36.176	**37.104**
510.000	33.719	34.656	35.593	36.531	37.468
520.000	34.047	34.993	35.939	36.885	37.831
530.000	34.374	35.329	36.284	37.240	38.195
540.000	34.701	35.666	36.630	37.594	38.558
550.000	35.029	36.002	36.975	37.949	38.922
560.000	35.356	36.338	37.321	38.303	39.286
570.000	35.683	36.675	37.666	38.658	39.649
580.000	36.010	37.011	38.012	39.012	40.013
590.000	36.338	37.347	38.357	39.367	40.376
600.000	**36.665**	37.684	38.703	39.721	**40.740**
610.000	36.878	37.903	38.927	39.952	40.977
620.000	37.091	38.122	39.152	40.183	41.213
630.000	37.305	38.341	39.377	40.414	41.450
640.000	37.518	38.560	39.602	40.645	41.687
650.000	37.731	38.779	39.827	40.875	41.924
660.000	37.944	38.998	40.052	41.106	42.160
670.000	38.157	39.217	40.277	41.337	42.397
680.000	38.371	39.436	40.502	41.568	42.634
690.000	38.584	39.655	40.727	41.799	42.870
700.000	**38.797**	39.875	40.952	42.030	**43.107**
710.000	39.010	40.094	41.177	42.260	43.344
720.000	39.223	40.313	41.402	42.491	43.580
730.000	39.437	40.532	41.627	42.722	43.817
740.000	39.650	40.751	41.852	42.953	44.054
750.000	39.863	40.970	42.077	43.184	44.291
760.000	40.076	41.189	42.302	43.414	44.527
770.000	40.289	41.408	42.527	43.645	44.764
780.000	40.503	41.627	42.752	43.876	45.001
790.000	40.716	41.846	42.977	44.107	45.237
800.000	**40.929**	42.065	43.202	44.338	**45.474**
810.000	41.056	42.196	43.336	44.476	45.616
820.000	41.184	42.327	43.471	44.615	45.758
830.000	41.311	42.458	43.606	44.753	45.901
840.000	41.438	42.589	43.741	44.892	46.043
850.000	41.566	42.720	43.875	45.030	46.185
860.000	41.693	42.851	44.010	45.169	46.327
870.000	41.820	42.982	44.145	45.307	46.469
880.000	41.947	43.113	44.280	45.446	46.612
890.000	42.075	43.244	44.414	45.584	46.754
900.000	**42.202**	43.376	44.549	45.723	**46.896**
910.000	42.387	43.566	44.744	45.923	47.102
920.000	42.572	43.756	44.940	46.123	47.307
930.000	42.757	43.946	45.135	46.324	47.513
940.000	42.942	44.136	45.330	46.524	47.718
950.000	43.128	44.327	45.526	46.725	47.924
960.000	43.313	44.517	45.721	46.925	48.129
970.000	43.498	44.707	45.916	47.125	48.335
980.000	43.683	44.897	46.111	47.326	48.540
990.000	43.868	45.087	46.307	47.526	48.746

Honorartafel zu § 38 Abs. 1 – Flächennutzungspläne, Honorarzone II

Ansätze VE	Von- satz Euro	Viertel- satz Euro	Mittel- satz Euro	Drei- viertel- satz Euro	Bis- satz Euro
1.000.000	**44.053**	45.278	46.502	47.727	**48.951**
1.050.000	44.550	45.788	47.027	48.265	49.503
1.100.000	45.047	46.299	47.551	48.803	50.055
1.150.000	45.544	46.810	48.076	49.342	50.608
1.200.000	46.041	47.321	48.600	49.880	51.160
1.250.000	46.538	47.832	49.125	50.419	51.712
1.300.000	47.035	48.342	49.650	50.957	52.264
1.350.000	47.532	48.853	50.174	51.495	52.816
1.400.000	48.029	49.364	50.699	52.034	53.369
1.450.000	48.526	49.875	51.223	52.572	53.921
1.500.000	**49.023**	50.386	51.748	53.111	**54.473**
1.550.000	49.237	50.605	51.973	53.342	54.710
1.600.000	49.450	50.825	52.199	53.573	54.947
1.650.000	49.664	51.044	52.424	53.804	55.185
1.700.000	49.878	51.264	52.650	54.036	55.422
1.750.000	50.092	51.483	52.875	54.267	55.659
1.800.000	50.305	51.703	53.101	54.498	55.896
1.850.000	50.519	51.923	53.326	54.730	56.133
1.900.000	50.733	52.142	53.552	54.961	56.371
1.950.000	50.946	52.362	53.777	55.192	56.608
2.000.000	**51.160**	52.581	54.003	55.424	**56.845**
2.050.000	51.373	52.800	54.227	55.655	57.082
2.100.000	51.586	53.019	54.452	55.885	57.319
2.150.000	51.799	53.238	54.677	56.116	57.555
2.200.000	52.012	53.457	54.902	56.347	57.792
2.250.000	52.225	53.676	55.127	56.578	58.029
2.300.000	52.438	53.895	55.352	56.809	58.266
2.350.000	52.651	54.114	55.576	57.039	58.502
2.400.000	52.864	54.332	55.801	57.270	58.739
2.450.000	53.077	54.551	56.026	57.501	58.976
2.500.000	**53.290**	54.770	56.251	57.732	**59.213**
2.550.000	53.502	54.989	56.476	57.963	59.449
2.600.000	53.715	55.208	56.701	58.193	59.686
2.650.000	53.928	55.427	56.926	58.424	59.923
2.700.000	54.141	55.646	57.150	58.655	60.160
2.750.000	54.354	55.865	57.375	58.886	60.396
2.800.000	54.567	56.084	57.600	59.117	60.633
2.850.000	54.780	56.303	57.825	59.347	60.870
2.900.000	54.993	56.521	58.050	59.578	61.107
2.950.000	55.206	56.740	58.275	59.809	61.343
3.000.000	**55.419**	56.959	58.500	60.040	**61.580**

Ansätze VE	Von- satz Euro	Viertel- satz Euro	Mittel- satz Euro	Drei- viertel- satz Euro	Bis- satz Euro
5.000	**1.186**	1.216	1.245	1.275	**1.304**
5.500	1.304	1.337	1.369	1.402	1.434
6.000	1.422	1.458	1.494	1.529	1.565
6.500	1.540	1.579	1.618	1.656	1.695
7.000	1.658	1.700	1.742	1.784	1.826
7.500	1.777	1.821	1.866	1.911	1.956
8.000	1.895	1.943	1.991	2.038	2.086
8.500	2.013	2.064	2.115	2.166	2.217
9.000	2.131	2.185	2.239	2.293	2.347
9.500	2.249	2.306	2.363	2.420	2.478
10.000	**2.367**	2.427	2.488	2.548	**2.608**
11.000	2.509	2.573	2.637	2.701	2.764
12.000	2.651	2.719	2.786	2.853	2.921
13.000	2.794	2.865	2.935	3.006	3.077
14.000	2.936	3.010	3.085	3.159	3.234
15.000	3.078	3.156	3.234	3.312	3.390
16.000	3.220	3.302	3.383	3.465	3.546
17.000	3.362	3.448	3.533	3.618	3.703
18.000	3.505	3.593	3.682	3.771	3.859
19.000	3.647	3.739	3.831	3.923	4.016
20.000	**3.789**	3.885	3.981	4.076	**4.172**
21.000	3.931	4.031	4.130	4.229	4.328
22.000	4.074	4.176	4.279	4.382	4.484
23.000	4.216	4.322	4.428	4.535	4.641
24.000	4.359	4.468	4.578	4.687	4.797
25.000	4.501	4.614	4.727	4.840	4.953
26.000	4.643	4.760	4.876	4.993	5.109
27.000	4.786	4.906	5.026	5.146	5.265
28.000	4.928	5.052	5.175	5.298	5.422
29.000	5.071	5.197	5.324	5.451	5.578
30.000	**5.213**	5.343	5.474	5.604	**5.734**
31.000	5.355	5.489	5.623	5.757	5.890
32.000	5.498	5.635	5.772	5.909	6.046
33.000	5.640	5.781	5.921	6.062	6.203
34.000	5.783	5.927	6.071	6.215	6.359
35.000	5.925	6.073	6.220	6.368	6.515
36.000	6.067	6.218	6.369	6.520	6.671
37.000	6.210	6.364	6.519	6.673	6.827
38.000	6.352	6.510	6.668	6.826	6.984
39.000	6.495	6.656	6.817	6.979	7.140
40.000	**6.637**	6.802	6.967	7.131	**7.296**
42.000	6.874	7.044	7.215	7.386	7.556
44.000	7.110	7.287	7.464	7.640	7.817
46.000	7.347	7.530	7.712	7.894	8.077
48.000	7.584	7.772	7.961	8.149	8.337
50.000	7.821	8.015	8.209	8.403	8.598
52.000	8.057	8.257	8.458	8.658	8.858
54.000	8.294	8.500	8.706	8.912	9.118
56.000	8.531	8.743	8.955	9.166	9.378
58.000	8.767	8.985	9.203	9.421	9.639

Ansätze VE	Von-satz Euro	Viertel-satz Euro	Mittel-satz Euro	Drei-viertel-satz Euro	Bis-satz Euro
60.000	**9.004**	9.228	9.452	9.675	**9.899**
62.000	9.216	9.445	9.674	9.903	10.133
64.000	9.427	9.662	9.897	10.132	10.366
66.000	9.639	9.879	10.119	10.360	10.600
68.000	9.851	10.096	10.342	10.588	10.833
70.000	10.063	10.314	10.565	10.816	11.067
72.000	10.274	10.531	10.787	11.044	11.301
74.000	10.486	10.748	11.010	11.272	11.534
76.000	10.698	10.965	11.233	11.500	11.768
78.000	10.909	11.182	11.455	11.728	12.001
80.000	**11.121**	11.400	11.678	11.957	**12.235**
82.000	11.304	11.586	11.869	12.152	12.435
84.000	11.486	11.773	12.061	12.348	12.636
86.000	11.669	11.960	12.252	12.544	12.836
88.000	11.851	12.147	12.444	12.740	13.037
90.000	12.034	12.334	12.635	12.936	13.237
92.000	12.216	12.521	12.827	13.132	13.437
94.000	12.399	12.708	13.018	13.328	13.638
96.000	12.581	12.895	13.210	13.524	13.838
98.000	12.764	13.082	13.401	13.720	14.039
100.000	**12.946**	13.269	13.593	13.916	**14.239**
105.000	13.357	13.690	14.024	14.357	14.691
110.000	13.767	14.111	14.455	14.799	15.143
115.000	14.178	14.532	14.886	15.241	15.595
120.000	14.588	14.953	15.318	15.682	16.047
125.000	14.999	15.374	15.749	16.124	16.499
130.000	15.410	15.795	16.180	16.566	16.951
135.000	15.820	16.216	16.612	17.007	17.403
140.000	16.231	16.637	17.043	17.449	17.855
145.000	16.641	17.058	17.474	17.891	18.307
150.000	**17.052**	17.479	17.906	18.332	**18.759**
155.000	17.400	17.835	18.271	18.706	19.142
160.000	17.747	18.191	18.636	19.080	19.524
165.000	18.095	18.548	19.001	19.454	19.907
170.000	18.442	18.904	19.366	19.827	20.289
175.000	18.790	19.260	19.731	20.201	20.672
180.000	19.138	19.617	20.096	20.575	21.054
185.000	19.485	19.973	20.461	20.949	21.437
190.000	19.833	20.329	20.826	21.322	21.819
195.000	20.180	20.686	21.191	21.696	22.202
200.000	**20.528**	21.042	21.556	22.070	**22.584**
205.000	20.844	21.366	21.888	22.409	22.931
210.000	21.160	21.690	22.219	22.749	23.278
215.000	21.476	22.013	22.551	23.088	23.625
220.000	21.792	22.337	22.882	23.427	23.972
225.000	22.108	22.661	23.214	23.767	24.320
230.000	22.424	22.985	23.545	24.106	24.667
235.000	22.740	23.308	23.877	24.445	25.014
240.000	23.056	23.632	24.208	24.785	25.361
245.000	23.372	23.956	24.540	25.124	25.708

Ansätze VE	Von- satz Euro	Viertel- satz Euro	Mittel- satz Euro	Drei- viertel- satz Euro	Bis- satz Euro
250.000	**23.688**	24.280	24.872	25.463	**26.055**
255.000	24.019	24.619	25.219	25.820	26.420
260.000	24.351	24.959	25.567	26.176	26.784
265.000	24.682	25.299	25.915	26.532	27.149
270.000	25.013	25.638	26.263	26.888	27.513
275.000	25.345	25.978	26.611	27.245	27.878
280.000	25.676	26.318	26.959	27.601	28.243
285.000	26.007	26.657	27.307	27.957	28.607
290.000	26.338	26.997	27.655	28.313	28.972
295.000	26.670	27.336	28.003	28.670	29.336
300.000	**27.001**	27.676	28.351	29.026	**29.701**
305.000	27.341	28.024	28.708	29.391	30.075
310.000	27.680	28.372	29.064	29.756	30.448
315.000	28.020	28.720	29.421	30.121	30.822
320.000	28.359	29.068	29.777	30.487	31.196
325.000	28.699	29.416	30.134	30.852	31.570
330.000	29.038	29.764	30.491	31.217	31.943
335.000	29.378	30.112	30.847	31.582	32.317
340.000	29.717	30.460	31.204	31.947	32.691
345.000	30.057	30.808	31.560	32.312	33.064
350.000	**30.396**	31.157	31.917	32.678	**33.438**
355.000	30.640	31.407	32.174	32.940	33.707
360.000	30.885	31.658	32.430	33.203	33.976
365.000	31.129	31.908	32.687	33.466	34.245
370.000	31.374	32.159	32.944	33.729	34.514
375.000	31.618	32.409	33.201	33.992	34.783
380.000	31.862	32.660	33.457	34.255	35.052
385.000	32.107	32.910	33.714	34.517	35.321
390.000	32.351	33.161	33.971	34.780	35.590
395.000	32.596	33.411	34.227	35.043	35.859
400.000	**32.840**	33.662	34.484	35.306	**36.128**
405.000	33.037	33.864	34.691	35.518	36.345
410.000	33.235	34.067	34.899	35.731	36.563
415.000	33.432	34.269	35.106	35.943	36.780
420.000	33.630	34.472	35.313	36.155	36.997
425.000	33.827	34.674	35.521	36.368	37.215
430.000	34.024	34.876	35.728	36.580	37.432
435.000	34.222	35.079	35.935	36.792	37.649
440.000	34.419	35.281	36.143	37.005	37.866
445.000	34.617	35.483	36.350	37.217	38.084
450.000	**34.814**	35.686	36.558	37.429	**38.301**
455.000	35.043	35.920	36.798	37.675	38.552
460.000	35.272	36.155	37.038	37.920	38.803
465.000	35.501	36.389	37.278	38.166	39.054
470.000	35.730	36.624	37.518	38.411	39.305
475.000	35.959	36.858	37.758	38.657	39.556
480.000	36.188	37.093	37.998	38.902	39.807
485.000	36.417	37.327	38.238	39.148	40.058
490.000	36.646	37.562	38.478	39.393	40.309
495.000	36.875	37.796	38.718	39.639	40.560

Honorartafel zu § 38 Abs. 1 – Flächennutzungspläne Honorarzone III

Ansätze VE	Von- satz Euro	Viertel- satz Euro	Mittel- satz Euro	Drei- viertel- satz Euro	Bis- satz Euro
500.000	**37.104**	38.031	38.958	39.884	**40.811**
510.000	37.468	38.403	39.339	40.275	41.211
520.000	37.831	38.776	39.721	40.666	41.611
530.000	38.195	39.149	40.103	41.057	42.011
540.000	38.558	39.521	40.485	41.448	42.411
550.000	38.922	39.894	40.866	41.838	42.811
560.000	39.286	40.267	41.248	42.229	43.210
570.000	39.649	40.639	41.630	42.620	43.610
580.000	40.013	41.012	42.012	43.011	44.010
590.000	40.376	41.385	42.393	43.402	44.410
600.000	**40.740**	41.758	42.775	43.793	**44.810**
610.000	40.977	42.000	43.024	44.048	45.071
620.000	41.213	42.243	43.273	44.303	45.332
630.000	41.450	42.486	43.522	44.558	45.594
640.000	41.687	42.729	43.771	44.813	45.855
650.000	41.924	42.972	44.020	45.068	46.116
660.000	42.160	43.214	44.269	45.323	46.377
670.000	42.397	43.457	44.518	45.578	46.638
680.000	42.634	43.700	44.767	45.833	46.900
690.000	42.870	43.943	45.016	46.088	47.161
700.000	**43.107**	44.186	45.265	46.343	**47.422**
710.000	43.344	44.428	45.513	46.598	47.682
720.000	43.580	44.671	45.762	46.852	47.943
730.000	43.817	44.914	46.010	47.106	48.203
740.000	44.054	45.156	46.259	47.361	48.463
750.000	44.291	45.399	46.507	47.615	48.724
760.000	44.527	45.641	46.756	47.870	48.984
770.000	44.764	45.884	47.004	48.124	49.244
780.000	45.001	46.127	47.253	48.378	49.504
790.000	45.237	46.369	47.501	48.633	49.765
800.000	**45.474**	46.612	47.750	48.887	**50.025**
810.000	45.616	46.757	47.899	49.040	50.181
820.000	45.758	46.903	48.048	49.192	50.337
830.000	45.901	47.049	48.197	49.345	50.493
840.000	46.043	47.194	48.346	49.497	50.649
850.000	46.185	47.340	48.495	49.650	50.805
860.000	46.327	47.486	48.644	49.802	50.960
870.000	46.469	47.631	48.793	49.955	51.116
880.000	46.612	47.777	48.942	50.107	51.272
890.000	46.754	47.922	49.091	50.260	51.428
900.000	**46.896**	48.068	49.240	50.412	**51.584**
910.000	47.102	48.279	49.456	50.633	51.810
920.000	47.307	48.489	49.672	50.854	52.036
930.000	47.513	48.700	49.887	51.075	52.262
940.000	47.718	48.911	50.103	51.296	52.488
950.000	47.924	49.121	50.319	51.516	52.714
960.000	48.129	49.332	50.535	51.737	52.940
970.000	48.335	49.542	50.750	51.958	53.166
980.000	48.540	49.753	50.966	52.179	53.392
990.000	48.746	49.964	51.182	52.400	53.618

Ansätze VE	Von- satz Euro	Viertel- satz Euro	Mittel- satz Euro	Drei- viertel- satz Euro	Bis- satz Euro
1.000.000	**48.951**	50.174	51.398	52.621	**53.844**
1.050.000	49.503	50.740	51.977	53.214	54.451
1.100.000	50.055	51.306	52.557	53.808	55.059
1.150.000	50.608	51.872	53.137	54.402	55.666
1.200.000	51.160	52.438	53.717	54.995	56.274
1.250.000	51.712	53.004	54.297	55.589	56.881
1.300.000	52.264	53.570	54.876	56.182	57.488
1.350.000	52.816	54.136	55.456	56.776	58.096
1.400.000	53.369	54.702	56.036	57.370	58.703
1.450.000	53.921	55.268	56.616	57.963	59.311
1.500.000	**54.473**	55.834	57.196	58.557	**59.918**
1.550.000	54.710	56.077	57.445	58.812	60.179
1.600.000	54.947	56.320	57.694	59.067	60.440
1.650.000	55.185	56.564	57.943	59.321	60.700
1.700.000	55.422	56.807	58.192	59.576	60.961
1.750.000	55.659	57.050	58.441	59.831	61.222
1.800.000	55.896	57.293	58.690	60.086	61.483
1.850.000	56.133	57.536	58.939	60.341	61.744
1.900.000	56.371	57.779	59.188	60.596	62.004
1.950.000	56.608	58.022	59.437	60.851	62.265
2.000.000	**56.845**	58.265	59.686	61.106	**62.526**
2.050.000	57.082	58.508	59.934	61.360	62.787
2.100.000	57.319	58.751	60.183	61.615	63.047
2.150.000	57.555	58.993	60.431	61.869	63.308
2.200.000	57.792	59.236	60.680	62.124	63.568
2.250.000	58.029	59.479	60.929	62.379	63.829
2.300.000	58.266	59.721	61.177	62.633	64.089
2.350.000	58.502	59.964	61.426	62.888	64.350
2.400.000	58.739	60.207	61.675	63.142	64.610
2.450.000	58.976	60.449	61.923	63.397	64.871
2.500.000	**59.213**	60.692	62.172	63.651	**65.131**
2.550.000	59.449	60.935	62.420	63.906	65.392
2.600.000	59.686	61.178	62.669	64.161	65.652
2.650.000	59.923	61.420	62.918	64.415	65.913
2.700.000	60.160	61.663	63.166	64.670	66.173
2.750.000	60.396	61.906	63.415	64.924	66.434
2.800.000	60.633	62.148	63.664	65.179	66.694
2.850.000	60.870	62.391	63.912	65.433	66.955
2.900.000	61.107	62.634	64.161	65.688	67.215
2.950.000	61.343	62.876	64.409	65.942	67.476
3.000.000	**61.580**	63.119	64.658	66.197	**67.736**

Honorartafel zu § 38 Abs. 1 – Flächennutzungspläne, Honorarzone IV

Ansätze VE	Von-satz Euro	Viertel-satz Euro	Mittel-satz Euro	Drei-viertel-satz Euro	Bis-satz Euro
5.000	**1.304**	1.335	1.366	1.396	**1.427**
5.500	1.434	1.468	1.502	1.535	1.569
6.000	1.565	1.601	1.638	1.674	1.710
6.500	1.695	1.734	1.774	1.813	1.852
7.000	1.826	1.868	1.910	1.951	1.993
7.500	1.956	2.001	2.046	2.090	2.135
8.000	2.086	2.134	2.182	2.229	2.277
8.500	2.217	2.267	2.318	2.368	2.418
9.000	2.347	2.400	2.454	2.507	2.560
9.500	2.478	2.534	2.590	2.645	2.701
10.000	**2.608**	2.667	2.726	2.784	**2.843**
11.000	2.764	2.827	2.889	2.951	3.014
12.000	2.921	2.987	3.053	3.119	3.184
13.000	3.077	3.147	3.216	3.286	3.355
14.000	3.234	3.307	3.380	3.453	3.526
15.000	3.390	3.467	3.543	3.620	3.697
16.000	3.546	3.627	3.707	3.787	3.867
17.000	3.703	3.787	3.870	3.954	4.038
18.000	3.859	3.947	4.034	4.121	4.209
19.000	4.016	4.107	4.197	4.288	4.379
20.000	**4.172**	4.267	4.361	4.456	**4.550**
21.000	4.328	4.426	4.524	4.622	4.721
22.000	4.484	4.586	4.688	4.789	4.891
23.000	4.641	4.746	4.851	4.956	5.062
24.000	4.797	4.906	5.015	5.123	5.232
25.000	4.953	5.065	5.178	5.290	5.403
26.000	5.109	5.225	5.341	5.457	5.573
27.000	5.265	5.385	5.505	5.624	5.744
28.000	5.422	5.545	5.668	5.791	5.914
29.000	5.578	5.705	5.831	5.958	6.085
30.000	**5.734**	5.864	5.995	6.125	**6.256**
31.000	5.890	6.024	6.158	6.292	6.426
32.000	6.046	6.184	6.322	6.459	6.597
33.000	6.203	6.344	6.485	6.626	6.767
34.000	6.359	6.504	6.648	6.793	6.938
35.000	6.515	6.663	6.812	6.960	7.108
36.000	6.671	6.823	6.975	7.127	7.279
37.000	6.827	6.983	7.138	7.294	7.449
38.000	6.984	7.143	7.302	7.461	7.620
39.000	7.140	7.302	7.465	7.628	7.790
40.000	**7.296**	7.462	7.629	7.795	**7.961**
42.000	7.556	7.728	7.901	8.073	8.245
44.000	7.817	7.995	8.173	8.350	8.528
46.000	8.077	8.261	8.445	8.628	8.812
48.000	8.337	8.527	8.717	8.906	9.096
50.000	8.598	8.793	8.989	9.184	9.380
52.000	8.858	9.059	9.261	9.462	9.663
54.000	9.118	9.325	9.533	9.740	9.947
56.000	9.378	9.591	9.805	10.018	10.231
58.000	9.639	9.858	10.077	10.295	10.514

Honorartafel zu § 38 Abs. 1 – Flächennutzungspläne, Honorarzone IV

Ansätze VE	Von- satz Euro	Viertel- satz Euro	Mittel- satz Euro	Drei- viertel- satz Euro	Bis- satz Euro
60.000	**9.899**	10.124	10.349	10.573	**10.798**
62.000	10.133	10.363	10.593	10.823	11.053
64.000	10.366	10.602	10.837	11.072	11.307
66.000	10.600	10.840	11.081	11.322	11.562
68.000	10.833	11.079	11.325	11.571	11.817
70.000	11.067	11.318	11.569	11.820	12.072
72.000	11.301	11.557	11.813	12.070	12.326
74.000	11.534	11.796	12.058	12.319	12.581
76.000	11.768	12.035	12.302	12.569	12.836
78.000	12.001	12.274	12.546	12.818	13.090
80.000	**12.235**	12.513	12.790	13.068	**13.345**
82.000	12.435	12.718	13.000	13.282	13.564
84.000	12.636	12.923	13.210	13.497	13.784
86.000	12.836	13.128	13.420	13.711	14.003
88.000	13.037	13.333	13.629	13.926	14.222
90.000	13.237	13.538	13.839	14.140	14.442
92.000	13.437	13.743	14.049	14.355	14.661
94.000	13.638	13.948	14.259	14.570	14.880
96.000	13.838	14.154	14.469	14.784	15.099
98.000	14.039	14.359	14.679	14.999	15.319
100.000	**14.239**	14.564	14.889	15.213	**15.538**
105.000	14.691	15.026	15.361	15.696	16.030
110.000	15.143	15.488	15.833	16.178	16.523
115.000	15.595	15.950	16.305	16.660	17.015
120.000	16.047	16.412	16.777	17.142	17.508
125.000	16.499	16.874	17.250	17.625	18.000
130.000	16.951	17.336	17.722	18.107	18.492
135.000	17.403	17.798	18.194	18.589	18.985
140.000	17.855	18.261	18.666	19.072	19.477
145.000	18.307	18.723	19.138	19.554	19.970
150.000	**18.759**	19.185	19.611	20.036	**20.462**
155.000	19.142	19.576	20.010	20.445	20.879
160.000	19.524	19.967	20.410	20.853	21.296
165.000	19.907	20.358	20.810	21.262	21.714
170.000	20.289	20.749	21.210	21.670	22.131
175.000	20.672	21.141	21.610	22.079	22.548
180.000	21.054	21.532	22.010	22.487	22.965
185.000	21.437	21.923	22.409	22.896	23.382
190.000	21.819	22.314	22.809	23.304	23.800
195.000	22.202	22.705	23.209	23.713	24.217
200.000	**22.584**	23.097	23.609	24.122	**24.634**
205.000	22.931	23.452	23.972	24.493	25.013
210.000	23.278	23.807	24.336	24.864	25.393
215.000	23.625	24.162	24.699	25.235	25.772
220.000	23.972	24.517	25.062	25.607	26.152
225.000	24.320	24.872	25.425	25.978	26.531
230.000	24.667	25.228	25.789	26.349	26.910
235.000	25.014	25.583	26.152	26.721	27.290
240.000	25.361	25.938	26.515	27.092	27.669
245.000	25.708	26.293	26.878	27.463	28.049

Ansätze VE	Von-satz Euro	Viertel-satz Euro	Mittel-satz Euro	Drei-viertel-satz Euro	Bis-satz Euro
250.000	**26.055**	26.648	27.242	27.835	**28.428**
255.000	26.420	27.021	27.622	28.224	28.825
260.000	26.784	27.394	28.003	28.613	29.223
265.000	27.149	27.767	28.384	29.002	29.620
270.000	27.513	28.139	28.765	29.391	30.017
275.000	27.878	28.512	29.146	29.780	30.415
280.000	28.243	28.885	29.527	30.170	30.812
285.000	28.607	29.258	29.908	30.559	31.209
290.000	28.972	29.630	30.289	30.948	31.606
295.000	29.336	30.003	30.670	31.337	32.004
300.000	**29.701**	30.376	31.051	31.726	**32.401**
305.000	30.075	30.758	31.442	32.125	32.809
310.000	30.448	31.140	31.832	32.524	33.216
315.000	30.822	31.522	32.223	32.923	33.624
320.000	31.196	31.905	32.613	33.322	34.031
325.000	31.570	32.287	33.004	33.721	34.439
330.000	31.943	32.669	33.395	34.120	34.846
335.000	32.317	33.051	33.785	34.519	35.254
340.000	32.691	33.433	34.176	34.918	35.661
345.000	33.064	33.815	34.566	35.317	36.069
350.000	**33.438**	34.198	34.957	35.717	**36.476**
355.000	33.707	34.473	35.238	36.004	36.769
360.000	33.976	34.748	35.519	36.291	37.063
365.000	34.245	35.023	35.801	36.578	37.356
370.000	34.514	35.298	36.082	36.866	37.650
375.000	34.783	35.573	36.363	37.153	37.943
380.000	35.052	35.848	36.644	37.440	38.236
385.000	35.321	36.123	36.925	37.728	38.530
390.000	35.590	36.398	37.207	38.015	38.823
395.000	35.859	36.673	37.488	38.302	39.117
400.000	**36.128**	36.949	37.769	38.590	**39.410**
405.000	36.345	37.171	37.996	38.822	39.647
410.000	36.563	37.393	38.224	39.054	39.885
415.000	36.780	37.615	38.451	39.286	40.122
420.000	36.997	37.838	38.678	39.519	40.359
425.000	37.215	38.060	38.906	39.751	40.597
430.000	37.432	38.282	39.133	39.983	40.834
435.000	37.649	38.505	39.360	40.216	41.071
440.000	37.866	38.727	39.587	40.448	41.308
445.000	38.084	38.949	39.815	40.680	41.546
450.000	**38.301**	39.172	40.042	40.913	**41.783**
455.000	38.552	39.428	40.305	41.181	42.057
460.000	38.803	39.685	40.567	41.449	42.331
465.000	39.054	39.942	40.830	41.717	42.605
470.000	39.305	40.199	41.092	41.986	42.879
475.000	39.556	40.455	41.355	42.254	43.153
480.000	39.807	40.712	41.617	42.522	43.427
485.000	40.058	40.969	41.880	42.790	43.701
490.000	40.309	41.226	42.142	43.059	43.975
495.000	40.560	41.482	42.405	43.327	44.249

Honorartafel zu § 38 Abs. 1 – Flächennutzungspläne, Honorarzone IV

Ansätze VE	Von-satz Euro	Viertel-satz Euro	Mittel-satz Euro	Drei-viertel-satz Euro	Bis-satz Euro
500.000	**40.811**	41.739	42.667	43.595	**44.523**
510.000	41.211	42.148	43.085	44.022	44.959
520.000	41.611	42.557	43.503	44.449	45.395
530.000	42.011	42.966	43.921	44.876	45.832
540.000	42.411	43.375	44.339	45.304	46.268
550.000	42.811	43.784	44.757	45.731	46.704
560.000	43.210	44.193	45.175	46.158	47.140
570.000	43.610	44.602	45.593	46.585	47.576
580.000	44.010	45.011	46.011	47.012	48.013
590.000	44.410	45.420	46.429	47.439	48.449
600.000	**44.810**	45.829	46.848	47.866	**48.885**
610.000	45.071	46.096	47.121	48.145	49.170
620.000	45.332	46.363	47.394	48.424	49.455
630.000	45.594	46.630	47.667	48.703	49.739
640.000	45.855	46.897	47.940	48.982	50.024
650.000	46.116	47.164	48.213	49.261	50.309
660.000	46.377	47.431	48.486	49.540	50.594
670.000	46.638	47.698	48.759	49.819	50.879
680.000	46.900	47.966	49.032	50.097	51.163
690.000	47.161	48.233	49.305	50.376	51.448
700.000	**47.422**	48.500	49.578	50.655	**51.733**
710.000	47.682	48.766	49.850	50.933	52.017
720.000	47.943	49.032	50.122	51.211	52.300
730.000	48.203	49.298	50.394	51.489	52.584
740.000	48.463	49.564	50.666	51.767	52.868
750.000	48.724	49.831	50.938	52.045	53.152
760.000	48.984	50.097	51.210	52.322	53.435
770.000	49.244	50.363	51.482	52.600	53.719
780.000	49.504	50.629	51.754	52.878	54.003
790.000	49.765	50.895	52.026	53.156	54.286
800.000	**50.025**	51.161	52.298	53.434	**54.570**
810.000	50.181	51.321	52.461	53.601	54.741
820.000	50.337	51.481	52.624	53.768	54.912
830.000	50.493	51.640	52.788	53.935	55.082
840.000	50.649	51.800	52.951	54.102	55.253
850.000	50.805	51.959	53.114	54.269	55.424
860.000	50.960	52.119	53.278	54.436	55.595
870.000	51.116	52.279	53.441	54.603	55.766
880.000	51.272	52.438	53.604	54.770	55.936
890.000	51.428	52.598	53.768	54.937	56.107
900.000	**51.584**	52.758	53.931	55.105	**56.278**
910.000	51.810	52.989	54.167	55.346	56.524
920.000	52.036	53.220	54.403	55.587	56.771
930.000	52.262	53.451	54.640	55.828	57.017
940.000	52.488	53.682	54.876	56.070	57.264
950.000	52.714	53.913	55.112	56.311	57.510
960.000	52.940	54.144	55.348	56.552	57.756
970.000	53.166	54.375	55.584	56.794	58.003
980.000	53.392	54.606	55.821	57.035	58.249
990.000	53.618	54.837	56.057	57.276	58.496

Honorartafel zu § 38 Abs. 1 – Flächennutzungspläne, Honorarzone IV

Ansätze VE	Von- satz Euro	Viertel- satz Euro	Mittel- satz Euro	Drei- viertel- satz Euro	Bis- satz Euro
1.000.000	**53.844**	55.069	56.293	57.518	**58.742**
1.050.000	54.451	55.690	56.928	58.166	59.405
1.100.000	55.059	56.311	57.563	58.815	60.067
1.150.000	55.666	56.932	58.198	59.464	60.730
1.200.000	56.274	57.553	58.833	60.113	61.393
1.250.000	56.881	58.175	59.468	60.762	62.056
1.300.000	57.488	58.796	60.103	61.411	62.718
1.350.000	58.096	59.417	60.738	62.060	63.381
1.400.000	58.703	60.038	61.373	62.709	64.044
1.450.000	59.311	60.660	62.008	63.357	64.706
1.500.000	**59.918**	61.281	62.644	64.006	**65.369**
1.550.000	60.179	61.547	62.916	64.285	65.653
1.600.000	60.440	61.814	63.189	64.563	65.937
1.650.000	60.700	62.081	63.461	64.841	66.222
1.700.000	60.961	62.347	63.734	65.120	66.506
1.750.000	61.222	62.614	64.006	65.398	66.790
1.800.000	61.483	62.881	64.279	65.676	67.074
1.850.000	61.744	63.147	64.551	65.955	67.358
1.900.000	62.004	63.414	64.824	66.233	67.643
1.950.000	62.265	63.681	65.096	66.511	67.927
2.000.000	**62.526**	63.947	65.369	66.790	**68.211**
2.050.000	62.787	64.214	65.641	67.068	68.495
2.100.000	63.047	64.480	65.913	67.346	68.780
2.150.000	63.308	64.747	66.186	67.625	69.064
2.200.000	63.568	65.013	66.458	67.903	69.348
2.250.000	63.829	65.280	66.731	68.182	69.633
2.300.000	64.089	65.546	67.003	68.460	69.917
2.350.000	64.350	65.812	67.275	68.738	70.201
2.400.000	64.610	66.079	67.548	69.017	70.485
2.450.000	64.871	66.345	67.820	69.295	70.770
2.500.000	**65.131**	66.612	68.093	69.573	**71.054**
2.550.000	65.392	66.878	68.365	69.852	71.338
2.600.000	65.652	67.145	68.637	70.130	71.623
2.650.000	65.913	67.411	68.910	70.408	71.907
2.700.000	66.173	67.678	69.182	70.687	72.191
2.750.000	66.434	67.944	69.455	70.965	72.476
2.800.000	66.694	68.210	69.727	71.243	72.760
2.850.000	66.955	68.477	69.999	71.522	73.044
2.900.000	67.215	68.743	70.272	71.800	73.328
2.950.000	67.476	69.010	70.544	72.078	73.613
3.000.000	**67.736**	69.276	70.817	72.357	**73.897**

Honorartafel zu § 38 Abs. 1 – Flächennutzungspläne, Honorarzone V

Ansätze VE	Von- satz Euro	Viertel- satz Euro	Mittel- satz Euro	Drei- viertel- satz Euro	Bis- satz Euro
5.000	**1.427**	1.456	1.486	1.515	**1.544**
5.500	1.569	1.601	1.633	1.665	1.697
6.000	1.710	1.745	1.781	1.816	1.851
6.500	1.852	1.890	1.928	1.966	2.004
7.000	1.993	2.034	2.076	2.117	2.158
7.500	2.135	2.179	2.223	2.267	2.311
8.000	2.277	2.324	2.371	2.417	2.464
8.500	2.418	2.468	2.518	2.568	2.618
9.000	2.560	2.613	2.666	2.718	2.771
9.500	2.701	2.757	2.813	2.869	2.925
10.000	**2.843**	2.902	2.961	3.019	**3.078**
11.000	3.014	3.076	3.138	3.201	3.263
12.000	3.184	3.250	3.316	3.382	3.448
13.000	3.355	3.425	3.494	3.564	3.633
14.000	3.526	3.599	3.672	3.745	3.818
15.000	3.697	3.773	3.850	3.927	4.004
16.000	3.867	3.948	4.028	4.108	4.189
17.000	4.038	4.122	4.206	4.290	4.374
18.000	4.209	4.296	4.384	4.471	4.559
19.000	4.379	4.470	4.562	4.653	4.744
20.000	**4.550**	4.645	4.740	4.834	**4.929**
21.000	4.721	4.819	4.917	5.015	5.114
22.000	4.891	4.993	5.095	5.197	5.299
23.000	5.062	5.167	5.273	5.378	5.483
24.000	5.232	5.341	5.450	5.559	5.668
25.000	5.403	5.515	5.628	5.740	5.853
26.000	5.573	5.689	5.806	5.922	6.038
27.000	5.744	5.864	5.983	6.103	6.223
28.000	5.914	6.038	6.161	6.284	6.407
29.000	6.085	6.212	6.339	6.465	6.592
30.000	**6.256**	6.386	6.516	6.647	**6.777**
31.000	6.426	6.560	6.694	6.828	6.962
32.000	6.597	6.734	6.872	7.009	7.147
33.000	6.767	6.908	7.049	7.190	7.331
34.000	6.938	7.082	7.227	7.372	7.516
35.000	7.108	7.256	7.405	7.553	7.701
36.000	7.279	7.431	7.582	7.734	7.886
37.000	7.449	7.605	7.760	7.915	8.071
38.000	7.620	7.779	7.938	8.097	8.255
39.000	7.790	7.953	8.115	8.278	8.440
40.000	**7.961**	8.127	8.293	8.459	**8.625**
42.000	8.245	8.417	8.589	8.760	8.932
44.000	8.528	8.706	8.884	9.062	9.240
46.000	8.812	8.996	9.180	9.363	9.547
48.000	9.096	9.285	9.475	9.665	9.854
50.000	9.380	9.575	9.771	9.966	10.162
52.000	9.663	9.865	10.066	10.267	10.469
54.000	9.947	10.154	10.362	10.569	10.776
56.000	10.231	10.444	10.657	10.870	11.083
58.000	10.514	10.733	10.953	11.172	11.391

Honorartafel zu § 38 Abs. 1 – Flächennutzungspläne, Honorarzone V

Ansätze VE	Von-satz Euro	Viertel-satz Euro	Mittel-satz Euro	Drei-viertel-satz Euro	Bis-satz Euro
60.000	**10.798**	11.023	11.248	11.473	**11.698**
62.000	11.053	11.283	11.513	11.744	11.974
64.000	11.307	11.543	11.779	12.015	12.250
66.000	11.562	11.803	12.044	12.285	12.526
68.000	11.817	12.063	12.310	12.556	12.802
70.000	12.072	12.323	12.575	12.827	13.079
72.000	12.326	12.583	12.840	13.098	13.355
74.000	12.581	12.843	13.106	13.368	13.631
76.000	12.836	13.103	13.371	13.639	13.907
78.000	13.090	13.363	13.637	13.910	14.183
80.000	**13.345**	13.624	13.902	14.181	**14.459**
82.000	13.564	13.847	14.130	14.413	14.696
84.000	13.784	14.071	14.359	14.646	14.934
86.000	14.003	14.295	14.587	14.879	15.171
88.000	14.222	14.519	14.815	15.112	15.408
90.000	14.442	14.743	15.044	15.345	15.646
92.000	14.661	14.966	15.272	15.577	15.883
94.000	14.880	15.190	15.500	15.810	16.120
96.000	15.099	15.414	15.728	16.043	16.357
98.000	15.319	15.638	15.957	16.276	16.595
100.000	**15.538**	15.862	16.185	16.509	**16.832**
105.000	16.030	16.364	16.698	17.032	17.366
110.000	16.523	16.867	17.211	17.555	17.900
115.000	17.015	17.370	17.724	18.079	18.433
120.000	17.508	17.873	18.237	18.602	18.967
125.000	18.000	18.375	18.751	19.126	19.501
130.000	18.492	18.878	19.264	19.649	20.035
135.000	18.985	19.381	19.777	20.173	20.569
140.000	19.477	19.884	20.290	20.696	21.102
145.000	19.970	20.386	20.803	21.220	21.636
150.000	**20.462**	20.889	21.316	21.743	**22.170**
155.000	20.879	21.315	21.751	22.186	22.622
160.000	21.296	21.741	22.185	22.629	23.074
165.000	21.714	22.167	22.620	23.073	23.526
170.000	22.131	22.593	23.054	23.516	23.978
175.000	22.548	23.018	23.489	23.959	24.430
180.000	22.965	23.444	23.923	24.402	24.881
185.000	23.382	23.870	24.358	24.846	25.333
190.000	23.800	24.296	24.792	25.289	25.785
195.000	24.217	24.722	25.227	25.732	26.237
200.000	**24.634**	25.148	25.662	26.175	**26.689**
205.000	25.013	25.535	26.057	26.578	27.100
210.000	25.393	25.922	26.452	26.981	27.510
215.000	25.772	26.309	26.847	27.384	27.921
220.000	26.152	26.697	27.242	27.786	28.331
225.000	26.531	27.084	27.637	28.189	28.742
230.000	26.910	27.471	28.032	28.592	29.153
235.000	27.290	27.858	28.427	28.995	29.563
240.000	27.669	28.245	28.822	29.398	29.974
245.000	28.049	28.633	29.217	29.800	30.384

Honorartafel zu § 38 Abs. 1 – Flächennutzungspläne, Honorarzone V

Ansätze VE	Von- satz Euro	Viertel- satz Euro	Mittel- satz Euro	Drei- viertel- satz Euro	Bis- satz Euro
250.000	**28.428**	29.020	29.612	30.203	**30.795**
255.000	28.825	29.425	30.025	30.625	31.226
260.000	29.223	29.831	30.439	31.048	31.656
265.000	29.620	30.237	30.853	31.470	32.087
270.000	30.017	30.642	31.267	31.892	32.517
275.000	30.415	31.048	31.681	32.314	32.948
280.000	30.812	31.453	32.095	32.736	33.378
285.000	31.209	31.859	32.509	33.159	33.809
290.000	31.606	32.265	32.923	33.581	34.239
295.000	32.004	32.670	33.337	34.003	34.670
300.000	**32.401**	33.076	33.751	34.425	**35.100**
305.000	32.809	33.492	34.175	34.858	35.542
310.000	33.216	33.908	34.600	35.292	35.984
315.000	33.624	34.324	35.024	35.725	36.425
320.000	34.031	34.740	35.449	36.158	36.867
325.000	34.439	35.156	35.874	36.591	37.309
330.000	34.846	35.572	36.298	37.025	37.751
335.000	35.254	35.988	36.723	37.458	38.193
340.000	35.661	36.404	37.148	37.891	38.634
345.000	36.069	36.820	37.572	38.324	39.076
350.000	**36.476**	37.237	37.997	38.758	**39.518**
355.000	36.769	37.536	38.302	39.069	39.836
360.000	37.063	37.835	38.608	39.380	40.153
365.000	37.356	38.135	38.913	39.692	40.471
370.000	37.650	38.434	39.219	40.003	40.788
375.000	37.943	38.734	39.524	40.315	41.106
380.000	38.236	39.033	39.830	40.626	41.423
385.000	38.530	39.332	40.135	40.938	41.741
390.000	38.823	39.632	40.441	41.249	42.058
395.000	39.117	39.931	40.746	41.561	42.376
400.000	**39.410**	40.231	41.052	41.872	**42.693**
405.000	39.647	40.473	41.299	42.124	42.950
410.000	39.885	40.715	41.546	42.377	43.207
415.000	40.122	40.958	41.793	42.629	43.465
420.000	40.359	41.200	42.041	42.881	43.722
425.000	40.597	41.442	42.288	43.133	43.979
430.000	40.834	41.684	42.535	43.386	44.236
435.000	41.071	41.927	42.782	43.638	44.493
440.000	41.308	42.169	43.030	43.890	44.751
445.000	41.546	42.411	43.277	44.142	45.008
450.000	**41.783**	42.654	43.524	44.395	**45.265**
455.000	42.057	42.933	43.810	44.686	45.562
460.000	42.331	43.213	44.095	44.977	45.859
465.000	42.605	43.493	44.381	45.268	46.156
470.000	42.879	43.773	44.666	45.560	46.453
475.000	43.153	44.052	44.952	45.851	46.750
480.000	43.427	44.332	45.237	46.142	47.047
485.000	43.701	44.612	45.523	46.433	47.344
490.000	43.975	44.892	45.808	46.725	47.641
495.000	44.249	45.171	46.094	47.016	47.938

Honorartafel zu § 38 Abs. 1 – Flächennutzungspläne, Honorarzone V

Ansätze VE	Von- satz Euro	Viertel- satz Euro	Mittel- satz Euro	Drei- viertel- satz Euro	Bis- satz Euro
500.000	**44.523**	45.451	46.379	47.307	**48.235**
510.000	44.959	45.896	46.833	47.770	48.708
520.000	45.395	46.342	47.288	48.234	49.180
530.000	45.832	46.787	47.742	48.697	49.653
540.000	46.268	47.232	48.196	49.161	50.125
550.000	46.704	47.677	48.651	49.624	50.598
560.000	47.140	48.123	49.105	50.088	51.070
570.000	47.576	48.568	49.559	50.551	51.543
580.000	48.013	49.013	50.014	51.014	52.015
590.000	48.449	49.458	50.468	51.478	52.488
600.000	**48.885**	49.904	50.923	51.941	**52.960**
610.000	49.170	50.194	51.219	52.244	53.268
620.000	49.455	50.485	51.516	52.546	53.577
630.000	49.739	50.776	51.812	52.849	53.885
640.000	50.024	51.066	52.109	53.151	54.193
650.000	50.309	51.357	52.405	53.453	54.502
660.000	50.594	51.648	52.702	53.756	54.810
670.000	50.879	51.938	52.998	54.058	55.118
680.000	51.163	52.229	53.295	54.361	55.426
690.000	51.448	52.520	53.591	54.663	55.735
700.000	**51.733**	52.811	53.888	54.966	**56.043**
710.000	52.017	53.100	54.184	55.267	56.350
720.000	52.300	53.390	54.479	55.568	56.658
730.000	52.584	53.679	54.775	55.870	56.965
740.000	52.868	53.969	55.070	56.171	57.272
750.000	53.152	54.259	55.366	56.473	57.580
760.000	53.435	54.548	55.661	56.774	57.887
770.000	53.719	54.838	55.957	57.075	58.194
780.000	54.003	55.127	56.252	57.377	58.501
790.000	54.286	55.417	56.548	57.678	58.809
800.000	**54.570**	55.707	56.843	57.980	**59.116**
810.000	54.741	55.881	57.021	58.161	59.301
820.000	54.912	56.055	57.199	58.342	59.486
830.000	55.082	56.230	57.377	58.524	59.671
840.000	55.253	56.404	57.555	58.705	59.856
850.000	55.424	56.578	57.733	58.887	60.041
860.000	55.595	56.753	57.910	59.068	60.226
870.000	55.766	56.927	58.088	59.250	60.411
880.000	55.936	57.101	58.266	59.431	60.596
890.000	56.107	57.276	58.444	59.613	60.781
900.000	**56.278**	57.450	58.622	59.794	**60.966**
910.000	56.524	57.702	58.879	60.056	61.233
920.000	56.771	57.953	59.135	60.318	61.500
930.000	57.017	58.205	59.392	60.579	61.767
940.000	57.264	58.456	59.649	60.841	62.034
950.000	57.510	58.708	59.905	61.103	62.301
960.000	57.756	58.959	60.162	61.365	62.567
970.000	58.003	59.211	60.419	61.626	62.834
980.000	58.249	59.462	60.675	61.888	63.101
990.000	58.496	59.714	60.932	62.150	63.368

Honorartafel zu § 38 Abs. 1 – Flächennutzungspläne, Honorarzone V

Ansätze VE	Von- satz Euro	Viertel- satz Euro	Mittel- satz Euro	Drei- viertel- satz Euro	Bis- satz Euro
1.000.000	**58.742**	59.965	61.189	62.412	**63.635**
1.050.000	59.405	60.642	61.879	63.116	64.353
1.100.000	60.067	61.318	62.569	63.820	65.071
1.150.000	60.730	61.995	63.259	64.524	65.789
1.200.000	61.393	62.671	63.950	65.228	66.507
1.250.000	62.056	63.348	64.640	65.932	67.225
1.300.000	62.718	64.024	65.330	66.636	67.942
1.350.000	63.381	64.701	66.021	67.340	68.660
1.400.000	64.044	65.377	66.711	68.045	69.378
1.450.000	64.706	66.054	67.401	68.749	70.096
1.500.000	**65.369**	66.730	68.092	69.453	**70.814**
1.550.000	65.653	67.020	68.388	69.755	71.122
1.600.000	65.937	67.311	68.684	70.057	71.431
1.650.000	66.222	67.601	68.980	70.360	71.739
1.700.000	66.506	67.891	69.277	70.662	72.047
1.750.000	66.790	68.181	69.573	70.964	72.356
1.800.000	67.074	68.472	69.869	71.266	72.664
1.850.000	67.358	68.762	70.165	71.569	72.972
1.900.000	67.643	69.052	70.462	71.871	73.280
1.950.000	67.927	69.342	70.758	72.173	73.589
2.000.000	**68.211**	69.633	71.054	72.476	**73.897**
2.050.000	68.495	69.923	71.350	72.777	74.205
2.100.000	68.780	70.213	71.646	73.079	74.513
2.150.000	69.064	70.503	71.942	73.381	74.820
2.200.000	69.348	70.793	72.238	73.683	75.128
2.250.000	69.633	71.083	72.534	73.985	75.436
2.300.000	69.917	71.374	72.830	74.287	75.744
2.350.000	70.201	71.664	73.126	74.589	76.052
2.400.000	70.485	71.954	73.422	74.891	76.359
2.450.000	70.770	72.244	73.718	75.193	76.667
2.500.000	**71.054**	72.534	74.015	75.495	**76.975**
2.550.000	71.338	72.824	74.311	75.797	77.283
2.600.000	71.623	73.115	74.607	76.099	77.591
2.650.000	71.907	73.405	74.903	76.401	77.898
2.700.000	72.191	73.695	75.199	76.702	78.206
2.750.000	72.476	73.985	75.495	77.004	78.514
2.800.000	72.760	74.275	75.791	77.306	78.822
2.850.000	73.044	74.565	76.087	77.608	79.130
2.900.000	73.328	74.856	76.383	77.910	79.437
2.950.000	73.613	75.146	76.679	78.212	79.745
3.000.000	**73.897**	75.436	76.975	78.514	**80.053**

Honorartafel zu § 41 Abs. 1 – Bebauungspläne, Honorarzone I

Fläche ha	Von-satz Euro	Viertel-satz Euro	Mittel-satz Euro	Drei-viertel-satz Euro	Bis-satz Euro
0,50	**429**	684	938	1.193	**1.447**
0,55	473	746	1.020	1.293	1.567
0,60	516	809	1.101	1.394	1.686
0,65	560	871	1.183	1.494	1.806
0,70	603	934	1.264	1.595	1.925
0,75	647	996	1.346	1.695	2.045
0,80	690	1.059	1.427	1.796	2.165
0,85	734	1.121	1.509	1.897	2.284
0,90	777	1.184	1.590	1.997	2.404
0,95	821	1.246	1.672	2.098	2.523
1,00	**864**	1.309	1.754	2.198	**2.643**
1,10	950	1.422	1.895	2.367	2.839
1,20	1.036	1.536	2.036	2.536	3.036
1,30	1.122	1.649	2.177	2.705	3.232
1,40	1.208	1.763	2.318	2.873	3.429
1,50	1.294	1.876	2.459	3.042	3.625
1,60	1.379	1.990	2.600	3.211	3.821
1,70	1.465	2.103	2.742	3.380	4.018
1,80	1.551	2.217	2.883	3.548	4.214
1,90	1.637	2.330	3.024	3.717	4.411
2,00	**1.723**	2.444	3.165	3.886	**4.607**
2,10	1.809	2.553	3.297	4.042	4.786
2,20	1.895	2.662	3.430	4.197	4.965
2,30	1.981	2.771	3.562	4.353	5.144
2,40	2.067	2.881	3.695	4.509	5.323
2,50	2.153	2.990	3.827	4.664	5.502
2,60	2.238	3.099	3.959	4.820	5.680
2,70	2.324	3.208	4.092	4.976	5.859
2,80	2.410	3.317	4.224	5.131	6.038
2,90	2.496	3.426	4.357	5.287	6.217
3,00	**2.582**	3.536	4.489	5.443	**6.396**
3,10	2.668	3.641	4.613	5.585	6.558
3,20	2.755	3.746	4.737	5.728	6.719
3,30	2.841	3.851	4.861	5.871	6.881
3,40	2.928	3.956	4.985	6.014	7.042
3,50	3.014	4.062	5.109	6.157	7.204
3,60	3.100	4.167	5.233	6.299	7.366
3,70	3.187	4.272	5.357	6.442	7.527
3,80	3.273	4.377	5.481	6.585	7.689
3,90	3.360	4.482	5.605	6.728	7.850
4,00	**3.446**	4.588	5.729	6.871	**8.012**
4,10	3.532	4.692	5.852	7.012	8.173
4,20	3.618	4.797	5.975	7.154	8.333
4,30	3.704	4.901	6.099	7.296	8.494
4,40	3.790	5.006	6.222	7.438	8.654
4,50	3.876	5.110	6.345	7.580	8.815
4,60	3.961	5.215	6.468	7.722	8.975
4,70	4.047	5.319	6.591	7.863	9.136
4,80	4.133	5.424	6.715	8.005	9.296
4,90	4.219	5.528	6.838	8.147	9.456

Honorartafel zu § 41 Abs. 1 – Bebauungspläne, Honorarzone I

Fläche ha	Von-satz Euro	Viertel-satz Euro	Mittel-satz Euro	Drei-viertel-satz Euro	Bis-satz Euro
5,00	**4.305**	5.633	6.961	8.289	**9.617**
5,10	4.391	5.733	7.074	8.416	9.757
5,20	4.478	5.833	7.188	8.542	9.897
5,30	4.564	5.932	7.301	8.669	10.037
5,40	4.651	6.032	7.414	8.796	10.177
5,50	4.737	6.132	7.527	8.922	10.318
5,60	4.823	6.232	7.641	9.049	10.458
5,70	4.910	6.332	7.754	9.176	10.598
5,80	4.996	6.432	7.867	9.302	10.738
5,90	5.083	6.531	7.980	9.429	10.878
6,00	**5.169**	6.631	8.094	9.556	**11.018**
6,10	5.245	6.719	8.193	9.666	11.140
6,20	5.321	6.807	8.292	9.777	11.262
6,30	5.398	6.894	8.391	9.888	11.385
6,40	5.474	6.982	8.490	9.999	11.507
6,50	5.550	7.070	8.590	10.109	11.629
6,60	5.626	7.157	8.689	10.220	11.751
6,70	5.702	7.245	8.788	10.331	11.873
6,80	5.779	7.333	8.887	10.441	11.996
6,90	5.855	7.421	8.986	10.552	12.118
7,00	**5.931**	7.508	9.086	10.663	**12.240**
7,10	5.988	7.578	9.168	10.758	12.347
7,20	6.045	7.647	9.250	10.852	12.455
7,30	6.101	7.717	9.332	10.947	12.562
7,40	6.158	7.786	9.414	11.042	12.670
7,50	6.215	7.856	9.496	11.137	12.777
7,60	6.272	7.925	9.578	11.231	12.884
7,70	6.329	7.994	9.660	11.326	12.992
7,80	6.385	8.064	9.742	11.421	13.099
7,90	6.442	8.133	9.824	11.516	13.207
8,00	**6.499**	8.203	9.907	11.610	**13.314**
8,10	6.556	8.272	9.987	11.702	13.418
8,20	6.613	8.340	10.068	11.795	13.522
8,30	6.671	8.409	10.148	11.887	13.625
8,40	6.728	8.478	10.229	11.979	13.729
8,50	6.785	8.547	10.309	12.071	13.833
8,60	6.842	8.616	10.390	12.163	13.937
8,70	6.899	8.685	10.470	12.255	14.041
8,80	6.957	8.754	10.551	12.347	14.144
8,90	7.014	8.822	10.631	12.440	14.248
9,00	**7.071**	8.891	10.712	12.532	**14.352**
9,10	7.128	8.960	10.791	12.623	14.455
9,20	7.185	9.028	10.871	12.714	14.558
9,30	7.241	9.096	10.951	12.806	14.660
9,40	7.298	9.164	11.031	12.897	14.763
9,50	7.355	9.233	11.111	12.988	14.866
9,60	7.412	9.301	11.190	13.080	14.969
9,70	7.469	9.369	11.270	13.171	15.072
9,80	7.525	9.438	11.350	13.262	15.174
9,90	7.582	9.506	11.430	13.353	15.277

Honorartafel zu § 41 Abs. 1 – Bebauungspläne, Honorarzone I

Fläche ha	Von- satz Euro	Viertel- satz Euro	Mittel- satz Euro	Drei- viertel- satz Euro	Bis- satz Euro
10,00	**7.639**	9.574	11.510	13.445	**15.380**
10,10	7.695	9.641	11.587	13.533	15.479
10,20	7.751	9.708	11.665	13.622	15.578
10,30	7.808	9.775	11.743	13.710	15.678
10,40	7.864	9.842	11.820	13.799	15.777
10,50	7.920	9.909	11.898	13.887	15.876
10,60	7.976	9.976	11.976	13.975	15.975
10,70	8.032	10.043	12.053	14.064	16.074
10,80	8.089	10.110	12.131	14.152	16.174
10,90	8.145	10.177	12.209	14.241	16.273
11,00	**8.201**	10.244	12.287	14.329	**16.372**
11,20	8.316	10.376	12.436	14.496	16.556
11,40	8.430	10.508	12.585	14.663	16.740
11,60	8.545	10.640	12.734	14.829	16.924
11,80	8.659	10.772	12.884	14.996	17.108
12,00	**8.774**	10.904	13.033	15.163	**17.292**
12,20	8.888	11.035	13.182	15.329	17.476
12,40	9.003	11.167	13.331	15.496	17.660
12,60	9.117	11.299	13.481	15.662	17.844
12,80	9.232	11.431	13.630	15.829	18.028
13,00	**9.346**	11.563	13.779	15.996	**18.212**
13,20	9.446	11.687	13.927	16.167	18.407
13,40	9.546	11.811	14.075	16.339	18.603
13,60	9.647	11.935	14.222	16.510	18.798
13,80	9.747	12.059	14.370	16.682	18.994
14,00	**9.847**	12.183	14.518	16.854	**19.189**
14,20	9.941	12.303	14.665	17.027	19.389
14,40	10.035	12.424	14.813	17.201	19.590
14,60	10.130	12.545	14.960	17.375	19.790
14,80	10.224	12.666	15.107	17.549	19.991
15,00	**10.318**	12.786	15.255	17.723	**20.191**
15,20	10.413	12.908	15.403	17.898	20.393
15,40	10.508	13.030	15.552	18.074	20.596
15,60	10.603	13.152	15.701	18.249	20.798
15,80	10.698	13.274	15.849	18.425	21.001
16,00	**10.793**	13.396	15.998	18.601	**21.203**
16,20	10.888	13.517	16.146	18.776	21.405
16,40	10.983	13.639	16.295	18.951	21.606
16,60	11.079	13.761	16.443	19.126	21.808
16,80	11.174	13.883	16.592	19.301	22.009
17,00	**11.269**	14.005	16.740	19.476	**22.211**
17,20	11.364	14.126	16.888	19.650	22.412
17,40	11.459	14.248	17.036	19.825	22.614
17,60	11.554	14.369	17.185	20.000	22.815
17,80	11.649	14.491	17.333	20.175	23.017
18,00	**11.744**	14.613	17.481	20.350	**23.218**
18,20	11.839	14.734	17.629	20.524	23.419
18,40	11.934	14.856	17.778	20.699	23.621
18,60	12.030	14.978	17.926	20.874	23.822
18,80	12.125	15.100	18.074	21.049	24.024

Fläche ha	Von- satz Euro	Viertel- satz Euro	Mittel- satz Euro	Drei- viertel- satz Euro	Bis- satz Euro
19,00	**12.220**	15.221	18.223	21.224	**24.225**
19,20	12.314	15.342	18.370	21.398	24.426
19,40	12.408	15.463	18.518	21.573	24.628
19,60	12.502	15.584	18.666	21.747	24.829
19,80	12.596	15.705	18.813	21.922	25.031
20,00	12.690	15.826	18.961	22.097	25.232
20,20	12.785	15.945	19.104	22.264	25.423
20,40	12.880	16.064	19.247	22.431	25.614
20,60	12.976	16.183	19.391	22.598	25.806
20,80	13.071	16.302	19.534	22.765	25.997
21,00	**13.166**	16.422	19.677	22.933	**26.188**
21,20	13.261	16.541	19.821	23.101	26.381
21,40	13.356	16.661	19.965	23.270	26.575
21,60	13.451	16.780	20.110	23.439	26.768
21,80	13.546	16.900	20.254	23.608	26.962
22,00	13.641	17.020	20.398	23.777	27.155
22,20	13.733	17.136	20.539	23.942	27.345
22,40	13.825	17.253	20.680	24.108	27.535
22,60	13.917	17.369	20.821	24.273	27.726
22,80	14.009	17.486	20.962	24.439	27.916
23,00	**14.101**	17.602	21.104	24.605	**28.106**
23,20	14.196	17.722	21.247	24.773	28.298
23,40	14.291	17.841	21.391	24.941	28.490
23,60	14.387	17.961	21.535	25.109	28.683
23,80	14.482	18.080	21.678	25.277	28.875
24,00	14.577	18.200	21.822	25.445	29.067
24,20	14.674	18.321	21.968	25.614	29.261
24,40	14.771	18.442	22.113	25.784	29.455
24,60	14.869	18.564	22.259	25.954	29.650
24,80	14.966	18.685	22.405	26.124	29.844
25,00	**15.063**	18.807	22.551	26.294	**30.038**
25,50	15.265	19.074	22.883	26.692	30.501
26,00	15.468	19.342	23.216	27.090	30.964
26,50	15.670	19.609	23.548	27.487	31.426
27,00	15.873	19.877	23.881	27.885	31.889
27,50	16.075	20.144	24.214	28.283	32.352
28,00	16.277	20.412	24.546	28.680	32.815
28,50	16.480	20.679	24.879	29.078	33.278
29,00	16.682	20.947	25.211	29.476	33.740
29,50	16.885	21.214	25.544	29.874	34.203
30,00	**17.087**	21.482	25.877	30.271	**34.666**
30,50	17.271	21.731	26.191	30.651	35.111
31,00	17.455	21.981	26.506	31.031	35.557
31,50	17.639	22.230	26.821	31.411	36.002
32,00	17.823	22.479	27.135	31.791	36.447
32,50	18.008	22.729	27.450	32.171	36.893
33,00	18.192	22.978	27.765	32.551	37.338
33,50	18.376	23.228	28.079	32.931	37.783
34,00	18.560	23.477	28.394	33.311	38.228
34,50	18.744	23.726	28.709	33.691	38.674

Honorartafel zu § 41 Abs. 1 – Bebauungspläne, Honorarzone I

Fläche ha	Von- satz Euro	Viertel- satz Euro	Mittel- satz Euro	Drei- viertel- satz Euro	Bis- satz Euro
35,00	**18.928**	23.976	29.024	34.071	**39.119**
35,50	19.114	24.223	29.332	34.441	39.551
36,00	19.299	24.470	29.641	34.811	39.982
36,50	19.485	24.717	29.949	35.181	40.414
37,00	19.670	24.964	30.258	35.551	40.845
37,50	19.856	25.211	30.566	35.921	41.277
38,00	20.042	25.458	30.875	36.291	41.708
38,50	20.227	25.705	31.183	36.661	42.140
39,00	20.413	25.952	31.492	37.031	42.571
39,50	20.598	26.199	31.800	37.401	43.003
40,00	**20.784**	26.447	32.109	37.772	**43.434**
40,50	20.969	26.687	32.406	38.124	43.843
41,00	21.154	26.928	32.703	38.477	44.251
41,50	21.339	27.169	32.999	38.829	44.660
42,00	21.524	27.410	33.296	39.182	45.068
42,50	21.710	27.651	33.593	39.535	45.477
43,00	21.895	27.892	33.890	39.887	45.885
43,50	22.080	28.133	34.187	40.240	46.294
44,00	22.265	28.374	34.483	40.593	46.702
44,50	22.450	28.615	34.780	40.945	47.111
45,00	**22.635**	28.856	35.077	41.298	**47.519**
45,50	22.821	29.094	35.367	41.640	47.913
46,00	23.006	29.331	35.656	41.981	48.306
46,50	23.192	29.569	35.946	42.323	48.700
47,00	23.377	29.807	36.236	42.665	49.094
47,50	23.563	30.044	36.525	43.006	49.488
48,00	23.749	30.282	36.815	43.348	49.881
48,50	23.934	30.519	37.105	43.690	50.275
49,00	24.120	30.757	37.394	44.031	50.669
49,50	24.305	30.995	37.684	44.373	51.062
50,00	**24.491**	31.232	37.974	44.715	**51.456**
51,00	24.780	31.620	38.459	45.298	52.138
52,00	25.070	32.007	38.945	45.882	52.819
53,00	25.359	32.395	39.430	46.465	53.501
54,00	25.649	32.782	39.916	47.049	54.182
55,00	25.938	33.170	40.401	47.633	54.864
56,00	26.227	33.557	40.887	48.216	55.546
57,00	26.517	33.944	41.372	48.800	56.227
58,00	26.806	34.332	41.858	49.383	56.909
59,00	27.096	34.719	42.343	49.967	57.590
60,00	**27.385**	35.107	42.829	50.550	**58.272**
61,00	27.637	35.444	43.252	51.059	58.866
62,00	27.889	35.782	43.675	51.567	59.460
63,00	28.141	36.119	44.098	52.076	60.054
64,00	28.393	36.457	44.521	52.585	60.648
65,00	28.645	36.794	44.944	53.093	61.243
66,00	28.897	37.132	45.367	53.602	61.837
67,00	29.149	37.469	45.790	54.110	62.431
68,00	29.401	37.807	46.213	54.619	63.025
69,00	29.653	38.144	46.636	55.127	63.619

Fläche ha	Von-satz Euro	Viertel-satz Euro	Mittel-satz Euro	Drei-viertel-satz Euro	Bis-satz Euro
70,00	**29.905**	38.482	47.059	55.636	**64.213**
71,00	30.153	38.815	47.478	56.141	64.804
72,00	30.400	39.149	47.897	56.646	65.394
73,00	30.648	39.482	48.316	57.150	65.985
74,00	30.895	39.815	48.735	57.655	66.575
75,00	31.143	40.148	49.154	58.160	67.166
76,00	31.390	40.482	49.573	58.665	67.757
77,00	31.638	40.815	49.992	59.170	68.347
78,00	31.885	41.148	50.411	59.675	68.938
79,00	32.133	41.481	50.830	60.179	69.528
80,00	**32.380**	41.815	51.250	60.684	**70.119**
81,00	32.615	42.139	51.663	61.187	70.712
82,00	32.849	42.463	52.077	61.690	71.304
83,00	33.084	42.787	52.490	62.193	71.897
84,00	33.319	43.111	52.904	62.696	72.489
85,00	33.554	43.436	53.318	63.200	73.082
86,00	33.788	43.760	53.731	63.703	73.674
87,00	34.023	44.084	54.145	64.206	74.267
88,00	34.258	44.408	54.558	64.709	74.859
89,00	34.492	44.732	54.972	65.212	75.452
90,00	**34.727**	45.056	55.386	65.715	**76.044**
91,00	34.958	45.384	55.810	66.236	76.663
92,00	35.188	45.712	56.235	66.758	77.281
93,00	35.419	46.039	56.659	67.280	77.900
94,00	35.649	46.367	57.084	67.801	78.519
95,00	35.880	46.694	57.509	68.323	79.138
96,00	36.111	47.022	57.933	68.845	79.756
97,00	36.341	47.350	58.358	69.366	80.375
98,00	36.572	47.677	58.783	69.888	80.994
99,00	36.802	48.005	59.207	70.410	81.612
100,00	**37.033**	48.333	59.632	70.932	**82.231**

Honorartafel zu § 41 Abs. 1 – Bebauungspläne, Honorarzone II

Fläche ha	Von-satz Euro	Viertel-satz Euro	Mittel-satz Euro	Drei-viertel-satz Euro	Bis-satz Euro
0,50	**1.447**	1.884	2.322	2.759	**3.196**
0,55	1.567	2.036	2.506	2.976	3.446
0,60	1.686	2.189	2.691	3.194	3.696
0,65	1.806	2.341	2.876	3.411	3.946
0,70	1.925	2.493	3.061	3.628	4.196
0,75	2.045	2.645	3.246	3.846	4.446
0,80	2.165	2.797	3.430	4.063	4.696
0,85	2.284	2.950	3.615	4.281	4.946
0,90	2.404	3.102	3.800	4.498	5.196
1,00	**2.643**	3.406	4.170	4.933	**5.696**
1,10	2.839	3.650	4.461	5.271	6.082
1,20	3.036	3.894	4.752	5.610	6.468
1,30	3.232	4.138	5.043	5.949	6.854
1,40	3.429	4.381	5.334	6.287	7.240
1,50	3.625	4.625	5.626	6.626	7.626
1,60	3.821	4.869	5.917	6.964	8.012
1,70	4.018	5.113	6.208	7.303	8.398
1,80	4.214	5.357	6.499	7.642	8.784
1,90	4.411	5.600	6.790	7.980	9.170
2,00	**4.607**	5.844	7.082	8.319	**9.556**
2,10	4.786	6.063	7.340	8.617	9.894
2,20	4.965	6.282	7.598	8.915	10.232
2,30	5.144	6.500	7.857	9.213	10.570
2,40	5.323	6.719	8.115	9.512	10.908
2,50	5.502	6.938	8.374	9.810	11.246
2,60	5.680	7.156	8.632	10.108	11.584
2,70	5.859	7.375	8.891	10.406	11.922
2,80	6.038	7.594	9.149	10.705	12.260
2,90	6.217	7.812	9.408	11.003	12.598
3,00	**6.396**	8.031	9.666	11.301	**12.936**
3,10	6.558	8.225	9.892	11.559	13.226
3,20	6.719	8.418	10.118	11.817	13.516
3,30	6.881	8.612	10.343	12.074	13.806
3,40	7.042	8.806	10.569	12.332	14.096
3,50	7.204	8.999	10.795	12.590	14.386
3,60	7.366	9.193	11.021	12.848	14.675
3,70	7.527	9.387	11.246	13.106	14.965
3,80	7.689	9.580	11.472	13.364	15.255
3,90	7.850	9.774	11.698	13.621	15.545
4,00	**8.012**	9.968	11.924	13.879	**15.835**
4,10	8.173	10.160	12.148	14.136	16.124
4,20	8.333	10.353	12.373	14.394	16.414
4,30	8.494	10.546	12.598	14.651	16.703
4,40	8.654	10.739	12.823	14.908	16.993
4,50	8.815	10.931	13.048	15.165	17.282
4,60	8.975	11.124	13.273	15.422	17.571
4,70	9.136	11.317	13.498	15.679	17.861
4,80	9.296	11.510	13.723	15.937	18.150
4,90	9.457	11.702	13.948	16.194	18.440

Fläche ha	Vonsatz Euro	Viertelsatz Euro	Mittelsatz Euro	Dreiviertelsatz Euro	Bissatz Euro
5,00	**9.617**	11.895	14.173	16.451	**18.729**
5,10	9.757	12.058	14.359	16.660	18.961
5,20	9.897	12.221	14.545	16.869	19.193
5,30	10.037	12.384	14.731	17.078	19.425
5,40	10.177	12.547	14.917	17.287	19.657
5,50	10.318	12.711	15.104	17.497	19.890
5,60	10.458	12.874	15.290	17.706	20.122
5,70	10.598	13.037	15.476	17.915	20.354
5,80	10.738	13.200	15.662	18.124	20.586
5,90	10.878	13.363	15.848	18.333	20.818
6,00	**11.018**	13.526	16.034	18.542	**21.050**
6,10	11.140	13.668	16.195	18.723	21.250
6,20	11.262	13.810	16.357	18.904	21.451
6,30	11.385	13.951	16.518	19.085	21.651
6,40	11.507	14.093	16.679	19.265	21.852
6,50	11.629	14.235	16.841	19.446	22.052
6,60	11.751	14.377	17.002	19.627	22.252
6,70	11.873	14.518	17.163	19.808	22.453
6,80	11.996	14.660	17.324	19.989	22.653
6,90	12.118	14.802	17.486	20.170	22.854
7,00	**12.240**	14.944	17.647	20.351	**23.054**
7,10	12.347	15.073	17.798	20.523	23.249
7,20	12.455	15.202	17.949	20.696	23.444
7,30	12.562	15.331	18.100	20.869	23.638
7,40	12.670	15.461	18.251	21.042	23.833
7,50	12.777	15.590	18.403	21.215	24.028
7,60	12.884	15.719	18.554	21.388	24.223
7,70	12.992	15.848	18.705	21.561	24.418
7,80	13.099	15.978	18.856	21.734	24.612
7,90	13.207	16.107	19.007	21.907	24.807
8,00	**13.314**	16.236	19.158	22.080	**25.002**
8,10	13.418	16.360	19.301	22.243	25.185
8,20	13.522	16.483	19.445	22.407	25.368
8,30	13.625	16.607	19.588	22.570	25.551
8,40	13.729	16.731	19.732	22.733	25.734
8,50	13.833	16.854	19.875	22.896	25.918
8,60	13.937	16.978	20.019	23.060	26.101
8,70	14.041	17.101	20.162	23.223	26.284
8,80	14.144	17.225	20.306	23.386	26.467
8,90	14.248	17.349	20.449	23.549	26.650
9,00	**14.352**	17.472	20.593	23.713	**26.833**
9,10	14.455	17.595	20.735	23.875	27.015
9,20	14.558	17.717	20.877	24.037	27.197
9,30	14.660	17.840	21.020	24.199	27.379
9,40	14.763	17.963	21.162	24.362	27.561
9,50	14.866	18.085	21.305	24.524	27.743
9,60	14.969	18.208	21.447	24.686	27.925
9,70	15.072	18.330	21.589	24.848	28.107
9,80	15.174	18.453	21.732	25.010	28.289
9,90	15.277	18.576	21.874	25.173	28.471

Honorartafel zu § 41 Abs. 1 – Bebauungspläne, Honorarzone II

Fläche ha	Von- satz Euro	Viertel- satz Euro	Mittel- satz Euro	Drei- viertel- satz Euro	Bis- satz Euro
10,00	**15.380**	18.698	22.017	25.335	**28.653**
10,10	15.479	18.816	22.152	25.489	28.825
10,20	15.578	18.933	22.288	25.643	28.998
10,30	15.678	19.051	22.424	25.797	29.170
10,40	15.777	19.168	22.560	25.951	29.342
10,50	15.876	19.286	22.695	26.105	29.515
10,60	15.975	19.403	22.831	26.259	29.687
10,70	16.074	19.521	22.967	26.413	29.859
10,80	16.174	19.638	23.103	26.567	30.031
10,90	16.273	19.756	23.238	26.721	30.204
11,00	**16.372**	19.873	23.374	26.875	**30.376**
11,20	16.556	20.087	23.618	27.149	30.680
11,40	16.740	20.301	23.862	27.422	30.983
11,60	16.924	20.515	24.105	27.696	31.287
11,80	17.108	20.729	24.349	27.970	31.590
12,00	**17.292**	20.943	24.593	28.244	**31.894**
12,20	17.476	21.156	24.837	28.517	32.198
12,40	17.660	21.370	25.081	28.791	32.502
12,60	17.844	21.584	25.325	29.065	32.805
12,80	18.028	21.798	25.569	29.339	33.109
13,00	**18.212**	22.012	25.813	29.613	**33.413**
13,20	18.407	22.248	26.089	29.930	33.771
13,40	18.603	22.484	26.366	30.247	34.129
13,60	18.798	22.720	26.642	30.564	34.486
13,80	18.994	22.956	26.919	30.882	34.844
14,00	**19.189**	23.192	27.196	31.199	**35.202**
14,20	19.389	23.438	27.488	31.537	35.586
14,40	19.590	23.685	27.780	31.874	35.969
14,60	19.790	23.931	28.072	32.212	36.353
14,80	19.991	24.177	28.364	32.550	36.736
15,00	**20.191**	24.423	28.656	32.888	**37.120**
15,20	20.393	24.671	28.949	33.227	37.505
15,40	20.596	24.920	29.243	33.567	37.891
15,60	20.798	25.168	29.537	33.907	38.276
15,80	21.001	25.416	29.831	34.246	38.662
16,00	**21.203**	25.664	30.125	34.586	**39.047**
16,20	21.405	25.911	30.418	34.924	39.431
16,40	21.606	26.158	30.710	35.262	39.814
16,60	21.808	26.405	31.003	35.600	40.198
16,80	22.009	26.652	31.295	35.938	40.581
17,00	**22.211**	26.900	31.588	36.277	**40.965**
17,20	22.412	27.147	31.881	36.615	41.349
17,40	22.614	27.394	32.174	36.954	41.734
17,60	22.815	27.641	32.467	37.292	42.118
17,80	23.017	27.888	32.760	37.631	42.503
18,00	**23.218**	28.135	33.053	37.970	**42.887**
18,20	23.419	28.382	33.345	38.308	43.271
18,40	23.621	28.629	33.638	38.646	43.654
18,60	23.822	28.876	33.930	38.984	44.038
18,80	24.024	29.123	34.223	39.322	44.421

Fläche ha	Von- satz Euro	Viertel- satz Euro	Mittel- satz Euro	Drei- viertel- satz Euro	Bis- satz Euro
19,00	**24.225**	29.370	34.515	39.660	**44.805**
19,20	24.426	29.617	34.808	39.999	45.189
19,40	24.628	29.864	35.101	40.337	45.574
19,60	24.829	30.111	35.394	40.676	45.958
19,80	25.031	30.359	35.687	41.015	46.343
20,00	**25.232**	30.606	35.980	41.353	**46.727**
20,20	25.423	30.839	36.254	41.669	47.085
20,40	25.614	31.071	36.529	41.986	47.443
20,60	25.806	31.304	36.803	42.302	47.800
20,80	25.997	31.537	37.078	42.618	48.158
21,00	**26.188**	31.770	37.352	42.934	**48.516**
21,20	26.381	32.005	37.629	43.253	48.877
21,40	26.575	32.241	37.906	43.572	49.238
21,60	26.768	32.476	38.184	43.891	49.599
21,80	26.962	32.711	38.461	44.210	49.960
22,00	**27.155**	32.947	38.738	44.530	**50.321**
22,20	27.345	33.179	39.012	44.846	50.679
22,40	27.535	33.411	39.286	45.162	51.037
22,60	27.726	33.643	39.560	45.478	51.395
22,80	27.916	33.875	39.834	45.794	51.753
23,00	**28.106**	34.107	40.109	46.110	**52.111**
23,20	28.298	34.341	40.385	46.428	52.471
23,40	28.490	34.576	40.661	46.746	52.831
23,60	28.683	34.810	40.937	47.064	53.191
23,80	28.875	35.044	41.213	47.382	53.551
24,00	**29.067**	35.278	41.489	47.700	**53.911**
24,20	29.261	35.514	41.767	48.019	54.272
24,40	29.455	35.750	42.044	48.338	54.633
24,60	29.650	35.986	42.322	48.657	54.993
24,80	29.844	36.221	42.599	48.977	55.354
25,00	**30.038**	36.457	42.877	49.296	**55.715**
25,50	30.501	37.032	43.562	50.093	56.624
26,00	30.964	37.606	44.248	50.891	57.533
26,50	31.426	38.180	44.934	51.688	58.442
27,00	31.889	38.755	45.620	52.486	59.351
27,50	32.352	39.329	46.306	53.283	60.261
28,00	32.815	39.904	46.992	54.081	61.170
28,50	33.278	40.478	47.678	54.878	62.079
29,00	33.740	41.052	48.364	55.676	62.988
29,50	34.203	41.627	49.050	56.473	63.897
30,00	**34.666**	42.201	49.736	57.271	**64.806**
30,50	35.111	42.758	50.405	58.052	65.699
31,00	35.557	43.315	51.074	58.833	66.591
31,50	36.002	43.872	51.743	59.614	67.484
32,00	36.447	44.430	52.412	60.394	68.377
32,50	36.893	44.987	53.081	61.175	69.270
33,00	37.338	45.544	53.750	61.956	70.162
33,50	37.783	46.101	54.419	62.737	71.055
34,00	38.228	46.658	55.088	63.518	71.948
34,50	38.674	47.215	55.757	64.299	72.840

Honorartafel zu § 41 Abs. 1 – Bebauungspläne, Honorarzone II

Fläche ha	Von- satz Euro	Viertel- satz Euro	Mittel- satz Euro	Drei- viertel- satz Euro	Bis- satz Euro
35,00	**39.119**	47.773	56.426	65.080	**73.733**
35,50	39.551	48.309	57.068	65.827	74.586
36,00	39.982	48.846	57.711	66.575	75.440
36,50	40.414	49.383	58.353	67.323	76.293
37,00	40.845	49.920	58.996	68.071	77.147
37,50	41.277	50.457	59.638	68.819	78.000
38,00	41.708	50.994	60.281	69.567	78.853
38,50	42.140	51.531	60.923	70.315	79.707
39,00	42.571	52.068	61.566	71.063	80.560
39,50	43.003	52.605	62.208	71.811	81.414
40,00	**43.434**	53.142	62.851	72.559	**82.267**
40,50	43.843	53.646	63.450	73.254	83.058
41,00	44.251	54.151	64.050	73.950	83.849
41,50	44.660	54.655	64.650	74.645	84.640
42,00	45.068	55.159	65.250	75.340	85.431
42,50	45.477	55.663	65.849	76.036	86.222
43,00	45.885	56.167	66.449	76.731	87.013
43,50	46.294	56.671	67.049	77.426	87.804
44,00	46.702	57.175	67.649	78.122	88.595
44,50	47.111	57.679	68.248	78.817	89.386
45,00	**47.519**	58.184	68.848	79.513	**90.177**
45,50	47.913	58.666	69.420	80.174	90.928
46,00	48.306	59.149	69.992	80.835	91.678
46,50	48.700	59.632	70.564	81.496	92.429
47,00	49.094	60.115	71.136	82.158	93.179
47,50	49.488	60.598	71.709	82.819	93.930
48,00	49.881	61.081	72.281	83.480	94.680
48,50	50.275	61.564	72.853	84.142	95.431
49,00	50.669	62.047	73.425	84.803	96.181
49,50	51.062	62.530	73.997	85.464	96.932
50,00	**51.456**	63.013	74.569	86.126	**97.682**
51,00	52.138	63.862	75.587	87.311	99.036
52,00	52.819	64.712	76.605	88.497	100.390
53,00	53.501	65.562	77.622	89.683	101.744
54,00	54.182	66.411	78.640	90.869	103.098
55,00	54.864	67.261	79.658	92.055	104.452
56,00	55.546	68.111	80.676	93.240	105.805
57,00	56.227	68.960	81.693	94.426	107.159
58,00	56.909	69.810	82.711	95.612	108.513
59,00	57.590	70.660	83.729	96.798	109.867
60,00	**58.272**	71.509	84.747	97.984	**111.221**
61,00	58.866	72.250	85.634	99.017	112.401
62,00	59.460	72.990	86.521	100.051	113.581
63,00	60.054	73.731	87.408	101.085	114.761
64,00	60.648	74.472	88.295	102.118	115.941
65,00	61.243	75.212	89.182	103.152	117.122
66,00	61.837	75.953	90.069	104.185	118.302
67,00	62.431	76.693	90.956	105.219	119.482
68,00	63.025	77.434	91.843	106.253	120.662
69,00	63.619	78.175	92.730	107.286	121.842

Honorartafel zu § 41 Abs. 1 – Bebauungspläne, Honorarzone II

Fläche ha	Von-satz Euro	Viertel-satz Euro	Mittel-satz Euro	Drei-viertel-satz Euro	Bis-satz Euro
70,00	**64.213**	78.915	93.618	108.320	**123.022**
71,00	64.804	79.653	94.502	109.351	124.201
72,00	65.394	80.390	95.387	110.383	125.379
73,00	65.985	81.128	96.271	111.414	126.558
74,00	66.575	81.866	97.156	112.446	127.736
75,00	67.166	82.603	98.040	113.477	128.915
76,00	67.757	83.341	98.925	114.509	130.093
77,00	68.347	84.078	99.809	115.540	131.272
78,00	68.938	84.816	100.694	116.572	132.450
79,00	69.528	85.553	101.578	117.603	133.629
80,00	**70.119**	86.291	102.463	118.635	**134.807**
81,00	70.712	87.037	103.363	119.688	136.014
82,00	71.304	87.783	104.262	120.741	137.220
83,00	71.897	88.529	105.162	121.794	138.427
84,00	72.489	89.275	106.061	122.848	139.634
85,00	73.082	90.021	106.961	123.901	140.841
86,00	73.674	90.767	107.861	124.954	142.047
87,00	74.267	91.513	108.760	126.007	143.254
88,00	74.859	92.259	109.660	127.060	144.461
89,00	75.452	93.005	110.559	128.113	145.667
90,00	**76.044**	93.752	111.459	129.167	**146.874**
91,00	76.663	94.537	112.411	130.284	148.158
92,00	77.281	95.322	113.362	131.402	149.443
93,00	77.900	96.107	114.314	132.520	150.727
94,00	78.519	96.892	115.265	133.638	152.011
95,00	79.138	97.677	116.217	134.756	153.296
96,00	79.756	98.462	117.168	135.874	154.580
97,00	80.375	99.247	118.120	136.992	155.864
98,00	80.994	100.032	119.071	138.110	157.148
99,00	81.612	100.817	120.023	139.228	158.433
100,00	**82.231**	101.603	120.974	140.346	**159.717**

Fläche ha	Von-satz Euro	Viertel-satz Euro	Mittel-satz Euro	Drei-viertel-satz Euro	Bis-satz Euro
0,50	**3.196**	3.633	4.070	4.507	**4.944**
0,55	3.446	3.916	4.385	4.855	5.325
0,60	3.696	4.198	4.701	5.203	5.706
0,65	3.946	4.481	5.016	5.552	6.087
0,70	4.196	4.764	5.332	5.900	6.468
0,75	4.446	5.047	5.647	6.248	6.849
0,80	4.696	5.329	5.963	6.596	7.229
0,85	4.946	5.612	6.278	6.944	7.610
0,90	5.196	5.895	6.594	7.292	7.991
1,00	**5.696**	6.460	7.225	7.989	**8.753**
1,10	6.082	6.893	7.705	8.516	9.328
1,20	6.468	7.327	8.185	9.044	9.902
1,30	6.854	7.760	8.666	9.571	10.477
1,40	7.240	8.193	9.146	10.099	11.052
1,50	7.626	8.626	9.626	10.626	11.627
1,60	8.012	9.059	10.107	11.154	12.201
1,70	8.398	9.492	10.587	11.681	12.776
1,80	8.784	9.926	11.067	12.209	13.351
1,90	9.170	10.359	11.548	12.736	13.925
2,00	**9.556**	10.792	12.028	13.264	**14.500**
2,10	9.894	11.170	12.446	13.722	14.998
2,20	10.232	11.548	12.864	14.180	15.496
2,30	10.570	11.926	13.282	14.638	15.994
2,40	10.908	12.304	13.700	15.096	16.492
2,50	11.246	12.682	14.118	15.554	16.990
2,60	11.584	13.060	14.536	16.012	17.488
2,70	11.922	13.438	14.954	16.470	17.986
2,80	12.260	13.816	15.372	16.928	18.484
2,90	12.598	14.194	15.790	17.386	18.982
3,00	**12.936**	14.572	16.208	17.844	**19.480**
3,10	13.226	14.894	16.562	18.230	19.898
3,20	13.516	15.216	16.916	18.616	20.315
3,30	13.806	15.538	17.269	19.001	20.733
3,40	14.096	15.859	17.623	19.387	21.151
3,50	14.386	16.181	17.977	19.773	21.569
3,60	14.675	16.503	18.331	20.159	21.986
3,70	14.965	16.825	18.685	20.544	22.404
3,80	15.255	17.147	19.038	20.930	22.822
3,90	15.545	17.469	19.392	21.316	23.239
4,00	**15.835**	17.791	19.746	21.702	**23.657**
4,10	16.124	18.112	20.100	22.088	24.075
4,20	16.414	18.434	20.454	22.474	24.494
4,30	16.703	18.755	20.808	22.860	24.912
4,40	16.993	19.077	21.161	23.246	25.330
4,50	17.282	19.399	21.515	23.632	25.749
4,60	17.571	19.720	21.869	24.018	26.167
4,70	17.861	20.042	22.223	24.404	26.585
4,80	18.150	20.364	22.577	24.790	27.003
4,90	18.440	20.685	22.931	25.176	27.422

Fläche ha	Von- satz Euro	Viertel- satz Euro	Mittel- satz Euro	Drei- viertel- satz Euro	Bis- satz Euro
5,00	**18.729**	21.007	23.285	25.562	**27.840**
5,10	18.961	21.262	23.563	25.863	28.164
5,20	19.193	21.517	23.841	26.164	28.488
5,30	19.425	21.772	24.119	26.466	28.812
5,40	19.657	22.027	24.397	26.767	29.136
5,50	19.890	22.282	24.675	27.068	29.461
5,60	20.122	22.537	24.953	27.369	29.785
5,70	20.354	22.792	25.231	27.670	30.109
5,80	20.586	23.048	25.509	27.971	30.433
5,90	20.818	23.303	25.787	28.272	30.757
6,00	**21.050**	23.558	26.066	28.573	**31.081**
6,10	21.250	23.778	26.305	28.833	31.360
6,20	21.451	23.998	26.545	29.092	31.639
6,30	21.651	24.218	26.785	29.352	31.919
6,40	21.852	24.438	27.025	29.611	32.198
6,50	22.052	24.658	27.265	29.871	32.477
6,60	22.252	24.878	27.504	30.130	32.756
6,70	22.453	25.098	27.744	30.390	33.035
6,80	22.653	25.319	27.984	30.649	33.315
6,90	22.854	25.539	28.224	30.909	33.594
7,00	**23.054**	25.759	28.464	31.168	**33.873**
7,10	23.249	25.975	28.702	31.428	34.155
7,20	23.444	26.192	28.940	31.688	34.436
7,30	23.638	26.408	29.178	31.948	34.718
7,40	23.833	26.625	29.417	32.208	35.000
7,50	24.028	26.841	29.655	32.468	35.282
7,60	24.223	27.058	29.893	32.728	35.563
7,70	24.418	27.274	30.131	32.988	35.845
7,80	24.612	27.491	30.370	33.248	36.127
7,90	24.807	27.707	30.608	33.508	36.408
8,00	**25.002**	27.924	30.846	33.768	**36.690**
8,10	25.185	28.127	31.068	34.010	36.952
8,20	25.368	28.330	31.291	34.252	37.214
8,30	25.551	28.532	31.513	34.494	37.475
8,40	25.734	28.735	31.736	34.737	37.737
8,50	25.918	28.938	31.958	34.979	37.999
8,60	26.101	29.141	32.181	35.221	38.261
8,70	26.284	29.343	32.403	35.463	38.523
8,80	26.467	29.546	32.626	35.705	38.784
8,90	26.650	29.749	32.848	35.947	39.046
9,00	**26.833**	29.952	33.071	36.189	**39.308**
9,10	27.015	30.154	33.293	36.431	39.570
9,20	27.197	30.356	33.515	36.674	39.833
9,30	27.379	30.558	33.737	36.916	40.095
9,40	27.561	30.760	33.959	37.158	40.357
9,50	27.743	30.962	34.181	37.400	40.620
9,60	27.925	31.164	34.403	37.643	40.882
9,70	28.107	31.366	34.626	37.885	41.144
9,80	28.289	31.568	34.848	38.127	41.406
9,90	28.471	31.770	35.070	38.369	41.669

Honorartafel zu § 41 Abs. 1 – Bebauungspläne, Honorarzone III

Fläche ha	Von- satz Euro	Viertel- satz Euro	Mittel- satz Euro	Drei- viertel- satz Euro	Bis- satz Euro
10,00	**28.653**	31.973	35.292	38.612	**41.931**
10,10	28.825	32.163	35.501	38.838	42.176
10,20	28.998	32.353	35.709	39.065	42.421
10,30	29.170	32.544	35.918	39.292	42.666
10,40	29.342	32.734	36.126	39.519	42.911
10,50	29.515	32.925	36.335	39.745	43.156
10,60	29.687	33.115	36.544	39.972	43.400
10,70	29.859	33.306	36.752	40.199	43.645
10,80	30.031	33.496	36.961	40.426	43.890
10,90	30.204	33.687	37.169	40.652	44.135
11,00	**30.376**	33.877	37.378	40.879	**44.380**
11,20	30.680	34.211	37.742	41.273	44.804
11,40	30.983	34.545	38.106	41.667	45.229
11,60	31.287	34.878	38.470	42.062	45.653
11,80	31.590	35.212	38.834	42.456	46.078
12,00	**31.894**	35.546	39.198	42.850	**46.502**
12,20	32.198	35.880	39.562	43.244	46.925
12,40	32.502	36.213	39.925	43.637	47.349
12,60	32.805	36.547	40.289	44.031	47.772
12,80	33.109	36.881	40.652	44.424	48.196
13,00	**33.413**	37.215	41.016	44.818	**48.619**
13,20	33.771	37.613	41.455	45.297	49.138
13,40	34.129	38.011	41.893	45.776	49.658
13,60	34.486	38.409	42.332	46.255	50.177
13,80	34.844	38.807	42.770	46.734	50.697
14,00	**35.202**	39.206	43.209	47.213	**51.216**
14,20	35.586	39.635	43.685	47.734	51.784
14,40	35.969	40.065	44.160	48.256	52.351
14,60	36.353	40.494	44.636	48.777	52.919
14,80	36.736	40.924	45.111	49.299	53.486
15,00	**37.120**	41.354	45.587	49.821	**54.054**
15,20	37.505	41.784	46.063	50.342	54.620
15,40	37.891	42.215	46.539	50.863	55.187
15,60	38.276	42.645	47.015	51.384	55.753
15,80	38.662	43.076	47.491	51.905	56.320
16,00	**39.047**	43.507	47.967	52.426	**56.886**
16,20	39.431	43.936	48.441	52.946	57.452
16,40	39.814	44.365	48.916	53.466	58.017
16,60	40.198	44.794	49.390	53.987	58.583
16,80	40.581	45.223	49.865	54.507	59.148
17,00	**40.965**	45.652	50.340	55.027	**59.714**
17,20	41.349	46.083	50.816	55.549	60.283
17,40	41.734	46.513	51.293	56.072	60.851
17,60	42.118	46.944	51.769	56.594	61.420
17,80	42.503	47.374	52.246	57.117	61.988
18,00	**42.887**	47.805	52.722	57.640	**62.557**
18,20	43.271	48.234	53.197	58.160	63.123
18,40	43.654	48.663	53.672	58.681	63.690
18,60	44.038	49.092	54.147	59.202	64.256
18,80	44.421	49.522	54.622	59.722	64.823

Honorartafel zu § 41 Abs. 1 – Bebauungspläne, Honorarzone III

Fläche ha	Von- satz Euro	Viertel- satz Euro	Mittel- satz Euro	Drei- viertel- satz Euro	Bis- satz Euro
19,00	**44.805**	49.951	55.097	60.243	**65.389**
19,20	45.189	50.381	55.573	60.764	65.956
19,40	45.574	50.811	56.048	61.285	66.522
19,60	45.958	51.241	56.524	61.806	67.089
19,80	46.343	51.671	56.999	62.327	67.655
20,00	**46.727**	52.101	57.475	62.848	**68.222**
20,20	47.085	52.501	57.916	63.332	68.748
20,40	47.443	52.900	58.358	63.816	69.273
20,60	47.800	53.300	58.800	64.299	69.799
20,80	48.158	53.700	59.241	64.783	70.324
21,00	**48.516**	54.100	59.683	65.267	**70.850**
21,20	48.877	54.502	60.127	65.752	71.377
21,40	49.238	54.904	60.571	66.237	71.903
21,60	49.599	55.307	61.014	66.722	72.430
21,80	49.960	55.709	61.458	67.207	72.956
22,00	**50.321**	56.112	61.902	67.693	**73.483**
22,20	50.679	56.512	62.345	68.178	74.011
22,40	51.037	56.912	62.788	68.663	74.538
22,60	51.395	57.313	63.230	69.148	75.066
22,80	51.753	57.713	63.673	69.633	75.593
23,00	**52.111**	58.114	64.116	70.119	**76.121**
23,20	52.471	58.515	64.559	70.603	76.647
23,40	52.831	58.916	65.002	71.087	77.172
23,60	53.191	59.318	65.444	71.571	77.698
23,80	53.551	59.719	65.887	72.055	78.223
24,00	**53.911**	60.121	66.330	72.540	**78.749**
24,20	54.272	60.523	66.774	73.025	79.277
24,40	54.633	60.926	67.218	73.511	79.804
24,60	54.993	61.328	67.663	73.997	80.332
24,80	55.354	61.731	68.107	74.483	80.859
25,00	**55.715**	62.133	68.551	74.969	**81.387**
25,50	56.624	63.154	69.683	76.213	82.743
26,00	57.533	64.174	70.816	77.457	84.098
26,50	58.442	65.195	71.948	78.701	85.454
27,00	59.351	66.216	73.080	79.945	86.809
27,50	60.261	67.237	74.213	81.189	88.165
28,00	61.170	68.257	75.345	82.432	89.520
28,50	62.079	69.278	76.477	83.676	90.876
29,00	62.988	70.299	77.609	84.920	92.231
29,50	63.897	71.319	78.742	86.164	93.587
30,00	**64.806**	72.340	79.874	87.408	**94.942**
30,50	65.699	73.345	80.991	88.637	96.283
31,00	66.591	74.350	82.108	89.866	97.624
31,50	67.484	75.354	83.225	91.095	98.965
32,00	68.377	76.359	84.342	92.324	100.306
32,50	69.270	77.364	85.459	93.553	101.648
33,00	70.162	78.369	86.575	94.782	102.989
33,50	71.055	79.374	87.692	96.011	104.330
34,00	71.948	80.378	88.809	97.240	105.671
34,50	72.840	81.383	89.926	98.469	107.012

Honorartafel zu § 41 Abs. 1 – Bebauungspläne, Honorarzone III

Fläche ha	Von- satz Euro	Viertel- satz Euro	Mittel- satz Euro	Drei- viertel- satz Euro	Bis- satz Euro
35,00	**73.733**	82.388	91.043	99.698	**108.353**
35,50	74.586	83.347	92.107	100.868	109.628
36,00	75.440	84.306	93.172	102.038	110.903
36,50	76.293	85.265	94.236	103.207	112.179
37,00	77.147	86.223	95.300	104.377	113.454
37,50	78.000	87.182	96.365	105.547	114.729
38,00	78.853	88.141	97.429	106.717	116.004
38,50	79.707	89.100	98.493	107.886	117.279
39,00	80.560	90.059	99.557	109.056	118.555
39,50	81.414	91.018	100.622	110.226	119.830
40,00	**82.267**	91.977	101.686	111.396	**121.105**
40,50	83.058	92.863	102.668	112.473	122.277
41,00	83.849	93.749	103.649	113.550	123.450
41,50	84.640	94.636	104.631	114.627	124.622
42,00	85.431	95.522	105.613	115.704	125.795
42,50	86.222	96.408	106.595	116.781	126.967
43,00	87.013	97.295	107.576	117.858	128.139
43,50	87.804	98.181	108.558	118.935	129.312
44,00	88.595	99.067	109.540	120.012	130.484
44,50	89.386	99.954	110.521	121.089	131.657
45,00	**90.177**	100.840	111.503	122.166	**132.829**
45,50	90.928	101.680	112.432	123.184	133.936
46,00	91.678	102.519	113.361	124.202	135.044
46,50	92.429	103.359	114.290	125.221	136.151
47,00	93.179	104.199	115.219	126.239	137.259
47,50	93.930	105.039	116.148	127.257	138.366
48,00	94.680	105.878	117.077	128.275	139.473
48,50	95.431	106.718	118.006	129.293	140.581
49,00	96.181	107.558	118.935	130.311	141.688
49,50	96.932	108.398	119.864	131.330	142.796
50,00	**97.682**	109.237	120.793	132.348	**143.903**
51,00	99.036	110.759	122.483	134.206	145.929
52,00	100.390	112.281	124.173	136.064	147.956
53,00	101.744	113.803	125.863	137.922	149.982
54,00	103.098	115.325	127.553	139.781	152.008
55,00	104.452	116.847	129.243	141.639	154.035
56,00	105.805	118.369	130.933	143.497	156.061
57,00	107.159	119.891	132.623	145.355	158.087
58,00	108.513	121.413	134.313	147.213	160.113
59,00	109.867	122.935	136.003	149.072	162.140
60,00	**111.221**	124.457	137.694	150.930	**164.166**
61,00	112.401	125.784	139.167	152.550	165.933
62,00	113.581	127.111	140.640	154.170	167.699
63,00	114.761	128.437	142.113	155.789	169.466
64,00	115.941	129.764	143.587	157.409	171.232
65,00	117.122	131.091	145.060	159.029	172.999
66,00	118.302	132.417	146.533	160.649	174.765
67,00	119.482	133.744	148.007	162.269	176.532
68,00	120.662	135.071	149.480	163.889	178.298
69,00	121.842	136.398	150.953	165.509	180.065

Honorartafel zu § 41 Abs. 1 – Bebauungspläne, Honorarzone III

Fläche ha	Von- satz Euro	Viertel- satz Euro	Mittel- satz Euro	Drei- viertel- satz Euro	Bis- satz Euro
70,00	**123.022**	137.724	152.427	167.129	**181.831**
71,00	124.201	139.050	153.899	168.748	183.598
72,00	125.379	140.375	155.372	170.368	185.364
73,00	126.558	141.701	156.844	171.987	187.131
74,00	127.736	143.026	158.317	173.607	188.897
75,00	128.915	144.352	159.789	175.226	190.664
76,00	130.093	145.677	161.262	176.846	192.430
77,00	131.272	147.003	162.734	178.465	194.197
78,00	132.450	148.328	164.207	180.085	195.963
79,00	133.629	149.654	165.679	181.704	197.730
80,00	**134.807**	150.979	167.152	183.324	**199.496**
81,00	136.014	152.339	168.665	184.991	201.316
82,00	137.220	153.699	170.178	186.657	203.136
83,00	138.427	155.059	171.692	188.324	204.957
84,00	139.634	156.420	173.205	189.991	206.777
85,00	140.841	157.780	174.719	191.658	208.597
86,00	142.047	159.140	176.232	193.325	210.417
87,00	143.254	160.500	177.746	194.992	212.237
88,00	144.461	161.860	179.259	196.658	214.058
89,00	145.667	163.220	180.773	198.325	215.878
90,00	**146.874**	164.580	182.286	199.992	**217.698**
91,00	148.158	166.031	183.903	201.776	219.649
92,00	149.443	167.482	185.521	203.560	221.599
93,00	150.727	168.933	187.138	205.344	223.550
94,00	152.011	170.384	188.756	207.128	225.500
95,00	153.296	171.834	190.373	208.912	227.451
96,00	154.580	173.285	191.991	210.696	229.402
97,00	155.864	174.736	193.608	212.480	231.352
98,00	157.148	176.187	195.226	214.264	233.303
99,00	158.433	177.638	196.843	216.048	235.253
100,00	**159.717**	179.089	198.461	217.832	**237.204**

Honorartafel zu § 41 Abs. 1 – Bebauungspläne, Honorarzone IV

Fläche ha	Von- satz Euro	Viertel- satz Euro	Mittel- satz Euro	Drei- viertel- satz Euro	Bis- satz Euro
0,50	**4.944**	5.381	5.819	6.256	**6.693**
0,55	5.325	5.795	6.265	6.734	7.204
0,60	5.706	6.208	6.711	7.213	7.716
0,65	6.087	6.622	7.157	7.692	8.227
0,70	6.468	7.035	7.603	8.171	8.738
0,75	6.849	7.449	8.049	8.649	9.250
0,80	7.229	7.862	8.495	9.128	9.761
0,85	7.610	8.276	8.941	9.607	10.272
0,90	7.991	8.689	9.387	10.085	10.783
1,00	**8.753**	9.516	10.280	11.043	**11.806**
1,10	9.328	10.138	10.949	11.760	12.570
1,20	9.902	10.761	11.619	12.477	13.335
1,30	10.477	11.383	12.288	13.194	14.099
1,40	11.052	12.005	12.958	13.911	14.864
1,50	11.627	12.627	13.627	14.628	15.628
1.60	12.201	13.249	14.297	15.345	16.392
1,70	12.776	13.871	14.966	16.062	17.157
1,80	13.351	14.493	15.636	16.779	17.921
1,90	13.925	15.115	16.305	17.496	18.686
2,00	**14.500**	15.738	16.975	18.213	**19.450**
2,10	14.998	16.275	17.553	18.830	20.107
2,20	15.496	16.813	18.130	19.447	20.764
2,30	15.994	17.351	18.708	20.064	21.421
2,40	16.492	17.889	19.285	20.682	22.078
2,50	16.990	18.426	19.863	21.299	22.735
2,60	17.488	18.964	20.440	21.916	23.392
2,70	17.986	19.502	21.018	22.533	24.049
2,80	18.484	20.040	21.595	23.151	24.706
2,90	18.982	20.577	22.173	23.768	25.363
3,00	**19.480**	21.115	22.750	24.385	**26.020**
3,10	19.898	21.565	23.232	24.899	26.566
3,20	20.315	22.015	23.714	25.413	27.112
3,30	20.733	22.464	24.196	25.927	27.658
3,40	21.151	22.914	24.677	26.441	28.204
3,50	21.569	23.364	25.159	26.955	28.750
3,60	21.986	23.814	25.641	27.469	29.296
3,70	22.404	24.263	26.123	27.982	29.842
3,80	22.822	24.713	26.605	28.496	30.388
3,90	23.239	25.163	27.087	29.010	30.934
4,00	**23.657**	25.613	27.569	29.524	**31.480**
4,10	24.075	26.063	28.051	30.039	32.027
4,20	24.494	26.514	28.534	30.554	32.574
4,30	24.912	26.964	29.017	31.069	33.121
4,40	25.330	27.415	29.499	31.584	33.668
4,50	25.749	27.865	29.982	32.099	34.216
4,60	26.167	28.316	30.465	32.614	34.763
4,70	26.585	28.766	30.947	33.129	35.310
4,80	27.003	29.217	31.430	33.643	35.857
4,90	27.422	29.667	31.913	34.158	36.404

Honorartafel zu § 41 Abs. 1 – Bebauungspläne, Honorarzone IV

Fläche ha	Von- satz Euro	Viertel- satz Euro	Mittel- satz Euro	Drei- viertel- satz Euro	Bis- satz Euro
5,00	**27.840**	30.118	32.396	34.673	**36.951**
5,10	28.164	30.465	32.766	35.066	37.367
5,20	28.488	30.812	33.136	35.460	37.783
5,30	28.812	31.159	33.506	35.853	38.200
5,40	29.136	31.506	33.876	36.246	38.616
5,50	29.461	31.853	34.246	36.639	39.032
5,60	29.785	32.201	34.616	37.032	39.448
5,70	30.109	32.548	34.987	37.425	39.864
5,80	30.433	32.895	35.357	37.819	40.281
5,90	30.757	33.242	35.727	38.212	40.697
6,00	**31.081**	33.589	36.097	38.605	**41.113**
6,10	31.360	33.888	36.415	38.943	41.470
6,20	31.639	34.187	36.734	39.281	41.828
6,30	31.919	34.485	37.052	39.619	42.185
6,40	32.198	34.784	37.370	39.956	42.543
6,50	32.477	35.083	37.689	40.294	42.900
6,60	32.756	35.382	38.007	40.632	43.257
6,70	33.035	35.680	38.325	40.970	43.615
6,80	33.315	35.979	38.643	41.308	43.972
6,90	33.594	36.278	38.962	41.646	44.330
7,00	**33.873**	36.577	39.280	41.984	**44.687**
7,10	34.155	36.880	39.605	42.331	45.056
7,20	34.436	37.184	39.931	42.678	45.425
7,30	34.718	37.487	40.256	43.025	45.794
7,40	35.000	37.791	40.582	43.373	46.163
7,50	35.282	38.094	40.907	43.720	46.533
7,60	35.563	38.398	41.232	44.067	46.902
7,70	35.845	38.701	41.558	44.414	47.271
7,80	36.127	39.005	41.883	44.762	47.640
7,90	36.408	39.308	42.209	45.109	48.009
8,00	**36.690**	39.612	42.534	45.456	**48.378**
8,10	36.952	39.894	42.835	45.777	48.719
8,20	37.214	40.175	43.137	46.099	49.060
8,30	37.475	40.457	43.438	46.420	49.401
8,40	37.737	40.739	43.740	46.741	49.742
8,50	37.999	41.020	44.041	47.062	50.084
8,60	38.261	41.302	44.343	47.384	50.425
8,70	38.523	41.583	44.644	47.705	50.766
8,80	38.784	41.865	44.946	48.026	51.107
8,90	39.046	42.147	45.247	48.347	51.448
9,00	**39.308**	42.428	45.549	48.669	**51.789**
9,10	39.570	42.710	45.850	48.990	52.131
9,20	39.833	42.992	46.152	49.312	52.472
9,30	40.095	43.275	46.454	49.634	52.814
9,40	40.357	43.557	46.756	49.956	53.155
9,50	40.620	43.839	47.058	50.277	53.497
9,60	40.882	44.121	47.360	50.599	53.838
9,70	41.144	44.403	47.662	50.921	54.180
9,80	41.406	44.685	47.964	51.242	54.521
9,90	41.669	44.967	48.266	51.564	54.863

Honorartafel zu § 41 Abs. 1 – Bebauungspläne, Honorarzone IV

Fläche ha	Von- satz Euro	Viertel- satz Euro	Mittel- satz Euro	Drei- viertel- satz Euro	Bis- satz Euro
10,00	**41.931**	45.249	48.568	51.886	**55.204**
10,10	42.176	45.512	48.849	52.185	55.522
10,20	42.421	45.776	49.130	52.485	55.840
10,30	42.666	46.039	49.412	52.785	56.158
10,40	42.911	46.302	49.693	53.085	56.476
10,50	43.156	46.565	49.975	53.384	56.794
10,60	43.400	46.828	50.256	53.684	57.112
10,70	43.645	47.091	50.538	53.984	57.430
10,80	43.890	47.355	50.819	54.284	57.748
10,90	44.135	47.618	51.101	54.583	58.066
11,00	**44.380**	47.881	51.382	54.883	**58.384**
11,20	44.804	48.335	51.866	55.397	58.928
11,40	45.229	48.790	52.350	55.911	59.472
11,60	45.653	49.244	52.835	56.425	60.016
11,80	46.078	49.698	53.319	56.939	60.560
12,00	**46.502**	50.153	53.803	57.454	**61.104**
12,20	46.925	50.606	54.286	57.967	61.647
12,40	47.349	51.059	54.769	58.480	62.190
12,60	47.772	51.512	55.253	58.993	62.733
12,80	48.196	51.966	55.736	59.506	63.276
13,00	**48.619**	52.419	56.219	60.019	**63.819**
13,20	49.138	52.979	56.820	60.661	64.501
13,40	49.658	53.539	57.421	61.302	65.183
13,60	50.177	54.099	58.021	61.944	65.866
13,80	50.697	54.659	58.622	62.585	66.548
14,00	**51.216**	55.220	59.223	63.227	**67.230**
14,20	51.784	55.833	59.882	63.931	67.981
14,40	52.351	56.446	60.541	64.636	68.731
14,60	52.919	57.060	61.200	65.341	69.482
14,80	53.486	57.673	61.859	66.046	70.232
15,00	**54.054**	58.286	62.519	66.751	**70.983**
15,20	54.620	58.898	63.176	67.454	71.732
15,40	55.187	59.511	63.834	68.158	72.482
15,60	55.753	60.123	64.492	68.862	73.231
15,80	56.320	60.735	65.150	69.565	73.981
16,00	**56.886**	61.347	65.808	70.269	**74.730**
16,20	57.452	61.958	66.465	70.971	75.478
16,40	58.017	62.569	67.121	71.673	76.225
16,60	58.583	63.180	67.778	72.375	76.973
16,80	59.148	63.791	68.434	73.077	77.720
17,00	**59.714**	64.403	69.091	73.780	**78.468**
17,20	60.283	65.017	69.751	74.485	79.220
17,40	60.851	65.631	70.411	75.191	79.971
17,60	61.420	66.246	71.071	75.897	80.723
17,80	61.988	66.860	71.731	76.603	81.474
18,00	**62.557**	67.474	72.392	77.309	**82.226**
18,20	63.123	68.086	73.049	78.012	82.975
18,40	63.690	68.698	73.707	78.715	83.723
18,60	64.256	69.310	74.364	79.418	84.472
18,80	64.823	69.922	75.022	80.121	85.220

Honorartafel zu § 41 Abs. 1 – Bebauungspläne, Honorarzone IV

Fläche ha	Von- satz Euro	Viertel- satz Euro	Mittel- satz Euro	Drei- viertel- satz Euro	Bis- satz Euro
19,00	**65.389**	70.534	75.679	80.824	**85.969**
19,20	65.956	71.146	76.337	81.528	86.718
19,40	66.522	71.759	76.995	82.231	87.468
19,60	67.089	72.371	77.653	82.935	88.217
19,80	67.655	72.983	78.311	83.639	88.967
20,00	**68.222**	73.596	78.969	84.343	**89.716**
20,20	68.748	74.163	79.578	84.993	90.408
20,40	69.273	74.730	80.187	85.644	91.101
20,60	69.799	75.297	80.796	86.295	91.793
20,80	70.324	75.865	81.405	86.945	92.486
21,00	**70.850**	76.432	82.014	87.596	**93.178**
21,20	71.377	77.001	82.625	88.248	93.872
21,40	71.903	77.569	83.235	88.901	94.567
21,60	72.430	78.138	83.846	89.553	95.261
21,80	72.956	78.706	84.456	90.206	95.956
22,00	**73.483**	79.275	85.067	90.858	**96.650**
22,20	74.011	79.844	85.678	91.512	97.345
22,40	74.538	80.414	86.289	92.165	98.040
22,60	75.066	80.983	86.901	92.818	98.736
22,80	75.593	81.553	87.512	93.471	99.431
23,00	**76.121**	82.122	88.124	94.125	**100.126**
23,20	76.647	82.690	88.733	94.776	100.819
23,40	77.172	83.257	89.343	95.428	101.513
23,60	77.698	83.825	89.952	96.079	102.206
23,80	78.223	84.392	90.562	96.731	102.900
24,00	**78.749**	84.960	91.171	97.382	**103.593**
24,20	79.277	85.529	91.782	98.035	104.287
24,40	79.804	86.099	92.393	98.687	104.982
24,60	80.332	86.668	93.004	99.340	105.676
24,80	80.859	87.237	93.615	99.993	106.371
25,00	**81.387**	87.807	94.226	100.646	**107.065**
25,50	82.743	89.274	95.805	102.336	108.867
26,00	84.098	90.741	97.383	104.026	110.668
26,50	85.454	92.208	98.962	105.716	112.470
27,00	86.809	93.675	100.540	107.406	114.272
27,50	88.165	95.142	102.119	109.096	116.074
28,00	89.520	96.609	103.698	110.786	117.875
28,50	90.876	98.076	105.276	112.477	119.677
29,00	92.231	99.543	106.855	114.167	121.479
29,50	93.587	101.010	108.433	115.857	123.280
30,00	**94.942**	102.477	110.012	117.547	**125.082**
30,50	96.283	103.930	111.577	119.224	126.871
31,00	97.624	105.383	113.142	120.900	128.659
31,50	98.965	106.836	114.706	122.577	130.448
32,00	100.306	108.289	116.271	124.254	132.236
32,50	101.648	109.742	117.836	125.930	134.025
33,00	102.989	111.195	119.401	127.607	135.813
33,50	104.330	112.648	120.966	129.284	137.602
34,00	105.671	114.101	122.530	130.960	139.390
34,50	107.012	115.554	124.095	132.637	141.179

Honorartafel zu § 41 Abs. 1 – Bebauungspläne, Honorarzone IV

Fläche ha	Von- satz Euro	Viertel- satz Euro	Mittel- satz Euro	Drei- viertel- satz Euro	Bis- satz Euro
35,00	**108.353**	117.007	125.660	134.314	**142.967**
35,50	109.628	118.387	127.146	135.905	144.664
36,00	110.903	119.768	128.632	137.497	146.361
36,50	112.179	121.148	130.118	139.088	148.058
37,00	113.454	122.529	131.604	140.680	149.755
37,50	114.729	123.910	133.091	142.271	151.452
38,00	116.004	125.290	134.577	143.863	153.149
38,50	117.279	126.671	136.063	145.454	154.846
39,00	118.555	128.052	137.549	147.046	156.543
39,50	119.830	129.432	139.035	148.637	158.240
40,00	**121.105**	130.813	140.521	150.229	**159.937**
40,50	122.277	132.081	141.885	151.688	161.492
41,00	123.450	133.349	143.248	153.148	163.047
41,50	124.622	134.617	144.612	154.607	164.602
42,00	125.795	135.885	145.976	156.066	166.157
42,50	126.967	137.153	147.339	157.525	167.712
43,00	128.139	138.421	148.703	158.985	169.266
43,50	129.312	139.689	150.067	160.444	170.821
44,00	130.484	140.957	151.430	161.903	172.376
44,50	131.657	142.225	152.794	163.362	173.931
45,00	**132.829**	143.493	154.158	164.822	**175.486**
45,50	133.936	144.690	155.443	166.197	176.950
46,00	135.044	145.887	156.729	167.572	178.415
46,50	136.151	147.083	158.015	168.947	179.879
47,00	137.259	148.280	159.301	170.322	181.343
47,50	138.366	149.476	160.587	171.697	182.808
48,00	139.473	150.673	161.873	173.072	184.272
48,50	140.581	151.870	163.158	174.447	185.736
49,00	141.688	153.066	164.444	175.822	187.200
49,50	142.796	154.263	165.730	177.197	188.665
50,00	**143.903**	155.460	167.016	178.573	**190.129**
51,00	145.929	157.654	169.378	181.103	192.828
52,00	147.956	159.848	171.741	183.634	195.526
53,00	149.982	162.043	174.103	186.164	198.225
54,00	152.008	164.237	176.466	188.695	200.923
55,00	154.035	166.431	178.828	191.225	203.622
56,00	156.061	168.626	181.191	193.756	206.321
57,00	158.087	170.820	183.553	196.286	209.019
58,00	160.113	173.015	185.916	198.817	211.718
59,00	162.140	175.209	188.278	201.347	214.416
60,00	**164.166**	177.403	190.641	203.878	**217.115**
61,00	165.933	179.316	192.700	206.084	219.468
62,00	167.699	181.229	194.760	208.290	221.820
63,00	169.466	183.142	196.819	210.496	224.173
64,00	171.232	185.055	198.879	212.702	226.525
65,00	172.999	186.968	200.938	214.908	228.878
66,00	174.765	188.881	202.998	217.114	231.230
67,00	176.532	190.794	205.057	219.320	233.583
68,00	178.298	192.707	207.117	221.526	235.935
69,00	180.065	194.620	209.176	223.732	238.288

Honorartafel zu § 41 Abs. 1 – Bebauungspläne, Honorarzone IV

Fläche ha	Von- satz Euro	Viertel- satz Euro	Mittel- satz Euro	Drei- viertel- satz Euro	Bis- satz Euro
70,00	**181.831**	196.533	211.236	225.938	**240.640**
71,00	183.598	198.447	213.296	228.145	242.995
72,00	185.364	200.360	215.357	230.353	245.349
73,00	187.131	202.274	217.417	232.560	247.704
74,00	188.897	204.187	219.478	234.768	250.058
75,00	190.664	206.101	221.538	236.975	252.413
76,00	192.430	208.014	223.599	239.183	254.767
77,00	194.197	209.928	225.659	241.390	257.122
78,00	195.963	211.841	227.720	243.598	259.476
79,00	197.730	213.755	229.780	245.805	261.831
80,00	**199.496**	215.668	231.841	248.013	**264.185**
81,00	201.316	217.642	233.968	250.293	266.619
82,00	203.136	219.616	236.095	252.574	269.053
83,00	204.957	221.589	238.222	254.855	271.488
84,00	206.777	223.563	240.349	257.136	273.922
85,00	208.597	225.537	242.477	259.416	276.356
86,00	210.417	227.510	244.604	261.697	278.790
87,00	212.237	229.484	246.731	263.978	281.224
88,00	214.058	231.458	248.858	266.258	283.659
89,00	215.878	233.432	250.985	268.539	286.093
90,00	**217.698**	235.405	253.113	270.820	**288.527**
91,00	219.649	237.522	255.396	273.270	291.143
92,00	221.599	239.639	257.679	275.720	293.760
93,00	223.550	241.756	259.963	278.169	296.376
94,00	225.500	243.873	262.246	280.619	298.992
95,00	227.451	245.990	264.530	283.069	301.609
96,00	229.402	248.107	266.813	285.519	304.225
97,00	231.352	250.224	269.097	287.969	306.841
98,00	233.303	252.341	271.380	290.419	309.457
99,00	235.253	254.458	273.664	292.869	312.074
100,00	**237.204**	256.576	275.947	295.319	**314.690**

Honorartafel zu § 41 Abs. 1 – Bebauungspläne, Honorarzone V

Fläche ha	Von- satz Euro	Viertel- satz Euro	Mittel- satz Euro	Drei- viertel- satz Euro	Bis- satz Euro
0,50	**6.693**	6.947	7.202	7.456	**7.710**
0,55	7.204	7.478	7.751	8.024	8.298
0,60	7.716	8.008	8.300	8.593	8.885
0,65	8.227	8.538	8.850	9.161	9.473
0,70	8.738	9.069	9.399	9.730	10.060
0,75	9.250	9.599	9.949	10.298	10.648
0,80	9.761	10.129	10.498	10.866	11.235
0,85	10.272	10.660	11.047	11.435	11.823
0,90	10.783	11.190	11.597	12.003	12.410
1,00	**11.806**	12.251	12.696	13.140	**13.585**
1,10	12.570	13.043	13.515	13.987	14.460
1,20	13.335	13.835	14.335	14.835	15.335
1,30	14.099	14.627	15.154	15.682	16.209
1,40	14.864	15.419	15.974	16.529	17.084
1,50	15.628	16.211	16.794	17.376	17.959
1,60	16.392	17.003	17.613	18.223	18.834
1,70	17.157	17.795	18.433	19.071	19.709
1,80	17.921	18.587	19.252	19.918	20.583
1,90	18.686	19.379	20.072	20.765	21.458
2,00	**19.450**	20.171	20.892	21.612	**22.333**
2,10	20.107	20.851	21.595	22.339	23.083
2,20	20.764	21.531	22.299	23.066	23.833
2,30	21.421	22.212	23.002	23.793	24.583
2,40	22.078	22.892	23.706	24.520	25.333
2,50	22.735	23.572	24.409	25.246	26.084
2,60	23.392	24.252	25.113	25.973	26.834
2,70	24.049	24.933	25.816	26.700	27.584
2,80	24.706	25.613	26.520	27.427	28.334
2,90	25.363	26.293	27.223	28.154	29.084
3,00	**26.020**	26.974	27.927	28.881	**29.834**
3,10	26.566	27.538	28.511	29.483	30.455
3,20	27.112	28.103	29.094	30.085	31.076
3,30	27.658	28.668	29.678	30.688	31.698
3,40	28.204	29.233	30.261	31.290	32.319
3,50	28.750	29.798	30.845	31.893	32.940
3,60	29.296	30.362	31.429	32.495	33.561
3,70	29.842	30.927	32.012	33.097	34.182
3,80	30.388	31.492	32.596	33.700	34.804
3,90	30.934	32.057	33.179	34.302	35.425
4,00	**31.480**	32.622	33.763	34.905	**36.046**
4,10	32.027	33.187	34.347	35.508	36.668
4,20	32.574	33.753	34.932	36.111	37.289
4,30	33.121	34.319	35.516	36.714	37.911
4,40	33.668	34.885	36.101	37.317	38.533
4,50	34.216	35.450	36.685	37.920	39.155
4,60	34.763	36.016	37.269	38.523	39.776
4,70	35.310	36.582	37.854	39.126	40.398
4,80	35.857	37.148	38.438	39.729	41.020
4,90	36.404	37.713	39.023	40.332	41.641

Honorartafel zu § 41 Abs. 1 – Bebauungspläne, Honorarzone V

Fläche ha	Von- satz Euro	Viertel- satz Euro	Mittel- satz Euro	Drei- viertel- satz Euro	Bis- satz Euro
5,00	**36.951**	38.279	39.607	40.935	**42.263**
5,10	37.367	38.709	40.050	41.391	42.733
5,20	37.783	39.138	40.493	41.848	43.203
5,30	38.200	39.568	40.936	42.304	43.673
5,40	38.616	39.998	41.379	42.761	44.143
5,50	39.032	40.427	41.822	43.217	44.613
5,60	39.448	40.857	42.265	43.674	45.082
5,70	39.864	41.286	42.708	44.130	45.552
5,80	40.281	41.716	43.151	44.587	46.022
5,90	40.697	42.146	43.594	45.043	46.492
6,00	**41.113**	42.575	44.038	45.500	**46.962**
6,10	41.470	42.944	44.418	45.892	47.365
6,20	41.828	43.313	44.798	46.284	47.769
6,30	42.185	43.682	45.179	46.675	48.172
6,40	42.543	44.051	45.559	47.067	48.576
6,50	42.900	44.420	45.940	47.459	48.979
6,60	43.257	44.789	46.320	47.851	49.382
6,70	43.615	45.158	46.700	48.243	49.786
6,80	43.972	45.526	47.081	48.635	50.189
6,90	44.330	45.895	47.461	49.027	50.593
7,00	**44.687**	46.264	47.842	49.419	**50.996**
7,10	45.056	46.646	48.236	49.826	51.416
7,20	45.425	47.028	48.630	50.233	51.836
7,30	45.794	47.410	49.025	50.640	52.255
7,40	46.163	47.791	49.419	51.047	52.675
7,50	46.533	48.173	49.814	51.454	53.095
7,60	46.902	48.555	50.208	51.862	53.515
7,70	47.271	48.937	50.603	52.269	53.935
7,80	47.640	49.318	50.997	52.676	54.354
7,90	48.009	49.700	51.392	53.083	54.774
8,00	**48.378**	50.082	51.786	53.490	**55.194**
8,10	48.719	50.435	52.150	53.866	55.582
8,20	49.060	50.787	52.515	54.242	55.969
8,30	49.401	51.140	52.879	54.618	56.357
8,40	49.742	51.493	53.243	54.994	56.744
8,50	50.084	51.846	53.608	55.370	57.132
8,60	50.425	52.198	53.972	55.746	57.520
8,70	50.766	52.551	54.336	56.122	57.907
8,80	51.107	52.904	54.701	56.498	58.295
8,90	51.448	53.257	55.065	56.874	58.682
9,00	**51.789**	53.609	55.430	57.250	**59.070**
9,10	52.131	53.962	55.794	57.626	59.458
9,20	52.472	54.315	56.159	58.002	59.845
9,30	52.814	54.668	56.523	58.378	60.233
9,40	53.155	55.021	56.888	58.754	60.620
9,50	53.497	55.374	57.252	59.130	61.008
9,60	53.838	55.727	57.617	59.506	61.395
9,70	54.180	56.080	57.981	59.882	61.783
9,80	54.521	56.433	58.346	60.258	62.170
9,90	54.863	56.786	58.710	60.634	62.558

Honorartafel zu § 41 Abs. 1 – Bebauungspläne, Honorarzone V

Fläche ha	Von- satz Euro	Viertel- satz Euro	Mittel- satz Euro	Drei- viertel- satz Euro	Bis- satz Euro
10,00	**55.204**	57.139	59.075	61.010	**62.945**
10,10	55.522	57.468	59.414	61.360	63.306
10,20	55.840	57.797	59.754	61.710	63.667
10,30	56.158	58.126	60.093	62.061	64.028
10,40	56.476	58.454	60.433	62.411	64.389
10,50	56.794	58.783	60.772	62.761	64.750
10,60	57.112	59.112	61.112	63.111	65.111
10,70	57.430	59.441	61.451	63.462	65.472
10,80	57.748	59.769	61.791	63.812	65.833
10,90	58.066	60.098	62.130	64.162	66.194
11,00	**58.384**	60.427	62.470	64.512	**66.555**
11,20	58.928	60.988	63.048	65.108	67.169
11,40	59.472	61.550	63.627	65.705	67.782
11,60	60.016	62.111	64.206	66.301	68.396
11,80	60.560	62.672	64.785	66.897	69.009
12,00	**61.104**	63.234	65.364	67.493	**69.623**
12,20	61.647	63.794	65.941	68.088	70.235
12,40	62.190	64.354	66.519	68.683	70.848
12,60	62.733	64.915	67.097	69.278	71.460
12,80	63.276	65.475	67.674	69.873	72.073
13,00	**63.819**	66.036	68.252	70.469	**72.685**
13,20	64.501	66.741	68.982	71.222	73.462
13,40	65.183	67.447	69.711	71.975	74.239
13,60	65.866	68.153	70.441	72.729	75.017
13,80	66.548	68.859	71.171	73.482	75.794
14,00	**67.230**	69.565	71.901	74.236	**76.571**
14,20	67.981	70.342	72.704	75.066	77.428
14,40	68.731	71.120	73.508	75.897	78.285
14,60	69.482	71.897	74.312	76.727	79.142
14,80	70.232	72.674	75.116	77.557	79.999
15,00	**70.983**	73.451	75.920	78.388	**80.856**
15,20	71.732	74.228	76.723	79.218	81.713
15,40	72.482	75.004	77.526	80.048	82.570
15,60	73.231	75.780	78.329	80.878	83.426
15,80	73.981	76.556	79.132	81.708	84.283
16,00	**74.730**	77.333	79.935	82.538	**85.140**
16,20	75.478	78.107	80.736	83.365	85.994
16,40	76.225	78.881	81.537	84.192	86.848
16,60	76.973	79.655	82.337	85.020	87.702
16,80	77.720	80.429	83.138	85.847	88.556
17,00	**78.468**	81.204	83.939	86.675	**89.410**
17,20	79.220	81.982	84.744	87.506	90.268
17,40	79.971	82.760	85.548	88.337	91.126
17,60	80.723	83.538	86.353	89.168	91.983
17,80	81.474	84.316	87.158	90.000	92.841
18,00	**82.226**	85.094	87.963	90.831	**93.699**
18,20	82.975	85.869	88.764	91.659	94.554
18,40	83.723	86.645	89.566	92.488	95.409
18,60	84.472	87.420	90.368	93.316	96.264
18,80	85.220	88.195	91.170	94.144	97.119

Honorartafel zu § 41 Abs. 1 – Bebauungspläne, Honorarzone V

Fläche ha	Von- satz Euro	Viertel- satz Euro	Mittel- satz Euro	Drei- viertel- satz Euro	Bis- satz Euro
19,00	**85.969**	88.970	91.972	94.973	**97.974**
19,20	86.718	89.747	92.775	95.803	98.831
19,40	87.468	90.523	93.578	96.633	99.688
19,60	88.217	91.299	94.381	97.463	100.544
19,80	88.967	92.075	95.184	98.293	101.401
20,00	**89.716**	92.852	95.987	99.123	**102.258**
20,20	90.408	93.568	96.727	99.887	103.046
20,40	91.101	94.284	97.468	100.651	103.835
20,60	91.793	95.001	98.208	101.416	104.623
20,80	92.486	95.717	98.949	102.180	105.412
21,00	**93.178**	96.434	99.689	102.945	**106.200**
21,20	93.872	97.152	100.433	103.713	106.993
21,40	94.567	97.871	101.176	104.481	107.785
21,60	95.261	98.590	101.920	105.249	108.578
21,80	95.956	99.309	102.663	106.017	109.370
22,00	**96.650**	100.028	103.407	106.785	**110.163**
22,20	97.345	100.748	104.151	107.554	110.957
22,40	98.040	101.468	104.895	108.323	111.750
22,60	98.736	102.188	105.640	109.092	112.544
22,80	99.431	102.907	106.384	109.861	113.337
23,00	**100.126**	103.627	107.129	110.630	**114.131**
23,20	100.819	104.345	107.870	111.396	114.921
23,40	101.513	105.063	108.612	112.162	115.712
23,60	102.206	105.780	109.354	112.928	116.502
23,80	102.900	106.498	110.096	113.694	117.293
24,00	**103.593**	107.216	110.838	114.461	**118.083**
24,20	104.287	107.934	111.581	115.228	118.874
24,40	104.982	108.653	112.324	115.995	119.666
24,60	105.676	109.371	113.067	116.762	120.457
24,80	106.371	110.090	113.810	117.529	121.249
25,00	**107.065**	110.809	114.553	118.296	**122.040**
25,50	108.867	112.676	116.484	120.293	124.102
26,00	110.668	114.542	118.416	122.290	126.164
26,50	112.470	116.409	120.348	124.287	128.226
27,00	114.272	118.276	122.280	126.284	130.288
27,50	116.074	120.143	124.212	128.281	132.351
28,00	117.875	122.010	126.144	130.278	134.413
28,50	119.677	123.876	128.076	132.275	136.475
29,00	121.479	125.743	130.008	134.272	138.537
29,50	123.280	127.610	131.940	136.269	140.599
30,00	**125.082**	129.477	133.872	138.266	**142.661**
30,50	126.871	131.331	135.791	140.251	144.711
31,00	128.659	133.184	137.710	142.235	146.760
31,50	130.448	135.038	139.629	144.219	148.810
32,00	132.236	136.892	141.548	146.204	150.860
32,50	134.025	138.746	143.467	148.188	152.910
33,00	135.813	140.600	145.386	150.173	154.959
33,50	137.602	142.453	147.305	152.157	157.009
34,00	139.390	144.307	149.224	154.141	159.059
34,50	141.179	146.161	151.143	156.126	161.108

Honorartafel zu § 41 Abs. 1 – Bebauungspläne, Honorarzone V

Fläche ha	Von-satz Euro	Viertel-satz Euro	Mittel-satz Euro	Drei-viertel-satz Euro	Bis-satz Euro
35,00	**142.967**	148.015	153.063	158.110	**163.158**
35,50	144.664	149.773	154.882	159.992	165.101
36,00	146.361	151.532	156.702	161.873	167.044
36,50	148.058	153.290	158.522	163.755	168.987
37,00	149.755	155.049	160.342	165.636	170.930
37,50	151.452	156.807	162.162	167.517	172.873
38,00	153.149	158.566	163.982	169.399	174.815
38,50	154.846	160.324	165.802	171.280	176.758
39,00	156.543	162.083	167.622	173.162	178.701
39,50	158.240	163.841	169.442	175.043	180.644
40,00	**159.937**	165.600	171.262	176.925	**182.587**
40,50	161.492	167.210	172.929	178.647	184.365
41,00	163.047	168.821	174.595	180.369	186.144
41,50	164.602	170.432	176.262	182.092	187.922
42,00	166.157	172.043	177.928	183.814	189.700
42,50	167.712	173.653	179.595	185.537	191.479
43,00	169.266	175.264	181.262	187.259	193.257
43,50	170.821	176.875	182.928	188.982	195.035
44,00	172.376	178.486	184.595	190.704	196.813
44,50	173.931	180.096	186.261	192.427	198.592
45,00	**175.486**	181.707	187.928	194.149	**200.370**
45,50	176.950	183.223	189.496	195.769	202.043
46,00	178.415	184.740	191.065	197.390	203.715
46,50	179.879	186.256	192.633	199.010	205.388
47,00	181.343	187.772	194.202	200.631	207.060
47,50	182.808	189.289	195.770	202.251	208.733
48,00	184.272	190.805	197.338	203.872	210.405
48,50	185.736	192.321	198.907	205.492	212.078
49,00	187.200	193.838	200.475	207.113	213.750
49,50	188.665	195.354	202.044	208.733	215.423
50,00	**190.129**	196.871	203.612	210.354	**217.095**
51,00	192.828	199.667	206.507	213.346	220.186
52,00	195.526	202.464	209.401	216.339	223.276
53,00	198.225	205.260	212.296	219.332	226.367
54,00	200.923	208.057	215.191	222.324	229.458
55,00	203.622	210.854	218.085	225.317	232.549
56,00	206.321	213.650	220.980	228.310	235.639
57,00	209.019	216.447	223.875	231.302	238.730
58,00	211.718	219.244	226.769	234.295	241.821
59,00	214.416	222.040	229.664	237.288	244.911
60,00	**217.115**	224.837	232.559	240.280	**248.002**
61,00	219.468	227.275	235.082	242.889	250.697
62,00	221.820	229.713	237.606	245.498	253.391
63,00	224.173	232.151	240.129	248.107	256.086
64,00	226.525	234.589	242.653	250.716	258.780
65,00	228.878	237.027	245.176	253.325	261.475
66,00	231.230	239.465	247.700	255.934	264.169
67,00	233.583	241.903	250.223	258.543	266.864
68,00	235.935	244.341	252.747	261.152	269.558
69,00	238.288	246.779	255.270	263.761	272.253

Honorartafel zu § 41 Abs. 1 – Bebauungspläne, Honorarzone V

Fläche ha	Von- satz Euro	Viertel- satz Euro	Mittel- satz Euro	Drei- viertel- satz Euro	Bis- satz Euro
70,00	**240.640**	249.217	257.794	266.370	**274.947**
71,00	242.995	251.657	260.320	268.982	277.645
72,00	245.349	254.097	262.846	271.594	280.342
73,00	247.704	256.538	265.372	274.206	283.040
74,00	250.058	258.978	267.898	276.818	285.737
75,00	252.413	261.418	270.424	279.429	288.435
76,00	254.767	263.858	272.950	282.041	291.133
77,00	257.122	266.299	275.476	284.653	293.830
78,00	259.476	268.739	278.002	287.265	296.528
79,00	261.831	271.179	280.528	289.877	299.225
80,00	**264.185**	273.620	283.054	292.489	**301.923**
81,00	266.619	276.143	285.667	295.191	304.715
82,00	269.053	278.667	288.280	297.894	307.507
83,00	271.488	281.191	290.894	300.597	310.300
84,00	273.922	283.714	293.507	303.299	313.092
85,00	276.356	286.238	296.120	306.002	315.884
86,00	278.790	288.762	298.733	308.705	318.676
87,00	281.224	291.285	301.346	311.407	321.468
88,00	283.659	293.809	303.960	314.110	324.261
89,00	286.093	296.333	306.573	316.813	327.053
90,00	**288.527**	298.857	309.186	319.516	**329.845**
91,00	291.143	301.570	311.996	322.423	332.849
92,00	293.760	304.283	314.807	325.330	335.854
93,00	296.376	306.996	317.617	328.237	338.858
94,00	298.992	309.710	320.427	331.145	341.862
95,00	301.609	312.423	323.238	334.052	344.867
96,00	304.225	315.136	326.048	336.959	347.871
97,00	306.841	317.850	328.858	339.867	350.875
98,00	309.457	320.563	331.668	342.774	353.879
99,00	312.074	323.276	334.479	345.681	356.884
100,00	**314.690**	325.990	337.289	348.589	**359.888**

Honorartafel zu § 45 b Abs. 1 – Landschaftspläne, Honorarzone I

Fläche ha	Von- satz Euro	Viertel- satz Euro	Mittel- satz Euro	Drei- viertel- satz Euro	Bis- satz Euro
1.000	**11.484**	12.058	12.632	13.205	**13.779**
1.030	11.728	12.314	12.900	13.486	14.073
1.060	11.973	12.571	13.169	13.768	14.366
1.090	12.217	12.828	13.438	14.049	14.660
1.120	12.462	13.084	13.707	14.330	14.953
1.150	12.706	13.341	13.976	14.611	15.247
1.180	12.950	13.598	14.245	14.893	15.540
1.210	13.195	13.854	14.514	15.174	15.834
1.240	13.439	14.111	14.783	15.455	16.127
1.270	13.684	14.368	15.052	15.736	16.421
1.300	**13.928**	14.625	15.321	16.018	**16.714**
1.330	14.195	14.905	15.615	16.324	17.034
1.360	14.462	15.185	15.908	16.631	17.354
1.390	14.729	15.465	16.202	16.938	17.674
1.420	14.996	15.745	16.495	17.245	17.994
1.450	15.263	16.026	16.789	17.552	18.315
1.480	15.529	16.306	17.082	17.858	18.635
1.510	15.796	16.586	17.376	18.165	18.955
1.540	16.063	16.866	17.669	18.472	19.275
1.570	16.330	17.146	17.963	18.779	19.595
1.600	**16.597**	17.427	18.256	19.086	**19.915**
1.630	16.825	17.666	18.507	19.348	20.189
1.660	17.053	17.906	18.758	19.611	20.463
1.690	17.281	18.145	19.009	19.873	20.737
1.720	17.509	18.385	19.260	20.136	21.011
1.750	17.737	18.624	19.511	20.398	21.285
1.780	17.965	18.864	19.762	20.661	21.559
1.810	18.193	19.103	20.013	20.923	21.833
1.840	18.421	19.343	20.264	21.186	22.107
1.870	18.649	19.582	20.515	21.448	22.381
1.900	**18.877**	19.822	20.766	21.711	**22.655**
1.930	19.090	20.045	21.000	21.955	22.910
1.960	19.302	20.268	21.234	22.200	23.165
1.990	19.515	20.491	21.468	22.444	23.421
2.020	19.728	20.715	21.702	22.689	23.676
2.050	19.941	20.938	21.936	22.933	23.931
2.080	20.153	21.161	22.170	23.178	24.186
2.110	20.366	21.385	22.404	23.423	24.441
2.140	20.579	21.608	22.638	23.667	24.697
2.170	20.791	21.831	22.872	23.912	24.952
2.200	**21.004**	22.055	23.106	24.156	**25.207**
2.230	21.200	22.261	23.321	24.382	25.442
2.260	21.397	22.467	23.537	24.607	25.677
2.290	21.593	22.673	23.753	24.833	25.913
2.320	21.789	22.879	23.969	25.058	26.148
2.350	21.986	23.085	24.184	25.284	26.383
2.380	22.182	23.291	24.400	25.509	26.618
2.410	22.378	23.497	24.616	25.735	26.853
2.440	22.574	23.703	24.832	25.960	27.089
2.470	22.771	23.909	25.047	26.186	27.324

Honorartafel zu § 45 b Abs. 1 – Landschaftspläne, Honorarzone I

Fläche ha	Von- satz Euro	Viertel- satz Euro	Mittel- satz Euro	Drei- viertel- satz Euro	Bis- satz Euro
2.500	**22.967**	24.115	25.263	26.411	**27.559**
2.550	23.270	24.433	25.596	26.759	27.923
2.600	23.572	24.751	25.929	27.108	28.286
2.650	23.875	25.069	26.262	27.456	28.650
2.700	24.178	25.387	26.595	27.804	29.013
2.750	24.481	25.705	26.929	28.153	29.377
2.800	24.783	26.022	27.262	28.501	29.740
2.850	25.086	26.340	27.595	28.849	30.104
2.900	25.389	26.658	27.928	29.197	30.467
2.950	25.691	26.976	28.261	29.546	30.831
3.000	**25.994**	27.294	28.594	29.894	**31.194**
3.050	26.284	27.598	28.913	30.227	31.542
3.100	26.574	27.903	29.232	30.561	31.889
3.150	26.864	28.207	29.550	30.894	32.237
3.200	27.154	28.511	29.869	31.227	32.585
3.250	27.444	28.816	30.188	31.560	32.933
3.300	27.733	29.120	30.507	31.894	33.280
3.350	28.023	29.424	30.826	32.227	33.628
3.400	28.313	29.729	31.144	32.560	33.976
3.450	28.603	30.033	31.463	32.893	34.323
3.500	**28.893**	30.338	31.782	33.227	**34.671**
3.550	29.171	30.629	32.087	33.546	35.004
3.600	29.448	30.921	32.393	33.865	35.338
3.650	29.726	31.212	32.698	34.185	35.671
3.700	30.003	31.504	33.004	34.504	36.004
3.750	30.281	31.795	33.309	34.823	36.338
3.800	30.559	32.087	33.615	35.143	36.671
3.850	30.836	32.378	33.920	35.462	37.004
3.900	31.114	32.670	34.226	35.782	37.337
3.950	31.391	32.961	34.531	36.101	37.671
4.000	**31.669**	33.253	34.837	36.420	**38.004**
4.050	31.935	33.532	35.129	36.726	38.323
4.100	32.201	33.811	35.422	37.032	38.642
4.150	32.467	34.090	35.714	37.338	38.961
4.200	32.733	34.370	36.007	37.643	39.280
4.250	32.999	34.649	36.299	37.949	39.600
4.300	33.264	34.928	36.592	38.255	39.919
4.350	33.530	35.207	36.884	38.561	40.238
4.400	33.796	35.486	37.177	38.867	40.557
4.450	34.062	35.766	37.469	39.172	40.876
4.500	**34.328**	36.045	37.762	39.478	**41.195**
4.550	34.582	36.311	38.040	39.770	41.499
4.600	34.835	36.577	38.319	40.061	41.803
4.650	35.089	36.844	38.598	40.353	42.108
4.700	35.342	37.110	38.877	40.644	42.412
4.750	35.596	37.376	39.156	40.936	42.716
4.800	35.850	37.642	39.435	41.228	43.020
4.850	36.103	37.909	39.714	41.519	43.324
4.900	36.357	38.175	39.993	41.811	43.629
4.950	36.610	38.441	40.272	42.102	43.933

Honorartafel zu § 45 b Abs. 1 – Landschaftspläne, Honorarzone I

Fläche ha	Von-satz Euro	Viertel-satz Euro	Mittel-satz Euro	Drei-viertel-satz Euro	Bis-satz Euro
5.000	**36.864**	38.707	40.551	42.394	**44.237**
5.050	37.104	38.960	40.815	42.670	44.525
5.100	37.345	39.212	41.079	42.947	44.814
5.150	37.585	39.464	41.344	43.223	45.102
5.200	37.825	39.717	41.608	43.499	45.391
5.250	38.066	39.969	41.872	43.776	45.679
5.300	38.306	40.221	42.137	44.052	45.967
5.350	38.546	40.474	42.401	44.328	46.256
5.400	38.786	40.726	42.665	44.605	46.544
5.450	39.027	40.978	42.930	44.881	46.833
5.500	**39.267**	41.231	43.194	45.158	**47.121**
5.550	39.496	41.471	43.446	45.421	47.396
5.600	39.725	41.712	43.698	45.685	47.671
5.650	39.954	41.952	43.950	45.948	47.946
5.700	40.183	42.193	44.202	46.212	48.221
5.750	40.413	42.433	44.454	46.475	48.496
5.800	40.642	42.674	44.706	46.739	48.771
5.850	40.871	42.915	44.958	47.002	49.046
5.900	41.100	43.155	45.210	47.266	49.321
5.950	41.329	43.396	45.462	47.529	49.596
6.000	**41.558**	43.636	45.715	47.793	**49.871**
6.050	41.775	43.864	45.953	48.042	50.131
6.100	41.992	44.092	46.192	48.292	50.392
6.150	42.208	44.319	46.430	48.541	50.652
6.200	42.425	44.547	46.669	48.790	50.912
6.250	42.642	44.775	46.907	49.040	51.173
6.300	42.859	45.002	47.146	49.289	51.433
6.350	43.076	45.230	47.384	49.539	51.693
6.400	43.292	45.458	47.623	49.788	51.953
6.450	43.509	45.685	47.861	50.038	52.214
6.500	**43.726**	45.913	48.100	50.287	**52.474**
6.550	43.931	46.128	48.325	50.522	52.719
6.600	44.136	46.343	48.550	50.758	52.965
6.650	44.341	46.558	48.776	50.993	53.210
6.700	44.546	46.773	49.001	51.228	53.456
6.750	44.751	46.989	49.226	51.464	53.701
6.800	44.956	47.204	49.451	51.699	53.946
6.850	45.161	47.419	49.676	51.934	54.192
6.900	45.366	47.634	49.902	52.169	54.437
6.950	45.571	47.849	50.127	52.405	54.683
7.000	**45.776**	48.064	50.352	52.640	**54.928**
7.050	45.972	48.270	50.568	52.865	55.163
7.100	46.168	48.475	50.783	53.091	55.398
7.150	46.363	48.681	50.999	53.316	55.634
7.200	46.559	48.887	51.214	53.541	55.869
7.250	46.755	49.092	51.430	53.767	56.104
7.300	46.951	49.298	51.645	53.992	56.339
7.350	47.147	49.504	51.861	54.217	56.574
7.400	47.342	49.709	52.076	54.443	56.810
7.450	47.538	49.915	52.292	54.668	57.045

Honorartafel zu § 45 b Abs. 1 – Landschaftspläne, Honorarzone I

Fläche ha	Von-satz Euro	Viertel-satz Euro	Mittel-satz Euro	Drei-viertel-satz Euro	Bis-satz Euro
7.500	**47.734**	50.121	52.507	54.894	**57.280**
7.550	47.922	50.318	52.714	55.110	57.506
7.600	48.109	50.515	52.920	55.326	57.731
7.650	48.297	50.712	53.127	55.542	57.957
7.700	48.485	50.909	53.333	55.758	58.182
7.750	48.673	51.106	53.540	55.974	58.408
7.800	48.860	51.303	53.747	56.190	58.633
7.850	49.048	51.501	53.953	56.406	58.859
7.900	49.236	51.698	54.160	56.622	59.084
7.950	49.423	51.895	54.366	56.838	59.310
8.000	**49.611**	52.092	54.573	57.054	**59.535**
8.050	49.791	52.281	54.771	57.261	59.751
8.100	49.971	52.470	54.969	57.468	59.966
8.150	50.151	52.659	55.166	57.674	60.182
8.200	50.331	52.847	55.364	57.881	60.398
8.250	50.511	53.036	55.562	58.088	60.614
8.300	50.690	53.225	55.760	58.295	60.829
8.350	50.870	53.414	55.958	58.501	61.045
8.400	51.050	53.603	56.155	58.708	61.261
8.450	51.230	53.792	56.353	58.915	61.476
8.500	**51.410**	53.981	56.551	59.122	**61.692**
8.550	51.582	54.161	56.740	59.319	61.898
8.600	51.754	54.341	56.929	59.517	62.104
8.650	51.925	54.522	57.118	59.714	62.310
8.700	52.097	54.702	57.307	59.912	62.516
8.750	52.269	54.882	57.496	60.109	62.723
8.800	52.441	55.063	57.685	60.307	62.929
8.850	52.613	55.243	57.874	60.504	63.135
8.900	52.784	55.424	58.063	60.702	63.341
8.950	52.956	55.604	58.252	60.899	63.547
9.000	**53.128**	55.784	58.441	61.097	**63.753**
9.050	53.291	55.956	58.620	61.284	63.949
9.100	53.454	56.127	58.799	61.472	64.145
9.150	53.617	56.298	58.979	61.660	64.340
9.200	53.780	56.469	59.158	61.847	64.536
9.250	53.944	56.641	59.338	62.035	64.732
9.300	54.107	56.812	59.517	62.223	64.928
9.350	54.270	56.983	59.697	62.410	65.124
9.400	54.433	57.154	59.876	62.598	65.319
9.450	54.596	57.326	60.056	62.785	65.515
9.500	**54.759**	57.497	60.235	62.973	**65.711**
9.550	54.915	57.660	60.406	63.152	65.898
9.600	55.070	57.824	60.577	63.331	66.084
9.650	55.226	57.987	60.748	63.509	66.271
9.700	55.381	58.150	60.919	63.688	66.457
9.750	55.537	58.313	61.090	63.867	66.644
9.800	55.692	58.477	61.261	64.046	66.831
9.850	55.848	58.640	61.432	64.225	67.017
9.900	56.003	58.803	61.603	64.404	67.204
9.950	56.159	58.966	61.774	64.582	67.390

Honorartafel zu § 45 b Abs. 1 – Landschaftspläne, Honorarzone I

Fläche ha	Von- satz Euro	Viertel- satz Euro	Mittel- satz Euro	Drei- viertel- satz Euro	Bis- satz Euro
10.000	**56.314**	59.130	61.946	64.761	**67.577**
10.100	56.608	59.438	62.269	65.099	67.930
10.200	56.902	59.747	62.592	65.437	68.283
10.300	57.196	60.056	62.916	65.776	68.635
10.400	57.490	60.365	63.239	66.114	68.988
10.500	57.784	60.673	63.563	66.452	69.341
10.600	58.078	60.982	63.886	66.790	69.694
10.700	58.372	61.291	64.209	67.128	70.047
10.800	58.666	61.599	64.533	67.466	70.399
10.900	58.960	61.908	64.856	67.804	70.752
11.000	**59.254**	62.217	65.180	68.142	**71.105**
11.100	59.541	62.518	65.495	68.472	71.449
11.200	59.828	62.819	65.810	68.801	71.792
11.300	60.114	63.120	66.125	69.130	72.136
11.400	60.401	63.421	66.440	69.460	72.479
11.500	60.688	63.722	66.756	69.789	72.823
11.600	60.975	64.023	67.071	70.119	73.167
11.700	61.262	64.324	67.386	70.448	73.510
11.800	61.548	64.625	67.701	70.777	73.854
11.900	61.835	64.926	68.016	71.107	74.197
12.000	**62.122**	65.227	68.332	71.436	**74.541**
12.100	62.399	65.518	68.637	71.756	74.874
12.200	62.676	65.809	68.942	72.075	75.208
12.300	62.953	66.100	69.247	72.394	75.541
12.400	63.230	66.391	69.553	72.714	75.875
12.500	63.508	66.683	69.858	73.033	76.208
12.600	63.785	66.974	70.163	73.352	76.541
12.700	64.062	67.265	70.468	73.672	76.875
12.800	64.339	67.556	70.774	73.991	77.208
12.900	64.616	67.847	71.079	74.310	77.542
13.000	**64.893**	68.139	71.384	74.630	**77.875**
13.100	65.163	68.422	71.681	74.940	78.199
13.200	65.433	68.705	71.978	75.250	78.522
13.300	65.703	68.989	72.274	75.560	78.846
13.400	65.973	69.272	72.571	75.870	79.169
13.500	66.243	69.556	72.868	76.181	79.493
13.600	66.513	69.839	73.165	76.491	79.817
13.700	66.783	70.122	73.462	76.801	80.140
13.800	67.053	70.406	73.758	77.111	80.464
13.900	67.323	70.689	74.055	77.421	80.787
14.000	**67.593**	70.973	74.352	77.732	**81.111**
14.200	68.115	71.521	74.927	78.332	81.738
14.400	68.638	72.070	75.501	78.933	82.365
14.600	69.160	72.618	76.076	79.534	82.992
14.800	69.683	73.167	76.651	80.135	83.619
15.000	**70.205**	73.715	77.226	80.736	**84.246**

Honorartafel zu § 45 b Abs. 1 – Landschaftspläne, Honorarzone II

Fläche ha	Von- satz Euro	Viertel- satz Euro	Mittel- satz Euro	Drei- viertel- satz Euro	Bis- satz Euro
1.000	**13.779**	14.354	14.930	15.505	**16.080**
1.030	14.073	14.660	15.247	15.835	16.422
1.060	14.366	14.966	15.565	16.165	16.764
1.090	14.660	15.271	15.883	16.495	17.106
1.120	14.953	15.577	16.201	16.825	17.448
1.150	15.247	15.883	16.519	17.155	17.791
1.180	15.540	16.188	16.836	17.484	18.133
1.210	15.834	16.494	17.154	17.814	18.475
1.240	16.127	16.799	17.472	18.144	18.817
1.270	16.421	17.105	17.790	18.474	19.159
1.300	**16.714**	17.411	18.108	18.804	**19.501**
1.330	17.034	17.744	18.454	19.164	19.874
1.360	17.354	18.077	18.800	19.523	20.246
1.390	17.674	18.411	19.147	19.883	20.619
1.420	17.994	18.744	19.493	20.242	20.992
1.450	18.315	19.077	19.840	20.602	21.365
1.480	18.635	19.410	20.186	20.962	21.737
1.510	18.955	19.744	20.532	21.321	22.110
1.540	19.275	20.077	20.879	21.681	22.483
1.570	19.595	20.410	21.225	22.040	22.855
1.600	**19.915**	20.743	21.572	22.400	**23.228**
1.630	20.189	21.029	21.869	22.708	23.548
1.660	20.463	21.314	22.166	23.017	23.868
1.690	20.737	21.600	22.463	23.325	24.188
1.720	21.011	21.885	22.760	23.634	24.508
1.750	21.285	22.171	23.057	23.943	24.829
1.780	21.559	22.456	23.354	24.251	25.149
1.810	21.833	22.742	23.651	24.560	25.469
1.840	22.107	23.027	23.948	24.868	25.789
1.870	22.381	23.313	24.245	25.177	26.109
1.900	**22.655**	23.599	24.542	25.486	**26.429**
1.930	22.910	23.864	24.818	25.772	26.727
1.960	23.165	24.130	25.095	26.059	27.024
1.990	23.421	24.396	25.371	26.346	27.322
2.020	23.676	24.662	25.647	26.633	27.619
2.050	23.931	24.927	25.924	26.920	27.917
2.080	24.186	25.193	26.200	27.207	28.214
2.110	24.441	25.459	26.476	27.494	28.512
2.140	24.697	25.725	26.753	27.781	28.809
2.170	24.952	25.990	27.029	28.068	29.107
2.200	**25.207**	26.256	27.306	28.355	**29.404**
2.230	25.442	26.501	27.561	28.620	29.679
2.260	25.677	26.747	27.816	28.885	29.954
2.290	25.913	26.992	28.071	29.150	30.229
2.320	26.148	27.237	28.326	29.415	30.504
2.350	26.383	27.482	28.581	29.680	30.780
2.380	26.618	27.727	28.836	29.946	31.055
2.410	26.853	27.972	29.092	30.211	31.330
2.440	27.089	28.218	29.347	30.476	31.605
2.470	27.324	28.463	29.602	30.741	31.880

Honorartafel zu § 45 b Abs. 1 – Landschaftspläne, Honorarzone II

Fläche ha	Von- satz Euro	Viertel- satz Euro	Mittel- satz Euro	Drei- viertel- satz Euro	Bis- satz Euro
2.500	**27.559**	28.708	29.857	31.006	**32.155**
2.550	27.923	29.086	30.250	31.414	32.578
2.600	28.286	29.465	30.644	31.823	33.002
2.650	28.650	29.843	31.037	32.231	33.425
2.700	29.013	30.222	31.431	32.640	33.849
2.750	29.377	30.600	31.824	33.048	34.272
2.800	29.740	30.979	32.218	33.457	34.695
2.850	30.104	31.357	32.611	33.865	35.119
2.900	30.467	31.736	33.005	34.273	35.542
2.950	30.831	32.114	33.398	34.682	35.966
3.000	**31.194**	32.493	33.792	35.090	**36.389**
3.050	31.542	32.855	34.168	35.482	36.795
3.100	31.889	33.217	34.545	35.873	37.201
3.150	32.237	33.580	34.922	36.264	37.607
3.200	32.585	33.942	35.299	36.656	38.013
3.250	32.933	34.304	35.676	37.047	38.419
3.300	33.280	34.666	36.052	37.438	38.824
3.350	33.628	35.029	36.429	37.830	39.230
3.400	33.976	35.391	36.806	38.221	39.636
3.450	34.323	35.753	37.183	38.612	40.042
3.500	**34.671**	36.115	37.560	39.004	**40.448**
3.550	35.004	36.463	37.921	39.379	40.837
3.600	35.338	36.810	38.282	39.754	41.226
3.650	35.671	37.157	38.643	40.129	41.615
3.700	36.004	37.504	39.004	40.504	42.004
3.750	36.338	37.852	39.366	40.880	42.394
3.800	36.671	38.199	39.727	41.255	42.783
3.850	37.004	38.546	40.088	41.630	43.172
3.900	37.337	38.893	40.449	42.005	43.561
3.950	37.671	39.241	40.810	42.380	43.950
4.000	**38.004**	39.588	41.172	42.755	**44.339**
4.050	38.323	39.920	41.517	43.114	44.711
4.100	38.642	40.252	41.862	43.472	45.082
4.150	38.961	40.585	42.208	43.831	45.454
4.200	39.280	40.917	42.553	44.189	45.826
4.250	39.600	41.249	42.899	44.548	46.198
4.300	39.919	41.581	43.244	44.907	46.569
4.350	40.238	41.914	43.589	45.265	46.941
4.400	40.557	42.246	43.935	45.624	47.313
4.450	40.876	42.578	44.280	45.982	47.684
4.500	**41.195**	42.910	44.626	46.341	**48.056**
4.550	41.499	43.227	44.955	46.683	48.411
4.600	41.803	43.544	45.285	47.025	48.766
4.650	42.108	43.861	45.614	47.367	49.121
4.700	42.412	44.178	45.944	47.710	49.476
4.750	42.716	44.495	46.273	48.052	49.831
4.800	43.020	44.812	46.603	48.394	50.185
4.850	43.324	45.128	46.932	48.736	50.540
4.900	43.629	45.445	47.262	49.079	50.895
4.950	43.933	45.762	47.591	49.421	51.250

Honorartafel zu § 45 b Abs. 1 – Landschaftspläne, Honorarzone II

Fläche ha	Von-satz Euro	Viertel-satz Euro	Mittel-satz Euro	Drei-viertel-satz Euro	Bis-satz Euro
5.000	**44.237**	46.079	47.921	49.763	**51.605**
5.050	44.525	46.380	48.234	50.088	51.942
5.100	44.814	46.680	48.546	50.413	52.279
5.150	45.102	46.981	48.859	50.737	52.616
5.200	45.391	47.281	49.172	51.062	52.953
5.250	45.679	47.582	49.484	51.387	53.290
5.300	45.967	47.882	49.797	51.712	53.626
5.350	46.256	48.183	50.110	52.036	53.963
5.400	46.544	48.483	50.422	52.361	54.300
5.450	46.833	48.784	50.735	52.686	54.637
5.500	**47.121**	49.084	51.048	53.011	**54.974**
5.550	47.396	49.371	51.345	53.320	55.295
5.600	47.671	49.657	51.643	53.629	55.615
5.650	47.946	49.943	51.941	53.938	55.936
5.700	48.221	50.230	52.239	54.248	56.256
5.750	48.496	50.516	52.537	54.557	56.577
5.800	48.771	50.803	52.834	54.866	56.898
5.850	49.046	51.089	53.132	55.175	57.218
5.900	49.321	51.375	53.430	55.484	57.539
5.950	49.596	51.662	53.728	55.794	57.859
6.000	**49.871**	51.948	54.026	56.103	**58.180**
6.050	50.131	52.219	54.308	56.396	58.484
6.100	50.392	52.491	54.590	56.688	58.787
6.150	50.652	52.762	54.872	56.981	59.091
6.200	50.912	53.033	55.154	57.274	59.395
6.250	51.173	53.304	55.436	57.567	59.699
6.300	51.433	53.575	55.718	57.860	60.002
6.350	51.693	53.846	56.000	58.153	60.306
6.400	51.953	54.117	56.282	58.446	60.610
6.450	52.214	54.389	56.564	58.738	60.913
6.500	**52.474**	54.660	56.846	59.031	**61.217**
6.550	52.719	54.915	57.111	59.307	61.503
6.600	52.965	55.171	57.377	59.583	61.790
6.650	53.210	55.427	57.643	59.859	62.076
6.700	53.456	55.682	57.909	60.136	62.362
6.750	53.701	55.938	58.175	60.412	62.649
6.800	53.946	56.194	58.441	60.688	62.935
6.850	54.192	56.449	58.706	60.964	63.221
6.900	54.437	56.705	58.972	61.240	63.507
6.950	54.683	56.960	59.238	61.516	63.794
7.000	**54.928**	57.216	59.504	61.792	**64.080**
7.050	55.163	57.461	59.759	62.057	64.355
7.100	55.398	57.706	60.014	62.322	64.629
7.150	55.634	57.951	60.269	62.586	64.904
7.200	55.869	58.196	60.524	62.851	65.178
7.250	56.104	58.441	60.779	63.116	65.453
7.300	56.339	58.686	61.033	63.381	65.728
7.350	56.574	58.931	61.288	63.645	66.002
7.400	56.810	59.176	61.543	63.910	66.277
7.450	57.045	59.421	61.798	64.175	66.551

Honorartafel zu § 45 b Abs. 1 – Landschaftspläne, Honorarzone II

Fläche ha	Von-satz Euro	Viertel-satz Euro	Mittel-satz Euro	Drei-viertel-satz Euro	Bis-satz Euro
7.500	**57.280**	59.667	62.053	64.440	**66.826**
7.550	57.506	59.901	62.297	64.693	67.089
7.600	57.731	60.136	62.541	64.946	67.352
7.650	57.957	60.371	62.785	65.200	67.614
7.700	58.182	60.606	63.030	65.453	67.877
7.750	58.408	60.841	63.274	65.707	68.140
7.800	58.633	61.075	63.518	65.960	68.403
7.850	58.859	61.310	63.762	66.214	68.666
7.900	59.084	61.545	64.006	66.467	68.928
7.950	59.310	61.780	64.250	66.721	69.191
8.000	**59.535**	62.015	64.495	66.974	**69.454**
8.050	59.751	62.240	64.728	67.217	69.706
8.100	59.966	62.464	64.962	67.460	69.958
8.150	60.182	62.689	65.196	67.703	70.210
8.200	60.398	62.914	65.430	67.946	70.462
8.250	60.614	63.139	65.664	68.189	70.715
8.300	60.829	63.364	65.898	68.432	70.967
8.350	61.045	63.588	66.132	68.675	71.219
8.400	61.261	63.813	66.366	68.918	71.471
8.450	61.476	64.038	66.600	69.161	71.723
8.500	**61.692**	64.263	66.834	69.404	**71.975**
8.550	61.898	64.477	67.056	69.636	72.215
8.600	62.104	64.692	67.279	69.867	72.455
8.650	62.310	64.906	67.502	70.098	72.694
8.700	62.516	65.121	67.725	70.330	72.934
8.750	62.723	65.335	67.948	70.561	73.174
8.800	62.929	65.550	68.171	70.793	73.414
8.850	63.135	65.764	68.394	71.024	73.654
8.900	63.341	65.979	68.617	71.255	73.893
8.950	63.547	66.193	68.840	71.487	74.133
9.000	**63.753**	66.408	69.063	71.718	**74.373**
9.050	63.949	66.612	69.275	71.939	74.602
9.100	64.145	66.816	69.488	72.159	74.831
9.150	64.340	67.020	69.700	72.380	75.060
9.200	64.536	67.224	69.913	72.601	75.289
9.250	64.732	67.429	70.125	72.822	75.518
9.300	64.928	67.633	70.337	73.042	75.747
9.350	65.124	67.837	70.550	73.263	75.976
9.400	65.319	68.041	70.762	73.484	76.205
9.450	65.515	68.245	70.975	73.704	76.434
9.500	**65.711**	68.449	71.187	73.925	**76.663**
9.550	65.898	68.643	71.389	74.135	76.880
9.600	66.084	68.838	71.591	74.344	77.098
9.650	66.271	69.032	71.793	74.554	77.315
9.700	66.457	69.226	71.995	74.764	77.532
9.750	66.644	69.420	72.197	74.973	77.750
9.800	66.831	69.615	72.399	75.183	77.967
9.850	67.017	69.809	72.601	75.392	78.184
9.900	67.204	70.003	72.803	75.602	78.401
9.950	67.390	70.197	73.005	75.812	78.619

Honorartafel zu § 45 b Abs. 1 – Landschaftspläne, Honorarzone II

Fläche ha	Von-satz Euro	Viertel-satz Euro	Mittel-satz Euro	Drei-viertel-satz Euro	Bis-satz Euro
10.000	**67.577**	70.392	73.207	76.021	**78.836**
10.100	67.930	70.759	73.589	76.419	79.248
10.200	68.283	71.127	73.971	76.816	79.660
10.300	68.635	71.495	74.354	77.213	80.072
10.400	68.988	71.862	74.736	77.610	80.484
10.500	69.341	72.230	75.119	78.008	80.897
10.600	69.694	72.598	75.501	78.405	81.309
10.700	70.047	72.965	75.884	78.802	81.721
10.800	70.399	73.333	76.266	79.199	82.133
10.900	70.752	73.700	76.649	79.597	82.545
11.000	**71.105**	74.068	77.031	79.994	**82.957**
11.100	71.449	74.426	77.403	80.381	83.358
11.200	71.792	74.784	77.776	80.767	83.759
11.300	72.136	75.142	78.148	81.154	84.160
11.400	72.479	75.500	78.520	81.540	84.561
11.500	72.823	75.858	78.892	81.927	84.962
11.600	73.167	76.216	79.265	82.313	85.362
11.700	73.510	76.573	79.637	82.700	85.763
11.800	73.854	76.931	80.009	83.087	86.164
11.900	74.197	77.289	80.381	83.473	86.565
12.000	**74.541**	77.647	80.754	83.860	**86.966**
12.100	74.874	77.994	81.114	84.234	87.355
12.200	75.208	78.342	81.475	84.609	87.743
12.300	75.541	78.689	81.836	84.984	88.132
12.400	75.875	79.036	82.197	85.359	88.520
12.500	76.208	79.383	82.558	85.733	88.909
12.600	76.541	79.730	82.919	86.108	89.297
12.700	76.875	80.077	83.280	86.483	89.686
12.800	77.208	80.425	83.641	86.858	90.074
12.900	77.542	80.772	84.002	87.232	90.463
13.000	**77.875**	81.119	84.363	87.607	**90.851**
13.100	78.199	81.456	84.714	87.971	91.229
13.200	78.522	81.793	85.065	88.336	91.607
13.300	78.846	82.131	85.415	88.700	91.985
13.400	79.169	82.468	85.766	89.064	92.363
13.500	79.493	82.805	86.117	89.429	92.741
13.600	79.817	83.142	86.468	89.793	93.118
13.700	80.140	83.479	86.818	90.157	93.496
13.800	80.464	83.816	87.169	90.522	93.874
13.900	80.787	84.154	87.520	90.886	94.252
14.000	**81.111**	84.491	87.871	91.250	**94.630**
14.200	81.738	85.144	88.550	91.956	95.362
14.400	82.365	85.797	89.230	92.662	96.094
14.600	82.992	86.451	89.909	93.368	96.827
14.800	83.619	87.104	90.589	94.074	97.559
15.000	**84.246**	87.757	91.269	94.780	**98.291**

Honorartafel zu § 45 b Abs. 1 – Landschaftspläne, Honorarzone III

Fläche ha	Von-satz Euro	Viertel-satz Euro	Mittel-satz Euro	Drei-viertel-satz Euro	Bis-satz Euro
1.000	**16.080**	16.654	17.228	17.802	**18.376**
1.030	16.422	17.008	17.595	18.181	18.767
1.060	16.764	17.363	17.961	18.560	19.158
1.090	17.106	17.717	18.328	18.939	19.549
1.120	17.448	18.071	18.694	19.317	19.940
1.150	17.791	18.426	19.061	19.696	20.332
1.180	18.133	18.780	19.428	20.075	20.723
1.210	18.475	19.134	19.794	20.454	21.114
1.240	18.817	19.489	20.161	20.833	21.505
1.270	19.159	19.843	20.527	21.212	21.896
1.300	**19.501**	20.198	20.894	21.591	**22.287**
1.330	19.874	20.584	21.293	22.003	22.713
1.360	20.246	20.970	21.693	22.416	23.139
1.390	20.619	21.356	22.092	22.828	23.565
1.420	20.992	21.742	22.491	23.241	23.991
1.450	21.365	22.128	22.891	23.654	24.417
1.480	21.737	22.514	23.290	24.066	24.842
1.510	22.110	22.900	23.689	24.479	25.268
1.540	22.483	23.286	24.088	24.891	25.694
1.570	22.855	23.672	24.488	25.304	26.120
1.600	**23.228**	24.058	24.887	25.717	**26.546**
1.630	23.548	24.389	25.230	26.071	26.912
1.660	23.868	24.721	25.573	26.426	27.278
1.690	24.188	25.052	25.916	26.780	27.644
1.720	24.508	25.384	26.259	27.135	28.010
1.750	24.829	25.716	26.603	27.490	28.377
1.780	25.149	26.047	26.946	27.844	28.743
1.810	25.469	26.379	27.289	28.199	29.109
1.840	25.789	26.710	27.632	28.553	29.475
1.870	26.109	27.042	27.975	28.908	29.841
1.900	**26.429**	27.374	28.318	29.263	**30.207**
1.930	26.727	27.682	28.637	29.592	30.547
1.960	27.024	27.990	28.956	29.921	30.887
1.990	27.322	28.298	29.274	30.251	31.227
2.020	27.619	28.606	29.593	30.580	31.567
2.050	27.917	28.914	29.912	30.909	31.907
2.080	28.214	29.222	30.231	31.239	32.247
2.110	28.512	29.530	30.549	31.568	32.587
2.140	28.809	29.839	30.868	31.898	32.927
2.170	29.107	30.147	31.187	32.227	33.267
2.200	**29.404**	30.455	31.506	32.556	**33.607**
2.230	29.679	30.740	31.800	32.861	33.921
2.260	29.954	31.024	32.095	33.165	34.235
2.290	30.229	31.309	32.389	33.469	34.549
2.320	30.504	31.594	32.684	33.773	34.863
2.350	30.780	31.879	32.978	34.078	35.177
2.380	31.055	32.164	33.273	34.382	35.491
2.410	31.330	32.449	33.567	34.686	35.805
2.440	31.605	32.733	33.862	34.990	36.119
2.470	31.880	33.018	34.156	35.295	36.433

Honorartafel zu § 45 b Abs. 1 – Landschaftspläne, Honorarzone III

Fläche ha	Von- satz Euro	Viertel- satz Euro	Mittel- satz Euro	Drei- viertel- satz Euro	Bis- satz Euro
2.500	**32.155**	33.303	34.451	35.599	**36.747**
2.550	32.578	33.742	34.905	36.068	37.231
2.600	33.002	34.180	35.359	36.537	37.715
2.650	33.425	34.619	35.812	37.006	38.199
2.700	33.849	35.057	36.266	37.475	38.683
2.750	34.272	35.496	36.720	37.944	39.168
2.800	34.695	35.934	37.174	38.413	39.652
2.850	35.119	36.373	37.627	38.881	40.136
2.900	35.542	36.812	38.081	39.350	40.620
2.950	35.966	37.250	38.535	39.819	41.104
3.000	**36.389**	37.689	38.989	40.288	**41.588**
3.050	36.795	38.109	39.423	40.738	42.052
3.100	37.201	38.530	39.858	41.187	42.516
3.150	37.607	38.950	40.293	41.636	42.979
3.200	38.013	39.370	40.728	42.086	43.443
3.250	38.419	39.791	41.163	42.535	43.907
3.300	38.824	40.211	41.598	42.984	44.371
3.350	39.230	40.631	42.032	43.434	44.835
3.400	39.636	41.052	42.467	43.883	45.298
3.450	40.042	41.472	42.902	44.332	45.762
3.500	**40.448**	41.893	43.337	44.782	**46.226**
3.550	40.837	42.296	43.754	45.212	46.671
3.600	41.226	42.699	44.171	45.643	47.116
3.650	41.615	43.102	44.588	46.074	47.560
3.700	42.004	43.505	45.005	46.505	48.005
3.750	42.394	43.908	45.422	46.936	48.450
3.800	42.783	44.311	45.839	47.367	48.895
3.850	43.172	44.714	46.256	47.798	49.340
3.900	43.561	45.117	46.673	48.229	49.784
3.950	43.950	45.520	47.090	48.659	50.229
4.000	**44.339**	45.923	47.507	49.090	**50.674**
4.050	44.711	46.308	47.905	49.502	51.099
4.100	45.082	46.693	48.303	49.913	51.524
4.150	45.454	47.078	48.701	50.325	51.949
4.200	45.826	47.463	49.100	50.737	52.374
4.250	46.198	47.848	49.498	51.148	52.799
4.300	46.569	48.233	49.896	51.560	53.223
4.350	46.941	48.618	50.295	51.971	53.648
4.400	47.313	49.003	50.693	52.383	54.073
4.450	47.684	49.388	51.091	52.795	54.498
4.500	**48.056**	49.773	51.490	53.206	**54.923**
4.550	48.411	50.140	51.870	53.599	55.329
4.600	48.766	50.508	52.250	53.992	55.734
4.650	49.121	50.875	52.630	54.385	56.140
4.700	49.476	51.243	53.010	54.778	56.545
4.750	49.831	51.611	53.391	55.171	56.951
4.800	50.185	51.978	53.771	55.563	57.356
4.850	50.540	52.346	54.151	55.956	57.762
4.900	50.895	52.713	54.531	56.349	58.167
4.950	51.250	53.081	54.911	56.742	58.573

Honorartafel zu § 45 b Abs. 1 – Landschaftspläne, Honorarzone III

Fläche ha	Von- satz Euro	Viertel- satz Euro	Mittel- satz Euro	Drei- viertel- satz Euro	Bis- satz Euro
5.000	**51.605**	53.448	55.292	57.135	**58.978**
5.050	51.942	53.797	55.652	57.508	59.363
5.100	52.279	54.146	56.013	57.881	59.748
5.150	52.616	54.495	56.374	58.254	60.133
5.200	52.953	54.844	56.735	58.627	60.518
5.250	53.290	55.193	57.096	59.000	60.903
5.300	53.626	55.542	57.457	59.373	61.288
5.350	53.963	55.891	57.818	59.746	61.673
5.400	54.300	56.240	58.179	60.119	62.058
5.450	54.637	56.589	58.540	60.492	62.443
5.500	**54.974**	56.938	58.901	60.865	**62.828**
5.550	55.295	57.270	59.245	61.220	63.195
5.600	55.615	57.602	59.588	61.575	63.561
5.650	55.936	57.934	59.932	61.930	63.928
5.700	56.256	58.266	60.275	62.285	64.294
5.750	56.577	58.598	60.619	62.640	64.661
5.800	56.898	58.930	60.963	62.995	65.028
5.850	57.218	59.262	61.306	63.350	65.394
5.900	57.539	59.594	61.650	63.705	65.761
5.950	57.859	59.926	61.993	64.060	66.127
6.000	**58.180**	60.259	62.337	64.416	**66.494**
6.050	58.484	60.573	62.662	64.752	66.841
6.100	58.787	60.888	62.988	65.088	67.188
6.150	59.091	61.202	63.313	65.424	67.535
6.200	59.395	61.517	63.639	65.761	67.882
6.250	59.699	61.831	63.964	66.097	68.230
6.300	60.002	62.146	64.289	66.433	68.577
6.350	60.306	62.460	64.615	66.769	68.924
6.400	60.610	62.775	64.940	67.106	69.271
6.450	60.913	63.089	65.266	67.442	69.618
6.500	**61.217**	63.404	65.591	67.778	**69.965**
6.550	61.503	63.700	65.898	68.095	70.292
6.600	61.790	63.997	66.204	68.411	70.618
6.650	62.076	64.293	66.511	68.728	70.945
6.700	62.362	64.590	66.817	69.044	71.272
6.750	62.649	64.886	67.124	69.361	71.599
6.800	62.935	65.182	67.430	69.678	71.925
6.850	63.221	65.479	67.737	69.994	72.252
6.900	63.507	65.775	68.043	70.311	72.579
6.950	63.794	66.072	68.350	70.627	72.905
7.000	**64.080**	66.368	68.656	70.944	**73.232**
7.050	64.355	66.652	68.950	71.248	73.546
7.100	64.629	66.937	69.245	71.552	73.860
7.150	64.904	67.221	69.539	71.856	74.174
7.200	65.178	67.506	69.833	72.161	74.488
7.250	65.453	67.790	70.128	72.465	74.802
7.300	65.728	68.075	70.422	72.769	75.116
7.350	66.002	68.359	70.716	73.073	75.430
7.400	66.277	68.644	71.010	73.377	75.744
7.450	66.551	68.928	71.305	73.681	76.058

Honorartafel zu § 45 b Abs. 1 – Landschaftspläne, Honorarzone III

Fläche ha	Von- satz Euro	Viertel- satz Euro	Mittel- satz Euro	Drei- viertel- satz Euro	Bis- satz Euro
7.500	**66.826**	69.213	71.599	73.986	**76.372**
7.550	67.089	69.485	71.881	74.277	76.673
7.600	67.352	69.757	72.162	74.568	76.973
7.650	67.614	70.029	72.444	74.859	77.274
7.700	67.877	70.302	72.726	75.150	77.574
7.750	68.140	70.574	73.008	75.441	77.875
7.800	68.403	70.846	73.289	75.732	78.176
7.850	68.666	71.118	73.571	76.024	78.476
7.900	68.928	71.391	73.853	76.315	78.777
7.950	69.191	71.663	74.134	76.606	79.077
8.000	**69.454**	71.935	74.416	76.897	**79.378**
8.050	69.706	72.196	74.686	77.176	79.666
8.100	69.958	72.457	74.956	77.455	79.954
8.150	70.210	72.718	75.226	77.734	80.242
8.200	70.462	72.979	75.496	78.013	80.530
8.250	70.715	73.240	75.766	78.292	80.818
8.300	70.967	73.501	76.036	78.571	81.105
8.350	71.219	73.762	76.306	78.850	81.393
8.400	71.471	74.023	76.576	79.129	81.681
8.450	71.723	74.284	76.846	79.408	81.969
8.500	**71.975**	74.546	77.116	79.687	**82.257**
8.550	72.215	74.794	77.373	79.952	82.531
8.600	72.455	75.042	77.630	80.217	82.805
8.650	72.694	75.291	77.887	80.483	83.079
8.700	72.934	75.539	78.144	80.748	83.353
8.750	73.174	75.787	78.401	81.014	83.627
8.800	73.414	76.036	78.657	81.279	83.901
8.850	73.654	76.284	78.914	81.545	84.175
8.900	73.893	76.532	79.171	81.810	84.449
8.950	74.133	76.781	79.428	82.076	84.723
9.000	**74.373**	77.029	79.685	82.341	**84.997**
9.050	74.602	77.266	79.930	82.595	85.259
9.100	74.831	77.503	80.176	82.848	85.521
9.150	75.060	77.741	80.421	83.102	85.782
9.200	75.289	77.978	80.667	83.355	86.044
9.250	75.518	78.215	80.912	83.609	86.306
9.300	75.747	78.452	81.157	83.863	86.568
9.350	75.976	78.689	81.403	84.116	86.830
9.400	76.205	78.927	81.648	84.370	87.091
9.450	76.434	79.164	81.894	84.623	87.353
9.500	**76.663**	79.401	82.139	84.877	**87.615**
9.550	76.880	79.626	82.372	85.118	87.864
9.600	77.098	79.851	82.605	85.358	88.112
9.650	77.315	80.076	82.838	85.599	88.361
9.700	77.532	80.301	83.071	85.840	88.609
9.750	77.750	80.527	83.304	86.081	88.858
9.800	77.967	80.752	83.536	86.321	89.106
9.850	78.184	80.977	83.769	86.562	89.355
9.900	78.401	81.202	84.002	86.803	89.603
9.950	78.619	81.427	84.235	87.043	89.852

Honorartafel zu § 45 b Abs. 1 – Landschaftspläne, Honorarzone III

Fläche ha	Von- satz Euro	Viertel- satz Euro	Mittel- satz Euro	Drei- viertel- satz Euro	Bis- satz Euro
10.000	**78.836**	81.652	84.468	87.284	**90.100**
10.100	79.248	82.079	84.910	87.740	90.571
10.200	79.660	82.506	85.351	88.196	91.042
10.300	80.072	82.932	85.793	88.653	91.513
10.400	80.484	83.359	86.234	89.109	91.984
10.500	80.897	83.786	86.676	89.565	92.455
10.600	81.309	84.213	87.117	90.021	92.925
10.700	81.721	84.640	87.559	90.477	93.396
10.800	82.133	85.066	88.000	90.934	93.867
10.900	82.545	85.493	88.442	91.390	94.338
11.000	**82.957**	85.920	88.883	91.846	**94.809**
11.100	83.358	86.335	89.312	92.289	95.267
11.200	83.759	86.750	89.742	92.733	95.724
11.300	84.160	87.165	90.171	93.176	96.182
11.400	84.561	87.580	90.600	93.620	96.639
11.500	84.962	87.995	91.029	94.063	97.097
11.600	85.362	88.410	91.459	94.507	97.555
11.700	85.763	88.826	91.888	94.950	98.012
11.800	86.164	89.241	92.317	95.393	98.470
11.900	86.565	89.656	92.746	95.837	98.927
12.000	**86.966**	90.071	93.176	96.280	**99.385**
12.100	87.355	90.473	93.592	96.711	99.830
12.200	87.743	90.876	94.009	97.142	100.275
12.300	88.132	91.278	94.425	97.572	100.719
12.400	88.520	91.681	94.842	98.003	101.164
12.500	88.909	92.084	95.259	98.434	101.609
12.600	89.297	92.486	95.675	98.865	102.054
12.700	89.686	92.889	96.092	99.295	102.499
12.800	90.074	93.291	96.509	99.726	102.943
12.900	90.463	93.694	96.925	100.157	103.388
13.000	**90.851**	94.097	97.342	100.588	**103.833**
13.100	91.229	94.488	97.747	101.006	104.265
13.200	91.607	94.879	98.151	101.424	104.696
13.300	91.985	95.270	98.556	101.842	105.128
13.400	92.363	95.662	98.961	102.260	105.559
13.500	92.741	96.053	99.366	102.678	105.991
13.600	93.118	96.444	99.770	103.096	106.422
13.700	93.496	96.836	100.175	103.514	106.854
13.800	93.874	97.227	100.580	103.932	107.285
13.900	94.252	97.618	100.984	104.350	107.717
14.000	**94.630**	98.010	101.389	104.769	**108.148**
14.200	95.362	98.768	102.173	105.579	108.985
14.400	96.094	99.526	102.958	106.390	109.821
14.600	96.827	100.284	103.742	107.200	110.658
14.800	97.559	101.043	104.527	108.011	111.494
15.000	**98.291**	101.801	105.311	108.821	**112.331**

Honorartafel zu § 46a Abs. 1 – Grünordnungspläne

Ansätze VE	Normalstufe		Schwierigkeitsstufe	
	von Euro	bis Euro	von Euro	bis Euro
1.500	**1.723**	2.153	2.153	**2.582**
1.850	2.125	2.656	2.656	3.185
2.200	2.527	3.158	3.158	3.789
2.550	2.929	3.661	3.661	4.392
2.900	3.331	4.163	4.163	4.995
3.250	3.733	4.666	4.666	5.599
3.600	4.134	5.169	5.169	6.202
3.950	4.536	5.671	5.671	6.805
4.300	4.938	6.174	6.174	7.408
4.650	5.340	6.676	6.676	8.012
5.000	**5.742**	7.179	7.179	**8.615**
5.500	6.121	7.653	7.653	9.184
6.000	6.500	8.127	8.127	9.752
6.500	6.878	8.601	8.601	10.321
7.000	7.257	9.075	9.075	10.889
7.500	7.636	9.549	9.549	11.458
8.000	8.015	10.022	10.022	12.027
8.500	8.394	10.496	10.496	12.595
9.000	8.772	10.970	10.970	13.164
9.500	9.151	11.444	11.444	13.732
10.000	**9.530**	11.918	11.918	**14.301**
11.000	10.162	12.708	12.708	15.248
12.000	10.794	13.497	13.497	16.195
13.000	11.426	14.287	14.287	17.142
14.000	12.058	15.076	15.076	18.089
15.000	12.690	15.866	15.866	19.036
16.000	13.322	16.655	16.655	19.982
17.000	13.954	17.445	17.445	20.929
18.000	14.586	18.234	18.234	21.876
19.000	15.218	19.024	19.024	22.823
20.000	**15.850**	19.813	19.813	**23.770**
22.000	16.837	21.047	21.047	25.251
24.000	17.825	22.281	22.281	26.732
26.000	18.812	23.516	23.516	28.214
28.000	19.799	24.750	24.750	29.695
30.000	20.787	25.984	25.984	31.176
32.000	21.774	27.218	27.218	32.657
34.000	22.761	28.452	28.452	34.138
36.000	23.748	29.687	29.687	35.620
38.000	24.736	30.921	30.921	37.101
40.000	**25.723**	32.155	32.155	**38.582**
42.000	26.389	32.987	32.987	39.581
44.000	27.054	33.820	33.820	40.580
46.000	27.720	34.652	34.652	41.579
48.000	28.386	35.485	35.485	42.578
50.000	29.052	36.317	36.317	43.578
52.000	29.717	37.149	37.149	44.577
54.000	30.383	37.982	37.982	45.576
56.000	31.049	38.814	38.814	46.575
58.000	31.714	39.647	39.647	47.574

Honorartafel zu § 46a Abs. 1 – Grünordnungspläne

Ansätze VE	Normalstufe		Schwierigkeitsstufe	
	von Euro	bis Euro	von Euro	bis Euro
60.000	**32.380**	40.479	40.479	**48.573**
62.000	33.000	41.254	41.254	49.504
64.000	33.620	42.029	42.029	50.434
66.000	34.241	42.804	42.804	51.365
68.000	34.861	43.579	43.579	52.295
70.000	35.481	44.355	44.355	53.226
2.000	36.101	45.130	45.130	54.156
74.000	36.721	45.905	45.905	55.087
76.000	37.342	46.680	46.680	56.017
78.000	37.962	47.455	47.455	56.948
80.000	**38.582**	48.230	48.230	**57.878**
82.000	39.088	48.862	48.862	58.636
84.000	39.593	49.494	49.494	59.394
86.000	40.099	50.126	50.126	60.151
88.000	40.605	50.758	50.758	60.909
90.000	41.111	51.390	51.390	61.667
92.000	41.616	52.022	52.022	62.425
94.000	42.122	52.654	52.654	63.183
96.000	42.628	53.286	53.286	63.940
98.000	43.133	53.918	53.918	64.698
100.000	**43.639**	54.550	54.550	**65.456**
105.000	45.304	56.631	56.631	67.954
110.000	46.970	58.713	58.713	70.451
115.000	48.635	60.794	60.794	72.949
120.000	50.300	62.876	62.876	75.446
125.000	51.966	64.957	64.957	77.944
130.000	53.631	67.038	67.038	80.442
135.000	55.296	69.120	69.120	82.939
140.000	56.961	71.201	71.201	85.437
145.000	58.627	73.283	73.283	87.934
150.000	**60.292**	75.364	75.364	**90.432**
155.000	61.842	77.301	77.301	92.757
160.000	63.391	79.239	79.239	95.083
165.000	64.941	81.176	81.176	97.408
170.000	66.491	83.113	83.113	99.734
175.000	68.041	85.051	85.051	102.059
180.000	69.590	86.988	86.988	104.384
185.000	71.140	88.925	88.925	106.710
190.000	72.690	90.862	90.862	109.035
195.000	74.239	92.800	92.800	111.361
200.000	**75.789**	94.737	94.737	**113.686**
205.000	77.397	96.747	96.747	116.097
210.000	79.005	98.757	98.757	118.508
215.000	80.613	100.767	100.767	120.920
220.000	82.221	102.777	102.777	123.331
225.000	83.829	104.787	104.787	125.742
230.000	85.437	106.796	106.796	128.153
235.000	87.045	108.806	108.806	130.564
240.000	88.653	110.816	110.816	132.976
245.000	90.261	112.826	112.826	135.387

Ansätze VE	Normalstufe		Schwierigkeitsstufe	
	von Euro	bis Euro	von Euro	bis Euro
250.000	**91.869**	114.836	114.836	**137.798**
255.000	93.362	116.702	116.702	140.038
260.000	94.854	118.568	118.568	142.278
265.000	96.347	120.435	120.435	144.518
270.000	97.839	122.301	122.301	146.758
275.000	99.332	124.167	124.167	148.998
280.000	100.824	126.033	126.033	151.238
285.000	102.317	127.899	127.899	153.478
290.000	103.809	129.766	129.766	155.718
295.000	105.302	131.632	131.632	157.958
300.000	**106.794**	133.498	133.498	**160.198**
305.000	108.172	135.220	135.220	162.265
310.000	109.550	136.942	136.942	164.331
315.000	110.928	138.664	138.664	166.398
320.000	112.306	140.386	140.386	168.464
325.000	113.684	142.109	142.109	170.531
330.000	115.061	143.831	143.831	172.598
335.000	116.439	145.553	145.553	174.664
340.000	117.817	147.275	147.275	176.731
345.000	119.195	148.997	148.997	178.797
350.000	**120.573**	150.719	150.719	**180.864**
355.000	121.836	152.298	152.298	182.759
360.000	123.100	153.878	153.878	184.654
365.000	124.363	155.457	155.457	186.549
370.000	125.627	157.036	157.036	188.444
375.000	126.890	158.616	158.616	190.339
380.000	128.153	160.195	160.195	192.233
385.000	129.417	161.774	161.774	194.128
390.000	130.680	163.353	163.353	196.023
395.000	131.944	164.933	164.933	197.918
400.000	**133.207**	166.512	166.512	**199.813**
405.000	134.355	167.947	167.947	201.535
410.000	135.504	169.382	169.382	203.257
415.000	136.652	170.818	170.818	204.979
420.000	137.800	172.253	172.253	206.701
425.000	138.949	173.688	173.688	208.423
430.000	140.097	175.123	175.123	210.145
435.000	141.245	176.558	176.558	211.867
440.000	142.393	177.994	177.994	213.589
445.000	143.542	179.429	179.429	215.311
450.000	**144.690**	180.864	180.864	**217.033**
455.000	145.723	182.156	182.156	218.584
460.000	146.757	183.448	183.448	220.135
465.000	147.790	184.740	184.740	221.685
470.000	148.824	186.032	186.032	223.236
475.000	149.857	187.325	187.325	224.787
480.000	150.890	188.617	188.617	226.338
485.000	151.924	189.909	189.909	227.889
490.000	152.957	191.201	191.201	229.439
495.000	153.991	192.493	192.493	230.990

Honorartafel zu § 46a Abs. 1 – Grünordnungspläne

Ansätze	Normalstufe		Schwierigkeitsstufe	
VE	von Euro	bis Euro	von Euro	bis Euro
500.000	**155.024**	193.785	193.785	**232.541**
510.000	157.091	196.369	196.369	235.641
520.000	159.158	198.952	198.952	238.742
530.000	161.225	201.536	201.536	241.842
540.000	163.292	204.119	204.119	244.943
550.000	165.360	206.703	206.703	248.043
560.000	167.427	209.286	209.286	251.143
570.000	169.494	211.870	211.870	254.244
580.000	171.561	214.453	214.453	257.344
590.000	173.628	217.037	217.037	260.445
600.000	**175.695**	219.620	219.620	**263.545**
610.000	177.820	222.276	222.276	266.731
620.000	179.945	224.931	224.931	269.918
630.000	182.070	227.587	227.587	273.104
640.000	184.195	230.243	230.243	276.291
650.000	186.320	232.899	232.899	279.477
660.000	188.445	235.554	235.554	282.663
670.000	190.570	238.210	238.210	285.850
680.000	192.695	240.866	240.866	289.036
690.000	194.820	243.521	243.521	292.223
700.000	**196.945**	246.177	246.177	**295.409**
710.000	199.298	249.120	249.120	298.940
720.000	201.652	252.062	252.062	302.471
730.000	204.005	255.005	255.005	306.002
740.000	206.359	257.947	257.947	309.533
750.000	208.712	260.890	260.890	313.064
760.000	211.065	263.832	263.832	316.595
770.000	213.419	266.775	266.775	320.126
780.000	215.772	269.717	269.717	323.657
790.000	218.126	272.660	272.660	327.188
800.000	**220.479**	275.602	275.602	**330.719**
810.000	222.719	278.401	278.401	334.078
820.000	224.958	281.201	281.201	337.437
830.000	227.198	284.000	284.000	340.797
840.000	229.437	286.799	286.799	344.156
850.000	231.677	289.599	289.599	347.515
860.000	233.916	292.398	292.398	350.874
870.000	236.156	295.197	295.197	354.233
880.000	238.395	297.996	297.996	357.593
890.000	240.635	300.796	300.796	360.952
900.000	**242.874**	303.595	303.595	**364.311**
910.000	244.998	306.250	306.250	367.497
920.000	247.123	308.905	308.905	370.684
930.000	249.247	311.560	311.560	373.870
940.000	251.372	314.215	314.215	377.057
950.000	253.496	316.871	316.871	380.243
960.000	255.620	319.526	319.526	383.429
970.000	257.745	322.181	322.181	386.616
980.000	259.869	324.836	324.836	389.802
990.000	261.994	327.491	327.491	392.989
1.000.000	**264.118**	330.146	330.146	**396.175**

Fläche ha	Normalstufe von Euro	bis Euro	Schwierigkeitsstufe von Euro	bis Euro
5.000	**29.456**	36.818	36.818	**44.181**
5.100	29.897	37.369	37.369	44.843
5.200	30.337	37.920	37.920	45.504
5.300	30.778	38.472	38.472	46.166
5.400	31.219	39.023	39.023	46.827
5.500	31.660	39.574	39.574	47.489
5.600	32.100	40.125	40.125	48.151
5.700	32.541	40.676	40.676	48.812
5.800	32.982	41.228	41.228	49.474
5.900	33.422	41.779	41.779	50.135
6.000	**33.863**	42.330	42.330	**50.797**
6.100	34.279	42.850	42.850	51.420
6.200	34.694	43.369	43.369	52.043
6.300	35.110	43.889	43.889	52.667
6.400	35.526	44.408	44.408	53.290
6.500	35.942	44.928	44.928	53.913
6.600	36.357	45.447	45.447	54.536
6.700	36.773	45.967	45.967	55.159
6.800	37.189	46.486	46.486	55.783
6.900	37.604	47.006	47.006	56.406
7.000	**38.020**	47.525	47.525	**57.029**
7.100	38.412	48.015	48.015	57.617
7.200	38.803	48.505	48.505	58.204
7.300	39.195	48.994	48.994	58.792
7.400	39.586	49.484	49.484	59.379
7.500	39.978	49.974	49.974	59.967
7.600	40.370	50.464	50.464	60.554
7.700	40.761	50.954	50.954	61.142
7.800	41.153	51.443	51.443	61.729
7.900	41.544	51.933	51.933	62.317
8.000	**41.936**	52.423	52.423	**62.904**
8.100	42.290	52.865	52.865	63.435
8.200	42.644	53.307	53.307	63.965
8.300	42.997	53.750	53.750	64.496
8.400	43.351	54.192	54.192	65.027
8.500	43.705	54.634	54.634	65.558
8.600	44.059	55.076	55.076	66.088
8.700	44.413	55.518	55.518	66.619
8.800	44.766	55.961	55.961	67.150
8.900	45.120	56.403	56.403	67.680
9.000	**45.474**	56.845	56.845	**68.211**
9.100	45.793	57.243	57.243	68.690
9.200	46.111	57.642	57.642	69.168
9.300	46.430	58.040	58.040	69.647
9.400	46.748	58.438	58.438	70.125
9.500	47.067	58.837	58.837	70.604
9.600	47.386	59.235	59.235	71.083
9.700	47.704	59.633	59.633	71.561
9.800	48.023	60.031	60.031	72.040
9.900	48.341	60.430	60.430	72.518

Honorartafel zu § 47a Abs. 1 – Landschaftsrahmenpläne

Fläche ha	Normalstufe		Schwierigkeitsstufe	
	von Euro	bis Euro	von Euro	bis Euro
10.000	**48.660**	60.828	60.828	**72.997**
10.200	49.249	61.564	61.564	73.879
10.400	49.838	62.300	62.300	74.761
10.600	50.427	63.035	63.035	75.643
10.800	51.016	63.771	63.771	76.525
11.000	51.605	64.507	64.507	77.407
11.200	52.194	65.243	65.243	78.289
11.400	52.783	65.979	65.979	79.171
11.600	53.372	66.714	66.714	80.053
11.800	53.961	67.450	67.450	80.935
12.000	**54.550**	68.186	68.186	**81.817**
12.200	55.067	68.833	68.833	82.594
12.400	55.585	69.481	69.481	83.371
12.600	56.102	70.128	70.128	84.149
12.800	56.620	70.775	70.775	84.926
13.000	57.137	71.423	71.423	85.703
13.200	57.654	72.070	72.070	86.480
13.400	58.172	72.717	72.717	87.257
13.600	58.689	73.364	73.364	88.035
13.800	59.207	74.012	74.012	88.812
14.000	**59.724**	74.659	74.659	**89.589**
14.200	60.219	75.278	75.278	90.331
14.400	60.714	75.896	75.896	91.074
14.600	61.209	76.515	76.515	91.816
14.800	61.704	77.133	77.133	92.559
15.000	62.199	77.752	77.752	93.301
15.200	62.693	78.371	78.371	94.043
15.400	63.188	78.989	78.989	94.786
15.600	63.683	79.608	79.608	95.528
15.800	64.178	80.226	80.226	96.271
16.000	**64.673**	80.845	80.845	**97.013**
16.200	65.130	81.416	81.416	97.699
16.400	65.587	81.987	81.987	98.384
16.600	66.044	82.559	82.559	99.070
16.800	66.501	83.130	83.130	99.755
17.000	66.959	83.701	83.701	100.441
17.200	67.416	84.272	84.272	101.127
17.400	67.873	84.843	84.843	101.812
17.600	68.330	85.415	85.415	102.498
17.800	68.787	85.986	85.986	103.183
18.000	**69.244**	86.557	86.557	**103.869**
18.200	69.732	87.167	87.167	104.601
18.400	70.220	87.777	87.777	105.332
18.600	70.707	88.387	88.387	106.064
18.800	71.195	88.997	88.997	106.796
19.000	71.683	89.607	89.607	107.528
19.200	72.171	90.216	90.216	108.259
19.400	72.659	90.826	90.826	108.991
19.600	73.146	91.436	91.436	109.723
19.800	73.634	92.046	92.046	110.454

Honorartafel zu § 47a Abs. 1 – Landschaftsrahmenpläne

| Fläche | Normalstufe | | Schwierigkeitsstufe | |
ha	von Euro	bis Euro	von Euro	bis Euro
20.000	**74.122**	92.656	92.656	**111.186**
20.500	75.337	94.175	94.175	113.008
21.000	76.552	95.693	95.693	114.830
21.500	77.766	97.212	97.212	116.653
22.000	78.981	98.730	98.730	118.475
22.500	80.196	100.249	100.249	120.297
23.000	81.411	101.768	101.768	122.119
23.500	82.626	103.286	103.286	123.941
24.000	83.840	104.805	104.805	125.764
24.500	85.055	106.323	106.323	127.586
25.000	**86.270**	107.842	107.842	**129.408**
25.500	87.289	109.116	109.116	130.936
26.000	88.308	110.389	110.389	132.464
26.500	89.327	111.663	111.663	133.993
27.000	90.346	112.936	112.936	135.521
27.500	91.365	114.210	114.210	137.049
28.000	92.384	115.484	115.484	138.577
28.500	93.403	116.757	116.757	140.105
29.000	94.422	118.031	118.031	141.634
29.500	95.441	119.304	119.304	143.162
30.000	**96.460**	120.578	120.578	**144.690**
30.500	97.324	121.658	121.658	145.987
31.000	98.188	122.739	122.739	147.283
31.500	99.052	123.819	123.819	148.580
32.000	99.916	124.900	124.900	149.877
32.500	100.781	125.980	125.980	151.174
33.000	101.645	127.060	127.060	152.470
33.500	102.509	128.141	128.141	153.767
34.000	103.373	129.221	129.221	155.064
34.500	104.237	130.302	130.302	156.360
35.000	**105.101**	131.382	131.382	**157.657**
35.500	105.844	132.311	132.311	158.772
36.000	106.588	133.240	133.240	159.886
36.500	107.331	134.169	134.169	161.001
37.000	108.075	135.098	135.098	162.115
37.500	108.818	136.027	136.027	163.230
38.000	109.561	136.956	136.956	164.345
38.500	110.305	137.885	137.885	165.459
39.000	111.048	138.814	138.814	166.574
39.500	111.792	139.743	139.743	167.688
40.000	**112.535**	140.672	140.672	**168.803**
40.500	113.138	141.426	141.426	169.708
41.000	113.741	142.179	142.179	170.612
41.500	114.343	142.933	142.933	171.517
42.000	114.946	143.686	143.686	172.421
42.500	115.549	144.440	144.440	173.326
43.000	116.152	145.194	145.194	174.230
43.500	116.755	145.947	145.947	175.135
44.000	117.357	146.701	146.701	176.039
44.500	117.960	147.454	147.454	176.944

Honorartafel zu § 47a Abs. 1 – Landschaftsrahmenpläne

| Fläche | Normalstufe | | Schwierigkeitsstufe | |
ha	von Euro	bis Euro	von Euro	bis Euro
45.000	**118.563**	148.208	148.208	**177.848**
45.500	119.252	149.070	149.070	178.882
46.000	119.942	149.931	149.931	179.916
46.500	120.631	150.793	150.793	180.949
47.000	121.320	151.654	151.654	181.983
47.500	122.010	152.516	152.516	183.017
48.000	122.699	153.377	153.377	184.051
48.500	123.388	154.239	154.239	185.085
49.000	124.077	155.100	155.100	186.118
49.500	124.767	155.962	155.962	187.152
50.000	**125.456**	156.823	156.823	**188.186**
51.000	126.719	158.401	158.401	190.080
52.000	127.982	159.980	159.980	191.975
53.000	129.245	161.558	161.558	193.869
54.000	130.508	163.137	163.137	195.763
55.000	131.771	164.715	164.715	197.658
56.000	133.033	166.293	166.293	199.552
57.000	134.296	167.872	167.872	201.446
58.000	135.559	169.450	169.450	203.340
59.000	136.822	171.029	171.029	205.235
60.000	**138.085**	172.607	172.607	**207.129**
61.000	139.228	174.036	174.036	208.843
62.000	140.370	175.464	175.464	210.557
63.000	141.513	176.893	176.893	212.271
64.000	142.656	178.321	178.321	213.985
65.000	143.799	179.750	179.750	215.699
66.000	144.941	181.179	181.179	217.412
67.000	146.084	182.607	182.607	219.126
68.000	147.227	184.036	184.036	220.840
69.000	148.369	185.464	185.464	222.554
70.000	**149.512**	186.893	186.893	**224.268**
72.000	151.304	189.132	189.132	226.955
74.000	153.095	191.372	191.372	229.643
76.000	154.887	193.611	193.611	232.330
78.000	156.678	195.851	195.851	235.018
80.000	**158.470**	198.090	198.090	**237.705**
82.000	160.262	200.329	200.329	240.392
84.000	162.053	202.569	202.569	243.079
86.000	163.845	204.808	204.808	245.767
88.000	165.636	207.048	207.048	248.454
90.000	**167.428**	209.287	209.287	**251.141**
92.000	169.312	211.641	211.641	253.965
94.000	171.195	213.995	213.995	256.790
96.000	173.079	216.349	216.349	259.614
98.000	174.962	218.703	218.703	262.439
100.000	**176.846**	221.057	221.057	**265.263**

Honorartafel zu § 48 b Abs. 1 – Umweltverträglichkeitsstudien, Honorarzone I

Fläche ha	Von-satz Euro	Viertel-satz Euro	Mittel-satz Euro	Drei-viertel-satz Euro	Bis-satz Euro
50	**6.892**	7.273	7.654	8.035	**8.416**
55	7.122	7.515	7.909	8.303	8.696
60	7.351	7.758	8.164	8.570	8.976
65	7.581	8.000	8.419	8.838	9.257
70	7.810	8.242	8.674	9.105	9.537
75	8.040	8.484	8.929	9.373	9.817
80	8.270	8.727	9.183	9.640	10.097
85	8.499	8.969	9.438	9.908	10.377
90	8.729	9.211	9.693	10.175	10.658
95	8.958	9.453	9.948	10.443	10.938
100	**9.188**	9.696	10.203	10.711	**11.218**
115	9.762	10.307	10.852	11.397	11.942
130	10.336	10.919	11.501	12.083	12.665
145	10.911	11.530	12.150	12.769	13.389
160	11.485	12.142	12.798	13.455	14.112
175	12.059	12.753	13.447	14.141	14.836
190	12.633	13.365	14.096	14.828	15.559
205	13.207	13.976	14.745	15.514	16.283
220	13.782	14.588	15.394	16.200	17.006
235	14.356	15.199	16.043	16.886	17.730
250	**14.930**	15.811	16.692	17.572	**18.453**
275	15.748	16.686	17.624	18.562	19.500
300	16.566	17.561	18.556	19.551	20.546
325	17.384	18.436	19.488	20.541	21.593
350	18.202	19.311	20.421	21.530	22.639
375	19.020	20.187	21.353	22.520	23.686
400	19.838	21.062	22.285	23.509	24.733
425	20.656	21.937	23.218	24.498	25.779
450	21.474	22.812	24.150	25.488	26.826
475	22.292	23.687	25.082	26.477	27.872
500	**23.110**	24.562	26.015	27.467	**28.919**
525	23.821	25.326	26.831	28.336	29.841
550	24.531	26.089	27.648	29.206	30.764
575	25.242	26.853	28.464	30.075	31.686
600	25.953	27.617	29.281	30.944	32.608
625	26.664	28.380	30.097	31.814	33.531
650	27.374	29.144	30.914	32.683	34.453
675	28.085	29.907	31.730	33.553	35.375
700	28.796	30.671	32.547	34.422	36.297
725	29.506	31.435	33.363	35.291	37.220
750	**30.217**	32.198	34.180	36.161	**38.142**
775	30.870	32.903	34.936	36.969	39.002
800	31.523	33.608	35.692	37.777	39.861
825	32.176	34.312	36.448	38.584	40.721
850	32.829	35.017	37.205	39.392	41.580
875	33.482	35.721	37.961	40.200	42.440
900	34.135	36.426	38.717	41.008	43.299
925	34.788	37.131	39.473	41.816	44.159
950	35.441	37.835	40.230	42.624	45.018
975	36.094	38.540	40.986	43.432	45.878

Honorartafel zu § 48 b Abs. 1 – Umweltverträglichkeitsstudien, Honorarzone I

Fläche ha	Von- satz Euro	Viertel- satz Euro	Mittel- satz Euro	Drei- viertel- satz Euro	Bis- satz Euro
1.000	**36.747**	39.245	41.742	44.240	**46.737**
1.025	37.343	39.886	42.430	44.974	47.518
1.050	37.938	40.528	43.118	45.709	48.299
1.075	38.534	41.170	43.807	46.443	49.079
1.100	39.129	41.812	44.495	47.178	49.860
1.125	39.725	42.454	45.183	47.912	50.641
1.150	40.321	43.096	45.871	48.647	51.422
1.175	40.916	43.738	46.559	49.381	52.203
1.200	41.512	44.380	47.248	50.116	52.983
1.225	42.107	45.022	47.936	50.850	53.764
1.250	**42.703**	45.664	48.624	51.585	**54.545**
1.275	43.256	46.265	49.274	52.282	55.291
1.300	43.808	46.866	49.923	52.980	56.038
1.325	44.361	47.467	50.573	53.678	56.784
1.350	44.914	48.068	51.222	54.376	57.531
1.375	45.467	48.669	51.872	55.074	58.277
1.400	46.019	49.270	52.521	55.772	59.023
1.425	46.572	49.871	53.171	56.470	59.770
1.450	47.125	50.473	53.820	57.168	60.516
1.475	47.677	51.074	54.470	57.866	61.263
1.500	**48.230**	51.675	55.120	58.564	**62.009**
1.525	48.833	52.318	55.804	59.289	62.775
1.550	49.436	52.962	56.488	60.015	63.541
1.575	50.038	53.606	57.173	60.740	64.307
1.600	50.641	54.249	57.857	61.465	65.073
1.625	51.244	54.893	58.542	62.190	65.839
1.650	51.847	55.536	59.226	62.915	66.605
1.675	52.450	56.180	59.910	63.641	67.371
1.700	53.052	56.824	60.595	64.366	68.137
1.725	53.655	57.467	61.279	65.091	68.903
1.750	**54.258**	58.111	61.964	65.816	**69.669**
1.775	54.804	58.692	62.581	66.469	70.358
1.800	55.349	59.274	63.198	67.122	71.046
1.825	55.895	59.855	63.815	67.775	71.735
1.850	56.440	60.436	64.432	68.428	72.424
1.875	56.986	61.018	65.049	69.081	73.113
1.900	57.532	61.599	65.666	69.734	73.801
1.925	58.077	62.180	66.284	70.387	74.490
1.950	58.623	62.762	66.901	71.040	75.179
1.975	59.168	63.343	67.518	71.693	75.867
2.000	**59.714**	63.925	68.135	72.346	**76.556**
2.050	60.704	64.984	69.264	73.544	77.824
2.100	61.695	66.044	70.393	74.743	79.092
2.150	62.685	67.104	71.523	75.941	80.360
2.200	63.676	68.164	72.652	77.140	81.628
2.250	64.666	69.224	73.781	78.339	82.896
2.300	65.656	70.283	74.910	79.537	84.164
2.350	66.647	71.343	76.039	80.736	85.432
2.400	67.637	72.403	77.169	81.934	86.700
2.450	68.628	73.463	78.298	83.133	87.968

Honorartafel zu § 48 b Abs. 1 – Umweltverträglichkeitsstudien, Honorarzone I

Fläche ha	Von- satz Euro	Viertel- satz Euro	Mittel- satz Euro	Drei- viertel- satz Euro	Bis- satz Euro
2.500	**69.618**	74.523	79.427	84.332	**89.236**
2.550	70.580	75.532	80.484	85.437	90.389
2.600	71.541	76.542	81.542	86.542	91.542
2.650	72.503	77.551	82.599	87.647	92.695
2.700	73.465	78.561	83.656	88.752	93.848
2.750	74.427	79.570	84.714	89.857	95.001
2.800	75.388	80.580	85.771	90.962	96.153
2.850	76.350	81.589	86.828	92.067	97.306
2.900	77.312	82.599	87.885	93.172	98.459
2.950	78.273	83.608	88.943	94.277	99.612
3.000	**79.235**	84.618	90.000	95.383	**100.765**
3.050	80.053	85.483	90.914	96.344	101.774
3.100	80.871	86.349	91.827	97.306	102.784
3.150	81.689	87.215	92.741	98.267	103.793
3.200	82.507	88.081	93.655	99.229	104.802
3.250	83.326	88.947	94.569	100.190	105.812
3.300	84.144	89.813	95.482	101.152	106.821
3.350	84.962	90.679	96.396	102.113	107.830
3.400	85.780	91.545	97.310	103.075	108.839
3.450	86.598	92.411	98.223	104.036	109.849
3.500	**87.416**	93.277	99.137	104.998	**110.858**
3.550	88.205	94.102	99.998	105.895	111.791
3.600	88.995	94.927	100.860	106.792	112.724
3.650	89.784	95.752	101.721	107.689	113.657
3.700	90.574	96.578	102.582	108.586	114.590
3.750	91.363	97.403	103.443	109.483	115.524
3.800	92.152	98.228	104.305	110.381	116.457
3.850	92.942	99.054	105.166	111.278	117.390
3.900	93.731	99.879	106.027	112.175	118.323
3.950	94.521	100.704	106.888	113.072	119.256
4.000	**95.310**	101.530	107.750	113.969	**120.189**
4.050	95.985	102.250	108.515	114.781	121.046
4.100	96.660	102.971	109.281	115.592	121.903
4.150	97.335	103.691	110.047	116.404	122.760
4.200	98.010	104.411	110.813	117.215	123.617
4.250	98.685	105.132	111.579	118.027	124.474
4.300	99.359	105.852	112.345	118.838	125.331
4.350	100.034	106.573	113.111	119.650	126.188
4.400	100.709	107.293	113.877	120.461	127.045
4.450	101.384	108.014	114.643	121.273	127.902
4.500	**102.059**	108.734	115.409	122.084	**128.759**
4.550	102.763	109.476	116.189	122.902	129.615
4.600	103.466	110.217	116.969	123.720	130.472
4.650	104.170	110.959	117.749	124.539	131.328
4.700	104.873	111.701	118.529	125.357	132.185
4.750	105.577	112.443	119.309	126.175	133.041
4.800	106.280	113.184	120.089	126.993	133.897
4.850	106.984	113.926	120.869	127.811	134.754
4.900	107.687	114.668	121.649	128.629	135.610
4.950	108.391	115.410	122.429	129.448	136.467

§ 48b

Honorartafel zu § 48 b Abs. 1 – Umweltverträglichkeitsstudien, Honorarzone I

Fläche ha	Von- satz Euro	Viertel- satz Euro	Mittel- satz Euro	Drei- viertel- satz Euro	Bis- satz Euro
5.000	**109.094**	116.151	123.209	130.266	**137.323**
5.050	109.869	116.944	124.019	131.095	138.170
5.100	110.644	117.737	124.830	131.923	139.016
5.150	111.420	118.530	125.641	132.752	139.863
5.200	112.195	119.324	126.452	133.581	140.710
5.250	112.970	120.117	127.263	134.410	141.557
5.300	113.745	120.910	128.074	135.239	142.403
5.350	114.520	121.703	128.885	136.068	143.250
5.400	115.296	122.496	129.696	136.896	144.097
5.450	116.071	123.289	130.507	137.725	144.943
5.500	**116.846**	124.082	131.318	138.554	145.790
5.550	117.563	124.822	132.081	139.340	146.599
5.600	118.281	125.562	132.844	140.126	147.408
5.650	118.998	126.303	133.607	140.912	148.216
5.700	119.715	127.043	134.370	141.698	149.025
5.750	120.433	127.783	135.133	142.484	149.834
5.800	121.150	128.523	135.896	143.270	150.643
5.850	121.867	129.263	136.659	144.055	151.452
5.900	122.584	130.003	137.422	144.841	152.260
5.950	123.302	130.744	138.185	145.627	153.069
6.000	**124.019**	131.484	138.949	146.413	**153.878**
6.050	124.680	132.175	139.671	147.167	154.663
6.100	125.340	132.867	140.394	147.921	155.448
6.150	126.001	133.559	141.117	148.675	156.233
6.200	126.661	134.250	141.840	149.429	157.018
6.250	127.322	134.942	142.562	150.182	157.803
6.300	127.983	135.634	143.285	150.936	158.587
6.350	128.643	136.325	144.008	151.690	159.372
6.400	129.304	137.017	144.731	152.444	160.157
6.450	129.964	137.709	145.453	153.198	160.942
6.500	**130.625**	138.401	146.176	153.952	**161.727**
6.550	131.228	139.044	146.860	154.676	162.492
6.600	131.831	139.687	147.544	155.401	163.258
6.650	132.433	140.331	148.228	156.126	164.023
6.700	133.036	140.974	148.912	156.851	164.789
6.750	133.639	141.618	149.597	157.575	165.554
6.800	134.242	142.261	150.281	158.300	166.319
6.850	134.845	142.905	150.965	159.025	167.085
6.900	135.447	143.548	151.649	159.750	167.850
6.950	136.050	144.192	152.333	160.474	168.616
7.000	**136.653**	144.835	153.017	161.199	**169.381**
7.050	137.414	145.639	153.864	162.089	170.314
7.100	138.175	146.443	154.711	162.979	171.247
7.150	138.935	147.247	155.558	163.869	172.180
7.200	139.696	148.051	156.405	164.759	173.113
7.250	140.457	148.854	157.252	165.649	174.047
7.300	141.218	149.658	158.099	166.539	174.980
7.350	141.979	150.462	158.946	167.429	175.913
7.400	142.739	151.266	159.793	168.319	176.846
7.450	143.500	152.070	160.640	169.209	177.779

Honorartafel zu § 48 b Abs. 1 – Umweltverträglichkeitsstudien, Honorarzone I

Fläche ha	Von- satz Euro	Viertel- satz Euro	Mittel- satz Euro	Drei- viertel- satz Euro	Bis- satz Euro
7.500	144.261	152.874	161.487	170.099	178.712
7.550	144.993	153.644	162.295	170.946	179.597
7.600	145.725	154.415	163.104	171.793	180.482
7.650	146.458	155.185	163.912	172.640	181.367
7.700	147.190	155.955	164.721	173.486	182.252
7.750	147.922	156.726	165.530	174.333	183.137
7.800	148.654	157.496	166.338	175.180	184.022
7.850	149.386	158.267	167.147	176.027	184.907
7.900	150.119	159.037	167.955	176.874	185.792
7.950	150.851	159.807	168.764	177.720	186.677
8.000	151.583	160.578	169.573	178.567	187.562
8.050	152.286	161.337	170.388	179.439	188.490
8.100	152.989	162.096	171.204	180.311	189.418
8.150	153.692	162.856	172.019	181.183	190.346
8.200	154.395	163.615	172.835	182.054	191.274
8.250	155.098	164.374	173.650	182.926	192.202
8.300	155.801	165.133	174.466	183.798	193.130
8.350	156.504	165.893	175.281	184.670	194.058
8.400	157.207	166.652	176.097	185.541	194.986
8.450	157.910	167.411	176.912	186.413	195.914
8.500	158.613	168.170	177.728	187.285	196.842
8.550	159.288	168.901	178.515	188.128	197.742
8.600	159.963	169.633	179.302	188.972	198.642
8.650	160.638	170.364	180.090	189.816	199.542
8.700	161.313	171.095	180.877	190.659	200.442
8.750	161.988	171.826	181.665	191.503	201.342
8.800	162.662	172.557	182.452	192.347	202.241
8.850	163.337	173.288	183.239	193.190	203.141
8.900	164.012	174.019	184.027	194.034	204.041
8.950	164.687	174.751	184.814	194.878	204.941
9.000	165.362	175.482	185.602	195.721	205.841
9.050	166.008	176.195	186.383	196.570	206.757
9.100	166.654	176.909	187.164	197.418	207.673
9.150	167.299	177.622	187.945	198.267	208.590
9.200	167.945	178.335	188.726	199.116	209.506
9.250	168.591	179.049	189.507	199.964	210.422
9.300	169.237	179.762	190.288	200.813	211.338
9.350	169.883	180.476	191.069	201.661	212.254
9.400	170.528	181.189	191.850	202.510	213.171
9.450	171.174	181.902	192.631	203.359	214.087
9.500	171.820	182.616	193.412	204.207	215.003
9.600	173.054	183.988	194.921	205.854	216.787
9.700	174.288	185.359	196.430	207.501	218.572
9.800	175.523	186.731	197.939	209.148	220.356
9.900	176.757	188.103	199.449	210.795	222.141
10.000	177.991	189.475	200.958	212.442	223.925

Honorartafel zu § 48 b Abs. 1 – Umweltverträglichkeitsstudien, Honorarzone II

Fläche ha	Von-satz Euro	Viertel-satz Euro	Mittel-satz Euro	Drei-viertel-satz Euro	Bis-satz Euro
50	**8.416**	8.796	9.175	9.555	**9.934**
55	8.696	9.088	9.481	9.873	10.265
60	8.976	9.381	9.786	10.191	10.596
65	9.257	9.674	10.092	10.509	10.926
70	9.537	9.967	10.397	10.827	11.257
75	9.817	10.260	10.703	11.145	11.588
80	10.097	10.553	11.008	11.463	11.919
85	10.377	10.845	11.314	11.782	12.250
90	10.658	11.138	11.619	12.100	12.580
95	10.938	11.431	11.925	12.418	12.911
100	**11.218**	11.724	12.230	12.736	**13.242**
115	11.942	12.485	13.028	13.571	14.115
130	12.665	13.246	13.826	14.407	14.988
145	13.389	14.006	14.624	15.242	15.860
160	14.112	14.767	15.423	16.078	16.733
175	14.836	15.528	16.221	16.913	17.606
190	15.559	16.289	17.019	17.749	18.479
205	16.283	17.050	17.817	18.584	19.352
220	17.006	17.811	18.615	19.420	20.224
235	17.730	18.571	19.413	20.255	21.097
250	**18.453**	19.332	20.212	21.091	**21.970**
275	19.500	20.436	21.373	22.309	23.246
300	20.546	21.540	22.534	23.528	24.521
325	21.593	22.644	23.695	24.746	25.797
350	22.639	23.748	24.856	25.964	27.073
375	23.686	24.852	26.017	27.183	28.349
400	24.733	25.956	27.178	28.401	29.624
425	25.779	27.059	28.340	29.620	30.900
450	26.826	28.163	29.501	30.838	32.176
475	27.872	29.267	30.662	32.057	33.451
500	**28.919**	30.371	31.823	33.275	**34.727**
525	29.841	31.346	32.851	34.357	35.862
550	30.764	32.322	33.880	35.438	36.996
575	31.686	33.297	34.908	36.520	38.131
600	32.608	34.273	35.937	37.601	39.265
625	33.531	35.248	36.965	38.683	40.400
650	34.453	36.223	37.994	39.764	41.535
675	35.375	37.199	39.022	40.846	42.669
700	36.297	38.174	40.051	41.927	43.804
725	37.220	39.149	41.079	43.009	44.938
750	**38.142**	40.125	42.108	44.090	**46.073**
775	39.002	41.036	43.070	45.104	47.139
800	39.861	41.947	44.033	46.118	48.204
825	40.721	42.858	44.995	47.132	49.270
850	41.580	43.769	45.958	48.146	50.335
875	42.440	44.680	46.920	49.160	51.401
900	43.299	45.591	47.883	50.174	52.466
925	44.159	46.502	48.845	51.188	53.532
950	45.018	47.413	49.808	52.202	54.597
975	45.878	48.324	50.770	53.216	55.663

Honorartafel zu § 48 b Abs. 1 – Umweltverträglichkeitsstudien, Honorarzone II

Fläche ha	Von- satz Euro	Viertel- satz Euro	Mittel- satz Euro	Drei- viertel- satz Euro	Bis- satz Euro
1.000	**46.737**	49.235	51.733	54.230	**56.728**
1.025	47.518	50.062	52.606	55.150	57.694
1.050	48.299	50.889	53.479	56.069	58.660
1.075	49.079	51.716	54.352	56.989	59.625
1.100	49.860	52.543	55.226	57.908	60.591
1.125	50.641	53.370	56.099	58.828	61.557
1.150	51.422	54.197	56.972	59.748	62.523
1.175	52.203	55.024	57.846	60.667	63.489
1.200	52.983	55.851	58.719	61.587	64.454
1.225	53.764	56.678	59.592	62.506	65.420
1.250	**54.545**	57.505	60.466	63.426	**66.386**
1.275	55.291	58.300	61.309	64.318	67.326
1.300	56.038	59.095	62.152	65.209	68.267
1.325	56.784	59.890	62.996	66.101	69.207
1.350	57.531	60.685	63.839	66.993	70.147
1.375	58.277	61.480	64.682	67.885	71.088
1.400	59.023	62.275	65.526	68.777	72.028
1.425	59.770	63.069	66.369	69.669	72.968
1.450	60.516	63.864	67.212	70.560	73.908
1.475	61.263	64.659	68.056	71.452	74.849
1.500	**62.009**	65.454	68.899	72.344	**75.789**
1.525	62.775	66.261	69.746	73.232	76.718
1.550	63.541	67.067	70.594	74.120	77.646
1.575	64.307	67.874	71.441	75.008	78.575
1.600	65.073	68.681	72.288	75.896	79.503
1.625	65.839	69.487	73.135	76.783	80.432
1.650	66.605	70.294	73.983	77.671	81.360
1.675	67.371	71.100	74.830	78.559	82.289
1.700	68.137	71.907	75.677	79.447	83.217
1.725	68.903	72.714	76.524	80.335	84.146
1.750	**69.669**	73.520	77.372	81.223	**85.074**
1.775	70.358	74.245	78.132	82.019	85.906
1.800	71.046	74.970	78.893	82.816	86.739
1.825	71.735	75.694	79.653	83.612	87.571
1.850	72.424	76.419	80.414	84.409	88.404
1.875	73.113	77.143	81.174	85.205	89.236
1.900	73.801	77.868	81.935	86.002	90.068
1.925	74.490	78.593	82.695	86.798	90.901
1.950	75.179	79.317	83.456	87.595	91.733
1.975	75.867	80.042	84.216	88.391	92.566
2.000	**76.556**	80.767	84.977	89.188	**93.398**
2.050	77.824	82.104	86.384	90.664	94.944
2.100	79.092	83.441	87.791	92.140	96.489
2.150	80.360	84.779	89.197	93.616	98.035
2.200	81.628	86.116	90.604	95.092	99.580
2.250	82.896	87.454	92.011	96.569	101.126
2.300	84.164	88.791	93.418	98.045	102.672
2.350	85.432	90.128	94.825	99.521	104.217
2.400	86.700	91.466	96.231	100.997	105.763
2.450	87.968	92.803	97.638	102.473	107.308

Honorartafel zu § 48 b Abs. 1 – Umweltverträglichkeitsstudien, Honorarzone II

Fläche ha	Von- satz Euro	Viertel- satz Euro	Mittel- satz Euro	Drei- viertel- satz Euro	Bis- satz Euro
2.500	**89.236**	94.141	99.045	103.950	**108.854**
2.550	90.389	95.341	100.294	105.246	110.198
2.600	91.542	96.542	101.542	106.542	111.542
2.650	92.695	97.743	102.791	107.839	112.887
2.700	93.848	98.943	104.039	109.135	114.231
2.750	95.001	100.144	105.288	110.431	115.575
2.800	96.153	101.345	106.536	111.728	116.919
2.850	97.306	102.546	107.785	113.024	118.263
2.900	98.459	103.746	109.033	114.321	119.608
2.950	99.612	104.947	110.282	115.617	120.952
3.000	**100.765**	106.148	111.531	116.913	**122.296**
3.050	101.774	107.205	112.636	118.066	123.497
3.100	102.784	108.262	113.741	119.219	124.698
3.150	103.793	109.319	114.846	120.372	125.899
3.200	104.802	110.377	115.951	121.526	127.100
3.250	105.812	111.434	117.056	122.679	128.301
3.300	106.821	112.491	118.161	123.832	129.502
3.350	107.830	113.548	119.267	124.985	130.703
3.400	108.839	114.606	120.372	126.138	131.904
3.450	109.849	115.663	121.477	127.291	133.105
3.500	**110.858**	116.720	122.582	128.444	**134.306**
3.550	111.791	117.689	123.587	129.485	135.383
3.600	112.724	118.658	124.592	130.526	136.460
3.650	113.657	119.627	125.597	131.567	137.536
3.700	114.590	120.596	126.602	132.608	138.613
3.750	115.524	121.565	127.607	133.648	139.690
3.800	116.457	122.534	128.612	134.689	140.767
3.850	117.390	123.503	129.617	135.730	141.844
3.900	118.323	124.472	130.622	136.771	142.920
3.950	119.256	125.441	131.627	137.812	143.997
4.000	**120.189**	126.410	132.632	138.853	**145.074**
4.050	121.046	127.313	133.579	139.846	146.112
4.100	121.903	128.215	134.527	140.839	147.151
4.150	122.760	129.117	135.475	141.832	148.189
4.200	123.617	130.020	136.422	142.825	149.228
4.250	124.474	130.922	137.370	143.818	150.266
4.300	125.331	131.824	138.318	144.811	151.304
4.350	126.188	132.727	139.265	145.804	152.343
4.400	127.045	133.629	140.213	146.797	153.381
4.450	127.902	134.531	141.161	147.790	154.420
4.500	**128.759**	135.434	142.109	148.783	**155.458**
4.550	129.615	136.329	143.042	149.755	156.468
4.600	130.472	137.223	143.975	150.726	157.478
4.650	131.328	138.118	144.908	151.698	158.487
4.700	132.185	139.013	145.841	152.669	159.497
4.750	133.041	139.908	146.774	153.641	160.507
4.800	133.897	140.802	147.707	154.612	161.517
4.850	134.754	141.697	148.640	155.583	162.527
4.900	135.610	142.592	149.573	156.555	163.536
4.950	136.467	143.487	150.506	157.526	164.546

Honorartafel zu § 48 b Abs. 1 – Umweltverträglichkeitsstudien, Honorarzone II

Fläche ha	Von- satz Euro	Viertel- satz Euro	Mittel- satz Euro	Drei- viertel- satz Euro	Bis- satz Euro
5.000	**137.323**	144.381	151.440	158.498	**165.556**
5.050	138.170	145.246	152.322	159.398	166.474
5.100	139.016	146.110	153.205	160.299	167.393
5.150	139.863	146.975	154.087	161.199	168.311
5.200	140.710	147.840	154.970	162.099	169.229
5.250	141.557	148.704	155.852	163.000	170.148
5.300	142.403	149.569	156.735	163.900	171.066
5.350	143.250	150.433	157.617	164.801	171.984
5.400	144.097	151.298	158.500	165.701	172.902
5.450	144.943	152.163	159.382	166.601	173.821
5.500	**145.790**	153.027	160.265	167.502	**174.739**
5.550	146.599	153.859	161.119	168.379	175.638
5.600	147.408	154.690	161.973	169.255	176.538
5.650	148.216	155.522	162.827	170.132	177.437
5.700	149.025	156.353	163.681	171.009	178.337
5.750	149.834	157.185	164.535	171.886	179.236
5.800	150.643	158.016	165.389	172.762	180.135
5.850	151.452	158.847	166.243	173.639	181.035
5.900	152.260	159.679	167.097	174.516	181.934
5.950	153.069	160.510	167.951	175.393	182.834
6.000	**153.878**	161.342	168.806	176.269	**183.733**
6.050	154.663	162.158	169.653	177.147	184.642
6.100	155.448	162.974	170.500	178.025	185.551
6.150	156.233	163.790	171.347	178.903	186.460
6.200	157.018	164.606	172.194	179.781	187.369
6.250	157.803	165.422	173.041	180.660	188.279
6.300	158.587	166.237	173.888	181.538	189.188
6.350	159.372	167.053	174.735	182.416	190.097
6.400	160.157	167.869	175.582	183.294	191.006
6.450	160.942	168.685	176.429	184.172	191.915
6.500	**161.727**	169.501	177.276	185.050	**192.824**
6.550	162.492	170.307	178.122	185.937	193.753
6.600	163.258	171.114	178.969	186.825	194.681
6.650	164.023	171.920	179.816	187.713	195.610
6.700	164.789	172.726	180.663	188.601	196.538
6.750	165.554	173.532	181.510	189.488	197.467
6.800	166.319	174.338	182.357	190.376	198.395
6.850	167.085	175.144	183.204	191.264	199.324
6.900	167.850	175.951	184.051	192.152	200.252
6.950	168.616	176.757	184.898	193.039	201.181
7.000	**169.381**	177.563	185.745	193.927	**202.109**
7.050	170.314	178.539	186.764	194.989	203.214
7.100	171.247	179.515	187.784	196.052	204.320
7.150	172.180	180.492	188.803	197.114	205.425
7.200	173.113	181.468	189.822	198.176	206.531
7.250	174.047	182.444	190.841	199.239	207.636
7.300	174.980	183.420	191.861	200.301	208.741
7.350	175.913	184.396	192.880	201.363	209.847
7.400	176.846	185.372	193.899	202.426	210.952
7.450	177.779	186.349	194.918	203.488	212.058

Honorartafel zu § 48 b Abs. 1 – Umweltverträglichkeitsstudien, Honorarzone II

Fläche ha	Von- satz Euro	Viertel- satz Euro	Mittel- satz Euro	Drei- viertel- satz Euro	Bis- satz Euro
7.500	**178.712**	187.325	195.938	204.550	**213.163**
7.550	179.597	188.248	196.899	205.550	214.201
7.600	180.482	189.171	197.860	206.550	215.239
7.650	181.367	190.094	198.822	207.549	216.277
7.700	182.252	191.018	199.783	208.549	217.315
7.750	183.137	191.941	200.745	209.549	218.353
7.800	184.022	192.864	201.706	210.548	219.390
7.850	184.907	193.787	202.668	211.548	220.428
7.900	185.792	194.711	203.629	212.548	221.466
7.950	186.677	195.634	204.591	213.547	222.504
8.000	**187.562**	196.557	205.552	214.547	**223.542**
8.050	188.490	197.541	206.593	215.644	224.696
8.100	189.418	198.526	207.634	216.741	225.849
8.150	190.346	199.510	208.674	217.838	227.003
8.200	191.274	200.495	209.715	218.936	228.156
8.250	192.202	201.479	210.756	220.033	229.310
8.300	193.130	202.463	211.797	221.130	230.463
8.350	194.058	203.448	212.837	222.227	231.617
8.400	194.986	204.432	213.878	223.324	232.770
8.450	195.914	205.416	214.919	224.421	233.924
8.500	**196.842**	206.401	215.960	225.518	**235.077**
8.550	197.742	207.357	216.972	226.586	236.201
8.600	198.642	208.313	217.984	227.655	237.326
8.650	199.542	209.269	218.996	228.723	238.450
8.700	200.442	210.225	220.008	229.791	239.574
8.750	201.342	211.181	221.020	230.859	240.699
8.800	202.241	212.137	222.032	231.927	241.823
8.850	203.141	213.093	223.044	232.996	242.947
8.900	204.041	214.049	224.056	234.064	244.071
8.950	204.941	215.005	225.068	235.132	245.196
9.000	**205.841**	215.961	226.081	236.200	**246.320**
9.050	206.757	216.944	227.132	237.319	247.506
9.100	207.673	217.928	228.183	238.438	248.692
9.150	208.590	218.912	229.234	239.556	249.879
9.200	209.506	219.896	230.285	240.675	251.065
9.250	210.422	220.879	231.337	241.794	252.251
9.300	211.338	221.863	232.388	242.912	253.437
9.350	212.254	222.847	233.439	244.031	254.623
9.400	213.171	223.830	234.490	245.150	255.810
9.450	214.087	224.814	235.541	246.269	256.996
9.500	**215.003**	225.798	236.593	247.387	**258.182**
9.600	216.787	227.720	238.653	249.585	260.518
9.700	218.572	229.642	240.713	251.783	262.853
9.800	220.356	231.564	242.773	253.981	265.189
9.900	222.141	233.487	244.833	256.178	267.524
10.000	**223.925**	235.409	246.893	258.376	**269.860**

Honorartafel zu § 48 b Abs. 1 – Umweltverträglichkeitsstudien, Honorarzone III

Fläche ha	Von-satz Euro	Viertel-satz Euro	Mittel-satz Euro	Drei-viertel-satz Euro	Bis-satz Euro
50	9.934	10.315	10.696	11.077	11.458
55	10.265	10.658	11.052	11.446	11.839
60	10.596	11.002	11.408	11.815	12.221
65	10.926	11.345	11.764	12.183	12.602
70	11.257	11.689	12.120	12.552	12.984
75	11.588	12.032	12.477	12.921	13.365
80	11.919	12.376	12.833	13.290	13.746
85	12.250	12.719	13.189	13.658	14.128
90	12.580	13.063	13.545	14.027	14.509
95	12.911	13.406	13.901	14.396	14.891
100	13.242	13.750	14.257	14.765	15.272
115	14.115	14.660	15.204	15.749	16.294
130	14.988	15.570	16.152	16.734	17.316
145	15.860	16.480	17.099	17.719	18.338
160	16.733	17.390	18.047	18.704	19.360
175	17.606	18.300	18.994	19.688	20.383
190	18.479	19.210	19.942	20.673	21.405
205	19.352	20.120	20.889	21.658	22.427
220	20.224	21.031	21.837	22.643	23.449
235	21.097	21.941	22.784	23.627	24.471
250	21.970	22.851	23.732	24.612	25.493
275	23.246	24.184	25.121	26.059	26.997
300	24.521	25.516	26.511	27.506	28.501
325	25.797	26.849	27.901	28.953	30.006
350	27.073	28.182	29.291	30.401	31.510
375	28.349	29.515	30.681	31.848	33.014
400	29.624	30.848	32.071	33.295	34.518
425	30.900	32.181	33.461	34.742	36.022
450	32.176	33.513	34.851	36.189	37.527
475	33.451	34.846	36.241	37.636	39.031
500	34.727	36.179	37.631	39.083	40.535
525	35.862	37.367	38.871	40.376	41.881
550	36.996	38.554	40.112	41.670	43.228
575	38.131	39.742	41.352	42.963	44.574
600	39.265	40.929	42.593	44.257	45.920
625	40.400	42.117	43.833	45.550	47.267
650	41.535	43.304	45.074	46.843	48.613
675	42.669	44.492	46.314	48.137	49.959
700	43.804	45.679	47.555	49.430	51.305
725	44.938	46.867	48.795	50.723	52.652
750	46.073	48.054	50.036	52.017	53.998
775	47.139	49.171	51.204	53.237	55.270
800	48.204	50.289	52.373	54.458	56.542
825	49.270	51.406	53.542	55.678	57.814
850	50.335	52.523	54.711	56.898	59.086
875	51.401	53.640	55.879	58.119	60.358
900	52.466	54.757	57.048	59.339	61.630
925	53.532	55.874	58.217	60.559	62.902
950	54.597	56.991	59.386	61.780	64.174
975	55.663	58.108	60.554	63.000	65.446

§ 48b
Abs. 1

Zone III Honorartafel zu § 48 b Abs. 1 – Umweltverträglichkeitsstudien, Honorarzone III

Fläche ha	Von- satz Euro	Viertel- satz Euro	Mittel- satz Euro	Drei- viertel- satz Euro	Bis- satz Euro
1.000	**56.728**	59.226	61.723	64.221	**66.718**
1.025	57.694	60.238	62.781	65.325	67.869
1.050	58.660	61.250	63.840	66.430	69.020
1.075	59.625	62.262	64.898	67.535	70.171
1.100	60.591	63.274	65.957	68.639	71.322
1.125	61.557	64.286	67.015	69.744	72.473
1.150	62.523	65.298	68.073	70.849	73.624
1.175	63.489	66.310	69.132	71.953	74.775
1.200	64.454	67.322	70.190	73.058	75.926
1.225	65.420	68.334	71.249	74.163	77.077
1.250	**66.386**	69.347	72.307	75.268	**78.228**
1.275	67.326	70.335	73.344	76.353	79.362
1.300	68.267	71.324	74.381	77.439	80.496
1.325	69.207	72.313	75.418	78.524	81.630
1.350	70.147	73.301	76.456	79.610	82.764
1.375	71.088	74.290	77.493	80.695	83.898
1.400	72.028	75.279	78.530	81.781	85.032
1.425	72.968	76.268	79.567	82.867	86.166
1.450	73.908	77.256	80.604	83.952	87.300
1.475	74.849	78.245	81.641	85.038	88.434
1.500	**75.789**	79.234	82.679	86.123	**89.568**
1.525	76.718	80.203	83.689	87.174	90.660
1.550	77.646	81.172	84.699	88.225	91.751
1.575	78.575	82.142	85.709	89.276	92.843
1.600	79.503	83.111	86.719	90.327	93.934
1.625	80.432	84.080	87.729	91.377	95.026
1.650	81.360	85.049	88.739	92.428	96.118
1.675	82.289	86.019	89.749	93.479	97.209
1.700	83.217	86.988	90.759	94.530	98.301
1.725	84.146	87.957	91.769	95.581	99.392
1.750	**85.074**	88.927	92.779	96.632	**100.484**
1.775	85.906	89.795	93.683	97.571	101.460
1.800	86.739	90.663	94.587	98.511	102.435
1.825	87.571	91.531	95.491	99.451	103.411
1.850	88.404	92.399	96.395	100.391	104.386
1.875	89.236	93.268	97.299	101.331	105.362
1.900	90.068	94.136	98.203	102.270	106.338
1.925	90.901	95.004	99.107	103.210	107.313
1.950	91.733	95.872	100.011	104.150	108.289
1.975	92.566	96.740	100.915	105.090	109.264
2.000	**93.398**	97.609	101.819	106.030	**110.240**
2.050	94.944	99.224	103.503	107.783	112.063
2.100	96.489	100.839	105.188	109.537	113.886
2.150	98.035	102.454	106.872	111.291	115.710
2.200	99.580	104.069	108.557	113.045	117.533
2.250	101.126	105.684	110.241	114.799	119.356
2.300	102.672	107.299	111.925	116.552	121.179
2.350	104.217	108.914	113.610	118.306	123.002
2.400	105.763	110.529	115.294	120.060	124.826
2.450	107.308	112.144	116.979	121.814	126.649

Honorartafel zu § 48 b Abs. 1 – Umweltverträglichkeitsstudien, Honorarzone III

Fläche ha	Von- satz Euro	Viertel- satz Euro	Mittel- satz Euro	Drei- viertel- satz Euro	Bis- satz Euro
2.500	108.854	113.759	118.663	123.568	128.472
2.550	110.198	115.151	120.103	125.055	130.007
2.600	111.542	116.543	121.543	126.543	131.543
2.650	112.887	117.935	122.982	128.030	133.078
2.700	114.231	119.327	124.422	129.518	134.614
2.750	115.575	120.719	125.862	131.006	136.149
2.800	116.919	122.111	127.302	132.493	137.684
2.850	118.263	123.503	128.742	133.981	139.220
2.900	119.608	124.895	130.181	135.468	140.755
2.950	120.952	126.287	131.621	136.956	142.291
3.000	122.296	127.679	133.061	138.444	143.826
3.050	123.497	128.927	134.358	139.788	145.218
3.100	124.698	130.176	135.654	141.132	146.611
3.150	125.899	131.425	136.951	142.477	148.003
3.200	127.100	132.674	138.248	143.821	149.395
3.250	128.301	133.923	139.544	145.166	150.788
3.300	129.502	135.171	140.841	146.510	152.180
3.350	130.703	136.420	142.138	147.855	153.572
3.400	131.904	137.669	143.434	149.199	154.964
3.450	133.105	138.918	144.731	150.544	156.357
3.500	134.306	140.167	146.028	151.888	157.749
3.550	135.383	141.279	147.176	153.073	158.969
3.600	136.460	142.392	148.325	154.257	160.190
3.650	137.536	143.505	149.473	155.442	161.410
3.700	138.613	144.618	150.622	156.626	162.631
3.750	139.690	145.730	151.771	157.811	163.851
3.800	140.767	146.843	152.919	158.995	165.071
3.850	141.844	147.956	154.068	160.180	166.292
3.900	142.920	149.068	155.216	161.364	167.512
3.950	143.997	150.181	156.365	162.549	168.733
4.000	145.074	151.294	157.514	163.733	169.953
4.050	146.112	152.378	158.643	164.908	171.174
4.100	147.151	153.462	159.772	166.083	172.394
4.150	148.189	154.546	160.902	167.258	173.615
4.200	149.228	155.629	162.031	168.433	174.835
4.250	150.266	156.713	163.161	169.608	176.056
4.300	151.304	157.797	164.290	170.783	177.276
4.350	152.343	158.881	165.420	171.958	178.497
4.400	153.381	159.965	166.549	173.133	179.717
4.450	154.420	161.049	167.679	174.308	180.938
4.500	155.458	162.133	168.808	175.483	182.158
4.550	156.468	163.181	169.894	176.607	183.321
4.600	157.478	164.229	170.981	177.732	184.483
4.650	158.487	165.277	172.067	178.856	185.646
4.700	159.497	166.325	173.153	179.981	186.809
4.750	160.507	167.373	174.239	181.105	187.972
4.800	161.517	168.421	175.326	182.230	189.134
4.850	162.527	169.469	176.412	183.354	190.297
4.900	163.536	170.517	177.498	184.479	191.460
4.950	164.546	171.565	178.584	185.603	192.622

Fläche ha	Von- satz Euro	Viertel- satz Euro	Mittel- satz Euro	Drei- viertel- satz Euro	Bis- satz Euro
5.000	**165.556**	172.613	179.671	186.728	**193.785**
5.050	166.474	173.549	180.625	187.700	194.775
5.100	167.393	174.486	181.579	188.672	195.765
5.150	168.311	175.422	182.533	189.644	196.754
5.200	169.229	176.358	183.487	190.615	197.744
5.250	170.148	177.294	184.441	191.587	198.734
5.300	171.066	178.230	185.395	192.559	199.724
5.350	171.984	179.166	186.349	193.531	200.714
5.400	172.902	180.103	187.303	194.503	201.703
5.450	173.821	181.039	188.257	195.475	202.693
5.500	**174.739**	181.975	189.211	196.447	**203.683**
5.550	175.638	182.897	190.156	197.415	204.674
5.600	176.538	183.820	191.101	198.383	205.665
5.650	177.437	184.742	192.046	199.351	206.656
5.700	178.337	185.664	192.992	200.319	207.647
5.750	179.236	186.586	193.937	201.287	208.638
5.800	180.135	187.509	194.882	202.255	209.628
5.850	181.035	188.431	195.827	203.223	210.619
5.900	181.934	189.353	196.772	204.191	211.610
5.950	182.834	190.275	197.717	205.159	212.601
6.000	**183.733**	191.198	198.663	206.127	**213.592**
6.050	184.642	192.138	199.634	207.130	214.625
6.100	185.551	193.078	200.605	208.132	215.659
6.150	186.460	194.018	201.576	209.134	216.692
6.200	187.369	194.958	202.547	210.136	217.725
6.250	188.279	195.899	203.519	211.139	218.759
6.300	189.188	196.839	204.490	212.141	219.792
6.350	190.097	197.779	205.461	213.143	220.825
6.400	191.006	198.719	206.432	214.145	221.858
6.450	191.915	199.659	207.403	215.148	222.892
6.500	**192.824**	200.599	208.375	216.150	**223.925**
6.550	193.753	201.568	209.384	217.200	225.016
6.600	194.681	202.538	210.394	218.251	226.107
6.650	195.610	203.507	211.404	219.301	227.198
6.700	196.538	204.476	212.414	220.352	228.289
6.750	197.467	205.445	213.424	221.402	229.381
6.800	198.395	206.414	214.433	222.452	230.472
6.850	199.324	207.383	215.443	223.503	231.563
6.900	200.252	208.352	216.453	224.553	232.654
6.950	201.181	209.322	217.463	225.604	233.745
7.000	**202.109**	210.291	218.473	226.654	**234.836**
7.050	203.214	211.439	219.664	227.889	236.114
7.100	204.320	212.588	220.856	229.124	237.392
7.150	205.425	213.736	222.047	230.358	238.669
7.200	206.531	214.885	223.239	231.593	239.947
7.250	207.636	216.033	224.431	232.828	241.225
7.300	208.741	217.182	225.622	234.062	242.503
7.350	209.847	218.330	226.814	235.297	243.781
7.400	210.952	219.479	228.005	236.532	245.058
7.450	212.058	220.627	229.197	237.767	246.336

Honorartafel zu § 48 b Abs. 1 – Umweltverträglichkeitsstudien, Honorarzone III

Fläche ha	Von- satz Euro	Viertel- satz Euro	Mittel- satz Euro	Drei- viertel- satz Euro	Bis- satz Euro
7.500	**213.163**	221.776	230.389	239.001	**247.614**
7.550	214.201	222.852	231.503	240.154	248.805
7.600	215.239	223.928	232.617	241.306	249.996
7.650	216.277	225.004	233.732	242.459	251.186
7.700	217.315	226.080	234.846	243.612	252.377
7.750	218.353	227.156	235.960	244.764	253.568
7.800	219.390	228.233	237.075	245.917	254.759
7.850	220.428	229.309	238.189	247.069	255.950
7.900	221.466	230.385	239.303	248.222	257.140
7.950	222.504	231.461	240.418	249.374	258.331
8.000	**223.542**	232.537	241.532	250.527	**259.522**
8.050	224.696	233.747	242.798	251.849	260.900
8.100	225.849	234.956	244.064	253.171	262.279
8.150	227.003	236.166	245.330	254.494	263.657
8.200	228.156	237.376	246.596	255.816	265.036
8.250	229.310	238.586	247.862	257.138	266.414
8.300	230.463	239.795	249.128	258.460	267.792
8.350	231.617	241.005	250.394	259.782	269.171
8.400	232.770	242.215	251.660	261.104	270.549
8.450	233.924	243.425	252.926	262.427	271.928
8.500	**235.077**	244.634	254.192	263.749	**273.306**
8.550	236.201	245.815	255.428	265.042	274.655
8.600	237.326	246.995	256.665	266.335	276.005
8.650	238.450	248.176	257.902	267.628	277.354
8.700	239.574	249.356	259.139	268.921	278.703
8.750	240.699	250.537	260.376	270.214	280.053
8.800	241.823	251.718	261.612	271.507	281.402
8.850	242.947	252.898	262.849	272.800	282.751
8.900	244.071	254.079	264.086	274.093	284.100
8.950	245.196	255.259	265.323	275.386	285.450
9.000	**246.320**	256.440	266.560	276.679	**286.799**
9.050	247.506	257.694	267.881	278.068	288.256
9.100	248.692	258.947	269.202	279.457	289.712
9.150	249.879	260.201	270.524	280.846	291.169
9.200	251.065	261.455	271.845	282.236	292.626
9.250	252.251	262.709	273.167	283.625	294.083
9.300	253.437	263.963	274.488	285.014	295.539
9.350	254.623	265.217	275.810	286.403	296.996
9.400	255.810	266.470	277.131	287.792	298.453
9.450	256.996	267.724	278.453	289.181	299.909
9.500	**258.182**	268.978	279.774	290.570	**301.366**
9.600	260.518	271.451	282.385	293.318	304.252
9.700	262.853	273.924	284.995	296.066	307.137
9.800	265.189	276.397	287.606	298.814	310.023
9.900	267.524	278.870	290.216	301.562	312.908
10.000	**269.860**	281.344	292.827	304.311	**315.794**

Honorartafel zu § 49 d Abs. 1 – Pflege- und Entwicklungspläne, Honorarzone I

Fläche ha	Von-satz Euro	Viertel-satz Euro	Mittel-satz Euro	Drei-viertel-satz Euro	Bis-satz Euro
5,0	**2.342**	2.926	3.510	4.094	**4.678**
5,5	2.402	3.001	3.601	4.200	4.799
6,0	2.463	3.077	3.691	4.305	4.919
6,5	2.523	3.152	3.782	4.411	5.040
7,0	2.583	3.228	3.872	4.516	5.161
7,5	2.644	3.303	3.963	4.622	5.282
8,0	2.704	3.378	4.053	4.728	5.402
8,5	2.764	3.454	4.144	4.833	5.523
9,0	2.824	3.529	4.234	4.939	5.644
9,5	2.885	3.605	4.325	5.044	5.764
10,0	**2.945**	3.680	4.415	5.150	**5.885**
10,5	2.988	3.734	4.480	5.226	5.971
11,0	3.031	3.788	4.544	5.301	6.058
11,5	3.074	3.842	4.609	5.377	6.144
12,0	3.117	3.895	4.674	5.452	6.231
12,5	3.160	3.949	4.739	5.528	6.317
13,0	3.203	4.003	4.803	5.603	6.403
13,5	3.246	4.057	4.868	5.679	6.490
14,0	3.289	4.111	4.933	5.754	6.576
14,5	3.332	4.165	4.997	5.830	6.663
15,0	**3.375**	4.219	5.062	5.906	**6.749**
15,5	3.409	4.261	5.112	5.964	6.816
16,0	3.442	4.303	5.163	6.023	6.883
16,5	3.476	4.345	5.213	6.082	6.950
17,0	3.510	4.387	5.263	6.140	7.017
17,5	3.544	4.429	5.314	6.199	7.084
18,0	3.577	4.471	5.364	6.258	7.151
18,5	3.611	4.513	5.414	6.316	7.218
19,0	3.645	4.555	5.465	6.375	7.285
19,5	3.678	4.597	5.515	6.434	7.352
20,0	**3.712**	4.639	5.566	6.492	**7.419**
21,0	3.771	4.713	5.655	6.597	7.539
22,0	3.831	4.788	5.744	6.701	7.658
23,0	3.890	4.862	5.834	6.806	7.778
24,0	3.949	4.936	5.923	6.910	7.897
25,0	4.009	5.011	6.013	7.015	8.017
26,0	4.068	5.085	6.102	7.119	8.137
27,0	4.127	5.159	6.192	7.224	8.256
28,0	4.186	5.234	6.281	7.328	8.376
29,0	4.246	5.308	6.371	7.433	8.495
30,0	4.305	5.383	6.460	7.538	**8.615**
31,0	4.359	5.450	6.541	7.631	8.722
32,0	4.412	5.517	6.621	7.725	8.830
33,0	4.466	5.584	6.702	7.819	8.937
34,0	4.520	5.651	6.782	7.913	9.045
35,0	4.574	5.718	6.863	8.007	9.152
36,0	4.627	5.785	6.943	8.101	9.259
37,0	4.681	5.852	7.024	8.195	9.367
38,0	4.735	5.920	7.104	8.289	9.474
39,0	4.788	5.987	7.185	8.383	9.582

Honorartafel zu § 49 d Abs. 1 – Pflege- und Entwicklungspläne, Honorarzone I

Fläche ha	Von- satz Euro	Viertel- satz Euro	Mittel- satz Euro	Drei- viertel- satz Euro	Bis- satz Euro
40,0	**4.842**	6.054	7.266	8.477	**9.689**
41,0	4.889	6.112	7.336	8.559	9.783
42,0	4.936	6.171	7.406	8.641	9.876
43,0	4.983	6.230	7.476	8.723	9.970
44,0	5.030	6.288	7.547	8.805	10.063
45,0	5.077	6.347	7.617	8.887	10.157
46,0	5.124	6.406	7.687	8.969	10.251
47,0	5.171	6.464	7.758	9.051	10.344
48,0	5.218	6.523	7.828	9.133	10.438
49,0	5.265	6.582	7.898	9.215	10.531
50,0	**5.312**	6.640	7.969	9.297	**10.625**
52,5	5.412	6.765	8.118	9.472	10.825
55,0	5.511	6.890	8.268	9.646	11.025
57,5	5.611	7.015	8.418	9.821	11.225
60,0	5.711	7.139	8.568	9.996	11.425
62,5	5.811	7.264	8.718	10.171	11.625
65,0	5.910	7.389	8.867	10.346	11.824
67,5	6.010	7.514	9.017	10.521	12.024
70,0	6.110	7.638	9.167	10.696	12.224
72,5	6.209	7.763	9.317	10.870	12.424
75,0	**6.309**	7.888	9.467	11.045	**12.624**
77,5	6.393	7.993	9.593	11.192	12.792
80,0	6.478	8.098	9.719	11.339	12.959
82,5	6.562	8.203	9.845	11.486	13.127
85,0	6.647	8.309	9.971	11.633	13.295
87,5	6.731	8.414	10.097	11.780	13.463
90,0	6.815	8.519	10.223	11.927	13.630
92,5	6.900	8.624	10.349	12.073	13.798
95,0	6.984	8.730	10.475	12.220	13.966
97,5	7.069	8.835	10.601	12.367	14.133
100,0	**7.153**	8.940	10.727	12.514	**14.301**
105,0	7.287	9.107	10.928	12.748	14.568
110,0	7.421	9.275	11.128	12.982	14.836
115,0	7.555	9.442	11.329	13.216	15.103
120,0	7.689	9.609	11.530	13.450	15.371
125,0	7.823	9.777	11.731	13.684	15.638
130,0	7.957	9.944	11.931	13.918	15.905
135,0	8.091	10.111	12.132	14.152	16.173
140,0	8.225	10.279	12.333	14.386	16.440
145,0	8.359	10.446	12.533	14.620	16.708
150,0	**8.493**	10.614	12.734	14.855	**16.975**
155,0	8.592	10.738	12.884	15.029	17.175
160,0	8.691	10.862	13.033	15.204	17.375
165,0	8.790	10.986	13.183	15.379	17.575
170,0	8.889	11.111	13.332	15.553	17.775
175,0	8.989	11.235	13.482	15.728	17.975
180,0	9.088	11.359	13.631	15.903	18.174
185,0	9.187	11.484	13.781	16.077	18.374
190,0	9.286	11.608	13.930	16.252	18.574
195,0	9.385	11.732	14.080	16.427	18.774

Honorartafel zu § 49 d Abs. 1 – Pflege- und Entwicklungspläne, Honorarzone I

Fläche ha	Von-satz Euro	Viertel-satz Euro	Mittel-satz Euro	Drei-viertel-satz Euro	Bis-satz Euro
200,0	**9.484**	11.857	14.229	16.602	**18.974**
210,0	9.618	12.024	14.430	16.836	19.241
220,0	9.752	12.191	14.630	17.070	19.509
230,0	9.886	12.359	14.831	17.304	19.776
240,0	10.020	12.526	15.032	17.538	20.044
250,0	10.154	12.693	15.233	17.772	20.311
260,0	10.288	12.861	15.433	18.006	20.578
270,0	10.422	13.028	15.634	18.240	20.846
280,0	10.556	13.195	15.835	18.474	21.113
290,0	10.690	13.363	16.035	18.708	21.381
300,0	**10.824**	13.530	16.236	18.942	**21.648**
310,0	10.924	13.655	16.386	19.117	21.848
320,0	11.024	13.781	16.537	19.293	22.049
330,0	11.125	13.906	16.687	19.468	22.249
340,0	11.225	14.031	16.837	19.643	22.450
350,0	11.325	14.156	16.988	19.819	22.650
360,0	11.425	14.282	17.138	19.994	22.850
370,0	11.525	14.407	17.288	20.169	23.051
380,0	11.626	14.532	17.438	20.345	23.251
390,0	11.726	14.657	17.589	20.520	23.452
400,0	**11.826**	14.783	17.739	20.696	**23.652**
410,0	11.907	14.883	17.860	20.837	23.813
420,0	11.988	14.984	17.981	20.978	23.974
430,0	12.068	15.085	18.102	21.119	24.135
440,0	12.149	15.186	18.223	21.260	24.296
450,0	12.230	15.287	18.344	21.401	24.458
460,0	12.311	15.388	18.465	21.542	24.619
470,0	12.392	15.489	18.586	21.683	24.780
480,0	12.472	15.590	18.707	21.824	24.941
490,0	12.553	15.690	18.828	21.965	25.102
500,0	**12.634**	15.791	18.949	22.106	**25.263**
550,0	12.968	16.209	19.449	22.690	25.931
600,0	13.302	16.626	19.950	23.274	26.598
650,0	13.636	17.043	20.451	23.859	27.266
700,0	13.970	17.461	20.952	24.443	27.934
750,0	14.304	17.878	21.453	25.027	28.602
800,0	14.637	18.295	21.953	25.611	29.269
850,0	14.971	18.713	22.454	26.196	29.937
900,0	15.305	19.130	22.955	26.780	30.605
950,0	15.639	19.547	23.456	27.364	31.272
1000,0	**15.973**	19.965	23.957	27.948	**31.940**
1150,0	16.775	20.967	25.159	29.351	33.544
1300,0	17.576	21.969	26.362	30.754	35.147
1450,0	18.378	22.971	27.564	32.157	36.751
1600,0	19.180	23.973	28.767	33.560	38.354
1750,0	19.982	24.976	29.970	34.964	39.958
1900,0	20.783	25.978	31.172	36.367	41.561
2050,0	21.585	26.980	32.375	37.770	43.165
2200,0	22.387	27.982	33.577	39.173	44.768
2350,0	23.188	28.984	34.780	40.576	46.372

Honorartafel zu § 49 d Abs. 1 – Pflege- und Entwicklungspläne, Honorarzone I

Fläche ha	Von- satz Euro	Viertel- satz Euro	Mittel- satz Euro	Drei- viertel- satz Euro	Bis- satz Euro
2500,0	**23.990**	29.986	35.983	41.979	**47.975**
2750,0	24.992	31.239	37.486	43.733	49.980
3000,0	25.994	32.492	38.989	45.487	51.984
3250,0	26.996	33.745	40.493	47.241	53.989
3500,0	27.998	34.997	41.996	48.995	55.994
3750,0	29.001	36.250	43.500	50.749	57.999
4000,0	30.003	37.503	45.003	52.503	60.003
4250,0	31.005	38.756	46.506	54.257	62.008
4500,0	32.007	40.008	48.010	56.011	64.013
4750,0	33.009	41.261	49.513	57.765	66.017
5000,0	**34.011**	42.514	51.017	59.519	**68.022**
5500,0	35.348	44.184	53.021	61.858	70.695
6000,0	36.684	45.855	55.026	64.196	73.367
6500,0	38.021	47.525	57.030	66.535	76.040
7000,0	39.357	49.196	59.035	68.873	78.712
7500,0	40.694	50.866	61.039	71.212	81.385
8000,0	42.030	52.537	63.044	73.550	84.057
8500,0	43.367	54.207	65.048	75.889	86.730
9000,0	44.703	55.878	67.053	78.227	89.402
9500,0	46.040	57.548	69.057	80.566	92.075
10000,0	**47.376**	59.219	71.062	82.904	**94.747**

§ 49d

Abs. 1

Zone II Honorartafel zu § 49 d Abs. 1 – Pflege- und Entwicklungspläne, Honorarzone II

Fläche ha	Von- satz Euro	Viertel- satz Euro	Mittel- satz Euro	Drei- viertel- satz Euro	Bis- satz Euro
5,0	**4.678**	5.264	5.849	6.435	**7.020**
5,5	4.799	5.399	5.999	6.600	7.200
6,0	4.919	5.535	6.150	6.765	7.380
6,5	5.040	5.670	6.300	6.930	7.560
7,0	5.161	5.806	6.450	7.095	7.740
7,5	5.282	5.941	6.601	7.260	7.920
8,0	5.402	6.077	6.751	7.426	8.100
8,5	5.523	6.212	6.901	7.591	8.280
9,0	5.644	6.348	7.052	7.756	8.460
9,5	5.764	6.483	7.202	7.921	8.640
10,0	**5.885**	6.619	7.353	8.086	**8.820**
10,5	5.971	6.716	7.461	8.206	8.950
11,0	6.058	6.814	7.569	8.325	9.081
11,5	6.144	6.911	7.678	8.444	9.211
12,0	6.231	7.008	7.786	8.564	9.342
12,5	6.317	7.106	7.895	8.683	9.472
13,0	6.403	7.203	8.003	8.803	9.602
13,5	6.490	7.301	8.111	8.922	9.733
14,0	6.576	7.398	8.220	9.041	9.863
14,5	6.663	7.495	8.328	9.161	9.994
15,0	**6.749**	7.593	8.437	9.280	**10.124**
15,5	6.816	7.668	8.520	9.372	10.224
16,0	6.883	7.743	8.604	9.464	10.324
16,5	6.950	7.819	8.687	9.556	10.425
17,0	7.017	7.894	8.771	9.648	10.525
17,5	7.084	7.969	8.855	9.740	10.625
18,0	7.151	8.045	8.938	9.832	10.725
18,5	7.218	8.120	9.022	9.924	10.825
19,0	7.285	8.195	9.105	10.015	10.926
19,5	7.352	8.270	9.189	10.107	11.026
20,0	**7.419**	8.346	9.273	10.199	**11.126**
21,0	7.539	8.481	9.423	10.365	11.307
22,0	7.658	8.615	9.573	10.530	11.487
23,0	7.778	8.750	9.723	10.695	11.668
24,0	7.897	8.885	9.873	10.860	11.848
25,0	8.017	9.020	10.023	11.026	12.029
26,0	8.137	9.155	10.173	11.191	12.209
27,0	8.256	9.290	10.323	11.356	12.390
28,0	8.376	9.424	10.473	11.521	12.570
29,0	8.495	9.559	10.623	11.687	12.751
30,0	**8.615**	9.694	10.773	11.852	**12.931**
31,0	8.722	9.815	10.907	11.999	13.091
32,0	8.830	9.935	11.040	12.146	13.251
33,0	8.937	10.056	11.174	12.293	13.411
34,0	9.045	10.176	11.308	12.439	13.571
35,0	9.152	10.297	11.442	12.586	13.731
36,0	9.259	10.417	11.575	12.733	13.891
37,0	9.367	10.538	11.709	12.880	14.051
38,0	9.474	10.658	11.843	13.027	14.211
39,0	9.582	10.779	11.976	13.174	14.371

Honorartafel zu § 49 d Abs. 1 – Pflege- und Entwicklungspläne, Honorarzone II

Fläche ha	Von-satz Euro	Viertel-satz Euro	Mittel-satz Euro	Drei-viertel-satz Euro	Bis-satz Euro
40,0	9.689	10.900	12.110	13.321	14.531
41,0	9.783	11.005	12.227	13.449	14.671
42,0	9.876	11.110	12.344	13.577	14.811
43,0	9.970	11.215	12.461	13.706	14.951
44,0	10.063	11.320	12.577	13.834	15.091
45,0	10.157	11.426	12.694	13.963	15.232
46,0	10.251	11.531	12.811	14.091	15.372
47,0	10.344	11.636	12.928	14.220	15.512
48,0	10.438	11.741	13.045	14.348	15.652
49,0	10.531	11.847	13.162	14.477	15.792
50,0	10.625	11.952	13.279	14.605	15.932
52,5	10.825	12.177	13.529	14.881	16.233
55,0	11.025	12.402	13.780	15.157	16.534
57,5	11.225	12.627	14.030	15.433	16.835
60,0	11.425	12.853	14.281	15.708	17.136
62,5	11.625	13.078	14.531	15.984	17.438
65,0	11.824	13.303	14.782	16.260	17.739
67,5	12.024	13.528	15.032	16.536	18.040
70,0	12.224	13.753	15.283	16.812	18.341
72,5	12.424	13.979	15.533	17.087	18.642
75,0	12.624	14.204	15.784	17.363	18.943
77,5	12.792	14.392	15.993	17.594	19.194
80,0	12.959	14.581	16.202	17.824	19.445
82,5	13.127	14.769	16.412	18.054	19.696
85,0	13.295	14.958	16.621	18.284	19.947
87,5	13.463	15.147	16.831	18.515	20.199
90,0	13.630	15.335	17.040	18.745	20.450
92,5	13.798	15.524	17.249	18.975	20.701
95,0	13.966	15.712	17.459	19.205	20.952
97,5	14.133	15.901	17.668	19.436	21.203
100,0	14.301	16.089	17.878	19.666	21.454
105,0	14.568	16.390	18.212	20.033	21.855
110,0	14.836	16.691	18.546	20.401	22.256
115,0	15.103	16.992	18.880	20.768	22.656
120,0	15.371	17.292	19.214	21.136	23.057
125,0	15.638	17.593	19.548	21.503	23.458
130,0	15.905	17.894	19.882	21.870	23.859
135,0	16.173	18.195	20.216	22.238	24.260
140,0	16.440	18.495	20.550	22.605	24.660
145,0	16.708	18.796	20.884	22.973	25.061
150,0	16.975	19.097	21.219	23.340	25.462
155,0	17.175	19.322	21.469	23.615	25.762
160,0	17.375	19.547	21.719	23.891	26.062
165,0	17.575	19.772	21.969	24.166	26.363
170,0	17.775	19.997	22.219	24.441	26.663
175,0	17.975	20.222	22.469	24.716	26.963
180,0	18.174	20.447	22.719	24.991	27.263
185,0	18.374	20.672	22.969	25.266	27.563
190,0	18.574	20.897	23.219	25.541	27.864
195,0	18.774	21.122	23.469	25.816	28.164

Honorartafel zu § 49 d Abs. 1 – Pflege- und Entwicklungspläne, Honorarzone II

Fläche ha	Von- satz Euro	Viertel- satz Euro	Mittel- satz Euro	Drei- viertel- satz Euro	Bis- satz Euro
200,0	**18.974**	21.347	23.719	26.092	**28.464**
210,0	19.241	21.647	24.053	26.459	28.865
220,0	19.509	21.948	24.387	26.826	29.266
230,0	19.776	22.249	24.721	27.194	29.666
240,0	20.044	22.550	25.055	27.561	30.067
250,0	20.311	22.850	25.390	27.929	30.468
260,0	20.578	23.151	25.724	28.296	30.869
270,0	20.846	23.452	26.058	28.664	31.270
280,0	21.113	23.753	26.392	29.031	31.670
290,0	21.381	24.053	26.726	29.399	32.071
300,0	**21.648**	24.354	27.060	29.766	**32.472**
310,0	21.848	24.580	27.311	30.042	32.773
320,0	22.049	24.805	27.562	30.318	33.074
330,0	22.249	25.031	27.812	30.594	33.376
340,0	22.450	25.256	28.063	30.870	33.677
350,0	22.650	25.482	28.314	31.146	33.978
360,0	22.850	25.708	28.565	31.422	34.279
370,0	23.051	25.933	28.816	31.698	34.580
380,0	23.251	26.159	29.066	31.974	34.882
390,0	23.452	26.384	29.317	32.250	35.183
400,0	**23.652**	26.610	29.568	32.526	**35.484**
410,0	23.813	26.791	29.769	32.747	35.724
420,0	23.974	26.972	29.969	32.967	35.965
430,0	24.135	27.153	30.170	33.188	36.205
440,0	24.296	27.334	30.371	33.408	36.445
450,0	24.458	27.515	30.572	33.629	36.686
460,0	24.619	27.695	30.772	33.849	36.926
470,0	24.780	27.876	30.973	34.070	37.166
480,0	24.941	28.057	31.174	34.290	37.406
490,0	25.102	28.238	31.374	34.511	37.647
500,0	**25.263**	28.419	31.575	34.731	**37.887**
550,0	25.931	29.170	32.410	35.650	38.890
600,0	26.598	29.922	33.245	36.569	39.892
650,0	27.266	30.673	34.080	37.488	40.895
700,0	27.934	31.425	34.916	38.407	41.897
750,0	28.602	32.176	35.751	39.325	42.900
800,0	29.269	32.928	36.586	40.244	43.903
850,0	29.937	33.679	37.421	41.163	44.905
900,0	30.605	34.430	38.256	42.082	45.908
950,0	31.272	35.182	39.091	43.001	46.910
1000,0	**31.940**	35.933	39.927	43.920	**47.913**
1150,0	33.544	37.737	41.931	46.124	50.318
1300,0	35.147	39.541	43.935	48.329	52.723
1450,0	36.751	41.345	45.939	50.534	55.128
1600,0	38.354	43.149	47.944	52.739	57.533
1750,0	39.958	44.953	49.948	54.943	59.939
1900,0	41.561	46.757	51.952	57.148	62.344
2050,0	43.165	48.561	53.957	59.353	64.749
2200,0	44.768	50.364	55.961	61.557	67.154
2350,0	46.372	52.168	57.965	63.762	69.559

Honorartafel zu § 49 d Abs. 1 – Pflege- und Entwicklungspläne, Honorarzone II

Fläche ha	Von- satz Euro	Viertel- satz Euro	Mittel- satz Euro	Drei- viertel- satz Euro	Bis- satz Euro
2500,0	**47.975**	53.972	59.970	65.967	**71.964**
2750,0	49.980	56.227	62.475	68.723	74.970
3000,0	51.984	58.483	64.981	71.479	77.977
3250,0	53.989	60.738	67.486	74.235	80.983
3500,0	55.994	62.993	69.992	76.991	83.990
3750,0	57.999	65.248	72.497	79.747	86.996
4000,0	60.003	67.503	75.003	82.503	90.002
4250,0	62.008	69.758	77.508	85.259	93.009
4500,0	64.013	72.013	80.014	88.015	96.015
4750,0	66.017	74.268	82.519	90.771	99.022
5000,0	**68.022**	76.524	85.025	93.527	**102.028**
5500,0	70.695	79.530	88.366	97.202	106.038
6000,0	73.367	82.537	91.707	100.877	110.047
6500,0	76.040	85.544	95.048	104.552	114.057
7000,0	78.712	88.551	98.389	108.228	118.066
7500,0	81.385	91.557	101.730	111.903	122.076
8000,0	84.057	94.564	105.071	115.578	126.086
8500,0	86.730	97.571	108.412	119.254	130.095
9000,0	89.402	100.578	111.753	122.929	134.105
9500,0	92.075	103.584	115.094	126.604	138.114
10000,0	**94.747**	106.591	118.436	130.280	**142.124**

Honorartafel zu § 49 d Abs. 1 – Pflege- und Entwicklungspläne, Honorarzone III

Fläche ha	Von- satz Euro	Viertel- satz Euro	Mittel- satz Euro	Drei- viertel- satz Euro	Bis- satz Euro
5,0	**7.020**	7.604	8.189	8.773	**9.357**
5,5	7.200	7.799	8.399	8.998	9.597
6,0	7.380	7.994	8.609	9.223	9.838
6,5	7.560	8.189	8.819	9.448	10.078
7,0	7.740	8.385	9.029	9.674	10.318
7,5	7.920	8.580	9.239	9.899	10.559
8,0	8.100	8.775	9.449	10.124	10.799
8,5	8.280	8.970	9.660	10.349	11.039
9,0	8.460	9.165	9.870	10.575	11.279
9,5	8.640	9.360	10.080	10.800	11.520
10,0	**8.820**	9.555	10.290	11.025	**11.760**
10,5	8.950	9.696	10.442	11.188	11.934
11,0	9.081	9.838	10.594	11.351	12.108
11,5	9.211	9.979	10.746	11.514	12.281
12,0	9.342	10.120	10.898	11.677	12.455
12,5	9.472	10.261	11.051	11.840	12.629
13,0	9.602	10.403	11.203	12.003	12.803
13,5	9.733	10.544	11.355	12.166	12.977
14,0	9.863	10.685	11.507	12.329	13.150
14,5	9.994	10.826	11.659	12.492	13.324
15,0	**10.124**	10.968	11.811	12.655	**13.498**
15,5	10.224	11.076	11.928	12.780	13.632
16,0	10.324	11.185	12.045	12.905	13.765
16,5	10.425	11.293	12.162	13.030	13.899
17,0	10.525	11.402	12.278	13.155	14.032
17,5	10.625	11.510	12.395	13.280	14.166
18,0	10.725	11.619	12.512	13.406	14.299
18,5	10.825	11.727	12.629	13.531	14.433
19,0	10.926	11.836	12.746	13.656	14.566
19,5	11.026	11.944	12.863	13.781	14.700
20,0	**11.126**	12.053	12.980	13.906	**14.833**
21,0	11.307	12.248	13.190	14.132	15.074
22,0	11.487	12.444	13.401	14.358	15.315
23,0	11.668	12.639	13.611	14.583	15.555
24,0	11.848	12.835	13.822	14.809	15.796
25,0	12.029	13.031	14.033	15.035	16.037
26,0	12.209	13.226	14.243	15.261	16.278
27,0	12.390	13.422	14.454	15.486	16.519
28,0	12.570	13.617	14.665	15.712	16.759
29,0	12.751	13.813	14.875	15.938	17.000
30,0	**12.931**	14.009	15.086	16.164	**17.241**
31,0	13.091	14.182	15.273	16.364	17.455
32,0	13.251	14.355	15.460	16.564	17.668
33,0	13.411	14.529	15.647	16.764	17.882
34,0	13.571	14.702	15.833	16.965	18.096
35,0	13.731	14.876	16.020	17.165	18.310
36,0	13.891	15.049	16.207	17.365	18.523
37,0	14.051	15.222	16.394	17.565	18.737
38,0	14.211	15.396	16.581	17.766	18.951
39,0	14.371	15.569	16.768	17.966	19.164

Honorartafel zu § 49 d Abs. 1 – Pflege- und Entwicklungspläne, Honorarzone III

Fläche ha	Von- satz Euro	Viertel- satz Euro	Mittel- satz Euro	Drei- viertel- satz Euro	Bis- satz Euro
40,0	**14.531**	15.743	16.955	18.166	**19.378**
41,0	14.671	15.894	17.118	18.341	19.565
42,0	14.811	16.046	17.281	18.516	19.751
43,0	14.951	16.198	17.445	18.691	19.938
44,0	15.091	16.350	17.608	18.866	20.124
45,0	15.232	16.501	17.771	19.041	20.311
46,0	15.372	16.653	17.935	19.216	20.498
47,0	15.512	16.805	18.098	19.391	20.684
48,0	15.652	16.957	18.261	19.566	20.871
49,0	15.792	17.108	18.425	19.741	21.057
50,0	**15.932**	17.260	18.588	19.916	**21.244**
52,5	16.233	17.586	18.939	20.292	21.645
55,0	16.534	17.912	19.291	20.669	22.047
57,5	16.835	18.239	19.642	21.045	22.448
60,0	17.136	18.565	19.993	21.421	22.850
62,5	17.438	18.891	20.344	21.798	23.251
65,0	17.739	19.217	20.696	22.174	23.652
67,5	18.040	19.543	21.047	22.550	24.054
70,0	18.341	19.869	21.398	22.927	24.455
72,5	18.642	20.196	21.749	23.303	24.857
75,0	**18.943**	20.522	22.101	23.679	**25.258**
77,5	19.194	20.794	22.393	23.993	25.592
80,0	19.445	21.066	22.686	24.306	25.927
82,5	19.696	21.338	22.979	24.620	26.261
85,0	19.947	21.609	23.272	24.934	26.596
87,5	20.199	21.881	23.564	25.247	26.930
90,0	20.450	22.153	23.857	25.561	27.264
92,5	20.701	22.425	24.150	25.874	27.599
95,0	20.952	22.697	24.443	26.188	27.933
97,5	21.203	22.969	24.735	26.501	28.268
100,0	**21.454**	23.241	25.028	26.815	**28.602**
105,0	21.855	23.675	25.496	27.316	29.136
110,0	22.256	24.109	25.963	27.817	29.671
115,0	22.656	24.544	26.431	28.318	30.205
120,0	23.057	24.978	26.898	28.819	30.739
125,0	23.458	25.412	27.366	29.320	31.274
130,0	23.859	25.846	27.833	29.821	31.808
135,0	24.260	26.280	28.301	30.321	32.342
140,0	24.660	26.714	28.768	30.822	32.876
145,0	25.061	27.149	29.236	31.323	33.411
150,0	**25.462**	27.583	29.704	31.824	**33.945**
155,0	25.762	27.908	30.054	32.200	34.346
160,0	26.062	28.233	30.405	32.576	34.747
165,0	26.363	28.559	30.755	32.951	35.147
170,0	26.663	28.884	31.106	33.327	35.548
175,0	26.963	29.210	31.456	33.703	35.949
180,0	27.263	29.535	31.807	34.078	36.350
185,0	27.563	29.860	32.157	34.454	36.751
190,0	27.864	30.186	32.508	34.829	37.151
195,0	28.164	30.511	32.858	35.205	37.552

Fläche ha	Von-satz Euro	Viertel-satz Euro	Mittel-satz Euro	Drei-viertel-satz Euro	Bis-satz Euro
200,0	**28.464**	30.836	33.209	35.581	**37.953**
210,0	28.865	31.270	33.676	36.082	38.487
220,0	29.266	31.705	34.144	36.583	39.022
230,0	29.666	32.139	34.611	37.084	39.556
240,0	30.067	32.573	35.079	37.584	40.090
250,0	30.468	33.007	35.546	38.085	40.625
260,0	30.869	33.441	36.014	38.586	41.159
270,0	31.270	33.875	36.481	39.087	41.693
280,0	31.670	34.310	36.949	39.588	42.227
290,0	32.071	34.744	37.416	40.089	42.762
300,0	**32.472**	35.178	37.884	40.590	**43.296**
310,0	32.773	35.504	38.235	40.966	43.697
320,0	33.074	35.831	38.587	41.343	44.099
330,0	33.376	36.157	38.938	41.719	44.500
340,0	33.677	36.483	39.289	42.095	44.902
350,0	33.978	36.809	39.641	42.472	45.303
360,0	34.279	37.136	39.992	42.848	45.704
370,0	34.580	37.462	40.343	43.224	46.106
380,0	34.882	37.788	40.694	43.601	46.507
390,0	35.183	38.114	41.046	43.977	46.909
400,0	**35.484**	38.441	41.397	44.354	**47.310**
410,0	35.724	38.701	41.677	44.654	47.631
420,0	35.965	38.961	41.958	44.955	47.951
430,0	36.205	39.222	42.238	45.255	48.272
440,0	36.445	39.482	42.519	45.556	48.592
450,0	36.686	39.742	42.799	45.856	48.913
460,0	36.926	40.003	43.080	46.157	49.234
470,0	37.166	40.263	43.360	46.457	49.554
480,0	37.406	40.524	43.641	46.758	49.875
490,0	37.647	40.784	43.921	47.058	50.195
500,0	**37.887**	41.044	44.202	47.359	**50.516**
550,0	38.890	42.130	45.371	48.612	51.853
600,0	39.892	43.216	46.541	49.865	53.189
650,0	40.895	44.302	47.710	51.118	54.526
700,0	41.897	45.389	48.880	52.371	55.862
750,0	42.900	46.475	50.049	53.624	57.199
800,0	43.903	47.561	51.219	54.877	58.535
850,0	44.905	48.647	52.388	56.130	59.872
900,0	45.908	49.733	53.558	57.383	61.208
950,0	46.910	50.819	54.727	58.636	62.545
1000,0	**47.913**	51.905	55.897	59.889	**63.881**
1150,0	50.318	54.511	58.703	62.895	67.088
1300,0	52.723	57.116	61.509	65.902	70.295
1450,0	55.128	59.722	64.315	68.908	73.501
1600,0	57.533	62.327	67.121	71.915	76.708
1750,0	59.939	64.933	69.927	74.921	79.915
1900,0	62.344	67.538	72.733	77.927	83.122
2050,0	64.749	70.144	75.539	80.934	86.329
2200,0	67.154	72.749	78.345	83.940	89.535
2350,0	69.559	75.355	81.151	86.946	92.742

Honorartafel zu § 49 d Abs. 1 – Pflege- und Entwicklungspläne, Honorarzone III

Fläche ha	Von-satz Euro	Viertel-satz Euro	Mittel-satz Euro	Drei-viertel-satz Euro	Bis-satz Euro
2500,0	**71.964**	77.960	83.957	89.953	**95.949**
2750,0	74.970	81.217	87.464	93.711	99.958
3000,0	77.977	84.474	90.972	97.469	103.967
3250,0	80.983	87.731	94.480	101.228	107.976
3500,0	83.990	90.988	97.987	104.986	111.985
3750,0	86.996	94.246	101.495	108.745	115.994
4000,0	90.002	97.503	105.003	112.503	120.003
4250,0	93.009	100.760	108.510	116.261	124.012
4500,0	96.015	104.017	112.018	120.020	128.021
4750,0	99.022	107.274	115.526	123.778	132.030
5000,0	**102.028**	110.531	119.034	127.536	**136.039**
5500,0	106.038	114.874	123.711	132.548	141.385
6000,0	110.047	119.218	128.389	137.559	146.730
6500,0	114.057	123.562	133.066	142.571	152.076
7000,0	118.066	127.905	137.744	147.583	157.421
7500,0	122.076	132.249	142.422	152.594	162.767
8000,0	126.086	136.592	147.099	157.606	168.113
8500,0	130.095	140.936	151.777	162.617	173.458
9000,0	134.105	145.280	156.454	167.629	178.804
9500,0	138.114	149.623	161.132	172.641	184.149
10000,0	**142.124**	153.967	165.810	177.652	**189.495**

Honorartafel zu § 56 Abs. 1 – Ingenieurbauwerke, Honorarzone I

Anrechen-bare Kosten Euro	Von-satz Euro	Viertel-satz Euro	Mittel-satz Euro	Drei-viertel-satz Euro	Bis-satz Euro
25.565	**2.378**	2.531	2.685	2.838	**2.991**
26.000	2.411	2.566	2.721	2.876	3.031
26.500	2.448	2.605	2.762	2.919	3.076
27.000	2.485	2.644	2.804	2.963	3.122
27.500	2.523	2.684	2.845	3.006	3.167
28.000	2.560	2.723	2.887	3.050	3.213
28.500	2.598	2.763	2.928	3.093	3.258
29.000	2.635	2.802	2.970	3.137	3.304
29.500	2.673	2.842	3.011	3.180	3.349
30.000	**2.710**	2.881	3.053	3.224	**3.395**
30.500	2.746	2.919	3.092	3.265	3.439
31.000	2.782	2.957	3.132	3.307	3.482
31.500	2.817	2.995	3.172	3.349	3.526
32.000	2.853	3.032	3.212	3.391	3.570
32.500	2.889	3.070	3.251	3.432	3.614
33.000	2.925	3.108	3.291	3.474	3.657
33.500	2.961	3.146	3.331	3.516	3.701
34.000	2.996	3.183	3.371	3.558	3.745
34.500	3.032	3.221	3.410	3.599	3.788
35.000	**3.068**	3.259	3.450	3.641	**3.832**
35.500	3.102	3.295	3.488	3.681	3.874
36.000	3.136	3.331	3.527	3.722	3.917
36.500	3.171	3.368	3.565	3.762	3.959
37.000	3.205	3.404	3.603	3.802	4.001
37.500	3.239	3.440	3.641	3.842	4.044
38.000	3.273	3.476	3.680	3.883	4.086
38.500	3.307	3.513	3.718	3.923	4.128
39.000	3.342	3.549	3.756	3.963	4.170
39.500	3.376	3.585	3.794	4.003	4.213
40.000	**3.410**	3.621	3.833	4.044	**4.255**
40.500	3.444	3.657	3.870	4.083	4.296
41.000	3.478	3.693	3.908	4.123	4.337
41.500	3.512	3.729	3.945	4.162	4.379
42.000	3.546	3.764	3.983	4.201	4.420
42.500	3.580	3.800	4.021	4.241	4.461
43.000	3.614	3.836	4.058	4.280	4.502
43.500	3.648	3.872	4.096	4.320	4.543
44.000	3.682	3.908	4.133	4.359	4.585
44.500	3.716	3.943	4.171	4.398	4.626
45.000	**3.750**	3.979	4.209	4.438	**4.667**
45.500	3.784	4.015	4.246	4.477	4.708
46.000	3.817	4.050	4.283	4.516	4.749
46.500	3.851	4.086	4.320	4.555	4.790
47.000	3.884	4.121	4.358	4.594	4.831
47.500	3.918	4.157	4.395	4.634	4.872
48.000	3.952	4.192	4.432	4.673	4.913
48.500	3.985	4.227	4.470	4.712	4.954
49.000	4.019	4.263	4.507	4.751	4.995
49.500	4.052	4.298	4.544	4.790	5.036

Honorartafel zu § 56 Abs. 1 – Ingenieurbauwerke, Honorarzone I

Anrechenbare Kosten Euro	Von- satz Euro	Viertel- satz Euro	Mittel- satz Euro	Drei- viertel- satz Euro	Bis- satz Euro
50.000	**4.086**	4.334	4.582	4.829	**5.077**
52.500	4.244	4.500	4.756	5.012	5.268
55.000	4.402	4.666	4.931	5.195	5.459
57.500	4.560	4.833	5.105	5.378	5.650
60.000	4.718	4.999	5.280	5.561	5.841
62.500	4.876	5.165	5.454	5.743	6.033
65.000	5.034	5.331	5.629	5.926	6.224
67.500	5.192	5.498	5.803	6.109	6.415
70.000	5.350	5.664	5.978	6.292	6.606
72.500	5.508	5.830	6.152	6.475	6.797
75.000	**5.666**	5.997	6.327	6.658	**6.988**
77.500	5.814	6.152	6.490	6.828	7.166
80.000	5.962	6.308	6.654	6.999	7.345
82.500	6.111	6.464	6.817	7.170	7.523
85.000	6.259	6.620	6.980	7.341	7.702
87.500	6.407	6.775	7.144	7.512	7.880
90.000	6.555	6.931	7.307	7.683	8.058
92.500	6.703	7.087	7.470	7.853	8.237
95.000	6.852	7.243	7.633	8.024	8.415
97.500	7.000	7.398	7.797	8.195	8.594
100.000	**7.148**	7.554	7.960	8.366	**8.772**
105.000	7.424	7.844	8.263	8.683	9.103
110.000	7.701	8.134	8.567	9.000	9.433
115.000	7.977	8.424	8.870	9.317	9.764
120.000	8.253	8.714	9.174	9.634	10.094
125.000	8.530	9.003	9.477	9.951	10.425
130.000	8.806	9.293	9.781	10.268	10.756
135.000	9.082	9.583	10.084	10.585	11.086
140.000	9.358	9.873	10.388	10.902	11.417
145.000	9.635	10.163	10.691	11.219	11.747
150.000	**9.911**	10.453	10.995	11.536	**12.078**
155.000	10.170	10.724	11.278	11.833	12.387
160.000	10.429	10.996	11.562	12.129	12.695
165.000	10.689	11.267	11.846	12.425	13.004
170.000	10.948	11.539	12.130	12.721	13.312
175.000	11.207	11.811	12.414	13.018	13.621
180.000	11.466	12.082	12.698	13.314	13.930
185.000	11.725	12.354	12.982	13.610	14.238
190.000	11.985	12.625	13.266	13.906	14.547
195.000	12.244	12.897	13.550	14.203	14.855
200.000	**12.503**	13.168	13.834	14.499	**15.164**
205.000	12.750	13.426	14.103	14.779	15.456
210.000	12.996	13.684	14.372	15.060	15.748
215.000	13.243	13.942	14.642	15.341	16.040
220.000	13.490	14.200	14.911	15.621	16.332
225.000	13.737	14.458	15.180	15.902	16.624
230.000	13.983	14.716	15.450	16.183	16.916
235.000	14.230	14.974	15.719	16.463	17.208
240.000	14.477	15.232	15.988	16.744	17.500
245.000	14.723	15.490	16.258	17.025	17.792

Honorartafel zu § 56 Abs. 1 – Ingenieurbauwerke, Honorarzone I

Anrechen-bare Kosten Euro	Von-satz Euro	Viertel-satz Euro	Mittel-satz Euro	Drei-viertel-satz Euro	Bis-satz Euro
250.000	**14.970**	15.749	16.527	17.306	**18.084**
255.000	15.207	15.996	16.785	17.575	18.364
260.000	15.443	16.243	17.043	17.844	18.644
265.000	15.680	16.491	17.302	18.113	18.923
270.000	15.916	16.738	17.560	18.382	19.203
275.000	16.153	16.986	17.818	18.651	19.483
280.000	16.390	17.233	18.076	18.920	19.763
285.000	16.626	17.480	18.334	19.189	20.043
290.000	16.863	17.728	18.593	19.458	20.322
295.000	17.099	17.975	18.851	19.727	20.602
300.000	**17.336**	18.223	19.109	19.996	**20.882**
305.000	17.565	18.462	19.359	20.256	21.153
310.000	17.795	18.702	19.609	20.516	21.423
315.000	18.024	18.942	19.859	20.777	21.694
320.000	18.254	19.181	20.109	21.037	21.965
325.000	18.483	19.421	20.359	21.297	22.236
330.000	18.712	19.661	20.609	21.558	22.506
335.000	18.942	19.901	20.859	21.818	22.777
340.000	19.171	20.140	21.109	22.079	23.048
345.000	19.401	20.380	21.359	22.339	23.318
350.000	**19.630**	20.620	21.610	22.599	**23.589**
355.000	19.854	20.853	21.853	22.852	23.852
360.000	20.078	21.087	22.096	23.105	24.115
365.000	20.302	21.321	22.340	23.358	24.377
370.000	20.526	21.554	22.583	23.612	24.640
375.000	20.750	21.788	22.826	23.865	24.903
380.000	20.973	22.022	23.070	24.118	25.166
385.000	21.197	22.255	23.313	24.371	25.429
390.000	21.421	22.489	23.556	24.624	25.691
395.000	21.645	22.722	23.800	24.877	25.954
400.000	**21.869**	22.956	24.043	25.130	**26.217**
405.000	22.087	23.183	24.280	25.376	26.473
410.000	22.304	23.410	24.517	25.623	26.729
415.000	22.522	23.638	24.753	25.869	26.984
420.000	22.740	23.865	24.990	26.115	27.240
425.000	22.958	24.092	25.227	26.361	27.496
430.000	23.175	24.319	25.464	26.608	27.752
435.000	23.393	24.547	25.700	26.854	28.008
440.000	23.611	24.774	25.937	27.100	28.263
445.000	23.828	25.001	26.174	27.346	28.519
450.000	**24.046**	25.228	26.411	27.593	**28.775**
455.000	24.259	25.450	26.642	27.833	29.025
460.000	24.472	25.672	26.873	28.074	29.274
465.000	24.685	25.895	27.104	28.314	29.524
470.000	24.898	26.117	27.336	28.555	29.774
475.000	25.111	26.339	27.567	28.795	30.024
480.000	25.323	26.561	27.798	29.036	30.273
485.000	25.536	26.783	28.030	29.276	30.523
490.000	25.749	27.005	28.261	29.517	30.773
495.000	25.962	27.227	28.492	29.757	31.022

Honorartafel zu § 56 Abs. 1 – Ingenieurbauwerke, Honorarzone I

Anrechenbare Kosten Euro	Von- satz Euro	Viertel- satz Euro	Mittel- satz Euro	Drei- viertel- satz Euro	Bis- satz Euro
500.000	**26.175**	27.449	28.724	29.998	**31.272**
525.000	27.185	28.502	29.818	31.134	32.451
550.000	28.196	29.554	30.912	32.271	33.629
575.000	29.206	30.606	32.007	33.407	34.808
600.000	30.216	31.659	33.101	34.544	35.986
625.000	31.227	32.711	34.196	35.680	37.165
650.000	32.237	33.763	35.290	36.816	38.343
675.000	33.247	34.816	36.384	37.953	39.522
700.000	34.257	35.868	37.479	39.089	40.700
725.000	35.268	36.920	38.573	40.226	41.879
750.000	**36.278**	37.973	39.668	41.362	**43.057**
775.000	37.226	38.959	40.692	42.425	44.158
800.000	38.175	39.946	41.716	43.487	45.258
825.000	39.123	40.932	42.741	44.550	46.359
850.000	40.072	41.918	43.765	45.612	47.459
875.000	41.020	42.905	44.790	46.675	48.560
900.000	41.968	43.891	45.814	47.737	49.660
925.000	42.917	44.878	46.839	48.800	50.761
950.000	43.865	45.864	47.863	49.862	51.861
975.000	44.814	46.851	48.888	50.925	52.962
1.000.000	**45.762**	47.837	49.912	51.987	**54.062**
1.050.000	47.531	49.674	51.818	53.961	56.104
1.100.000	49.300	51.512	53.723	55.935	58.146
1.150.000	51.069	53.349	55.629	57.908	60.188
1.200.000	52.838	55.186	57.534	59.882	62.230
1.250.000	54.608	57.024	59.440	61.856	64.272
1.300.000	56.377	58.861	61.345	63.830	66.314
1.350.000	58.146	60.698	63.251	65.803	68.356
1.400.000	59.915	62.536	65.156	67.777	70.398
1.450.000	61.684	64.373	67.062	69.751	72.440
1.500.000	**63.453**	66.210	68.968	71.725	**74.482**
1.550.000	65.112	67.930	70.749	73.568	76.387
1.600.000	66.770	69.651	72.531	75.411	78.292
1.650.000	68.429	71.371	74.313	77.255	80.197
1.700.000	70.087	73.091	76.095	79.098	82.102
1.750.000	71.746	74.811	77.876	80.941	84.007
1.800.000	73.405	76.531	79.658	82.785	85.911
1.850.000	75.063	78.251	81.440	84.628	87.816
1.900.000	76.722	79.972	83.222	86.471	89.721
1.950.000	78.380	81.692	85.003	88.315	91.626
2.000.000	**80.039**	83.412	86.785	90.158	**93.531**
2.050.000	81.617	85.047	88.477	91.907	95.337
2.100.000	83.195	86.683	90.170	93.657	97.144
2.150.000	84.774	88.318	91.862	95.406	98.950
2.200.000	86.352	89.953	93.554	97.155	100.757
2.250.000	87.930	91.588	95.247	98.905	102.563
2.300.000	89.508	93.224	96.939	100.654	104.369
2.350.000	91.086	94.859	98.631	102.403	106.176
2.400.000	92.665	96.494	100.323	104.153	107.982
2.450.000	94.243	98.129	102.016	105.902	109.789

Honorartafel zu § 56 Abs. 1 – Ingenieurbauwerke, Honorarzone I

Anrechen- bare Kosten Euro	Von- satz Euro	Viertel- satz Euro	Mittel- satz Euro	Drei- viertel- satz Euro	Bis- satz Euro
2.500.000	**95.821**	99.765	103.708	107.652	**111.595**
2.550.000	97.339	101.336	105.333	109.330	113.327
2.600.000	98.858	102.908	106.958	111.008	115.059
2.650.000	100.376	104.480	108.583	112.687	116.790
2.700.000	101.894	106.051	110.208	114.365	118.522
2.750.000	103.413	107.623	111.833	116.044	120.254
2.800.000	104.931	109.195	113.458	117.722	121.986
2.850.000	106.449	110.766	115.083	119.400	123.718
2.900.000	107.967	112.338	116.708	121.079	125.449
2.950.000	109.486	113.910	118.333	122.757	127.181
3.000.000	**111.004**	115.481	119.959	124.436	**128.913**
3.050.000	112.474	117.002	121.530	126.058	130.586
3.100.000	113.943	118.522	123.101	127.679	132.258
3.150.000	115.413	120.042	124.672	129.301	133.931
3.200.000	116.882	121.562	126.243	130.923	135.603
3.250.000	118.352	123.083	127.814	132.545	137.276
3.300.000	119.821	124.603	129.385	134.166	138.948
3.350.000	121.291	126.123	130.956	135.788	140.621
3.400.000	122.760	127.643	132.527	137.410	142.293
3.450.000	124.230	129.164	134.098	139.032	143.966
3.500.000	**125.699**	130.684	135.669	140.653	**145.638**
3.550.000	127.129	132.162	137.196	142.229	147.262
3.600.000	128.559	133.641	138.723	143.805	148.886
3.650.000	129.990	135.120	140.250	145.380	150.510
3.700.000	131.420	136.598	141.777	146.956	152.134
3.750.000	132.850	138.077	143.304	148.531	153.759
3.800.000	134.280	139.556	144.831	150.107	155.383
3.850.000	135.710	141.034	146.359	151.683	157.007
3.900.000	137.141	142.513	147.886	153.258	158.631
3.950.000	138.571	143.992	149.413	154.834	160.255
4.000.000	**140.001**	145.471	150.940	156.410	**161.879**
4.050.000	141.396	146.912	152.429	157.945	163.461
4.100.000	142.792	148.354	153.917	159.480	165.042
4.150.000	144.187	149.796	155.406	161.015	166.624
4.200.000	145.582	151.238	156.894	162.550	168.206
4.250.000	146.978	152.680	158.383	164.085	169.788
4.300.000	148.373	154.122	159.871	165.620	171.369
4.350.000	149.768	155.564	161.360	167.155	172.951
4.400.000	151.163	157.006	162.848	168.690	174.533
4.450.000	152.559	158.448	164.337	170.225	176.114
4.500.000	**153.954**	159.890	165.825	171.761	**177.696**
4.550.000	155.320	161.300	167.280	173.261	179.241
4.600.000	156.685	162.710	168.736	174.761	180.787
4.650.000	158.051	164.121	170.191	176.262	182.332
4.700.000	159.416	165.531	171.647	177.762	183.877
4.750.000	160.782	166.942	173.102	179.262	185.423
4.800.000	162.147	168.352	174.557	180.763	186.968
4.850.000	163.513	169.763	176.013	182.263	188.513
4.900.000	164.878	171.173	177.468	183.763	190.058
4.950.000	166.244	172.584	178.924	185.264	191.604

Honorartafel zu § 56 Abs. 1 – Ingenieurbauwerke, Honorarzone I

Anrechen-bare Kosten Euro	Von-satz Euro	Viertel-satz Euro	Mittel-satz Euro	Drei-viertel-satz Euro	Bis-satz Euro
5.000.000	**167.609**	173.994	180.379	186.764	**193.149**
5.250.000	174.079	180.670	187.261	193.852	200.443
5.500.000	180.549	187.346	194.143	200.940	207.736
5.750.000	187.019	194.022	201.025	208.027	215.030
6.000.000	193.489	200.698	207.906	215.115	222.324
6.250.000	199.959	207.374	214.788	222.203	229.618
6.500.000	206.429	214.050	221.670	229.291	236.911
6.750.000	212.899	220.725	228.552	236.378	244.205
7.000.000	219.369	227.401	235.434	243.466	251.499
7.250.000	225.839	234.077	242.316	250.554	258.792
7.500.000	**232.309**	240.753	249.198	257.642	**266.086**
7.750.000	238.380	247.010	255.639	264.269	272.898
8.000.000	244.452	253.266	262.081	270.896	279.710
8.250.000	250.523	259.523	268.523	277.523	286.523
8.500.000	256.595	265.780	274.965	284.150	293.335
8.750.000	262.666	272.036	281.407	290.777	300.147
9.000.000	268.737	278.293	287.848	297.404	306.959
9.250.000	274.809	284.549	294.290	304.031	313.771
9.500.000	280.880	290.806	300.732	310.658	320.584
9.750.000	286.952	297.063	307.174	317.285	327.396
10.000.000	**293.023**	303.319	313.616	323.912	**334.208**
10.500.000	304.348	314.973	325.599	336.225	346.851
11.000.000	315.672	326.627	337.583	348.538	359.493
11.500.000	326.997	338.281	349.566	360.851	372.136
12.000.000	338.321	349.935	361.550	373.164	384.779
12.500.000	349.646	361.590	373.534	385.478	397.422
13.000.000	360.970	373.244	385.517	397.791	410.064
13.500.000	372.295	384.898	397.501	410.104	422.707
14.000.000	383.619	396.552	409.484	422.417	435.350
14.500.000	394.944	408.206	421.468	434.730	447.992
15.000.000	**406.268**	419.860	433.452	447.043	**460.635**
15.500.000	416.886	430.773	444.659	458.546	472.433
16.000.000	427.504	441.685	455.867	470.049	484.231
16.500.000	438.121	452.598	467.075	481.552	496.028
17.000.000	448.739	463.511	478.283	493.054	507.826
17.500.000	459.357	474.424	489.491	504.557	519.624
18.000.000	469.975	485.337	500.698	516.060	531.422
18.500.000	480.593	496.249	511.906	527.563	543.220
19.000.000	491.210	507.162	523.114	539.066	555.017
19.500.000	501.828	518.075	534.322	550.568	566.815
20.000.000	**512.446**	528.988	545.530	562.071	**578.613**
20.500.000	522.555	539.368	556.182	572.995	589.808
21.000.000	532.664	549.749	566.834	583.918	601.003
21.500.000	542.773	560.130	577.486	594.842	612.198
22.000.000	552.882	570.510	588.138	605.766	623.393
22.500.000	562.992	580.891	598.790	616.689	634.589
23.000.000	573.101	591.271	609.442	627.613	645.784
23.500.000	583.210	601.652	620.094	638.536	656.979
24.000.000	593.319	612.033	630.746	649.460	668.174
24.500.000	603.428	622.413	641.398	660.384	679.369
25.000.000	**613.537**	632.794	652.051	671.307	**690.564**
25.564.594	**624.901**	644.462	664.023	683.583	**703.144**

Honorartafel zu § 56 Abs. 1 – Ingenieurbauwerke, Honorarzone II

Anrechen-bare Kosten Euro	Von-satz Euro	Viertel-satz Euro	Mittel-satz Euro	Drei-viertel-satz Euro	Bis-satz Euro
25.565	**2.991**	3.143	3.295	3.447	**3.599**
26.000	3.031	3.184	3.338	3.492	3.646
26.500	3.076	3.232	3.388	3.544	3.700
27.000	3.122	3.280	3.438	3.596	3.754
27.500	3.167	3.328	3.488	3.648	3.808
28.000	3.213	3.375	3.538	3.700	3.863
28.500	3.258	3.423	3.588	3.752	3.917
29.000	3.304	3.471	3.637	3.804	3.971
29.500	3.349	3.518	3.687	3.856	4.025
30.000	**3.395**	3.566	3.737	3.908	**4.079**
30.500	3.439	3.612	3.785	3.958	4.131
31.000	3.482	3.658	3.833	4.008	4.183
31.500	3.526	3.703	3.881	4.058	4.236
32.000	3.570	3.749	3.929	4.108	4.288
32.500	3.614	3.795	3.977	4.158	4.340
33.000	3.657	3.841	4.025	4.208	4.392
33.500	3.701	3.887	4.073	4.259	4.444
34.000	3.745	3.933	4.121	4.309	4.497
34.500	3.788	3.978	4.169	4.359	4.549
35.000	**3.832**	4.024	4.217	4.409	**4.601**
35.500	3.874	4.068	4.263	4.457	4.651
36.000	3.917	4.113	4.309	4.505	4.701
36.500	3.959	4.157	4.355	4.553	4.751
37.000	4.001	4.201	4.401	4.601	4.801
37.500	4.044	4.245	4.447	4.649	4.851
38.000	4.086	4.289	4.493	4.697	4.900
38.500	4.128	4.334	4.539	4.745	4.950
39.000	4.170	4.378	4.585	4.793	5.000
39.500	4.213	4.422	4.631	4.841	5.050
40.000	**4.255**	4.466	4.678	4.889	**5.100**
40.500	4.296	4.509	4.722	4.936	5.149
41.000	4.337	4.552	4.767	4.982	5.197
41.500	4.379	4.595	4.812	5.029	5.246
42.000	4.420	4.639	4.857	5.076	5.295
42.500	4.461	4.682	4.902	5.123	5.344
43.000	4.502	4.725	4.947	5.170	5.392
43.500	4.543	4.768	4.992	5.217	5.441
44.000	4.585	4.811	5.037	5.263	5.490
44.500	4.626	4.854	5.082	5.310	5.538
45.000	**4.667**	4.897	5.127	5.357	**5.587**
45.500	4.708	4.940	5.172	5.403	5.635
46.000	4.749	4.983	5.216	5.450	5.683
46.500	4.790	5.025	5.261	5.496	5.731
47.000	4.831	5.068	5.305	5.542	5.779
47.500	4.872	5.111	5.350	5.589	5.828
48.000	4.913	5.154	5.394	5.635	5.876
48.500	4.954	5.196	5.439	5.681	5.924
49.000	4.995	5.239	5.483	5.728	5.972
49.500	5.036	5.282	5.528	5.774	6.020

Honorartafel zu § 56 Abs. 1 – Ingenieurbauwerke, Honorarzone II

Anrechen-bare Kosten Euro	Von-satz Euro	Viertel-satz Euro	Mittel-satz Euro	Drei-viertel-satz Euro	Bis-satz Euro
50.000	**5.077**	5.325	5.573	5.820	**6.068**
52.500	5.268	5.524	5.780	6.036	6.292
55.000	5.459	5.724	5.988	6.252	6.516
57.500	5.650	5.923	6.195	6.468	6.741
60.000	5.841	6.122	6.403	6.684	6.965
62.500	6.033	6.322	6.611	6.900	7.189
65.000	6.224	6.521	6.818	7.116	7.413
67.500	6.415	6.720	7.026	7.332	7.637
70.000	6.606	6.920	7.234	7.548	7.862
72.500	6.797	7.119	7.441	7.764	8.086
75.000	**6.988**	7.319	7.649	7.980	**8.310**
77.500	7.166	7.504	7.843	8.181	8.519
80.000	7.345	7.690	8.036	8.382	8.727
82.500	7.523	7.876	8.230	8.583	8.936
85.000	7.702	8.062	8.423	8.784	9.144
87.500	7.880	8.248	8.617	8.985	9.353
90.000	8.058	8.434	8.810	9.186	9.562
92.500	8.237	8.620	9.004	9.387	9.770
95.000	8.415	8.806	9.197	9.588	9.979
97.500	8.594	8.992	9.391	9.789	10.187
100.000	**8.772**	9.178	9.584	9.990	**10.396**
105.000	9.103	9.522	9.942	10.361	10.781
110.000	9.433	9.866	10.300	10.733	11.166
115.000	9.764	10.211	10.657	11.104	11.551
120.000	10.094	10.555	11.015	11.476	11.936
125.000	10.425	10.899	11.373	11.847	12.321
130.000	10.756	11.243	11.731	12.218	12.706
135.000	11.086	11.587	12.089	12.590	13.091
140.000	11.417	11.932	12.446	12.961	13.476
145.000	11.747	12.276	12.804	13.333	13.861
150.000	**12.078**	12.620	13.162	13.704	**14.246**
155.000	12.387	12.941	13.495	14.050	14.604
160.000	12.695	13.262	13.828	14.395	14.962
165.000	13.004	13.583	14.162	14.741	15.319
170.000	13.312	13.904	14.495	15.086	15.677
175.000	13.621	14.225	14.828	15.432	16.035
180.000	13.930	14.545	15.161	15.777	16.393
185.000	14.238	14.866	15.494	16.123	16.751
190.000	14.547	15.187	15.828	16.468	17.108
195.000	14.855	15.508	16.161	16.814	17.466
200.000	**15.164**	15.829	16.494	17.159	**17.824**
205.000	15.456	16.132	16.809	17.485	18.162
210.000	15.748	16.436	17.124	17.812	18.500
215.000	16.040	16.739	17.439	18.138	18.837
220.000	16.332	17.043	17.754	18.464	19.175
225.000	16.624	17.346	18.069	18.791	19.513
230.000	16.916	17.650	18.383	19.117	19.851
235.000	17.208	17.953	18.698	19.443	20.189
240.000	17.500	18.257	19.013	19.770	20.526
245.000	17.792	18.560	19.328	20.096	20.864

Honorartafel zu § 56 Abs. 1 – Ingenieurbauwerke, Honorarzone II

Anrechen- bare Kosten Euro	Von- satz Euro	Viertel- satz Euro	Mittel- satz Euro	Drei- viertel- satz Euro	Bis- satz Euro
250.000	**18.084**	18.864	19.643	20.423	**21.202**
255.000	18.364	19.154	19.945	20.735	21.525
260.000	18.644	19.445	20.246	21.047	21.848
265.000	18.923	19.735	20.548	21.360	22.172
270.000	19.203	20.026	20.849	21.672	22.495
275.000	19.483	20.317	21.151	21.984	22.818
280.000	19.763	20.607	21.452	22.297	23.141
285.000	20.043	20.898	21.754	22.609	23.464
290.000	20.322	21.189	22.055	22.921	23.788
295.000	20.602	21.479	22.357	23.234	24.111
300.000	**20.882**	21.770	22.658	23.546	**24.434**
305.000	21.153	22.051	22.949	23.847	24.746
310.000	21.423	22.332	23.240	24.149	25.057
315.000	21.694	22.613	23.531	24.450	25.369
320.000	21.965	22.894	23.822	24.751	25.680
325.000	22.236	23.175	24.114	25.053	25.992
330.000	22.506	23.455	24.405	25.354	26.303
335.000	22.777	23.736	24.696	25.655	26.615
340.000	23.048	24.017	24.987	25.956	26.926
345.000	23.318	24.298	25.278	26.258	27.238
350.000	**23.589**	24.579	25.569	26.559	**27.549**
355.000	23.852	24.852	25.851	26.851	27.851
360.000	24.115	25.124	26.134	27.143	28.153
365.000	24.377	25.397	26.416	27.436	28.455
370.000	24.640	25.669	26.699	27.728	28.757
375.000	24.903	25.942	26.981	28.020	29.059
380.000	25.166	26.215	27.263	28.312	29.361
385.000	25.429	26.487	27.546	28.604	29.663
390.000	25.691	26.760	27.828	28.897	29.965
395.000	25.954	27.032	28.111	29.189	30.267
400.000	**26.217**	27.305	28.393	29.481	**30.569**
405.000	26.473	27.570	28.668	29.765	30.863
410.000	26.729	27.836	28.942	30.049	31.156
415.000	26.984	28.101	29.217	30.333	31.450
420.000	27.240	28.366	29.492	30.618	31.743
425.000	27.496	28.631	29.767	30.902	32.037
430.000	27.752	28.897	30.041	31.186	32.331
435.000	28.008	29.162	30.316	31.470	32.624
440.000	28.263	29.427	30.591	31.754	32.918
445.000	28.519	29.692	30.865	32.038	33.211
450.000	**28.775**	29.958	31.140	32.323	**33.505**
455.000	29.025	30.216	31.408	32.599	33.791
460.000	29.274	30.475	31.676	32.876	34.077
465.000	29.524	30.734	31.944	33.153	34.363
470.000	29.774	30.993	32.211	33.430	34.649
475.000	30.024	31.251	32.479	33.707	34.935
480.000	30.273	31.510	32.747	33.984	35.221
485.000	30.523	31.769	33.015	34.261	35.507
490.000	30.773	32.028	33.283	34.538	35.793
495.000	31.022	32.286	33.551	34.815	36.079

Honorartafel zu § 56 Abs. 1 – Ingenieurbauwerke, Honorarzone II

Anrechen-bare Kosten Euro	Von-satz Euro	Viertel-satz Euro	Mittel-satz Euro	Drei-viertel-satz Euro	Bis-satz Euro
500.000	**31.272**	32.545	33.819	35.092	**36.365**
525.000	32.451	33.766	35.081	36.397	37.712
550.000	33.629	34.987	36.344	37.702	39.059
575.000	34.808	36.207	37.607	39.006	40.406
600.000	35.986	37.428	38.870	40.311	41.753
625.000	37.165	38.648	40.132	41.616	43.100
650.000	38.343	39.869	41.395	42.921	44.447
675.000	39.522	41.090	42.658	44.226	45.794
700.000	40.700	42.310	43.921	45.531	47.141
725.000	41.879	43.531	45.183	46.836	48.488
750.000	**43.057**	44.752	46.446	48.141	**49.835**
775.000	44.158	45.890	47.623	49.355	51.088
800.000	45.258	47.029	48.800	50.570	52.341
825.000	46.359	48.167	49.976	51.785	53.594
850.000	47.459	49.306	51.153	53.000	54.847
875.000	48.560	50.445	52.330	54.215	56.101
900.000	49.660	51.583	53.507	55.430	57.354
925.000	50.761	52.722	54.684	56.645	58.607
950.000	51.861	53.861	55.860	57.860	59.860
975.000	52.962	54.999	57.037	59.075	61.113
1.000.000	**54.062**	56.138	58.214	60.290	**62.366**
1.050.000	56.104	58.248	60.392	62.536	64.681
1.100.000	58.146	60.358	62.571	64.783	66.995
1.150.000	60.188	62.468	64.749	67.029	69.310
1.200.000	62.230	64.579	66.927	69.276	71.624
1.250.000	64.272	66.689	69.105	71.522	73.939
1.300.000	66.314	68.799	71.284	73.768	76.253
1.350.000	68.356	70.909	73.462	76.015	78.568
1.400.000	70.398	73.019	75.640	78.261	80.882
1.450.000	72.440	75.129	77.818	80.507	83.197
1.500.000	**74.482**	77.239	79.997	82.754	**85.511**
1.550.000	76.387	79.206	82.025	84.843	87.662
1.600.000	78.292	81.172	84.053	86.933	89.813
1.650.000	80.197	83.139	86.081	89.023	91.965
1.700.000	82.102	85.105	88.109	91.112	94.116
1.750.000	84.007	87.072	90.137	93.202	96.267
1.800.000	85.911	89.038	92.165	95.292	98.418
1.850.000	87.816	91.005	94.193	97.381	100.569
1.900.000	89.721	92.971	96.221	99.471	102.721
1.950.000	91.626	94.938	98.249	101.560	104.872
2.000.000	**93.531**	96.904	100.277	103.650	**107.023**
2.050.000	95.337	98.767	102.197	105.627	109.057
2.100.000	97.144	100.631	104.117	107.604	111.091
2.150.000	98.950	102.494	106.038	109.581	113.125
2.200.000	100.757	104.357	107.958	111.558	115.159
2.250.000	102.563	106.221	109.878	113.536	117.193
2.300.000	104.369	108.084	111.798	115.513	119.227
2.350.000	106.176	109.947	113.718	117.490	121.261
2.400.000	107.982	111.810	115.639	119.467	123.295
2.450.000	109.789	113.674	117.559	121.444	125.329

Honorartafel zu § 56 Abs. 1 – Ingenieurbauwerke, Honorarzone II

Anrechen-bare Kosten Euro	Von-satz Euro	Viertel-satz Euro	Mittel-satz Euro	Drei-viertel-satz Euro	Bis-satz Euro
2.500.000	**111.595**	115.537	119.479	123.421	**127.363**
2.550.000	113.327	117.322	121.318	125.313	129.309
2.600.000	115.059	119.108	123.157	127.206	131.255
2.650.000	116.790	120.893	124.996	129.098	133.201
2.700.000	118.522	122.678	126.834	130.991	135.147
2.750.000	120.254	124.464	128.673	132.883	137.093
2.800.000	121.986	126.249	130.512	134.775	139.038
2.850.000	123.718	128.034	132.351	136.668	140.984
2.900.000	125.449	129.820	134.190	138.560	142.930
2.950.000	127.181	131.605	136.029	140.452	144.876
3.000.000	**128.913**	133.390	137.868	142.345	**146.822**
3.050.000	130.586	135.114	139.642	144.170	148.698
3.100.000	132.258	136.837	141.416	145.994	150.573
3.150.000	133.931	138.560	143.190	147.819	152.449
3.200.000	135.603	140.283	144.964	149.644	154.324
3.250.000	137.276	142.007	146.738	151.469	156.200
3.300.000	138.948	143.730	148.512	153.293	158.075
3.350.000	140.621	145.453	150.286	155.118	159.951
3.400.000	142.293	147.176	152.060	156.943	161.826
3.450.000	143.966	148.900	153.834	158.768	163.702
3.500.000	**145.638**	150.623	155.608	160.592	**165.577**
3.550.000	147.262	152.295	157.328	162.361	167.395
3.600.000	148.886	153.968	159.049	164.131	169.212
3.650.000	150.510	155.640	160.770	165.900	171.030
3.700.000	152.134	157.313	162.491	167.669	172.847
3.750.000	153.759	158.985	164.212	169.438	174.665
3.800.000	155.383	160.658	165.933	171.208	176.483
3.850.000	157.007	162.330	167.653	172.977	178.300
3.900.000	158.631	164.003	169.374	174.746	180.118
3.950.000	160.255	165.675	171.095	176.515	181.935
4.000.000	**161.879**	167.348	172.816	178.285	**183.753**
4.050.000	163.461	168.976	174.491	180.006	185.521
4.100.000	165.042	170.604	176.166	181.728	187.290
4.150.000	166.624	172.233	177.841	183.449	189.058
4.200.000	168.206	173.861	179.516	185.171	190.826
4.250.000	169.788	175.489	181.191	186.893	192.595
4.300.000	171.369	177.118	182.866	188.614	194.363
4.350.000	172.951	178.746	184.541	190.336	196.131
4.400.000	174.533	180.374	186.216	192.058	197.899
4.450.000	176.114	182.003	187.891	193.779	199.668
4.500.000	**177.696**	183.631	189.566	195.501	**201.436**
4.550.000	179.241	185.221	191.201	197.181	203.161
4.600.000	180.787	186.812	192.837	198.862	204.887
4.650.000	182.332	188.402	194.472	200.542	206.612
4.700.000	183.877	189.992	196.107	202.222	208.337
4.750.000	185.423	191.583	197.743	203.903	210.063
4.800.000	186.968	193.173	199.378	205.583	211.788
4.850.000	188.513	194.763	201.013	207.263	213.513
4.900.000	190.058	196.353	202.648	208.943	215.238
4.950.000	191.604	197.944	204.284	210.624	216.964

Honorartafel zu § 56 Abs. 1 – Ingenieurbauwerke, Honorarzone II

Anrechen-bare Kosten Euro	Von-satz Euro	Viertel-satz Euro	Mittel-satz Euro	Drei-viertel-satz Euro	Bis-satz Euro
5.000.000	193.149	199.534	205.919	212.304	218.689
5.250.000	200.443	207.034	213.625	220.216	226.807
5.500.000	207.736	214.533	221.330	228.127	234.924
5.750.000	215.030	222.033	229.036	236.039	243.042
6.000.000	222.324	229.533	236.741	243.950	251.159
6.250.000	229.618	237.032	244.447	251.862	259.277
6.500.000	236.911	244.532	252.153	259.773	267.394
6.750.000	244.205	252.032	259.858	267.685	275.512
7.000.000	251.499	259.531	267.564	275.596	283.629
7.250.000	258.792	267.031	275.269	283.508	291.747
7.500.000	266.086	274.531	282.975	291.420	299.864
7.750.000	272.898	281.528	290.158	298.787	307.417
8.000.000	279.710	288.525	297.340	306.155	314.970
8.250.000	286.523	295.523	304.523	313.523	322.523
8.500.000	293.335	302.520	311.705	320.890	330.076
8.750.000	300.147	309.517	318.888	328.258	337.629
9.000.000	306.959	316.515	326.070	335.626	345.181
9.250.000	313.771	323.512	333.253	342.994	352.734
9.500.000	320.584	330.510	340.435	350.361	360.287
9.750.000	327.396	337.507	347.618	357.729	367.840
10.000.000	334.208	344.504	354.801	365.097	375.393
10.500.000	346.851	357.476	368.102	378.728	389.354
11.000.000	359.493	370.449	381.404	392.359	403.314
11.500.000	372.136	383.421	394.705	405.990	417.275
12.000.000	384.779	396.393	408.007	419.621	431.235
12.500.000	397.422	409.365	421.309	433.252	445.196
13.000.000	410.064	422.337	434.610	446.883	459.156
13.500.000	422.707	435.309	447.912	460.514	473.117
14.000.000	435.350	448.281	461.213	474.145	487.077
14.500.000	447.992	461.254	474.515	487.776	501.038
15.000.000	460.635	474.226	487.817	501.407	514.998
15.500.000	472.433	486.319	500.205	514.090	527.976
16.000.000	484.231	498.412	512.593	526.773	540.954
16.500.000	496.028	510.504	524.981	539.457	553.933
17.000.000	507.826	522.597	537.369	552.140	566.911
17.500.000	519.624	534.690	549.757	564.823	579.889
18.000.000	531.422	546.783	562.145	577.506	592.867
18.500.000	543.220	558.876	574.533	590.189	605.845
19.000.000	555.017	570.969	586.921	602.872	618.824
19.500.000	566.815	583.062	599.309	615.555	631.802
20.000.000	578.613	595.155	611.697	628.238	644.780
20.500.000	589.808	606.621	623.434	640.247	657.061
21.000.000	601.003	618.088	635.172	652.257	669.341
21.500.000	612.198	629.554	646.910	664.266	681.622
22.000.000	623.393	641.021	658.648	676.275	693.902
22.500.000	634.589	652.487	670.386	688.284	706.183
23.000.000	645.784	663.953	682.123	700.293	718.463
23.500.000	656.979	675.420	693.861	712.302	730.744
24.000.000	668.174	686.886	705.599	724.311	743.024
24.500.000	679.369	698.353	717.337	736.321	755.305
25.000.000	690.564	709.819	729.075	748.330	767.585
25.564.594	703.144	722.704	742.263	761.823	781.382

Honorartafel zu § 56 Abs. 1 – Ingenieurbauwerke, Honorarzone III

Anrechen-bare Kosten Euro	Von-satz Euro	Viertel-satz Euro	Mittel-satz Euro	Drei-viertel-satz Euro	Bis-satz Euro
25.565	**3.599**	3.753	3.906	4.060	**4.213**
26.000	3.646	3.801	3.957	4.112	4.267
26.500	3.700	3.858	4.015	4.172	4.330
27.000	3.754	3.914	4.073	4.233	4.392
27.500	3.808	3.970	4.132	4.293	4.455
28.000	3.863	4.026	4.190	4.354	4.517
28.500	3.917	4.082	4.248	4.414	4.580
29.000	3.971	4.139	4.306	4.474	4.642
29.500	4.025	4.195	4.365	4.535	4.705
30.000	**4.079**	4.251	4.423	4.595	**4.767**
30.500	4.131	4.305	4.479	4.653	4.827
31.000	4.183	4.359	4.535	4.711	4.887
31.500	4.236	4.413	4.591	4.769	4.947
32.000	4.288	4.468	4.647	4.827	5.007
32.500	4.340	4.522	4.704	4.885	5.067
33.000	4.392	4.576	4.760	4.943	5.127
33.500	4.444	4.630	4.816	5.001	5.187
34.000	4.497	4.684	4.872	5.059	5.247
34.500	4.549	4.738	4.928	5.117	5.307
35.000	**4.601**	4.793	4.984	5.176	**5.367**
35.500	4.651	4.844	5.038	5.231	5.424
36.000	4.701	4.896	5.091	5.286	5.482
36.500	4.751	4.948	5.145	5.342	5.539
37.000	4.801	5.000	5.198	5.397	5.596
37.500	4.851	5.051	5.252	5.453	5.654
38.000	4.900	5.103	5.306	5.508	5.711
38.500	4.950	5.155	5.359	5.564	5.768
39.000	5.000	5.207	5.413	5.619	5.825
39.500	5.050	5.258	5.466	5.675	5.883
40.000	**5.100**	5.310	5.520	5.730	**5.940**
40.500	5.149	5.361	5.572	5.784	5.996
41.000	5.197	5.411	5.625	5.839	6.052
41.500	5.246	5.462	5.677	5.893	6.109
42.000	5.295	5.512	5.730	5.947	6.165
42.500	5.344	5.563	5.782	6.002	6.221
43.000	5.392	5.613	5.835	6.056	6.277
43.500	5.441	5.664	5.887	6.110	6.333
44.000	5.490	5.715	5.940	6.165	6.390
44.500	5.538	5.765	5.992	6.219	6.446
45.000	**5.587**	5.816	6.045	6.273	**6.502**
45.500	5.635	5.866	6.096	6.327	6.557
46.000	5.683	5.916	6.148	6.380	6.612
46.500	5.731	5.965	6.199	6.434	6.668
47.000	5.779	6.015	6.251	6.487	6.723
47.500	5.828	6.065	6.303	6.540	6.778
48.000	5.876	6.115	6.354	6.594	6.833
48.500	5.924	6.165	6.406	6.647	6.888
49.000	5.972	6.215	6.458	6.701	6.944
49.500	6.020	6.265	6.509	6.754	6.999

Honorartafel zu § 56 Abs. 1 – Ingenieurbauwerke, Honorarzone III

Anrechen-bare Kosten Euro	Von-satz Euro	Viertel-satz Euro	Mittel-satz Euro	Drei-viertel-satz Euro	Bis-satz Euro
50.000	**6.068**	6.315	6.561	6.808	**7.054**
52.500	6.292	6.547	6.802	7.057	7.311
55.000	6.516	6.780	7.043	7.306	7.569
57.500	6.741	7.012	7.283	7.555	7.826
60.000	6.965	7.245	7.524	7.804	8.084
62.500	7.189	7.477	7.765	8.053	8.341
65.000	7.413	7.710	8.006	8.302	8.598
67.500	7.637	7.942	8.247	8.551	8.856
70.000	7.862	8.175	8.487	8.800	9.113
72.500	8.086	8.407	8.728	9.049	9.371
75.000	**8.310**	8.640	8.969	9.299	**9.628**
77.500	8.519	8.856	9.193	9.530	9.867
80.000	8.727	9.072	9.416	9.761	10.106
82.500	8.936	9.288	9.640	9.992	10.344
85.000	9.144	9.504	9.864	10.224	10.583
87.500	9.353	9.720	10.088	10.455	10.822
90.000	9.562	9.936	10.311	10.686	11.061
92.500	9.770	10.153	10.535	10.917	11.300
95.000	9.979	10.369	10.759	11.149	11.538
97.500	10.187	10.585	10.982	11.380	11.777
100.000	**10.396**	10.801	11.206	11.611	**12.016**
105.000	10.781	11.200	11.618	12.037	12.456
110.000	11.166	11.598	12.031	12.463	12.895
115.000	11.551	11.997	12.443	12.889	13.335
120.000	11.936	12.396	12.855	13.315	13.774
125.000	12.321	12.794	13.268	13.741	14.214
130.000	12.706	13.193	13.680	14.167	14.654
135.000	13.091	13.592	14.092	14.593	15.093
140.000	13.476	13.990	14.504	15.019	15.533
145.000	13.861	14.389	14.917	15.445	15.972
150.000	**14.246**	14.788	15.329	15.871	**16.412**
155.000	14.604	15.158	15.711	16.265	16.819
160.000	14.962	15.528	16.094	16.660	17.226
165.000	15.319	15.898	16.476	17.054	17.632
170.000	15.677	16.268	16.858	17.449	18.039
175.000	16.035	16.638	17.241	17.843	18.446
180.000	16.393	17.008	17.623	18.238	18.853
185.000	16.751	17.378	18.005	18.632	19.260
190.000	17.108	17.748	18.387	19.027	19.666
195.000	17.466	18.118	18.770	19.421	20.073
200.000	**17.824**	18.488	19.152	19.816	**20.480**
205.000	18.162	18.837	19.513	20.188	20.864
210.000	18.500	19.187	19.873	20.560	21.247
215.000	18.837	19.536	20.234	20.932	21.631
220.000	19.175	19.885	20.595	21.305	22.014
225.000	19.513	20.234	20.956	21.677	22.398
230.000	19.851	20.584	21.316	22.049	22.782
235.000	20.189	20.933	21.677	22.421	23.165
240.000	20.526	21.282	22.038	22.793	23.549
245.000	20.864	21.631	22.398	23.165	23.932

Honorartafel zu § 56 Abs. 1 – Ingenieurbauwerke, Honorarzone III

Anrechen-bare Kosten Euro	Von-satz Euro	Viertel-satz Euro	Mittel-satz Euro	Drei-viertel-satz Euro	Bis-satz Euro
250.000	**21.202**	21.981	22.759	23.538	**24.316**
255.000	21.525	22.315	23.104	23.893	24.682
260.000	21.848	22.649	23.449	24.249	25.049
265.000	22.172	22.983	23.793	24.604	25.415
270.000	22.495	23.317	24.138	24.960	25.782
275.000	22.818	23.651	24.483	25.316	26.148
280.000	23.141	23.985	24.828	25.671	26.514
285.000	23.464	24.319	25.173	26.027	26.881
290.000	23.788	24.653	25.517	26.382	27.247
295.000	24.111	24.987	25.862	26.738	27.614
300.000	**24.434**	25.321	26.207	27.094	**27.980**
305.000	24.746	25.642	26.539	27.436	28.332
310.000	25.057	25.964	26.871	27.778	28.685
315.000	25.369	26.286	27.203	28.120	29.037
320.000	25.680	26.607	27.535	28.462	29.390
325.000	25.992	26.929	27.867	28.804	29.742
330.000	26.303	27.251	28.199	29.147	30.094
335.000	26.615	27.573	28.531	29.489	30.447
340.000	26.926	27.894	28.863	29.831	30.799
345.000	27.238	28.216	29.195	30.173	31.152
350.000	**27.549**	28.538	29.527	30.515	**31.504**
355.000	27.851	28.850	29.848	30.847	31.845
360.000	28.153	29.161	30.170	31.178	32.186
365.000	28.455	29.473	30.491	31.509	32.528
370.000	28.757	29.785	30.813	31.841	32.869
375.000	29.059	30.097	31.135	32.172	33.210
380.000	29.361	30.409	31.456	32.504	33.551
385.000	29.663	30.720	31.778	32.835	33.892
390.000	29.965	31.032	32.099	33.166	34.234
395.000	30.267	31.344	32.421	33.498	34.575
400.000	**30.569**	31.656	32.743	33.829	**34.916**
405.000	30.863	31.959	33.055	34.151	35.247
410.000	31.156	32.262	33.367	34.473	35.579
415.000	31.450	32.565	33.680	34.795	35.910
420.000	31.743	32.868	33.992	35.117	36.241
425.000	32.037	33.171	34.305	35.439	36.573
430.000	32.331	33.474	34.617	35.761	36.904
435.000	32.624	33.777	34.930	36.082	37.235
440.000	32.918	34.080	35.242	36.404	37.566
445.000	33.211	34.383	35.555	36.726	37.898
450.000	**33.505**	34.686	35.867	37.048	**38.229**
455.000	33.791	34.981	36.172	37.362	38.552
460.000	34.077	35.277	36.476	37.676	38.875
465.000	34.363	35.572	36.781	37.990	39.199
470.000	34.649	35.867	37.085	38.304	39.522
475.000	34.935	36.163	37.390	38.618	39.845
480.000	35.221	36.458	37.695	38.931	40.168
485.000	35.507	36.753	37.999	39.245	40.491
490.000	35.793	37.048	38.304	39.559	40.815
495.000	36.079	37.344	38.608	39.873	41.138

Honorartafel zu § 56 Abs. 1 – Ingenieurbauwerke, Honorarzone III

Anrechen- bare Kosten Euro	Von- satz Euro	Viertel- satz Euro	Mittel- satz Euro	Drei- viertel- satz Euro	Bis- satz Euro
500.000	**36.365**	37.639	38.913	40.187	**41.461**
525.000	37.712	39.028	40.344	41.660	42.976
550.000	39.059	40.417	41.775	43.133	44.492
575.000	40.406	41.806	43.206	44.607	46.007
600.000	41.753	43.195	44.638	46.080	47.522
625.000	43.100	44.584	46.069	47.553	49.038
650.000	44.447	45.973	47.500	49.026	50.553
675.000	45.794	47.363	48.931	50.500	52.068
700.000	47.141	48.752	50.362	51.973	53.583
725.000	48.488	50.141	51.793	53.446	55.099
750.000	**49.835**	51.530	53.225	54.919	**56.614**
775.000	51.088	52.821	54.554	56.286	58.019
800.000	52.341	54.112	55.883	57.654	59.424
825.000	53.594	55.403	57.212	59.021	60.830
850.000	54.847	56.694	58.541	60.388	62.235
875.000	56.101	57.985	59.870	61.755	63.640
900.000	57.354	59.277	61.199	63.122	65.045
925.000	58.607	60.568	62.529	64.489	66.450
950.000	59.860	61.859	63.858	65.857	67.856
975.000	61.113	63.150	65.187	67.224	69.261
1.000.000	**62.366**	64.441	66.516	68.591	**70.666**
1.050.000	64.681	66.824	68.967	71.110	73.254
1.100.000	66.995	69.207	71.418	73.630	75.842
1.150.000	69.310	71.589	73.869	76.149	78.429
1.200.000	71.624	73.972	76.321	78.669	81.017
1.250.000	73.939	76.355	78.772	81.188	83.605
1.300.000	76.253	78.738	81.223	83.708	86.193
1.350.000	78.568	81.121	83.674	86.227	88.781
1.400.000	80.882	83.504	86.125	88.747	91.368
1.450.000	83.197	85.886	88.576	91.266	93.956
1.500.000	**85.511**	88.269	91.028	93.786	**96.544**
1.550.000	87.662	90.482	93.302	96.122	98.942
1.600.000	89.813	92.695	95.576	98.458	101.339
1.650.000	91.965	94.908	97.851	100.794	103.737
1.700.000	94.116	97.120	100.125	103.130	106.134
1.750.000	96.267	99.333	102.400	105.466	108.532
1.800.000	98.418	101.546	104.674	107.802	110.930
1.850.000	100.569	103.759	106.948	110.138	113.327
1.900.000	102.721	105.972	109.223	112.474	115.725
1.950.000	104.872	108.184	111.497	114.810	118.122
2.000.000	**107.023**	110.397	113.772	117.146	**120.520**
2.050.000	109.057	112.488	115.919	119.351	122.782
2.100.000	111.091	114.579	118.067	121.555	125.043
2.150.000	113.125	116.670	120.215	123.760	127.305
2.200.000	115.159	118.761	122.363	125.965	129.567
2.250.000	117.193	120.852	124.511	128.170	131.829
2.300.000	119.227	122.943	126.659	130.374	134.090
2.350.000	121.261	125.034	128.806	132.579	136.352
2.400.000	123.295	127.125	130.954	134.784	138.614
2.450.000	125.329	129.216	133.102	136.989	140.875

Honorartafel zu § 56 Abs. 1 – Ingenieurbauwerke, Honorarzone III

Anrechen-bare Kosten Euro	Von-satz Euro	Viertel-satz Euro	Mittel-satz Euro	Drei-viertel-satz Euro	Bis-satz Euro
2.500.000	**127.363**	131.307	135.250	139.194	**143.137**
2.550.000	129.309	133.306	137.303	141.300	145.297
2.600.000	131.255	135.305	139.356	143.406	147.457
2.650.000	133.201	137.305	141.409	145.513	149.617
2.700.000	135.147	139.304	143.462	147.619	151.777
2.750.000	137.093	141.304	145.515	149.726	153.937
2.800.000	139.038	143.303	147.567	151.832	156.096
2.850.000	140.984	145.302	149.620	153.938	158.256
2.900.000	142.930	147.302	151.673	156.045	160.416
2.950.000	144.876	149.301	153.726	158.151	162.576
3.000.000	**146.822**	151.301	155.779	160.258	**164.736**
3.050.000	148.698	153.227	157.756	162.285	166.814
3.100.000	150.573	155.153	159.732	164.312	168.891
3.150.000	152.449	157.079	161.709	166.339	170.969
3.200.000	154.324	159.005	163.685	168.366	173.046
3.250.000	156.200	160.931	165.662	170.393	175.124
3.300.000	158.075	162.857	167.638	172.420	177.202
3.350.000	159.951	164.783	169.615	174.447	179.279
3.400.000	161.826	166.709	171.591	176.474	181.357
3.450.000	163.702	168.635	173.568	178.501	183.434
3.500.000	**165.577**	170.561	175.545	180.528	**185.512**
3.550.000	167.395	172.427	177.459	182.492	187.524
3.600.000	169.212	174.293	179.374	184.455	189.536
3.650.000	171.030	176.159	181.289	186.418	191.547
3.700.000	172.847	178.025	183.203	188.381	193.559
3.750.000	174.665	179.892	185.118	190.345	195.571
3.800.000	176.483	181.758	187.033	192.308	197.583
3.850.000	178.300	183.624	188.947	194.271	199.595
3.900.000	180.118	185.490	190.862	196.234	201.606
3.950.000	181.935	187.356	192.777	198.198	203.618
4.000.000	**183.753**	189.222	194.692	200.161	**205.630**
4.050.000	185.521	191.037	196.553	202.069	207.584
4.100.000	187.290	192.852	198.414	203.977	209.539
4.150.000	189.058	194.667	200.276	205.884	211.493
4.200.000	190.826	196.482	202.137	207.792	213.448
4.250.000	192.595	198.296	203.998	209.700	215.402
4.300.000	194.363	200.111	205.860	211.608	217.356
4.350.000	196.131	201.926	207.721	213.516	219.311
4.400.000	197.899	203.741	209.582	215.424	221.265
4.450.000	199.668	205.556	211.444	217.332	223.220
4.500.000	**201.436**	207.371	213.305	219.240	**225.174**
4.550.000	203.161	209.141	215.121	221.100	227.080
4.600.000	204.887	210.911	216.936	222.961	228.986
4.650.000	206.612	212.682	218.752	224.822	230.891
4.700.000	208.337	214.452	220.567	226.682	232.797
4.750.000	210.063	216.223	222.383	228.543	234.703
4.800.000	211.788	217.993	224.198	230.404	236.609
4.850.000	213.513	219.763	226.014	232.264	238.515
4.900.000	215.238	221.534	227.829	234.125	240.420
4.950.000	216.964	223.304	229.645	235.986	242.326

Honorartafel zu § 56 Abs. 1 – Ingenieurbauwerke, Honorarzone III

Anrechen-bare Kosten Euro	Von-satz Euro	Viertel-satz Euro	Mittel-satz Euro	Drei-viertel-satz Euro	Bis-satz Euro
5.000.000	**218.689**	225.075	231.461	237.846	**244.232**
5.250.000	226.807	233.398	239.990	246.581	253.173
5.500.000	234.924	241.722	248.519	255.317	262.114
5.750.000	243.042	250.045	257.048	264.052	271.055
6.000.000	251.159	258.368	265.578	272.787	279.996
6.250.000	259.277	266.692	274.107	281.522	288.937
6.500.000	267.394	275.015	282.636	290.257	297.878
6.750.000	275.512	283.338	291.165	298.992	306.819
7.000.000	283.629	291.662	299.695	307.727	315.760
7.250.000	291.747	299.985	308.224	316.462	324.701
7.500.000	**299.864**	308.309	316.753	325.198	**333.642**
7.750.000	307.417	316.047	324.676	333.306	341.936
8.000.000	314.970	323.785	332.600	341.414	350.229
8.250.000	322.523	331.523	340.523	349.523	358.523
8.500.000	330.076	339.261	348.446	357.631	366.816
8.750.000	337.629	346.999	356.369	365.740	375.110
9.000.000	345.181	354.737	364.293	373.848	383.404
9.250.000	352.734	362.475	372.216	381.956	391.697
9.500.000	360.287	370.213	380.139	390.065	399.991
9.750.000	367.840	377.951	388.062	398.173	408.284
10.000.000	**375.393**	385.689	395.986	406.282	**416.578**
10.500.000	389.354	399.979	410.605	421.231	431.857
11.000.000	403.314	414.269	425.225	436.180	447.135
11.500.000	417.275	428.559	439.844	451.129	462.414
12.000.000	431.235	442.849	454.464	466.078	477.693
12.500.000	445.196	457.140	469.084	481.028	492.972
13.000.000	459.156	471.430	483.703	495.977	508.250
13.500.000	473.117	485.720	498.323	510.926	523.529
14.000.000	487.077	500.010	512.942	525.875	538.808
14.500.000	501.038	514.300	527.562	540.824	554.086
15.000.000	**514.998**	528.590	542.182	555.773	**569.365**
15.500.000	527.976	541.863	555.750	569.637	583.524
16.000.000	540.954	555.136	569.318	583.500	597.682
16.500.000	553.933	568.410	582.887	597.364	611.841
17.000.000	566.911	581.683	596.455	611.228	626.000
17.500.000	579.889	594.956	610.024	625.091	640.159
18.000.000	592.867	608.230	623.592	638.955	654.317
18.500.000	605.845	621.503	637.161	652.818	668.476
19.000.000	618.824	634.776	650.729	666.682	682.635
19.500.000	631.802	648.050	664.298	680.545	696.793
20.000.000	**644.780**	661.323	677.866	694.409	**710.952**
20.500.000	657.061	673.875	690.689	707.504	724.318
21.000.000	669.341	686.427	703.513	720.598	737.684
21.500.000	681.622	698.979	716.336	733.693	751.050
22.000.000	693.902	711.531	729.159	746.788	764.416
22.500.000	706.183	724.082	741.982	759.882	777.782
23.000.000	718.463	736.634	754.806	772.977	791.148
23.500.000	730.744	749.186	767.629	786.071	804.514
24.000.000	743.024	761.738	780.452	799.166	817.880
24.500.000	755.305	774.290	793.275	812.261	831.246
25.000.000	**767.585**	786.842	806.099	825.355	**844.612**
25.564.594	**781.382**	800.943	820.504	840.064	**859.625**

Honorartafel zu § 56 Abs. 1 – Ingenieurbauwerke, Honorarzone IV

Anrechen-bare Kosten Euro	Von-satz Euro	Viertel-satz Euro	Mittel-satz Euro	Drei-viertel-satz Euro	Bis-satz Euro
25.565	**4.213**	4.365	4.517	4.669	**4.821**
26.000	4.267	4.421	4.575	4.729	4.883
26.500	4.330	4.486	4.642	4.798	4.954
27.000	4.392	4.550	4.709	4.867	5.025
27.500	4.455	4.615	4.775	4.936	5.096
28.000	4.517	4.680	4.842	5.004	5.167
28.500	4.580	4.744	4.909	5.073	5.238
29.000	4.642	4.809	4.976	5.142	5.309
29.500	4.705	4.873	5.042	5.211	5.380
30.000	**4.767**	4.938	5.109	5.280	**5.451**
30.500	4.827	5.000	5.173	5.346	5.519
31.000	4.887	5.062	5.237	5.413	5.588
31.500	4.947	5.124	5.302	5.479	5.656
32.000	5.007	5.186	5.366	5.545	5.725
32.500	5.067	5.249	5.430	5.612	5.793
33.000	5.127	5.311	5.494	5.678	5.861
33.500	5.187	5.373	5.558	5.744	5.930
34.000	5.247	5.435	5.623	5.810	5.998
34.500	5.307	5.497	5.687	5.877	6.067
35.000	**5.367**	5.559	5.751	5.943	**6.135**
35.500	5.424	5.618	5.812	6.006	6.200
36.000	5.482	5.678	5.873	6.069	6.265
36.500	5.539	5.737	5.935	6.132	6.330
37.000	5.596	5.796	5.996	6.196	6.395
37.500	5.654	5.855	6.057	6.259	6.461
38.000	5.711	5.915	6.118	6.322	6.526
38.500	5.768	5.974	6.179	6.385	6.591
39.000	5.825	6.033	6.241	6.448	6.656
39.500	5.883	6.092	6.302	6.511	6.721
40.000	**5.940**	6.152	6.363	6.575	**6.786**
40.500	5.996	6.210	6.423	6.636	6.850
41.000	6.052	6.268	6.483	6.698	6.913
41.500	6.109	6.326	6.543	6.760	6.977
42.000	6.165	6.384	6.603	6.822	7.041
42.500	6.221	6.442	6.663	6.884	7.105
43.000	6.277	6.500	6.723	6.945	7.168
43.500	6.333	6.558	6.783	7.007	7.232
44.000	6.390	6.616	6.843	7.069	7.296
44.500	6.446	6.674	6.903	7.131	7.359
45.000	**6.502**	6.732	6.963	7.193	**7.423**
45.500	6.557	6.789	7.021	7.253	7.485
46.000	6.612	6.846	7.080	7.314	7.548
46.500	6.668	6.903	7.139	7.374	7.610
47.000	6.723	6.960	7.198	7.435	7.672
47.500	6.778	7.017	7.256	7.495	7.735
48.000	6.833	7.074	7.315	7.556	7.797
48.500	6.888	7.131	7.374	7.616	7.859
49.000	6.944	7.188	7.433	7.677	7.921
49.500	6.999	7.245	7.491	7.737	7.984

Anrechen- bare Kosten Euro	Von- satz Euro	Viertel- satz Euro	Mittel- satz Euro	Drei- viertel- satz Euro	Bis- satz Euro
50.000	**7.054**	7.302	7.550	7.798	**8.046**
52.500	7.311	7.568	7.824	8.080	8.336
55.000	7.569	7.833	8.098	8.362	8.627
57.500	7.826	8.099	8.372	8.644	8.917
60.000	8.084	8.365	8.646	8.927	9.208
62.500	8.341	8.630	8.920	9.209	9.498
65.000	8.598	8.896	9.193	9.491	9.788
67.500	8.856	9.162	9.467	9.773	10.079
70.000	9.113	9.427	9.741	10.055	10.369
72.500	9.371	9.693	10.015	10.337	10.660
75.000	**9.628**	9.959	10.289	10.620	**10.950**
77.500	9.867	10.205	10.543	10.881	11.219
80.000	10.106	10.451	10.797	11.142	11.488
82.500	10.344	10.698	11.051	11.404	11.757
85.000	10.583	10.944	11.305	11.665	12.026
87.500	10.822	11.190	11.559	11.927	12.295
90.000	11.061	11.437	11.812	12.188	12.564
92.500	11.300	11.683	12.066	12.450	12.833
95.000	11.538	11.929	12.320	12.711	13.102
97.500	11.777	12.176	12.574	12.973	13.371
100.000	**12.016**	12.422	12.828	13.234	**13.640**
105.000	12.456	12.875	13.295	13.714	14.134
110.000	12.895	13.328	13.762	14.195	14.628
115.000	13.335	13.782	14.228	14.675	15.122
120.000	13.774	14.235	14.695	15.155	15.616
125.000	14.214	14.688	15.162	15.636	16.110
130.000	14.654	15.141	15.629	16.116	16.603
135.000	15.093	15.594	16.095	16.596	17.097
140.000	15.533	16.047	16.562	17.077	17.591
145.000	15.972	16.501	17.029	17.557	18.085
150.000	**16.412**	16.954	17.496	18.037	**18.579**
155.000	16.819	17.373	17.927	18.481	19.035
160.000	17.226	17.792	18.358	18.925	19.491
165.000	17.632	18.211	18.790	19.369	19.947
170.000	18.039	18.630	19.221	19.812	20.403
175.000	18.446	19.049	19.653	20.256	20.860
180.000	18.853	19.469	20.084	20.700	21.316
185.000	19.260	19.888	20.516	21.144	21.772
190.000	19.666	20.307	20.947	21.587	22.228
195.000	20.073	20.726	21.379	22.031	22.684
200.000	**20.480**	21.145	21.810	22.475	**23.140**
205.000	20.864	21.540	22.217	22.893	23.569
210.000	21.247	21.935	22.623	23.311	23.999
215.000	21.631	22.330	23.030	23.729	24.428
220.000	22.014	22.725	23.436	24.147	24.858
225.000	22.398	23.120	23.843	24.565	25.287
230.000	22.782	23.515	24.249	24.983	25.716
235.000	23.165	23.910	24.656	25.401	26.146
240.000	23.549	24.305	25.062	25.819	26.575
245.000	23.932	24.700	25.469	26.237	27.005

Honorartafel zu § 56 Abs. 1 – Ingenieurbauwerke, Honorarzone IV

Anrechen-bare Kosten Euro	Von-satz Euro	Viertel-satz Euro	Mittel-satz Euro	Drei-viertel-satz Euro	Bis-satz Euro
250.000	**24.316**	25.096	25.875	26.655	**27.434**
255.000	24.682	25.473	26.263	27.053	27.844
260.000	25.049	25.850	26.651	27.452	28.253
265.000	25.415	26.227	27.039	27.851	28.663
270.000	25.782	26.604	27.427	28.250	29.073
275.000	26.148	26.982	27.815	28.649	29.483
280.000	26.514	27.359	28.203	29.048	29.892
285.000	26.881	27.736	28.591	29.447	30.302
290.000	27.247	28.113	28.979	29.846	30.712
295.000	27.614	28.491	29.367	30.244	31.121
300.000	**27.980**	28.868	29.756	30.643	**31.531**
305.000	28.332	29.230	30.128	31.026	31.924
310.000	28.685	29.593	30.501	31.409	32.318
315.000	29.037	29.956	30.874	31.792	32.711
320.000	29.390	30.318	31.247	32.176	33.104
325.000	29.742	30.681	31.620	32.559	33.498
330.000	30.094	31.044	31.993	32.942	33.891
335.000	30.447	31.406	32.365	33.325	34.284
340.000	30.799	31.769	32.738	33.708	34.677
345.000	31.152	32.131	33.111	34.091	35.071
350.000	**31.504**	32.494	33.484	34.474	**35.464**
355.000	31.845	32.845	33.845	34.845	35.845
360.000	32.186	33.196	34.206	35.215	36.225
365.000	32.528	33.547	34.567	35.586	36.606
370.000	32.869	33.898	34.927	35.957	36.986
375.000	33.210	34.249	35.288	36.327	37.367
380.000	33.551	34.600	35.649	36.698	37.747
385.000	33.892	34.951	36.010	37.069	38.128
390.000	34.234	35.302	36.371	37.439	38.508
395.000	34.575	35.653	36.732	37.810	38.889
400.000	**34.916**	36.004	37.093	38.181	**39.269**
405.000	35.247	36.345	37.443	38.540	39.638
410.000	35.579	36.686	37.793	38.900	40.007
415.000	35.910	37.026	38.143	39.259	40.376
420.000	36.241	37.367	38.493	39.619	40.745
425.000	36.573	37.708	38.843	39.979	41.114
430.000	36.904	38.049	39.193	40.338	41.483
435.000	37.235	38.389	39.544	40.698	41.852
440.000	37.566	38.730	39.894	41.057	42.221
445.000	37.898	39.071	40.244	41.417	42.590
450.000	**38.229**	39.412	40.594	41.777	**42.959**
455.000	38.552	39.744	40.935	42.127	43.319
460.000	38.875	40.076	41.277	42.477	43.678
465.000	39.199	40.408	41.618	42.828	44.038
470.000	39.522	40.741	41.959	43.178	44.397
475.000	39.845	41.073	42.301	43.529	44.757
480.000	40.168	41.405	42.642	43.879	45.116
485.000	40.491	41.737	42.983	44.229	45.476
490.000	40.815	42.070	43.325	44.580	45.835
495.000	41.138	42.402	43.666	44.930	46.195

Honorartafel zu § 56 Abs. 1 – Ingenieurbauwerke, Honorarzone IV

Anrechen-bare Kosten Euro	Von-satz Euro	Viertel-satz Euro	Mittel-satz Euro	Drei-viertel-satz Euro	Bis-satz Euro
500.000	**41.461**	42.734	44.008	45.281	**46.554**
525.000	42.976	44.292	45.607	46.923	48.238
550.000	44.492	45.849	47.207	48.564	49.922
575.000	46.007	47.407	48.806	50.206	51.606
600.000	47.522	48.964	50.406	51.848	53.290
625.000	49.038	50.522	52.006	53.490	54.974
650.000	50.553	52.079	53.605	55.131	56.657
675.000	52.068	53.636	55.205	56.773	58.341
700.000	53.583	55.194	56.804	58.415	60.025
725.000	55.099	56.751	58.404	60.057	61.709
750.000	**56.614**	58.309	60.004	61.698	**63.393**
775.000	58.019	59.752	61.485	63.218	64.951
800.000	59.424	61.195	62.967	64.738	66.509
825.000	60.830	62.639	64.448	66.257	68.066
850.000	62.235	64.082	65.930	67.777	69.624
875.000	63.640	65.526	67.411	69.297	71.182
900.000	65.045	66.969	68.893	70.816	72.740
925.000	66.450	68.412	70.374	72.336	74.298
950.000	67.856	69.856	71.856	73.855	75.855
975.000	69.261	71.299	73.337	75.375	77.413
1.000.000	**70.666**	72.742	74.819	76.895	**78.971**
1.050.000	73.254	75.398	77.543	79.687	81.831
1.100.000	75.842	78.054	80.267	82.479	84.691
1.150.000	78.429	80.710	82.991	85.271	87.552
1.200.000	81.017	83.366	85.715	88.063	90.412
1.250.000	83.605	86.022	88.439	90.855	93.272
1.300.000	86.193	88.678	91.163	93.647	96.132
1.350.000	88.781	91.334	93.887	96.439	98.992
1.400.000	91.368	93.989	96.611	99.232	101.853
1.450.000	93.956	96.645	99.335	102.024	104.713
1.500.000	**96.544**	99.301	102.059	104.816	**107.573**
1.550.000	98.942	101.760	104.579	107.398	110.217
1.600.000	101.339	104.220	107.100	109.980	112.861
1.650.000	103.737	106.679	109.621	112.563	115.505
1.700.000	106.134	109.138	112.142	115.145	118.149
1.750.000	108.532	111.597	114.662	117.727	120.793
1.800.000	110.930	114.056	117.183	120.310	123.436
1.850.000	113.327	116.515	119.704	122.892	126.080
1.900.000	115.725	118.975	122.225	125.474	128.724
1.950.000	118.122	121.434	124.745	128.057	131.368
2.000.000	**120.520**	123.893	127.266	130.639	**134.012**
2.050.000	122.782	126.212	129.642	133.071	136.501
2.100.000	125.043	128.530	132.017	135.504	138.991
2.150.000	127.305	130.849	134.393	137.936	141.480
2.200.000	129.567	133.168	136.768	140.369	143.970
2.250.000	131.829	135.486	139.144	142.801	146.459
2.300.000	134.090	137.805	141.519	145.234	148.948
2.350.000	136.352	140.123	143.895	147.666	151.438
2.400.000	138.614	142.442	146.270	150.099	153.927
2.450.000	140.875	144.761	148.646	152.531	156.417

Anrechen-bare Kosten Euro	Von-satz Euro	Viertel-satz Euro	Mittel-satz Euro	Drei-viertel-satz Euro	Bis-satz Euro
2.500.000	**143.137**	147.079	151.022	154.964	**158.906**
2.550.000	145.297	149.293	153.288	157.284	161.280
2.600.000	147.457	151.506	155.555	159.605	163.654
2.650.000	149.617	153.719	157.822	161.925	166.028
2.700.000	151.777	155.933	160.089	164.245	168.402
2.750.000	153.937	158.146	162.356	166.566	170.776
2.800.000	156.096	160.360	164.623	168.886	173.149
2.850.000	158.256	162.573	166.890	171.207	175.523
2.900.000	160.416	164.786	169.157	173.527	177.897
2.950.000	162.576	167.000	171.424	175.847	180.271
3.000.000	**164.736**	169.213	173.691	178.168	**182.645**
3.050.000	166.814	171.342	175.870	180.398	184.926
3.100.000	168.891	173.470	178.049	182.627	187.206
3.150.000	170.969	175.598	180.228	184.857	189.487
3.200.000	173.046	177.727	182.407	187.087	191.767
3.250.000	175.124	179.855	184.586	189.317	194.048
3.300.000	177.202	181.983	186.765	191.547	196.329
3.350.000	179.279	184.112	188.944	193.777	198.609
3.400.000	181.357	186.240	191.123	196.007	200.890
3.450.000	183.434	188.368	193.302	198.236	203.170
3.500.000	**185.512**	190.497	195.482	200.466	**205.451**
3.550.000	187.524	192.557	197.590	202.623	207.656
3.600.000	189.536	194.617	199.699	204.780	209.862
3.650.000	191.547	196.677	201.807	206.937	212.067
3.700.000	193.559	198.737	203.916	209.094	214.272
3.750.000	195.571	200.798	206.024	211.251	216.478
3.800.000	197.583	202.858	208.133	213.408	218.683
3.850.000	199.595	204.918	210.241	215.565	220.888
3.900.000	201.606	206.978	212.350	217.722	223.093
3.950.000	203.618	209.038	214.458	219.879	225.299
4.000.000	**205.630**	211.099	216.567	222.036	**227.504**
4.050.000	207.584	213.100	218.615	224.130	229.645
4.100.000	209.539	215.101	220.663	226.224	231.786
4.150.000	211.493	217.102	222.710	228.319	233.927
4.200.000	213.448	219.103	224.758	230.413	236.068
4.250.000	215.402	221.104	226.806	232.508	238.210
4.300.000	217.356	223.105	228.854	234.602	240.351
4.350.000	219.311	225.106	230.901	236.696	242.492
4.400.000	221.265	227.107	232.949	238.791	244.633
4.450.000	223.220	229.108	234.997	240.885	246.774
4.500.000	**225.174**	231.109	237.045	242.980	**248.915**
4.550.000	227.080	233.060	239.040	245.020	251.001
4.600.000	228.986	235.011	241.036	247.061	253.086
4.650.000	230.891	236.962	243.032	249.102	255.172
4.700.000	232.797	238.912	245.027	251.142	257.257
4.750.000	234.703	240.863	247.023	253.183	259.343
4.800.000	236.609	242.814	249.019	255.224	261.429
4.850.000	238.515	244.765	251.014	257.264	263.514
4.900.000	240.420	246.715	253.010	259.305	265.600
4.950.000	242.326	248.666	255.006	261.346	267.685

Honorartafel zu § 56 Abs. 1 – Ingenieurbauwerke, Honorarzone IV

Anrechen-bare Kosten Euro	Von-satz Euro	Viertel-satz Euro	Mittel-satz Euro	Drei-viertel-satz Euro	Bis-satz Euro
5.000.000	244.232	250.617	257.002	263.386	269.771
5.250.000	253.173	259.764	266.354	272.945	279.536
5.500.000	262.114	268.911	275.707	282.504	289.301
5.750.000	271.055	278.058	285.060	292.063	299.065
6.000.000	279.996	287.205	294.413	301.622	308.830
6.250.000	288.937	296.352	303.766	311.181	318.595
6.500.000	297.878	305.498	313.119	320.739	328.360
6.750.000	306.819	314.645	322.472	330.298	338.125
7.000.000	315.760	323.792	331.825	339.857	347.889
7.250.000	324.701	332.939	341.178	349.416	357.654
7.500.000	333.642	342.086	350.531	358.975	367.419
7.750.000	341.936	350.565	359.195	367.824	376.454
8.000.000	350.229	359.044	367.859	376.673	385.488
8.250.000	358.523	367.523	376.523	385.523	394.523
8.500.000	366.816	376.002	385.187	394.372	403.557
8.750.000	375.110	384.480	393.851	403.221	412.592
9.000.000	383.404	392.959	402.515	412.070	421.626
9.250.000	391.697	401.438	411.179	420.920	430.661
9.500.000	399.991	409.917	419.843	429.769	439.695
9.750.000	408.284	418.396	428.507	438.618	448.730
10.000.000	416.578	426.875	437.171	447.468	457.764
10.500.000	431.857	442.483	453.109	463.734	474.360
11.000.000	447.135	458.091	469.046	480.001	490.957
11.500.000	462.414	473.699	484.984	496.268	507.553
12.000.000	477.693	489.307	500.921	512.535	524.149
12.500.000	492.972	504.915	516.859	528.802	540.746
13.000.000	508.250	520.523	532.796	545.069	557.342
13.500.000	523.529	536.131	548.734	561.336	573.938
14.000.000	538.808	551.739	564.671	577.603	590.534
14.500.000	554.086	567.347	580.609	593.870	607.131
15.000.000	569.365	582.956	596.546	610.137	623.727
15.500.000	583.524	597.409	611.295	625.181	639.066
16.000.000	597.682	611.863	626.044	640.225	654.405
16.500.000	611.841	626.317	640.793	655.269	669.745
17.000.000	626.000	640.771	655.542	670.313	685.084
17.500.000	640.159	655.225	670.291	685.357	700.423
18.000.000	654.317	669.678	685.040	700.401	715.762
18.500.000	668.476	684.132	699.789	715.445	731.101
19.000.000	682.635	698.586	714.538	730.489	746.441
19.500.000	696.793	713.040	729.287	745.533	761.780
20.000.000	710.952	727.494	744.036	760.577	777.119
20.500.000	724.318	741.131	757.944	774.757	791.571
21.000.000	737.684	754.769	771.853	788.938	806.022
21.500.000	751.050	768.406	785.762	803.118	820.474
22.000.000	764.416	782.043	799.671	817.298	834.925
22.500.000	777.782	795.681	813.579	831.478	849.377
23.000.000	791.148	809.318	827.488	845.658	863.828
23.500.000	804.514	822.955	841.397	859.838	878.280
24.000.000	817.880	836.593	855.306	874.018	892.731
24.500.000	831.246	850.230	869.214	888.198	907.183
25.000.000	844.612	863.868	883.123	902.379	921.634
25.564.594	859.625	879.185	898.744	918.304	937.863

Honorartafel zu § 56 Abs. 1 – Ingenieurbauwerke, Honorarzone V

Anrechen-bare Kosten Euro	Von-satz Euro	Viertel-satz Euro	Mittel-satz Euro	Drei-viertel-satz Euro	Bis-satz Euro
25.565	**4.821**	4.975	5.128	5.282	**5.435**
26.000	4.883	5.038	5.193	5.349	5.504
26.500	4.954	5.111	5.268	5.426	5.583
27.000	5.025	5.184	5.343	5.503	5.662
27.500	5.096	5.257	5.418	5.580	5.741
28.000	5.167	5.330	5.493	5.657	5.820
28.500	5.238	5.403	5.568	5.734	5.899
29.000	5.309	5.476	5.643	5.811	5.978
29.500	5.380	5.549	5.718	5.888	6.057
30.000	**5.451**	5.622	5.794	5.965	**6.136**
30.500	5.519	5.693	5.866	6.039	6.212
31.000	5.588	5.763	5.938	6.114	6.289
31.500	5.656	5.833	6.011	6.188	6.365
32.000	5.725	5.904	6.083	6.262	6.442
32.500	5.793	5.974	6.156	6.337	6.518
33.000	5.861	6.045	6.228	6.411	6.594
33.500	5.930	6.115	6.300	6.486	6.671
34.000	5.998	6.185	6.373	6.560	6.747
34.500	6.067	6.256	6.445	6.634	6.824
35.000	**6.135**	6.326	6.518	6.709	**6.900**
35.500	6.200	6.393	6.587	6.780	6.973
36.000	6.265	6.460	6.656	6.851	7.046
36.500	6.330	6.527	6.725	6.922	7.119
37.000	6.395	6.595	6.794	6.993	7.192
37.500	6.461	6.662	6.863	7.064	7.265
38.000	6.526	6.729	6.932	7.135	7.338
38.500	6.591	6.796	7.001	7.206	7.411
39.000	6.656	6.863	7.070	7.277	7.484
39.500	6.721	6.930	7.139	7.348	7.557
40.000	**6.786**	6.997	7.208	7.419	**7.630**
40.500	6.850	7.063	7.275	7.488	7.701
41.000	6.913	7.128	7.343	7.557	7.772
41.500	6.977	7.194	7.410	7.626	7.843
42.000	7.041	7.259	7.477	7.695	7.914
42.500	7.105	7.325	7.545	7.765	7.985
43.000	7.168	7.390	7.612	7.834	8.055
43.500	7.232	7.456	7.679	7.903	8.126
44.000	7.296	7.521	7.746	7.972	8.197
44.500	7.359	7.587	7.814	8.041	8.268
45.000	**7.423**	7.652	7.881	8.110	**8.339**
45.500	7.485	7.716	7.947	8.178	8.409
46.000	7.548	7.780	8.013	8.246	8.478
46.500	7.610	7.844	8.079	8.314	8.548
47.000	7.672	7.909	8.145	8.381	8.618
47.500	7.735	7.973	8.211	8.449	8.688
48.000	7.797	8.037	8.277	8.517	8.757
48.500	7.859	8.101	8.343	8.585	8.827
49.000	7.921	8.165	8.409	8.653	8.897
49.500	7.984	8.229	8.475	8.721	8.966

§ 56

Abs. 1
Zone V

Honorartafel zu § 56 Abs. 1 – Ingenieurbauwerke, Honorarzone V

Anrechenbare Kosten Euro	Von-satz Euro	Viertel-satz Euro	Mittel-satz Euro	Drei-viertel-satz Euro	Bis-satz Euro
50.000	**8.046**	8.294	8.541	8.789	**9.036**
52.500	8.336	8.592	8.848	9.104	9.360
55.000	8.627	8.891	9.155	9.419	9.683
57.500	8.917	9.190	9.462	9.734	10.007
60.000	9.208	9.488	9.769	10.050	10.330
62.500	9.498	9.787	10.076	10.365	10.654
65.000	9.788	10.086	10.383	10.680	10.978
67.500	10.079	10.384	10.690	10.996	11.301
70.000	10.369	10.683	10.997	11.311	11.625
72.500	10.660	10.982	11.304	11.626	11.948
75.000	**10.950**	11.281	11.611	11.942	**12.272**
77.500	11.219	11.557	11.895	12.233	12.571
80.000	11.488	11.834	12.179	12.525	12.870
82.500	11.757	12.110	12.463	12.816	13.170
85.000	12.026	12.387	12.747	13.108	13.469
87.500	12.295	12.663	13.032	13.400	13.768
90.000	12.564	12.940	13.316	13.691	14.067
92.500	12.833	13.216	13.600	13.983	14.366
95.000	13.102	13.493	13.884	14.275	14.666
97.500	13.371	13.769	14.168	14.566	14.965
100.000	**13.640**	14.046	14.452	14.858	**15.264**
105.000	14.134	14.553	14.973	15.393	15.812
110.000	14.628	15.061	15.494	15.927	16.360
115.000	15.122	15.568	16.015	16.462	16.909
120.000	15.616	16.076	16.536	16.997	17.457
125.000	16.110	16.583	17.057	17.531	18.005
130.000	16.603	17.091	17.578	18.066	18.553
135.000	17.097	17.598	18.099	18.600	19.101
140.000	17.591	18.106	18.620	19.135	19.650
145.000	18.085	18.613	19.141	19.670	20.198
150.000	**18.579**	19.121	19.663	20.204	**20.746**
155.000	19.035	19.589	20.143	20.697	21.252
160.000	19.491	20.058	20.624	21.191	21.757
165.000	19.947	20.526	21.105	21.684	22.263
170.000	20.403	20.995	21.586	22.177	22.768
175.000	20.860	21.463	22.067	22.670	23.274
180.000	21.316	21.931	22.547	23.163	23.779
185.000	21.772	22.400	23.028	23.656	24.285
190.000	22.228	22.868	23.509	24.149	24.790
195.000	22.684	23.337	23.990	24.643	25.296
200.000	**23.140**	23.805	24.471	25.136	**25.801**
205.000	23.569	24.246	24.923	25.599	26.276
210.000	23.999	24.687	25.375	26.063	26.750
215.000	24.428	25.127	25.827	26.526	27.225
220.000	24.858	25.568	26.279	26.989	27.700
225.000	25.287	26.009	26.731	27.453	28.175
230.000	25.716	26.450	27.183	27.916	28.649
235.000	26.146	26.890	27.635	28.379	29.124
240.000	26.575	27.331	28.087	28.843	29.599
245.000	27.005	27.772	28.539	29.306	30.073

Honorartafel zu § 56 Abs. 1 – Ingenieurbauwerke, Honorarzone V

Anrechen-bare Kosten Euro	Von-satz Euro	Viertel-satz Euro	Mittel-satz Euro	Drei-viertel-satz Euro	Bis-satz Euro
250.000	**27.434**	28.213	28.991	29.770	**30.548**
255.000	27.844	28.633	29.422	30.212	31.001
260.000	28.253	29.054	29.854	30.654	31.454
265.000	28.663	29.474	30.285	31.096	31.907
270.000	29.073	29.895	30.716	31.538	32.360
275.000	29.483	30.315	31.148	31.980	32.813
280.000	29.892	30.736	31.579	32.423	33.266
285.000	30.302	31.156	32.010	32.865	33.719
290.000	30.712	31.577	32.442	33.307	34.172
295.000	31.121	31.997	32.873	33.749	34.625
300.000	**31.531**	32.418	33.305	34.191	**35.078**
305.000	31.924	32.821	33.718	34.615	35.513
310.000	32.318	33.225	34.132	35.040	35.947
315.000	32.711	33.629	34.546	35.464	36.382
320.000	33.104	34.032	34.960	35.888	36.816
325.000	33.498	34.436	35.374	36.312	37.251
330.000	33.891	34.839	35.788	36.736	37.685
335.000	34.284	35.243	36.202	37.161	38.120
340.000	34.677	35.647	36.616	37.585	38.554
345.000	35.071	36.050	37.030	38.009	38.989
350.000	**35.464**	36.454	37.444	38.433	**39.423**
355.000	35.845	36.844	37.843	38.843	39.842
360.000	36.225	37.234	38.243	39.253	40.262
365.000	36.606	37.624	38.643	39.662	40.681
370.000	36.986	38.015	39.043	40.072	41.101
375.000	37.367	38.405	39.443	40.482	41.520
380.000	37.747	38.795	39.843	40.891	41.939
385.000	38.128	39.185	40.243	41.301	42.359
390.000	38.508	39.576	40.643	41.711	42.778
395.000	38.889	39.966	41.043	42.120	43.198
400.000	**39.269**	40.356	41.443	42.530	**43.617**
405.000	39.638	40.735	41.831	42.928	44.024
410.000	40.007	41.113	42.219	43.325	44.431
415.000	40.376	41.492	42.607	43.723	44.838
420.000	40.745	41.870	42.995	44.120	45.245
425.000	41.114	42.249	43.383	44.518	45.653
430.000	41.483	42.627	43.771	44.915	46.060
435.000	41.852	43.006	44.159	45.313	46.467
440.000	42.221	43.384	44.547	45.711	46.874
445.000	42.590	43.763	44.935	46.108	47.281
450.000	**42.959**	44.141	45.324	46.506	**47.688**
455.000	43.319	44.510	45.701	46.893	48.084
460.000	43.678	44.879	46.079	47.280	48.481
465.000	44.038	45.247	46.457	47.667	48.877
470.000	44.397	45.616	46.835	48.054	49.273
475.000	44.757	45.985	47.213	48.441	49.670
480.000	45.116	46.353	47.591	48.828	50.066
485.000	45.476	46.722	47.969	49.215	50.462
490.000	45.835	47.091	48.347	49.603	50.858
495.000	46.195	47.460	48.725	49.990	51.255

Anrechen-bare Kosten Euro	Von-satz Euro	Viertel-satz Euro	Mittel-satz Euro	Drei-viertel-satz Euro	Bis-satz Euro
500.000	46.554	47.828	49.103	50.377	51.651
525.000	48.238	49.554	50.870	52.187	53.503
550.000	49.922	51.280	52.638	53.997	55.355
575.000	51.606	53.006	54.406	55.807	57.207
600.000	53.290	54.732	56.174	57.617	59.059
625.000	54.974	56.458	57.942	59.427	60.911
650.000	56.657	58.184	59.710	61.237	62.763
675.000	58.341	59.910	61.478	63.047	64.615
700.000	60.025	61.636	63.246	64.857	66.467
725.000	61.709	63.362	65.014	66.667	68.319
750.000	63.393	65.088	66.782	68.477	70.171
775.000	64.951	66.683	68.416	70.148	71.881
800.000	66.509	68.279	70.050	71.820	73.591
825.000	68.066	69.875	71.684	73.492	75.301
850.000	69.624	71.471	73.318	75.164	77.011
875.000	71.182	73.067	74.952	76.836	78.721
900.000	72.740	74.663	76.585	78.508	80.431
925.000	74.298	76.258	78.219	80.180	82.141
950.000	75.855	77.854	79.853	81.852	83.851
975.000	77.413	79.450	81.487	83.524	85.561
1.000.000	78.971	81.046	83.121	85.196	87.271
1.050.000	81.831	83.974	86.118	88.261	90.404
1.100.000	84.691	86.903	89.114	91.326	93.537
1.150.000	87.552	89.831	92.111	94.391	96.670
1.200.000	90.412	92.760	95.108	97.456	99.803
1.250.000	93.272	95.688	98.104	100.520	102.937
1.300.000	96.132	98.617	101.101	103.585	106.070
1.350.000	98.992	101.545	104.098	106.650	109.203
1.400.000	101.853	104.473	107.094	109.715	112.336
1.450.000	104.713	107.402	110.091	112.780	115.469
1.500.000	107.573	110.330	113.088	115.845	118.602
1.550.000	110.217	113.036	115.855	118.673	121.492
1.600.000	112.861	115.741	118.622	121.502	124.382
1.650.000	115.505	118.447	121.389	124.331	127.273
1.700.000	118.149	121.152	124.156	127.159	130.163
1.750.000	120.793	123.858	126.923	129.988	133.053
1.800.000	123.436	126.563	129.690	132.817	135.943
1.850.000	126.080	129.269	132.457	135.645	138.833
1.900.000	128.724	131.974	135.224	138.474	141.724
1.950.000	131.368	134.680	137.991	141.302	144.614
2.000.000	134.012	137.385	140.758	144.131	147.504
2.050.000	136.501	139.931	143.361	146.791	150.222
2.100.000	138.991	142.478	145.965	149.452	152.939
2.150.000	141.480	145.024	148.568	152.112	155.657
2.200.000	143.970	147.571	151.172	154.773	158.374
2.250.000	146.459	150.117	153.775	157.433	161.092
2.300.000	148.948	152.664	156.379	160.094	163.809
2.350.000	151.438	155.210	158.982	162.754	166.527
2.400.000	153.927	157.756	161.586	165.415	169.244
2.450.000	156.417	160.303	164.189	168.075	171.962

Honorartafel zu § 56 Abs. 1 – Ingenieurbauwerke, Honorarzone V

Anrechen-bare Kosten Euro	Von-satz Euro	Viertel-satz Euro	Mittel-satz Euro	Drei-viertel-satz Euro	Bis-satz Euro
2.500.000	**158.906**	162.849	166.793	170.736	**174.679**
2.550.000	161.280	165.277	169.273	173.270	177.267
2.600.000	163.654	167.704	171.754	175.804	179.854
2.650.000	166.028	170.131	174.235	178.338	182.442
2.700.000	168.402	172.559	176.716	180.872	185.029
2.750.000	170.776	174.986	179.196	183.407	187.617
2.800.000	173.149	177.413	181.677	185.941	190.205
2.850.000	175.523	179.841	184.158	188.475	192.792
2.900.000	177.897	182.268	186.639	191.009	195.380
2.950.000	180.271	184.695	189.119	193.543	197.967
3.000.000	**182.645**	187.123	191.600	196.078	**200.555**
3.050.000	184.926	189.454	193.982	198.510	203.039
3.100.000	187.206	191.785	196.364	200.943	205.522
3.150.000	189.487	194.116	198.746	203.376	208.006
3.200.000	191.767	196.448	201.128	205.809	210.489
3.250.000	194.048	198.779	203.510	208.241	212.973
3.300.000	196.329	201.110	205.892	210.674	215.456
3.350.000	198.609	203.442	208.274	213.107	217.940
3.400.000	200.890	205.773	210.656	215.540	220.423
3.450.000	203.170	208.104	213.038	217.972	222.907
3.500.000	**205.451**	210.436	215.421	220.405	**225.390**
3.550.000	207.656	212.690	217.723	222.756	227.789
3.600.000	209.862	214.943	220.025	225.107	230.188
3.650.000	212.067	217.197	222.327	227.457	232.588
3.700.000	214.272	219.451	224.630	229.808	234.987
3.750.000	216.478	221.705	226.932	232.159	237.386
3.800.000	218.683	223.958	229.234	234.510	239.785
3.850.000	220.888	226.212	231.536	236.860	242.184
3.900.000	223.093	228.466	233.839	239.211	244.584
3.950.000	225.299	230.720	236.141	241.562	246.983
4.000.000	**227.504**	232.974	238.443	243.913	**249.382**
4.050.000	229.645	235.161	240.677	246.193	251.709
4.100.000	231.786	237.349	242.912	248.474	254.037
4.150.000	233.927	239.537	245.146	250.755	256.364
4.200.000	236.068	241.724	247.380	253.036	258.692
4.250.000	238.210	243.912	249.614	255.317	261.019
4.300.000	240.351	246.100	251.849	257.597	263.346
4.350.000	242.492	248.287	254.083	259.878	265.674
4.400.000	244.633	250.475	256.317	262.159	268.001
4.450.000	246.774	252.663	258.551	264.440	270.329
4.500.000	**248.915**	254.850	260.786	266.721	**272.656**
4.550.000	251.001	256.981	262.961	268.941	274.922
4.600.000	253.086	259.111	265.137	271.162	277.187
4.650.000	255.172	261.242	267.312	273.382	279.453
4.700.000	257.257	263.373	269.488	275.603	281.718
4.750.000	259.343	265.503	271.663	277.823	283.984
4.800.000	261.429	267.634	273.839	280.044	286.249
4.850.000	263.514	269.764	276.014	282.264	288.515
4.900.000	265.600	271.895	278.190	284.485	290.780
4.950.000	267.685	274.025	280.365	286.705	293.046

Honorartafel zu § 56 Abs. 1 – Ingenieurbauwerke, Honorarzone V

Anrechen-bare Kosten Euro	Von-satz Euro	Viertel-satz Euro	Mittel-satz Euro	Drei-viertel-satz Euro	Bis-satz Euro
5.000.000	269.771	276.156	282.541	288.926	295.311
5.250.000	279.536	286.127	292.718	299.309	305.900
5.500.000	289.301	296.097	302.894	309.691	316.488
5.750.000	299.065	306.068	313.071	320.074	327.077
6.000.000	308.830	316.039	323.248	330.456	337.665
6.250.000	318.595	326.010	333.424	340.839	348.254
6.500.000	328.360	335.980	343.601	351.221	358.842
6.750.000	338.125	345.951	353.778	361.604	369.431
7.000.000	347.889	355.922	363.954	371.987	380.019
7.250.000	357.654	365.893	374.131	382.369	390.608
7.500.000	367.419	375.863	384.308	392.752	401.196
7.750.000	376.454	385.083	393.712	402.342	410.971
8.000.000	385.488	394.303	403.117	411.932	420.747
8.250.000	394.523	403.522	412.522	421.522	430.522
8.500.000	403.557	412.742	421.927	431.112	440.297
8.750.000	412.592	421.962	431.332	440.702	450.073
9.000.000	421.626	431.181	440.737	450.292	459.848
9.250.000	430.661	440.401	450.142	459.882	469.623
9.500.000	439.695	449.621	459.547	469.473	479.398
9.750.000	448.730	458.841	468.952	479.063	489.174
10.000.000	457.764	468.060	478.357	488.653	498.949
10.500.000	474.360	484.986	495.612	506.238	516.864
11.000.000	490.957	501.912	512.867	523.823	534.778
11.500.000	507.553	518.838	530.123	541.408	552.693
12.000.000	524.149	535.764	547.378	558.993	570.607
12.500.000	540.746	552.690	564.634	576.578	588.522
13.000.000	557.342	569.615	581.889	594.162	606.436
13.500.000	573.938	586.541	599.144	611.747	624.351
14.000.000	590.534	603.467	616.400	629.332	642.265
14.500.000	607.131	620.393	633.655	646.917	660.180
15.000.000	623.727	637.319	650.911	664.502	678.094
15.500.000	639.066	652.953	666.840	680.726	694.613
16.000.000	654.405	668.587	682.769	696.951	711.132
16.500.000	669.745	684.221	698.698	713.175	727.652
17.000.000	685.084	699.856	714.627	729.399	744.171
17.500.000	700.423	715.490	730.557	745.623	760.690
18.000.000	715.762	731.124	746.486	761.847	777.209
18.500.000	731.101	746.758	762.415	778.072	793.728
19.000.000	746.441	762.392	778.344	794.296	810.248
19.500.000	761.780	778.027	794.273	810.520	826.767
20.000.000	777.119	793.661	810.203	826.744	843.286
20.500.000	791.571	808.384	825.197	842.010	858.823
21.000.000	806.022	823.107	840.191	857.276	874.361
21.500.000	820.474	837.830	855.186	872.542	889.898
22.000.000	834.925	852.553	870.180	887.808	905.436
22.500.000	849.377	867.276	885.175	903.074	920.973
23.000.000	863.828	881.999	900.169	918.340	936.510
23.500.000	878.280	896.722	915.164	933.606	952.048
24.000.000	892.731	911.445	930.158	948.872	967.585
24.500.000	907.183	926.168	945.153	964.138	983.123
25.000.000	921.634	940.891	960.147	979.404	998.660
25.564.594	937.863	957.424	976.985	996.545	1.016.106

Anrechen-bare Kosten Euro	Von-satz Euro	Viertel-satz Euro	Mittel-satz Euro	Drei-viertel-satz Euro	Bis-satz Euro
25.565	**2.613**	2.780	2.948	3.115	**3.282**
26.000	2.648	2.817	2.987	3.156	3.325
26.500	2.689	2.860	3.032	3.203	3.375
27.000	2.729	2.903	3.077	3.251	3.424
27.500	2.770	2.946	3.122	3.298	3.474
28.000	2.810	2.988	3.167	3.345	3.524
28.500	2.851	3.031	3.212	3.393	3.573
29.000	2.891	3.074	3.257	3.440	3.623
29.500	2.932	3.117	3.302	3.487	3.672
30.000	**2.972**	3.160	3.347	3.535	**3.722**
30.500	3.011	3.201	3.391	3.580	3.770
31.000	3.050	3.242	3.434	3.626	3.818
31.500	3.090	3.284	3.478	3.672	3.867
32.000	3.129	3.325	3.522	3.718	3.915
32.500	3.168	3.367	3.566	3.764	3.963
33.000	3.207	3.408	3.609	3.810	4.011
33.500	3.246	3.450	3.653	3.856	4.059
34.000	3.286	3.491	3.697	3.902	4.108
34.500	3.325	3.533	3.740	3.948	4.156
35.000	**3.364**	3.574	3.784	3.994	**4.204**
35.500	3.401	3.613	3.825	4.037	4.249
36.000	3.439	3.653	3.867	4.081	4.295
36.500	3.476	3.692	3.908	4.124	4.340
37.000	3.513	3.731	3.949	4.168	4.386
37.500	3.551	3.771	3.991	4.211	4.431
38.000	3.588	3.810	4.032	4.254	4.476
38.500	3.625	3.849	4.073	4.298	4.522
39.000	3.662	3.889	4.115	4.341	4.567
39.500	3.700	3.928	4.156	4.384	4.613
40.000	**3.737**	3.967	4.198	4.428	**4.658**
40.500	3.774	4.006	4.239	4.471	4.703
41.000	3.811	4.045	4.280	4.514	4.748
41.500	3.848	4.084	4.321	4.557	4.793
42.000	3.885	4.123	4.362	4.600	4.838
42.500	3.922	4.162	4.403	4.643	4.883
43.000	3.959	4.201	4.444	4.686	4.928
43.500	3.996	4.240	4.485	4.729	4.973
44.000	4.033	4.279	4.526	4.772	5.018
44.500	4.070	4.318	4.567	4.815	5.063
45.000	**4.107**	4.357	4.608	4.858	**5.108**
45.500	4.143	4.395	4.647	4.900	5.152
46.000	4.179	4.433	4.687	4.941	5.196
46.500	4.214	4.471	4.727	4.983	5.239
47.000	4.250	4.508	4.767	5.025	5.283
47.500	4.286	4.546	4.807	5.067	5.327
48.000	4.322	4.584	4.846	5.109	5.371
48.500	4.358	4.622	4.886	5.150	5.415
49.000	4.393	4.660	4.926	5.192	5.458
49.500	4.429	4.697	4.966	5.234	5.502

Honorartafel zu § 56 Abs. 2 – Verkehrsanlagen, Honorarzone I

Anrechen-bare Kosten Euro	Von-satz Euro	Viertel-satz Euro	Mittel-satz Euro	Drei-viertel-satz Euro	Bis-satz Euro
50.000	**4.465**	4.735	5.006	5.276	**5.546**
52.500	4.634	4.914	5.193	5.472	5.751
55.000	4.804	5.092	5.380	5.668	5.956
57.500	4.973	5.270	5.567	5.864	6.161
60.000	5.143	5.449	5.755	6.060	6.366
62.500	5.312	5.627	5.942	6.257	6.572
65.000	5.481	5.805	6.129	6.453	6.777
67.500	5.651	5.984	6.316	6.649	6.982
70.000	5.820	6.162	6.504	6.845	7.187
72.500	5.990	6.340	6.691	7.041	7.392
75.000	**6.159**	6.519	6.878	7.238	**7.597**
77.500	6.317	6.685	7.052	7.420	7.788
80.000	6.476	6.851	7.227	7.602	7.978
82.500	6.634	7.018	7.401	7.785	8.169
85.000	6.792	7.184	7.576	7.967	8.359
87.500	6.951	7.350	7.750	8.150	8.550
90.000	7.109	7.517	7.924	8.332	8.740
92.500	7.267	7.683	8.099	8.515	8.931
95.000	7.425	7.849	8.273	8.697	9.121
97.500	7.584	8.016	8.448	8.880	9.312
100.000	**7.742**	8.182	8.622	9.062	**9.502**
105.000	8.033	8.487	8.942	9.396	9.850
110.000	8.324	8.793	9.261	9.730	10.198
115.000	8.615	9.098	9.581	10.063	10.546
120.000	8.906	9.403	9.900	10.397	10.894
125.000	9.198	9.709	10.220	10.731	11.242
130.000	9.489	10.014	10.539	11.065	11.590
135.000	9.780	10.319	10.859	11.398	11.938
140.000	10.071	10.625	11.178	11.732	12.286
145.000	10.362	10.930	11.498	12.066	12.634
150.000	**10.653**	11.235	11.818	12.400	**12.982**
155.000	10.919	11.514	12.109	12.703	13.298
160.000	11.185	11.792	12.400	13.007	13.614
165.000	11.450	12.070	12.691	13.311	13.931
170.000	11.716	12.349	12.982	13.614	14.247
175.000	11.982	12.627	13.273	13.918	14.563
180.000	12.248	12.906	13.564	14.221	14.879
185.000	12.514	13.184	13.855	14.525	15.195
190.000	12.779	13.462	14.146	14.829	15.512
195.000	13.045	13.741	14.437	15.132	15.828
200.000	**13.311**	14.019	14.728	15.436	**16.144**
205.000	13.560	14.280	14.999	15.719	16.439
210.000	13.809	14.540	15.271	16.003	16.734
215.000	14.058	14.801	15.543	16.286	17.029
220.000	14.307	15.061	15.815	16.569	17.324
225.000	14.556	15.322	16.087	16.853	17.619
230.000	14.805	15.582	16.359	17.136	17.913
235.000	15.054	15.843	16.631	17.420	18.208
240.000	15.303	16.103	16.903	17.703	18.503
245.000	15.552	16.364	17.175	17.987	18.798

Honorartafel zu § 56 Abs. 2 – Verkehrsanlagen, Honorarzone I

Anrechen-bare Kosten Euro	Von-satz Euro	Viertel-satz Euro	Mittel-satz Euro	Drei-viertel-satz Euro	Bis-satz Euro
250.000	**15.801**	16.624	17.447	18.270	**19.093**
255.000	16.036	16.869	17.703	18.536	19.370
260.000	16.270	17.114	17.958	18.802	19.646
265.000	16.505	17.359	18.214	19.068	19.923
270.000	16.739	17.604	18.469	19.334	20.199
275.000	16.974	17.850	18.725	19.601	20.476
280.000	17.209	18.095	18.981	19.867	20.753
285.000	17.443	18.340	19.236	20.133	21.029
290.000	17.678	18.585	19.492	20.399	21.306
295.000	17.912	18.830	19.747	20.665	21.582
300.000	**18.147**	19.075	20.003	20.931	**21.859**
305.000	18.370	19.307	20.245	21.183	22.121
310.000	18.592	19.540	20.488	21.435	22.383
315.000	18.815	19.772	20.730	21.687	22.645
320.000	19.037	20.005	20.972	21.940	22.907
325.000	19.260	20.237	21.215	22.192	23.169
330.000	19.483	20.470	21.457	22.444	23.431
335.000	19.705	20.702	21.699	22.696	23.693
340.000	19.928	20.935	21.941	22.948	23.955
345.000	20.150	21.167	22.184	23.200	24.217
350.000	**20.373**	21.400	22.426	23.453	**24.479**
355.000	20.584	21.620	22.656	23.691	24.727
360.000	20.796	21.841	22.886	23.930	24.975
365.000	21.007	22.061	23.115	24.169	25.224
370.000	21.218	22.282	23.345	24.408	25.472
375.000	21.430	22.502	23.575	24.647	25.720
380.000	21.641	22.723	23.805	24.886	25.968
385.000	21.852	22.943	24.034	25.125	26.216
390.000	22.063	23.164	24.264	25.364	26.465
395.000	22.275	23.384	24.494	25.603	26.713
400.000	**22.486**	23.605	24.724	25.842	**26.961**
405.000	22.688	23.815	24.942	26.070	27.197
410.000	22.890	24.026	25.161	26.297	27.433
415.000	23.091	24.236	25.380	26.525	27.669
420.000	23.293	24.446	25.599	26.752	27.905
425.000	23.495	24.657	25.818	26.980	28.142
430.000	23.697	24.867	26.037	27.207	28.378
435.000	23.899	25.077	26.256	27.435	28.614
440.000	24.100	25.288	26.475	27.662	28.850
445.000	24.302	25.498	26.694	27.890	29.086
450.000	**24.504**	25.709	26.913	28.118	**29.322**
455.000	24.698	25.910	27.123	28.336	29.549
460.000	24.891	26.112	27.333	28.554	29.775
465.000	25.085	26.314	27.543	28.772	30.002
470.000	25.278	26.516	27.753	28.991	30.228
475.000	25.472	26.718	27.963	29.209	30.455
480.000	25.666	26.919	28.173	29.427	30.681
485.000	25.859	27.121	28.383	29.645	30.908
490.000	26.053	27.323	28.593	29.864	31.134
495.000	26.246	27.525	28.803	30.082	31.361

Honorartafel zu § 56 Abs. 2 – Verkehrsanlagen, Honorarzone I

Anrechen- bare Kosten Euro	Von- satz Euro	Viertel- satz Euro	Mittel- satz Euro	Drei- viertel- satz Euro	Bis- satz Euro
500.000	**26.440**	27.727	29.014	30.300	**31.587**
525.000	27.291	28.613	29.934	31.255	32.577
550.000	28.142	29.498	30.854	32.211	33.567
575.000	28.993	30.384	31.775	33.166	34.556
600.000	29.844	31.270	32.695	34.121	35.546
625.000	30.696	32.156	33.616	35.076	36.536
650.000	31.547	33.041	34.536	36.031	37.526
675.000	32.398	33.927	35.457	36.986	38.516
700.000	33.249	34.813	36.377	37.941	39.505
725.000	34.100	35.699	37.298	38.896	40.495
750.000	**34.951**	36.585	38.218	39.852	**41.485**
775.000	35.655	37.316	38.977	40.637	42.298
800.000	36.360	38.047	39.735	41.423	43.111
825.000	37.064	38.779	40.494	42.209	43.924
850.000	37.768	39.510	41.252	42.995	44.737
875.000	38.473	40.242	42.011	43.780	45.550
900.000	39.177	40.973	42.770	44.566	46.362
925.000	39.881	41.705	43.528	45.352	47.175
950.000	40.585	42.436	44.287	46.138	47.988
975.000	41.290	43.168	45.045	46.923	48.801
1.000.000	**41.994**	43.899	45.804	47.709	**49.614**
1.050.000	43.596	45.563	47.530	49.496	51.463
1.100.000	45.199	47.227	49.255	51.283	53.311
1.150.000	46.801	48.891	50.981	53.070	55.160
1.200.000	48.404	50.555	52.706	54.858	57.009
1.250.000	50.006	52.219	54.432	56.645	58.858
1.300.000	51.608	53.883	56.157	58.432	60.706
1.350.000	53.211	55.547	57.883	60.219	62.555
1.400.000	54.813	57.211	59.608	62.006	64.404
1.450.000	56.416	58.875	61.334	63.793	66.252
1.500.000	**58.018**	60.539	63.060	65.580	**68.101**
1.550.000	59.534	62.111	64.688	67.265	69.842
1.600.000	61.050	63.683	66.317	68.950	71.583
1.650.000	62.566	65.256	67.945	70.635	73.325
1.700.000	64.082	66.828	69.574	72.320	75.066
1.750.000	65.598	68.400	71.203	74.005	76.807
1.800.000	67.114	69.973	72.831	75.690	78.548
1.850.000	68.630	71.545	74.460	77.375	80.289
1.900.000	70.146	73.117	76.088	79.059	82.031
1.950.000	71.662	74.689	77.717	80.744	83.772
2.000.000	**73.178**	76.262	79.346	82.429	**85.513**
2.050.000	74.621	77.757	80.893	84.029	87.165
2.100.000	76.064	79.252	82.440	85.628	88.816
2.150.000	77.507	80.747	83.987	87.227	90.468
2.200.000	78.950	82.243	85.535	88.827	92.119
2.250.000	80.394	83.738	87.082	90.426	93.771
2.300.000	81.837	85.233	88.629	92.026	95.422
2.350.000	83.280	86.728	90.177	93.625	97.074
2.400.000	84.723	88.223	91.724	95.224	98.725
2.450.000	86.166	89.719	93.271	96.824	100.377

Honorartafel zu § 56 Abs. 2 – Verkehrsanlagen, Honorarzone I

Anrechenbare Kosten Euro	Vonsatz Euro	Viertelsatz Euro	Mittelsatz Euro	Dreiviertelsatz Euro	Bissatz Euro
2.500.000	**87.609**	91.214	94.819	98.423	**102.028**
2.550.000	88.997	92.651	96.304	99.958	103.612
2.600.000	90.385	94.088	97.790	101.493	105.195
2.650.000	91.773	95.525	99.276	103.028	106.779
2.700.000	93.161	96.962	100.762	104.562	108.363
2.750.000	94.550	98.399	102.248	106.097	109.947
2.800.000	95.938	99.836	103.734	107.632	111.530
2.850.000	97.326	101.273	105.220	109.167	113.114
2.900.000	98.714	102.710	106.706	110.702	114.698
2.950.000	100.102	104.147	108.192	112.236	116.281
3.000.000	**101.490**	105.584	109.678	113.771	**117.865**
3.050.000	102.834	106.974	111.114	115.254	119.394
3.100.000	104.178	108.364	112.551	116.737	120.924
3.150.000	105.522	109.755	113.987	118.220	122.453
3.200.000	106.866	111.145	115.424	119.703	123.982
3.250.000	108.210	112.535	116.861	121.186	125.512
3.300.000	109.554	113.926	118.297	122.669	127.041
3.350.000	110.898	115.316	119.734	124.152	128.570
3.400.000	112.242	116.706	121.171	125.635	130.099
3.450.000	113.586	118.097	122.607	127.118	131.629
3.500.000	**114.930**	119.487	124.044	128.601	**133.158**
3.550.000	116.238	120.839	125.440	130.042	134.643
3.600.000	117.545	122.191	126.837	131.482	136.128
3.650.000	118.853	123.543	128.233	132.923	137.613
3.700.000	120.161	124.895	129.629	134.363	139.098
3.750.000	121.469	126.247	131.026	135.804	140.583
3.800.000	122.776	127.599	132.422	137.245	142.067
3.850.000	124.084	128.951	133.818	138.685	143.552
3.900.000	125.392	130.303	135.214	140.126	145.037
3.950.000	126.699	131.655	136.611	141.566	146.522
4.000.000	**128.007**	133.007	138.007	143.007	**148.007**
4.050.000	129.282	134.325	139.367	144.410	149.453
4.100.000	130.557	135.642	140.728	145.813	150.898
4.150.000	131.832	136.960	142.088	147.216	152.344
4.200.000	133.107	138.277	143.448	148.619	153.790
4.250.000	134.382	139.595	144.809	150.022	155.236
4.300.000	135.656	140.913	146.169	151.425	156.681
4.350.000	136.931	142.230	147.529	152.828	158.127
4.400.000	138.206	143.548	148.889	154.231	159.573
4.450.000	139.481	144.865	150.250	155.634	161.018
4.500.000	**140.756**	146.183	151.610	157.037	**162.464**
4.550.000	142.004	147.472	152.940	158.409	163.877
4.600.000	143.253	148.762	154.271	159.780	165.289
4.650.000	144.501	150.051	155.601	161.152	166.702
4.700.000	145.749	151.341	156.932	162.523	168.114
4.750.000	146.998	152.630	158.262	163.895	169.527
4.800.000	148.246	153.919	159.593	165.266	170.940
4.850.000	149.494	155.209	160.923	166.638	172.352
4.900.000	150.742	156.498	162.254	168.009	173.765
4.950.000	151.991	157.787	163.584	169.381	175.177

Honorartafel zu § 56 Abs. 2 – Verkehrsanlagen, Honorarzone I

Anrechen-bare Kosten Euro	Von-satz Euro	Viertel-satz Euro	Mittel-satz Euro	Drei-viertel-satz Euro	Bis-satz Euro
5.000.000	**153.239**	159.077	164.915	170.752	**176.590**
5.250.000	159.155	165.181	171.207	177.233	183.259
5.500.000	165.071	171.285	177.500	183.714	189.928
5.750.000	170.987	177.390	183.792	190.195	196.597
6.000.000	176.903	183.494	190.085	196.676	203.266
6.250.000	182.820	189.599	196.378	203.157	209.936
6.500.000	188.736	195.703	202.670	209.637	216.605
6.750.000	194.652	201.807	208.963	216.118	223.274
7.000.000	200.568	207.912	215.255	222.599	229.943
7.250.000	206.484	214.016	221.548	229.080	236.612
7.500.000	**212.400**	220.120	227.841	235.561	**243.281**
7.750.000	217.951	225.840	233.730	241.619	249.509
8.000.000	223.501	231.560	239.619	247.678	255.737
8.250.000	229.052	237.280	245.508	253.736	261.964
8.500.000	234.602	243.000	251.397	259.795	268.192
8.750.000	240.153	248.720	257.287	265.853	274.420
9.000.000	245.704	254.440	263.176	271.912	280.648
9.250.000	251.254	260.160	269.065	277.970	286.876
9.500.000	256.805	265.879	274.954	284.029	293.103
9.750.000	262.355	271.599	280.843	290.087	299.331
10.000.000	**267.906**	277.319	286.733	296.146	**305.559**
10.500.000	278.260	287.974	297.689	307.403	317.118
11.000.000	288.614	298.630	308.645	318.661	328.677
11.500.000	298.968	309.285	319.602	329.919	340.236
12.000.000	309.322	319.940	330.558	341.177	351.795
12.500.000	319.676	330.595	341.515	352.434	363.354
13.000.000	330.029	341.250	352.471	363.692	374.913
13.500.000	340.383	351.905	363.428	374.950	386.472
14.000.000	350.737	362.561	374.384	386.208	398.031
14.500.000	361.091	373.216	385.341	397.465	409.590
15.000.000	**371.445**	383.871	396.297	408.723	**421.149**
15.500.000	381.152	393.848	406.544	419.240	431.935
16.000.000	390.859	403.825	416.790	429.756	442.722
16.500.000	400.566	413.802	427.037	440.273	453.508
17.000.000	410.273	423.779	437.284	450.789	464.294
17.500.000	419.981	433.756	447.531	461.306	475.081
18.000.000	429.688	443.732	457.777	471.822	485.867
18.500.000	439.395	453.709	468.024	482.339	496.653
19.000.000	449.102	463.686	478.271	492.855	507.439
19.500.000	458.809	473.663	488.517	503.372	518.226
20.000.000	**468.516**	483.640	498.764	513.888	**529.012**
20.500.000	477.759	493.131	508.504	523.876	539.248
21.000.000	487.002	502.623	518.243	533.863	549.484
21.500.000	496.246	512.114	527.983	543.851	559.719
22.000.000	505.489	521.605	537.722	553.839	569.955
22.500.000	514.732	531.097	547.462	563.826	580.191
23.000.000	523.975	540.588	557.201	573.814	590.427
23.500.000	533.218	550.079	566.941	583.802	600.663
24.000.000	542.462	559.571	576.680	593.789	610.898
24.500.000	551.705	569.062	586.420	603.777	621.134
25.000.000	**560.948**	578.554	596.159	613.765	**631.370**
25.564.594	**571.338**	589.222	607.106	624.989	**642.873**

Honorartafel zu § 56 Abs. 2 – Verkehrsanlagen, Honorarzone II

Anrechen-bare Kosten Euro	Von-satz Euro	Viertel-satz Euro	Mittel-satz Euro	Drei-viertel-satz Euro	Bis-satz Euro
25.565	**3.282**	3.450	3.617	3.785	**3.952**
26.000	3.325	3.495	3.664	3.833	4.003
26.500	3.375	3.546	3.718	3.890	4.061
27.000	3.424	3.598	3.772	3.946	4.120
27.500	3.474	3.650	3.826	4.002	4.178
28.000	3.524	3.702	3.880	4.059	4.237
28.500	3.573	3.754	3.934	4.115	4.295
29.000	3.623	3.806	3.988	4.171	4.354
29.500	3.672	3.857	4.042	4.227	4.412
30.000	**3.722**	3.909	4.097	4.284	**4.471**
30.500	3.770	3.960	4.149	4.338	4.528
31.000	3.818	4.010	4.202	4.393	4.585
31.500	3.867	4.060	4.254	4.448	4.641
32.000	3.915	4.111	4.307	4.502	4.698
32.500	3.963	4.161	4.359	4.557	4.755
33.000	4.011	4.211	4.412	4.612	4.812
33.500	4.059	4.262	4.464	4.666	4.869
34.000	4.108	4.312	4.517	4.721	4.925
34.500	4.156	4.362	4.569	4.776	4.982
35.000	**4.204**	4.413	4.622	4.830	**5.039**
35.500	4.249	4.460	4.671	4.882	5.093
36.000	4.295	4.508	4.721	4.935	5.148
36.500	4.340	4.556	4.771	4.987	5.202
37.000	4.386	4.603	4.821	5.039	5.257
37.500	4.431	4.651	4.871	5.091	5.311
38.000	4.476	4.699	4.921	5.143	5.365
38.500	4.522	4.746	4.971	5.195	5.420
39.000	4.567	4.794	5.021	5.247	5.474
39.500	4.613	4.842	5.071	5.300	5.529
40.000	**4.658**	4.889	5.121	5.352	**5.583**
40.500	4.703	4.936	5.170	5.403	5.636
41.000	4.748	4.983	5.219	5.454	5.689
41.500	4.793	5.030	5.268	5.505	5.743
42.000	4.838	5.077	5.317	5.556	5.796
42.500	4.883	5.125	5.366	5.608	5.849
43.000	4.928	5.172	5.415	5.659	5.902
43.500	4.973	5.219	5.464	5.710	5.955
44.000	5.018	5.266	5.513	5.761	6.009
44.500	5.063	5.313	5.562	5.812	6.062
45.000	**5.108**	5.360	5.612	5.863	**6.115**
45.500	5.152	5.405	5.659	5.913	6.166
46.000	5.196	5.451	5.707	5.962	6.218
46.500	5.239	5.497	5.754	6.012	6.269
47.000	5.283	5.543	5.802	6.061	6.321
47.500	5.327	5.588	5.850	6.111	6.372
48.000	5.371	5.634	5.897	6.160	6.423
48.500	5.415	5.680	5.945	6.210	6.475
49.000	5.458	5.725	5.992	6.259	6.526
49.500	5.502	5.771	6.040	6.309	6.578

Honorartafel zu § 56 Abs. 2 – Verkehrsanlagen, Honorarzone II

Anrechen-bare Kosten Euro	Von-satz Euro	Viertel-satz Euro	Mittel-satz Euro	Drei-viertel-satz Euro	Bis-satz Euro
50.000	**5.546**	5.817	6.088	6.358	**6.629**
52.500	5.751	6.031	6.310	6.590	6.870
55.000	5.956	6.245	6.533	6.822	7.110
57.500	6.161	6.459	6.756	7.054	7.351
60.000	6.366	6.673	6.979	7.285	7.592
62.500	6.572	6.887	7.202	7.517	7.833
65.000	6.777	7.101	7.425	7.749	8.073
67.500	6.982	7.315	7.648	7.981	8.314
70.000	7.187	7.529	7.871	8.213	8.555
72.500	7.392	7.743	8.094	8.444	8.795
75.000	**7.597**	7.957	8.317	8.676	**9.036**
77.500	7.788	8.155	8.523	8.891	9.259
80.000	7.978	8.354	8.730	9.106	9.481
82.500	8.169	8.552	8.936	9.320	9.704
85.000	8.359	8.751	9.143	9.535	9.927
87.500	8.550	8.950	9.350	9.750	10.150
90.000	8.740	9.148	9.556	9.964	10.372
92.500	8.931	9.347	9.763	10.179	10.595
95.000	9.121	9.545	9.969	10.393	10.818
97.500	9.312	9.744	10.176	10.608	11.040
100.000	**9.502**	9.942	10.383	10.823	**11.263**
105.000	9.850	10.304	10.759	11.213	11.667
110.000	10.198	10.666	11.135	11.603	12.072
115.000	10.546	11.028	11.511	11.993	12.476
120.000	10.894	11.391	11.887	12.384	12.880
125.000	11.242	11.753	12.263	12.774	13.285
130.000	11.590	12.115	12.639	13.164	13.689
135.000	11.938	12.477	13.016	13.554	14.093
140.000	12.286	12.839	13.392	13.945	14.497
145.000	12.634	13.201	13.768	14.335	14.902
150.000	**12.982**	13.563	14.144	14.725	**15.306**
155.000	13.298	13.892	14.486	15.079	15.673
160.000	13.614	14.221	14.827	15.434	16.040
165.000	13.931	14.550	15.169	15.788	16.407
170.000	14.247	14.879	15.511	16.143	16.774
175.000	14.563	15.208	15.852	16.497	17.142
180.000	14.879	15.537	16.194	16.851	17.509
185.000	15.195	15.865	16.536	17.206	17.876
190.000	15.512	16.194	16.877	17.560	18.243
195.000	15.828	16.523	17.219	17.914	18.610
200.000	**16.144**	16.852	17.561	18.269	**18.977**
205.000	16.439	17.159	17.878	18.598	19.318
210.000	16.734	17.465	18.196	18.928	19.659
215.000	17.029	17.771	18.514	19.257	20.000
220.000	17.324	18.078	18.832	19.586	20.341
225.000	17.619	18.384	19.150	19.916	20.682
230.000	17.913	18.691	19.468	20.245	21.022
235.000	18.208	18.997	19.786	20.575	21.363
240.000	18.503	19.303	20.104	20.904	21.704
245.000	18.798	19.610	20.422	21.233	22.045

Honorartafel zu § 56 Abs. 2 – Verkehrsanlagen, Honorarzone II

Anrechen-bare Kosten Euro	Von-satz Euro	Viertel-satz Euro	Mittel-satz Euro	Drei-viertel-satz Euro	Bis-satz Euro
250.000	**19.093**	19.916	20.740	21.563	**22.386**
255.000	19.370	20.203	21.037	21.871	22.705
260.000	19.646	20.491	21.335	22.179	23.024
265.000	19.923	20.778	21.633	22.488	23.343
270.000	20.199	21.065	21.931	22.796	23.662
275.000	20.476	21.352	22.228	23.104	23.981
280.000	20.753	21.639	22.526	23.413	24.299
285.000	21.029	21.926	22.824	23.721	24.618
290.000	21.306	22.214	23.122	24.029	24.937
295.000	21.582	22.501	23.419	24.338	25.256
300.000	**21.859**	22.788	23.717	24.646	**25.575**
305.000	22.121	23.060	23.999	24.937	25.876
310.000	22.383	23.332	24.280	25.229	26.177
315.000	22.645	23.603	24.562	25.520	26.478
320.000	22.907	23.875	24.843	25.811	26.779
325.000	23.169	24.147	25.125	26.102	27.080
330.000	23.431	24.419	25.406	26.394	27.381
335.000	23.693	24.690	25.688	26.685	27.682
340.000	23.955	24.962	25.969	26.976	27.983
345.000	24.217	25.234	26.251	27.267	28.284
350.000	**24.479**	25.506	26.532	27.559	**28.585**
355.000	24.727	25.763	26.799	27.834	28.870
360.000	24.975	26.020	27.065	28.110	29.155
365.000	25.224	26.278	27.332	28.386	29.440
370.000	25.472	26.535	27.598	28.662	29.725
375.000	25.720	26.793	27.865	28.938	30.010
380.000	25.968	27.050	28.132	29.213	30.295
385.000	26.216	27.307	28.398	29.489	30.580
390.000	26.465	27.565	28.665	29.765	30.865
395.000	26.713	27.822	28.931	30.041	31.150
400.000	**26.961**	28.080	29.198	30.317	**31.435**
405.000	27.197	28.324	29.451	30.578	31.706
410.000	27.433	28.569	29.705	30.840	31.976
415.000	27.669	28.814	29.958	31.102	32.247
420.000	27.905	29.058	30.211	31.364	32.517
425.000	28.142	29.303	30.465	31.626	32.788
430.000	28.378	29.548	30.718	31.888	33.059
435.000	28.614	29.793	30.971	32.150	33.329
440.000	28.850	30.037	31.225	32.412	33.600
445.000	29.086	30.282	31.478	32.674	33.870
450.000	**29.322**	30.527	31.732	32.936	**34.141**
455.000	29.549	30.761	31.974	33.187	34.400
460.000	29.775	30.996	32.217	33.438	34.660
465.000	30.002	31.231	32.460	33.690	34.919
470.000	30.228	31.466	32.703	33.941	35.178
475.000	30.455	31.700	32.946	34.192	35.438
480.000	30.681	31.935	33.189	34.443	35.697
485.000	30.908	32.170	33.432	34.694	35.956
490.000	31.134	32.404	33.675	34.945	36.215
495.000	31.361	32.639	33.918	35.196	36.475

Honorartafel zu § 56 Abs. 2 – Verkehrsanlagen, Honorarzone II

Anrechen- bare Kosten Euro	Von- satz Euro	Viertel- satz Euro	Mittel- satz Euro	Drei- viertel- satz Euro	Bis- satz Euro
500.000	**31.587**	32.874	34.161	35.447	**36.734**
525.000	32.577	33.898	35.219	36.541	37.862
550.000	33.567	34.922	36.278	37.634	38.990
575.000	34.556	35.947	37.337	38.727	40.118
600.000	35.546	36.971	38.396	39.821	41.246
625.000	36.536	37.995	39.455	40.914	42.374
650.000	37.526	39.020	40.514	42.008	43.501
675.000	38.516	40.044	41.572	43.101	44.629
700.000	39.505	41.068	42.631	44.194	45.757
725.000	40.495	42.093	43.690	45.288	46.885
750.000	**41.485**	43.117	44.749	46.381	**48.013**
775.000	42.298	43.957	45.616	47.276	48.935
800.000	43.111	44.797	46.484	48.170	49.857
825.000	43.924	45.637	47.351	49.065	50.779
850.000	44.737	46.478	48.219	49.960	51.701
875.000	45.550	47.318	49.086	50.854	52.623
900.000	46.362	48.158	49.953	51.749	53.544
925.000	47.175	48.998	50.821	52.644	54.466
950.000	47.988	49.838	51.688	53.538	55.388
975.000	48.801	50.678	52.556	54.433	56.310
1.000.000	**49.614**	51.519	53.423	55.328	**57.232**
1.050.000	51.463	53.429	55.395	57.361	59.327
1.100.000	53.311	55.339	57.367	59.395	61.423
1.150.000	55.160	57.250	59.339	61.428	63.518
1.200.000	57.009	59.160	61.311	63.462	65.613
1.250.000	58.858	61.070	63.283	65.496	67.709
1.300.000	60.706	62.981	65.255	67.529	69.804
1.350.000	62.555	64.891	67.227	69.563	71.899
1.400.000	64.404	66.801	69.199	71.597	73.994
1.450.000	66.252	68.712	71.171	73.630	76.090
1.500.000	**68.101**	70.622	73.143	75.664	**78.185**
1.550.000	69.842	72.419	74.997	77.574	80.151
1.600.000	71.583	74.217	76.851	79.484	82.118
1.650.000	73.325	76.014	78.704	81.394	84.084
1.700.000	75.066	77.812	80.558	83.304	86.050
1.750.000	76.807	79.609	82.412	85.214	88.017
1.800.000	78.548	81.407	84.266	87.124	89.983
1.850.000	80.289	83.204	86.119	89.034	91.949
1.900.000	82.031	85.002	87.973	90.944	93.915
1.950.000	83.772	86.799	89.827	92.854	95.882
2.000.000	**85.513**	88.597	91.681	94.764	**97.848**
2.050.000	87.165	90.300	93.436	96.572	99.708
2.100.000	88.816	92.004	95.192	98.380	101.568
2.150.000	90.468	93.708	96.948	100.188	103.428
2.200.000	92.119	95.411	98.704	101.996	105.288
2.250.000	93.771	97.115	100.459	103.804	107.148
2.300.000	95.422	98.819	102.215	105.612	109.008
2.350.000	97.074	100.522	103.971	107.419	110.868
2.400.000	98.725	102.226	105.727	109.227	112.728
2.450.000	100.377	103.929	107.482	111.035	114.588

Honorartafel zu § 56 Abs. 2 – Verkehrsanlagen, Honorarzone II

Anrechen-bare Kosten Euro	Von-satz Euro	Viertel-satz Euro	Mittel-satz Euro	Drei-viertel-satz Euro	Bis-satz Euro
2.500.000	**102.028**	105.633	109.238	112.843	**116.448**
2.550.000	103.612	107.266	110.919	114.573	118.227
2.600.000	105.195	108.898	112.601	116.304	120.006
2.650.000	106.779	110.531	114.282	118.034	121.785
2.700.000	108.363	112.163	115.964	119.764	123.564
2.750.000	109.947	113.796	117.645	121.494	125.344
2.800.000	111.530	115.428	119.326	123.225	127.123
2.850.000	113.114	117.061	121.008	124.955	128.902
2.900.000	114.698	118.693	122.689	126.685	130.681
2.950.000	116.281	120.326	124.371	128.415	132.460
3.000.000	**117.865**	121.959	126.052	130.146	**134.239**
3.050.000	119.394	123.534	127.674	131.814	135.954
3.100.000	120.924	125.110	129.296	133.482	137.668
3.150.000	122.453	126.685	130.918	135.151	139.383
3.200.000	123.982	128.261	132.540	136.819	141.098
3.250.000	125.512	129.837	134.162	138.487	142.813
3.300.000	127.041	131.412	135.784	140.156	144.527
3.350.000	128.570	132.988	137.406	141.824	146.242
3.400.000	130.099	134.564	139.028	143.492	147.957
3.450.000	131.629	136.139	140.650	145.161	149.671
3.500.000	**133.158**	137.715	142.272	146.829	**151.386**
3.550.000	134.643	139.244	143.846	148.447	153.048
3.600.000	136.128	140.773	145.419	150.065	154.710
3.650.000	137.613	142.303	146.993	151.683	156.373
3.700.000	139.098	143.832	148.566	153.301	158.035
3.750.000	140.583	145.361	150.140	154.918	159.697
3.800.000	142.067	146.890	151.713	156.536	161.359
3.850.000	143.552	148.420	153.287	158.154	163.021
3.900.000	145.037	149.949	154.860	159.772	164.684
3.950.000	146.522	151.478	156.434	161.390	166.346
4.000.000	**148.007**	153.007	158.008	163.008	**168.008**
4.050.000	149.453	154.496	159.539	164.581	169.624
4.100.000	150.898	155.984	161.070	166.155	171.241
4.150.000	152.344	157.472	162.601	167.729	172.857
4.200.000	153.790	158.961	164.132	169.302	174.473
4.250.000	155.236	160.449	165.663	170.876	176.090
4.300.000	156.681	161.937	167.194	172.450	177.706
4.350.000	158.127	163.426	168.725	174.023	179.322
4.400.000	159.573	164.914	170.256	175.597	180.938
4.450.000	161.018	166.402	171.787	177.171	182.555
4.500.000	**162.464**	167.891	173.318	178.744	**184.171**
4.550.000	163.877	169.344	174.812	180.280	185.748
4.600.000	165.289	170.798	176.307	181.816	187.325
4.650.000	166.702	172.252	177.802	183.352	188.902
4.700.000	168.114	173.706	179.297	184.888	190.479
4.750.000	169.527	175.159	180.792	186.424	192.056
4.800.000	170.940	176.613	182.286	187.960	193.633
4.850.000	172.352	178.067	183.781	189.496	195.210
4.900.000	173.765	179.520	185.276	191.031	196.787
4.950.000	175.177	180.974	186.771	192.567	198.364

Honorartafel zu § 56 Abs. 2 – Verkehrsanlagen, Honorarzone II

Anrechen-bare Kosten Euro	Von-satz Euro	Viertel-satz Euro	Mittel-satz Euro	Drei-viertel-satz Euro	Bis-satz Euro
5.000.000	**176.590**	182.428	188.266	194.103	**199.941**
5.250.000	183.259	189.285	195.311	201.337	207.363
5.500.000	189.928	196.142	202.357	208.571	214.785
5.750.000	196.597	203.000	209.402	215.805	222.207
6.000.000	203.266	209.857	216.448	223.038	229.629
6.250.000	209.936	216.714	223.493	230.272	237.051
6.500.000	216.605	223.572	230.539	237.506	244.473
6.750.000	223.274	230.429	237.584	244.740	251.895
7.000.000	229.943	237.286	244.630	251.973	259.317
7.250.000	236.612	244.144	251.675	259.207	266.739
7.500.000	**243.281**	251.001	258.721	266.441	**274.161**
7.750.000	249.509	257.398	265.287	273.177	281.066
8.000.000	255.737	263.795	271.854	279.913	287.971
8.250.000	261.964	270.192	278.420	286.648	294.876
8.500.000	268.192	276.590	284.987	293.384	301.781
8.750.000	274.420	282.987	291.553	300.120	308.687
9.000.000	280.648	289.384	298.120	306.856	315.592
9.250.000	286.876	295.781	304.686	313.591	322.497
9.500.000	293.103	302.178	311.253	320.327	329.402
9.750.000	299.331	308.575	317.819	327.063	336.307
10.000.000	**305.559**	314.972	324.386	333.799	**343.212**
10.500.000	317.118	326.833	336.547	346.262	355.976
11.000.000	328.677	338.693	348.709	358.724	368.740
11.500.000	340.236	350.553	360.870	371.187	381.504
12.000.000	351.795	362.413	373.032	383.650	394.268
12.500.000	363.354	374.274	385.193	396.113	407.032
13.000.000	374.913	386.134	397.355	408.575	419.796
13.500.000	386.472	397.994	409.516	421.038	432.560
14.000.000	398.031	409.854	421.678	433.501	445.324
14.500.000	409.590	421.715	433.839	445.964	458.088
15.000.000	**421.149**	433.575	446.001	458.426	**470.852**
15.500.000	431.935	444.631	457.326	470.022	482.718
16.000.000	442.722	455.687	468.652	481.618	494.583
16.500.000	453.508	466.743	479.978	493.213	506.449
17.000.000	464.294	477.799	491.304	504.809	518.314
17.500.000	475.081	488.855	502.630	516.405	530.180
18.000.000	485.867	499.911	513.956	528.000	542.045
18.500.000	496.653	510.967	525.282	539.596	553.911
19.000.000	507.439	522.024	536.608	551.192	565.776
19.500.000	518.226	533.080	547.934	562.788	577.642
20.000.000	**529.012**	544.136	559.260	574.383	**589.507**
20.500.000	539.248	554.620	569.991	585.363	600.735
21.000.000	549.484	565.104	580.723	596.343	611.963
21.500.000	559.719	575.587	591.455	607.323	623.191
22.000.000	569.955	586.071	602.187	618.303	634.419
22.500.000	580.191	596.555	612.919	629.283	645.648
23.000.000	590.427	607.039	623.651	640.263	656.876
23.500.000	600.663	617.523	634.383	651.243	668.104
24.000.000	610.898	628.007	645.115	662.223	679.332
24.500.000	621.134	638.491	655.847	673.203	690.560
25.000.000	**631.370**	648.975	666.579	684.184	**701.788**
25.564.594	**642.873**	660.756	678.638	696.521	**714.403**

Honorartafel zu § 56 Abs. 2 – Verkehrsanlagen, Honorarzone III

Anrechen- bare Kosten Euro	Von- satz Euro	Viertel- satz Euro	Mittel- satz Euro	Drei- viertel- satz Euro	Bis- satz Euro
25.565	**3.952**	4.121	4.290	4.458	**4.627**
26.000	4.003	4.174	4.344	4.515	4.685
26.500	4.061	4.234	4.407	4.580	4.752
27.000	4.120	4.295	4.470	4.645	4.820
27.500	4.178	4.355	4.533	4.710	4.887
28.000	4.237	4.416	4.595	4.774	4.954
28.500	4.295	4.477	4.658	4.839	5.021
29.000	4.354	4.537	4.721	4.904	5.088
29.500	4.412	4.598	4.784	4.969	5.155
30.000	**4.471**	4.659	4.847	5.034	**5.222**
30.500	4.528	4.718	4.908	5.098	5.288
31.000	4.585	4.777	4.969	5.161	5.353
31.500	4.641	4.836	5.030	5.225	5.419
32.000	4.698	4.895	5.092	5.288	5.485
32.500	4.755	4.954	5.153	5.352	5.551
33.000	4.812	5.013	5.214	5.415	5.616
33.500	4.869	5.072	5.275	5.479	5.682
34.000	4.925	5.131	5.337	5.542	5.748
34.500	4.982	5.190	5.398	5.606	5.813
35.000	**5.039**	5.249	5.459	5.669	**5.879**
35.500	5.093	5.305	5.517	5.729	5.942
36.000	5.148	5.362	5.576	5.790	6.004
36.500	5.202	5.418	5.634	5.850	6.067
37.000	5.257	5.475	5.693	5.911	6.129
37.500	5.311	5.531	5.751	5.971	6.192
38.000	5.365	5.588	5.810	6.032	6.254
38.500	5.420	5.644	5.868	6.092	6.317
39.000	5.474	5.700	5.927	6.153	6.379
39.500	5.529	5.757	5.985	6.213	6.442
40.000	**5.583**	5.813	6.044	6.274	**6.504**
40.500	5.636	5.868	6.101	6.333	6.565
41.000	5.689	5.924	6.158	6.392	6.626
41.500	5.743	5.979	6.215	6.451	6.688
42.000	5.796	6.034	6.272	6.511	6.749
42.500	5.849	6.089	6.330	6.570	6.810
43.000	5.902	6.144	6.387	6.629	6.871
43.500	5.955	6.200	6.444	6.688	6.932
44.000	6.009	6.255	6.501	6.747	6.994
44.500	6.062	6.310	6.558	6.807	7.055
45.000	**6.115**	6.365	6.616	6.866	**7.116**
45.500	6.166	6.419	6.671	6.923	7.175
46.000	6.218	6.472	6.726	6.981	7.235
46.500	6.269	6.525	6.782	7.038	7.294
47.000	6.321	6.579	6.837	7.095	7.354
47.500	6.372	6.632	6.893	7.153	7.413
48.000	6.423	6.686	6.948	7.210	7.472
48.500	6.475	6.739	7.003	7.268	7.532
49.000	6.526	6.792	7.059	7.325	7.591
49.500	6.578	6.846	7.114	7.382	7.651

Honorartafel zu § 56 Abs. 2 – Verkehrsanlagen, Honorarzone III

Anrechen-bare Kosten Euro	Von-satz Euro	Viertel-satz Euro	Mittel-satz Euro	Drei-viertel-satz Euro	Bis-satz Euro
50.000	**6.629**	6.899	7.170	7.440	**7.710**
52.500	6.870	7.149	7.428	7.708	7.987
55.000	7.110	7.399	7.687	7.975	8.264
57.500	7.351	7.649	7.946	8.243	8.541
60.000	7.592	7.898	8.205	8.511	8.818
62.500	7.833	8.148	8.464	8.779	9.095
65.000	8.073	8.398	8.722	9.047	9.371
67.500	8.314	8.648	8.981	9.315	9.648
70.000	8.555	8.897	9.240	9.583	9.925
72.500	8.795	9.147	9.499	9.850	10.202
75.000	**9.036**	9.397	9.758	10.118	**10.479**
77.500	9.259	9.627	9.996	10.364	10.733
80.000	9.481	9.858	10.234	10.611	10.987
82.500	9.704	10.088	10.473	10.857	11.241
85.000	9.927	10.319	10.711	11.103	11.495
87.500	10.150	10.549	10.949	11.349	11.749
90.000	10.372	10.780	11.188	11.595	12.003
92.500	10.595	11.010	11.426	11.841	12.257
95.000	10.818	11.241	11.664	12.088	12.511
97.500	11.040	11.471	11.903	12.334	12.765
100.000	**11.263**	11.702	12.141	12.580	**13.019**
105.000	11.667	12.121	12.574	13.027	13.481
110.000	12.072	12.539	13.007	13.475	13.942
115.000	12.476	12.958	13.440	13.922	14.404
120.000	12.880	13.377	13.873	14.369	14.865
125.000	13.285	13.795	14.306	14.816	15.327
130.000	13.689	14.214	14.739	15.264	15.789
135.000	14.093	14.632	15.172	15.711	16.250
140.000	14.497	15.051	15.605	16.158	16.712
145.000	14.902	15.470	16.038	16.605	17.173
150.000	**15.306**	15.888	16.471	17.053	**17.635**
155.000	15.673	16.268	16.863	17.458	18.053
160.000	16.040	16.648	17.256	17.863	18.471
165.000	16.407	17.028	17.648	18.269	18.889
170.000	16.774	17.408	18.041	18.674	19.307
175.000	17.142	17.787	18.433	19.079	19.725
180.000	17.509	18.167	18.826	19.484	20.143
185.000	17.876	18.547	19.218	19.890	20.561
190.000	18.243	18.927	19.611	20.295	20.979
195.000	18.610	19.307	20.003	20.700	21.397
200.000	**18.977**	19.687	20.396	21.106	**21.815**
205.000	19.318	20.039	20.759	21.480	22.201
210.000	19.659	20.391	21.123	21.855	22.587
215.000	20.000	20.743	21.486	22.229	22.973
220.000	20.341	21.095	21.850	22.604	23.359
225.000	20.682	21.447	22.213	22.979	23.745
230.000	21.022	21.799	22.576	23.353	24.130
235.000	21.363	22.152	22.940	23.728	24.516
240.000	21.704	22.504	23.303	24.103	24.902
245.000	22.045	22.856	23.667	24.477	25.288

Honorartafel zu § 56 Abs. 2 – Verkehrsanlagen, Honorarzone III

Anrechen-bare Kosten Euro	Von-satz Euro	Viertel-satz Euro	Mittel-satz Euro	Drei-viertel-satz Euro	Bis-satz Euro
250.000	**22.386**	23.208	24.030	24.852	**25.674**
255.000	22.705	23.538	24.370	25.203	26.035
260.000	23.024	23.867	24.710	25.553	26.397
265.000	23.343	24.197	25.050	25.904	26.758
270.000	23.662	24.526	25.390	26.255	27.119
275.000	23.981	24.856	25.731	26.606	27.481
280.000	24.299	25.185	26.071	26.956	27.842
285.000	24.618	25.515	26.411	27.307	28.203
290.000	24.937	25.844	26.751	27.658	28.564
295.000	25.256	26.174	27.091	28.008	28.926
300.000	**25.575**	26.503	27.431	28.359	**29.287**
305.000	25.876	26.814	27.751	28.689	29.627
310.000	26.177	27.124	28.072	29.019	29.967
315.000	26.478	27.435	28.392	29.350	30.307
320.000	26.779	27.746	28.713	29.680	30.647
325.000	27.080	28.057	29.033	30.010	30.987
330.000	27.381	28.367	29.354	30.340	31.326
335.000	27.682	28.678	29.674	30.670	31.666
340.000	27.983	28.989	29.995	31.000	32.006
345.000	28.284	29.300	30.315	31.331	32.346
350.000	**28.585**	29.610	30.636	31.661	**32.686**
355.000	28.870	29.904	30.939	31.973	33.008
360.000	29.155	30.199	31.242	32.286	33.330
365.000	29.440	30.493	31.546	32.599	33.651
370.000	29.725	30.787	31.849	32.911	33.973
375.000	30.010	31.081	32.153	33.224	34.295
380.000	30.295	31.375	32.456	33.536	34.617
385.000	30.580	31.670	32.759	33.849	34.939
390.000	30.865	31.964	33.063	34.162	35.260
395.000	31.150	32.258	33.366	34.474	35.582
400.000	**31.435**	32.552	33.670	34.787	**35.904**
405.000	31.706	32.832	33.958	35.084	36.210
410.000	31.976	33.111	34.246	35.380	36.515
415.000	32.247	33.390	34.534	35.677	36.821
420.000	32.517	33.670	34.822	35.974	37.126
425.000	32.788	33.949	35.110	36.271	37.432
430.000	33.059	34.228	35.398	36.567	37.737
435.000	33.329	34.508	35.686	36.864	38.043
440.000	33.600	34.787	35.974	37.161	38.348
445.000	33.870	35.066	36.262	37.458	38.654
450.000	**34.141**	35.346	36.550	37.755	**38.959**
455.000	34.400	35.613	36.826	38.038	39.251
460.000	34.660	35.880	37.101	38.322	39.543
465.000	34.919	36.148	37.377	38.606	39.834
470.000	35.178	36.415	37.652	38.889	40.126
475.000	35.438	36.683	37.928	39.173	40.418
480.000	35.697	36.950	38.203	39.457	40.710
485.000	35.956	37.217	38.479	39.740	41.002
490.000	36.215	37.485	38.754	40.024	41.293
495.000	36.475	37.752	39.030	40.308	41.585

Honorartafel zu § 56 Abs. 2 – Verkehrsanlagen, Honorarzone III

Anrechen-bare Kosten Euro	Von-satz Euro	Viertel-satz Euro	Mittel-satz Euro	Drei-viertel-satz Euro	Bis-satz Euro
500.000	36.734	38.020	39.306	40.591	41.877
525.000	37.862	39.182	40.503	41.823	43.144
550.000	38.990	40.345	41.700	43.056	44.411
575.000	40.118	41.508	42.898	44.288	45.678
600.000	41.246	42.670	44.095	45.520	46.945
625.000	42.374	43.833	45.293	46.752	48.212
650.000	43.501	44.996	46.490	47.984	49.478
675.000	44.629	46.158	47.687	49.216	50.745
700.000	45.757	47.321	48.885	50.448	52.012
725.000	46.885	48.484	50.082	51.681	53.279
750.000	48.013	49.646	51.280	52.913	54.546
775.000	48.935	50.595	52.256	53.916	55.576
800.000	49.857	51.544	53.232	54.919	56.606
825.000	50.779	52.493	54.208	55.922	57.636
850.000	51.701	53.442	55.184	56.925	58.666
875.000	52.623	54.391	56.160	57.928	59.697
900.000	53.544	55.340	57.136	58.931	60.727
925.000	54.466	56.289	58.112	59.934	61.757
950.000	55.388	57.238	59.088	60.937	62.787
975.000	56.310	58.187	60.064	61.940	63.817
1.000.000	57.232	59.136	61.040	62.943	64.847
1.050.000	59.327	61.293	63.258	65.224	67.190
1.100.000	61.423	63.450	65.477	67.505	69.532
1.150.000	63.518	65.607	67.696	69.786	71.875
1.200.000	65.613	67.764	69.915	72.066	74.217
1.250.000	67.709	69.921	72.134	74.347	76.560
1.300.000	69.804	72.079	74.353	76.628	78.903
1.350.000	71.899	74.236	76.572	78.909	81.245
1.400.000	73.994	76.393	78.791	81.189	83.588
1.450.000	76.090	78.550	81.010	83.470	85.930
1.500.000	78.185	80.707	83.229	85.751	88.273
1.550.000	80.151	82.730	85.308	87.886	90.465
1.600.000	82.118	84.752	87.387	90.021	92.656
1.650.000	84.084	86.775	89.466	92.157	94.848
1.700.000	86.050	88.797	91.545	94.292	97.039
1.750.000	88.017	90.820	93.624	96.427	99.231
1.800.000	89.983	92.843	95.702	98.562	101.422
1.850.000	91.949	94.865	97.781	100.697	103.614
1.900.000	93.915	96.888	99.860	102.833	105.805
1.950.000	95.882	98.910	101.939	104.968	107.997
2.000.000	97.848	100.933	104.018	107.103	110.188
2.050.000	99.708	102.845	105.982	109.119	112.256
2.100.000	101.568	104.757	107.946	111.135	114.324
2.150.000	103.428	106.669	109.910	113.151	116.392
2.200.000	105.288	108.581	111.874	115.167	118.460
2.250.000	107.148	110.493	113.838	117.183	120.529
2.300.000	109.008	112.405	115.802	119.199	122.597
2.350.000	110.868	114.317	117.766	121.216	124.665
2.400.000	112.728	116.229	119.730	123.232	126.733
2.450.000	114.588	118.141	121.694	125.248	128.801

Honorartafel zu § 56 Abs. 2 – Verkehrsanlagen, Honorarzone III

Anrechen-bare Kosten Euro	Von-satz Euro	Viertel-satz Euro	Mittel-satz Euro	Drei-viertel-satz Euro	Bis-satz Euro
2.500.000	**116.448**	120.053	123.659	127.264	**130.869**
2.550.000	118.227	121.881	125.535	129.189	132.844
2.600.000	120.006	123.709	127.412	131.115	134.818
2.650.000	121.785	125.537	129.289	133.041	136.793
2.700.000	123.564	127.365	131.166	134.966	138.767
2.750.000	125.344	129.193	133.043	136.892	140.742
2.800.000	127.123	131.021	134.919	138.818	142.716
2.850.000	128.902	132.849	136.796	140.743	144.691
2.900.000	130.681	134.677	138.673	142.669	146.665
2.950.000	132.460	136.505	140.550	144.595	148.640
3.000.000	**134.239**	138.333	142.427	146.520	**150.614**
3.050.000	135.954	140.094	144.234	148.374	152.514
3.100.000	137.668	141.855	146.041	150.228	154.414
3.150.000	139.383	143.616	147.849	152.081	156.314
3.200.000	141.098	145.377	149.656	153.935	158.214
3.250.000	142.813	147.138	151.463	155.789	160.114
3.300.000	144.527	148.899	153.271	157.642	162.014
3.350.000	146.242	150.660	155.078	159.496	163.914
3.400.000	147.957	152.421	156.885	161.350	165.814
3.450.000	149.671	154.182	158.693	163.203	167.714
3.500.000	**151.386**	155.943	160.500	165.057	**169.614**
3.550.000	153.048	157.649	162.251	166.852	171.453
3.600.000	154.710	159.356	164.001	168.647	173.292
3.650.000	156.373	161.062	165.752	170.442	175.131
3.700.000	158.035	162.769	167.503	172.237	176.970
3.750.000	159.697	164.475	169.253	174.031	178.810
3.800.000	161.359	166.182	171.004	175.826	180.649
3.850.000	163.021	167.888	172.755	177.621	182.488
3.900.000	164.684	169.594	174.505	179.416	184.327
3.950.000	166.346	171.301	176.256	181.211	186.166
4.000.000	**168.008**	173.007	178.007	183.006	**188.005**
4.050.000	169.624	174.666	179.708	184.750	189.792
4.100.000	171.241	176.325	181.410	186.494	191.579
4.150.000	172.857	177.984	183.111	188.239	193.366
4.200.000	174.473	179.643	184.813	189.983	195.153
4.250.000	176.090	181.302	186.515	191.727	196.940
4.300.000	177.706	182.961	188.216	193.471	198.726
4.350.000	179.322	184.620	189.918	195.216	200.513
4.400.000	180.938	186.279	191.619	196.960	202.300
4.450.000	182.555	187.938	193.321	198.704	204.087
4.500.000	**184.171**	189.597	195.023	200.448	**205.874**
4.550.000	185.748	191.215	196.682	202.149	207.616
4.600.000	187.325	192.833	198.342	203.850	209.358
4.650.000	188.902	194.452	200.001	205.551	211.100
4.700.000	190.479	196.070	201.661	207.251	212.842
4.750.000	192.056	197.688	203.320	208.952	214.584
4.800.000	193.633	199.306	204.980	210.653	216.326
4.850.000	195.210	200.925	206.639	212.354	218.068
4.900.000	196.787	202.543	208.299	214.054	219.810
4.950.000	198.364	204.161	209.958	215.755	221.552

Honorartafel zu § 56 Abs. 2 – Verkehrsanlagen, Honorarzone III

Anrechen-bare Kosten Euro	Von-satz Euro	Viertel-satz Euro	Mittel-satz Euro	Drei-viertel-satz Euro	Bis-satz Euro
5.000.000	**199.941**	205.779	211.618	217.456	**223.294**
5.250.000	207.363	213.390	219.416	225.443	231.469
5.500.000	214.785	221.000	227.215	233.430	239.644
5.750.000	222.207	228.610	235.013	241.416	247.820
6.000.000	229.629	236.220	242.812	249.403	255.995
6.250.000	237.051	243.831	250.611	257.390	264.170
6.500.000	244.473	251.441	258.409	265.377	272.345
6.750.000	251.895	259.051	266.208	273.364	280.520
7.000.000	259.317	266.662	274.006	281.351	288.696
7.250.000	266.739	274.272	281.805	289.338	296.871
7.500.000	**274.161**	281.882	289.604	297.325	**305.046**
7.750.000	281.066	288.957	296.847	304.738	312.628
8.000.000	287.971	296.031	304.091	312.151	320.211
8.250.000	294.876	303.106	311.335	319.564	327.793
8.500.000	301.781	310.180	318.579	326.977	335.376
8.750.000	308.687	317.254	325.822	334.390	342.958
9.000.000	315.592	324.329	333.066	341.803	350.540
9.250.000	322.497	331.403	340.310	349.216	358.123
9.500.000	329.402	338.478	347.554	356.629	365.705
9.750.000	336.307	345.552	354.797	364.042	373.288
10.000.000	**343.212**	352.627	362.041	371.456	**380.870**
10.500.000	355.976	365.692	375.408	385.123	394.839
11.000.000	368.740	378.757	388.774	398.791	408.808
11.500.000	381.504	391.822	402.141	412.459	422.777
12.000.000	394.268	404.888	415.507	426.127	436.746
12.500.000	407.032	417.953	428.874	439.795	450.716
13.000.000	419.796	431.018	442.240	453.462	464.685
13.500.000	432.560	444.083	455.607	467.130	478.654
14.000.000	445.324	457.149	468.973	480.798	492.623
14.500.000	458.088	470.214	482.340	494.466	506.592
15.000.000	**470.852**	483.279	495.707	508.134	**520.561**
15.500.000	482.718	495.415	508.112	520.809	533.506
16.000.000	494.583	507.550	520.517	533.484	546.450
16.500.000	506.449	519.685	532.922	546.158	559.395
17.000.000	518.314	531.820	545.327	558.833	572.340
17.500.000	530.180	543.956	557.732	571.508	585.285
18.000.000	542.045	556.091	570.137	584.183	598.229
18.500.000	553.911	568.226	582.542	596.858	611.174
19.000.000	565.776	580.362	594.947	609.533	624.119
19.500.000	577.642	592.497	607.352	622.208	637.063
20.000.000	**589.507**	604.632	619.758	634.883	**650.008**
20.500.000	600.735	616.108	631.482	646.855	662.228
21.000.000	611.963	627.585	643.206	658.827	674.449
21.500.000	623.191	639.061	654.930	670.800	686.669
22.000.000	634.419	650.537	666.655	682.772	698.890
22.500.000	645.648	662.013	678.379	694.744	711.110
23.000.000	656.876	673.489	690.103	706.717	723.330
23.500.000	668.104	684.965	701.827	718.689	735.551
24.000.000	679.332	696.442	713.552	730.661	747.771
24.500.000	690.560	707.918	725.276	742.634	759.992
25.000.000	**701.788**	719.394	737.000	754.606	**772.212**
25.564.594	**714.403**	732.287	750.170	768.054	**785.937**

§ 56

Abs. 2
Zone IV

Honorartafel zu § 56 Abs. 2 – Verkehrsanlagen, Honorarzone IV

Anrechen-bare Kosten Euro	Von-satz Euro	Viertel-satz Euro	Mittel-satz Euro	Drei-viertel-satz Euro	Bis-satz Euro
25.565	**4.627**	4.795	4.962	5.130	**5.297**
26.000	4.685	4.855	5.024	5.194	5.363
26.500	4.752	4.924	5.096	5.267	5.439
27.000	4.820	4.993	5.167	5.341	5.515
27.500	4.887	5.063	5.239	5.415	5.591
28.000	4.954	5.132	5.310	5.489	5.667
28.500	5.021	5.201	5.382	5.562	5.743
29.000	5.088	5.271	5.453	5.636	5.819
29.500	5.155	5.340	5.525	5.710	5.895
30.000	**5.222**	5.409	5.597	5.784	**5.971**
30.500	5.288	5.477	5.667	5.856	6.045
31.000	5.353	5.545	5.737	5.928	6.120
31.500	5.419	5.613	5.807	6.000	6.194
32.000	5.485	5.681	5.877	6.072	6.268
32.500	5.551	5.749	5.947	6.145	6.343
33.000	5.616	5.816	6.017	6.217	6.417
33.500	5.682	5.884	6.087	6.289	6.491
34.000	5.748	5.952	6.157	6.361	6.565
34.500	5.813	6.020	6.227	6.433	6.640
35.000	**5.879**	6.088	6.297	6.505	**6.714**
35.500	5.942	6.153	6.364	6.575	6.786
36.000	6.004	6.217	6.431	6.644	6.857
36.500	6.067	6.282	6.498	6.713	6.929
37.000	6.129	6.347	6.565	6.782	7.000
37.500	6.192	6.412	6.632	6.852	7.072
38.000	6.254	6.476	6.699	6.921	7.143
38.500	6.317	6.541	6.766	6.990	7.215
39.000	6.379	6.606	6.833	7.059	7.286
39.500	6.442	6.671	6.900	7.129	7.358
40.000	**6.504**	6.735	6.967	7.198	**7.429**
40.500	6.565	6.798	7.032	7.265	7.498
41.000	6.626	6.862	7.097	7.332	7.568
41.500	6.688	6.925	7.162	7.400	7.637
42.000	6.749	6.988	7.228	7.467	7.706
42.500	6.810	7.051	7.293	7.534	7.776
43.000	6.871	7.115	7.358	7.601	7.845
43.500	6.932	7.178	7.423	7.669	7.914
44.000	6.994	7.241	7.489	7.736	7.983
44.500	7.055	7.304	7.554	7.803	8.053
45.000	**7.116**	7.368	7.619	7.871	**8.122**
45.500	7.175	7.429	7.682	7.936	8.189
46.000	7.235	7.490	7.745	8.001	8.256
46.500	7.294	7.551	7.809	8.066	8.323
47.000	7.354	7.613	7.872	8.131	8.390
47.500	7.413	7.674	7.935	8.196	8.457
48.000	7.472	7.735	7.998	8.261	8.524
48.500	7.532	7.797	8.061	8.326	8.591
49.000	7.591	7.858	8.125	8.391	8.658
49.500	7.651	7.919	8.188	8.456	8.725

Anrechenbare Kosten Euro	Vonsatz Euro	Viertelsatz Euro	Mittelsatz Euro	Dreiviertelsatz Euro	Bissatz Euro
50.000	**7.710**	7.981	8.251	8.522	**8.792**
52.500	7.987	8.266	8.546	8.825	9.105
55.000	8.264	8.552	8.840	9.129	9.417
57.500	8.541	8.838	9.135	9.432	9.730
60.000	8.818	9.124	9.430	9.736	10.042
62.500	9.095	9.410	9.725	10.040	10.355
65.000	9.371	9.695	10.019	10.343	10.667
67.500	9.648	9.981	10.314	10.647	10.980
70.000	9.925	10.267	10.609	10.950	11.292
72.500	10.202	10.553	10.903	11.254	11.605
75.000	**10.479**	10.839	11.198	11.558	**11.917**
77.500	10.733	11.101	11.468	11.836	12.203
80.000	10.987	11.363	11.738	12.114	12.490
82.500	11.241	11.625	12.008	12.392	12.776
85.000	11.495	11.887	12.279	12.670	13.062
87.500	11.749	12.149	12.549	12.949	13.349
90.000	12.003	12.411	12.819	13.227	13.635
92.500	12.257	12.673	13.089	13.505	13.921
95.000	12.511	12.935	13.359	13.783	14.207
97.500	12.765	13.197	13.629	14.062	14.494
100.000	**13.019**	13.459	13.900	14.340	**14.780**
105.000	13.481	13.935	14.389	14.844	15.298
110.000	13.942	14.411	14.879	15.347	15.816
115.000	14.404	14.886	15.369	15.851	16.334
120.000	14.865	15.362	15.859	16.355	16.852
125.000	15.327	15.838	16.348	16.859	17.370
130.000	15.789	16.313	16.838	17.363	17.887
135.000	16.250	16.789	17.328	17.867	18.405
140.000	16.712	17.265	17.818	18.370	18.923
145.000	17.173	17.740	18.307	18.874	19.441
150.000	**17.635**	18.216	18.797	19.378	**19.959**
155.000	18.053	18.647	19.240	19.834	20.428
160.000	18.471	19.077	19.684	20.290	20.897
165.000	18.889	19.508	20.127	20.747	21.366
170.000	19.307	19.939	20.571	21.203	21.835
175.000	19.725	20.370	21.014	21.659	22.304
180.000	20.143	20.800	21.458	22.115	22.772
185.000	20.561	21.231	21.901	22.571	23.241
190.000	20.979	21.662	22.345	23.027	23.710
195.000	21.397	22.093	22.788	23.484	24.179
200.000	**21.815**	22.523	23.232	23.940	**24.648**
205.000	22.201	22.921	23.640	24.360	25.080
210.000	22.587	23.318	24.049	24.781	25.512
215.000	22.973	23.715	24.458	25.201	25.944
220.000	23.359	24.113	24.867	25.621	26.376
225.000	23.745	24.510	25.276	26.042	26.808
230.000	24.130	24.908	25.685	26.462	27.239
235.000	24.516	25.305	26.094	26.883	27.671
240.000	24.902	25.702	26.503	27.303	28.103
245.000	25.288	26.100	26.912	27.723	28.535

Honorartafel zu § 56 Abs. 2 – Verkehrsanlagen, Honorarzone IV

Anrechenbare Kosten Euro	Vonsatz Euro	Viertelsatz Euro	Mittelsatz Euro	Dreiviertelsatz Euro	Bissatz Euro
250.000	**25.674**	26.497	27.321	28.144	**28.967**
255.000	26.035	26.869	27.703	28.537	29.371
260.000	26.397	27.241	28.085	28.930	29.774
265.000	26.758	27.613	28.468	29.323	30.178
270.000	27.119	27.985	28.850	29.716	30.581
275.000	27.481	28.357	29.233	30.109	30.985
280.000	27.842	28.729	29.615	30.502	31.389
285.000	28.203	29.100	29.998	30.895	31.792
290.000	28.564	29.472	30.380	31.288	32.196
295.000	28.926	29.844	30.763	31.681	32.599
300.000	**29.287**	30.216	31.145	32.074	**33.003**
305.000	29.627	30.566	31.504	32.443	33.382
310.000	29.967	30.915	31.864	32.812	33.761
315.000	30.307	31.265	32.223	33.181	34.140
320.000	30.647	31.615	32.583	33.551	34.519
325.000	30.987	31.964	32.942	33.920	34.898
330.000	31.326	32.314	33.301	34.289	35.276
335.000	31.666	32.664	33.661	34.658	35.655
340.000	32.006	33.013	34.020	35.027	36.034
345.000	32.346	33.363	34.380	35.396	36.413
350.000	**32.686**	33.713	34.739	35.766	**36.792**
355.000	33.008	34.044	35.079	36.115	37.151
360.000	33.330	34.375	35.420	36.464	37.509
365.000	33.651	34.706	35.760	36.814	37.868
370.000	33.973	35.037	36.100	37.163	38.227
375.000	34.295	35.368	36.440	37.513	38.586
380.000	34.617	35.699	36.781	37.862	38.944
385.000	34.939	36.030	37.121	38.212	39.303
390.000	35.260	36.361	37.461	38.561	39.662
395.000	35.582	36.692	37.801	38.911	40.020
400.000	**35.904**	37.023	38.142	39.260	**40.379**
405.000	36.210	37.337	38.464	39.592	40.719
410.000	36.515	37.651	38.787	39.923	41.059
415.000	36.821	37.965	39.110	40.254	41.399
420.000	37.126	38.279	39.432	40.585	41.739
425.000	37.432	38.593	39.755	40.917	42.079
430.000	37.737	38.907	40.078	41.248	42.418
435.000	38.043	39.221	40.400	41.579	42.758
440.000	38.348	39.536	40.723	41.911	43.098
445.000	38.654	39.850	41.046	42.242	43.438
450.000	**38.959**	40.164	41.369	42.573	**43.778**
455.000	39.251	40.464	41.677	42.890	44.103
460.000	39.543	40.764	41.985	43.206	44.427
465.000	39.834	41.064	42.293	43.522	44.752
470.000	40.126	41.364	42.601	43.839	45.076
475.000	40.418	41.664	42.909	44.155	45.401
480.000	40.710	41.964	43.217	44.471	45.725
485.000	41.002	42.264	43.526	44.788	46.050
490.000	41.293	42.564	43.834	45.104	46.374
495.000	41.585	42.864	44.142	45.420	46.699

Honorartafel zu § 56 Abs. 2 – Verkehrsanlagen, Honorarzone IV

Anrechen- bare Kosten Euro	Von- satz Euro	Viertel- satz Euro	Mittel- satz Euro	Drei- viertel- satz Euro	Bis- satz Euro
500.000	**41.877**	43.164	44.450	45.737	**47.023**
525.000	43.144	44.465	45.786	47.107	48.428
550.000	44.411	45.766	47.122	48.478	49.833
575.000	45.678	47.068	48.458	49.848	51.238
600.000	46.945	48.369	49.794	51.219	52.643
625.000	48.212	49.671	51.130	52.589	54.049
650.000	49.478	50.972	52.466	53.960	55.454
675.000	50.745	52.274	53.802	55.330	56.859
700.000	52.012	53.575	55.138	56.701	58.264
725.000	53.279	54.877	56.474	58.071	59.669
750.000	**54.546**	56.178	57.810	59.442	**61.074**
775.000	55.576	57.235	58.895	60.554	62.213
800.000	56.606	58.293	59.979	61.666	63.352
825.000	57.636	59.350	61.064	62.778	64.492
850.000	58.666	60.408	62.149	63.890	65.631
875.000	59.697	61.465	63.233	65.002	66.770
900.000	60.727	62.522	64.318	66.114	67.909
925.000	61.757	63.580	65.403	67.225	69.048
950.000	62.787	64.637	66.487	68.337	70.188
975.000	63.817	65.694	67.572	69.449	71.327
1.000.000	**64.847**	66.752	68.657	70.561	**72.466**
1.050.000	67.190	69.156	71.122	73.089	75.055
1.100.000	69.532	71.560	73.588	75.616	77.644
1.150.000	71.875	73.964	76.054	78.143	80.233
1.200.000	74.217	76.369	78.520	80.671	82.822
1.250.000	76.560	78.773	80.986	83.198	85.411
1.300.000	78.903	81.177	83.451	85.726	88.000
1.350.000	81.245	83.581	85.917	88.253	90.589
1.400.000	83.588	85.985	88.383	90.780	93.178
1.450.000	85.930	88.390	90.849	93.308	95.767
1.500.000	**88.273**	90.794	93.315	95.835	**98.356**
1.550.000	90.465	93.042	95.619	98.196	100.773
1.600.000	92.656	95.289	97.923	100.556	103.189
1.650.000	94.848	97.537	100.227	102.916	105.606
1.700.000	97.039	99.785	102.531	105.277	108.023
1.750.000	99.231	102.033	104.835	107.637	110.440
1.800.000	101.422	104.281	107.139	109.998	112.856
1.850.000	103.614	106.528	109.443	112.358	115.273
1.900.000	105.805	108.776	111.747	114.718	117.690
1.950.000	107.997	111.024	114.051	117.079	120.106
2.000.000	**110.188**	113.272	116.356	119.439	**122.523**
2.050.000	112.256	115.392	118.528	121.664	124.800
2.100.000	114.324	117.512	120.700	123.888	127.076
2.150.000	116.392	119.632	122.873	126.113	129.353
2.200.000	118.460	121.753	125.045	128.337	131.629
2.250.000	120.529	123.873	127.217	130.562	133.906
2.300.000	122.597	125.993	129.390	132.786	136.183
2.350.000	124.665	128.113	131.562	135.011	138.459
2.400.000	126.733	130.234	133.734	137.235	140.736
2.450.000	128.801	132.354	135.907	139.460	143.012

Honorartafel zu § 56 Abs. 2 – Verkehrsanlagen, Honorarzone IV

Anrechen-bare Kosten Euro	Von-satz Euro	Viertel-satz Euro	Mittel-satz Euro	Drei-viertel-satz Euro	Bis-satz Euro
2.500.000	130.869	134.474	138.079	141.684	145.289
2.550.000	132.844	136.497	140.151	143.805	147.459
2.600.000	134.818	138.521	142.223	145.926	149.629
2.650.000	136.793	140.544	144.296	148.047	151.799
2.700.000	138.767	142.567	146.368	150.168	153.969
2.750.000	140.742	144.591	148.440	152.289	156.139
2.800.000	142.716	146.614	150.512	154.410	158.308
2.850.000	144.691	148.637	152.584	156.531	160.478
2.900.000	146.665	150.661	154.657	158.652	162.648
2.950.000	148.640	152.684	156.729	160.773	164.818
3.000.000	150.614	154.708	158.801	162.895	166.988
3.050.000	152.514	156.654	160.794	164.934	169.073
3.100.000	154.414	158.600	162.786	166.973	171.159
3.150.000	156.314	160.547	164.779	169.012	173.244
3.200.000	158.214	162.493	166.772	171.051	175.330
3.250.000	160.114	164.439	168.765	173.090	177.415
3.300.000	162.014	166.386	170.757	175.129	179.500
3.350.000	163.914	168.332	172.750	177.168	181.586
3.400.000	165.814	170.278	174.743	179.207	183.671
3.450.000	167.714	172.225	176.735	181.246	185.757
3.500.000	169.614	174.171	178.728	183.285	187.842
3.550.000	171.453	176.054	180.656	185.257	189.858
3.600.000	173.292	177.938	182.583	187.229	191.875
3.650.000	175.131	179.821	184.511	189.201	193.891
3.700.000	176.970	181.705	186.439	191.173	195.907
3.750.000	178.810	183.588	188.367	193.145	197.924
3.800.000	180.649	185.471	190.294	195.117	199.940
3.850.000	182.488	187.355	192.222	197.089	201.956
3.900.000	184.327	189.238	194.150	199.061	203.972
3.950.000	186.166	191.122	196.077	201.033	205.989
4.000.000	188.005	193.005	198.005	203.005	208.005
4.050.000	189.792	194.835	199.877	204.920	209.963
4.100.000	191.579	196.664	201.750	206.835	211.920
4.150.000	193.366	198.494	203.622	208.750	213.878
4.200.000	195.153	200.323	205.494	210.665	215.835
4.250.000	196.940	202.153	207.366	212.580	217.793
4.300.000	198.726	203.982	209.239	214.495	219.751
4.350.000	200.513	205.812	211.111	216.409	221.708
4.400.000	202.300	207.642	212.983	218.324	223.666
4.450.000	204.087	209.471	214.855	220.239	225.623
4.500.000	205.874	211.301	216.728	222.154	227.581
4.550.000	207.616	213.084	218.552	224.020	229.487
4.600.000	209.358	214.867	220.376	225.885	231.394
4.650.000	211.100	216.650	222.200	227.750	233.300
4.700.000	212.842	218.433	224.024	229.615	235.207
4.750.000	214.584	220.216	225.849	231.481	237.113
4.800.000	216.326	221.999	227.673	233.346	239.019
4.850.000	218.068	223.782	229.497	235.211	240.926
4.900.000	219.810	225.566	231.321	237.077	242.832
4.950.000	221.552	227.349	233.145	238.942	244.739

Honorartafel zu § 56 Abs. 2 – Verkehrsanlagen, Honorarzone IV

Anrechen- bare Kosten Euro	Von- satz Euro	Viertel- satz Euro	Mittel- satz Euro	Drei- viertel- satz Euro	Bis- satz Euro
5.000.000	223.294	229.132	234.970	240.807	246.645
5.250.000	231.469	237.495	243.521	249.547	255.573
5.500.000	239.644	245.859	252.073	258.287	264.501
5.750.000	247.820	254.222	260.624	267.027	273.429
6.000.000	255.995	262.585	269.176	275.767	282.357
6.250.000	264.170	270.949	277.728	284.507	291.286
6.500.000	272.345	279.312	286.279	293.247	300.214
6.750.000	280.520	287.676	294.831	301.986	309.142
7.000.000	288.696	296.039	303.383	310.726	318.070
7.250.000	296.871	304.403	311.934	319.466	326.998
7.500.000	305.046	312.766	320.486	328.206	335.926
7.750.000	312.628	320.518	328.407	336.296	344.186
8.000.000	320.211	328.269	336.328	344.387	352.445
8.250.000	327.793	336.021	344.249	352.477	360.705
8.500.000	335.376	343.773	352.170	360.568	368.965
8.750.000	342.958	351.525	360.091	368.658	377.225
9.000.000	350.540	359.276	368.012	376.748	385.484
9.250.000	358.123	367.028	375.933	384.839	393.744
9.500.000	365.705	374.780	383.854	392.929	402.004
9.750.000	373.288	382.532	391.775	401.019	410.263
10.000.000	380.870	390.283	399.697	409.110	418.523
10.500.000	394.839	404.554	414.268	423.983	433.697
11.000.000	408.808	418.824	428.840	438.856	448.871
11.500.000	422.777	433.094	443.411	453.729	464.046
12.000.000	436.746	447.365	457.983	468.601	479.220
12.500.000	450.716	461.635	472.555	483.474	494.394
13.000.000	464.685	475.906	487.126	498.347	509.568
13.500.000	478.654	490.176	501.698	513.220	524.742
14.000.000	492.623	504.446	516.270	528.093	539.917
14.500.000	506.592	518.717	530.841	542.966	555.091
15.000.000	520.561	532.987	545.413	557.839	570.265
15.500.000	533.506	546.201	558.897	571.593	584.289
16.000.000	546.450	559.416	572.382	585.347	598.313
16.500.000	559.395	572.630	585.866	599.101	612.336
17.000.000	572.340	585.845	599.350	612.855	626.360
17.500.000	585.285	599.059	612.834	626.609	640.384
18.000.000	598.229	612.274	626.319	640.363	654.408
18.500.000	611.174	625.488	639.803	654.117	668.432
19.000.000	624.119	638.703	653.287	667.871	682.455
19.500.000	637.063	651.917	666.771	681.625	696.479
20.000.000	650.008	665.132	680.256	695.379	710.503
20.500.000	662.228	677.600	692.972	708.344	723.716
21.000.000	674.449	690.069	705.689	721.309	736.928
21.500.000	686.669	702.537	718.405	734.273	750.141
22.000.000	698.890	715.006	731.122	747.238	763.354
22.500.000	711.110	727.474	743.838	760.202	776.567
23.000.000	723.330	739.943	756.555	773.167	789.779
23.500.000	735.551	752.411	769.271	786.132	802.992
24.000.000	747.771	764.880	781.988	799.096	816.205
24.500.000	759.992	777.348	794.704	812.061	829.417
25.000.000	772.212	789.817	807.421	825.026	842.630
25.564.594	785.937	803.820	821.702	839.585	857.467

Anrechen-bare Kosten Euro	Von-satz Euro	Viertel-satz Euro	Mittel-satz Euro	Drei-viertel-satz Euro	Bis-satz Euro
25.565	**5.297**	5.465	5.632	5.800	**5.967**
26.000	5.363	5.533	5.702	5.871	6.041
26.500	5.439	5.611	5.783	5.954	6.126
27.000	5.515	5.689	5.863	6.037	6.211
27.500	5.591	5.767	5.944	6.120	6.296
28.000	5.667	5.846	6.024	6.202	6.381
28.500	5.743	5.924	6.105	6.285	6.466
29.000	5.819	6.002	6.185	6.368	6.551
29.500	5.895	6.080	6.266	6.451	6.636
30.000	**5.971**	6.159	6.346	6.534	**6.721**
30.500	6.045	6.235	6.425	6.615	6.804
31.000	6.120	6.312	6.504	6.696	6.888
31.500	6.194	6.388	6.582	6.777	6.971
32.000	6.268	6.465	6.661	6.858	7.054
32.500	6.343	6.541	6.740	6.939	7.138
33.000	6.417	6.618	6.819	7.020	7.221
33.500	6.491	6.694	6.898	7.101	7.304
34.000	6.565	6.771	6.976	7.182	7.387
34.500	6.640	6.847	7.055	7.263	7.471
35.000	**6.714**	6.924	7.134	7.344	**7.554**
35.500	6.786	6.998	7.210	7.422	7.634
36.000	6.857	7.071	7.285	7.499	7.713
36.500	6.929	7.145	7.361	7.577	7.793
37.000	7.000	7.218	7.436	7.654	7.872
37.500	7.072	7.292	7.512	7.732	7.952
38.000	7.143	7.365	7.587	7.809	8.032
38.500	7.215	7.439	7.663	7.887	8.111
39.000	7.286	7.512	7.738	7.965	8.191
39.500	7.358	7.586	7.814	8.042	8.270
40.000	**7.429**	7.659	7.890	8.120	**8.350**
40.500	7.498	7.731	7.963	8.195	8.427
41.000	7.568	7.802	8.036	8.270	8.505
41.500	7.637	7.873	8.109	8.346	8.582
42.000	7.706	7.944	8.183	8.421	8.659
42.500	7.776	8.016	8.256	8.496	8.737
43.000	7.845	8.087	8.329	8.572	8.814
43.500	7.914	8.158	8.403	8.647	8.891
44.000	7.983	8.230	8.476	8.722	8.968
44.500	8.053	8.301	8.549	8.797	9.046
45.000	**8.122**	8.372	8.623	8.873	**9.123**
45.500	8.189	8.441	8.694	8.946	9.198
46.000	8.256	8.510	8.765	9.019	9.273
46.500	8.323	8.579	8.836	9.092	9.348
47.000	8.390	8.648	8.907	9.165	9.423
47.500	8.457	8.717	8.978	9.238	9.499
48.000	8.524	8.786	9.049	9.311	9.574
48.500	8.591	8.855	9.120	9.384	9.649
49.000	8.658	8.924	9.191	9.457	9.724
49.500	8.725	8.993	9.262	9.530	9.799

Honorartafel zu § 56 Abs. 2 – Verkehrsanlagen, Honorarzone V

Anrechenbare Kosten Euro	Vonsatz Euro	Viertelsatz Euro	Mittelsatz Euro	Dreiviertelsatz Euro	Bissatz Euro
50.000	**8.792**	9.063	9.333	9.604	**9.874**
52.500	9.105	9.384	9.663	9.943	10.222
55.000	9.417	9.705	9.994	10.282	10.570
57.500	9.730	10.027	10.324	10.621	10.918
60.000	10.042	10.348	10.654	10.960	11.266
62.500	10.355	10.670	10.985	11.300	11.615
65.000	10.667	10.991	11.315	11.639	11.963
67.500	10.980	11.312	11.645	11.978	12.311
70.000	11.292	11.634	11.975	12.317	12.659
72.500	11.605	11.955	12.306	12.656	13.007
75.000	**11.917**	12.277	12.636	12.996	**13.355**
77.500	12.203	12.571	12.938	13.306	13.674
80.000	12.490	12.865	13.241	13.617	13.992
82.500	12.776	13.160	13.543	13.927	14.311
85.000	13.062	13.454	13.846	14.238	14.629
87.500	13.349	13.748	14.148	14.548	14.948
90.000	13.635	14.043	14.451	14.859	15.267
92.500	13.921	14.337	14.753	15.169	15.585
95.000	14.207	14.632	15.056	15.480	15.904
97.500	14.494	14.926	15.358	15.790	16.222
100.000	**14.780**	15.220	15.661	16.101	**16.541**
105.000	15.298	15.752	16.207	16.661	17.116
110.000	15.816	16.284	16.753	17.222	17.690
115.000	16.334	16.817	17.299	17.782	18.265
120.000	16.852	17.349	17.846	18.343	18.840
125.000	17.370	17.881	18.392	18.903	19.415
130.000	17.887	18.413	18.938	19.464	19.989
135.000	18.405	18.945	19.485	20.024	20.564
140.000	18.923	19.477	20.031	20.585	21.139
145.000	19.441	20.009	20.577	21.145	21.713
150.000	**19.959**	20.541	21.124	21.706	**22.288**
155.000	20.428	21.023	21.618	22.213	22.807
160.000	20.897	21.504	22.112	22.719	23.327
165.000	21.366	21.986	22.606	23.226	23.846
170.000	21.835	22.467	23.100	23.733	24.366
175.000	22.304	22.949	23.594	24.240	24.885
180.000	22.772	23.430	24.088	24.746	25.404
185.000	23.241	23.912	24.583	25.253	25.924
190.000	23.710	24.393	25.077	25.760	26.443
195.000	24.179	24.875	25.571	26.267	26.963
200.000	**24.648**	25.357	26.065	26.774	**27.482**
205.000	25.080	25.800	26.520	27.240	27.960
210.000	25.512	26.243	26.975	27.706	28.437
215.000	25.944	26.687	27.429	28.172	28.915
220.000	26.376	27.130	27.884	28.639	29.393
225.000	26.808	27.573	28.339	29.105	29.871
230.000	27.239	28.017	28.794	29.571	30.348
235.000	27.671	28.460	29.249	30.037	30.826
240.000	28.103	28.903	29.703	30.504	31.304
245.000	28.535	29.347	30.158	30.970	31.781

Anrechen- bare Kosten Euro	Von- satz Euro	Viertel- satz Euro	Mittel- satz Euro	Drei- viertel- satz Euro	Bis- satz Euro
250.000	**28.967**	29.790	30.613	31.436	**32.259**
255.000	29.371	30.204	31.038	31.871	32.705
260.000	29.774	30.618	31.462	32.306	33.150
265.000	30.178	31.032	31.887	32.741	33.596
270.000	30.581	31.446	32.311	33.176	34.041
275.000	30.985	31.861	32.736	33.612	34.487
280.000	31.389	32.275	33.161	34.047	34.933
285.000	31.792	32.689	33.585	34.482	35.378
290.000	32.196	33.103	34.010	34.917	35.824
295.000	32.599	33.517	34.434	35.352	36.269
300.000	**33.003**	33.931	34.859	35.787	**36.715**
305.000	33.382	34.320	35.258	36.195	37.133
310.000	33.761	34.708	35.656	36.604	37.551
315.000	34.140	35.097	36.055	37.012	37.970
320.000	34.519	35.486	36.453	37.421	38.388
325.000	34.898	35.875	36.852	37.829	38.806
330.000	35.276	36.263	37.250	38.237	39.224
335.000	35.655	36.652	37.649	38.646	39.642
340.000	36.034	37.041	38.047	39.054	40.061
345.000	36.413	37.430	38.446	39.462	40.479
350.000	**36.792**	37.818	38.845	39.871	**40.897**
355.000	37.151	38.186	39.222	40.257	41.293
360.000	37.509	38.554	39.599	40.644	41.688
365.000	37.868	38.922	39.976	41.030	42.084
370.000	38.227	39.290	40.353	41.416	42.479
375.000	38.586	39.658	40.730	41.803	42.875
380.000	38.944	40.026	41.107	42.189	43.271
385.000	39.303	40.394	41.485	42.575	43.666
390.000	39.662	40.762	41.862	42.962	44.062
395.000	40.020	41.130	42.239	43.348	44.457
400.000	**40.379**	41.498	42.616	43.735	**44.853**
405.000	40.719	41.846	42.973	44.100	45.227
410.000	41.059	42.195	43.330	44.466	45.602
415.000	41.399	42.543	43.687	44.832	45.976
420.000	41.739	42.892	44.045	45.198	46.351
425.000	42.079	43.240	44.402	45.563	46.725
430.000	42.418	43.589	44.759	45.929	47.099
435.000	42.758	43.937	45.116	46.295	47.474
440.000	43.098	44.286	45.473	46.661	47.848
445.000	43.438	44.634	45.830	47.026	48.223
450.000	**43.778**	44.983	46.188	47.392	**48.597**
455.000	44.103	45.315	46.528	47.741	48.954
460.000	44.427	45.648	46.869	48.090	49.312
465.000	44.752	45.981	47.210	48.440	49.669
470.000	45.076	46.314	47.551	48.789	50.026
475.000	45.401	46.646	47.892	49.138	50.384
480.000	45.725	46.979	48.233	49.487	50.741
485.000	46.050	47.312	48.574	49.836	51.098
490.000	46.374	47.644	48.915	50.185	51.455
495.000	46.699	47.977	49.256	50.534	51.813

Honorartafel zu § 56 Abs. 2 – Verkehrsanlagen, Honorarzone V

Anrechen- bare Kosten Euro	Von- satz Euro	Viertel- satz Euro	Mittel- satz Euro	Drei- viertel- satz Euro	Bis- satz Euro
500.000	**47.023**	48.310	49.597	50.883	**52.170**
525.000	48.428	49.750	51.071	52.392	53.714
550.000	49.833	51.189	52.545	53.901	55.257
575.000	51.238	52.629	54.020	55.410	56.801
600.000	52.643	54.069	55.494	56.919	58.345
625.000	54.049	55.509	56.969	58.429	59.889
650.000	55.454	56.948	58.443	59.938	61.432
675.000	56.859	58.388	59.917	61.447	62.976
700.000	58.264	59.828	61.392	62.956	64.520
725.000	59.669	61.268	62.866	64.465	66.063
750.000	**61.074**	62.707	64.341	65.974	**67.607**
775.000	62.213	63.874	65.534	67.194	68.855
800.000	63.352	65.040	66.728	68.415	70.103
825.000	64.492	66.206	67.921	69.636	71.350
850.000	65.631	67.373	69.115	70.856	72.598
875.000	66.770	68.539	70.308	72.077	73.846
900.000	67.909	69.705	71.502	73.298	75.094
925.000	69.048	70.872	72.695	74.518	76.342
950.000	70.188	72.038	73.889	75.739	77.589
975.000	71.327	73.204	75.082	76.960	78.837
1.000.000	**72.466**	74.371	76.276	78.180	**80.085**
1.050.000	75.055	77.021	78.988	80.954	82.920
1.100.000	77.644	79.672	81.700	83.728	85.756
1.150.000	80.233	82.323	84.412	86.502	88.591
1.200.000	82.822	84.973	87.124	89.275	91.427
1.250.000	85.411	87.624	89.837	92.049	94.262
1.300.000	88.000	90.274	92.549	94.823	97.097
1.350.000	90.589	92.925	95.261	97.597	99.933
1.400.000	93.178	95.576	97.973	100.371	102.768
1.450.000	95.767	98.226	100.685	103.144	105.604
1.500.000	**98.356**	100.877	103.398	105.918	**108.439**
1.550.000	100.773	103.350	105.927	108.504	111.081
1.600.000	103.189	105.823	108.456	111.089	113.723
1.650.000	105.606	108.296	110.985	113.675	116.365
1.700.000	108.023	110.769	113.515	116.261	119.007
1.750.000	110.440	113.242	116.044	118.846	121.649
1.800.000	112.856	115.715	118.573	121.432	124.290
1.850.000	115.273	118.188	121.103	124.017	126.932
1.900.000	117.690	120.661	123.632	126.603	129.574
1.950.000	120.106	123.134	126.161	129.189	132.216
2.000.000	**122.523**	125.607	128.691	131.774	**134.858**
2.050.000	124.800	127.935	131.071	134.207	137.343
2.100.000	127.076	130.264	133.452	136.640	139.828
2.150.000	129.353	132.593	135.833	139.073	142.313
2.200.000	131.629	134.922	138.214	141.506	144.798
2.250.000	133.906	137.250	140.595	143.939	147.284
2.300.000	136.183	139.579	142.976	146.372	149.769
2.350.000	138.459	141.908	145.356	148.805	152.254
2.400.000	140.736	144.237	147.737	151.238	154.739
2.450.000	143.012	146.565	150.118	153.671	157.224

Honorartafel zu § 56 Abs. 2 – Verkehrsanlagen, Honorarzone V

Anrechen-bare Kosten Euro	Von-satz Euro	Viertel-satz Euro	Mittel-satz Euro	Drei-viertel-satz Euro	Bis-satz Euro
2.500.000	**145.289**	148.894	152.499	156.104	**159.709**
2.550.000	147.459	151.113	154.767	158.421	162.074
2.600.000	149.629	153.332	157.034	160.737	164.440
2.650.000	151.799	155.550	159.302	163.054	166.805
2.700.000	153.969	157.769	161.570	165.370	169.171
2.750.000	156.139	159.988	163.837	167.687	171.536
2.800.000	158.308	162.207	166.105	170.003	173.901
2.850.000	160.478	164.425	168.373	172.320	176.267
2.900.000	162.648	166.644	170.640	174.636	178.632
2.950.000	164.818	168.863	172.908	176.953	180.998
3.000.000	**166.988**	171.082	175.176	179.269	**183.363**
3.050.000	169.073	173.213	177.354	181.494	185.634
3.100.000	171.159	175.345	179.532	183.718	187.904
3.150.000	173.244	177.477	181.710	185.942	190.175
3.200.000	175.330	179.609	183.888	188.167	192.446
3.250.000	177.415	181.740	186.066	190.391	194.717
3.300.000	179.500	183.872	188.244	192.616	196.987
3.350.000	181.586	186.004	190.422	194.840	199.258
3.400.000	183.671	188.136	192.600	197.064	201.529
3.450.000	185.757	190.267	194.778	199.289	203.799
3.500.000	**187.842**	192.399	196.956	201.513	**206.070**
3.550.000	189.858	194.460	199.061	203.662	208.264
3.600.000	191.875	196.520	201.166	205.812	210.457
3.650.000	193.891	198.581	203.271	207.961	212.651
3.700.000	195.907	200.642	205.376	210.110	214.844
3.750.000	197.924	202.702	207.481	212.259	217.038
3.800.000	199.940	204.763	209.586	214.409	219.232
3.850.000	201.956	206.823	211.691	216.558	221.425
3.900.000	203.972	208.884	213.796	218.707	223.619
3.950.000	205.989	210.945	215.901	220.856	225.812
4.000.000	**208.005**	213.005	218.006	223.006	**228.006**
4.050.000	209.963	215.006	220.048	225.091	230.134
4.100.000	211.920	217.006	222.091	227.177	232.263
4.150.000	213.878	219.006	224.134	229.263	234.391
4.200.000	215.835	221.006	226.177	231.348	236.519
4.250.000	217.793	223.007	228.220	233.434	238.648
4.300.000	219.751	225.007	230.263	235.520	240.776
4.350.000	221.708	227.007	232.306	237.605	242.904
4.400.000	223.666	229.007	234.349	239.691	245.032
4.450.000	225.623	231.008	236.392	241.776	247.161
4.500.000	**227.581**	233.008	238.435	243.862	**249.289**
4.550.000	229.487	234.955	240.424	245.892	251.360
4.600.000	231.394	236.903	242.412	247.921	253.430
4.650.000	233.300	238.850	244.401	249.951	255.501
4.700.000	235.207	240.798	246.389	251.981	257.572
4.750.000	237.113	242.745	248.378	254.010	259.643
4.800.000	239.019	244.693	250.366	256.040	261.713
4.850.000	240.926	246.640	252.355	258.069	263.784
4.900.000	242.832	248.588	254.343	260.099	265.855
4.950.000	244.739	250.535	256.332	262.129	267.925

Honorartafel zu § 56 Abs. 2 – Verkehrsanlagen, Honorarzone V

Anrechen-bare Kosten Euro	Von-satz Euro	Viertel-satz Euro	Mittel-satz Euro	Drei-viertel-satz Euro	Bis-satz Euro
5.000.000	246.645	252.483	258.321	264.158	269.996
5.250.000	255.573	261.599	267.625	273.651	279.677
5.500.000	264.501	270.715	276.930	283.144	289.358
5.750.000	273.429	279.832	286.234	292.637	299.039
6.000.000	282.357	288.948	295.539	302.129	308.720
6.250.000	291.286	298.064	304.843	311.622	318.401
6.500.000	300.214	307.181	314.148	321.115	328.082
6.750.000	309.142	316.297	323.452	330.608	337.763
7.000.000	318.070	325.413	332.757	340.100	347.444
7.250.000	326.998	334.530	342.061	349.593	357.125
7.500.000	335.926	343.646	351.366	359.086	366.806
7.750.000	344.186	352.075	359.964	367.854	375.743
8.000.000	352.445	360.504	368.563	376.621	384.680
8.250.000	360.705	368.933	377.161	385.389	393.617
8.500.000	368.965	377.362	385.759	394.157	402.554
8.750.000	377.225	385.791	394.358	402.924	411.491
9.000.000	385.484	394.220	402.956	411.692	420.428
9.250.000	393.744	402.649	411.554	420.460	429.365
9.500.000	402.004	411.078	420.153	429.227	438.302
9.750.000	410.263	419.507	428.751	437.995	447.239
10.000.000	418.523	427.936	437.350	446.763	456.176
10.500.000	433.697	443.412	453.126	462.841	472.555
11.000.000	448.871	458.887	468.903	478.919	488.934
11.500.000	464.046	474.363	484.680	494.997	505.314
12.000.000	479.220	489.838	500.456	511.075	521.693
12.500.000	494.394	505.314	516.233	527.153	538.072
13.000.000	509.568	520.789	532.010	543.230	554.451
13.500.000	524.742	536.264	547.786	559.308	570.830
14.000.000	539.917	551.740	563.563	575.386	587.210
14.500.000	555.091	567.215	579.340	591.464	603.589
15.000.000	570.265	582.691	595.117	607.542	619.968
15.500.000	584.289	596.984	609.680	622.375	635.071
16.000.000	598.313	611.278	624.243	637.209	650.174
16.500.000	612.336	625.572	638.807	652.042	665.277
17.000.000	626.360	639.865	653.370	666.875	680.380
17.500.000	640.384	654.159	667.934	681.708	695.483
18.000.000	654.408	668.452	682.497	696.541	710.586
18.500.000	668.432	682.746	697.060	711.375	725.689
19.000.000	682.455	697.040	711.624	726.208	740.792
19.500.000	696.479	711.333	726.187	741.041	755.895
20.000.000	710.503	725.627	740.751	755.874	770.998
20.500.000	723.716	739.088	754.460	769.831	785.203
21.000.000	736.928	752.549	768.169	783.789	799.409
21.500.000	750.141	766.009	781.878	797.746	813.614
22.000.000	763.354	779.470	795.587	811.703	827.820
22.500.000	776.567	792.931	809.296	825.660	842.025
23.000.000	789.779	806.392	823.005	839.618	856.230
23.500.000	802.992	819.853	836.714	853.575	870.436
24.000.000	816.205	833.314	850.423	867.532	884.641
24.500.000	829.417	846.775	864.132	881.489	898.847
25.000.000	842.630	860.236	877.841	895.447	913.052
25.564.594	857.467	875.351	893.235	911.118	929.002

Honorartafel zu § 65 Abs. 1 – Tragwerksplanung, Honorarzone I

Anrechen-bare Kosten Euro	Von-satz Euro	Viertel-satz Euro	Mittel-satz Euro	Drei-viertel-satz Euro	Bis-satz Euro
10.226	**1.017**	1.059	1.102	1.144	**1.186**
10.500	1.039	1.082	1.125	1.168	1.211
11.000	1.079	1.123	1.168	1.212	1.257
11.500	1.119	1.165	1.211	1.256	1.302
12.000	1.159	1.206	1.253	1.300	1.348
12.500	1.199	1.248	1.296	1.345	1.393
13.000	1.239	1.289	1.339	1.389	1.439
13.500	1.279	1.330	1.382	1.433	1.484
14.000	1.319	1.372	1.424	1.477	1.530
14.500	1.357	1.411	1.465	1.519	1.573
15.000	**1.399**	1.455	1.510	1.566	**1.621**
15.500	1.436	1.493	1.550	1.606	1.663
16.000	1.473	1.531	1.589	1.647	1.705
16.500	1.511	1.570	1.629	1.688	1.748
17.000	1.548	1.608	1.669	1.729	1.790
17.500	1.585	1.647	1.709	1.770	1.832
18.000	1.622	1.685	1.748	1.811	1.874
18.500	1.659	1.724	1.788	1.852	1.916
19.000	1.697	1.762	1.828	1.893	1.959
19.500	1.734	1.801	1.867	1.934	2.001
20.000	**1.771**	1.839	1.907	1.975	**2.043**
20.500	1.806	1.875	1.945	2.014	2.083
21.000	1.841	1.912	1.982	2.053	2.123
21.500	1.877	1.948	2.020	2.092	2.164
22.000	1.912	1.985	2.058	2.131	2.204
22.500	1.947	2.021	2.096	2.170	2.244
23.000	1.982	2.058	2.133	2.209	2.284
23.500	2.017	2.094	2.171	2.248	2.324
24.000	2.053	2.131	2.209	2.287	2.365
24.500	2.088	2.167	2.246	2.326	2.405
25.000	**2.123**	2.204	2.284	2.365	**2.445**
25.500	2.158	2.239	2.321	2.402	2.484
26.000	2.192	2.275	2.358	2.440	2.523
26.500	2.227	2.311	2.395	2.478	2.562
27.000	2.261	2.346	2.431	2.516	2.601
27.500	2.296	2.382	2.468	2.554	2.641
28.000	2.331	2.418	2.505	2.592	2.680
28.500	2.365	2.454	2.542	2.630	2.719
29.000	2.400	2.489	2.579	2.668	2.758
29.500	2.434	2.525	2.616	2.706	2.797
30.000	**2.469**	2.561	2.653	2.744	**2.836**
30.500	2.503	2.595	2.688	2.781	2.874
31.000	2.536	2.630	2.724	2.818	2.912
31.500	2.570	2.665	2.760	2.855	2.950
32.000	2.603	2.700	2.796	2.892	2.988
32.500	2.637	2.734	2.832	2.929	3.027
33.000	2.671	2.769	2.868	2.966	3.065
33.500	2.704	2.804	2.903	3.003	3.103
34.000	2.738	2.839	2.939	3.040	3.141
34.500	2.771	2.873	2.975	3.077	3.179

Honorartafel zu § 65 Abs. 1 – Tragwerksplanung, Honorarzone I

Anrechen-bare Kosten Euro	Von-satz Euro	Viertel-satz Euro	Mittel-satz Euro	Drei-viertel-satz Euro	Bis-satz Euro
35.000	**2.805**	2.908	3.011	3.114	**3.217**
35.500	2.837	2.941	3.045	3.149	3.253
36.000	2.869	2.974	3.079	3.184	3.290
36.500	2.900	3.007	3.113	3.220	3.326
37.000	2.932	3.040	3.147	3.255	3.362
37.500	2.964	3.073	3.181	3.290	3.399
38.000	2.996	3.106	3.215	3.325	3.435
38.500	3.028	3.138	3.249	3.360	3.471
39.000	3.059	3.171	3.283	3.395	3.507
39.500	3.091	3.204	3.317	3.431	3.544
40.000	**3.123**	3.237	3.352	3.466	**3.580**
40.500	3.155	3.271	3.386	3.501	3.617
41.000	3.188	3.304	3.420	3.537	3.653
41.500	3.220	3.338	3.455	3.572	3.690
42.000	3.253	3.371	3.489	3.608	3.726
42.500	3.285	3.404	3.524	3.643	3.763
43.000	3.317	3.438	3.558	3.679	3.799
43.500	3.350	3.471	3.593	3.714	3.836
44.000	3.382	3.505	3.627	3.750	3.872
44.500	3.415	3.538	3.662	3.785	3.909
45.000	**3.447**	3.572	3.696	3.821	**3.945**
45.500	3.478	3.603	3.729	3.854	3.980
46.000	3.509	3.635	3.762	3.888	4.015
46.500	3.540	3.667	3.795	3.922	4.050
47.000	3.571	3.699	3.828	3.956	4.085
47.500	3.602	3.731	3.861	3.990	4.120
48.000	3.632	3.763	3.893	4.024	4.154
48.500	3.663	3.795	3.926	4.058	4.189
49.000	3.694	3.827	3.959	4.092	4.224
49.500	3.725	3.859	3.992	4.126	4.259
50.000	**3.756**	3.891	4.025	4.160	**4.294**
52.500	3.904	4.043	4.182	4.322	4.461
55.000	4.052	4.196	4.340	4.484	4.627
57.500	4.201	4.349	4.497	4.646	4.794
60.000	4.349	4.502	4.655	4.808	4.961
62.500	4.497	4.655	4.812	4.970	5.128
65.000	4.645	4.807	4.970	5.132	5.294
67.500	4.793	4.960	5.127	5.294	5.461
70.000	4.942	5.113	5.285	5.456	5.628
72.500	5.090	5.266	5.442	5.618	5.794
75.000	**5.238**	5.419	5.600	5.780	**5.961**
77.500	5.377	5.562	5.747	5.932	6.117
80.000	5.516	5.706	5.895	6.084	6.274
82.500	5.655	5.849	6.043	6.236	6.430
85.000	5.794	5.992	6.190	6.388	6.586
87.500	5.934	6.136	6.338	6.540	6.743
90.000	6.073	6.279	6.486	6.692	6.899
92.500	6.212	6.423	6.633	6.844	7.055
95.000	6.351	6.566	6.781	6.996	7.211
97.500	6.490	6.709	6.929	7.148	7.368

Honorartafel zu § 65 Abs. 1 – Tragwerksplanung, Honorarzone I

Anrechen-bare Kosten Euro	Von-satz Euro	Viertel-satz Euro	Mittel-satz Euro	Drei-viertel-satz Euro	Bis-satz Euro
100.000	**6.629**	6.853	7.077	7.300	**7.524**
105.000	6.890	7.122	7.353	7.585	7.816
110.000	7.152	7.391	7.630	7.870	8.109
115.000	7.413	7.660	7.907	8.154	8.401
120.000	7.674	7.929	8.184	8.439	8.694
125.000	7.936	8.198	8.461	8.723	8.986
130.000	8.197	8.467	8.738	9.008	9.278
135.000	8.458	8.736	9.014	9.293	9.571
140.000	8.719	9.005	9.291	9.577	9.863
145.000	8.981	9.274	9.568	9.862	10.156
150.000	**9.242**	9.544	9.845	10.147	**10.448**
155.000	9.488	9.797	10.105	10.414	10.723
160.000	9.734	10.050	10.366	10.682	10.997
165.000	9.980	10.303	10.626	10.949	11.272
170.000	10.226	10.556	10.886	11.217	11.547
175.000	10.472	10.809	11.147	11.484	11.822
180.000	10.718	11.063	11.407	11.752	12.096
185.000	10.964	11.316	11.667	12.019	12.371
190.000	11.210	11.569	11.928	12.287	12.646
195.000	11.456	11.822	12.188	12.554	12.920
200.000	**11.702**	12.075	12.449	12.822	**13.195**
205.000	11.937	12.316	12.696	13.076	13.456
210.000	12.171	12.558	12.944	13.331	13.717
215.000	12.406	12.799	13.192	13.585	13.979
220.000	12.640	13.040	13.440	13.840	14.240
225.000	12.875	13.281	13.688	14.094	14.501
230.000	13.109	13.522	13.936	14.349	14.762
235.000	13.344	13.763	14.183	14.603	15.023
240.000	13.578	14.005	14.431	14.858	15.285
245.000	13.813	14.246	14.679	15.112	15.546
250.000	**14.047**	14.487	14.927	15.367	**15.807**
255.000	14.274	14.721	15.167	15.613	16.060
260.000	14.502	14.954	15.407	15.859	16.312
265.000	14.729	15.188	15.647	16.106	16.565
270.000	14.956	15.421	15.887	16.352	16.817
275.000	15.184	15.655	16.127	16.598	17.070
280.000	15.411	15.889	16.366	16.844	17.322
285.000	15.638	16.122	16.606	17.090	17.575
290.000	15.865	16.356	16.846	17.337	17.827
295.000	16.093	16.589	17.086	17.583	18.080
300.000	**16.320**	16.823	17.326	17.829	**18.332**
305.000	16.540	17.049	17.558	18.067	18.576
310.000	16.759	17.274	17.789	18.304	18.819
315.000	16.979	17.500	18.021	18.542	19.063
320.000	17.198	17.726	18.253	18.780	19.307
325.000	17.418	17.951	18.484	19.017	19.551
330.000	17.638	18.177	18.716	19.255	19.794
335.000	17.857	18.402	18.948	19.493	20.038
340.000	18.077	18.628	19.179	19.730	20.282
345.000	18.296	18.854	19.411	19.968	20.525

Honorartafel zu § 65 Abs. 1 – Tragwerksplanung, Honorarzone I

Anrechenbare Kosten Euro	Vonsatz Euro	Viertelsatz Euro	Mittelsatz Euro	Dreiviertelsatz Euro	Bissatz Euro
350.000	**18.516**	19.079	19.643	20.206	**20.769**
355.000	18.731	19.300	19.869	20.437	21.006
360.000	18.945	19.520	20.095	20.669	21.244
365.000	19.160	19.740	20.321	20.901	21.481
370.000	19.375	19.961	20.547	21.133	21.719
375.000	19.590	20.181	20.773	21.364	21.956
380.000	19.804	20.402	20.999	21.596	22.193
385.000	20.019	20.622	21.225	21.828	22.431
390.000	20.234	20.842	21.451	22.060	22.668
395.000	20.448	21.063	21.677	22.291	22.906
400.000	**20.663**	21.283	21.903	22.523	**23.143**
405.000	20.873	21.499	22.124	22.750	23.375
410.000	21.083	21.714	22.345	22.977	23.608
415.000	21.293	21.930	22.566	23.203	23.840
420.000	21.503	22.145	22.788	23.430	24.073
425.000	21.713	22.361	23.009	23.657	24.305
430.000	21.922	22.576	23.230	23.884	24.537
435.000	22.132	22.792	23.451	24.110	24.770
440.000	22.342	23.007	23.672	24.337	25.002
445.000	22.552	23.223	23.893	24.564	25.235
450.000	**22.762**	23.438	24.115	24.791	**25.467**
455.000	22.967	23.649	24.331	25.012	25.694
460.000	23.173	23.860	24.547	25.234	25.921
465.000	23.378	24.071	24.763	25.456	26.148
470.000	23.584	24.282	24.980	25.677	26.375
475.000	23.789	24.492	25.196	25.899	26.603
480.000	23.994	24.703	25.412	26.121	26.830
485.000	24.200	24.914	25.628	26.342	27.057
490.000	24.405	25.125	25.845	26.564	27.284
495.000	24.611	25.336	26.061	26.786	27.511
500.000	**24.816**	25.547	26.277	27.008	**27.738**
525.000	25.793	26.548	27.304	28.060	28.816
550.000	26.769	27.550	28.331	29.112	29.893
575.000	27.746	28.552	29.358	30.164	30.971
600.000	28.723	29.554	30.385	31.217	32.048
625.000	29.700	30.556	31.413	32.269	33.126
650.000	30.676	31.558	32.440	33.321	34.203
675.000	31.653	32.560	33.467	34.374	35.281
700.000	32.630	33.562	34.494	35.426	36.358
725.000	33.606	34.564	35.521	36.478	37.436
750.000	**34.583**	35.566	36.548	37.531	**38.513**
775.000	35.503	36.509	37.515	38.520	39.526
800.000	36.424	37.452	38.481	39.510	40.538
825.000	37.344	38.396	39.448	40.499	41.551
850.000	38.265	39.339	40.414	41.489	42.563
875.000	39.185	40.283	41.381	42.478	43.576
900.000	40.105	41.226	42.347	43.468	44.589
925.000	41.026	42.170	43.314	44.457	45.601
950.000	41.946	43.113	44.280	45.447	46.614
975.000	42.867	44.057	45.247	46.436	47.626

Honorartafel zu § 65 Abs. 1 – Tragwerksplanung, Honorarzone I

Anrechen-bare Kosten Euro	Von-satz Euro	Viertel-satz Euro	Mittel-satz Euro	Drei-viertel-satz Euro	Bis-satz Euro
1.000.000	**43.787**	45.000	46.213	47.426	**48.639**
1.050.000	45.514	46.769	48.023	49.278	50.532
1.100.000	47.241	48.537	49.833	51.130	52.426
1.150.000	48.968	50.306	51.644	52.981	54.319
1.200.000	50.695	52.075	53.454	54.833	56.212
1.250.000	52.423	53.843	55.264	56.685	58.106
1.300.000	54.150	55.612	57.074	58.537	59.999
1.350.000	55.877	57.381	58.884	60.388	61.892
1.400.000	57.604	59.149	60.695	62.240	63.785
1.450.000	59.331	60.918	62.505	64.092	65.679
1.500.000	**61.058**	62.687	64.315	65.944	**67.572**
1.550.000	62.683	64.350	66.016	67.683	69.349
1.600.000	64.308	66.013	67.717	69.422	71.126
1.650.000	65.933	67.676	69.418	71.161	72.903
1.700.000	67.558	69.339	71.119	72.900	74.680
1.750.000	69.183	71.002	72.820	74.639	76.457
1.800.000	70.808	72.665	74.521	76.378	78.234
1.850.000	72.433	74.328	76.222	78.117	80.011
1.900.000	74.058	75.991	77.923	79.856	81.788
1.950.000	75.683	77.654	79.624	81.595	83.565
2.000.000	**77.308**	79.317	81.325	83.334	**85.342**
2.050.000	78.861	80.905	82.949	84.993	87.037
2.100.000	80.415	82.494	84.573	86.653	88.732
2.150.000	81.968	84.083	86.197	88.312	90.427
2.200.000	83.522	85.672	87.822	89.972	92.122
2.250.000	85.075	87.260	89.446	91.631	93.817
2.300.000	86.628	88.849	91.070	93.291	95.511
2.350.000	88.182	90.438	92.694	94.950	97.206
2.400.000	89.735	92.027	94.318	96.610	98.901
2.450.000	91.289	93.615	95.942	98.269	100.596
2.500.000	**92.842**	95.204	97.567	99.929	**102.291**
2.550.000	94.340	96.736	99.131	101.527	103.923
2.600.000	95.838	98.267	100.696	103.125	105.554
2.650.000	97.337	99.799	102.261	104.724	107.186
2.700.000	98.835	102.862	103.826	106.322	108.817
2.750.000	100.333	102.862	105.391	107.920	110.449
2.800.000	101.831	104.394	106.956	109.518	112.081
2.850.000	103.329	105.925	108.521	111.117	113.712
2.900.000	104.828	107.457	110.086	112.715	115.344
2.950.000	106.326	108.988	111.651	114.313	116.975
3.000.000	**107.824**	110.520	113.216	115.911	**118.607**
3.050.000	109.277	112.005	114.732	117.460	120.188
3.100.000	110.730	113.490	116.249	119.009	121.769
3.150.000	112.183	114.975	117.766	120.558	123.349
3.200.000	113.636	116.460	119.283	122.107	124.930
3.250.000	115.090	117.945	120.800	123.656	126.511
3.300.000	116.543	119.430	122.317	125.205	128.092
3.350.000	117.996	120.915	123.834	126.753	129.673
3.400.000	119.449	122.400	125.351	128.302	131.253
3.450.000	120.902	123.885	126.868	129.851	132.834

Honorartafel zu § 65 Abs. 1 – Tragwerksplanung, Honorarzone I

Anrechen- bare Kosten Euro	Von- satz Euro	Viertel- satz Euro	Mittel- satz Euro	Drei- viertel- satz Euro	Bis- satz Euro
3.500.000	**122.355**	125.370	128.385	131.400	**134.415**
3.550.000	123.772	126.817	129.863	132.909	135.954
3.600.000	125.188	128.265	131.341	134.417	137.493
3.650.000	126.605	129.712	132.819	135.926	139.032
3.700.000	128.022	131.159	134.297	137.434	140.571
3.750.000	129.439	132.607	135.775	138.943	142.111
3.800.000	130.855	134.054	137.252	140.451	143.650
3.850.000	132.272	135.501	138.730	141.960	145.189
3.900.000	133.689	136.948	140.208	143.468	146.728
3.950.000	135.105	138.396	141.686	144.977	148.267
4.000.000	**136.522**	139.843	143.164	146.485	**149.806**
4.050.000	137.906	141.257	144.608	147.958	151.309
4.100.000	139.291	142.671	146.051	149.431	152.811
4.150.000	140.675	144.085	147.495	150.904	154.314
4.200.000	142.060	145.499	148.938	152.377	155.816
4.250.000	143.444	146.913	150.382	153.850	157.319
4.300.000	144.828	148.327	151.825	155.323	158.822
4.350.000	146.213	149.741	153.269	156.796	160.324
4.400.000	147.597	151.155	154.712	158.269	161.827
4.450.000	148.982	152.569	156.156	159.742	163.329
4.500.000	**150.366**	153.983	157.599	161.216	**164.832**
4.550.000	151.723	155.368	159.013	162.658	166.303
4.600.000	153.080	156.754	160.427	164.101	167.775
4.650.000	154.437	158.139	161.841	165.544	169.246
4.700.000	155.794	159.525	163.256	166.986	170.717
4.750.000	157.151	160.910	164.670	168.429	172.189
4.800.000	158.508	162.296	166.084	169.872	173.660
4.850.000	159.865	163.682	167.498	171.315	175.131
4.900.000	161.222	165.067	168.912	172.757	176.602
4.950.000	162.579	166.453	170.326	174.200	178.074
5.000.000	**163.936**	167.838	171.741	175.643	**179.545**
5.250.000	170.391	174.426	178.460	182.495	186.530
5.500.000	176.847	181.014	185.180	189.347	193.514
5.750.000	183.302	187.601	191.900	196.200	200.499
6.000.000	189.757	194.189	198.620	203.052	207.483
6.250.000	196.213	200.776	205.340	209.904	214.468
6.500.000	202.668	207.364	212.060	216.756	221.453
6.750.000	209.123	213.952	218.780	223.609	228.437
7.000.000	215.578	220.539	225.500	230.461	235.422
7.250.000	222.034	227.127	232.220	237.313	242.406
7.500.000	**228.489**	233.715	238.940	244.166	**249.391**
7.750.000	234.319	239.656	244.994	250.332	255.670
8.000.000	240.148	245.598	251.049	256.499	261.950
8.250.000	245.978	251.540	257.103	262.666	268.229
8.500.000	251.807	257.482	263.158	268.833	274.508
8.750.000	257.637	263.424	269.212	275.000	280.788
9.000.000	263.466	269.366	275.267	281.167	287.067
9.250.000	269.296	275.308	281.321	287.334	293.347
9.500.000	275.125	281.250	287.376	293.501	299.626
9.750.000	280.955	287.192	293.430	299.668	305.905

Honorartafel zu § 65 Abs. 1 – Tragwerksplanung, Honorarzone I

Anrechen-bare Kosten Euro	Von-satz Euro	Viertel-satz Euro	Mittel-satz Euro	Drei-viertel-satz Euro	Bis-satz Euro
10.000.000	**289.333**	295.762	302.191	308.620	**315.049**
10.500.000	300.737	307.383	314.029	320.675	327.321
11.000.000	312.141	319.004	325.868	332.731	339.594
11.500.000	323.546	330.626	337.706	344.786	351.866
12.000.000	334.950	342.247	349.544	356.841	364.138
12.500.000	346.354	353.868	361.382	368.896	376.411
13.000.000	357.758	365.489	373.221	380.952	388.683
13.500.000	369.162	377.111	385.059	393.007	400.955
14.000.000	380.567	388.732	396.897	405.062	413.227
14.500.000	391.971	400.353	408.735	417.117	425.500
15.000.000	**403.375**	411.974	420.574	429.173	**437.772**
15.338.756	**411.079**	419.825	428.570	437.316	**446.061**

Anrechen-bare Kosten Euro	Von-satz Euro	Viertel-satz Euro	Mittel-satz Euro	Drei-viertel-satz Euro	Bis-satz Euro
10.226	**1.186**	1.290	1.393	1.497	**1.600**
10.500	1.211	1.316	1.422	1.527	1.633
11.000	1.257	1.365	1.474	1.583	1.692
11.500	1.302	1.414	1.527	1.639	1.752
12.000	1.348	1.463	1.579	1.695	1.811
12.500	1.393	1.513	1.632	1.751	1.871
13.000	1.439	1.562	1.684	1.807	1.930
13.500	1.484	1.611	1.737	1.863	1.990
14.000	1.530	1.660	1.789	1.919	2.049
14.500	1.573	1.706	1.839	1.972	2.106
15.000	**1.621**	1.758	1.895	2.031	**2.168**
15.500	1.663	1.803	1.944	2.084	2.224
16.000	1.705	1.849	1.993	2.136	2.280
16.500	1.748	1.895	2.042	2.188	2.335
17.000	1.790	1.940	2.091	2.241	2.391
17.500	1.832	1.986	2.140	2.293	2.447
18.000	1.874	2.031	2.189	2.346	2.503
18.500	1.916	2.077	2.238	2.398	2.559
19.000	1.959	2.123	2.287	2.450	2.614
19.500	2.001	2.168	2.336	2.503	2.670
20.000	**2.043**	2.214	2.385	2.555	**2.726**
20.500	2.083	2.257	2.431	2.605	2.778
21.000	2.123	2.300	2.477	2.654	2.831
21.500	2.164	2.343	2.523	2.703	2.883
22.000	2.204	2.387	2.570	2.752	2.935
22.500	2.244	2.430	2.616	2.802	2.988
23.000	2.284	2.473	2.662	2.851	3.040
23.500	2.324	2.516	2.708	2.900	3.092
24.000	2.365	2.560	2.755	2.949	3.144
24.500	2.405	2.603	2.801	2.999	3.197
25.000	**2.445**	2.646	2.847	3.048	**3.249**
25.500	2.484	2.688	2.892	3.096	3.300
26.000	2.523	2.730	2.937	3.144	3.350
26.500	2.562	2.772	2.982	3.191	3.401
27.000	2.601	2.814	3.027	3.239	3.452
27.500	2.641	2.856	3.072	3.287	3.503
28.000	2.680	2.898	3.116	3.335	3.553
28.500	2.719	2.940	3.161	3.383	3.604
29.000	2.758	2.982	3.206	3.430	3.655
29.500	2.797	3.024	3.251	3.478	3.705
30.000	**2.836**	3.066	3.296	3.526	**3.756**
30.500	2.874	3.107	3.340	3.572	3.805
31.000	2.912	3.148	3.383	3.619	3.854
31.500	2.950	3.189	3.427	3.665	3.904
32.000	2.988	3.230	3.471	3.712	3.953
32.500	3.027	3.270	3.514	3.758	4.002
33.000	3.065	3.311	3.558	3.805	4.051
33.500	3.103	3.352	3.602	3.851	4.100
34.000	3.141	3.393	3.645	3.897	4.150
34.500	3.179	3.434	3.689	3.944	4.199

Honorartafel zu § 65 Abs. 1 – Tragwerksplanung, Honorarzone II

Anrechen-bare Kosten Euro	Von-satz Euro	Viertel-satz Euro	Mittel-satz Euro	Drei-viertel-satz Euro	Bis-satz Euro
35.000	**3.217**	3.475	3.733	3.990	**4.248**
35.500	3.253	3.514	3.774	4.035	4.295
36.000	3.290	3.553	3.816	4.079	4.342
36.500	3.326	3.592	3.857	4.123	4.389
37.000	3.362	3.631	3.899	4.167	4.436
37.500	3.399	3.670	3.941	4.212	4.483
38.000	3.435	3.708	3.982	4.256	4.529
38.500	3.471	3.747	4.024	4.300	4.576
39.000	3.507	3.786	4.065	4.344	4.623
39.500	3.544	3.825	4.107	4.389	4.670
40.000	**3.580**	3.864	4.149	4.433	**4.717**
40.500	3.617	3.903	4.190	4.477	4.764
41.000	3.653	3.942	4.232	4.521	4.811
41.500	3.690	3.982	4.274	4.566	4.858
42.000	3.726	4.021	4.315	4.610	4.905
42.500	3.763	4.060	4.357	4.654	4.952
43.000	3.799	4.099	4.399	4.699	4.998
43.500	3.836	4.138	4.440	4.743	5.045
44.000	3.872	4.177	4.482	4.787	5.092
44.500	3.909	4.216	4.524	4.831	5.139
45.000	**3.945**	4.255	4.566	4.876	**5.186**
45.500	3.980	4.293	4.605	4.918	5.231
46.000	4.015	4.330	4.645	4.961	5.276
46.500	4.050	4.368	4.685	5.003	5.321
47.000	4.085	4.405	4.725	5.046	5.366
47.500	4.120	4.442	4.765	5.088	5.411
48.000	4.154	4.480	4.805	5.131	5.456
48.500	4.189	4.517	4.845	5.173	5.501
49.000	4.224	4.555	4.885	5.216	5.546
49.500	4.259	4.592	4.925	5.258	5.591
50.000	**4.294**	4.630	4.965	5.301	**5.636**
52.500	4.461	4.808	5.155	5.502	5.849
55.000	4.627	4.986	5.345	5.704	6.063
57.500	4.794	5.165	5.535	5.906	6.276
60.000	4.961	5.343	5.725	6.107	6.490
62.500	5.128	5.521	5.915	6.309	6.703
65.000	5.294	5.700	6.105	6.511	6.916
67.500	5.461	5.878	6.295	6.713	7.130
70.000	5.628	6.057	6.485	6.914	7.343
72.500	5.794	6.235	6.675	7.116	7.557
75.000	**5.961**	6.413	6.866	7.318	**7.770**
77.500	6.117	6.580	7.043	7.506	7.969
80.000	6.274	6.747	7.221	7.695	8.168
82.500	6.430	6.914	7.399	7.883	8.367
85.000	6.586	7.081	7.576	8.071	8.566
87.500	6.743	7.248	7.754	8.260	8.766
90.000	6.899	7.415	7.932	8.448	8.965
92.500	7.055	7.582	8.109	8.637	9.164
95.000	7.211	7.749	8.287	8.825	9.363
97.500	7.368	7.916	8.465	9.013	9.562

Honorartafel zu § 65 Abs. 1 – Tragwerksplanung, Honorarzone II

Anrechen-bare Kosten Euro	Von-satz Euro	Viertel-satz Euro	Mittel-satz Euro	Drei-viertel-satz Euro	Bis-satz Euro
100.000	7.524	8.083	8.643	9.202	9.761
105.000	7.816	8.395	8.974	9.553	10.131
110.000	8.109	8.707	9.305	9.903	10.501
115.000	8.401	9.019	9.636	10.254	10.872
120.000	8.694	9.331	9.968	10.605	11.242
125.000	8.986	9.643	10.299	10.956	11.612
130.000	9.278	9.954	10.630	11.306	11.982
135.000	9.571	10.266	10.962	11.657	12.352
140.000	9.863	10.578	11.293	12.008	12.723
145.000	10.156	10.890	11.624	12.359	13.093
150.000	10.448	11.202	11.956	12.709	13.463
155.000	10.723	11.494	12.266	13.037	13.809
160.000	10.997	11.787	12.576	13.365	14.154
165.000	11.272	12.079	12.886	13.693	14.500
170.000	11.547	12.372	13.196	14.021	14.846
175.000	11.822	12.664	13.507	14.349	15.192
180.000	12.096	12.956	13.817	14.677	15.537
185.000	12.371	13.249	14.127	15.005	15.883
190.000	12.646	13.541	14.437	15.333	16.229
195.000	12.920	13.834	14.747	15.661	16.574
200.000	13.195	14.126	15.058	15.989	16.920
205.000	13.456	14.404	15.352	16.300	17.248
210.000	13.717	14.682	15.647	16.612	17.576
215.000	13.979	14.960	15.941	16.923	17.904
220.000	14.240	15.238	16.236	17.234	18.232
225.000	14.501	15.516	16.531	17.546	18.561
230.000	14.762	15.794	16.825	17.857	18.889
235.000	15.023	16.072	17.120	18.168	19.217
240.000	15.285	16.350	17.415	18.480	19.545
245.000	15.546	16.628	17.709	18.791	19.873
250.000	15.807	16.906	18.004	19.103	20.201
255.000	16.060	17.174	18.288	19.402	20.516
260.000	16.312	17.442	18.572	19.702	20.832
265.000	16.565	17.710	18.856	20.002	21.147
270.000	16.817	17.978	19.140	20.301	21.463
275.000	17.070	18.247	19.424	20.601	21.778
280.000	17.322	18.515	19.708	20.901	22.093
285.000	17.575	18.783	19.992	21.200	22.409
290.000	17.827	19.051	20.276	21.500	22.724
295.000	18.080	19.320	20.560	21.800	23.040
300.000	18.332	19.588	20.844	22.099	23.355
305.000	18.576	19.846	21.117	22.388	23.659
310.000	18.819	20.105	21.391	22.677	23.962
315.000	19.063	20.364	21.664	22.965	24.266
320.000	19.307	20.622	21.938	23.254	24.569
325.000	19.551	20.881	22.212	23.542	24.873
330.000	19.794	21.140	22.485	23.831	25.177
335.000	20.038	21.398	22.759	24.120	25.480
340.000	20.282	21.657	23.033	24.408	25.784
345.000	20.525	21.916	23.306	24.697	26.087

Honorartafel zu § 65 Abs. 1 – Tragwerksplanung, Honorarzone II

Anrechen-bare Kosten Euro	Von-satz Euro	Viertel-satz Euro	Mittel-satz Euro	Drei-viertel-satz Euro	Bis-satz Euro
350.000	**20.769**	22.175	23.580	24.986	**26.391**
355.000	21.006	22.426	23.847	25.267	26.687
360.000	21.244	22.678	24.113	25.548	26.982
365.000	21.481	22.930	24.380	25.829	27.278
370.000	21.719	23.182	24.646	26.110	27.574
375.000	21.956	23.434	24.913	26.391	27.870
380.000	22.193	23.686	25.179	26.672	28.165
385.000	22.431	23.938	25.446	26.953	28.461
390.000	22.668	24.190	25.712	27.235	28.757
395.000	22.906	24.442	25.979	27.516	29.052
400.000	**23.143**	24.694	26.246	27.797	**29.348**
405.000	23.375	24.941	26.506	28.071	29.636
410.000	23.608	25.187	26.766	28.345	29.924
415.000	23.840	25.433	27.026	28.619	30.212
420.000	24.073	25.679	27.286	28.893	30.500
425.000	24.305	25.926	27.546	29.167	30.788
430.000	24.537	26.172	27.806	29.441	31.075
435.000	24.770	26.418	28.067	29.715	31.363
440.000	25.002	26.664	28.327	29.989	31.651
445.000	25.235	26.911	28.587	30.263	31.939
450.000	**25.467**	27.157	28.847	30.537	**32.227**
455.000	25.694	27.398	29.101	30.805	32.509
460.000	25.921	27.639	29.356	31.073	32.790
465.000	26.148	27.879	29.610	31.341	33.072
470.000	26.375	28.120	29.865	31.609	33.354
475.000	26.603	28.361	30.119	31.877	33.636
480.000	26.830	28.602	30.373	32.145	33.917
485.000	27.057	28.842	30.628	32.413	34.199
490.000	27.284	29.083	30.882	32.681	34.481
495.000	27.511	29.324	31.137	32.949	34.762
500.000	**27.738**	29.565	31.391	33.218	**35.044**
525.000	28.816	30.705	32.594	34.484	36.373
550.000	29.893	31.845	33.798	35.750	37.702
575.000	30.971	32.986	35.001	37.016	39.031
600.000	32.048	34.126	36.204	38.282	40.360
625.000	33.126	35.266	37.407	39.548	41.689
650.000	34.203	36.407	38.611	40.814	43.018
675.000	35.281	37.547	39.814	42.080	44.347
700.000	36.358	38.688	41.017	43.347	45.676
725.000	37.436	39.828	42.220	44.613	47.005
750.000	**38.513**	40.968	43.424	45.879	**48.334**
775.000	39.526	42.038	44.551	47.064	49.577
800.000	40.538	43.108	45.679	48.249	50.819
825.000	41.551	44.179	46.806	49.434	52.062
850.000	42.563	45.249	47.934	50.619	53.304
875.000	43.576	46.319	49.062	51.804	54.547
900.000	44.589	47.389	50.189	52.989	55.790
925.000	45.601	48.459	51.317	54.174	57.032
950.000	46.614	49.529	52.444	55.360	58.275
975.000	47.626	50.599	53.572	56.545	59.517

Honorartafel zu § 65 Abs. 1 – Tragwerksplanung, Honorarzone II

Anrechen-bare Kosten Euro	Von-satz Euro	Viertel-satz Euro	Mittel-satz Euro	Drei-viertel-satz Euro	Bis-satz Euro
1.000.000	**48.639**	51.669	54.700	57.730	**60.760**
1.050.000	50.532	53.667	56.801	59.935	63.069
1.100.000	52.426	55.664	58.902	62.140	65.378
1.150.000	54.319	57.661	61.003	64.345	67.688
1.200.000	56.212	59.658	63.105	66.551	69.997
1.250.000	58.106	61.656	65.206	68.756	72.306
1.300.000	59.999	63.653	67.307	70.961	74.615
1.350.000	61.892	65.650	69.408	73.166	76.924
1.400.000	63.785	67.647	71.510	75.372	79.234
1.450.000	65.679	69.645	73.611	77.577	81.543
1.500.000	67.572	71.642	75.712	79.782	83.852
1.550.000	69.349	73.514	77.679	81.844	86.009
1.600.000	71.126	75.386	79.646	83.905	88.165
1.650.000	72.903	77.258	81.612	85.967	90.322
1.700.000	74.680	79.130	83.579	88.029	92.478
1.750.000	76.457	81.001	85.546	90.090	94.635
1.800.000	78.234	82.873	87.513	92.152	96.791
1.850.000	80.011	84.745	89.479	94.213	98.948
1.900.000	81.788	86.617	91.446	96.275	101.104
1.950.000	83.565	88.489	93.413	98.337	103.261
2.000.000	**85.342**	90.361	95.380	100.398	**105.417**
2.050.000	87.037	92.144	97.251	102.359	107.466
2.100.000	88.732	93.927	99.123	104.319	109.514
2.150.000	90.427	95.711	100.995	106.279	111.563
2.200.000	92.122	97.494	102.867	108.239	113.612
2.250.000	93.817	99.278	104.739	110.200	115.661
2.300.000	95.511	101.061	106.610	112.160	117.709
2.350.000	97.206	102.844	108.482	114.120	119.758
2.400.000	98.901	104.628	110.354	116.080	121.807
2.450.000	100.596	106.411	112.226	118.041	123.855
2.500.000	**102.291**	108.194	114.098	120.001	**125.904**
2.550.000	103.923	109.909	115.896	121.883	127.870
2.600.000	105.554	111.625	117.695	123.765	129.836
2.650.000	107.186	113.340	119.494	125.648	131.801
2.700.000	108.817	115.055	121.292	127.530	133.767
2.750.000	110.449	116.770	123.091	129.412	135.733
2.800.000	112.081	118.485	124.890	131.294	137.699
2.850.000	113.712	120.200	126.688	133.177	139.665
2.900.000	115.344	121.915	128.487	135.059	141.630
2.950.000	116.975	123.631	130.286	136.941	143.596
3.000.000	**118.607**	125.346	132.085	138.823	**145.562**
3.050.000	120.188	127.006	133.825	140.643	147.462
3.100.000	121.769	128.667	135.565	142.463	149.361
3.150.000	123.349	130.327	137.305	144.283	151.261
3.200.000	124.930	131.988	139.045	146.103	153.160
3.250.000	126.511	133.648	140.785	147.922	155.060
3.300.000	128.092	135.309	142.525	149.742	156.959
3.350.000	129.673	136.969	144.266	151.562	158.859
3.400.000	131.253	138.630	146.006	153.382	160.758
3.450.000	132.834	140.290	147.746	155.202	162.658

Honorartafel zu § 65 Abs. 1 – Tragwerksplanung, Honorarzone II

Anrechen-bare Kosten Euro	Von-satz Euro	Viertel-satz Euro	Mittel-satz Euro	Drei-viertel-satz Euro	Bis-satz Euro
3.500.000	**134.415**	141.951	149.486	157.022	**164.557**
3.550.000	135.954	143.566	151.178	158.790	166.402
3.600.000	137.493	145.182	152.870	160.559	168.247
3.650.000	139.032	146.797	154.562	162.327	170.092
3.700.000	140.571	148.413	156.254	164.096	171.937
3.750.000	142.111	150.028	157.946	165.864	173.782
3.800.000	143.650	151.644	159.638	167.633	175.627
3.850.000	145.189	153.260	161.330	169.401	177.472
3.900.000	146.728	154.875	163.022	171.170	179.317
3.950.000	148.267	156.491	164.714	172.938	181.162
4.000.000	**149.806**	158.106	166.407	174.707	**183.007**
4.050.000	151.309	159.683	168.057	176.431	184.805
4.100.000	152.811	161.259	169.707	178.155	186.603
4.150.000	154.314	162.836	171.357	179.879	188.401
4.200.000	155.816	164.412	173.008	181.603	190.199
4.250.000	157.319	165.989	174.658	183.328	191.997
4.300.000	158.822	167.565	176.308	185.052	193.795
4.350.000	160.324	169.141	177.959	186.776	195.593
4.400.000	161.827	170.718	179.609	188.500	197.391
4.450.000	163.329	172.294	181.259	190.224	199.189
4.500.000	**164.832**	173.871	182.910	191.948	**200.987**
4.550.000	166.303	175.414	184.524	193.635	202.745
4.600.000	167.775	176.957	186.139	195.321	204.503
4.650.000	169.246	178.500	187.753	197.007	206.261
4.700.000	170.717	180.043	189.368	198.694	208.019
4.750.000	172.189	181.586	190.983	200.380	209.777
4.800.000	173.660	183.129	192.597	202.066	211.535
4.850.000	175.131	184.672	194.212	203.753	213.293
4.900.000	176.602	186.215	195.827	205.439	215.051
4.950.000	178.074	187.758	197.441	207.125	216.809
5.000.000	**179.545**	189.301	199.056	208.812	**218.567**
5.250.000	186.530	196.616	206.702	216.788	226.875
5.500.000	193.514	203.931	214.348	224.765	235.182
5.750.000	200.499	211.246	221.994	232.742	243.490
6.000.000	207.483	218.562	229.640	240.719	251.797
6.250.000	214.468	225.877	237.286	248.695	260.105
6.500.000	221.453	233.192	244.932	256.672	268.412
6.750.000	228.437	240.508	252.578	264.649	276.720
7.000.000	235.422	247.823	260.224	272.626	285.027
7.250.000	242.406	255.138	267.870	280.602	293.335
7.500.000	**249.391**	262.454	275.517	288.579	**301.642**
7.750.000	255.670	269.014	282.358	295.702	309.046
8.000.000	261.950	275.575	289.200	302.825	316.450
8.250.000	268.229	282.135	296.042	309.948	323.854
8.500.000	274.508	288.696	302.883	317.071	331.258
8.750.000	280.788	295.256	309.725	324.193	338.662
9.000.000	287.067	301.817	316.567	331.316	346.066
9.250.000	293.347	308.377	323.408	338.439	353.470
9.500.000	299.626	314.938	330.250	345.562	360.874
9.750.000	305.905	321.498	337.092	352.685	368.278

Honorartafel zu § 65 Abs. 1 – Tragwerksplanung, Honorarzone II

Anrechen-bare Kosten Euro	Von-satz Euro	Viertel-satz Euro	Mittel-satz Euro	Drei-viertel-satz Euro	Bis-satz Euro
10.000.000	**315.049**	331.121	347.193	363.265	**379.337**
10.500.000	327.321	343.936	360.550	377.165	393.779
11.000.000	339.594	356.751	373.908	391.065	408.222
11.500.000	351.866	369.565	387.265	404.965	422.664
12.000.000	364.138	382.380	400.622	418.865	437.107
12.500.000	376.411	395.195	413.980	432.764	451.549
13.000.000	388.683	408.010	427.337	446.664	465.991
13.500.000	400.955	420.825	440.694	460.564	480.434
14.000.000	413.227	433.640	454.052	474.464	494.876
14.500.000	425.500	446.454	467.409	488.364	509.319
15.000.000	**437.772**	459.269	480.767	502.264	**523.761**
15.338.756	**446.061**	467.924	489.787	511.650	**533.513**

Anrechen-bare Kosten Euro	Von-satz Euro	Viertel-satz Euro	Mittel-satz Euro	Drei-viertel-satz Euro	Bis-satz Euro
10.226	**1.600**	1.724	1.848	1.972	**2.096**
10.500	1.633	1.759	1.885	2.012	2.138
11.000	1.692	1.823	1.953	2.084	2.215
11.500	1.752	1.886	2.021	2.156	2.291
12.000	1.811	1.950	2.089	2.228	2.368
12.500	1.871	2.014	2.157	2.301	2.444
13.000	1.930	2.078	2.225	2.373	2.521
13.500	1.990	2.141	2.293	2.445	2.597
14.000	2.049	2.205	2.361	2.518	2.674
14.500	2.106	2.266	2.426	2.586	2.746
15.000	**2.168**	2.333	2.498	2.662	**2.827**
15.500	2.224	2.392	2.561	2.730	2.898
16.000	2.280	2.452	2.625	2.797	2.970
16.500	2.335	2.512	2.688	2.865	3.041
17.000	2.391	2.571	2.752	2.932	3.112
17.500	2.447	2.631	2.815	2.999	3.184
18.000	2.503	2.691	2.879	3.067	3.255
18.500	2.559	2.750	2.942	3.134	3.326
19.000	2.614	2.810	3.006	3.202	3.397
19.500	2.670	2.870	3.069	3.269	3.469
20.000	**2.726**	2.930	3.133	3.337	**3.540**
20.500	2.778	2.986	3.193	3.400	3.607
21.000	2.831	3.042	3.253	3.464	3.675
21.500	2.883	3.098	3.313	3.527	3.742
22.000	2.935	3.154	3.372	3.591	3.810
22.500	2.988	3.210	3.432	3.655	3.877
23.000	3.040	3.266	3.492	3.718	3.944
23.500	3.092	3.322	3.552	3.782	4.012
24.000	3.144	3.378	3.612	3.846	4.079
24.500	3.197	3.434	3.672	3.909	4.147
25.000	**3.249**	3.490	3.732	3.973	**4.214**
25.500	3.300	3.544	3.789	4.034	4.279
26.000	3.350	3.599	3.847	4.095	4.344
26.500	3.401	3.653	3.905	4.157	4.408
27.000	3.452	3.707	3.963	4.218	4.473
27.500	3.503	3.761	4.020	4.279	4.538
28.000	3.553	3.816	4.078	4.340	4.603
28.500	3.604	3.870	4.136	4.402	4.668
29.000	3.655	3.924	4.194	4.463	4.732
29.500	3.705	3.978	4.251	4.524	4.797
30.000	**3.756**	4.033	4.309	4.586	**4.862**
30.500	3.805	4.085	4.365	4.644	4.924
31.000	3.854	4.137	4.420	4.703	4.986
31.500	3.904	4.190	4.476	4.762	5.048
32.000	3.953	4.242	4.531	4.820	5.110
32.500	4.002	4.294	4.587	4.879	5.172
33.000	4.051	4.347	4.642	4.938	5.233
33.500	4.100	4.399	4.698	4.997	5.295
34.000	4.150	4.452	4.753	5.055	5.357
34.500	4.199	4.504	4.809	5.114	5.419

Honorartafel zu § 65 Abs. 1 – Tragwerksplanung, Honorarzone III

Anrechen- bare Kosten Euro	Von- satz Euro	Viertel- satz Euro	Mittel- satz Euro	Drei- viertel- satz Euro	Bis- satz Euro
35.000	**4.248**	4.556	4.865	5.173	**5.481**
35.500	4.295	4.607	4.918	5.230	5.542
36.000	4.342	4.657	4.972	5.287	5.602
36.500	4.389	4.707	5.026	5.345	5.663
37.000	4.436	4.758	5.080	5.402	5.724
37.500	4.483	4.808	5.134	5.459	5.785
38.000	4.529	4.858	5.187	5.516	5.845
38.500	4.576	4.909	5.241	5.574	5.906
39.000	4.623	4.959	5.295	5.631	5.967
39.500	4.670	5.009	5.349	5.688	6.027
40.000	**4.717**	5.060	5.403	5.745	**6.088**
40.500	4.764	5.110	5.455	5.801	6.147
41.000	4.811	5.160	5.508	5.857	6.206
41.500	4.858	5.209	5.561	5.913	6.264
42.000	4.905	5.259	5.614	5.969	6.323
42.500	4.952	5.309	5.667	6.024	6.382
43.000	4.998	5.359	5.720	6.080	6.441
43.500	5.045	5.409	5.772	6.136	6.500
44.000	5.092	5.459	5.825	6.192	6.558
44.500	5.139	5.509	5.878	6.248	6.617
45.000	**5.186**	5.559	5.931	6.304	**6.676**
45.500	5.231	5.606	5.982	6.357	6.733
46.000	5.276	5.654	6.033	6.411	6.790
46.500	5.321	5.702	6.084	6.465	6.847
47.000	5.366	5.750	6.135	6.519	6.904
47.500	5.411	5.798	6.186	6.573	6.961
48.000	5.456	5.846	6.237	6.627	7.017
48.500	5.501	5.894	6.288	6.681	7.074
49.000	5.546	5.942	6.339	6.735	7.131
49.500	5.591	5.990	6.390	6.789	7.188
50.000	**5.636**	6.038	6.441	6.843	**7.245**
52.500	5.849	6.266	6.682	7.098	7.515
55.000	6.063	6.493	6.924	7.354	7.784
57.500	6.276	6.721	7.165	7.609	8.054
60.000	6.490	6.948	7.407	7.865	8.323
62.500	6.703	7.176	7.648	8.121	8.593
65.000	6.916	7.403	7.890	8.376	8.863
67.500	7.130	7.630	8.131	8.632	9.132
70.000	7.343	7.858	8.373	8.887	9.402
72.500	7.557	8.085	8.614	9.143	9.671
75.000	**7.770**	8.313	8.856	9.398	**9.941**
77.500	7.969	8.525	9.081	9.636	10.192
80.000	8.168	8.737	9.306	9.874	10.443
82.500	8.367	8.949	9.531	10.112	10.694
85.000	8.566	9.161	9.756	10.350	10.945
87.500	8.766	9.373	9.981	10.588	11.196
90.000	8.965	9.585	10.206	10.826	11.446
92.500	9.164	9.797	10.431	11.064	11.697
95.000	9.363	10.009	10.656	11.302	11.948
97.500	9.562	10.221	10.881	11.540	12.199

Honorartafel zu § 65 Abs. 1 – Tragwerksplanung, Honorarzone III

Anrechen-bare Kosten Euro	Von-satz Euro	Viertel-satz Euro	Mittel-satz Euro	Drei-viertel-satz Euro	Bis-satz Euro
100.000	**9.761**	10.433	11.106	11.778	**12.450**
105.000	10.131	10.827	11.522	12.218	12.914
110.000	10.501	11.220	11.939	12.658	13.377
115.000	10.872	11.614	12.356	13.099	13.841
120.000	11.242	12.007	12.773	13.539	14.304
125.000	11.612	12.401	13.190	13.979	14.768
130.000	11.982	12.795	13.607	14.419	15.232
135.000	12.352	13.188	14.024	14.860	15.695
140.000	12.723	13.582	14.441	15.300	16.159
145.000	13.093	13.975	14.858	15.740	16.622
150.000	**13.463**	14.369	15.275	16.180	**17.086**
155.000	13.809	14.736	15.663	16.590	17.517
160.000	14.154	15.103	16.051	16.999	17.948
165.000	14.500	15.470	16.439	17.409	18.378
170.000	14.846	15.837	16.828	17.818	18.809
175.000	15.192	16.204	17.216	18.228	19.240
180.000	15.537	16.571	17.604	18.637	19.671
185.000	15.883	16.938	17.992	19.047	20.102
190.000	16.229	17.305	18.381	19.456	20.532
195.000	16.574	17.672	18.769	19.866	20.963
200.000	**16.920**	18.039	19.157	20.276	**21.394**
205.000	17.248	18.386	19.525	20.663	21.802
210.000	17.576	18.734	19.893	21.051	22.209
215.000	17.904	19.082	20.261	21.439	22.617
220.000	18.232	19.430	20.628	21.826	23.024
225.000	18.561	19.778	20.996	22.214	23.432
230.000	18.889	20.126	21.364	22.602	23.840
235.000	19.217	20.474	21.732	22.990	24.247
240.000	19.545	20.822	22.100	23.377	24.655
245.000	19.873	21.170	22.468	23.765	25.062
250.000	**20.201**	21.518	22.836	24.153	**25.470**
255.000	20.516	21.853	23.189	24.525	25.861
260.000	20.832	22.187	23.542	24.897	26.252
265.000	21.147	22.521	23.895	25.269	26.642
270.000	21.463	22.855	24.248	25.641	27.033
275.000	21.778	23.190	24.601	26.013	27.424
280.000	22.093	23.524	24.954	26.384	27.815
285.000	22.409	23.858	25.307	26.756	28.206
290.000	22.724	24.192	25.660	27.128	28.596
295.000	23.040	24.527	26.013	27.500	28.987
300.000	**23.355**	24.861	26.367	27.872	**29.378**
305.000	23.659	25.183	26.707	28.231	29.755
310.000	23.962	25.504	27.047	28.589	30.131
315.000	24.266	25.826	27.387	28.947	30.508
320.000	24.569	26.148	27.727	29.305	30.884
325.000	24.873	26.470	28.067	29.664	31.261
330.000	25.177	26.792	28.407	30.022	31.637
335.000	25.480	27.114	28.747	30.380	32.014
340.000	25.784	27.435	29.087	30.738	32.390
345.000	26.087	27.757	29.427	31.097	32.767

Honorartafel zu § 65 Abs. 1 – Tragwerksplanung, Honorarzone III

Anrechen-bare Kosten Euro	Von-satz Euro	Viertel-satz Euro	Mittel-satz Euro	Drei-viertel-satz Euro	Bis-satz Euro
350.000	**26.391**	28.079	29.767	31.455	**33.143**
355.000	26.687	28.392	30.097	31.803	33.508
360.000	26.982	28.705	30.428	32.150	33.873
365.000	27.278	29.018	30.758	32.498	34.237
370.000	27.574	29.331	31.088	32.845	34.602
375.000	27.870	29.644	31.418	33.193	34.967
380.000	28.165	29.957	31.749	33.540	35.332
385.000	28.461	30.270	32.079	33.888	35.697
390.000	28.757	30.583	32.409	34.235	36.061
395.000	29.052	30.896	32.739	34.583	36.426
400.000	**29.348**	31.209	33.070	34.930	**36.791**
405.000	29.636	31.513	33.391	35.269	37.146
410.000	29.924	31.818	33.713	35.607	37.501
415.000	30.212	32.123	34.034	35.945	37.857
420.000	30.500	32.428	34.356	36.284	38.212
425.000	30.788	32.732	34.677	36.622	38.567
430.000	31.075	33.037	34.999	36.961	38.922
435.000	31.363	33.342	35.320	37.299	39.277
440.000	31.651	33.647	35.642	37.637	39.633
445.000	31.939	33.951	35.963	37.976	39.988
450.000	**32.227**	34.256	36.285	38.314	**40.343**
455.000	32.509	34.554	36.599	38.645	40.690
460.000	32.790	34.852	36.914	38.975	41.037
465.000	33.072	35.150	37.228	39.306	41.383
470.000	33.354	35.448	37.542	39.636	41.730
475.000	33.636	35.746	37.856	39.967	42.077
480.000	33.917	36.044	38.171	40.297	42.424
485.000	34.199	36.342	38.485	40.628	42.771
490.000	34.481	36.640	38.799	40.958	43.117
495.000	34.762	36.938	39.113	41.289	43.464
500.000	**35.044**	37.236	39.428	41.619	**43.811**
525.000	36.373	38.640	40.908	43.175	45.442
550.000	37.702	40.045	42.388	44.731	47.074
575.000	39.031	41.450	43.868	46.287	48.705
600.000	40.360	42.854	45.348	47.842	50.337
625.000	41.689	44.259	46.829	49.398	51.968
650.000	43.018	45.663	48.309	50.954	53.599
675.000	44.347	47.068	49.789	52.510	55.231
700.000	45.676	48.473	51.269	54.066	56.862
725.000	47.005	49.877	52.749	55.621	58.494
750.000	**48.334**	51.282	54.230	57.177	**60.125**
775.000	49.577	52.593	55.610	58.626	61.643
800.000	50.819	53.905	56.990	60.075	63.161
825.000	52.062	55.216	58.370	61.524	64.679
850.000	53.304	56.527	59.751	62.974	66.197
875.000	54.547	57.839	61.131	64.423	67.715
900.000	55.790	59.150	62.511	65.872	69.232
925.000	57.032	60.462	63.891	67.321	70.750
950.000	58.275	61.773	65.272	68.770	72.268
975.000	59.517	63.085	66.652	70.219	73.786

Honorartafel zu § 65 Abs. 1 – Tragwerksplanung, Honorarzone III

Anrechen- bare Kosten Euro	Von- satz Euro	Viertel- satz Euro	Mittel- satz Euro	Drei- viertel- satz Euro	Bis- satz Euro
1.000.000	**60.760**	64.396	68.032	71.668	**75.304**
1.050.000	63.069	66.830	70.591	74.352	78.113
1.100.000	65.378	69.264	73.150	77.036	80.922
1.150.000	67.688	71.698	75.709	79.720	83.731
1.200.000	69.997	74.133	78.268	82.404	86.540
1.250.000	72.306	76.567	80.828	85.088	89.349
1.300.000	74.615	79.001	83.387	87.772	92.158
1.350.000	76.924	81.435	85.946	90.456	94.967
1.400.000	79.234	83.869	88.505	93.140	97.776
1.450.000	81.543	86.303	91.064	95.824	100.585
1.500.000	**83.852**	88.738	93.623	98.509	**103.394**
1.550.000	86.009	91.008	96.007	101.007	106.006
1.600.000	88.165	93.278	98.392	103.505	108.618
1.650.000	90.322	95.549	100.776	106.003	111.230
1.700.000	92.478	97.819	103.160	108.501	113.842
1.750.000	94.635	100.090	105.545	111.000	116.455
1.800.000	96.791	102.360	107.929	113.498	119.067
1.850.000	98.948	104.630	110.313	115.996	121.679
1.900.000	101.104	106.901	112.697	118.494	124.291
1.950.000	103.261	109.171	115.082	120.992	126.903
2.000.000	**105.417**	111.442	117.466	123.491	**129.515**
2.050.000	107.466	113.596	119.727	125.857	131.988
2.100.000	109.514	115.751	121.988	128.224	134.461
2.150.000	111.563	117.906	124.248	130.591	136.934
2.200.000	113.612	120.061	126.509	132.958	139.407
2.250.000	115.661	122.215	128.770	135.325	141.880
2.300.000	117.709	124.370	131.031	137.692	144.352
2.350.000	119.758	126.525	133.292	140.058	146.825
2.400.000	121.807	128.680	135.552	142.425	149.298
2.450.000	123.855	130.834	137.813	144.792	151.771
2.500.000	**125.904**	132.989	140.074	147.159	**154.244**
2.550.000	127.870	135.055	142.240	149.425	156.611
2.600.000	129.836	137.121	144.406	151.692	158.977
2.650.000	131.801	139.187	146.572	153.958	161.344
2.700.000	133.767	141.253	148.739	156.224	163.710
2.750.000	135.733	143.319	150.905	158.491	166.077
2.800.000	137.699	145.385	153.071	160.757	168.443
2.850.000	139.665	147.451	155.237	163.023	170.810
2.900.000	141.630	149.517	157.403	165.290	173.176
2.950.000	143.596	151.583	159.569	167.556	175.543
3.000.000	**145.562**	153.649	161.736	169.822	**177.909**
3.050.000	147.462	155.644	163.826	172.009	180.191
3.100.000	149.361	157.639	165.917	174.195	182.474
3.150.000	151.261	159.634	168.008	176.382	184.756
3.200.000	153.160	161.630	170.099	178.569	187.038
3.250.000	155.060	163.625	172.190	180.755	189.321
3.300.000	156.959	165.620	174.281	182.942	191.603
3.350.000	158.859	167.615	176.372	185.128	193.885
3.400.000	160.758	169.610	178.463	187.315	196.167
3.450.000	162.658	171.606	180.554	189.502	198.450

Honorartafel zu § 65 Abs. 1 – Tragwerksplanung, Honorarzone III

Anrechen-bare Kosten Euro	Von-satz Euro	Viertel-satz Euro	Mittel-satz Euro	Drei-viertel-satz Euro	Bis-satz Euro
3.500.000	**164.557**	173.601	182.645	191.688	**200.732**
3.550.000	166.402	175.538	184.673	193.809	202.945
3.600.000	168.247	177.475	186.702	195.930	205.157
3.650.000	170.092	179.411	188.731	198.050	207.370
3.700.000	171.937	181.348	190.760	200.171	209.582
3.750.000	173.782	183.285	192.788	202.291	211.795
3.800.000	175.627	185.222	194.817	204.412	214.007
3.850.000	177.472	187.159	196.846	206.533	216.220
3.900.000	179.317	189.096	198.875	208.653	218.432
3.950.000	181.162	191.033	200.903	210.774	220.645
4.000.000	**183.007**	192.970	202.932	212.895	**222.857**
4.050.000	184.805	194.856	204.907	214.958	225.009
4.100.000	186.603	196.743	206.882	217.022	227.162
4.150.000	188.401	198.629	208.858	219.086	229.314
4.200.000	190.199	200.516	210.833	221.150	231.467
4.250.000	191.997	202.403	212.808	223.214	233.619
4.300.000	193.795	204.289	214.783	225.277	235.771
4.350.000	195.593	206.176	216.758	227.341	237.924
4.400.000	197.391	208.062	218.734	229.405	240.076
4.450.000	199.189	209.949	220.709	231.469	242.229
4.500.000	**200.987**	211.836	222.684	233.533	**244.381**
4.550.000	202.745	213.679	224.614	235.548	246.482
4.600.000	204.503	215.523	226.543	237.563	248.583
4.650.000	206.261	217.367	228.473	239.579	250.685
4.700.000	208.019	219.211	230.402	241.594	252.786
4.750.000	209.777	221.055	232.332	243.610	254.887
4.800.000	211.535	222.898	234.262	245.625	256.988
4.850.000	213.293	224.742	236.191	247.640	259.089
4.900.000	215.051	226.586	238.121	249.656	261.191
4.950.000	216.809	228.430	240.050	251.671	263.292
5.000.000	**218.567**	230.274	241.980	253.687	**265.393**
5.250.000	226.875	238.978	251.081	263.185	275.288
5.500.000	235.182	247.682	260.183	272.683	285.183
5.750.000	243.490	256.387	269.284	282.181	295.078
6.000.000	251.797	265.091	278.385	291.679	304.973
6.250.000	260.105	273.795	287.486	301.177	314.868
6.500.000	268.412	282.500	296.588	310.675	324.763
6.750.000	276.720	291.204	305.689	320.173	334.658
7.000.000	285.027	299.909	314.790	329.672	344.553
7.250.000	293.335	308.613	323.891	339.170	354.448
7.500.000	**301.642**	317.317	332.993	348.668	**364.343**
7.750.000	309.046	325.059	341.071	357.084	373.096
8.000.000	316.450	332.800	349.150	365.500	381.850
8.250.000	323.854	340.541	357.229	373.916	390.603
8.500.000	331.258	348.283	365.307	382.332	399.357
8.750.000	338.662	356.024	373.386	390.748	408.110
9.000.000	346.066	363.765	381.465	399.164	416.864
9.250.000	353.470	371.507	389.544	407.580	425.617
9.500.000	360.874	379.248	397.622	415.996	434.371
9.750.000	368.278	386.989	405.701	424.413	443.124

Honorartafel zu § 65 Abs. 1 – Tragwerksplanung, Honorarzone III

Anrechen-bare Kosten Euro	Von-satz Euro	Viertel-satz Euro	Mittel-satz Euro	Drei-viertel-satz Euro	Bis-satz Euro
10.000.000	**379.337**	398.624	417.911	437.197	**456.484**
10.500.000	393.779	413.717	433.655	453.593	473.530
11.000.000	408.222	428.811	449.399	469.988	490.577
11.500.000	422.664	443.904	465.144	486.383	507.623
12.000.000	437.107	458.997	480.888	502.779	524.669
12.500.000	451.549	474.091	496.632	519.174	541.716
13.000.000	465.991	489.184	512.377	535.569	558.762
13.500.000	480.434	504.277	528.121	551.965	575.808
14.000.000	494.876	519.371	543.865	568.360	592.854
14.500.000	509.319	534.464	559.610	584.755	609.901
15.000.000	**523.761**	549.558	575.354	601.151	**626.947**
15.338.756	**533.513**	559.749	585.984	612.220	**638.455**

Honorartafel zu § 65 Abs. 1 – Tragwerksplanung, Honorarzone IV

Anrechen-bare Kosten Euro	Von-satz Euro	Viertel-satz Euro	Mittel-satz Euro	Drei-viertel-satz Euro	Bis-satz Euro
10.226	**2.096**	2.201	2.306	2.411	**2.516**
10.500	2.138	2.245	2.352	2.458	2.565
11.000	2.215	2.325	2.435	2.545	2.655
11.500	2.291	2.405	2.518	2.632	2.745
12.000	2.368	2.485	2.601	2.718	2.835
12.500	2.444	2.564	2.685	2.805	2.925
13.000	2.521	2.644	2.768	2.892	3.015
13.500	2.597	2.724	2.851	2.978	3.105
14.000	2.674	2.804	2.934	3.065	3.195
14.500	2.746	2.880	3.014	3.147	3.281
15.000	**2.827**	2.964	3.101	3.238	**3.375**
15.500	2.898	3.039	3.179	3.320	3.460
16.000	2.970	3.113	3.257	3.401	3.545
16.500	3.041	3.188	3.335	3.483	3.630
17.000	3.112	3.263	3.413	3.564	3.715
17.500	3.184	3.338	3.492	3.646	3.800
18.000	3.255	3.412	3.570	3.727	3.884
18.500	3.326	3.487	3.648	3.809	3.969
19.000	3.397	3.562	3.726	3.890	4.054
19.500	3.469	3.636	3.804	3.972	4.139
20.000	**3.540**	3.711	3.882	4.053	**4.224**
20.500	3.607	3.781	3.955	4.129	4.304
21.000	3.675	3.852	4.029	4.206	4.383
21.500	3.742	3.922	4.102	4.282	4.463
22.000	3.810	3.993	4.176	4.359	4.542
22.500	3.877	4.063	4.249	4.435	4.622
23.000	3.944	4.134	4.323	4.512	4.701
23.500	4.012	4.204	4.396	4.588	4.781
24.000	4.079	4.274	4.470	4.665	4.860
24.500	4.147	4.345	4.543	4.741	4.940
25.000	**4.214**	4.415	4.617	4.818	**5.019**
25.500	4.279	4.483	4.687	4.891	5.095
26.000	4.344	4.551	4.758	4.965	5.172
26.500	4.408	4.618	4.828	5.038	5.248
27.000	4.473	4.686	4.899	5.111	5.324
27.500	4.538	4.754	4.969	5.185	5.401
28.000	4.603	4.821	5.040	5.258	5.477
28.500	4.668	4.889	5.110	5.332	5.553
29.000	4.732	4.957	5.181	5.405	5.629
29.500	4.797	5.024	5.251	5.479	5.706
30.000	**4.862**	5.092	5.322	5.552	**5.782**
30.500	4.924	5.157	5.389	5.622	5.855
31.000	4.986	5.221	5.457	5.692	5.928
31.500	5.048	5.286	5.524	5.763	6.001
32.000	5.110	5.351	5.592	5.833	6.074
32.500	5.172	5.415	5.659	5.903	6.147
33.000	5.233	5.480	5.727	5.973	6.220
33.500	5.295	5.545	5.794	6.044	6.293
34.000	5.357	5.609	5.862	6.114	6.366
34.500	5.419	5.674	5.929	6.184	6.439

Honorartafel zu § 65 Abs. 1 – Tragwerksplanung, Honorarzone IV

Anrechen-bare Kosten Euro	Von-satz Euro	Viertel-satz Euro	Mittel-satz Euro	Drei-viertel-satz Euro	Bis-satz Euro
35.000	**5.481**	5.739	5.997	6.254	**6.512**
35.500	5.542	5.802	6.062	6.323	6.583
36.000	5.602	5.865	6.128	6.391	6.654
36.500	5.663	5.929	6.194	6.460	6.726
37.000	5.724	5.992	6.260	6.529	6.797
37.500	5.785	6.055	6.326	6.597	6.868
38.000	5.845	6.119	6.392	6.666	6.939
38.500	5.906	6.182	6.458	6.734	7.010
39.000	5.967	6.245	6.524	6.803	7.082
39.500	6.027	6.309	6.590	6.871	7.153
40.000	**6.088**	6.372	6.656	6.940	**7.224**
40.500	6.147	6.433	6.720	7.007	7.293
41.000	6.206	6.495	6.784	7.074	7.363
41.500	6.264	6.556	6.848	7.140	7.432
42.000	6.323	6.618	6.912	7.207	7.502
42.500	6.382	6.679	6.977	7.274	7.571
43.000	6.441	6.741	7.041	7.341	7.640
43.500	6.500	6.802	7.105	7.407	7.710
44.000	6.558	6.864	7.169	7.474	7.779
44.500	6.617	6.925	7.233	7.541	7.849
45.000	**6.676**	6.987	7.297	7.608	**7.918**
45.500	6.733	7.046	7.359	7.672	7.985
46.000	6.790	7.105	7.421	7.736	8.052
46.500	6.847	7.165	7.483	7.801	8.119
47.000	6.904	7.224	7.545	7.865	8.186
47.500	6.961	7.284	7.607	7.930	8.253
48.000	7.017	7.343	7.669	7.994	8.320
48.500	7.074	7.402	7.731	8.059	8.387
49.000	7.131	7.462	7.793	8.123	8.454
49.500	7.188	7.521	7.855	8.188	8.521
50.000	**7.245**	7.581	7.917	8.252	**8.588**
52.500	7.515	7.862	8.209	8.557	8.904
55.000	7.784	8.143	8.502	8.861	9.220
57.500	8.054	8.425	8.795	9.166	9.537
60.000	8.323	8.706	9.088	9.470	9.853
62.500	8.593	8.987	9.381	9.775	10.169
65.000	8.863	9.268	9.674	10.080	10.485
67.500	9.132	9.550	9.967	10.384	10.801
70.000	9.402	9.831	10.260	10.689	11.118
72.500	9.671	10.112	10.553	10.993	11.434
75.000	**9.941**	10.393	10.846	11.298	**11.750**
77.500	10.192	10.655	11.118	11.581	12.044
80.000	10.443	10.916	11.390	11.864	12.337
82.500	10.694	11.178	11.662	12.147	12.631
85.000	10.945	11.440	11.935	12.429	12.924
87.500	11.196	11.701	12.207	12.712	13.218
90.000	11.446	11.963	12.479	12.995	13.512
92.500	11.697	12.224	12.751	13.278	13.805
95.000	11.948	12.486	13.024	13.561	14.099
97.500	12.199	12.747	13.296	13.844	14.392

Honorartafel zu § 65 Abs. 1 – Tragwerksplanung, Honorarzone IV

Anrechen-bare Kosten Euro	Von-satz Euro	Viertel-satz Euro	Mittel-satz Euro	Drei-viertel-satz Euro	Bis-satz Euro
100.000	**12.450**	13.009	13.568	14.127	**14.686**
105.000	12.914	13.492	14.071	14.649	15.228
110.000	13.377	13.975	14.573	15.171	15.769
115.000	13.841	14.458	15.076	15.693	16.311
120.000	14.304	14.941	15.578	16.215	16.852
125.000	14.768	15.424	16.081	16.737	17.394
130.000	15.232	15.907	16.583	17.259	17.935
135.000	15.695	16.391	17.086	17.781	18.477
140.000	16.159	16.874	17.588	18.303	19.018
145.000	16.622	17.357	18.091	18.825	19.560
150.000	**17.086**	17.840	18.594	19.347	**20.101**
155.000	17.517	18.288	19.060	19.831	20.603
160.000	17.948	18.737	19.526	20.315	21.105
165.000	18.378	19.185	19.992	20.799	21.606
170.000	18.809	19.634	20.459	21.283	22.108
175.000	19.240	20.083	20.925	21.768	22.610
180.000	19.671	20.531	21.391	22.252	23.112
185.000	20.102	20.980	21.858	22.736	23.614
190.000	20.532	21.428	22.324	23.220	24.115
195.000	20.963	21.877	22.790	23.704	24.617
200.000	**21.394**	22.325	23.257	24.188	**25.119**
205.000	21.802	22.750	23.698	24.645	25.593
210.000	22.209	23.174	24.139	25.103	26.068
215.000	22.617	23.598	24.580	25.561	26.542
220.000	23.024	24.022	25.021	26.019	27.017
225.000	23.432	24.447	25.462	26.476	27.491
230.000	23.840	24.871	25.903	26.934	27.965
235.000	24.247	25.295	26.344	27.392	28.440
240.000	24.655	25.720	26.785	27.849	28.914
245.000	25.062	26.144	27.226	28.307	29.389
250.000	**25.470**	26.568	27.667	28.765	**29.863**
255.000	25.861	26.975	28.089	29.203	30.317
260.000	26.252	27.381	28.511	29.641	30.771
265.000	26.642	27.788	28.933	30.079	31.224
270.000	27.033	28.194	29.356	30.517	31.678
275.000	27.424	28.601	29.778	30.955	32.132
280.000	27.815	29.008	30.200	31.393	32.586
285.000	28.206	29.414	30.623	31.831	33.040
290.000	28.596	29.821	31.045	32.269	33.493
295.000	28.987	30.227	31.467	32.707	33.947
300.000	**29.378**	30.634	31.890	33.145	**34.401**
305.000	29.755	31.025	32.296	33.567	34.838
310.000	30.131	31.417	32.703	33.989	35.275
315.000	30.508	31.809	33.110	34.411	35.712
320.000	30.884	32.200	33.516	34.832	36.149
325.000	31.261	32.592	33.923	35.254	36.586
330.000	31.637	32.983	34.330	35.676	37.022
335.000	32.014	33.375	34.736	36.098	37.459
340.000	32.390	33.767	35.143	36.520	37.896
345.000	32.767	34.158	35.550	36.941	38.333

Honorartafel zu § 65 Abs. 1 – Tragwerksplanung, Honorarzone IV

Anrechen- bare Kosten Euro	Von- satz Euro	Viertel- satz Euro	Mittel- satz Euro	Drei- viertel- satz Euro	Bis- satz Euro
350.000	**33.143**	34.550	35.957	37.363	**38.770**
355.000	33.508	34.929	36.350	37.771	39.193
360.000	33.873	35.308	36.744	38.180	39.615
365.000	34.237	35.688	37.138	38.588	40.038
370.000	34.602	36.067	37.532	38.996	40.461
375.000	34.967	36.446	37.925	39.404	40.884
380.000	35.332	36.825	38.319	39.813	41.306
385.000	35.697	37.205	38.713	40.221	41.729
390.000	36.061	37.584	39.107	40.629	42.152
395.000	36.426	37.963	39.500	41.037	42.574
400.000	**36.791**	38.343	39.894	41.446	**42.997**
405.000	37.146	38.712	40.277	41.842	43.408
410.000	37.501	39.081	40.660	42.239	43.818
415.000	37.857	39.450	41.043	42.636	44.229
420.000	38.212	39.819	41.426	43.033	44.639
425.000	38.567	40.188	41.809	43.429	45.050
430.000	38.922	40.557	42.191	43.826	45.461
435.000	39.277	40.926	42.574	44.223	45.871
440.000	39.633	41.295	42.957	44.620	46.282
445.000	39.988	41.664	43.340	45.016	46.692
450.000	**40.343**	42.033	43.723	45.413	**47.103**
455.000	40.690	42.393	44.097	45.800	47.504
460.000	41.037	42.754	44.471	46.188	47.905
465.000	41.383	43.114	44.845	46.575	48.306
470.000	41.730	43.474	45.219	46.963	48.707
475.000	42.077	43.835	45.593	47.350	49.108
480.000	42.424	44.195	45.966	47.738	49.509
485.000	42.771	44.555	46.340	48.125	49.910
490.000	43.117	44.916	46.714	48.513	50.311
495.000	43.464	45.276	47.088	48.900	50.712
500.000	**43.811**	45.637	47.462	49.288	**51.113**
525.000	45.442	47.331	49.219	51.108	52.996
550.000	47.074	49.025	50.977	52.928	54.879
575.000	48.705	50.720	52.734	54.748	56.763
600.000	50.337	52.414	54.491	56.569	58.646
625.000	51.968	54.108	56.249	58.389	60.529
650.000	53.599	55.803	58.006	60.209	62.412
675.000	55.231	57.497	59.763	62.029	64.295
700.000	56.862	59.191	61.520	63.850	66.179
725.000	58.494	60.886	63.278	65.670	68.062
750.000	**60.125**	62.580	65.035	67.490	**69.945**
775.000	61.643	64.156	66.668	69.181	71.694
800.000	63.161	65.731	68.301	70.872	73.442
825.000	64.679	67.307	69.935	72.563	75.191
850.000	66.197	68.882	71.568	74.253	76.939
875.000	67.715	70.458	73.201	75.944	78.688
900.000	69.232	72.033	74.834	77.635	80.436
925.000	70.750	73.609	76.467	79.326	82.185
950.000	72.268	75.184	78.101	81.017	83.933
975.000	73.786	76.760	79.734	82.708	85.682

Honorartafel zu § 65 Abs. 1 – Tragwerksplanung, Honorarzone IV

Anrechen-bare Kosten Euro	Von-satz Euro	Viertel-satz Euro	Mittel-satz Euro	Drei-viertel-satz Euro	Bis-satz Euro
1.000.000	**75.304**	78.336	81.367	84.399	**87.430**
1.050.000	78.113	81.248	84.384	87.519	90.655
1.100.000	80.922	84.161	87.401	90.640	93.879
1.150.000	83.731	87.074	90.417	93.760	97.104
1.200.000	86.540	89.987	93.434	96.881	100.328
1.250.000	89.349	92.900	96.451	100.002	103.553
1.300.000	92.158	95.813	99.468	103.122	106.777
1.350.000	94.967	98.726	102.484	106.243	110.002
1.400.000	97.776	101.639	105.501	109.364	113.226
1.450.000	100.585	104.551	108.518	112.484	116.451
1.500.000	**103.394**	107.464	111.535	115.605	**119.675**
1.550.000	106.006	110.171	114.337	118.502	122.667
1.600.000	108.618	112.878	117.139	121.399	125.659
1.650.000	111.230	115.585	119.941	124.296	128.651
1.700.000	113.842	118.293	122.743	127.193	131.643
1.750.000	116.455	121.000	125.545	130.090	134.635
1.800.000	119.067	123.707	128.347	132.987	137.627
1.850.000	121.679	126.414	131.149	135.884	140.619
1.900.000	124.291	129.121	133.951	138.781	143.611
1.950.000	126.903	131.828	136.753	141.678	146.603
2.000.000	**129.515**	134.535	139.555	144.575	**149.595**
2.050.000	131.988	137.096	142.205	147.313	152.421
2.100.000	134.461	139.658	144.854	150.051	155.248
2.150.000	136.934	142.219	147.504	152.789	158.074
2.200.000	139.407	144.780	150.153	155.527	160.900
2.250.000	141.880	147.341	152.803	158.265	163.727
2.300.000	144.352	149.903	155.453	161.003	166.553
2.350.000	146.825	152.464	158.102	163.741	169.379
2.400.000	149.298	155.025	160.752	166.479	172.205
2.450.000	151.771	157.586	163.401	169.217	175.032
2.500.000	**154.244**	160.148	166.051	171.955	**177.858**
2.550.000	156.611	162.598	168.585	174.572	180.559
2.600.000	158.977	165.048	171.118	177.189	183.259
2.650.000	161.344	167.498	173.652	179.806	185.960
2.700.000	163.710	169.948	176.185	182.423	188.661
2.750.000	166.077	172.398	178.719	185.040	191.362
2.800.000	168.443	174.848	181.253	187.657	194.062
2.850.000	170.810	177.298	183.786	190.275	196.763
2.900.000	173.176	179.748	186.320	192.892	199.464
2.950.000	175.543	182.198	188.853	195.509	202.164
3.000.000	**177.909**	184.648	191.387	198.126	**204.865**
3.050.000	180.191	187.010	193.829	200.648	207.466
3.100.000	182.474	189.372	196.271	203.169	210.068
3.150.000	184.756	191.734	198.712	205.691	212.669
3.200.000	187.038	194.096	201.154	208.212	215.270
3.250.000	189.321	196.458	203.596	210.734	217.872
3.300.000	191.603	198.820	206.038	213.255	220.473
3.350.000	193.885	201.182	208.480	215.777	223.074
3.400.000	196.167	203.544	210.921	218.298	225.675
3.450.000	198.450	205.906	213.363	220.820	228.277

Anrechen- bare Kosten Euro	Von- satz Euro	Viertel- satz Euro	Mittel- satz Euro	Drei- viertel- satz Euro	Bis- satz Euro
3.500.000	**200.732**	208.269	215.805	223.342	**230.878**
3.550.000	202.945	210.557	218.170	225.783	233.396
3.600.000	205.157	212.846	220.536	228.225	235.914
3.650.000	207.370	215.135	222.901	230.667	238.432
3.700.000	209.582	217.424	225.266	233.108	240.950
3.750.000	211.795	219.713	227.632	235.550	243.469
3.800.000	214.007	222.002	229.997	237.992	245.987
3.850.000	216.220	224.291	232.362	240.433	248.505
3.900.000	218.432	226.580	234.727	242.875	251.023
3.950.000	220.645	228.869	237.093	245.317	253.541
4.000.000	**222.857**	231.158	239.458	247.759	**256.059**
4.050.000	225.009	233.384	241.758	250.133	258.507
4.100.000	227.162	235.610	244.059	252.507	260.955
4.150.000	229.314	237.836	246.359	254.881	263.403
4.200.000	231.467	240.063	248.659	257.255	265.851
4.250.000	233.619	242.289	250.959	259.629	268.300
4.300.000	235.771	244.515	253.260	262.004	270.748
4.350.000	237.924	246.742	255.560	264.378	273.196
4.400.000	240.076	248.968	257.860	266.752	275.644
4.450.000	242.229	251.194	260.160	269.126	278.092
4.500.000	**244.381**	253.421	262.461	271.500	**280.540**
4.550.000	246.482	255.594	264.705	273.816	282.928
4.600.000	248.583	257.766	266.949	276.132	285.315
4.650.000	250.685	259.939	269.194	278.448	287.703
4.700.000	252.786	262.112	271.438	280.765	290.091
4.750.000	254.887	264.285	273.683	283.081	292.479
4.800.000	256.988	266.458	275.927	285.397	294.866
4.850.000	259.089	268.631	278.172	287.713	297.254
4.900.000	261.191	270.803	280.416	290.029	299.642
4.950.000	263.292	272.976	282.661	292.345	302.029
5.000.000	**265.393**	275.149	284.905	294.661	**304.417**
5.250.000	275.288	285.375	295.461	305.548	315.635
5.500.000	285.183	295.600	306.018	316.435	326.852
5.750.000	295.078	305.826	316.574	327.322	338.070
6.000.000	304.973	316.052	327.130	338.209	349.288
6.250.000	314.868	326.277	337.687	349.096	360.506
6.500.000	324.763	336.503	348.243	359.983	371.723
6.750.000	334.658	346.729	358.799	370.870	382.941
7.000.000	344.553	356.954	369.356	381.757	394.159
7.250.000	354.448	367.180	379.912	392.644	405.376
7.500.000	**364.343**	377.406	390.469	403.531	**416.594**
7.750.000	373.096	386.440	399.784	413.128	426.472
8.000.000	381.850	395.475	409.100	422.725	436.350
8.250.000	390.603	404.510	418.416	432.322	446.228
8.500.000	399.357	413.544	427.732	441.919	456.106
8.750.000	408.110	422.579	437.047	451.516	465.984
9.000.000	416.864	431.613	446.363	461.113	475.862
9.250.000	425.617	440.648	455.679	470.710	485.740
9.500.000	434.371	449.683	464.995	480.307	495.619
9.750.000	443.124	458.717	474.310	489.904	505.497

Honorartafel zu § 65 Abs. 1 – Tragwerksplanung, Honorarzone IV

Anrechen-bare Kosten Euro	Von-satz Euro	Viertel-satz Euro	Mittel-satz Euro	Drei-viertel-satz Euro	Bis-satz Euro
10.000.000	**456.484**	472.556	488.628	504.700	**520.772**
10.500.000	473.530	490.145	506.759	523.374	539.988
11.000.000	490.577	507.734	524.891	542.048	559.205
11.500.000	507.623	525.322	543.022	560.722	578.421
12.000.000	524.669	542.911	561.153	579.396	597.638
12.500.000	541.716	560.500	579.285	598.069	616.854
13.000.000	558.762	578.089	597.416	616.743	636.070
13.500.000	575.808	595.678	615.547	635.417	655.287
14.000.000	592.854	613.267	633.679	654.091	674.503
14.500.000	609.901	630.855	651.810	672.765	693.720
15.000.000	**626.947**	648.444	669.942	691.439	**712.936**
15.338.756	**638.455**	660.318	682.181	704.044	**725.907**

Honorartafel zu § 65 Abs. 1 – Tragwerksplanung, Honorarzone V

Anrechen-bare Kosten Euro	Von-satz Euro	Viertel-satz Euro	Mittel-satz Euro	Drei-viertel-satz Euro	Bis-satz Euro
10.226	**2.516**	2.557	2.598	2.638	**2.679**
10.500	2.565	2.607	2.648	2.690	2.732
11.000	2.655	2.698	2.741	2.785	2.828
11.500	2.745	2.790	2.834	2.879	2.924
12.000	2.835	2.881	2.927	2.974	3.020
12.500	2.925	2.973	3.020	3.068	3.116
13.000	3.015	3.064	3.113	3.163	3.212
13.500	3.105	3.156	3.206	3.257	3.308
14.000	3.195	3.247	3.299	3.352	3.404
14.500	3.281	3.334	3.388	3.442	3.495
15.000	**3.375**	3.430	3.486	3.541	**3.596**
15.500	3.460	3.516	3.573	3.629	3.686
16.000	3.545	3.603	3.660	3.718	3.776
16.500	3.630	3.689	3.748	3.807	3.866
17.000	3.715	3.775	3.835	3.895	3.956
17.500	3.800	3.861	3.923	3.984	4.046
18.000	3.884	3.947	4.010	4.073	4.135
18.500	3.969	4.033	4.097	4.161	4.225
19.000	4.054	4.119	4.185	4.250	4.315
19.500	4.139	4.206	4.272	4.339	4.405
20.000	**4.224**	4.292	4.360	4.427	**4.495**
20.500	4.304	4.373	4.442	4.511	4.580
21.000	4.383	4.453	4.524	4.594	4.664
21.500	4.463	4.534	4.606	4.677	4.749
22.000	4.542	4.615	4.688	4.760	4.833
22.500	4.622	4.696	4.770	4.844	4.918
23.000	4.701	4.776	4.852	4.927	5.002
23.500	4.781	4.857	4.934	5.010	5.087
24.000	4.860	4.938	5.016	5.093	5.171
24.500	4.940	5.019	5.098	5.177	5.256
25.000	**5.019**	5.099	5.180	5.260	**5.340**
25.500	5.095	5.177	5.258	5.340	5.421
26.000	5.172	5.254	5.337	5.419	5.502
26.500	5.248	5.332	5.415	5.499	5.583
27.000	5.324	5.409	5.494	5.579	5.664
27.500	5.401	5.487	5.573	5.659	5.745
28.000	5.477	5.564	5.651	5.738	5.825
28.500	5.553	5.641	5.730	5.818	5.906
29.000	5.629	5.719	5.808	5.898	5.987
29.500	5.706	5.796	5.887	5.978	6.068
30.000	5.782	5.874	5.966	6.057	**6.149**
30.500	5.855	5.948	6.041	6.134	6.227
31.000	5.928	6.022	6.116	6.210	6.304
31.500	6.001	6.096	6.191	6.286	6.382
32.000	6.074	6.170	6.267	6.363	6.459
32.500	6.147	6.244	6.342	6.439	6.537
33.000	6.220	6.319	6.417	6.516	6.614
33.500	6.293	6.393	6.492	6.592	6.692
34.000	6.366	6.467	6.568	6.668	6.769
34.500	6.439	6.541	6.643	6.745	6.847

Honorartafel zu § 65 Abs. 1 – Tragwerksplanung, Honorarzone V

Anrechen-bare Kosten Euro	Von-satz Euro	Viertel-satz Euro	Mittel-satz Euro	Drei-viertel-satz Euro	Bis-satz Euro
35.000	**6.512**	6.615	6.718	6.821	**6.924**
35.500	6.583	6.687	6.791	6.896	7.000
36.000	6.654	6.760	6.865	6.970	7.075
36.500	6.726	6.832	6.938	7.045	7.151
37.000	6.797	6.904	7.012	7.119	7.227
37.500	6.868	6.977	7.085	7.194	7.303
38.000	6.939	7.049	7.159	7.268	7.378
38.500	7.010	7.121	7.232	7.343	7.454
39.000	7.082	7.194	7.306	7.418	7.530
39.500	7.153	7.266	7.379	7.492	7.605
40.000	**7.224**	7.338	7.453	7.567	**7.681**
40.500	7.293	7.409	7.524	7.639	7.755
41.000	7.363	7.479	7.595	7.712	7.828
41.500	7.432	7.550	7.667	7.784	7.902
42.000	7.502	7.620	7.738	7.857	7.975
42.500	7.571	7.690	7.810	7.929	8.049
43.000	7.640	7.761	7.881	8.002	8.122
43.500	7.710	7.831	7.953	8.074	8.196
44.000	7.779	7.902	8.024	8.147	8.269
44.500	7.849	7.972	8.096	8.219	8.343
45.000	**7.918**	8.043	8.167	8.292	**8.416**
45.500	7.985	8.111	8.236	8.362	8.487
46.000	8.052	8.179	8.305	8.432	8.558
46.500	8.119	8.247	8.374	8.502	8.629
47.000	8.186	8.315	8.443	8.572	8.700
47.500	8.253	8.383	8.512	8.642	8.771
48.000	8.320	8.451	8.581	8.712	8.842
48.500	8.387	8.519	8.650	8.782	8.913
49.000	8.454	8.587	8.719	8.852	8.984
49.500	8.521	8.655	8.788	8.922	9.055
50.000	**8.588**	8.723	8.857	8.992	**9.126**
52.500	8.904	9.043	9.183	9.322	9.461
55.000	9.220	9.364	9.508	9.652	9.796
57.500	9.537	9.685	9.834	9.982	10.130
60.000	9.853	10.006	10.159	10.312	10.465
62.500	10.169	10.327	10.485	10.642	10.800
65.000	10.485	10.648	10.810	10.972	11.135
67.500	10.801	10.968	11.136	11.303	11.470
70.000	11.118	11.289	11.461	11.633	11.804
72.500	11.434	11.610	11.787	11.963	12.139
75.000	**11.750**	11.931	12.112	12.293	**12.474**
77.500	12.044	12.229	12.414	12.599	12.785
80.000	12.337	12.527	12.716	12.906	13.095
82.500	12.631	12.825	13.018	13.212	13.406
85.000	12.924	13.123	13.321	13.519	13.717
87.500	13.218	13.420	13.623	13.825	14.028
90.000	13.512	13.718	13.925	14.132	14.338
92.500	13.805	14.016	14.227	14.438	14.649
95.000	14.099	14.314	14.529	14.744	14.960
97.500	14.392	14.612	14.831	15.051	15.270

Anrechen-bare Kosten Euro	Von-satz Euro	Viertel-satz Euro	Mittel-satz Euro	Drei-viertel-satz Euro	Bis-satz Euro
100.000	**14.686**	14.910	15.134	15.357	**15.581**
105.000	15.228	15.459	15.691	15.922	16.154
110.000	15.769	16.008	16.248	16.487	16.726
115.000	16.311	16.558	16.805	17.052	17.299
120.000	16.852	17.107	17.362	17.617	17.872
125.000	17.394	17.656	17.919	18.182	18.445
130.000	17.935	18.206	18.476	18.747	19.017
135.000	18.477	18.755	19.033	19.312	19.590
140.000	19.018	19.304	19.590	19.876	20.163
145.000	19.560	19.853	20.147	20.441	20.735
150.000	**20.101**	20.403	20.705	21.006	**21.308**
155.000	20.603	20.912	21.221	21.530	21.838
160.000	21.105	21.421	21.737	22.053	22.369
165.000	21.606	21.930	22.253	22.576	22.899
170.000	22.108	22.439	22.769	23.099	23.430
175.000	22.610	22.948	23.285	23.623	23.960
180.000	23.112	23.456	23.801	24.146	24.490
185.000	23.614	23.965	24.317	24.669	25.021
190.000	24.115	24.474	24.833	25.192	25.551
195.000	24.617	24.983	25.349	25.716	26.082
200.000	**25.119**	25.492	25.866	26.239	**26.612**
205.000	25.593	25.973	26.353	26.733	27.113
210.000	26.068	26.454	26.841	27.228	27.614
215.000	26.542	26.935	27.329	27.722	28.115
220.000	27.017	27.417	27.817	28.216	28.616
225.000	27.491	27.898	28.304	28.711	29.118
230.000	27.965	28.379	28.792	29.205	29.619
235.000	28.440	28.860	29.280	29.700	30.120
240.000	28.914	29.341	29.768	30.194	30.621
245.000	29.389	29.822	30.255	30.689	31.122
250.000	**29.863**	30.303	30.743	31.183	**31.623**
255.000	30.317	30.763	31.209	31.656	32.102
260.000	30.771	31.223	31.676	32.128	32.581
265.000	31.224	31.683	32.142	32.601	33.060
270.000	31.678	32.143	32.609	33.074	33.539
275.000	32.132	32.604	33.075	33.547	34.018
280.000	32.586	33.064	33.541	34.019	34.497
285.000	33.040	33.524	34.008	34.492	34.976
290.000	33.493	33.984	34.474	34.965	35.455
295.000	33.947	34.444	34.941	35.437	35.934
300.000	**34.401**	34.904	35.407	35.910	**36.413**
305.000	34.838	35.347	35.856	36.365	36.874
310.000	35.275	35.790	36.304	36.819	37.334
315.000	35.712	36.232	36.753	37.274	37.795
320.000	36.149	36.675	37.202	37.728	38.255
325.000	36.586	37.118	37.651	38.183	38.716
330.000	37.022	37.561	38.099	38.638	39.176
335.000	37.459	38.004	38.548	39.092	39.637
340.000	37.896	38.446	38.997	39.547	40.097
345.000	38.333	38.889	39.445	40.001	40.558

Honorartafel zu § 65 Abs. 1 – Tragwerksplanung, Honorarzone V

Anrechen-bare Kosten Euro	Von-satz Euro	Viertel-satz Euro	Mittel-satz Euro	Drei-viertel-satz Euro	Bis-satz Euro
350.000	**38.770**	39.332	39.894	40.456	**41.018**
355.000	39.193	39.760	40.328	40.896	41.464
360.000	39.615	40.189	40.763	41.336	41.910
365.000	40.038	40.617	41.197	41.776	42.355
370.000	40.461	41.046	41.631	42.216	42.801
375.000	40.884	41.474	42.065	42.656	43.247
380.000	41.306	41.903	42.500	43.096	43.693
385.000	41.729	42.331	42.934	43.536	44.139
390.000	42.152	42.760	43.368	43.976	44.584
395.000	42.574	43.188	43.802	44.416	45.030
400.000	**42.997**	43.617	44.237	44.856	**45.476**
405.000	43.408	44.033	44.658	45.284	45.909
410.000	43.818	44.449	45.080	45.711	46.342
415.000	44.229	44.866	45.502	46.139	46.776
420.000	44.639	45.282	45.924	46.566	47.209
425.000	45.050	45.698	46.346	46.994	47.642
430.000	45.461	46.114	46.768	47.422	48.075
435.000	45.871	46.531	47.190	47.849	48.508
440.000	46.282	46.947	47.612	48.277	48.942
445.000	46.692	47.363	48.034	48.704	49.375
450.000	**47.103**	47.779	48.456	49.132	**49.808**
455.000	47.504	48.186	48.867	49.549	50.231
460.000	47.905	48.592	49.279	49.966	50.653
465.000	48.306	48.999	49.691	50.384	51.076
470.000	48.707	49.405	50.103	50.801	51.499
475.000	49.108	49.811	50.515	51.218	51.922
480.000	49.509	50.218	50.927	51.635	52.344
485.000	49.910	50.624	51.338	52.053	52.767
490.000	50.311	51.031	51.750	52.470	53.190
495.000	50.712	51.437	52.162	52.887	53.612
500.000	**51.113**	51.844	52.574	53.305	**54.035**
525.000	52.996	53.752	54.508	55.263	56.019
550.000	54.879	55.660	56.441	57.222	58.003
575.000	56.763	57.569	58.375	59.181	59.987
600.000	58.646	59.477	60.309	61.140	61.971
625.000	60.529	61.386	62.242	63.099	63.956
650.000	62.412	63.294	64.176	65.058	65.940
675.000	64.295	65.202	66.110	67.017	67.924
700.000	66.179	67.111	68.043	68.976	69.908
725.000	68.062	69.019	69.977	70.934	71.892
750.000	**69.945**	70.928	71.911	72.893	**73.876**
775.000	71.694	72.699	73.705	74.710	75.716
800.000	73.442	74.471	75.499	76.528	77.556
825.000	75.191	76.242	77.293	78.345	79.396
850.000	76.939	78.013	79.088	80.162	81.236
875.000	78.688	79.785	80.882	81.979	83.076
900.000	80.436	81.556	82.676	83.796	84.916
925.000	82.185	83.327	84.470	85.613	86.756
950.000	83.933	85.099	86.265	87.430	88.596
975.000	85.682	86.870	88.059	89.247	90.436

Honorartafel zu § 65 Abs. 1 – Tragwerksplanung, Honorarzone V

Anrechen- bare Kosten Euro	Von- satz Euro	Viertel- satz Euro	Mittel- satz Euro	Drei- viertel- satz Euro	Bis- satz Euro
1.000.000	**87.430**	88.642	89.853	91.065	**92.276**
1.050.000	90.655	91.908	93.161	94.414	95.667
1.100.000	93.879	95.174	96.469	97.764	99.058
1.150.000	97.104	98.440	99.777	101.113	102.450
1.200.000	100.328	101.706	103.084	104.463	105.841
1.250.000	103.553	104.972	106.392	107.812	109.232
1.300.000	106.777	108.239	109.700	111.162	112.623
1.350.000	110.002	111.505	113.008	114.511	116.014
1.400.000	113.226	114.771	116.316	117.861	119.406
1.450.000	116.451	118.037	119.624	121.210	122.797
1.500.000	**119.675**	121.303	122.932	124.560	**126.188**
1.550.000	122.667	124.333	125.999	127.665	129.332
1.600.000	125.659	127.363	129.067	130.771	132.475
1.650.000	128.651	130.393	132.135	133.877	135.619
1.700.000	131.643	133.423	135.203	136.983	138.762
1.750.000	134.635	136.453	138.271	140.088	141.906
1.800.000	137.627	139.483	141.338	143.194	145.050
1.850.000	140.619	142.513	144.406	146.300	148.193
1.900.000	143.611	145.542	147.474	149.405	151.337
1.950.000	146.603	148.572	150.542	152.511	154.480
2.000.000	**149.595**	151.602	153.610	155.617	**157.624**
2.050.000	152.421	154.464	156.507	158.549	160.592
2.100.000	155.248	157.326	159.404	161.482	163.560
2.150.000	158.074	160.188	162.301	164.415	166.529
2.200.000	160.900	163.049	165.199	167.348	169.497
2.250.000	163.727	165.911	168.096	170.280	172.465
2.300.000	166.553	168.773	170.993	173.213	175.433
2.350.000	169.379	171.635	173.890	176.146	178.401
2.400.000	172.205	174.496	176.788	179.079	181.370
2.450.000	175.032	177.358	179.685	182.011	184.338
2.500.000	**177.858**	180.220	182.582	184.944	**187.306**
2.550.000	180.559	182.954	185.349	187.745	190.140
2.600.000	183.259	185.688	188.117	190.546	192.974
2.650.000	185.960	188.422	190.884	193.346	195.808
2.700.000	188.661	191.156	193.652	196.147	198.642
2.750.000	191.362	193.890	196.419	198.948	201.477
2.800.000	194.062	196.624	199.186	201.749	204.311
2.850.000	196.763	199.358	201.954	204.549	207.145
2.900.000	199.464	202.092	204.721	207.350	209.979
2.950.000	202.164	204.826	207.489	210.151	212.813
3.000.000	**204.865**	207.561	210.256	212.952	**215.647**
3.050.000	207.466	210.194	212.921	215.648	218.376
3.100.000	210.068	212.827	215.586	218.345	221.104
3.150.000	212.669	215.460	218.251	221.042	223.833
3.200.000	215.270	218.093	220.916	223.739	226.562
3.250.000	217.872	220.726	223.581	226.436	229.291
3.300.000	220.473	223.359	226.246	229.133	232.019
3.350.000	223.074	225.993	228.911	231.829	234.748
3.400.000	225.675	228.626	231.576	234.526	237.477
3.450.000	228.277	231.259	234.241	237.223	240.205

Honorartafel zu § 65 Abs. 1 – Tragwerksplanung, Honorarzone V

Anrechen- bare Kosten Euro	Von- satz Euro	Viertel- satz Euro	Mittel- satz Euro	Drei- viertel- satz Euro	Bis- satz Euro
3.500.000	**230.878**	233.892	236.906	239.920	**242.934**
3.550.000	233.396	236.441	239.485	242.530	245.575
3.600.000	235.914	238.990	242.065	245.140	248.216
3.650.000	238.432	241.538	244.644	247.750	250.856
3.700.000	240.950	244.087	247.224	250.361	253.497
3.750.000	243.469	246.636	249.803	252.971	256.138
3.800.000	245.987	249.185	252.383	255.581	258.779
3.850.000	248.505	251.733	254.962	258.191	261.420
3.900.000	251.023	254.282	257.542	260.801	264.060
3.950.000	253.541	256.831	260.121	263.411	266.701
4.000.000	**256.059**	259.380	262.701	266.021	**269.342**
4.050.000	258.507	261.857	265.208	268.558	271.908
4.100.000	260.955	264.335	267.715	271.094	274.474
4.150.000	263.403	266.812	270.222	273.631	277.040
4.200.000	265.851	269.290	272.729	276.167	279.606
4.250.000	268.300	271.768	275.236	278.704	282.172
4.300.000	270.748	274.245	277.743	281.240	284.738
4.350.000	273.196	276.723	280.250	283.777	287.304
4.400.000	275.644	279.200	282.757	286.313	289.870
4.450.000	278.092	281.678	285.264	288.850	292.436
4.500.000	**280.540**	284.156	287.771	291.387	**295.002**
4.550.000	282.928	286.572	290.216	293.860	297.504
4.600.000	285.315	288.988	292.661	296.334	300.007
4.650.000	287.703	291.405	295.106	298.807	302.509
4.700.000	290.091	293.821	297.551	301.281	305.011
4.750.000	292.479	296.237	299.996	303.755	307.514
4.800.000	294.866	298.654	302.441	306.228	310.016
4.850.000	297.254	301.070	304.886	308.702	312.518
4.900.000	299.642	303.486	307.331	311.176	315.020
4.950.000	302.029	305.903	309.776	313.649	317.523
5.000.000	**304.417**	308.319	312.221	316.123	**320.025**
5.250.000	315.635	319.669	323.703	327.738	331.772
5.500.000	326.852	331.019	335.186	339.353	343.519
5.750.000	338.070	342.369	346.668	350.967	355.266
6.000.000	349.288	353.719	358.151	362.582	367.013
6.250.000	360.506	365.069	369.633	374.197	378.761
6.500.000	371.723	376.419	381.115	385.812	390.508
6.750.000	382.941	387.769	392.598	397.426	402.255
7.000.000	394.159	399.119	404.080	409.041	414.002
7.250.000	405.376	410.469	415.563	420.656	425.749
7.500.000	**416.594**	421.820	427.045	432.271	**437.496**
7.750.000	426.472	431.810	437.148	442.486	447.824
8.000.000	436.350	441.801	447.251	452.701	458.152
8.250.000	446.228	451.791	457.354	462.917	468.480
8.500.000	456.106	461.782	467.457	473.132	478.808
8.750.000	465.984	471.772	477.560	483.348	489.136
9.000.000	475.862	481.763	487.663	493.563	499.463
9.250.000	485.740	491.753	497.766	503.779	509.791
9.500.000	495.619	501.744	507.869	513.994	520.119
9.750.000	505.497	511.734	517.972	524.209	530.447

§ 65

Honorartafel zu § 65 Abs. 1 – Tragwerksplanung, Honorarzone V

Anrechenbare Kosten Euro	Vonsatz Euro	Viertelsatz Euro	Mittelsatz Euro	Dreiviertelsatz Euro	Bissatz Euro
10.000.000	**520.772**	527.201	533.630	540.059	**546.488**
10.500.000	539.988	546.634	553.280	559.926	566.573
11.000.000	559.205	566.068	572.931	579.794	586.657
11.500.000	578.421	585.501	592.581	599.661	606.742
12.000.000	597.638	604.935	612.232	619.529	626.826
12.500.000	616.854	624.368	631.882	639.396	646.911
13.000.000	636.070	643.802	651.533	659.264	666.995
13.500.000	655.287	663.235	671.183	679.131	687.080
14.000.000	674.503	682.668	690.834	698.999	707.164
14.500.000	693.720	702.102	710.484	718.866	727.249
15.000.000	**712.936**	721.535	730.135	738.734	**747.333**
15.338.756	**725.907**	734.653	743.398	752.144	**760.889**

Honorartafel zu § 74 Abs. 1 – Technische Ausrüstung, Honorarzone I

Anrechen-bare Kosten Euro	Von-satz Euro	Viertel-satz Euro	Mittel-satz Euro	Drei-viertel-satz Euro	Bis-satz Euro
5.113	**1.478**	1.588	1.698	1.807	**1.917**
5.250	1.510	1.622	1.734	1.846	1.958
5.500	1.568	1.684	1.800	1.916	2.032
5.750	1.626	1.746	1.866	1.986	2.106
6.000	1.683	1.808	1.932	2.056	2.180
6.250	1.741	1.869	1.998	2.126	2.254
6.500	1.799	1.931	2.064	2.196	2.328
6.750	1.857	1.993	2.130	2.266	2.402
7.000	1.915	2.055	2.196	2.336	2.476
7.250	1.973	2.117	2.262	2.406	2.550
7.500	**2.031**	2.179	2.328	2.476	**2.624**
7.750	2.084	2.235	2.387	2.539	2.691
8.000	2.136	2.291	2.447	2.602	2.757
8.250	2.189	2.347	2.506	2.665	2.824
8.500	2.241	2.403	2.566	2.728	2.890
8.750	2.294	2.459	2.625	2.791	2.957
9.000	2.346	2.515	2.685	2.854	3.023
9.250	2.399	2.571	2.744	2.917	3.090
9.500	2.451	2.627	2.804	2.980	3.156
9.750	2.504	2.683	2.863	3.043	3.223
10.000	**2.556**	2.739	2.923	3.106	**3.289**
10.500	2.655	2.845	3.034	3.223	3.413
11.000	2.754	2.950	3.146	3.341	3.537
11.500	2.854	3.055	3.257	3.459	3.661
12.000	2.953	3.161	3.369	3.577	3.785
12.500	3.052	3.266	3.480	3.694	3.909
13.000	3.151	3.372	3.592	3.812	4.032
13.500	3.250	3.477	3.703	3.930	4.156
14.000	3.350	3.582	3.815	4.048	4.280
14.500	3.449	3.688	3.926	4.165	4.404
15.000	**3.548**	3.793	4.038	4.283	**4.528**
15.500	3.641	3.892	4.143	4.394	4.645
16.000	3.733	3.990	4.247	4.504	4.761
16.500	3.826	4.089	4.352	4.615	4.878
17.000	3.918	4.187	4.456	4.725	4.994
17.500	4.011	4.286	4.561	4.836	5.111
18.000	4.103	4.384	4.665	4.946	5.227
18.500	4.196	4.483	4.770	5.057	5.344
19.000	4.288	4.581	4.874	5.167	5.460
19.500	4.381	4.680	4.979	5.278	5.577
20.000	**4.473**	4.778	5.083	5.388	**5.693**
20.500	4.560	4.871	5.182	5.493	5.805
21.000	4.648	4.965	5.282	5.599	5.916
21.500	4.735	5.058	5.381	5.704	6.028
22.000	4.823	5.152	5.481	5.810	6.139
22.500	4.910	5.245	5.580	5.915	6.251
23.000	4.997	5.339	5.680	6.021	6.362
23.500	5.085	5.432	5.779	6.126	6.474
24.000	5.172	5.525	5.879	6.232	6.585
24.500	5.260	5.619	5.978	6.337	6.697

Honorartafel zu § 74 Abs. 1 – Technische Ausrüstung, Honorarzone I

Anrechen-bare Kosten Euro	Von-satz Euro	Viertel-satz Euro	Mittel-satz Euro	Drei-viertel-satz Euro	Bis-satz Euro
25.000	**5.347**	5.712	6.078	6.443	**6.808**
25.500	5.430	5.801	6.173	6.544	6.915
26.000	5.513	5.890	6.268	6.645	7.023
26.500	5.596	5.980	6.363	6.747	7.130
27.000	5.679	6.069	6.458	6.848	7.238
27.500	5.762	6.158	6.554	6.949	7.345
28.000	5.845	6.247	6.649	7.051	7.452
28.500	5.928	6.336	6.744	7.152	7.560
29.000	6.011	6.425	6.839	7.253	7.667
29.500	6.094	6.514	6.934	7.354	7.775
30.000	**6.177**	6.603	7.030	7.456	**7.882**
30.500	6.257	6.689	7.121	7.553	7.985
31.000	6.337	6.775	7.213	7.650	8.088
31.500	6.417	6.860	7.304	7.748	8.191
32.000	6.497	6.946	7.396	7.845	8.294
32.500	6.577	7.032	7.487	7.942	8.398
33.000	6.656	7.117	7.579	8.040	8.501
33.500	6.736	7.203	7.670	8.137	8.604
34.000	6.816	7.289	7.762	8.234	8.707
34.500	6.896	7.375	7.853	8.331	8.810
35.000	**6.976**	7.460	7.945	8.429	**8.913**
35.500	7.052	7.542	8.032	8.522	9.012
36.000	7.127	7.623	8.119	8.615	9.111
36.500	7.203	7.705	8.206	8.708	9.209
37.000	7.279	7.786	8.294	8.801	9.308
37.500	7.355	7.868	8.381	8.894	9.407
38.000	7.430	7.949	8.468	8.987	9.506
38.500	7.506	8.031	8.555	9.080	9.605
39.000	7.582	8.112	8.643	9.173	9.703
39.500	7.657	8.194	8.730	9.266	9.802
40.000	**7.733**	8.275	8.817	9.359	**9.901**
40.500	7.808	8.355	8.902	9.449	9.997
41.000	7.884	8.436	8.988	9.540	10.092
41.500	7.959	8.516	9.073	9.630	10.188
42.000	8.035	8.597	9.159	9.721	10.283
42.500	8.110	8.677	9.244	9.811	10.379
43.000	8.185	8.758	9.330	9.902	10.474
43.500	8.261	8.838	9.415	9.992	10.570
44.000	8.336	8.918	9.501	10.083	10.665
44.500	8.412	8.999	9.586	10.173	10.761
45.000	**8.487**	9.079	9.672	10.264	**10.856**
45.500	8.562	9.159	9.757	10.354	10.951
46.000	8.636	9.239	9.842	10.444	11.047
46.500	8.711	9.319	9.927	10.534	11.142
47.000	8.786	9.399	10.012	10.625	11.238
47.500	8.861	9.479	10.097	10.715	11.333
48.000	8.935	9.559	10.182	10.805	11.428
48.500	9.010	9.638	10.267	10.895	11.524
49.000	9.085	9.718	10.352	10.986	11.619
49.500	9.159	9.798	10.437	11.076	11.715

Honorartafel zu § 74 Abs. 1 – Technische Ausrüstung, Honorarzone I

Anrechen-bare Kosten Euro	Von-satz Euro	Viertel-satz Euro	Mittel-satz Euro	Drei-viertel-satz Euro	Bis-satz Euro
50.000	**9.234**	9.878	10.522	11.166	**11.810**
52.500	9.567	10.234	10.900	11.567	12.233
55.000	9.901	10.590	11.279	11.967	12.656
57.500	10.234	10.945	11.657	12.368	13.079
60.000	10.568	11.301	12.035	12.769	13.502
62.500	10.901	11.657	12.413	13.169	13.926
65.000	11.234	12.013	12.792	13.570	14.349
67.500	11.568	12.369	13.170	13.971	14.772
70.000	11.901	12.725	13.548	14.371	15.195
72.500	12.235	13.080	13.926	14.772	15.618
75.000	**12.568**	13.436	14.305	15.173	**16.041**
77.500	12.873	13.761	14.648	15.535	16.422
80.000	13.179	14.085	14.991	15.897	16.804
82.500	13.484	14.409	15.335	16.260	17.185
85.000	13.790	14.734	15.678	16.622	17.566
87.500	14.095	15.058	16.021	16.984	17.948
90.000	14.400	15.383	16.365	17.347	18.329
92.500	14.706	15.707	16.708	17.709	18.710
95.000	15.011	16.031	17.051	18.071	19.091
97.500	15.317	16.356	17.395	18.434	19.473
100.000	**15.622**	16.680	17.738	18.796	**19.854**
105.000	16.170	17.260	18.349	19.439	20.528
110.000	16.719	17.839	18.960	20.081	21.202
115.000	17.267	18.419	19.571	20.724	21.876
120.000	17.815	18.999	20.182	21.366	22.550
125.000	18.364	19.579	20.794	22.009	23.224
130.000	18.912	20.158	21.405	22.651	23.897
135.000	19.460	20.738	22.016	23.294	24.571
140.000	20.008	21.318	22.627	23.936	25.245
145.000	20.557	21.897	23.238	24.579	25.919
150.000	**21.105**	22.477	23.849	25.221	**26.593**
155.000	21.636	23.031	24.426	25.821	27.216
160.000	22.167	23.585	25.003	26.422	27.840
165.000	22.698	24.139	25.581	27.022	28.463
170.000	23.229	24.693	26.158	27.622	29.087
175.000	23.760	25.248	26.735	28.223	29.710
180.000	24.291	25.802	27.312	28.823	30.333
185.000	24.822	26.356	27.889	29.423	30.957
190.000	25.353	26.910	28.467	30.023	31.580
195.000	25.884	27.464	29.044	30.624	32.204
200.000	**26.415**	28.018	29.621	31.224	**32.827**
205.000	26.969	28.594	30.219	31.844	33.469
210.000	27.523	29.170	30.817	32.465	34.112
215.000	28.077	29.746	31.416	33.085	34.754
220.000	28.631	30.323	32.014	33.705	35.396
225.000	29.186	30.899	32.612	34.325	36.039
230.000	29.740	31.475	33.210	34.946	36.681
235.000	30.294	32.051	33.808	35.566	37.323
240.000	30.848	32.627	34.407	36.186	37.965
245.000	31.402	33.203	35.005	36.806	38.608

Honorartafel zu § 74 Abs. 1 – Technische Ausrüstung, Honorarzone I

Anrechen- bare Kosten Euro	Von- satz Euro	Viertel- satz Euro	Mittel- satz Euro	Drei- viertel- satz Euro	Bis- satz Euro
250.000	**31.956**	33.780	35.603	37.427	**39.250**
255.000	32.512	34.357	36.202	38.047	39.893
260.000	33.067	34.934	36.801	38.668	40.535
265.000	33.623	35.512	37.400	39.289	41.178
270.000	34.178	36.089	38.000	39.910	41.821
275.000	34.734	36.666	38.599	40.531	42.464
280.000	35.290	37.244	39.198	41.152	43.106
285.000	35.845	37.821	39.797	41.773	43.749
290.000	36.401	38.399	40.396	42.394	44.392
295.000	36.956	38.976	40.995	43.015	45.034
300.000	**37.512**	39.553	41.595	43.636	**45.677**
305.000	38.078	40.142	42.206	44.270	46.334
310.000	38.645	40.731	42.818	44.905	46.991
315.000	39.211	41.320	43.430	45.539	47.649
320.000	39.777	41.909	44.042	46.174	48.306
325.000	40.344	42.498	44.653	46.808	48.963
330.000	40.910	43.087	45.265	47.443	49.620
335.000	41.476	43.676	45.877	48.077	50.277
340.000	42.042	44.265	46.489	48.712	50.935
345.000	42.609	44.854	47.100	49.346	51.592
350.000	**43.175**	45.444	47.712	49.981	**52.249**
355.000	43.739	46.032	48.325	50.618	52.911
360.000	44.304	46.621	48.938	51.256	53.573
365.000	44.868	47.210	49.552	51.893	54.235
370.000	45.432	47.799	50.165	52.531	54.897
375.000	45.997	48.387	50.778	53.169	55.560
380.000	46.561	48.976	51.391	53.806	56.222
385.000	47.125	49.565	52.004	54.444	56.884
390.000	47.689	50.154	52.618	55.082	57.546
395.000	48.254	50.742	53.231	55.719	58.208
400.000	**48.818**	51.331	53.844	56.357	**58.870**
405.000	49.387	51.923	54.459	56.995	59.531
410.000	49.956	52.515	55.074	57.633	60.192
415.000	50.526	53.108	55.690	58.272	60.854
420.000	51.095	53.700	56.305	58.910	61.515
425.000	51.664	54.292	56.920	59.548	62.176
430.000	52.233	54.884	57.535	60.186	62.837
435.000	52.802	55.476	58.150	60.824	63.498
440.000	53.372	56.069	58.766	61.463	64.160
445.000	53.941	56.661	59.381	62.101	64.821
450.000	**54.510**	57.253	59.996	62.739	**65.482**
455.000	55.082	57.847	60.613	63.378	66.143
460.000	55.654	58.442	61.229	64.017	66.804
465.000	56.226	59.036	61.846	64.655	67.465
470.000	56.798	59.630	62.462	65.294	68.126
475.000	57.371	60.225	63.079	65.933	68.787
480.000	57.943	60.819	63.695	66.572	69.448
485.000	58.515	61.413	64.312	67.210	70.109
490.000	59.087	62.008	64.928	67.849	70.770
495.000	59.659	62.602	65.545	68.488	71.431

Honorartafel zu § 74 Abs. 1 – Technische Ausrüstung, Honorarzone I

Anrechen-bare Kosten Euro	Von-satz Euro	Viertel-satz Euro	Mittel-satz Euro	Drei-viertel-satz Euro	Bis-satz Euro
500.000	**60.231**	63.196	66.162	69.127	**72.092**
525.000	62.998	66.051	69.104	72.157	75.210
550.000	65.764	68.905	72.046	75.187	78.328
575.000	68.531	71.759	74.988	78.217	81.446
600.000	71.297	74.614	77.930	81.247	84.564
625.000	74.064	77.468	80.873	84.277	87.682
650.000	76.830	80.322	83.815	87.307	90.799
675.000	79.597	83.177	86.757	90.337	93.917
700.000	82.363	86.031	89.699	93.367	97.035
725.000	85.130	88.885	92.641	96.397	100.153
750.000	**87.896**	91.740	95.584	99.427	**103.271**
775.000	90.533	94.430	98.327	102.223	106.120
800.000	93.170	97.120	101.070	105.019	108.969
825.000	95.807	99.810	103.813	107.815	111.818
850.000	98.444	102.500	106.556	110.611	114.667
875.000	101.082	105.190	109.299	113.407	117.516
900.000	103.719	107.880	112.042	116.203	120.364
925.000	106.356	110.570	114.785	118.999	123.213
950.000	108.993	113.260	117.528	121.795	126.062
975.000	111.630	115.950	120.271	124.591	128.911
1.000.000	**114.267**	118.640	123.014	127.387	**131.760**
1.050.000	119.272	123.665	128.059	132.452	136.845
1.100.000	124.277	128.690	133.104	137.517	141.930
1.150.000	129.282	133.715	138.149	142.582	147.016
1.200.000	134.287	138.740	143.194	147.647	152.101
1.250.000	139.292	143.765	148.239	152.712	157.186
1.300.000	144.296	148.790	153.284	157.778	162.271
1.350.000	149.301	153.815	158.329	162.843	167.356
1.400.000	154.306	158.840	163.374	167.908	172.442
1.450.000	159.311	163.865	168.419	172.973	177.527
1.500.000	**164.316**	168.890	173.464	178.038	**182.612**
1.550.000	169.146	173.729	178.311	182.893	187.476
1.600.000	173.977	178.567	183.158	187.749	192.339
1.650.000	178.807	183.406	188.005	192.604	197.203
1.700.000	183.637	188.245	192.852	197.459	202.066
1.750.000	188.468	193.083	197.699	202.314	206.930
1.800.000	193.298	197.922	202.546	207.170	211.794
1.850.000	198.128	202.760	207.393	212.025	216.657
1.900.000	202.958	207.599	212.240	216.880	221.521
1.950.000	207.789	212.438	217.087	221.735	226.384
2.000.000	**212.619**	217.276	221.934	226.591	**231.248**
2.050.000	217.334	222.040	226.745	231.451	236.157
2.100.000	222.049	226.803	231.557	236.311	241.065
2.150.000	226.763	231.566	236.369	241.171	245.974
2.200.000	231.478	236.329	241.180	246.031	250.882
2.250.000	236.193	241.093	245.992	250.892	255.791
2.300.000	240.908	245.856	250.804	255.752	260.700
2.350.000	245.623	250.619	255.615	260.612	265.608
2.400.000	250.337	255.382	260.427	265.472	270.517
2.450.000	255.052	260.146	265.239	270.332	275.425

Honorartafel zu § 74 Abs. 1 – Technische Ausrüstung, Honorarzone I

Anrechen-bare Kosten Euro	Von-satz Euro	Viertel-satz Euro	Mittel-satz Euro	Drei-viertel-satz Euro	Bis-satz Euro
2.500.000	**259.767**	264.909	270.051	275.192	**280.334**
2.550.000	264.258	269.431	274.603	279.776	284.948
2.600.000	268.749	273.953	279.156	284.359	289.563
2.650.000	273.241	278.475	283.709	288.943	294.177
2.700.000	277.732	282.997	288.262	293.526	298.791
2.750.000	282.223	287.519	292.814	298.110	303.406
2.800.000	286.714	292.041	297.367	302.693	308.020
2.850.000	291.205	296.563	301.920	307.277	312.634
2.900.000	295.697	301.085	306.473	311.860	317.248
2.950.000	300.188	305.607	311.025	316.444	321.863
3.000.000	**304.679**	310.129	315.578	321.028	**326.477**
3.050.000	308.789	314.266	319.742	325.218	330.695
3.100.000	312.900	318.403	323.906	329.409	334.912
3.150.000	317.010	322.540	328.070	333.600	339.130
3.200.000	321.121	326.677	332.234	337.791	343.347
3.250.000	325.231	330.815	336.398	341.982	347.565
3.300.000	329.341	334.952	340.562	346.172	351.783
3.350.000	333.452	339.089	344.726	350.363	356.000
3.400.000	337.562	343.226	348.890	354.554	360.218
3.450.000	341.673	347.363	353.054	358.745	364.435
3.500.000	**345.783**	351.501	357.218	362.936	**368.653**
3.550.000	349.649	355.390	361.131	366.872	372.612
3.600.000	353.515	359.280	365.044	370.808	376.572
3.650.000	357.382	363.169	368.956	374.744	380.531
3.700.000	361.248	367.059	372.869	378.680	384.491
3.750.000	**365.114**	370.948	376.782	382.616	**388.450**
3.800.000	368.893	374.749	380.605	386.461	392.316
3.834.689	**371.515**	377.386	383.257	389.128	**394.999**

Honorartafel zu § 74 Abs. 1 – Technische Ausrüstung, Honorarzone II

Anrechen- bare Kosten Euro	Von- satz Euro	Viertel- satz Euro	Mittel- satz Euro	Drei- viertel- satz Euro	Bis- satz Euro
5.113	**1.917**	2.027	2.137	2.247	**2.357**
5.250	1.958	2.070	2.182	2.294	2.406
5.500	2.032	2.148	2.264	2.380	2.496
5.750	2.106	2.226	2.346	2.466	2.586
6.000	2.180	2.304	2.428	2.552	2.676
6.250	2.254	2.382	2.510	2.638	2.766
6.500	2.328	2.460	2.592	2.724	2.856
6.750	2.402	2.538	2.674	2.810	2.946
7.000	2.476	2.616	2.756	2.896	3.036
7.250	2.550	2.694	2.838	2.982	3.126
7.500	**2.624**	2.772	2.920	3.068	**3.216**
7.750	2.691	2.842	2.993	3.145	3.296
8.000	2.757	2.912	3.067	3.222	3.377
8.250	2.824	2.982	3.140	3.299	3.457
8.500	2.890	3.052	3.214	3.375	3.537
8.750	2.957	3.122	3.287	3.452	3.618
9.000	3.023	3.192	3.360	3.529	3.698
9.250	3.090	3.262	3.434	3.606	3.778
9.500	3.156	3.332	3.507	3.683	3.858
9.750	3.223	3.402	3.581	3.760	3.939
10.000	**3.289**	3.472	3.654	3.837	**4.019**
10.500	3.413	3.602	3.790	3.979	4.167
11.000	3.537	3.732	3.926	4.121	4.316
11.500	3.661	3.862	4.062	4.263	4.464
12.000	3.785	3.992	4.199	4.406	4.613
12.500	3.909	4.122	4.335	4.548	4.761
13.000	4.032	4.252	4.471	4.690	4.909
13.500	4.156	4.382	4.607	4.832	5.058
14.000	4.280	4.512	4.743	4.975	5.206
14.500	4.404	4.642	4.879	5.117	5.355
15.000	**4.528**	4.772	5.016	5.259	**5.503**
15.500	4.645	4.894	5.144	5.394	5.644
16.000	4.761	5.017	5.273	5.529	5.785
16.500	4.878	5.140	5.402	5.664	5.926
17.000	4.994	5.262	5.531	5.799	6.067
17.500	5.111	5.385	5.660	5.934	6.209
18.000	5.227	5.508	5.788	6.069	6.350
18.500	5.344	5.630	5.917	6.204	6.491
19.000	5.460	5.753	6.046	6.339	6.632
19.500	5.577	5.876	6.175	6.474	6.773
20.000	**5.693**	5.998	6.304	6.609	**6.914**
20.500	5.805	6.116	6.427	6.739	7.050
21.000	5.916	6.233	6.551	6.868	7.186
21.500	6.028	6.351	6.675	6.998	7.322
22.000	6.139	6.469	6.798	7.128	7.458
22.500	6.251	6.586	6.922	7.258	7.594
23.000	6.362	6.704	7.046	7.388	7.729
23.500	6.474	6.821	7.169	7.517	7.865
24.000	6.585	6.939	7.293	7.647	8.001
24.500	6.697	7.057	7.417	7.777	8.137

Honorartafel zu § 74 Abs. 1 – Technische Ausrüstung, Honorarzone II

Anrechen-bare Kosten Euro	Von-satz Euro	Viertel-satz Euro	Mittel-satz Euro	Drei-viertel-satz Euro	Bis-satz Euro
25.000	**6.808**	7.174	7.541	7.907	**8.273**
25.500	6.915	7.288	7.660	8.033	8.405
26.000	7.023	7.401	7.780	8.158	8.537
26.500	7.130	7.515	7.900	8.284	8.669
27.000	7.238	7.628	8.019	8.410	8.801
27.500	7.345	7.742	8.139	8.536	8.933
28.000	7.452	7.856	8.259	8.662	9.065
28.500	7.560	7.969	8.378	8.788	9.197
29.000	7.667	8.083	8.498	8.914	9.329
29.500	7.775	8.196	8.618	9.039	9.461
30.000	**7.882**	8.310	8.738	9.165	**9.593**
30.500	7.985	8.418	8.852	9.285	9.718
31.000	8.088	8.527	8.966	9.405	9.844
31.500	8.191	8.636	9.080	9.525	9.969
32.000	8.294	8.744	9.195	9.645	10.095
32.500	8.398	8.853	9.309	9.764	10.220
33.000	8.501	8.962	9.423	9.884	10.345
33.500	8.604	9.070	9.537	10.004	10.471
34.000	8.707	9.179	9.652	10.124	10.596
34.500	8.810	9.288	9.766	10.244	10.722
35.000	**8.913**	9.397	9.880	10.364	**10.847**
35.500	9.012	9.501	9.990	10.479	10.969
36.000	9.111	9.606	10.100	10.595	11.090
36.500	9.209	9.710	10.211	10.711	11.212
37.000	9.308	9.815	10.321	10.827	11.333
37.500	9.407	9.919	10.431	10.943	11.455
38.000	9.506	10.024	10.541	11.059	11.577
38.500	9.605	10.128	10.651	11.175	11.698
39.000	9.703	10.233	10.762	11.291	11.820
39.500	9.802	10.337	10.872	11.407	11.941
40.000	**9.901**	10.442	10.982	11.523	**12.063**
40.500	9.997	10.542	11.088	11.633	12.179
41.000	10.092	10.643	11.193	11.744	12.294
41.500	10.188	10.743	11.299	11.854	12.410
42.000	10.283	10.844	11.404	11.965	12.525
42.500	10.379	10.944	11.510	12.075	12.641
43.000	10.474	11.045	11.615	12.186	12.757
43.500	10.570	11.145	11.721	12.297	12.872
44.000	10.665	11.246	11.826	12.407	12.988
44.500	10.761	11.346	11.932	12.518	13.103
45.000	**10.856**	11.447	12.038	12.628	**13.219**
45.500	10.951	11.547	12.143	12.739	13.335
46.000	11.047	11.648	12.249	12.850	13.451
46.500	11.142	11.748	12.355	12.961	13.567
47.000	11.238	11.849	12.461	13.072	13.683
47.500	11.333	11.950	12.566	13.183	13.800
48.000	11.428	12.050	12.672	13.294	13.916
48.500	11.524	12.151	12.778	13.405	14.032
49.000	11.619	12.251	12.884	13.516	14.148
49.500	11.715	12.352	12.989	13.627	14.264

Honorartafel zu § 74 Abs. 1 – Technische Ausrüstung, Honorarzone II

Anrechen-bare Kosten Euro	Von-satz Euro	Viertel-satz Euro	Mittel-satz Euro	Drei-viertel-satz Euro	Bis-satz Euro
50.000	**11.810**	12.453	13.095	13.738	**14.380**
52.500	12.233	12.898	13.563	14.229	14.894
55.000	12.656	13.344	14.032	14.720	15.408
57.500	13.079	13.790	14.500	15.211	15.921
60.000	13.502	14.236	14.969	15.702	16.435
62.500	13.926	14.681	15.437	16.193	16.949
65.000	14.349	15.127	15.906	16.684	17.463
67.500	14.772	15.573	16.374	17.175	17.977
70.000	15.195	16.019	16.843	17.667	18.490
72.500	15.618	16.464	17.311	18.158	19.004
75.000	**16.041**	16.910	17.780	18.649	**19.518**
77.500	16.422	17.310	18.198	19.086	19.974
80.000	16.804	17.710	18.617	19.524	20.431
82.500	17.185	18.110	19.036	19.962	20.887
85.000	17.566	18.511	19.455	20.399	21.344
87.500	17.948	18.911	19.874	20.837	21.800
90.000	18.329	19.311	20.293	21.275	22.256
92.500	18.710	19.711	20.711	21.712	22.713
95.000	19.091	20.111	21.130	22.150	23.169
97.500	19.473	20.511	21.549	22.587	23.626
100.000	**19.854**	20.911	21.968	23.025	**24.082**
105.000	20.528	21.616	22.705	23.793	24.882
110.000	21.202	22.322	23.442	24.562	25.682
115.000	21.876	23.027	24.179	25.330	26.482
120.000	22.550	23.733	24.916	26.099	27.282
125.000	23.224	24.438	25.653	26.867	28.082
130.000	23.897	25.144	26.390	27.636	28.882
135.000	24.571	25.849	27.127	28.404	29.682
140.000	25.245	26.554	27.864	29.173	30.482
145.000	25.919	27.260	28.601	29.941	31.282
150.000	**26.593**	27.965	29.338	30.710	**32.082**
155.000	27.216	28.612	30.007	31.402	32.797
160.000	27.840	29.258	30.676	32.094	33.513
165.000	28.463	29.904	31.346	32.787	34.228
170.000	29.087	30.551	32.015	33.479	34.943
175.000	29.710	31.197	32.684	34.171	35.659
180.000	30.333	31.844	33.354	34.864	36.374
185.000	30.957	32.490	34.023	35.556	37.089
190.000	31.580	33.136	34.692	36.248	37.804
195.000	32.204	33.783	35.362	36.941	38.520
200.000	**32.827**	34.429	36.031	37.633	**39.235**
205.000	33.469	35.094	36.718	38.342	39.966
210.000	34.112	35.758	37.405	39.051	40.698
215.000	34.754	36.423	38.091	39.760	41.429
220.000	35.396	37.087	38.778	40.469	42.160
225.000	36.039	37.752	39.465	41.178	42.892
230.000	36.681	38.416	40.152	41.887	43.623
235.000	37.323	39.081	40.839	42.596	44.354
240.000	37.965	39.745	41.525	43.305	45.085
245.000	38.608	40.410	42.212	44.014	45.817

Honorartafel zu § 74 Abs. 1 – Technische Ausrüstung, Honorarzone II

Anrechen-bare Kosten Euro	Von-satz Euro	Viertel-satz Euro	Mittel-satz Euro	Drei-viertel-satz Euro	Bis-satz Euro
250.000	**39.250**	41.075	42.899	44.724	**46.548**
255.000	39.893	41.739	43.585	45.431	47.278
260.000	40.535	42.403	44.271	46.139	48.007
265.000	41.178	43.068	44.957	46.847	48.737
270.000	41.821	43.732	45.643	47.555	49.466
275.000	42.464	44.397	46.330	48.263	50.196
280.000	43.106	45.061	47.016	48.970	50.925
285.000	43.749	45.725	47.702	49.678	51.655
290.000	44.392	46.390	48.388	50.386	52.384
295.000	45.034	47.054	49.074	51.094	53.114
300.000	**45.677**	47.719	49.760	51.802	**53.843**
305.000	46.334	48.398	50.463	52.527	54.591
310.000	46.991	49.078	51.165	53.252	55.339
315.000	47.649	49.758	51.868	53.977	56.087
320.000	48.306	50.438	52.570	54.703	56.835
325.000	48.963	51.118	53.273	55.428	57.583
330.000	49.620	51.798	53.976	56.153	58.331
335.000	50.277	52.478	54.678	56.879	59.079
340.000	50.935	53.158	55.381	57.604	59.827
345.000	51.592	53.838	56.083	58.329	60.575
350.000	**52.249**	54.518	56.786	59.055	**61.323**
355.000	52.911	55.204	57.497	59.790	62.083
360.000	53.573	55.891	58.208	60.526	62.844
365.000	54.235	56.577	58.920	61.262	63.604
370.000	54.897	57.264	59.631	61.998	64.364
375.000	55.560	57.951	60.342	62.733	65.125
380.000	56.222	58.637	61.053	63.469	65.885
385.000	56.884	59.324	61.764	64.205	66.645
390.000	57.546	60.011	62.476	64.941	67.405
395.000	58.208	60.697	63.187	65.676	68.166
400.000	**58.870**	61.384	63.898	66.412	**68.926**
405.000	59.531	62.068	64.605	67.142	69.679
410.000	60.192	62.752	65.312	67.872	70.431
415.000	60.854	63.436	66.019	68.601	71.184
420.000	61.515	64.120	66.726	69.331	71.936
425.000	62.176	64.804	67.433	70.061	72.689
430.000	62.837	65.488	68.139	70.791	73.442
435.000	63.498	66.172	68.846	71.520	74.194
440.000	64.160	66.856	69.553	72.250	74.947
445.000	64.821	67.540	70.260	72.980	75.699
450.000	**65.482**	68.225	70.967	73.710	**76.452**
455.000	66.143	68.908	71.673	74.438	77.203
460.000	66.804	69.591	72.379	75.166	77.953
465.000	67.465	70.275	73.084	75.894	78.704
470.000	68.126	70.958	73.790	76.622	79.454
475.000	68.787	71.641	74.496	77.350	80.205
480.000	69.448	72.325	75.202	78.078	80.955
485.000	70.109	73.008	75.907	78.806	81.706
490.000	70.770	73.692	76.613	79.535	82.456
495.000	71.431	74.375	77.319	80.263	83.207

Honorartafel zu § 74 Abs. 1 – Technische Ausrüstung, Honorarzone II

Anrechen-bare Kosten Euro	Von-satz Euro	Viertel-satz Euro	Mittel-satz Euro	Drei-viertel-satz Euro	Bis-satz Euro
500.000	**72.092**	75.058	78.025	80.991	**83.957**
525.000	75.210	78.264	81.318	84.372	87.426
550.000	78.328	81.470	84.612	87.754	90.896
575.000	81.446	84.676	87.905	91.135	94.365
600.000	84.564	87.881	91.199	94.517	97.835
625.000	87.682	91.087	94.493	97.898	101.304
650.000	90.799	94.293	97.786	101.280	104.773
675.000	93.917	97.499	101.080	104.661	108.243
700.000	97.035	100.704	104.374	108.043	111.712
725.000	100.153	103.910	107.667	111.424	115.182
750.000	**103.271**	107.116	110.961	114.806	**118.651**
775.000	106.120	110.018	113.915	117.813	121.711
800.000	108.969	112.919	116.870	120.820	124.771
825.000	111.818	115.821	119.824	123.827	127.830
850.000	114.667	118.723	122.778	126.834	130.890
875.000	117.516	121.624	125.733	129.841	133.950
900.000	120.364	124.526	128.687	132.848	137.010
925.000	123.213	127.427	131.641	135.856	140.070
950.000	126.062	130.329	134.596	138.863	143.129
975.000	128.911	133.231	137.550	141.870	146.189
1.000.000	**131.760**	136.132	140.505	144.877	**149.249**
1.050.000	136.845	141.238	145.630	150.022	154.414
1.100.000	141.930	146.343	150.755	155.167	159.580
1.150.000	147.016	151.448	155.880	160.313	164.745
1.200.000	152.101	156.553	161.006	165.458	169.911
1.250.000	157.186	161.659	166.131	170.604	175.076
1.300.000	162.271	166.764	171.256	175.749	180.241
1.350.000	167.356	171.869	176.382	180.894	185.407
1.400.000	172.442	176.974	181.507	186.040	190.572
1.450.000	177.527	182.080	186.632	191.185	195.738
1.500.000	**182.612**	187.185	191.758	196.330	**200.903**
1.550.000	187.476	192.057	196.638	201.220	205.801
1.600.000	192.339	196.929	201.519	206.109	210.699
1.650.000	197.203	201.801	206.400	210.998	215.596
1.700.000	202.066	206.673	211.280	215.887	220.494
1.750.000	206.930	211.546	216.161	220.777	225.392
1.800.000	211.794	216.418	221.042	225.666	230.290
1.850.000	216.657	221.290	225.922	230.555	235.188
1.900.000	221.521	226.162	230.803	235.444	240.085
1.950.000	226.384	231.034	235.684	240.334	244.983
2.000.000	**231.248**	235.906	240.565	245.223	**249.881**
2.050.000	236.157	240.863	245.570	250.277	254.984
2.100.000	241.065	245.820	250.576	255.331	260.086
2.150.000	245.974	250.778	255.581	260.385	265.189
2.200.000	250.882	255.735	260.587	265.439	270.291
2.250.000	255.791	260.692	265.593	270.493	275.394
2.300.000	260.700	265.649	270.598	275.547	280.497
2.350.000	265.608	270.606	275.604	280.601	285.599
2.400.000	270.517	275.563	280.609	285.656	290.702
2.450.000	275.425	280.520	285.615	290.710	295.804

Honorartafel zu § 74 Abs. 1 – Technische Ausrüstung, Honorarzone II

Anrechen-bare Kosten Euro	Von-satz Euro	Viertel-satz Euro	Mittel-satz Euro	Drei-viertel-satz Euro	Bis-satz Euro
2.500.000	**280.334**	285.477	290.621	295.764	**300.907**
2.550.000	284.948	290.122	295.296	300.470	305.643
2.600.000	289.563	294.767	299.971	305.176	310.380
2.650.000	294.177	299.412	304.647	309.881	315.116
2.700.000	298.791	304.057	309.322	314.587	319.853
2.750.000	303.406	308.701	313.997	319.293	324.589
2.800.000	308.020	313.346	318.673	323.999	329.325
2.850.000	312.634	317.991	323.348	328.705	334.062
2.900.000	317.248	322.636	328.023	333.411	338.798
2.950.000	321.863	327.281	332.699	338.117	343.535
3.000.000	**326.477**	331.926	337.374	342.823	**348.271**
3.050.000	330.695	336.170	341.646	347.121	352.597
3.100.000	334.912	340.415	345.917	351.420	356.922
3.150.000	339.130	344.659	350.189	355.718	361.248
3.200.000	343.347	348.904	354.460	360.017	365.573
3.250.000	347.565	353.149	358.732	364.316	369.899
3.300.000	351.783	357.393	363.004	368.614	374.225
3.350.000	356.000	361.638	367.275	372.913	378.550
3.400.000	360.218	365.882	371.547	377.211	382.876
3.450.000	364.435	370.127	375.818	381.510	387.201
3.500.000	**368.653**	374.372	380.090	385.809	**391.527**
3.550.000	372.612	378.354	384.096	389.838	395.580
3.600.000	376.572	382.337	388.102	393.868	399.633
3.650.000	380.531	386.320	392.109	397.897	403.686
3.700.000	384.491	390.303	396.115	401.927	407.739
3.750.000	**388.450**	394.286	400.121	405.957	**411.792**
3.800.000	392.316	398.174	404.031	409.888	415.745
3.834.689	**394.999**	400.871	406.743	412.615	**418.487**

Honorartafel zu § 74 Abs. 1 – Technische Ausrüstung, Honorarzone III

Anrechen- bare Kosten Euro	Von- satz Euro	Viertel- satz Euro	Mittel- satz Euro	Drei- viertel- satz Euro	Bis- satz Euro
5.113	**2.357**	2.467	2.577	2.687	**2.797**
5.250	2.406	2.518	2.631	2.743	2.855
5.500	2.496	2.612	2.729	2.845	2.961
5.750	2.586	2.706	2.827	2.947	3.067
6.000	2.676	2.800	2.925	3.049	3.173
6.250	2.766	2.894	3.023	3.151	3.279
6.500	2.856	2.988	3.121	3.253	3.385
6.750	2.946	3.082	3.219	3.355	3.491
7.000	3.036	3.176	3.317	3.457	3.597
7.250	3.126	3.270	3.415	3.559	3.703
7.500	**3.216**	3.364	3.513	3.661	**3.809**
7.750	3.296	3.448	3.600	3.752	3.903
8.000	3.377	3.532	3.687	3.842	3.998
8.250	3.457	3.616	3.774	3.933	4.092
8.500	3.537	3.699	3.862	4.024	4.186
8.750	3.618	3.783	3.949	4.115	4.281
9.000	3.698	3.867	4.036	4.206	4.375
9.250	3.778	3.951	4.124	4.296	4.469
9.500	3.858	4.035	4.211	4.387	4.563
9.750	3.939	4.118	4.298	4.478	4.658
10.000	**4.019**	4.202	4.386	4.569	**4.752**
10.500	4.167	4.357	4.546	4.736	4.925
11.000	4.316	4.511	4.707	4.903	5.098
11.500	4.464	4.666	4.868	5.070	5.272
12.000	4.613	4.821	5.029	5.237	5.445
12.500	4.761	4.975	5.190	5.404	5.618
13.000	4.909	5.130	5.350	5.571	5.791
13.500	5.058	5.284	5.511	5.738	5.964
14.000	5.206	5.439	5.672	5.905	6.138
14.500	5.355	5.594	5.833	6.072	6.311
15.000	**5.503**	5.748	5.994	6.239	**6.484**
15.500	5.644	5.895	6.147	6.398	6.649
16.000	5.785	6.042	6.300	6.557	6.814
16.500	5.926	6.189	6.453	6.716	6.979
17.000	6.067	6.337	6.606	6.875	7.144
17.500	6.209	6.484	6.759	7.034	7.309
18.000	6.350	6.631	6.912	7.193	7.474
18.500	6.491	6.778	7.065	7.352	7.639
19.000	6.632	6.925	7.218	7.511	7.804
19.500	6.773	7.072	7.371	7.670	7.969
20.000	**6.914**	7.219	7.524	7.829	**8.134**
20.500	7.050	7.361	7.672	7.983	8.294
21.000	7.186	7.503	7.820	8.137	8.454
21.500	7.322	7.645	7.968	8.291	8.614
22.000	7.458	7.787	8.116	8.445	8.774
22.500	7.594	7.929	8.264	8.599	8.934
23.000	7.729	8.071	8.412	8.753	9.094
23.500	7.865	8.212	8.560	8.907	9.254
24.000	8.001	8.354	8.708	9.061	9.414
24.500	8.137	8.496	8.856	9.215	9.574

Honorartafel zu § 74 Abs. 1 – Technische Ausrüstung, Honorarzone III

Anrechen-bare Kosten Euro	Von-satz Euro	Viertel-satz Euro	Mittel-satz Euro	Drei-viertel-satz Euro	Bis-satz Euro
25.000	**8.273**	8.638	9.004	9.369	**9.734**
25.500	8.405	8.776	9.148	9.519	9.890
26.000	8.537	8.914	9.292	9.669	10.047
26.500	8.669	9.053	9.436	9.820	10.203
27.000	8.801	9.191	9.580	9.970	10.360
27.500	8.933	9.329	9.725	10.120	10.516
28.000	9.065	9.467	9.869	10.271	10.672
28.500	9.197	9.605	10.013	10.421	10.829
29.000	9.329	9.743	10.157	10.571	10.985
29.500	9.461	9.881	10.301	10.721	11.142
30.000	**9.593**	10.019	10.446	10.872	**11.298**
30.500	9.718	10.150	10.583	11.015	11.447
31.000	9.844	10.282	10.720	11.157	11.595
31.500	9.969	10.413	10.857	11.300	11.744
32.000	10.095	10.544	10.994	11.443	11.892
32.500	10.220	10.675	11.131	11.586	12.041
33.000	10.345	10.806	11.268	11.729	12.190
33.500	10.471	10.938	11.405	11.871	12.338
34.000	10.596	11.069	11.542	12.014	12.487
34.500	10.722	11.200	11.679	12.157	12.635
35.000	**10.847**	11.331	11.816	12.300	**12.784**
35.500	10.969	11.459	11.949	12.439	12.929
36.000	11.090	11.586	12.082	12.577	13.073
36.500	11.212	11.713	12.215	12.716	13.218
37.000	11.333	11.841	12.348	12.855	13.362
37.500	11.455	11.968	12.481	12.994	13.507
38.000	11.577	12.095	12.614	13.133	13.652
38.500	11.698	12.223	12.747	13.272	13.796
39.000	11.820	12.350	12.880	13.411	13.941
39.500	11.941	12.477	13.013	13.549	14.085
40.000	**12.063**	12.605	13.147	13.688	**14.230**
40.500	12.179	12.725	13.272	13.819	14.366
41.000	12.294	12.846	13.398	13.950	14.502
41.500	12.410	12.967	13.524	14.081	14.637
42.000	12.525	13.087	13.649	14.211	14.773
42.500	12.641	13.208	13.775	14.342	14.909
43.000	12.757	13.329	13.901	14.473	15.045
43.500	12.872	13.449	14.026	14.604	15.181
44.000	12.988	13.570	14.152	14.734	15.316
44.500	13.103	13.691	14.278	14.865	15.452
45.000	**13.219**	13.811	14.404	14.996	**15.588**
45.500	13.335	13.933	14.530	15.127	15.725
46.000	13.451	14.054	14.656	15.259	15.862
46.500	13.567	14.175	14.783	15.391	15.998
47.000	13.683	14.296	14.909	15.522	16.135
47.500	13.800	14.418	15.036	15.654	16.272
48.000	13.916	14.539	15.162	15.786	16.409
48.500	14.032	14.660	15.289	15.917	16.546
49.000	14.148	14.781	15.415	16.049	16.682
49.500	14.264	14.903	15.542	16.180	16.819

Honorartafel zu § 74 Abs. 1 – Technische Ausrüstung, Honorarzone III

Anrechen-bare Kosten Euro	Von-satz Euro	Viertel-satz Euro	Mittel-satz Euro	Drei-viertel-satz Euro	Bis-satz Euro
50.000	**14.380**	15.024	15.668	16.312	**16.956**
52.500	14.894	15.560	16.227	16.893	17.560
55.000	15.408	16.096	16.785	17.474	18.163
57.500	15.921	16.633	17.344	18.055	18.767
60.000	16.435	17.169	17.903	18.636	19.370
62.500	16.949	17.705	18.461	19.217	19.974
65.000	17.463	18.241	19.020	19.798	20.577
67.500	17.977	18.778	19.579	20.380	21.181
70.000	18.490	19.314	20.137	20.961	21.784
72.500	19.004	19.850	20.696	21.542	22.388
75.000	**19.518**	20.386	21.255	22.123	**22.991**
77.500	19.974	20.862	21.749	22.636	23.523
80.000	20.431	21.337	22.243	23.149	24.056
82.500	20.887	21.812	22.738	23.663	24.588
85.000	21.344	22.288	23.232	24.176	25.120
87.500	21.800	22.763	23.726	24.689	25.653
90.000	22.256	23.239	24.221	25.203	26.185
92.500	22.713	23.714	24.715	25.716	26.717
95.000	23.169	24.189	25.209	26.229	27.249
97.500	23.626	24.665	25.704	26.743	27.782
100.000	**24.082**	25.140	26.198	27.256	**28.314**
105.000	24.882	25.971	27.061	28.150	29.240
110.000	25.682	26.803	27.924	29.045	30.165
115.000	26.482	27.634	28.787	29.939	31.091
120.000	27.282	28.466	29.649	30.833	32.017
125.000	28.082	29.297	30.512	31.727	32.943
130.000	28.882	30.129	31.375	32.622	33.868
135.000	29.682	30.960	32.238	33.516	34.794
140.000	30.482	31.791	33.101	34.410	35.720
145.000	31.282	32.623	33.964	35.304	36.645
150.000	**32.082**	33.454	34.827	36.199	**37.571**
155.000	32.797	34.193	35.588	36.983	38.379
160.000	33.513	34.931	36.349	37.768	39.186
165.000	34.228	35.669	37.111	38.552	39.994
170.000	34.943	36.408	37.872	39.337	40.801
175.000	35.659	37.146	38.634	40.121	41.609
180.000	36.374	37.885	39.395	40.906	42.417
185.000	37.089	38.623	40.157	41.690	43.224
190.000	37.804	39.361	40.918	42.475	44.032
195.000	38.520	40.100	41.680	43.259	44.839
200.000	**39.235**	40.838	42.441	44.044	**45.647**
205.000	39.966	41.591	43.216	44.841	46.467
210.000	40.698	42.345	43.992	45.639	47.286
215.000	41.429	43.098	44.767	46.436	48.106
220.000	42.160	43.851	45.543	47.234	48.925
225.000	42.892	44.605	46.318	48.031	49.745
230.000	43.623	45.358	47.093	48.829	50.564
235.000	44.354	46.111	47.869	49.626	51.384
240.000	45.085	46.865	48.644	50.424	52.203
245.000	45.817	47.618	49.420	51.221	53.023

Honorartafel zu § 74 Abs. 1 – Technische Ausrüstung, Honorarzone III

Anrechen- bare Kosten Euro	Von- satz Euro	Viertel- satz Euro	Mittel- satz Euro	Drei- viertel- satz Euro	Bis- satz Euro
250.000	**46.548**	48.372	50.195	52.019	**53.842**
255.000	47.278	49.123	50.968	52.813	54.659
260.000	48.007	49.874	51.741	53.608	55.475
265.000	48.737	50.625	52.514	54.403	56.292
270.000	49.466	51.377	53.287	55.198	57.108
275.000	50.196	52.128	54.060	55.993	57.925
280.000	50.925	52.879	54.833	56.787	58.742
285.000	51.655	53.630	55.606	57.582	59.558
290.000	52.384	54.382	56.379	58.377	60.375
295.000	53.114	55.133	57.152	59.172	61.191
300.000	**53.843**	55.884	57.926	59.967	**62.008**
305.000	54.591	56.655	58.719	60.783	62.847
310.000	55.339	57.426	59.512	61.599	63.686
315.000	56.087	58.196	60.306	62.415	64.525
320.000	56.835	58.967	61.099	63.231	65.364
325.000	57.583	59.738	61.893	64.048	66.203
330.000	58.331	60.509	62.686	64.864	67.041
335.000	59.079	61.279	63.480	65.680	67.880
340.000	59.827	62.050	64.273	66.496	68.719
345.000	60.575	62.821	65.067	67.312	69.558
350.000	**61.323**	63.592	65.860	68.129	**70.397**
355.000	62.083	64.376	66.669	68.962	71.255
360.000	62.844	65.161	67.478	69.796	72.113
365.000	63.604	65.946	68.288	70.629	72.971
370.000	64.364	66.731	69.097	71.463	73.829
375.000	65.125	67.515	69.906	72.297	74.688
380.000	65.885	68.300	70.715	73.130	75.546
385.000	66.645	69.085	71.524	73.964	76.404
390.000	67.405	69.870	72.334	74.798	77.262
395.000	68.166	70.654	73.143	75.631	78.120
400.000	**68.926**	71.439	73.952	76.465	**78.978**
405.000	69.679	72.215	74.751	77.287	79.823
410.000	70.431	72.990	75.549	78.108	80.667
415.000	71.184	73.766	76.348	78.930	81.512
420.000	71.936	74.541	77.146	79.751	82.356
425.000	72.689	75.317	77.945	80.573	83.201
430.000	73.442	76.093	78.744	81.395	84.046
435.000	74.194	76.868	79.542	82.216	84.890
440.000	74.947	77.644	80.341	83.038	85.735
445.000	75.699	78.419	81.139	83.859	86.579
450.000	**76.452**	79.195	81.938	84.681	**87.424**
455.000	77.203	79.968	82.733	85.498	88.263
460.000	77.953	80.740	83.528	86.315	89.103
465.000	78.704	81.513	84.323	87.133	89.942
470.000	79.454	82.286	85.118	87.950	90.782
475.000	80.205	83.059	85.913	88.767	91.621
480.000	80.955	83.831	86.708	89.584	92.460
485.000	81.706	84.604	87.503	90.401	93.300
490.000	82.456	85.377	88.298	91.218	94.139
495.000	83.207	86.150	89.093	92.036	94.979

Honorartafel zu § 74 Abs. 1 – Technische Ausrüstung, Honorarzone III

Anrechen-bare Kosten Euro	Von-satz Euro	Viertel-satz Euro	Mittel-satz Euro	Drei-viertel-satz Euro	Bis-satz Euro
500.000	**83.957**	86.922	89.888	92.853	**95.818**
525.000	87.426	90.479	93.533	96.586	99.639
550.000	90.896	94.037	97.178	100.319	103.459
575.000	94.365	97.594	100.823	104.051	107.280
600.000	97.835	101.151	104.468	107.784	111.101
625.000	101.304	104.708	108.113	111.517	114.922
650.000	104.773	108.266	111.758	115.250	118.742
675.000	108.243	111.823	115.403	118.983	122.563
700.000	111.712	115.380	119.048	122.716	126.384
725.000	115.182	118.937	122.693	126.449	130.204
750.000	**118.651**	122.495	126.338	130.182	**134.025**
775.000	121.711	125.607	129.504	133.400	137.297
800.000	124.771	128.720	132.669	136.619	140.568
825.000	127.830	131.833	135.835	139.837	143.840
850.000	130.890	134.946	139.001	143.056	147.111
875.000	133.950	138.058	142.167	146.275	150.383
900.000	137.010	141.171	145.332	149.493	153.655
925.000	140.070	144.284	148.498	152.712	156.926
950.000	143.129	147.397	151.664	155.931	160.198
975.000	146.189	150.509	154.829	159.149	163.469
1.000.000	**149.249**	153.622	157.995	162.368	**166.741**
1.050.000	154.414	158.808	163.201	167.594	171.987
1.100.000	159.580	163.993	168.406	172.819	177.233
1.150.000	164.745	169.179	173.612	178.045	182.478
1.200.000	169.911	174.364	178.817	183.271	187.724
1.250.000	175.076	179.550	184.023	188.497	192.970
1.300.000	180.241	184.735	189.229	193.722	198.216
1.350.000	185.407	189.921	194.434	198.948	203.462
1.400.000	190.572	195.106	199.640	204.174	208.707
1.450.000	195.738	200.292	204.845	209.399	213.953
1.500.000	**200.903**	205.477	210.051	214.625	**219.199**
1.550.000	205.801	210.383	214.965	219.548	224.130
1.600.000	210.699	215.289	219.880	224.471	229.061
1.650.000	215.596	220.195	224.794	229.393	233.992
1.700.000	220.494	225.102	229.709	234.316	238.923
1.750.000	225.392	230.008	234.623	239.239	243.855
1.800.000	230.290	234.914	239.538	244.162	248.786
1.850.000	235.188	239.820	244.452	249.084	253.717
1.900.000	240.085	244.726	249.367	254.007	258.648
1.950.000	244.983	249.632	254.281	258.930	263.579
2.000.000	**249.881**	254.538	259.196	263.853	**268.510**
2.050.000	254.984	259.689	264.395	269.101	273.806
2.100.000	260.086	264.840	269.595	274.349	279.103
2.150.000	265.189	269.991	274.794	279.597	284.399
2.200.000	270.291	275.142	279.994	284.845	289.696
2.250.000	275.394	280.294	285.193	290.093	294.992
2.300.000	280.497	285.445	290.393	295.340	300.288
2.350.000	285.599	290.596	295.592	300.588	305.585
2.400.000	290.702	295.747	300.792	305.836	310.881
2.450.000	295.804	300.898	305.991	311.084	316.178

Honorartafel zu § 74 Abs. 1 – Technische Ausrüstung, Honorarzone III

Anrechenbare Kosten Euro	Vonsatz Euro	Viertelsatz Euro	Mittelsatz Euro	Dreiviertelsatz Euro	Bissatz Euro
2.500.000	**300.907**	306.049	311.191	316.332	**321.474**
2.550.000	305.643	310.816	315.988	321.161	326.334
2.600.000	310.380	315.583	320.786	325.990	331.193
2.650.000	315.116	320.350	325.584	330.818	336.053
2.700.000	319.853	325.117	330.382	335.647	340.912
2.750.000	324.589	329.885	335.180	340.476	345.772
2.800.000	329.325	334.652	339.978	345.305	350.631
2.850.000	334.062	339.419	344.776	350.133	355.491
2.900.000	338.798	344.186	349.574	354.962	360.350
2.950.000	343.535	348.953	354.372	359.791	365.210
3.000.000	**348.271**	353.721	359.170	364.620	**370.069**
3.050.000	352.597	358.073	363.549	369.026	374.502
3.100.000	356.922	362.425	367.929	373.432	378.935
3.150.000	361.248	366.778	372.308	377.838	383.368
3.200.000	365.573	371.130	376.687	382.244	387.801
3.250.000	369.899	375.483	381.066	386.650	392.234
3.300.000	374.225	379.835	385.446	391.056	396.666
3.350.000	378.550	384.187	389.825	395.462	401.099
3.400.000	382.876	388.540	394.204	399.868	405.532
3.450.000	387.201	392.892	398.583	404.274	409.965
3.500.000	**391.527**	397.245	402.963	408.680	**414.398**
3.550.000	395.580	401.321	407.062	412.803	418.544
3.600.000	399.633	405.397	411.162	416.926	422.690
3.650.000	403.686	409.474	415.261	421.049	426.836
3.700.000	407.739	413.550	419.361	425.171	430.982
3.750.000	**411.792**	417.626	423.460	429.294	**435.128**
3.800.000	415.745	421.601	427.456	433.312	439.168
3.834.689	**418.487**	424.358	430.229	436.100	**441.971**

420

Honorartafel zu § 78 Abs. 3 – Wärmeschutz, Honorarzone I

Anrechen-bare Kosten Euro	Von-satz Euro	Viertel-satz Euro	Mittel-satz Euro	Drei-viertel-satz Euro	Bis-satz Euro
255.646	**542**	563	583	604	**624**
275.000	554	576	597	619	640
300.000	570	593	616	638	661
325.000	586	610	634	658	682
350.000	602	627	653	678	703
375.000	618	645	671	698	724
400.000	634	662	690	717	745
425.000	650	679	708	737	766
450.000	666	696	727	757	787
500.000	**698**	731	764	796	**829**
700.000	818	855	892	929	966
900.000	937	979	1.020	1.061	1.102
1.100.000	1.057	1.102	1.148	1.194	1.239
1.300.000	1.176	1.226	1.276	1.326	1.376
1.500.000	1.296	1.350	1.404	1.458	1.513
1.700.000	1.416	1.474	1.532	1.591	1.649
1.900.000	1.535	1.598	1.661	1.723	1.786
2.100.000	1.655	1.722	1.789	1.856	1.923
2.300.000	1.774	1.846	1.917	1.988	2.059
2.500.000	**1.894**	1.970	2.045	2.121	**2.196**
2.750.000	1.990	2.069	2.148	2.228	2.307
3.000.000	2.085	2.169	2.252	2.335	2.418
3.250.000	2.181	2.268	2.355	2.442	2.529
3.500.000	2.277	2.368	2.458	2.549	2.640
3.750.000	2.373	2.467	2.562	2.656	2.751
4.000.000	2.468	2.567	2.665	2.763	2.861
4.250.000	2.564	2.666	2.768	2.870	2.972
4.500.000	2.660	2.766	2.871	2.977	3.083
4.750.000	2.755	2.865	2.975	3.084	3.194
5.000.000	**2.851**	2.965	3.078	3.192	**3.305**
7.000.000	3.747	3.882	4.017	4.152	4.287
9.000.000	4.642	4.799	4.956	5.112	5.269
11.000.000	5.538	5.716	5.894	6.073	6.251
13.000.000	6.434	6.634	6.833	7.033	7.233
15.000.000	7.330	7.551	7.772	7.993	8.215
17.000.000	8.225	8.468	8.711	8.954	9.196
19.000.000	9.121	9.385	9.650	9.914	10.178
21.000.000	10.017	10.303	10.588	10.874	11.160
23.000.000	10.912	11.220	11.527	11.835	12.142
25.000.000	**11.808**	12.137	12.466	12.795	**13.124**
25.564.594	**12.061**	12.396	12.731	13.066	**13.401**

Honorartafel zu § 78 Abs. 3 – Wärmeschutz, Honorarzone II

Anrechen-bare Kosten Euro	Von-satz Euro	Viertel-satz Euro	Mittel-satz Euro	Drei-viertel-satz Euro	Bis-satz Euro
255.646	**624**	652	680	708	**736**
275.000	640	670	699	728	758
300.000	661	692	723	755	786
325.000	682	715	748	781	814
350.000	703	738	772	807	842
375.000	724	761	797	833	870
400.000	745	783	821	860	898
425.000	766	806	846	886	926
450.000	787	829	870	912	954
500.000	**829**	874	920	965	**1.010**
700.000	966	1.016	1.067	1.118	1.168
900.000	1.102	1.159	1.215	1.271	1.327
1.100.000	1.239	1.301	1.362	1.424	1.485
1.300.000	1.376	1.443	1.510	1.577	1.644
1.500.000	1.513	1.585	1.657	1.730	1.802
1.700.000	1.649	1.727	1.805	1.883	1.960
1.900.000	1.786	1.869	1.952	2.036	2.119
2.100.000	1.923	2.011	2.100	2.189	2.277
2.300.000	2.059	2.153	2.247	2.342	2.436
2.500.000	**2.196**	2.296	2.395	2.495	**2.594**
2.750.000	2.307	2.412	2.516	2.621	2.726
3.000.000	2.418	2.528	2.637	2.747	2.857
3.250.000	2.529	2.644	2.759	2.874	2.989
3.500.000	2.640	2.760	2.880	3.000	3.120
3.750.000	2.751	2.876	3.001	3.126	3.252
4.000.000	2.861	2.992	3.122	3.253	3.383
4.250.000	2.972	3.108	3.243	3.379	3.515
4.500.000	3.083	3.224	3.365	3.505	3.646
4.750.000	3.194	3.340	3.486	3.632	3.778
5.000.000	**3.305**	3.456	3.607	3.758	**3.909**
7.000.000	4.287	4.467	4.647	4.826	5.006
9.000.000	5.269	5.477	5.686	5.895	6.103
11.000.000	6.251	6.488	6.726	6.963	7.201
13.000.000	7.233	7.499	7.765	8.032	8.298
15.000.000	8.215	8.510	8.805	9.100	9.395
17.000.000	9.196	9.520	9.844	10.168	10.492
19.000.000	10.178	10.531	10.884	11.237	11.589
21.000.000	11.160	11.542	11.923	12.305	12.687
23.000.000	12.142	12.553	12.963	13.373	13.784
25.000.000	**13.124**	13.563	14.003	14.442	**14.881**
25.564.594	**13.401**	13.848	14.296	14.743	**15.190**

Honorartafel zu § 78 Abs. 3 – Wärmeschutz, Honorarzone III

Anrechen-bare Kosten Euro	Von-satz Euro	Viertel-satz Euro	Mittel-satz Euro	Drei-viertel-satz Euro	Bis-satz Euro
255.646	736	777	818	859	900
275.000	758	801	844	886	929
300.000	786	831	877	922	967
325.000	814	862	910	957	1.005
350.000	842	892	943	993	1.043
375.000	870	923	976	1.028	1.081
400.000	898	953	1.009	1.064	1.119
425.000	926	984	1.042	1.099	1.157
450.000	954	1.014	1.075	1.135	1.195
500.000	1.010	1.075	1.141	1.206	1.271
700.000	1.168	1.242	1.316	1.390	1.463
900.000	1.327	1.409	1.491	1.573	1.655
1.100.000	1.485	1.576	1.666	1.757	1.848
1.300.000	1.644	1.743	1.842	1.941	2.040
1.500.000	1.802	1.910	2.017	2.125	2.232
1.700.000	1.960	2.076	2.192	2.308	2.424
1.900.000	2.119	2.243	2.368	2.492	2.616
2.100.000	2.277	2.410	2.543	2.676	2.809
2.300.000	2.436	2.577	2.718	2.860	3.001
2.500.000	2.594	2.744	2.894	3.043	3.193
2.750.000	2.726	2.883	3.040	3.198	3.355
3.000.000	2.857	3.022	3.187	3.352	3.517
3.250.000	2.989	3.161	3.334	3.507	3.680
3.500.000	3.120	3.300	3.481	3.661	3.842
3.750.000	3.252	3.440	3.628	3.816	4.004
4.000.000	3.383	3.579	3.775	3.970	4.166
4.250.000	3.515	3.718	3.921	4.125	4.328
4.500.000	3.646	3.857	4.068	4.279	4.491
4.750.000	3.778	3.996	4.215	4.434	4.653
5.000.000	3.909	4.136	4.362	4.589	4.815
7.000.000	5.006	5.276	5.546	5.815	6.085
9.000.000	6.103	6.416	6.729	7.042	7.355
11.000.000	7.201	7.557	7.913	8.269	8.625
13.000.000	8.298	8.697	9.097	9.496	9.895
15.000.000	9.395	9.838	10.281	10.723	11.166
17.000.000	10.492	10.978	11.464	11.950	12.436
19.000.000	11.589	12.118	12.648	13.177	13.706
21.000.000	12.687	13.259	13.831	14.404	14.976
23.000.000	13.784	14.399	15.015	15.630	16.246
25.000.000	14.881	15.540	16.199	16.857	17.516
25.564.594	15.190	15.861	16.533	17.204	17.875

Honorartafel zu § 78 Abs. 3 – Wärmeschutz, Honorarzone IV

Anrechen-bare Kosten Euro	Von-satz Euro	Viertel-satz Euro	Mittel-satz Euro	Drei-viertel-satz Euro	Bis-satz Euro
255.646	**900**	928	956	984	**1.012**
275.000	929	959	988	1.017	1.047
300.000	967	998	1.030	1.061	1.092
325.000	1.005	1.038	1.071	1.104	1.137
350.000	1.043	1.078	1.113	1.147	1.182
375.000	1.081	1.118	1.154	1.190	1.227
400.000	1.119	1.157	1.196	1.234	1.272
425.000	1.157	1.197	1.237	1.277	1.317
450.000	1.195	1.237	1.279	1.320	1.362
500.000	**1.271**	1.316	1.362	1.407	**1.452**
700.000	1.463	1.514	1.565	1.615	1.666
900.000	1.655	1.711	1.768	1.824	1.880
1.100.000	1.848	1.909	1.971	2.032	2.093
1.300.000	2.040	2.107	2.174	2.240	2.307
1.500.000	2.232	2.304	2.377	2.449	2.521
1.700.000	2.424	2.502	2.580	2.657	2.735
1.900.000	2.616	2.699	2.783	2.866	2.949
2.100.000	2.809	2.897	2.986	3.074	3.162
2.300.000	3.001	3.095	3.189	3.282	3.376
2.500.000	**3.193**	3.292	3.392	3.491	**3.590**
2.750.000	3.355	3.460	3.564	3.669	3.773
3.000.000	3.517	3.627	3.737	3.846	3.956
3.250.000	3.680	3.794	3.909	4.024	4.139
3.500.000	3.842	3.962	4.082	4.202	4.322
3.750.000	4.004	4.129	4.255	4.380	4.505
4.000.000	4.166	4.297	4.427	4.558	4.688
4.250.000	4.328	4.464	4.600	4.735	4.871
4.500.000	4.491	4.631	4.772	4.913	5.054
4.750.000	4.653	4.799	4.945	5.091	5.237
5.000.000	**4.815**	4.966	5.118	5.269	**5.420**
7.000.000	6.085	6.265	6.445	6.625	6.805
9.000.000	7.355	7.564	7.773	7.982	8.191
11.000.000	8.625	8.863	9.101	9.338	9.576
13.000.000	9.895	10.162	10.428	10.695	10.961
15.000.000	11.166	11.461	11.756	12.051	12.347
17.000.000	12.436	12.760	13.084	13.408	13.732
19.000.000	13.706	14.059	14.411	14.764	15.117
21.000.000	14.976	15.357	15.739	16.121	16.502
23.000.000	16.246	16.656	17.067	17.477	17.888
25.000.000	**17.516**	17.955	18.395	18.834	**19.273**
25.564.594	**17.875**	18.322	18.770	19.217	**19.664**

Anrechen-bare Kosten Euro	Von-satz Euro	Viertel-satz Euro	Mittel-satz Euro	Drei-viertel-satz Euro	Bis-satz Euro
255.646	**1.012**	1.033	1.053	1.074	**1.094**
275.000	1.047	1.068	1.090	1.111	1.133
300.000	1.092	1.115	1.137	1.160	1.183
325.000	1.137	1.161	1.185	1.209	1.233
350.000	1.182	1.207	1.232	1.258	1.283
375.000	1.227	1.253	1.280	1.306	1.333
400.000	1.272	1.300	1.327	1.355	1.383
425.000	1.317	1.346	1.375	1.404	1.433
450.000	1.362	1.392	1.422	1.453	1.483
500.000	**1.452**	1.485	1.518	1.550	**1.583**
700.000	1.666	1.703	1.740	1.777	1.814
900.000	1.880	1.921	1.962	2.004	2.045
1.100.000	2.093	2.139	2.185	2.230	2.276
1.300.000	2.307	2.357	2.407	2.457	2.507
1.500.000	2.521	2.575	2.629	2.683	2.738
1.700.000	2.735	2.793	2.852	2.910	2.968
1.900.000	2.949	3.011	3.074	3.137	3.199
2.100.000	3.162	3.229	3.296	3.363	3.430
2.300.000	3.376	3.447	3.519	3.590	3.661
2.500.000	**3.590**	3.666	3.741	3.817	**3.892**
2.750.000	3.773	3.852	3.932	4.011	4.090
3.000.000	3.956	4.039	4.122	4.205	4.288
3.250.000	4.139	4.226	4.313	4.399	4.486
3.500.000	4.322	4.413	4.503	4.594	4.684
3.750.000	4.505	4.599	4.694	4.788	4.883
4.000.000	4.688	4.786	4.884	4.982	5.081
4.250.000	4.871	4.973	5.075	5.177	5.279
4.500.000	5.054	5.160	5.265	5.371	5.477
4.750.000	5.237	5.346	5.456	5.565	5.675
5.000.000	**5.420**	5.533	5.647	5.760	**5.873**
7.000.000	6.805	6.940	7.075	7.210	7.345
9.000.000	8.191	8.347	8.503	8.660	8.816
11.000.000	9.576	9.754	9.932	10.110	10.288
13.000.000	10.961	11.161	11.360	11.560	11.759
15.000.000	12.347	12.568	12.789	13.010	13.231
17.000.000	13.732	13.975	14.217	14.460	14.703
19.000.000	15.117	15.381	15.646	15.910	16.174
21.000.000	16.502	16.788	17.074	17.360	17.646
23.000.000	17.888	18.195	18.503	18.810	19.117
25.000.000	**19.273**	19.602	19.931	20.260	**20.589**
25.564.594	**19.664**	19.999	20.334	20.669	**21.004**

Anrechen-bare Kosten Euro	Von-satz Euro	Viertel-satz Euro	Mittel-satz Euro	Drei-viertel-satz Euro	Bis-satz Euro
255.646	**1.605**	1.664	1.723	1.782	**1.841**
260.000	1.621	1.680	1.740	1.800	1.859
265.000	1.639	1.699	1.759	1.820	1.880
270.000	1.657	1.718	1.779	1.840	1.901
275.000	1.675	1.737	1.798	1.860	1.922
280.000	1.693	1.755	1.818	1.881	1.943
285.000	1.711	1.774	1.837	1.901	1.964
290.000	1.729	1.793	1.857	1.921	1.985
295.000	1.747	1.812	1.876	1.941	2.006
300.000	**1.765**	1.831	1.896	1.962	**2.027**
305.000	1.783	1.849	1.915	1.981	2.047
310.000	1.800	1.867	1.934	2.000	2.067
315.000	1.818	1.885	1.953	2.020	2.087
320.000	1.835	1.903	1.971	2.039	2.107
325.000	1.853	1.922	1.990	2.059	2.128
330.000	1.871	1.940	2.009	2.078	2.148
335.000	1.888	1.958	2.028	2.098	2.168
340.000	1.906	1.976	2.047	2.117	2.188
345.000	1.923	1.995	2.066	2.137	2.208
350.000	**1.941**	2.013	2.085	2.156	**2.228**
355.000	1.958	2.030	2.103	2.175	2.247
360.000	1.975	2.048	2.121	2.194	2.266
365.000	1.992	2.066	2.139	2.212	2.286
370.000	2.009	2.083	2.157	2.231	2.305
375.000	2.027	2.101	2.175	2.250	2.324
380.000	2.044	2.119	2.193	2.268	2.343
385.000	2.061	2.136	2.212	2.287	2.362
390.000	2.078	2.154	2.230	2.306	2.382
395.000	2.095	2.171	2.248	2.324	2.401
400.000	**2.112**	2.189	2.266	2.343	**2.420**
405.000	2.129	2.206	2.284	2.361	2.439
410.000	2.145	2.223	2.302	2.380	2.458
415.000	2.162	2.241	2.319	2.398	2.477
420.000	2.178	2.258	2.337	2.417	2.496
425.000	2.195	2.275	2.355	2.435	2.515
430.000	2.212	2.292	2.373	2.453	2.534
435.000	2.228	2.309	2.391	2.472	2.553
440.000	2.245	2.327	2.408	2.490	2.572
445.000	2.261	2.344	2.426	2.509	2.591
450.000	**2.278**	2.361	2.444	2.527	**2.610**
455.000	2.293	2.377	2.460	2.544	2.627
460.000	2.308	2.392	2.476	2.561	2.645
465.000	2.323	2.408	2.492	2.577	2.662
470.000	2.338	2.423	2.509	2.594	2.680
475.000	2.353	2.439	2.525	2.611	2.697
480.000	2.367	2.454	2.541	2.628	2.714
485.000	2.382	2.470	2.557	2.644	2.732
490.000	2.397	2.485	2.573	2.661	2.749
495.000	2.412	2.501	2.589	2.678	2.767

Honorartafel zu § 83 Abs. 1 – Bauakustik, Honorarzone I

Anrechenbare Kosten Euro	Vonsatz Euro	Viertelsatz Euro	Mittelsatz Euro	Dreiviertelsatz Euro	Bissatz Euro
500.000	**2.427**	2.516	2.606	2.695	**2.784**
525.000	2.499	2.591	2.683	2.775	2.867
550.000	2.571	2.666	2.760	2.855	2.949
575.000	2.643	2.740	2.837	2.935	3.032
600.000	2.715	2.815	2.915	3.015	3.114
625.000	2.787	2.890	2.992	3.095	3.197
650.000	2.859	2.964	3.069	3.174	3.280
675.000	2.931	3.039	3.147	3.254	3.362
700.000	3.003	3.113	3.224	3.334	3.445
725.000	3.075	3.188	3.301	3.414	3.527
750.000	**3.147**	3.263	3.379	3.494	**3.610**
775.000	3.212	3.330	3.448	3.566	3.684
800.000	3.276	3.396	3.517	3.637	3.757
825.000	3.341	3.463	3.586	3.708	3.831
850.000	3.405	3.530	3.655	3.780	3.905
875.000	3.470	3.597	3.724	3.851	3.979
900.000	3.534	3.664	3.793	3.923	4.052
925.000	3.599	3.730	3.862	3.994	4.126
950.000	3.663	3.797	3.931	4.065	4.200
975.000	3.728	3.864	4.000	4.137	4.273
1.000.000	**3.792**	3.931	4.070	4.208	**4.347**
1.050.000	3.907	4.050	4.193	4.336	4.479
1.100.000	4.021	4.169	4.316	4.463	4.610
1.150.000	4.136	4.288	4.439	4.590	4.742
1.200.000	4.251	4.406	4.562	4.718	4.873
1.250.000	4.366	4.525	4.685	4.845	5.005
1.300.000	4.480	4.644	4.808	4.973	5.137
1.350.000	4.595	4.763	4.932	5.100	5.268
1.400.000	4.710	4.882	5.055	5.227	5.400
1.450.000	4.824	5.001	5.178	5.355	5.531
1.500.000	**4.939**	5.120	5.301	5.482	**5.663**
1.550.000	5.042	5.227	5.411	5.596	5.781
1.600.000	5.145	5.333	5.522	5.710	5.899
1.650.000	5.247	5.440	5.632	5.825	6.017
1.700.000	5.350	5.546	5.743	5.939	6.135
1.750.000	5.453	5.653	5.853	6.053	6.253
1.800.000	5.556	5.760	5.963	6.167	6.371
1.850.000	5.659	5.866	6.074	6.281	6.489
1.900.000	5.761	5.973	6.184	6.396	6.607
1.950.000	5.864	6.079	6.295	6.510	6.725
2.000.000	**5.967**	6.186	6.405	6.624	**6.843**
2.050.000	6.062	6.284	6.507	6.729	6.952
2.100.000	6.156	6.382	6.609	6.835	7.061
2.150.000	6.251	6.481	6.710	6.940	7.169
2.200.000	6.346	6.579	6.812	7.045	7.278
2.250.000	6.441	6.677	6.914	7.150	7.387
2.300.000	6.535	6.775	7.016	7.256	7.496
2.350.000	6.630	6.874	7.117	7.361	7.605
2.400.000	6.725	6.972	7.219	7.466	7.713
2.450.000	6.819	7.070	7.321	7.571	7.822

Honorartafel zu § 83 Abs. 1 – Bauakustik, Honorarzone I

Anrechen-bare Kosten Euro	Von-satz Euro	Viertel-satz Euro	Mittel-satz Euro	Drei-viertel-satz Euro	Bis-satz Euro
2.500.000	**6.914**	7.168	7.423	7.677	**7.931**
2.550.000	7.003	7.260	7.518	7.775	8.033
2.600.000	7.091	7.352	7.613	7.874	8.135
2.650.000	7.180	7.444	7.708	7.972	8.236
2.700.000	7.269	7.536	7.804	8.071	8.338
2.750.000	7.358	7.628	7.899	8.169	8.440
2.800.000	7.446	7.720	7.994	8.268	8.542
2.850.000	7.535	7.812	8.089	8.366	8.644
2.900.000	7.624	7.904	8.185	8.465	8.745
2.950.000	7.712	7.996	8.280	8.563	8.847
3.000.000	**7.801**	8.088	8.375	8.662	**8.949**
3.050.000	7.885	8.175	8.465	8.755	9.045
3.100.000	7.968	8.261	8.554	8.848	9.141
3.150.000	8.052	8.348	8.644	8.940	9.236
3.200.000	8.135	8.435	8.734	9.033	9.332
3.250.000	8.219	8.521	8.824	9.126	9.428
3.300.000	8.303	8.608	8.913	9.219	9.524
3.350.000	8.386	8.695	9.003	9.311	9.620
3.400.000	8.470	8.781	9.093	9.404	9.715
3.450.000	8.553	8.868	9.182	9.497	9.811
3.500.000	**8.637**	8.955	9.272	9.590	**9.907**
3.550.000	8.717	9.037	9.358	9.678	9.999
3.600.000	8.797	9.120	9.444	9.767	10.090
3.650.000	8.877	9.203	9.530	9.856	10.182
3.700.000	8.957	9.286	9.615	9.944	10.273
3.750.000	9.038	9.369	9.701	10.033	10.365
3.800.000	9.118	9.452	9.787	10.122	10.457
3.850.000	9.198	9.535	9.873	10.211	10.548
3.900.000	9.278	9.618	9.959	10.299	10.640
3.950.000	9.358	9.701	10.045	10.388	10.731
4.000.000	**9.438**	9.784	10.131	10.477	**10.823**
4.050.000	9.515	9.864	10.213	10.562	10.911
4.100.000	9.591	9.943	10.295	10.647	10.999
4.150.000	9.668	10.023	10.378	10.733	11.088
4.200.000	9.744	10.102	10.460	10.818	11.176
4.250.000	9.821	10.182	10.543	10.903	11.264
4.300.000	9.898	10.261	10.625	10.989	11.352
4.350.000	9.974	10.341	10.707	11.074	11.440
4.400.000	10.051	10.420	10.790	11.159	11.529
4.450.000	10.127	10.500	10.872	11.244	11.617
4.500.000	**10.204**	10.579	10.955	11.330	**11.705**
4.550.000	10.278	10.656	11.033	11.411	11.789
4.600.000	10.351	10.732	11.112	11.493	11.874
4.650.000	10.425	10.808	11.191	11.575	11.958
4.700.000	10.498	10.884	11.270	11.656	12.042
4.750.000	10.572	10.961	11.349	11.738	12.127
4.800.000	10.646	11.037	11.428	11.820	12.211
4.850.000	10.719	11.113	11.507	11.901	12.295
4.900.000	10.793	11.189	11.586	11.983	12.379
4.950.000	10.866	11.266	11.665	12.064	12.464

Honorartafel zu § 83 Abs. 1 – Bauakustik, Honorarzone I

Anrechen-bare Kosten Euro	Von-satz Euro	Viertel-satz Euro	Mittel-satz Euro	Drei-viertel-satz Euro	Bis-satz Euro
5.000.000	10.940	11.342	11.744	12.146	12.548
5.250.000	11.277	11.691	12.106	12.520	12.934
5.500.000	11.614	12.041	12.467	12.894	13.321
5.750.000	11.951	12.390	12.829	13.268	13.707
6.000.000	12.288	12.739	13.191	13.642	14.094
6.250.000	12.625	13.088	13.552	14.016	14.480
6.500.000	12.961	13.438	13.914	14.390	14.866
6.750.000	13.298	13.787	14.276	14.764	15.253
7.000.000	13.635	14.136	14.637	15.138	15.639
7.250.000	13.972	14.485	14.999	15.512	16.026
7.500.000	14.309	14.835	15.361	15.886	16.412
7.750.000	14.611	15.148	15.685	16.222	16.758
8.000.000	14.913	15.461	16.009	16.557	17.105
8.250.000	15.215	15.774	16.333	16.892	17.451
8.500.000	15.517	16.087	16.657	17.227	17.798
8.750.000	15.819	16.400	16.981	17.563	18.144
9.000.000	16.120	16.713	17.305	17.898	18.490
9.250.000	16.422	17.026	17.630	18.233	18.837
9.500.000	16.724	17.339	17.954	18.568	19.183
9.750.000	17.026	17.652	18.278	18.904	19.530
10.000.000	17.328	17.965	18.602	19.239	19.876
10.500.000	17.864	18.521	19.177	19.834	20.491
11.000.000	18.400	19.076	19.753	20.429	21.106
11.500.000	18.936	19.632	20.328	21.025	21.721
12.000.000	19.472	20.188	20.904	21.620	22.336
12.500.000	20.008	20.744	21.479	22.215	22.951
13.000.000	20.544	21.299	22.055	22.810	23.565
13.500.000	21.080	21.855	22.630	23.405	24.180
14.000.000	21.616	22.411	23.206	24.000	24.795
14.500.000	22.152	22.967	23.781	24.596	25.410
15.000.000	22.688	23.522	24.357	25.191	26.025
15.500.000	23.167	24.019	24.871	25.723	26.575
16.000.000	23.647	24.516	25.386	26.255	27.125
16.500.000	24.126	25.013	25.900	26.788	27.675
17.000.000	24.606	25.510	26.415	27.320	28.225
17.500.000	25.085	26.007	26.930	27.852	28.775
18.000.000	25.564	26.504	27.444	28.384	29.324
18.500.000	26.044	27.001	27.959	28.917	29.874
19.000.000	26.523	27.498	28.474	29.449	30.424
19.500.000	27.003	27.995	28.988	29.981	30.974
20.000.000	27.482	28.493	29.503	30.514	31.524
20.500.000	27.923	28.950	29.976	31.003	32.030
21.000.000	28.364	29.407	30.449	31.492	32.535
21.500.000	28.805	29.864	30.923	31.982	33.041
22.000.000	29.246	30.321	31.396	32.471	33.546
22.500.000	29.687	30.778	31.869	32.960	34.052
23.000.000	30.127	31.235	32.342	33.450	34.557
23.500.000	30.568	31.692	32.815	33.939	35.063
24.000.000	31.009	32.149	33.289	34.428	35.568
24.500.000	31.450	32.606	33.762	34.918	36.074
25.000.000	31.891	33.063	34.235	35.407	36.579
25.564.594	32.385	33.575	34.765	35.955	37.145

Honorartafel zu § 83 Abs. 1 – Bauakustik, Honorarzone II

Anrechen-bare Kosten Euro	Von-satz Euro	Viertel-satz Euro	Mittel-satz Euro	Drei-viertel-satz Euro	Bis-satz Euro
255.646	**1.841**	1.910	1.979	2.048	**2.117**
260.000	1.859	1.929	1.999	2.069	2.138
265.000	1.880	1.951	2.021	2.092	2.163
270.000	1.901	1.973	2.044	2.116	2.187
275.000	1.922	1.995	2.067	2.139	2.212
280.000	1.943	2.016	2.090	2.163	2.236
285.000	1.964	2.038	2.112	2.186	2.261
290.000	1.985	2.060	2.135	2.210	2.285
295.000	2.006	2.082	2.158	2.234	2.310
300.000	**2.027**	2.104	2.181	2.257	**2.334**
305.000	2.047	2.125	2.202	2.280	2.357
310.000	2.067	2.146	2.224	2.302	2.380
315.000	2.087	2.166	2.245	2.325	2.404
320.000	2.107	2.187	2.267	2.347	2.427
325.000	2.128	2.208	2.289	2.369	2.450
330.000	2.148	2.229	2.310	2.392	2.473
335.000	2.168	2.250	2.332	2.414	2.496
340.000	2.188	2.271	2.354	2.437	2.520
345.000	2.208	2.292	2.375	2.459	2.543
350.000	**2.228**	2.313	2.397	2.482	**2.566**
355.000	2.247	2.333	2.418	2.503	2.589
360.000	2.266	2.353	2.439	2.525	2.611
365.000	2.286	2.373	2.460	2.547	2.634
370.000	2.305	2.393	2.481	2.569	2.656
375.000	2.324	2.413	2.502	2.590	2.679
380.000	2.343	2.433	2.522	2.612	2.702
385.000	2.362	2.453	2.543	2.634	2.724
390.000	2.382	2.473	2.564	2.656	2.747
395.000	2.401	2.493	2.585	2.677	2.769
400.000	**2.420**	2.513	2.606	2.699	**2.792**
405.000	2.439	2.533	2.626	2.720	2.814
410.000	2.458	2.552	2.647	2.741	2.835
415.000	2.477	2.572	2.667	2.762	2.857
420.000	2.496	2.592	2.687	2.783	2.879
425.000	2.515	2.611	2.708	2.804	2.901
430.000	2.534	2.631	2.728	2.825	2.922
435.000	2.553	2.651	2.748	2.846	2.944
440.000	2.572	2.670	2.769	2.867	2.966
445.000	2.591	2.690	2.789	2.888	2.987
450.000	**2.610**	2.710	2.810	2.909	**3.009**
455.000	2.627	2.728	2.828	2.929	3.029
460.000	2.645	2.746	2.847	2.948	3.050
465.000	2.662	2.764	2.866	2.968	3.070
470.000	2.680	2.782	2.885	2.988	3.090
475.000	2.697	2.800	2.904	3.007	3.111
480.000	2.714	2.819	2.923	3.027	3.131
485.000	2.732	2.837	2.941	3.046	3.151
490.000	2.749	2.855	2.960	3.066	3.171
495.000	2.767	2.873	2.979	3.085	3.192

Honorartafel zu § 83 Abs. 1 – Bauakustik, Honorarzone II

Anrechen-bare Kosten Euro	Von-satz Euro	Viertel-satz Euro	Mittel-satz Euro	Drei-viertel-satz Euro	Bis-satz Euro
500.000	**2.784**	2.891	2.998	3.105	**3.212**
525.000	2.867	2.977	3.087	3.197	3.307
550.000	2.949	3.063	3.176	3.289	3.402
575.000	3.032	3.148	3.265	3.381	3.498
600.000	3.114	3.234	3.354	3.473	3.593
625.000	3.197	3.320	3.443	3.565	3.688
650.000	3.280	3.406	3.531	3.657	3.783
675.000	3.362	3.491	3.620	3.749	3.878
700.000	3.445	3.577	3.709	3.841	3.974
725.000	3.527	3.663	3.798	3.933	4.069
750.000	**3.610**	3.749	3.887	4.026	**4.164**
775.000	3.684	3.825	3.966	4.107	4.249
800.000	3.757	3.901	4.045	4.189	4.333
825.000	3.831	3.978	4.125	4.271	4.418
850.000	3.905	4.054	4.204	4.353	4.503
875.000	3.979	4.131	4.283	4.435	4.588
900.000	4.052	4.207	4.362	4.517	4.672
925.000	4.126	4.284	4.441	4.599	4.757
950.000	4.200	4.360	4.521	4.681	4.842
975.000	4.273	4.437	4.600	4.763	4.926
1.000.000	**4.347**	4.513	4.679	4.845	**5.011**
1.050.000	4.479	4.650	4.821	4.992	5.163
1.100.000	4.610	4.787	4.963	5.139	5.316
1.150.000	4.742	4.923	5.105	5.286	5.468
1.200.000	4.873	5.060	5.247	5.434	5.620
1.250.000	5.005	5.197	5.389	5.581	5.773
1.300.000	5.137	5.334	5.531	5.728	5.925
1.350.000	5.268	5.470	5.673	5.875	6.077
1.400.000	5.400	5.607	5.815	6.022	6.229
1.450.000	5.531	5.744	5.957	6.169	6.382
1.500.000	**5.663**	5.881	6.099	6.316	**6.534**
1.550.000	5.781	6.003	6.226	6.448	6.670
1.600.000	5.899	6.126	6.353	6.579	6.806
1.650.000	6.017	6.248	6.480	6.711	6.942
1.700.000	6.135	6.371	6.607	6.843	7.078
1.750.000	6.253	6.493	6.734	6.974	7.215
1.800.000	6.371	6.616	6.861	7.106	7.351
1.850.000	6.489	6.738	6.988	7.237	7.487
1.900.000	6.607	6.861	7.115	7.369	7.623
1.950.000	6.725	6.983	7.242	7.500	7.759
2.000.000	**6.843**	7.106	7.369	7.632	**7.895**
2.050.000	6.952	7.219	7.486	7.753	8.021
2.100.000	7.061	7.332	7.603	7.875	8.146
2.150.000	7.169	7.445	7.720	7.996	8.272
2.200.000	7.278	7.558	7.838	8.117	8.397
2.250.000	7.387	7.671	7.955	8.239	8.523
2.300.000	7.496	7.784	8.072	8.360	8.648
2.350.000	7.605	7.897	8.189	8.481	8.774
2.400.000	7.713	8.010	8.306	8.603	8.899
2.450.000	7.822	8.123	8.423	8.724	9.025

Honorartafel zu § 83 Abs. 1 – Bauakustik, Honorarzone II

Anrechen-bare Kosten Euro	Von-satz Euro	Viertel-satz Euro	Mittel-satz Euro	Drei-viertel-satz Euro	Bis-satz Euro
2.500.000	**7.931**	8.236	8.541	8.845	**9.150**
2.550.000	8.033	8.341	8.650	8.958	9.267
2.600.000	8.135	8.447	8.759	9.072	9.384
2.650.000	8.236	8.552	8.869	9.185	9.501
2.700.000	8.338	8.658	8.978	9.298	9.618
2.750.000	8.440	8.764	9.087	9.411	9.735
2.800.000	8.542	8.869	9.197	9.524	9.851
2.850.000	8.644	8.975	9.306	9.637	9.968
2.900.000	8.745	9.080	9.415	9.750	10.085
2.950.000	8.847	9.186	9.525	9.863	10.202
3.000.000	**8.949**	9.292	9.634	9.977	**10.319**
3.050.000	9.045	9.391	9.737	10.084	10.430
3.100.000	9.141	9.491	9.841	10.191	10.541
3.150.000	9.236	9.590	9.944	10.298	10.651
3.200.000	9.332	9.690	10.047	10.405	10.762
3.250.000	9.428	9.789	10.151	10.512	10.873
3.300.000	9.524	9.889	10.254	10.619	10.984
3.350.000	9.620	9.988	10.357	10.726	11.095
3.400.000	9.715	10.088	10.460	10.833	11.205
3.450.000	9.811	10.187	10.564	10.940	11.316
3.500.000	**9.907**	10.287	10.667	11.047	**11.427**
3.550.000	9.999	10.382	10.766	11.149	11.533
3.600.000	10.090	10.477	10.864	11.252	11.639
3.650.000	10.182	10.572	10.963	11.354	11.744
3.700.000	10.273	10.668	11.062	11.456	11.850
3.750.000	10.365	10.763	11.161	11.558	11.956
3.800.000	10.457	10.858	11.259	11.661	12.062
3.850.000	10.548	10.953	11.358	11.763	12.168
3.900.000	10.640	11.048	11.457	11.865	12.273
3.950.000	10.731	11.143	11.555	11.967	12.379
4.000.000	**10.823**	11.239	11.654	12.070	**12.485**
4.050.000	10.911	11.330	11.749	12.168	12.586
4.100.000	10.999	11.421	11.844	12.266	12.688
4.150.000	11.088	11.513	11.938	12.364	12.789
4.200.000	11.176	11.604	12.033	12.462	12.890
4.250.000	11.264	11.696	12.128	12.560	12.992
4.300.000	11.352	11.787	12.223	12.658	13.093
4.350.000	11.440	11.879	12.317	12.756	13.194
4.400.000	11.529	11.970	12.412	12.854	13.295
4.450.000	11.617	12.062	12.507	12.952	13.397
4.500.000	**11.705**	12.153	12.602	13.050	**13.498**
4.550.000	11.789	12.241	12.693	13.144	13.596
4.600.000	11.874	12.329	12.784	13.238	13.693
4.650.000	11.958	12.416	12.875	13.333	13.791
4.700.000	12.042	12.504	12.966	13.427	13.889
4.750.000	12.127	12.592	13.057	13.522	13.987
4.800.000	12.211	12.679	13.148	13.616	14.084
4.850.000	12.295	12.767	13.239	13.710	14.182
4.900.000	12.379	12.854	13.330	13.805	14.280
4.950.000	12.464	12.942	13.421	13.899	14.377

Honorartafel zu § 83 Abs. 1 – Bauakustik, Honorarzone II

Anrechen-bare Kosten Euro	Von-satz Euro	Viertel-satz Euro	Mittel-satz Euro	Drei-viertel-satz Euro	Bis-satz Euro
5.000.000	**12.548**	13.030	13.512	13.993	**14.475**
5.250.000	12.934	13.431	13.927	14.424	14.920
5.500.000	13.321	13.832	14.343	14.855	15.366
5.750.000	13.707	14.233	14.759	15.285	15.811
6.000.000	14.094	14.634	15.175	15.716	16.257
6.250.000	14.480	15.036	15.591	16.147	16.702
6.500.000	14.866	15.437	16.007	16.577	17.147
6.750.000	15.253	15.838	16.423	17.008	17.593
7.000.000	15.639	16.239	16.839	17.438	18.038
7.250.000	16.026	16.640	17.255	17.869	18.484
7.500.000	**16.412**	17.041	17.671	18.300	**18.929**
7.750.000	16.758	17.401	18.043	18.686	19.328
8.000.000	17.105	17.760	18.416	19.072	19.727
8.250.000	17.451	18.120	18.789	19.458	20.127
8.500.000	17.798	18.480	19.162	19.844	20.526
8.750.000	18.144	18.839	19.535	20.230	20.925
9.000.000	18.490	19.199	19.907	20.616	21.324
9.250.000	18.837	19.558	20.280	21.002	21.723
9.500.000	19.183	19.918	20.653	21.388	22.123
9.750.000	19.530	20.278	21.026	21.774	22.522
10.000.000	**19.876**	20.637	21.399	22.160	**22.921**
10.500.000	20.491	21.276	22.061	22.846	23.630
11.000.000	21.106	21.914	22.723	23.531	24.340
11.500.000	21.721	22.553	23.385	24.217	25.049
12.000.000	22.336	23.191	24.047	24.903	25.759
12.500.000	22.951	23.830	24.709	25.589	26.468
13.000.000	23.565	24.468	25.371	26.274	27.177
13.500.000	24.180	25.107	26.034	26.960	27.887
14.000.000	24.795	25.745	26.696	27.646	28.596
14.500.000	25.410	26.384	27.358	28.332	29.306
15.000.000	**26.025**	27.023	28.020	29.018	**30.015**
15.500.000	26.575	27.593	28.612	29.631	30.649
16.000.000	27.125	28.164	29.204	30.244	31.283
16.500.000	27.675	28.735	29.796	30.857	31.918
17.000.000	28.225	29.306	30.388	31.470	32.552
17.500.000	28.775	29.877	30.980	32.083	33.186
18.000.000	29.324	30.448	31.572	32.696	33.820
18.500.000	29.874	31.019	32.164	33.309	34.454
19.000.000	30.424	31.590	32.756	33.923	35.089
19.500.000	30.974	32.161	33.348	34.536	35.723
20.000.000	**31.524**	32.732	33.941	35.149	**36.357**
20.500.000	32.030	33.257	34.485	35.712	36.940
21.000.000	32.535	33.782	35.029	36.276	37.523
21.500.000	33.041	34.307	35.573	36.840	38.106
22.000.000	33.546	34.832	36.118	37.404	38.689
22.500.000	34.052	35.357	36.662	37.967	39.273
23.000.000	34.557	35.882	37.206	38.531	39.856
23.500.000	35.063	36.407	37.751	39.095	40.439
24.000.000	35.568	36.931	38.295	39.658	41.022
24.500.000	36.074	37.456	38.839	40.222	41.605
25.000.000	**36.579**	37.981	39.384	40.786	**42.188**
25.564.594	**37.145**	38.569	39.993	41.417	**42.841**

Anrechen- bare Kosten Euro	Von- satz Euro	Viertel- satz Euro	Mittel- satz Euro	Drei- viertel- satz Euro	Bis- satz Euro
255.646	**2.117**	2.198	2.278	2.359	**2.439**
260.000	2.138	2.220	2.301	2.382	2.464
265.000	2.163	2.245	2.328	2.410	2.492
270.000	2.187	2.271	2.354	2.437	2.521
275.000	2.212	2.296	2.381	2.465	2.549
280.000	2.236	2.322	2.407	2.492	2.578
285.000	2.261	2.347	2.434	2.520	2.606
290.000	2.285	2.373	2.460	2.547	2.635
295.000	2.310	2.398	2.487	2.575	2.663
300.000	**2.334**	2.424	2.513	2.603	**2.692**
305.000	2.357	2.448	2.538	2.628	2.719
310.000	2.380	2.472	2.563	2.654	2.745
315.000	2.404	2.496	2.588	2.680	2.772
320.000	2.427	2.520	2.613	2.706	2.799
325.000	2.450	2.544	2.638	2.732	2.826
330.000	2.473	2.568	2.663	2.757	2.852
335.000	2.496	2.592	2.688	2.783	2.879
340.000	2.520	2.616	2.713	2.809	2.906
345.000	2.543	2.640	2.738	2.835	2.932
350.000	**2.566**	2.664	2.763	2.861	**2.959**
355.000	2.589	2.688	2.787	2.886	2.985
360.000	2.611	2.711	2.811	2.911	3.010
365.000	2.634	2.734	2.835	2.936	3.036
370.000	2.656	2.758	2.859	2.960	3.062
375.000	2.679	2.781	2.883	2.985	3.088
380.000	2.702	2.805	2.907	3.010	3.113
385.000	2.724	2.828	2.932	3.035	3.139
390.000	2.747	2.851	2.956	3.060	3.165
395.000	2.769	2.875	2.980	3.085	3.190
400.000	**2.792**	2.898	3.004	3.110	**3.216**
405.000	2.814	2.920	3.027	3.134	3.241
410.000	2.835	2.943	3.050	3.158	3.265
415.000	2.857	2.965	3.074	3.182	3.290
420.000	2.879	2.988	3.097	3.206	3.315
425.000	2.901	3.010	3.120	3.230	3.340
430.000	2.922	3.033	3.143	3.254	3.364
435.000	2.944	3.055	3.166	3.278	3.389
440.000	2.966	3.078	3.190	3.302	3.414
445.000	2.987	3.100	3.213	3.326	3.438
450.000	**3.009**	3.123	3.236	3.350	**3.463**
455.000	3.029	3.144	3.258	3.373	3.487
460.000	3.050	3.165	3.280	3.396	3.511
465.000	3.070	3.186	3.303	3.419	3.535
470.000	3.090	3.208	3.325	3.442	3.559
475.000	3.111	3.229	3.347	3.465	3.584
480.000	3.131	3.250	3.369	3.488	3.608
485.000	3.151	3.271	3.391	3.512	3.632
490.000	3.171	3.293	3.414	3.535	3.656
495.000	3.192	3.314	3.436	3.558	3.680

Anrechen-bare Kosten Euro	Von-satz Euro	Viertel-satz Euro	Mittel-satz Euro	Drei-viertel-satz Euro	Bis-satz Euro
500.000	3.212	3.335	3.458	3.581	3.704
525.000	3.307	3.434	3.560	3.687	3.814
550.000	3.402	3.533	3.663	3.793	3.923
575.000	3.498	3.631	3.765	3.899	4.033
600.000	3.593	3.730	3.867	4.005	4.142
625.000	3.688	3.829	3.970	4.111	4.252
650.000	3.783	3.928	4.072	4.217	4.361
675.000	3.878	4.026	4.174	4.322	4.471
700.000	3.974	4.125	4.277	4.428	4.580
725.000	4.069	4.224	4.379	4.534	4.690
750.000	4.164	4.323	4.482	4.640	4.799
775.000	4.249	4.411	4.573	4.735	4.897
800.000	4.333	4.499	4.664	4.829	4.995
825.000	4.418	4.587	4.755	4.924	5.092
850.000	4.503	4.675	4.847	5.018	5.190
875.000	4.588	4.763	4.938	5.113	5.288
900.000	4.672	4.851	5.029	5.207	5.386
925.000	4.757	4.939	5.120	5.302	5.484
950.000	4.842	5.027	5.212	5.396	5.581
975.000	4.926	5.115	5.303	5.491	5.679
1.000.000	5.011	5.203	5.394	5.586	5.777
1.050.000	5.163	5.361	5.558	5.755	5.952
1.100.000	5.316	5.519	5.722	5.925	6.128
1.150.000	5.468	5.677	5.886	6.094	6.303
1.200.000	5.620	5.835	6.049	6.264	6.479
1.250.000	5.773	5.993	6.213	6.434	6.654
1.300.000	5.925	6.151	6.377	6.603	6.829
1.350.000	6.077	6.309	6.541	6.773	7.005
1.400.000	6.229	6.467	6.705	6.943	7.180
1.450.000	6.382	6.625	6.869	7.112	7.356
1.500.000	6.534	6.783	7.033	7.282	7.531
1.550.000	6.670	6.925	7.179	7.433	7.688
1.600.000	6.806	7.066	7.325	7.585	7.845
1.650.000	6.942	7.207	7.472	7.737	8.001
1.700.000	7.078	7.348	7.618	7.888	8.158
1.750.000	7.215	7.490	7.765	8.040	8.315
1.800.000	7.351	7.631	7.911	8.192	8.472
1.850.000	7.487	7.772	8.058	8.343	8.629
1.900.000	7.623	7.913	8.204	8.495	8.785
1.950.000	7.759	8.055	8.351	8.646	8.942
2.000.000	7.895	8.196	8.497	8.798	9.099
2.050.000	8.021	8.326	8.632	8.938	9.244
2.100.000	8.146	8.457	8.768	9.078	9.389
2.150.000	8.272	8.587	8.903	9.218	9.534
2.200.000	8.397	8.718	9.038	9.359	9.679
2.250.000	8.523	8.848	9.173	9.499	9.824
2.300.000	8.648	8.978	9.309	9.639	9.969
2.350.000	8.774	9.109	9.444	9.779	10.114
2.400.000	8.899	9.239	9.579	9.919	10.259
2.450.000	9.025	9.369	9.714	10.059	10.404

Honorartafel zu § 83 Abs. 1 – Bauakustik, Honorarzone III

Anrechen-bare Kosten Euro	Von-satz Euro	Viertel-satz Euro	Mittel-satz Euro	Drei-viertel-satz Euro	Bis-satz Euro
2.500.000	**9.150**	9.500	9.850	10.199	**10.549**
2.550.000	9.267	9.621	9.975	10.330	10.684
2.600.000	9.384	9.742	10.101	10.460	10.818
2.650.000	9.501	9.864	10.227	10.590	10.953
2.700.000	9.618	9.985	10.353	10.720	11.088
2.750.000	9.735	10.107	10.479	10.851	11.223
2.800.000	9.851	10.228	10.604	10.981	11.357
2.850.000	9.968	10.349	10.730	11.111	11.492
2.900.000	10.085	10.471	10.856	11.241	11.627
2.950.000	10.202	10.592	10.982	11.372	11.761
3.000.000	**10.319**	10.713	11.108	11.502	**11.896**
3.050.000	10.430	10.828	11.227	11.625	12.023
3.100.000	10.541	10.943	11.346	11.748	12.151
3.150.000	10.651	11.058	11.465	11.872	12.278
3.200.000	10.762	11.173	11.584	11.995	12.406
3.250.000	10.873	11.288	11.703	12.118	12.533
3.300.000	10.984	11.403	11.822	12.241	12.660
3.350.000	11.095	11.518	11.941	12.365	12.788
3.400.000	11.205	11.633	12.060	12.488	12.915
3.450.000	11.316	11.748	12.179	12.611	13.043
3.500.000	**11.427**	11.863	12.299	12.734	**13.170**
3.550.000	11.533	11.973	12.412	12.852	13.292
3.600.000	11.639	12.082	12.526	12.970	13.414
3.650.000	11.744	12.192	12.640	13.088	13.536
3.700.000	11.850	12.302	12.754	13.206	13.658
3.750.000	11.956	12.412	12.868	13.324	13.780
3.800.000	12.062	12.522	12.982	13.442	13.901
3.850.000	12.168	12.632	13.095	13.559	14.023
3.900.000	12.273	12.741	13.209	13.677	14.145
3.950.000	12.379	12.851	13.323	13.795	14.267
4.000.000	**12.485**	12.961	13.437	13.913	**14.389**
4.050.000	12.586	13.066	13.546	14.026	14.506
4.100.000	12.688	13.171	13.655	14.139	14.623
4.150.000	12.789	13.277	13.764	14.252	14.740
4.200.000	12.890	13.382	13.873	14.365	14.857
4.250.000	12.992	13.487	13.983	14.478	14.974
4.300.000	13.093	13.592	14.092	14.591	15.090
4.350.000	13.194	13.697	14.201	14.704	15.207
4.400.000	13.295	13.803	14.310	14.817	15.324
4.450.000	13.397	13.908	14.419	14.930	15.441
4.500.000	**13.498**	14.013	14.528	15.043	**15.558**
4.550.000	13.596	14.114	14.633	15.152	15.671
4.600.000	13.693	14.216	14.739	15.261	15.784
4.650.000	13.791	14.317	14.844	15.370	15.896
4.700.000	13.889	14.419	14.949	15.479	16.009
4.750.000	13.987	14.520	15.054	15.588	16.122
4.800.000	14.084	14.622	15.160	15.697	16.235
4.850.000	14.182	14.723	15.265	15.806	16.348
4.900.000	14.280	14.825	15.370	15.915	16.460
4.950.000	14.377	14.926	15.475	16.024	16.573

Honorartafel zu § 83 Abs. 1 – Bauakustik, Honorarzone III

Anrechen-bare Kosten Euro	Von-satz Euro	Viertel-satz Euro	Mittel-satz Euro	Drei-viertel-satz Euro	Bis-satz Euro
5.000.000	**14.475**	15.028	15.581	16.133	**16.686**
5.250.000	14.920	15.490	16.060	16.630	17.199
5.500.000	15.366	15.952	16.539	17.126	17.712
5.750.000	15.811	16.415	17.018	17.622	18.226
6.000.000	16.257	16.877	17.498	18.118	18.739
6.250.000	16.702	17.340	17.977	18.615	19.252
6.500.000	17.147	17.802	18.456	19.111	19.765
6.750.000	17.593	18.264	18.936	19.607	20.278
7.000.000	18.038	18.727	19.415	20.103	20.792
7.250.000	18.484	19.189	19.894	20.600	21.305
7.500.000	**18.929**	19.651	20.374	21.096	**21.818**
7.750.000	19.328	20.066	20.803	21.541	22.279
8.000.000	19.727	20.480	21.233	21.986	22.739
8.250.000	20.127	20.895	21.663	22.432	23.200
8.500.000	20.526	21.310	22.093	22.877	23.661
8.750.000	20.925	21.724	22.523	23.322	24.122
9.000.000	21.324	22.139	22.953	23.768	24.582
9.250.000	21.723	22.553	23.383	24.213	25.043
9.500.000	22.123	22.968	23.813	24.658	25.504
9.750.000	22.522	23.382	24.243	25.104	25.964
10.000.000	**22.921**	23.797	24.673	25.549	**26.425**
10.500.000	23.630	24.533	25.436	26.339	27.243
11.000.000	24.340	25.270	26.200	27.130	28.060
11.500.000	25.049	26.006	26.963	27.920	28.878
12.000.000	25.759	26.743	27.727	28.711	29.695
12.500.000	26.468	27.479	28.490	29.501	30.513
13.000.000	27.177	28.216	29.254	30.292	31.330
13.500.000	27.887	28.952	30.017	31.082	32.148
14.000.000	28.596	29.688	30.781	31.873	32.965
14.500.000	29.306	30.425	31.544	32.663	33.783
15.000.000	**30.015**	31.161	32.308	33.454	**34.600**
15.500.000	30.649	31.820	32.990	34.161	35.332
16.000.000	31.283	32.478	33.673	34.868	36.063
16.500.000	31.918	33.137	34.356	35.575	36.795
17.000.000	32.552	33.795	35.039	36.282	37.526
17.500.000	33.186	34.454	35.722	36.990	38.258
18.000.000	33.820	35.112	36.405	37.697	38.989
18.500.000	34.454	35.771	37.087	38.404	39.721
19.000.000	35.089	36.429	37.770	39.111	40.452
19.500.000	35.723	37.088	38.453	39.818	41.184
20.000.000	**36.357**	37.747	39.136	40.526	**41.915**
20.500.000	36.940	38.352	39.763	41.175	42.587
21.000.000	37.523	38.957	40.391	41.825	43.259
21.500.000	38.106	39.562	41.018	42.474	43.930
22.000.000	38.689	40.168	41.646	43.124	44.602
22.500.000	39.273	40.773	42.273	43.774	45.274
23.000.000	39.856	41.378	42.901	44.423	45.946
23.500.000	40.439	41.983	43.528	45.073	46.618
24.000.000	41.022	42.589	44.156	45.723	47.289
24.500.000	41.605	43.194	44.783	46.372	47.961
25.000.000	**42.188**	43.799	45.411	47.022	**48.633**
25.564.594	**42.841**	44.477	46.114	47.750	**49.386**

Anrechen-bare Kosten Euro	Von-satz Euro	Viertel-satz Euro	Mittel-satz Euro	Drei-viertel-satz Euro	Bis-satz Euro
51.129	1.084	1.166	1.248	1.329	1.411
55.000	1.097	1.179	1.262	1.345	1.428
60.000	1.113	1.197	1.281	1.365	1.449
65.000	1.130	1.215	1.300	1.385	1.471
70.000	1.146	1.233	1.319	1.406	1.492
75.000	1.163	1.250	1.338	1.426	1.514
80.000	1.179	1.268	1.357	1.446	1.535
85.000	1.196	1.286	1.376	1.466	1.557
90.000	1.212	1.304	1.395	1.487	1.578
95.000	1.229	1.321	1.414	1.507	1.600
100.000	1.245	1.339	1.433	1.527	1.621
105.000	1.261	1.356	1.451	1.546	1.642
110.000	1.277	1.373	1.470	1.566	1.662
115.000	1.293	1.390	1.488	1.585	1.683
120.000	1.309	1.408	1.506	1.605	1.703
125.000	1.325	1.425	1.525	1.624	1.724
130.000	1.341	1.442	1.543	1.644	1.745
135.000	1.357	1.459	1.561	1.663	1.765
140.000	1.373	1.476	1.579	1.683	1.786
145.000	1.389	1.493	1.598	1.702	1.806
150.000	1.405	1.511	1.616	1.722	1.827
155.000	1.420	1.527	1.633	1.740	1.847
160.000	1.435	1.543	1.651	1.758	1.866
165.000	1.450	1.559	1.668	1.777	1.886
170.000	1.465	1.575	1.685	1.795	1.905
175.000	1.481	1.592	1.703	1.814	1.925
180.000	1.496	1.608	1.720	1.832	1.944
185.000	1.511	1.624	1.737	1.850	1.964
190.000	1.526	1.640	1.754	1.869	1.983
195.000	1.541	1.656	1.772	1.887	2.003
200.000	1.556	1.673	1.789	1.906	2.022
205.000	1.571	1.689	1.806	1.924	2.042
210.000	1.586	1.705	1.824	1.942	2.061
215.000	1.601	1.721	1.841	1.961	2.081
220.000	1.616	1.737	1.858	1.979	2.100
225.000	1.631	1.753	1.875	1.997	2.120
230.000	1.646	1.769	1.893	2.016	2.139
235.000	1.661	1.785	1.910	2.034	2.159
240.000	1.676	1.802	1.927	2.053	2.178
245.000	1.691	1.818	1.944	2.071	2.198
250.000	1.706	1.834	1.962	2.089	2.217
255.000	1.722	1.850	1.979	2.108	2.237
260.000	1.737	1.867	1.997	2.127	2.257
265.000	1.753	1.884	2.015	2.146	2.277
270.000	1.768	1.900	2.033	2.165	2.297
275.000	1.784	1.917	2.050	2.184	2.317
280.000	1.799	1.934	2.068	2.203	2.337
285.000	1.815	1.950	2.086	2.221	2.357
290.000	1.830	1.967	2.104	2.240	2.377
295.000	1.846	1.983	2.121	2.259	2.397

§ 89

Honorartafel zu § 89 Abs. 1 – raumakustische Planungen, Honorarzone I

Anrechen-bare Kosten Euro	Von-satz Euro	Viertel-satz Euro	Mittel-satz Euro	Drei-viertel-satz Euro	Bis-satz Euro
300.000	**1.861**	2.000	2.139	2.278	**2.417**
305.000	1.875	2.015	2.155	2.295	2.435
310.000	1.888	2.030	2.171	2.312	2.454
315.000	1.902	2.045	2.187	2.329	2.472
320.000	1.916	2.059	2.203	2.347	2.490
325.000	1.930	2.074	2.219	2.364	2.509
330.000	1.943	2.089	2.235	2.381	2.527
335.000	1.957	2.104	2.251	2.398	2.545
340.000	1.971	2.119	2.267	2.415	2.563
345.000	1.984	2.134	2.283	2.432	2.582
350.000	**1.998**	2.149	2.299	2.450	**2.600**
355.000	2.012	2.164	2.315	2.467	2.618
360.000	2.027	2.179	2.332	2.484	2.637
365.000	2.041	2.195	2.348	2.502	2.655
370.000	2.056	2.210	2.365	2.519	2.674
375.000	2.070	2.226	2.381	2.537	2.692
380.000	2.084	2.241	2.397	2.554	2.710
385.000	2.099	2.256	2.414	2.571	2.729
390.000	2.113	2.272	2.430	2.589	2.747
395.000	2.128	2.287	2.447	2.606	2.766
400.000	**2.142**	2.303	2.463	2.624	**2.784**
405.000	2.157	2.318	2.480	2.641	2.803
410.000	2.171	2.334	2.496	2.659	2.821
415.000	2.186	2.349	2.513	2.676	2.840
420.000	2.200	2.365	2.529	2.694	2.858
425.000	2.215	2.380	2.546	2.711	2.877
430.000	2.229	2.396	2.562	2.729	2.895
435.000	2.244	2.411	2.579	2.746	2.914
440.000	2.258	2.427	2.595	2.764	2.932
445.000	2.273	2.442	2.612	2.781	2.951
450.000	**2.287**	2.458	2.628	2.799	**2.969**
455.000	2.300	2.472	2.644	2.815	2.987
460.000	2.314	2.486	2.659	2.832	3.004
465.000	2.327	2.501	2.675	2.848	3.022
470.000	2.340	2.515	2.690	2.865	3.040
475.000	2.354	2.530	2.706	2.882	3.058
480.000	2.367	2.544	2.721	2.898	3.075
485.000	2.380	2.558	2.737	2.915	3.093
490.000	2.393	2.573	2.752	2.931	3.111
495.000	2.407	2.587	2.768	2.948	3.128
500.000	**2.420**	2.602	2.783	2.965	**3.146**
525.000	2.487	2.674	2.860	3.047	3.234
550.000	2.555	2.746	2.938	3.129	3.321
575.000	2.622	2.819	3.015	3.212	3.409
600.000	2.690	2.891	3.093	3.294	3.496
625.000	2.757	2.964	3.170	3.377	3.584
650.000	2.824	3.036	3.248	3.459	3.671
675.000	2.892	3.108	3.325	3.542	3.759
700.000	2.959	3.181	3.403	3.624	3.846
725.000	3.027	3.253	3.480	3.707	3.934

Honorartafel zu § 89 Abs. 1 – raumakustische Planungen, Honorarzone I

Anrechen-bare Kosten Euro	Von-satz Euro	Viertel-satz Euro	Mittel-satz Euro	Drei-viertel-satz Euro	Bis-satz Euro
750.000	**3.094**	3.326	3.558	3.789	**4.021**
775.000	3.158	3.394	3.631	3.867	4.104
800.000	3.221	3.463	3.704	3.945	4.187
825.000	3.285	3.531	3.777	4.023	4.269
850.000	3.349	3.600	3.851	4.101	4.352
875.000	3.413	3.668	3.924	4.179	4.435
900.000	3.476	3.737	3.997	4.257	4.518
925.000	3.540	3.805	4.070	4.335	4.601
950.000	3.604	3.874	4.144	4.413	4.683
975.000	3.667	3.942	4.217	4.491	4.766
1.000.000	**3.731**	4.011	4.290	4.570	**4.849**
1.050.000	3.854	4.142	4.431	4.720	5.008
1.100.000	3.976	4.274	4.572	4.870	5.168
1.150.000	4.099	4.406	4.713	5.020	5.327
1.200.000	4.222	4.538	4.854	5.170	5.486
1.250.000	4.345	4.670	4.995	5.320	5.646
1.300.000	4.467	4.802	5.136	5.470	5.805
1.350.000	4.590	4.933	5.277	5.621	5.964
1.400.000	4.713	5.065	5.418	5.771	6.123
1.450.000	4.835	5.197	5.559	5.921	6.283
1.500.000	**4.958**	5.329	5.700	6.071	**6.442**
1.550.000	5.075	5.455	5.835	6.215	6.595
1.600.000	5.193	5.582	5.970	6.359	6.748
1.650.000	5.310	5.708	6.105	6.503	6.901
1.700.000	5.428	5.834	6.241	6.647	7.054
1.750.000	5.545	5.960	6.376	6.791	7.207
1.800.000	5.662	6.087	6.511	6.935	7.359
1.850.000	5.780	6.213	6.646	7.079	7.512
1.900.000	5.897	6.339	6.781	7.223	7.665
1.950.000	6.015	6.465	6.916	7.367	7.818
2.000.000	**6.132**	6.592	7.052	7.511	**7.971**
2.050.000	6.246	6.714	7.182	7.651	8.119
2.100.000	6.360	6.836	7.313	7.790	8.267
2.150.000	6.473	6.959	7.444	7.930	8.415
2.200.000	6.587	7.081	7.575	8.069	8.563
2.250.000	6.701	7.204	7.706	8.209	8.711
2.300.000	6.815	7.326	7.837	8.348	8.859
2.350.000	6.929	7.448	7.968	8.487	9.007
2.400.000	7.042	7.571	8.099	8.627	9.155
2.450.000	7.156	7.693	8.230	8.766	9.303
2.500.000	**7.270**	7.815	8.361	8.906	**9.451**
2.550.000	7.382	7.935	8.489	9.043	9.596
2.600.000	7.493	8.055	8.618	9.180	9.742
2.650.000	7.605	8.176	8.746	9.316	9.887
2.700.000	7.717	8.296	8.875	9.453	10.032
2.750.000	7.829	8.416	9.003	9.590	10.178
2.800.000	7.940	8.536	9.132	9.727	10.323
2.850.000	8.052	8.656	9.260	9.864	10.468
2.900.000	8.164	8.776	9.389	10.001	10.613
2.950.000	8.275	8.896	9.517	10.138	10.759

§ 89

Abs. 1

Zone I Honorartafel zu § 89 Abs. 1 – raumakustische Planungen, Honorarzone I

Anrechen-bare Kosten Euro	Von-satz Euro	Viertel-satz Euro	Mittel-satz Euro	Drei-viertel-satz Euro	Bis-satz Euro
3.000.000	**8.387**	9.016	9.646	10.275	**10.904**
3.050.000	8.497	9.134	9.772	10.409	11.046
3.100.000	8.607	9.252	9.898	10.543	11.189
3.150.000	8.716	9.370	10.024	10.678	11.331
3.200.000	8.826	9.488	10.150	10.812	11.474
3.250.000	8.936	9.606	10.276	10.946	11.616
3.300.000	9.046	9.724	10.402	11.080	11.758
3.350.000	9.156	9.842	10.528	11.215	11.901
3.400.000	9.265	9.960	10.654	11.349	12.043
3.450.000	9.375	10.078	10.780	11.483	12.186
3.500.000	**9.485**	10.196	10.907	11.617	**12.328**
3.550.000	9.593	10.312	11.031	11.750	12.469
3.600.000	9.702	10.429	11.156	11.882	12.609
3.650.000	9.810	10.545	11.280	12.015	12.750
3.700.000	9.918	10.661	11.405	12.148	12.891
3.750.000	10.027	10.778	11.529	12.280	13.032
3.800.000	10.135	10.894	11.654	12.413	13.172
3.850.000	10.243	11.011	11.778	12.545	13.313
3.900.000	10.351	11.127	11.903	12.678	13.454
3.950.000	10.460	11.243	12.027	12.811	13.594
4.000.000	**10.568**	11.360	12.152	12.943	**13.735**
4.050.000	10.675	11.475	12.274	13.074	13.874
4.100.000	10.781	11.589	12.397	13.205	14.013
4.150.000	10.888	11.704	12.520	13.336	14.152
4.200.000	10.995	11.819	12.643	13.467	14.291
4.250.000	11.102	11.934	12.766	13.598	14.430
4.300.000	11.208	12.048	12.888	13.728	14.568
4.350.000	11.315	12.163	13.011	13.859	14.707
4.400.000	11.422	12.278	13.134	13.990	14.846
4.450.000	11.528	12.393	13.257	14.121	14.985
4.500.000	**11.635**	12.507	13.380	14.252	**15.124**
4.550.000	11.741	12.621	13.501	14.381	15.262
4.600.000	11.846	12.735	13.623	14.511	15.399
4.650.000	11.952	12.848	13.745	14.641	15.537
4.700.000	12.058	12.962	13.866	14.771	15.675
4.750.000	12.164	13.076	13.988	14.900	15.813
4.800.000	12.269	13.189	14.110	15.030	15.950
4.850.000	12.375	13.303	14.231	15.160	16.088
4.900.000	12.481	13.417	14.353	15.289	16.226
4.950.000	12.586	13.531	14.475	15.419	16.363
5.000.000	**12.692**	13.644	14.597	15.549	**16.501**
5.250.000	13.209	14.200	15.190	16.181	17.172
5.500.000	13.725	14.755	15.784	16.814	17.843
5.750.000	14.242	15.310	16.378	17.446	18.515
6.000.000	14.758	15.865	16.972	18.079	19.186
6.250.000	15.275	16.421	17.566	18.712	19.857
6.500.000	15.792	16.976	18.160	19.344	20.528
6.750.000	16.308	17.531	18.754	19.977	21.199
7.000.000	16.825	18.086	19.348	20.609	21.871
7.250.000	17.341	18.642	19.942	21.242	22.542
7.500.000	**17.858**	19.197	20.536	21.874	**23.213**
7.669.378	**18.207**	19.572	20.938	22.303	**23.668**

Honorartafel zu § 89 Abs. 1 – raumakustische Planungen, Honorarzone II

Anrechenbare Kosten Euro	Vonsatz Euro	Viertelsatz Euro	Mittelsatz Euro	Dreiviertelsatz Euro	Bissatz Euro
51.129	1.411	1.493	1.575	1.656	1.738
55.000	1.428	1.510	1.593	1.676	1.758
60.000	1.449	1.533	1.617	1.700	1.784
65.000	1.471	1.556	1.640	1.725	1.810
70.000	1.492	1.578	1.664	1.750	1.836
75.000	1.514	1.601	1.688	1.775	1.863
80.000	1.535	1.623	1.712	1.800	1.889
85.000	1.557	1.646	1.736	1.825	1.915
90.000	1.578	1.669	1.759	1.850	1.941
95.000	1.600	1.691	1.783	1.875	1.967
100.000	1.621	1.714	1.807	1.900	1.993
105.000	1.642	1.736	1.830	1.924	2.019
110.000	1.662	1.758	1.853	1.949	2.044
115.000	1.683	1.779	1.876	1.973	2.070
120.000	1.703	1.801	1.899	1.997	2.095
125.000	1.724	1.823	1.922	2.021	2.121
130.000	1.745	1.845	1.945	2.046	2.146
135.000	1.765	1.867	1.968	2.070	2.172
140.000	1.786	1.889	1.991	2.094	2.197
145.000	1.806	1.910	2.014	2.118	2.223
150.000	1.827	1.932	2.038	2.143	2.248
155.000	1.847	1.953	2.060	2.166	2.273
160.000	1.866	1.974	2.082	2.189	2.297
165.000	1.886	1.995	2.104	2.213	2.322
170.000	1.905	2.015	2.126	2.236	2.346
175.000	1.925	2.036	2.148	2.259	2.371
180.000	1.944	2.057	2.170	2.282	2.395
185.000	1.964	2.078	2.192	2.306	2.420
190.000	1.983	2.098	2.214	2.329	2.444
195.000	2.003	2.119	2.236	2.352	2.469
200.000	2.022	2.140	2.258	2.375	2.493
205.000	2.042	2.160	2.279	2.398	2.517
210.000	2.061	2.181	2.301	2.421	2.541
215.000	2.081	2.202	2.323	2.444	2.565
220.000	2.100	2.222	2.345	2.467	2.589
225.000	2.120	2.243	2.367	2.490	2.614
230.000	2.139	2.264	2.388	2.513	2.638
235.000	2.159	2.284	2.410	2.536	2.662
240.000	2.178	2.305	2.432	2.559	2.686
245.000	2.198	2.326	2.454	2.582	2.710
250.000	2.217	2.346	2.476	2.605	2.734
255.000	2.237	2.367	2.498	2.628	2.758
260.000	2.257	2.388	2.520	2.651	2.782
265.000	2.277	2.409	2.542	2.674	2.806
270.000	2.297	2.430	2.564	2.697	2.830
275.000	2.317	2.451	2.586	2.720	2.854
280.000	2.337	2.472	2.608	2.743	2.878
285.000	2.357	2.493	2.630	2.766	2.902
290.000	2.377	2.514	2.652	2.789	2.926
295.000	2.397	2.535	2.674	2.812	2.950

§ 89

Anrechen-bare Kosten Euro	Von-satz Euro	Viertel-satz Euro	Mittel-satz Euro	Drei-viertel-satz Euro	Bis-satz Euro
300.000	**2.417**	2.556	2.696	2.835	**2.974**
305.000	2.435	2.576	2.716	2.856	2.997
310.000	2.454	2.595	2.737	2.878	3.019
315.000	2.472	2.614	2.757	2.900	3.042
320.000	2.490	2.634	2.778	2.921	3.065
325.000	2.509	2.653	2.798	2.943	3.088
330.000	2.527	2.673	2.819	2.964	3.110
335.000	2.545	2.692	2.839	2.986	3.133
340.000	2.563	2.711	2.860	3.008	3.156
345.000	2.582	2.731	2.880	3.029	3.178
350.000	**2.600**	2.750	2.901	3.051	**3.201**
355.000	2.618	2.770	2.921	3.072	3.224
360.000	2.637	2.789	2.941	3.094	3.246
365.000	2.655	2.809	2.962	3.115	3.269
370.000	2.674	2.828	2.982	3.137	3.291
375.000	2.692	2.847	3.003	3.158	3.314
380.000	2.710	2.867	3.023	3.180	3.336
385.000	2.729	2.886	3.044	3.201	3.359
390.000	2.747	2.906	3.064	3.223	3.381
395.000	2.766	2.925	3.085	3.244	3.404
400.000	**2.784**	2.945	3.105	3.266	**3.426**
405.000	2.803	2.964	3.126	3.287	3.449
410.000	2.821	2.984	3.146	3.309	3.472
415.000	2.840	3.003	3.167	3.331	3.495
420.000	2.858	3.023	3.188	3.353	3.518
425.000	2.877	3.043	3.209	3.375	3.541
430.000	2.895	3.062	3.229	3.396	3.563
435.000	2.914	3.082	3.250	3.418	3.586
440.000	2.932	3.101	3.271	3.440	3.609
445.000	2.951	3.121	3.291	3.462	3.632
450.000	**2.969**	3.141	3.312	3.484	**3.655**
455.000	2.987	3.159	3.332	3.504	3.677
460.000	3.004	3.178	3.352	3.525	3.699
465.000	3.022	3.197	3.371	3.546	3.720
470.000	3.040	3.215	3.391	3.567	3.742
475.000	3.058	3.234	3.411	3.587	3.764
480.000	3.075	3.253	3.431	3.608	3.786
485.000	3.093	3.272	3.450	3.629	3.808
490.000	3.111	3.290	3.470	3.650	3.829
495.000	3.128	3.309	3.490	3.670	3.851
500.000	**3.146**	3.328	3.510	3.691	**3.873**
525.000	3.234	3.420	3.607	3.793	3.980
550.000	3.321	3.513	3.704	3.896	4.087
575.000	3.409	3.605	3.801	3.998	4.194
600.000	3.496	3.697	3.899	4.100	4.301
625.000	3.584	3.790	3.996	4.202	4.408
650.000	3.671	3.882	4.093	4.304	4.515
675.000	3.759	3.974	4.190	4.406	4.622
700.000	3.846	4.067	4.288	4.508	4.729
725.000	3.934	4.159	4.385	4.610	4.836

Honorartafel zu § 89 Abs. 1 – raumakustische Planungen, Honorarzone II   Zone II

Anrechen-bare Kosten Euro	Von-satz Euro	Viertel-satz Euro	Mittel-satz Euro	Drei-viertel-satz Euro	Bis-satz Euro
750.000	**4.021**	4.252	4.482	4.713	**4.943**
775.000	4.104	4.339	4.575	4.810	5.045
800.000	4.187	4.427	4.667	4.908	5.148
825.000	4.269	4.515	4.760	5.005	5.250
850.000	4.352	4.602	4.852	5.103	5.353
875.000	4.435	4.690	4.945	5.200	5.455
900.000	4.518	4.778	5.038	5.298	5.557
925.000	4.601	4.865	5.130	5.395	5.660
950.000	4.683	4.953	5.223	5.493	5.762
975.000	4.766	5.041	5.315	5.590	5.865
1.000.000	**4.849**	5.129	5.408	5.688	**5.967**
1.050.000	5.008	5.297	5.586	5.874	6.163
1.100.000	5.168	5.465	5.763	6.061	6.359
1.150.000	5.327	5.634	5.941	6.248	6.555
1.200.000	5.486	5.802	6.118	6.435	6.751
1.250.000	5.646	5.971	6.296	6.621	6.947
1.300.000	5.805	6.139	6.474	6.808	7.142
1.350.000	5.964	6.308	6.651	6.995	7.338
1.400.000	6.123	6.476	6.829	7.182	7.534
1.450.000	6.283	6.645	7.006	7.368	7.730
1.500.000	**6.442**	6.813	7.184	7.555	**7.926**
1.550.000	6.595	6.975	7.354	7.734	8.114
1.600.000	6.748	7.136	7.525	7.913	8.302
1.650.000	6.901	7.298	7.695	8.093	8.490
1.700.000	7.054	7.460	7.866	8.272	8.678
1.750.000	7.207	7.621	8.036	8.451	8.866
1.800.000	7.359	7.783	8.207	8.630	9.054
1.850.000	7.512	7.945	8.377	8.810	9.242
1.900.000	7.665	8.106	8.548	8.989	9.430
1.950.000	7.818	8.268	8.718	9.168	9.618
2.000.000	**7.971**	8.430	8.889	9.347	**9.806**
2.050.000	8.119	8.586	9.054	9.521	9.989
2.100.000	8.267	8.743	9.219	9.695	10.171
2.150.000	8.415	8.900	9.384	9.869	10.354
2.200.000	8.563	9.056	9.550	10.043	10.536
2.250.000	8.711	9.213	9.715	10.217	10.719
2.300.000	8.859	9.370	9.880	10.391	10.901
2.350.000	9.007	9.526	10.045	10.564	11.084
2.400.000	9.155	9.683	10.211	10.738	11.266
2.450.000	9.303	9.839	10.376	10.912	11.449
2.500.000	**9.451**	9.996	10.541	11.086	**11.631**
2.550.000	9.596	10.150	10.703	11.257	11.810
2.600.000	9.742	10.303	10.865	11.427	11.989
2.650.000	9.887	10.457	11.027	11.598	12.168
2.700.000	10.032	10.611	11.189	11.768	12.347
2.750.000	10.178	10.765	11.352	11.939	12.526
2.800.000	10.323	10.918	11.514	12.109	12.704
2.850.000	10.468	11.072	11.676	12.280	12.883
2.900.000	10.613	11.226	11.838	12.450	13.062
2.950.000	10.759	11.379	12.000	12.621	13.241

Anrechen-bare Kosten Euro	Von-satz Euro	Viertel-satz Euro	Mittel-satz Euro	Drei-viertel-satz Euro	Bis-satz Euro
3.000.000	**10.904**	11.533	12.162	12.791	**13.420**
3.050.000	11.046	11.684	12.321	12.958	13.596
3.100.000	11.189	11.834	12.480	13.125	13.771
3.150.000	11.331	11.985	12.639	13.293	13.947
3.200.000	11.474	12.136	12.798	13.460	14.122
3.250.000	11.616	12.286	12.957	13.627	14.298
3.300.000	11.758	12.437	13.116	13.794	14.473
3.350.000	11.901	12.588	13.275	13.962	14.649
3.400.000	12.043	12.738	13.434	14.129	14.824
3.450.000	12.186	12.889	13.593	14.296	15.000
3.500.000	**12.328**	13.040	13.752	14.463	**15.175**
3.550.000	12.469	13.189	13.908	14.628	15.348
3.600.000	12.609	13.337	14.065	14.793	15.521
3.650.000	12.750	13.486	14.222	14.958	15.694
3.700.000	12.891	13.635	14.379	15.123	15.867
3.750.000	13.032	13.784	14.536	15.288	16.040
3.800.000	13.172	13.932	14.692	15.452	16.212
3.850.000	13.313	14.081	14.849	15.617	16.385
3.900.000	13.454	14.230	15.006	15.782	16.558
3.950.000	13.594	14.379	15.163	15.947	16.731
4.000.000	**13.735**	14.527	15.320	16.112	**16.904**
4.050.000	13.874	14.674	15.474	16.275	17.075
4.100.000	14.013	14.821	15.629	16.437	17.246
4.150.000	14.152	14.968	15.784	16.600	17.416
4.200.000	14.291	15.115	15.939	16.763	17.587
4.250.000	14.430	15.262	16.094	16.926	17.758
4.300.000	14.568	15.409	16.249	17.089	17.929
4.350.000	14.707	15.555	16.403	17.252	18.100
4.400.000	14.846	15.702	16.558	17.414	18.270
4.450.000	14.985	15.849	16.713	17.577	18.441
4.500.000	**15.124**	15.996	16.868	17.740	**18.612**
4.550.000	15.262	16.142	17.022	17.901	18.781
4.600.000	15.399	16.287	17.175	18.063	18.951
4.650.000	15.537	16.433	17.329	18.224	19.120
4.700.000	15.675	16.578	17.482	18.386	19.289
4.750.000	15.813	16.724	17.636	18.547	19.459
4.800.000	15.950	16.870	17.789	18.708	19.628
4.850.000	16.088	17.015	17.943	18.870	19.797
4.900.000	16.226	17.161	18.096	19.031	19.966
4.950.000	16.363	17.306	18.250	19.193	20.136
5.000.000	**16.501**	17.452	18.403	19.354	**20.305**
5.250.000	17.172	18.162	19.152	20.142	21.131
5.500.000	17.843	18.872	19.901	20.929	21.958
5.750.000	18.515	19.582	20.649	21.717	22.784
6.000.000	19.186	20.292	21.398	22.504	23.611
6.250.000	19.857	21.002	22.147	23.292	24.437
6.500.000	20.528	21.712	22.896	24.080	25.263
6.750.000	21.199	22.422	23.645	24.867	26.090
7.000.000	21.871	23.132	24.393	25.655	26.916
7.250.000	22.542	23.842	25.142	26.442	27.743
7.500.000	**23.213**	24.552	25.891	27.230	**28.569**
7.669.378	**23.668**	25.033	26.398	27.763	**29.128**

Honorartafel zu § 89 Abs. 1 – raumakustische Planungen, Honorarzone III Zone III

Anrechen-bare Kosten Euro	Von-satz Euro	Viertel-satz Euro	Mittel-satz Euro	Drei-viertel-satz Euro	Bis-satz Euro
51.129	**1.738**	1.819	1.900	1.980	**2.061**
55.000	1.758	1.840	1.922	2.004	2.085
60.000	1.784	1.867	1.951	2.034	2.117
65.000	1.810	1.895	1.979	2.064	2.148
70.000	1.836	1.922	2.008	2.094	2.180
75.000	1.863	1.950	2.037	2.124	2.211
80.000	1.889	1.977	2.066	2.154	2.242
85.000	1.915	2.004	2.094	2.184	2.274
90.000	1.941	2.032	2.123	2.214	2.305
95.000	1.967	2.059	2.152	2.244	2.337
100.000	**1.993**	2.087	2.181	2.274	**2.368**
105.000	2.019	2.113	2.208	2.303	2.398
110.000	2.044	2.140	2.236	2.331	2.427
115.000	2.070	2.166	2.263	2.360	2.457
120.000	2.095	2.193	2.291	2.389	2.486
125.000	2.121	2.219	2.318	2.417	2.516
130.000	2.146	2.246	2.346	2.446	2.546
135.000	2.172	2.272	2.373	2.474	2.575
140.000	2.197	2.299	2.401	2.503	2.605
145.000	2.223	2.325	2.428	2.531	2.634
150.000	**2.248**	2.352	2.456	2.560	**2.664**
155.000	2.273	2.378	2.483	2.588	2.694
160.000	2.297	2.404	2.510	2.617	2.723
165.000	2.322	2.429	2.537	2.645	2.753
170.000	2.346	2.455	2.564	2.673	2.782
175.000	2.371	2.481	2.591	2.701	2.812
180.000	2.395	2.507	2.618	2.730	2.841
185.000	2.420	2.532	2.645	2.758	2.871
190.000	2.444	2.558	2.672	2.786	2.900
195.000	2.469	2.584	2.699	2.814	2.930
200.000	**2.493**	2.610	2.726	2.843	**2.959**
205.000	2.517	2.635	2.752	2.870	2.988
210.000	2.541	2.660	2.779	2.897	3.016
215.000	2.565	2.685	2.805	2.925	3.045
220.000	2.589	2.710	2.831	2.952	3.073
225.000	2.614	2.736	2.858	2.980	3.102
230.000	2.638	2.761	2.884	3.007	3.131
235.000	2.662	2.786	2.910	3.035	3.159
240.000	2.686	2.811	2.937	3.062	3.188
245.000	2.710	2.837	2.963	3.090	3.216
250.000	**2.734**	2.862	2.990	3.117	**3.245**
255.000	2.758	2.887	3.016	3.145	3.274
260.000	2.782	2.912	3.042	3.172	3.302
265.000	2.806	2.937	3.068	3.199	3.331
270.000	2.830	2.962	3.095	3.227	3.359
275.000	2.854	2.987	3.121	3.254	3.388
280.000	2.878	3.013	3.147	3.282	3.416
285.000	2.902	3.038	3.173	3.309	3.445
290.000	2.926	3.063	3.200	3.336	3.473
295.000	2.950	3.088	3.226	3.364	3.502

§ 89

Zone III Honorartafel zu § 89 Abs. 1 – raumakustische Planungen, Honorarzone III

Anrechen-bare Kosten Euro	Von-satz Euro	Viertel-satz Euro	Mittel-satz Euro	Drei-viertel-satz Euro	Bis-satz Euro
300.000	**2.974**	3.113	3.252	3.391	**3.530**
305.000	2.997	3.137	3.277	3.417	3.557
310.000	3.019	3.161	3.302	3.443	3.584
315.000	3.042	3.184	3.327	3.469	3.612
320.000	3.065	3.208	3.352	3.495	3.639
325.000	3.088	3.232	3.377	3.521	3.666
330.000	3.110	3.256	3.402	3.547	3.693
335.000	3.133	3.280	3.427	3.574	3.720
340.000	3.156	3.304	3.452	3.600	3.748
345.000	3.178	3.327	3.477	3.626	3.775
350.000	**3.201**	3.351	3.502	3.652	**3.802**
355.000	3.224	3.375	3.526	3.678	3.829
360.000	3.246	3.399	3.551	3.704	3.856
365.000	3.269	3.422	3.576	3.729	3.883
370.000	3.291	3.446	3.601	3.755	3.910
375.000	3.314	3.469	3.625	3.781	3.937
380.000	3.336	3.493	3.650	3.807	3.964
385.000	3.359	3.517	3.675	3.833	3.991
390.000	3.381	3.540	3.700	3.859	4.018
395.000	3.404	3.564	3.724	3.885	4.045
400.000	**3.426**	3.588	3.749	3.911	**4.072**
405.000	3.449	3.611	3.774	3.936	4.099
410.000	3.472	3.635	3.799	3.962	4.125
415.000	3.495	3.659	3.823	3.988	4.152
420.000	3.518	3.683	3.848	4.013	4.178
425.000	3.541	3.707	3.873	4.039	4.205
430.000	3.563	3.730	3.898	4.065	4.232
435.000	3.586	3.754	3.922	4.090	4.258
440.000	3.609	3.778	3.947	4.116	4.285
445.000	3.632	3.802	3.972	4.142	4.311
450.000	**3.655**	3.826	3.997	4.167	**4.338**
455.000	3.677	3.849	4.021	4.193	4.365
460.000	3.699	3.872	4.045	4.218	4.391
465.000	3.720	3.895	4.069	4.243	4.418
470.000	3.742	3.918	4.093	4.269	4.444
475.000	3.764	3.941	4.117	4.294	4.471
480.000	3.786	3.964	4.141	4.319	4.497
485.000	3.808	3.987	4.166	4.345	4.524
490.000	3.829	4.010	4.190	4.370	4.550
495.000	3.851	4.033	4.214	4.395	4.577
500.000	**3.873**	4.056	4.238	4.421	**4.603**
525.000	3.980	4.167	4.355	4.542	4.730
550.000	4.087	4.279	4.472	4.664	4.857
575.000	4.194	4.391	4.589	4.786	4.983
600.000	4.301	4.503	4.706	4.908	5.110
625.000	4.408	4.615	4.823	5.030	5.237
650.000	4.515	4.727	4.939	5.152	5.364
675.000	4.622	4.839	5.056	5.273	5.491
700.000	4.729	4.951	5.173	5.395	5.617
725.000	4.836	5.063	5.290	5.517	5.744

Honorartafel zu § 89 Abs. 1 – raumakustische Planungen, Honorarzone III Zone III

Anrechen-bare Kosten Euro	Von-satz Euro	Viertel-satz Euro	Mittel-satz Euro	Drei-viertel-satz Euro	Bis-satz Euro
750.000	**4.943**	5.175	5.407	5.639	**5.871**
775.000	5.045	5.282	5.519	5.756	5.993
800.000	5.148	5.390	5.631	5.873	6.115
825.000	5.250	5.497	5.743	5.990	6.236
850.000	5.353	5.604	5.855	6.107	6.358
875.000	5.455	5.711	5.968	6.224	6.480
900.000	5.557	5.819	6.080	6.341	6.602
925.000	5.660	5.926	6.192	6.458	6.724
950.000	5.762	6.033	6.304	6.575	6.845
975.000	5.865	6.140	6.416	6.692	6.967
1.000.000	**5.967**	6.248	6.528	6.809	**7.089**
1.050.000	6.163	6.453	6.742	7.032	7.322
1.100.000	6.359	6.658	6.956	7.255	7.554
1.150.000	6.555	6.863	7.171	7.479	7.787
1.200.000	6.751	7.068	7.385	7.702	8.019
1.250.000	6.947	7.273	7.599	7.925	8.252
1.300.000	7.142	7.478	7.813	8.149	8.484
1.350.000	7.338	7.683	8.027	8.372	8.717
1.400.000	7.534	7.888	8.242	8.595	8.949
1.450.000	7.730	8.093	8.456	8.819	9.182
1.500.000	**7.926**	8.298	8.670	9.042	**9.414**
1.550.000	8.114	8.495	8.876	9.256	9.637
1.600.000	8.302	8.692	9.081	9.471	9.860
1.650.000	8.490	8.888	9.287	9.685	10.084
1.700.000	8.678	9.085	9.492	9.900	10.307
1.750.000	8.866	9.282	9.698	10.114	10.530
1.800.000	9.054	9.479	9.904	10.328	10.753
1.850.000	9.242	9.676	10.109	10.543	10.976
1.900.000	9.430	9.872	10.315	10.757	11.200
1.950.000	9.618	10.069	10.520	10.972	11.423
2.000.000	**9.806**	10.266	10.726	11.186	**11.646**
2.050.000	9.989	10.457	10.926	11.394	11.863
2.100.000	10.171	10.648	11.125	11.602	12.079
2.150.000	10.354	10.839	11.325	11.810	12.296
2.200.000	10.536	11.030	11.524	12.018	12.512
2.250.000	10.719	11.221	11.724	12.226	12.729
2.300.000	10.901	11.412	11.923	12.434	12.946
2.350.000	11.084	11.603	12.123	12.643	13.162
2.400.000	11.266	11.794	12.322	12.851	13.379
2.450.000	11.449	11.985	12.522	13.059	13.595
2.500.000	**11.631**	12.176	12.722	13.267	**13.812**
2.550.000	11.810	12.363	12.917	13.470	14.024
2.600.000	11.989	12.551	13.112	13.674	14.236
2.650.000	12.168	12.738	13.308	13.878	14.448
2.700.000	12.347	12.925	13.503	14.082	14.660
2.750.000	12.526	13.112	13.699	14.285	14.872
2.800.000	12.704	13.299	13.894	14.489	15.084
2.850.000	12.883	13.486	14.090	14.693	15.296
2.900.000	13.062	13.674	14.285	14.897	15.508
2.950.000	13.241	13.861	14.481	15.100	15.720

§ 89

Zone III Honorartafel zu § 89 Abs. 1 – raumakustische Planungen, Honorarzone III

Anrechen-bare Kosten Euro	Von-satz Euro	Viertel-satz Euro	Mittel-satz Euro	Drei-viertel-satz Euro	Bis-satz Euro
3.000.000	**13.420**	14.048	14.676	15.304	**15.932**
3.050.000	13.596	14.232	14.868	15.504	16.140
3.100.000	13.771	14.415	15.060	15.704	16.349
3.150.000	13.947	14.599	15.252	15.905	16.557
3.200.000	14.122	14.783	15.444	16.105	16.766
3.250.000	14.298	14.967	15.636	16.305	16.974
3.300.000	14.473	15.150	15.828	16.505	17.182
3.350.000	14.649	15.334	16.020	16.705	17.391
3.400.000	14.824	15.518	16.212	16.905	17.599
3.450.000	15.000	15.702	16.404	17.106	17.808
3.500.000	**15.175**	15.885	16.596	17.306	**18.016**
3.550.000	15.348	16.066	16.785	17.503	18.222
3.600.000	15.521	16.248	16.974	17.701	18.428
3.650.000	15.694	16.429	17.164	17.899	18.634
3.700.000	15.867	16.610	17.353	18.096	18.840
3.750.000	16.040	16.791	17.543	18.294	19.046
3.800.000	16.212	16.972	17.732	18.492	19.251
3.850.000	16.385	17.153	17.921	18.689	19.457
3.900.000	16.558	17.334	18.111	18.887	19.663
3.950.000	16.731	17.516	18.300	19.085	19.869
4.000.000	**16.904**	17.697	18.490	19.282	**20.075**
4.050.000	17.075	17.876	18.676	19.477	20.278
4.100.000	17.246	18.055	18.863	19.672	20.481
4.150.000	17.416	18.233	19.050	19.867	20.684
4.200.000	17.587	18.412	19.237	20.062	20.887
4.250.000	17.758	18.591	19.424	20.257	21.091
4.300.000	17.929	18.770	19.611	20.452	21.294
4.350.000	18.100	18.949	19.798	20.647	21.497
4.400.000	18.270	19.128	19.985	20.842	21.700
4.450.000	18.441	19.307	20.172	21.037	21.903
4.500.000	**18.612**	19.486	20.359	21.233	**22.106**
4.550.000	18.781	19.663	20.544	21.426	22.307
4.600.000	18.951	19.840	20.729	21.619	22.508
4.650.000	19.120	20.017	20.914	21.812	22.709
4.700.000	19.289	20.194	21.099	22.005	22.910
4.750.000	19.459	20.372	21.285	22.198	23.111
4.800.000	19.628	20.549	21.470	22.391	23.311
4.850.000	19.797	20.726	21.655	22.584	23.512
4.900.000	19.966	20.903	21.840	22.777	23.713
4.950.000	20.136	21.080	22.025	22.970	23.914
5.000.000	**20.305**	21.258	22.210	23.163	**24.115**
5.250.000	21.131	22.123	23.114	24.105	25.096
5.500.000	21.958	22.988	24.017	25.047	26.077
5.750.000	22.784	23.853	24.921	25.990	27.058
6.000.000	23.611	24.718	25.825	26.932	28.039
6.250.000	24.437	25.583	26.729	27.874	29.020
6.500.000	25.263	26.448	27.632	28.817	30.001
6.750.000	26.090	27.313	28.536	29.759	30.982
7.000.000	26.916	28.178	29.440	30.701	31.963
7.250.000	27.743	29.043	30.343	31.644	32.944
7.500.000	**28.569**	29.908	31.247	32.586	**33.925**
7.669.378	**29.128**	30.493	31.859	33.224	**34.589**

Honorartafel zu § 89 Abs. 1 – raumakustische Planungen, Honorarzone IV **Zone IV**

Anrechen- bare Kosten Euro	Von- satz Euro	Viertel- satz Euro	Mittel- satz Euro	Drei- viertel- satz Euro	Bis- satz Euro
51.129	**2.061**	2.143	2.225	2.306	**2.388**
55.000	2.085	2.168	2.251	2.333	2.416
60.000	2.117	2.201	2.284	2.368	2.452
65.000	2.148	2.233	2.318	2.403	2.488
70.000	2.180	2.266	2.352	2.438	2.524
75.000	2.211	2.298	2.385	2.473	2.560
80.000	2.242	2.331	2.419	2.508	2.596
85.000	2.274	2.363	2.453	2.542	2.632
90.000	2.305	2.396	2.487	2.577	2.668
95.000	2.337	2.428	2.520	2.612	2.704
100.000	**2.368**	2.461	2.554	2.647	**2.740**
105.000	2.398	2.492	2.586	2.680	2.775
110.000	2.427	2.523	2.618	2.714	2.809
115.000	2.457	2.553	2.650	2.747	2.844
120.000	2.486	2.584	2.682	2.780	2.878
125.000	2.516	2.615	2.714	2.813	2.913
130.000	2.546	2.646	2.746	2.847	2.947
135.000	2.575	2.677	2.778	2.880	2.982
140.000	2.605	2.708	2.810	2.913	3.016
145.000	2.634	2.738	2.842	2.946	3.051
150.000	**2.664**	2.769	2.875	2.980	**3.085**
155.000	2.694	2.800	2.907	3.013	3.120
160.000	2.723	2.831	2.939	3.046	3.154
165.000	2.753	2.862	2.971	3.080	3.189
170.000	2.782	2.892	3.003	3.113	3.223
175.000	2.812	2.923	3.035	3.146	3.258
180.000	2.841	2.954	3.067	3.179	3.292
185.000	2.871	2.985	3.099	3.213	3.327
190.000	2.900	3.015	3.131	3.246	3.361
195.000	2.930	3.046	3.163	3.279	3.396
200.000	**2.959**	3.077	3.195	3.312	**3.430**
205.000	2.988	3.107	3.225	3.344	3.463
210.000	3.016	3.136	3.256	3.376	3.496
215.000	3.045	3.166	3.287	3.408	3.530
220.000	3.073	3.196	3.318	3.440	3.563
225.000	3.102	3.226	3.349	3.473	3.596
230.000	3.131	3.255	3.380	3.505	3.629
235.000	3.159	3.285	3.411	3.537	3.662
240.000	3.188	3.315	3.442	3.569	3.696
245.000	3.216	3.345	3.473	3.601	3.729
250.000	**3.245**	3.374	3.504	3.633	**3.762**
255.000	3.274	3.404	3.534	3.664	3.795
260.000	3.302	3.433	3.565	3.696	3.827
265.000	3.331	3.463	3.595	3.727	3.860
270.000	3.359	3.492	3.626	3.759	3.892
275.000	3.388	3.522	3.656	3.790	3.925
280.000	3.416	3.551	3.687	3.822	3.957
285.000	3.445	3.581	3.717	3.853	3.990
290.000	3.473	3.610	3.748	3.885	4.022
295.000	3.502	3.640	3.778	3.916	4.055

§ 89

Zone IV Honorartafel zu § 89 Abs. 1 – raumakustische Planungen, Honorarzone IV

Anrechen- bare Kosten Euro	Von- satz Euro	Viertel- satz Euro	Mittel- satz Euro	Drei- viertel- satz Euro	Bis- satz Euro
300.000	3.530	3.669	3.809	3.948	4.087
305.000	3.557	3.698	3.838	3.978	4.119
310.000	3.584	3.726	3.867	4.009	4.150
315.000	3.612	3.754	3.897	4.039	4.182
320.000	3.639	3.783	3.926	4.070	4.214
325.000	3.666	3.811	3.956	4.101	4.246
330.000	3.693	3.839	3.985	4.131	4.277
335.000	3.720	3.868	4.015	4.162	4.309
340.000	3.748	3.896	4.044	4.192	4.341
345.000	3.775	3.924	4.074	4.223	4.372
350.000	3.802	3.953	4.103	4.254	4.404
355.000	3.829	3.981	4.132	4.284	4.435
360.000	3.856	4.009	4.161	4.314	4.466
365.000	3.883	4.037	4.190	4.344	4.497
370.000	3.910	4.065	4.219	4.374	4.528
375.000	3.937	4.093	4.248	4.404	4.559
380.000	3.964	4.121	4.277	4.434	4.590
385.000	3.991	4.149	4.306	4.464	4.621
390.000	4.018	4.177	4.335	4.494	4.652
395.000	4.045	4.205	4.364	4.524	4.683
400.000	4.072	4.233	4.393	4.554	4.714
405.000	4.099	4.260	4.422	4.583	4.745
410.000	4.125	4.288	4.451	4.613	4.776
415.000	4.152	4.316	4.479	4.643	4.807
420.000	4.178	4.343	4.508	4.673	4.838
425.000	4.205	4.371	4.537	4.703	4.869
430.000	4.232	4.399	4.566	4.733	4.900
435.000	4.258	4.426	4.595	4.763	4.931
440.000	4.285	4.454	4.623	4.793	4.962
445.000	4.311	4.482	4.652	4.823	4.993
450.000	4.338	4.510	4.681	4.853	5.024
455.000	4.365	4.537	4.710	4.882	5.055
460.000	4.391	4.565	4.738	4.912	5.085
465.000	4.418	4.592	4.767	4.941	5.116
470.000	4.444	4.620	4.795	4.971	5.146
475.000	4.471	4.647	4.824	5.000	5.177
480.000	4.497	4.675	4.852	5.030	5.208
485.000	4.524	4.702	4.881	5.060	5.238
490.000	4.550	4.730	4.909	5.089	5.269
495.000	4.577	4.757	4.938	5.119	5.299
500.000	4.603	4.785	4.967	5.148	5.330
525.000	4.730	4.916	5.103	5.290	5.476
550.000	4.857	5.048	5.240	5.431	5.623
575.000	4.983	5.180	5.376	5.573	5.769
600.000	5.110	5.311	5.513	5.714	5.915
625.000	5.237	5.443	5.649	5.855	6.062
650.000	5.364	5.575	5.786	5.997	6.208
675.000	5.491	5.706	5.922	6.138	6.354
700.000	5.617	5.838	6.059	6.280	6.500
725.000	5.744	5.970	6.195	6.421	6.647

Honorartafel zu § 89 Abs. 1 – raumakustische Planungen, Honorarzone IV Zone IV

Anrechen-bare Kosten Euro	Von-satz Euro	Viertel-satz Euro	Mittel-satz Euro	Drei-viertel-satz Euro	Bis-satz Euro
750.000	**5.871**	6.102	6.332	6.563	**6.793**
775.000	5.993	6.228	6.464	6.699	6.934
800.000	6.115	6.355	6.595	6.836	7.076
825.000	6.236	6.482	6.727	6.972	7.217
850.000	6.358	6.608	6.858	7.109	7.359
875.000	6.480	6.735	6.990	7.245	7.500
900.000	6.602	6.862	7.122	7.382	7.641
925.000	6.724	6.988	7.253	7.518	7.783
950.000	6.845	7.115	7.385	7.655	7.924
975.000	6.967	7.242	7.516	7.791	8.066
1.000.000	**7.089**	7.369	7.648	7.928	**8.207**
1.050.000	7.322	7.610	7.899	8.187	8.476
1.100.000	7.554	7.852	8.150	8.447	8.745
1.150.000	7.787	8.093	8.400	8.707	9.014
1.200.000	8.019	8.335	8.651	8.967	9.283
1.250.000	8.252	8.577	8.902	9.227	9.553
1.300.000	8.484	8.818	9.153	9.487	9.822
1.350.000	8.717	9.060	9.404	9.747	10.091
1.400.000	8.949	9.302	9.654	10.007	10.360
1.450.000	9.182	9.543	9.905	10.267	10.629
1.500.000	**9.414**	9.785	10.156	10.527	**10.898**
1.550.000	9.637	10.017	10.397	10.776	11.156
1.600.000	9.860	10.249	10.637	11.026	11.414
1.650.000	10.084	10.481	10.878	11.275	11.673
1.700.000	10.307	10.713	11.119	11.525	11.931
1.750.000	10.530	10.945	11.360	11.774	12.189
1.800.000	10.753	11.177	11.600	12.024	12.447
1.850.000	10.976	11.409	11.841	12.273	12.705
1.900.000	11.200	11.641	12.082	12.523	12.964
1.950.000	11.423	11.873	12.322	12.772	13.222
2.000.000	**11.646**	12.105	12.563	13.022	**13.480**
2.050.000	11.863	12.330	12.797	13.264	13.731
2.100.000	12.079	12.555	13.031	13.507	13.982
2.150.000	12.296	12.780	13.265	13.749	14.234
2.200.000	12.512	13.006	13.499	13.992	14.485
2.250.000	12.729	13.231	13.733	14.234	14.736
2.300.000	12.946	13.456	13.966	14.477	14.987
2.350.000	13.162	13.681	14.200	14.719	15.238
2.400.000	13.379	13.907	14.434	14.962	15.490
2.450.000	13.595	14.132	14.668	15.204	15.741
2.500.000	**13.812**	14.357	14.902	15.447	**15.992**
2.550.000	14.024	14.577	15.131	15.684	16.238
2.600.000	14.236	14.798	15.360	15.921	16.483
2.650.000	14.448	15.018	15.588	16.159	16.729
2.700.000	14.660	15.239	15.817	16.396	16.974
2.750.000	14.872	15.459	16.046	16.633	17.220
2.800.000	15.084	15.679	16.275	16.870	17.466
2.850.000	15.296	15.900	16.504	17.107	17.711
2.900.000	15.508	16.120	16.732	17.345	17.957
2.950.000	15.720	16.341	16.961	17.582	18.202

§ 89

Abs. 1

Zone IV Honorartafel zu § 89 Abs. 1 – raumakustische Planungen, Honorarzone IV

Anrechen-bare Kosten Euro	Von-satz Euro	Viertel-satz Euro	Mittel-satz Euro	Drei-viertel-satz Euro	Bis-satz Euro
3.000.000	**15.932**	16.561	17.190	17.819	**18.448**
3.050.000	16.140	16.778	17.415	18.052	18.690
3.100.000	16.349	16.994	17.640	18.285	18.931
3.150.000	16.557	17.211	17.865	18.519	19.173
3.200.000	16.766	17.428	18.090	18.752	19.414
3.250.000	16.974	17.644	18.315	18.985	19.656
3.300.000	17.182	17.861	18.540	19.218	19.897
3.350.000	17.391	18.078	18.765	19.452	20.139
3.400.000	17.599	18.294	18.990	19.685	20.380
3.450.000	17.808	18.511	19.215	19.918	20.622
3.500.000	**18.016**	18.728	19.440	20.151	**20.863**
3.550.000	18.222	18.942	19.662	20.381	21.101
3.600.000	18.428	19.156	19.884	20.611	21.339
3.650.000	18.634	19.370	20.106	20.841	21.577
3.700.000	18.840	19.584	20.328	21.071	21.815
3.750.000	19.046	19.798	20.550	21.302	22.054
3.800.000	19.251	20.011	20.772	21.532	22.292
3.850.000	19.457	20.225	20.994	21.762	22.530
3.900.000	19.663	20.439	21.216	21.992	22.768
3.950.000	19.869	20.653	21.438	22.222	23.006
4.000.000	**20.075**	20.867	21.660	22.452	**23.244**
4.050.000	20.278	21.078	21.879	22.679	23.479
4.100.000	20.481	21.289	22.098	22.906	23.714
4.150.000	20.684	21.500	22.317	23.133	23.949
4.200.000	20.887	21.712	22.536	23.360	24.184
4.250.000	21.091	21.923	22.755	23.587	24.419
4.300.000	21.294	22.134	22.974	23.814	24.654
4.350.000	21.497	22.345	23.193	24.041	24.889
4.400.000	21.700	22.556	23.412	24.268	25.124
4.450.000	21.903	22.767	23.631	24.495	25.359
4.500.000	**22.106**	22.978	23.850	24.722	**25.594**
4.550.000	22.307	23.187	24.067	24.947	25.827
4.600.000	22.508	23.396	24.283	25.171	26.059
4.650.000	22.709	23.604	24.500	25.396	26.292
4.700.000	22.910	23.813	24.717	25.620	26.524
4.750.000	23.111	24.022	24.934	25.845	26.757
4.800.000	23.311	24.231	25.150	26.070	26.989
4.850.000	23.512	24.440	25.367	26.294	27.222
4.900.000	23.713	24.648	25.584	26.519	27.454
4.950.000	23.914	24.857	25.800	26.743	27.687
5.000.000	**24.115**	25.066	26.017	26.968	**27.919**
5.250.000	25.096	26.086	27.076	28.065	29.055
5.500.000	26.077	27.106	28.134	29.163	30.191
5.750.000	27.058	28.125	29.193	30.260	31.328
6.000.000	28.039	29.145	30.251	31.358	32.464
6.250.000	29.020	30.165	31.310	32.455	33.600
6.500.000	30.001	31.185	32.369	33.552	34.736
6.750.000	30.982	32.205	33.427	34.650	35.872
7.000.000	31.963	33.224	34.486	35.747	37.009
7.250.000	32.944	34.244	35.544	36.845	38.145
7.500.000	**33.925**	35.264	36.603	37.942	**39.281**
7.669.378	**34.589**	35.954	37.319	38.684	**40.049**

Honorartafel zu § 89 Abs. 1 – raumakustische Planungen, Honorarzone V Zone V

Anrechen-bare Kosten Euro	Von-satz Euro	Viertel-satz Euro	Mittel-satz Euro	Drei-viertel-satz Euro	Bis-satz Euro
51.129	**2.388**	2.470	2.552	2.633	**2.715**
55.000	2.416	2.499	2.581	2.664	2.747
60.000	2.452	2.536	2.620	2.704	2.788
65.000	2.488	2.573	2.658	2.744	2.829
70.000	2.524	2.610	2.697	2.783	2.870
75.000	2.560	2.648	2.735	2.823	2.911
80.000	2.596	2.685	2.774	2.863	2.952
85.000	2.632	2.722	2.812	2.903	2.993
90.000	2.668	2.759	2.851	2.942	3.034
95.000	2.704	2.797	2.889	2.982	3.075
100.000	**2.740**	2.834	2.928	3.022	**3.116**
105.000	2.775	2.870	2.965	3.060	3.155
110.000	2.809	2.905	3.002	3.098	3.194
115.000	2.844	2.941	3.038	3.136	3.233
120.000	2.878	2.977	3.075	3.174	3.272
125.000	2.913	3.012	3.112	3.212	3.312
130.000	2.947	3.048	3.149	3.250	3.351
135.000	2.982	3.084	3.186	3.288	3.390
140.000	3.016	3.119	3.222	3.326	3.429
145.000	3.051	3.155	3.259	3.364	3.468
150.000	**3.085**	3.191	3.296	3.402	**3.507**
155.000	3.120	3.226	3.333	3.439	3.546
160.000	3.154	3.262	3.370	3.477	3.585
165.000	3.189	3.297	3.406	3.515	3.624
170.000	3.223	3.333	3.443	3.553	3.663
175.000	3.258	3.369	3.480	3.591	3.702
180.000	3.292	3.404	3.517	3.629	3.741
185.000	3.327	3.440	3.553	3.667	3.780
190.000	3.361	3.476	3.590	3.705	3.819
195.000	3.396	3.511	3.627	3.742	3.858
200.000	**3.430**	3.547	3.664	3.780	**3.897**
205.000	3.463	3.581	3.699	3.817	3.935
210.000	3.496	3.615	3.734	3.853	3.972
215.000	3.530	3.650	3.770	3.890	4.010
220.000	3.563	3.684	3.805	3.926	4.047
225.000	3.596	3.718	3.841	3.963	4.085
230.000	3.629	3.753	3.876	3.999	4.123
235.000	3.662	3.787	3.911	4.036	4.160
240.000	3.696	3.821	3.947	4.072	4.198
245.000	3.729	3.855	3.982	4.109	4.235
250.000	**3.762**	3.890	4.018	4.145	**4.273**
255.000	3.795	3.923	4.052	4.181	4.310
260.000	3.827	3.957	4.087	4.217	4.347
265.000	3.860	3.991	4.122	4.253	4.384
270.000	3.892	4.024	4.157	4.289	4.421
275.000	3.925	4.058	4.192	4.325	4.459
280.000	3.957	4.092	4.226	4.361	4.496
285.000	3.990	4.125	4.261	4.397	4.533
290.000	4.022	4.159	4.296	4.433	4.570
295.000	4.055	4.193	4.331	4.469	4.607

§ 89

Abs. 1

Zone V   Honorartafel zu § 89 Abs. 1 – raumakustische Planungen, Honorarzone V

Anrechen-bare Kosten Euro	Von-satz Euro	Viertel-satz Euro	Mittel-satz Euro	Drei-viertel-satz Euro	Bis-satz Euro
300.000	**4.087**	4.226	4.366	4.505	**4.644**
305.000	4.119	4.259	4.399	4.540	4.680
310.000	4.150	4.292	4.433	4.575	4.716
315.000	4.182	4.325	4.467	4.610	4.752
320.000	4.214	4.357	4.501	4.645	4.788
325.000	4.246	4.390	4.535	4.680	4.825
330.000	4.277	4.423	4.569	4.715	4.861
335.000	4.309	4.456	4.603	4.750	4.897
340.000	4.341	4.489	4.637	4.785	4.933
345.000	4.372	4.521	4.671	4.820	4.969
350.000	**4.404**	4.554	4.705	4.855	**5.005**
355.000	4.435	4.586	4.738	4.889	5.040
360.000	4.466	4.618	4.771	4.923	5.075
365.000	4.497	4.650	4.804	4.957	5.110
370.000	4.528	4.682	4.837	4.991	5.145
375.000	4.559	4.714	4.870	5.025	5.181
380.000	4.590	4.746	4.903	5.059	5.216
385.000	4.621	4.778	4.936	5.093	5.251
390.000	4.652	4.810	4.969	5.127	5.286
395.000	4.683	4.842	5.002	5.161	5.321
400.000	**4.714**	4.875	5.035	5.196	**5.356**
405.000	4.745	4.907	5.068	5.230	5.391
410.000	4.776	4.939	5.101	5.264	5.426
415.000	4.807	4.971	5.134	5.298	5.461
420.000	4.838	5.003	5.167	5.332	5.496
425.000	4.869	5.035	5.200	5.366	5.531
430.000	4.900	5.067	5.233	5.400	5.566
435.000	4.931	5.099	5.266	5.434	5.601
440.000	4.962	5.131	5.299	5.468	5.636
445.000	4.993	5.163	5.332	5.502	5.671
450.000	**5.024**	5.195	5.365	5.536	**5.706**
455.000	5.055	5.226	5.398	5.569	5.741
460.000	5.085	5.258	5.431	5.603	5.776
465.000	5.116	5.290	5.463	5.637	5.811
470.000	5.146	5.321	5.496	5.671	5.846
475.000	5.177	5.353	5.529	5.705	5.881
480.000	5.208	5.385	5.562	5.739	5.916
485.000	5.238	5.416	5.595	5.773	5.951
490.000	5.269	5.448	5.627	5.807	5.986
495.000	5.299	5.480	5.660	5.841	6.021
500.000	**5.330**	5.512	5.693	5.875	**6.056**
525.000	5.476	5.663	5.849	6.036	6.223
550.000	5.623	5.814	6.006	6.197	6.389
575.000	5.769	5.966	6.162	6.359	6.556
600.000	5.915	6.117	6.319	6.520	6.722
625.000	6.062	6.268	6.475	6.682	6.889
650.000	6.208	6.420	6.631	6.843	7.055
675.000	6.354	6.571	6.788	7.005	7.222
700.000	6.500	6.722	6.944	7.166	7.388
725.000	6.647	6.874	7.101	7.328	7.555

Honorartafel zu § 89 Abs. 1 – raumakustische Planungen, Honorarzone V Zone V

Anrechen-bare Kosten Euro	Von-satz Euro	Viertel-satz Euro	Mittel-satz Euro	Drei-viertel-satz Euro	Bis-satz Euro
750.000	6.793	7.025	7.257	7.489	7.721
775.000	6.934	7.171	7.408	7.645	7.881
800.000	7.076	7.317	7.559	7.800	8.042
825.000	7.217	7.463	7.710	7.956	8.202
850.000	7.359	7.610	7.861	8.112	8.363
875.000	7.500	7.756	8.012	8.267	8.523
900.000	7.641	7.902	8.162	8.423	8.683
925.000	7.783	8.048	8.313	8.579	8.844
950.000	7.924	8.194	8.464	8.734	9.004
975.000	8.066	8.340	8.615	8.890	9.165
1.000.000	8.207	8.487	8.766	9.046	9.325
1.050.000	8.476	8.765	9.053	9.342	9.631
1.100.000	8.745	9.043	9.341	9.638	9.936
1.150.000	9.014	9.321	9.628	9.935	10.242
1.200.000	9.283	9.599	9.915	10.231	10.547
1.250.000	9.553	9.878	10.203	10.528	10.853
1.300.000	9.822	10.156	10.490	10.824	11.159
1.350.000	10.091	10.434	10.777	11.121	11.464
1.400.000	10.360	10.712	11.065	11.417	11.770
1.450.000	10.629	10.991	11.352	11.714	12.075
1.500.000	10.898	11.269	11.640	12.010	12.381
1.550.000	11.156	11.536	11.916	12.295	12.675
1.600.000	11.414	11.803	12.192	12.580	12.969
1.650.000	11.673	12.070	12.468	12.865	13.262
1.700.000	11.931	12.337	12.744	13.150	13.556
1.750.000	12.189	12.604	13.020	13.435	13.850
1.800.000	12.447	12.871	13.296	13.720	14.144
1.850.000	12.705	13.138	13.572	14.005	14.438
1.900.000	12.964	13.406	13.848	14.289	14.731
1.950.000	13.222	13.673	14.124	14.574	15.025
2.000.000	13.480	13.940	14.400	14.859	15.319
2.050.000	13.731	14.199	14.668	15.136	15.604
2.100.000	13.982	14.459	14.936	15.413	15.890
2.150.000	14.234	14.719	15.204	15.690	16.175
2.200.000	14.485	14.979	15.473	15.966	16.460
2.250.000	14.736	15.238	15.741	16.243	16.746
2.300.000	14.987	15.498	16.009	16.520	17.031
2.350.000	15.238	15.758	16.277	16.797	17.316
2.400.000	15.490	16.018	16.546	17.073	17.601
2.450.000	15.741	16.277	16.814	17.350	17.887
2.500.000	15.992	16.537	17.082	17.627	18.172
2.550.000	16.238	16.791	17.344	17.898	18.451
2.600.000	16.483	17.045	17.607	18.169	18.730
2.650.000	16.729	17.299	17.869	18.439	19.010
2.700.000	16.974	17.553	18.132	18.710	19.289
2.750.000	17.220	17.807	18.394	18.981	19.568
2.800.000	17.466	18.061	18.656	19.252	19.847
2.850.000	17.711	18.315	18.919	19.523	20.126
2.900.000	17.957	18.569	19.181	19.793	20.406
2.950.000	18.202	18.823	19.444	20.064	20.685

§ 89

Zone V   Honorartafel zu § 89 Abs. 1 – raumakustische Planungen, Honorarzone V

Anrechen-bare Kosten Euro	Von-satz Euro	Viertel-satz Euro	Mittel-satz Euro	Drei-viertel-satz Euro	Bis-satz Euro
3.000.000	18.448	19.077	19.706	20.335	20.964
3.050.000	18.690	19.327	19.964	20.601	21.238
3.100.000	18.931	19.576	20.222	20.867	21.512
3.150.000	19.173	19.826	20.480	21.133	21.787
3.200.000	19.414	20.076	20.737	21.399	22.061
3.250.000	19.656	20.325	20.995	21.665	22.335
3.300.000	19.897	20.575	21.253	21.931	22.609
3.350.000	20.139	20.825	21.511	22.197	22.883
3.400.000	20.380	21.074	21.769	22.463	23.158
3.450.000	20.622	21.324	22.027	22.729	23.432
3.500.000	20.863	21.574	22.285	22.995	23.706
3.550.000	21.101	21.820	22.539	23.258	23.977
3.600.000	21.339	22.066	22.793	23.520	24.247
3.650.000	21.577	22.312	23.047	23.782	24.518
3.700.000	21.815	22.559	23.302	24.045	24.788
3.750.000	22.054	22.805	23.556	24.307	25.059
3.800.000	22.292	23.051	23.810	24.570	25.329
3.850.000	22.530	23.297	24.065	24.832	25.600
3.900.000	22.768	23.543	24.319	25.094	25.870
3.950.000	23.006	23.790	24.573	25.357	26.141
4.000.000	23.244	24.036	24.828	25.619	26.411
4.050.000	23.479	24.279	25.079	25.878	26.678
4.100.000	23.714	24.522	25.330	26.138	26.945
4.150.000	23.949	24.765	25.581	26.397	27.213
4.200.000	24.184	25.008	25.832	26.656	27.480
4.250.000	24.419	25.251	26.083	26.915	27.747
4.300.000	24.654	25.494	26.334	27.174	28.014
4.350.000	24.889	25.737	26.585	27.433	28.281
4.400.000	25.124	25.980	26.836	27.692	28.549
4.450.000	25.359	26.223	27.087	27.952	28.816
4.500.000	25.594	26.466	27.339	28.211	29.083
4.550.000	25.827	26.707	27.587	28.467	29.348
4.600.000	26.059	26.947	27.836	28.724	29.612
4.650.000	26.292	27.188	28.084	28.980	29.877
4.700.000	26.524	27.428	28.333	29.237	30.141
4.750.000	26.757	27.669	28.581	29.493	30.406
4.800.000	26.989	27.909	28.830	29.750	30.670
4.850.000	27.222	28.150	29.078	30.006	30.935
4.900.000	27.454	28.390	29.327	30.263	31.199
4.950.000	27.687	28.631	29.575	30.519	31.464
5.000.000	27.919	28.871	29.824	30.776	31.728
5.250.000	29.055	30.046	31.037	32.028	33.019
5.500.000	30.191	31.221	32.251	33.280	34.310
5.750.000	31.328	32.396	33.464	34.532	35.600
6.000.000	32.464	33.571	34.678	35.784	36.891
6.250.000	33.600	34.746	35.891	37.037	38.182
6.500.000	34.736	35.920	37.105	38.289	39.473
6.750.000	35.872	37.095	38.318	39.541	40.764
7.000.000	37.009	38.270	39.532	40.793	42.054
7.250.000	38.145	39.445	40.745	42.045	43.345
7.500.000	39.281	40.620	41.959	43.297	44.636
7.669.378	40.049	41.414	42.780	44.145	45.510

Honorartafel zu § 94 Abs. 1 – Baugrundbeurteilung und Gründungsberatung, Honorarzone I

Anrechen-bare Kosten Euro	Von-satz Euro	Viertel-satz Euro	Mittel-satz Euro	Drei-viertel-satz Euro	Bis-satz Euro
51.129	**476**	572	668	763	**859**
52.500	482	579	676	772	869
55.000	494	592	691	789	888
57.500	505	605	706	806	906
60.000	517	619	721	823	925
62.500	528	632	736	839	943
65.000	539	645	751	856	962
67.500	551	658	766	873	980
70.000	562	671	781	890	999
72.500	574	685	796	906	1.017
75.000	**585**	698	811	923	**1.036**
77.500	595	709	823	937	1.051
80.000	604	720	835	951	1.066
82.500	614	731	848	965	1.082
85.000	624	742	860	979	1.097
87.500	634	753	873	992	1.112
90.000	643	764	885	1.006	1.127
92.500	653	775	898	1.020	1.142
95.000	663	786	910	1.034	1.158
97.500	672	797	923	1.048	1.173
100.000	**682**	809	935	1.062	**1.188**
105.000	698	827	955	1.084	1.213
110.000	713	845	976	1.107	1.238
115.000	729	863	996	1.130	1.264
120.000	744	881	1.017	1.153	1.289
125.000	760	899	1.037	1.176	1.314
130.000	776	917	1.057	1.198	1.339
135.000	791	935	1.078	1.221	1.364
140.000	807	953	1.098	1.244	1.390
145.000	822	971	1.119	1.267	1.415
150.000	**838**	989	1.139	1.290	**1.440**
155.000	852	1.005	1.157	1.309	1.462
160.000	866	1.021	1.175	1.329	1.484
165.000	880	1.037	1.193	1.349	1.505
170.000	894	1.053	1.211	1.369	1.527
175.000	909	1.069	1.229	1.389	1.549
180.000	923	1.085	1.247	1.409	1.571
185.000	937	1.101	1.265	1.429	1.593
190.000	951	1.117	1.283	1.449	1.614
195.000	965	1.133	1.301	1.468	1.636
200.000	**979**	1.149	1.319	1.488	**1.658**
205.000	991	1.162	1.334	1.505	1.676
210.000	1.003	1.176	1.349	1.522	1.695
215.000	1.014	1.189	1.364	1.538	1.713
220.000	1.026	1.202	1.379	1.555	1.731
225.000	1.038	1.216	1.394	1.572	1.750
230.000	1.050	1.229	1.409	1.588	1.768
235.000	1.062	1.243	1.424	1.605	1.786
240.000	1.073	1.256	1.439	1.622	1.804
245.000	1.085	1.270	1.454	1.638	1.823

Honorartafel zu § 94 Abs. 1 – Baugrundbeurteilung und Gründungsberatung, Honorarzone I

Anrechen-bare Kosten Euro	Von-satz Euro	Viertel-satz Euro	Mittel-satz Euro	Drei-viertel-satz Euro	Bis-satz Euro
250.000	**1.097**	1.283	1.469	1.655	**1.841**
255.000	1.109	1.296	1.484	1.671	1.859
260.000	1.120	1.309	1.498	1.687	1.876
265.000	1.132	1.322	1.513	1.703	1.894
270.000	1.143	1.335	1.527	1.719	1.911
275.000	1.155	1.348	1.542	1.735	1.929
280.000	1.166	1.361	1.556	1.751	1.946
285.000	1.178	1.374	1.571	1.767	1.964
290.000	1.189	1.387	1.585	1.783	1.981
295.000	1.201	1.400	1.600	1.799	1.999
300.000	**1.212**	1.413	1.614	1.815	**2.016**
305.000	1.222	1.425	1.627	1.829	2.031
310.000	1.232	1.436	1.640	1.843	2.047
315.000	1.243	1.448	1.652	1.857	2.062
320.000	1.253	1.459	1.665	1.871	2.078
325.000	1.263	1.471	1.678	1.886	2.093
330.000	1.273	1.482	1.691	1.900	2.108
335.000	1.283	1.494	1.704	1.914	2.124
340.000	1.294	1.505	1.716	1.928	2.139
345.000	1.304	1.517	1.729	1.942	2.155
350.000	**1.314**	1.528	1.742	1.956	**2.170**
355.000	1.324	1.539	1.754	1.969	2.185
360.000	1.333	1.550	1.766	1.983	2.199
365.000	1.343	1.560	1.778	1.996	2.214
370.000	1.352	1.571	1.790	2.009	2.228
375.000	1.362	1.582	1.802	2.023	2.243
380.000	1.371	1.593	1.814	2.036	2.258
385.000	1.381	1.603	1.826	2.049	2.272
390.000	1.390	1.614	1.838	2.063	2.287
395.000	1.400	1.625	1.850	2.076	2.301
400.000	**1.409**	1.636	1.863	2.089	**2.316**
405.000	1.418	1.646	1.873	2.101	2.329
410.000	1.426	1.655	1.884	2.113	2.342
415.000	1.435	1.665	1.895	2.125	2.356
420.000	1.444	1.675	1.906	2.138	2.369
425.000	1.453	1.685	1.917	2.150	2.382
430.000	1.461	1.695	1.928	2.162	2.395
435.000	1.470	1.705	1.939	2.174	2.408
440.000	1.479	1.714	1.950	2.186	2.422
445.000	1.487	1.724	1.961	2.198	2.435
450.000	**1.496**	1.734	1.972	2.210	**2.448**
455.000	1.505	1.744	1.983	2.222	2.461
460.000	1.513	1.753	1.993	2.233	2.473
465.000	1.522	1.763	2.004	2.245	2.486
470.000	1.530	1.772	2.014	2.256	2.498
475.000	1.539	1.782	2.025	2.268	2.511
480.000	1.547	1.791	2.035	2.279	2.524
485.000	1.556	1.801	2.046	2.291	2.536
490.000	1.564	1.810	2.056	2.303	2.549
495.000	1.573	1.820	2.067	2.314	2.561

Honorartafel zu § 94 Abs. 1 – Baugrundbeurteilung und Gründungs-beratung, Honorarzone I

Anrechen-bare Kosten Euro	Von-satz Euro	Viertel-satz Euro	Mittel-satz Euro	Drei-viertel-satz Euro	Bis-satz Euro
500.000	**1.581**	1.829	2.078	2.326	**2.574**
525.000	1.618	1.871	2.124	2.377	2.630
550.000	1.656	1.913	2.171	2.428	2.686
575.000	1.693	1.955	2.217	2.479	2.741
600.000	1.730	1.997	2.264	2.530	2.797
625.000	1.768	2.039	2.310	2.582	2.853
650.000	1.805	2.081	2.357	2.633	2.909
675.000	1.842	2.123	2.403	2.684	2.965
700.000	1.879	2.165	2.450	2.735	3.020
725.000	1.917	2.207	2.496	2.786	3.076
750.000	**1.954**	2.249	2.543	2.838	**3.132**
775.000	1.987	2.285	2.583	2.881	3.180
800.000	2.020	2.322	2.623	2.925	3.227
825.000	2.052	2.358	2.664	2.969	3.275
850.000	2.085	2.395	2.704	3.013	3.322
875.000	2.118	2.431	2.744	3.057	3.370
900.000	2.151	2.468	2.784	3.101	3.418
925.000	2.184	2.504	2.824	3.145	3.465
950.000	2.216	2.541	2.865	3.189	3.513
975.000	2.249	2.577	2.905	3.233	3.560
1.000.000	**2.282**	2.614	2.945	3.277	**3.608**
1.050.000	2.336	2.673	3.011	3.348	3.686
1.100.000	2.389	2.733	3.076	3.420	3.764
1.150.000	2.443	2.792	3.142	3.492	3.841
1.200.000	2.496	2.852	3.208	3.563	3.919
1.250.000	2.550	2.911	3.273	3.635	3.997
1.300.000	2.603	2.971	3.339	3.707	4.075
1.350.000	2.657	3.031	3.405	3.779	4.153
1.400.000	2.710	3.090	3.470	3.850	4.230
1.450.000	2.764	3.150	3.536	3.922	4.308
1.500.000	**2.817**	3.209	3.602	3.994	**4.386**
1.550.000	2.864	3.261	3.658	4.055	4.452
1.600.000	2.910	3.312	3.714	4.116	4.519
1.650.000	2.957	3.364	3.771	4.178	4.585
1.700.000	3.003	3.415	3.827	4.239	4.651
1.750.000	3.050	3.467	3.884	4.301	4.718
1.800.000	3.096	3.518	3.940	4.362	4.784
1.850.000	3.143	3.569	3.996	4.423	4.850
1.900.000	3.189	3.621	4.053	4.485	4.916
1.950.000	3.236	3.672	4.109	4.546	4.983
2.000.000	**3.282**	3.724	4.166	4.607	**5.049**
2.050.000	3.323	3.769	4.215	4.661	5.107
2.100.000	3.363	3.813	4.264	4.714	5.164
2.150.000	3.404	3.858	4.313	4.767	5.222
2.200.000	3.444	3.903	4.362	4.821	5.280
2.250.000	3.485	3.948	4.411	4.874	5.338
2.300.000	3.525	3.993	4.460	4.928	5.395
2.350.000	3.566	4.037	4.509	4.981	5.453
2.400.000	3.606	4.082	4.558	5.034	5.511
2.450.000	3.647	4.127	4.607	5.088	5.568

Honorartafel zu § 94 Abs. 1 – Baugrundbeurteilung und Gründungsberatung, Honorarzone I

Anrechen-bare Kosten Euro	Von-satz Euro	Viertel-satz Euro	Mittel-satz Euro	Drei-viertel-satz Euro	Bis-satz Euro
2.500.000	**3.687**	4.172	4.657	5.141	**5.626**
2.550.000	3.724	4.212	4.701	5.190	5.678
2.600.000	3.761	4.253	4.746	5.238	5.730
2.650.000	3.798	4.294	4.790	5.286	5.783
2.700.000	3.835	4.335	4.835	5.335	5.835
2.750.000	3.872	4.375	4.879	5.383	5.887
2.800.000	3.908	4.416	4.924	5.432	5.939
2.850.000	3.945	4.457	4.968	5.480	5.991
2.900.000	3.982	4.498	5.013	5.528	6.044
2.950.000	4.019	4.538	5.057	5.577	6.096
3.000.000	**4.056**	4.579	5.102	5.625	**6.148**
3.050.000	4.090	4.617	5.143	5.670	6.196
3.100.000	4.125	4.655	5.184	5.714	6.244
3.150.000	4.159	4.692	5.226	5.759	6.292
3.200.000	4.194	4.730	5.267	5.803	6.340
3.250.000	4.228	4.768	5.308	5.848	6.388
3.300.000	4.262	4.806	5.349	5.893	6.436
3.350.000	4.297	4.844	5.390	5.937	6.484
3.400.000	4.331	4.881	5.432	5.982	6.532
3.450.000	4.366	4.919	5.473	6.026	6.580
3.500.000	**4.400**	4.957	5.514	6.071	**6.628**
3.550.000	4.432	4.992	5.552	6.112	6.673
3.600.000	4.464	5.027	5.590	6.154	6.717
3.650.000	4.496	5.062	5.629	6.195	6.762
3.700.000	4.528	5.097	5.667	6.236	6.806
3.750.000	4.560	5.132	5.705	6.278	6.851
3.800.000	4.591	5.167	5.743	6.319	6.895
3.850.000	4.623	5.202	5.781	6.360	6.940
3.900.000	4.655	5.237	5.820	6.402	6.984
3.950.000	4.687	5.272	5.858	6.443	7.029
4.000.000	**4.719**	5.308	5.896	6.485	**7.073**
4.050.000	4.749	5.340	5.932	6.523	7.115
4.100.000	4.779	5.373	5.967	6.562	7.156
4.150.000	4.808	5.406	6.003	6.600	7.198
4.200.000	4.838	5.439	6.039	6.639	7.239
4.250.000	4.868	5.471	6.075	6.678	7.281
4.300.000	4.898	5.504	6.110	6.716	7.323
4.350.000	4.928	5.537	6.146	6.755	7.364
4.400.000	4.957	5.570	6.182	6.794	7.406
4.450.000	4.987	5.602	6.217	6.832	7.447
4.500.000	**5.017**	5.635	6.253	6.871	**7.489**
4.550.000	5.046	5.666	6.287	6.908	7.529
4.600.000	5.074	5.698	6.322	6.945	7.569
4.650.000	5.103	5.729	6.356	6.982	7.608
4.700.000	5.132	5.761	6.390	7.019	7.648
4.750.000	5.161	5.792	6.424	7.056	7.688
4.800.000	5.189	5.824	6.459	7.093	7.728
4.850.000	5.218	5.855	6.493	7.130	7.768
4.900.000	5.247	5.887	6.527	7.167	7.807
4.950.000	5.275	5.918	6.561	7.204	7.847

Honorartafel zu § 94 Abs. 1 – Baugrundbeurteilung und Gründungsberatung, Honorarzone I

Anrechen-bare Kosten Euro	Von-satz Euro	Viertel-satz Euro	Mittel-satz Euro	Drei-viertel-satz Euro	Bis-satz Euro
5.000.000	**5.304**	5.950	6.596	7.241	**7.887**
5.250.000	5.430	6.088	6.745	7.402	8.059
5.500.000	5.557	6.225	6.894	7.563	8.231
5.750.000	5.683	6.363	7.043	7.723	8.404
6.000.000	5.809	6.501	7.193	7.884	8.576
6.250.000	5.936	6.639	7.342	8.045	8.748
6.500.000	6.062	6.776	7.491	8.206	8.920
6.750.000	6.188	6.914	7.640	8.366	9.092
7.000.000	6.314	7.052	7.790	8.527	9.265
7.250.000	6.441	7.190	7.939	8.688	9.437
7.500.000	**6.567**	7.328	8.088	8.849	**9.609**
7.750.000	6.674	7.444	8.214	8.984	9.754
8.000.000	6.782	7.561	8.341	9.120	9.900
8.250.000	6.889	7.678	8.467	9.256	10.045
8.500.000	6.996	7.795	8.593	9.392	10.191
8.750.000	7.104	7.912	8.720	9.528	10.336
9.000.000	7.211	8.028	8.846	9.664	10.481
9.250.000	7.318	8.145	8.972	9.800	10.627
9.500.000	7.425	8.262	9.099	9.936	10.772
9.750.000	7.533	8.379	9.225	10.071	10.918
10.000.000	**7.640**	8.496	9.352	10.207	**11.063**
10.500.000	7.821	8.692	9.563	10.434	11.305
11.000.000	8.002	8.888	9.775	10.661	11.547
11.500.000	8.183	9.085	9.986	10.888	11.789
12.000.000	8.364	9.281	10.198	11.115	12.031
12.500.000	8.545	9.477	10.409	11.341	12.274
13.000.000	8.726	9.673	10.621	11.568	12.516
13.500.000	8.907	9.870	10.832	11.795	12.758
14.000.000	9.088	10.066	11.044	12.022	13.000
14.500.000	9.269	10.262	11.255	12.249	13.242
15.000.000	**9.450**	10.459	11.467	12.476	**13.484**
15.500.000	9.605	10.626	11.647	12.668	13.689
16.000.000	9.760	10.793	11.826	12.860	13.893
16.500.000	9.914	10.960	12.006	13.052	14.098
17.000.000	10.069	11.128	12.186	13.244	14.302
17.500.000	10.224	11.295	12.366	13.436	14.507
18.000.000	10.379	11.462	12.545	13.628	14.712
18.500.000	10.534	11.629	12.725	13.821	14.916
19.000.000	10.688	11.797	12.905	14.013	15.121
19.500.000	10.843	11.964	13.084	14.205	15.325
20.000.000	**10.998**	12.131	13.264	14.397	**15.530**
20.500.000	11.135	12.279	13.422	14.566	15.710
21.000.000	11.272	12.427	13.581	14.735	15.889
21.500.000	11.409	12.574	13.739	14.904	16.069
22.000.000	11.546	12.722	13.898	15.073	16.249
22.500.000	11.684	12.870	14.056	15.242	16.429
23.000.000	11.821	13.018	14.214	15.411	16.608
23.500.000	11.958	13.165	14.373	15.580	16.788
24.000.000	12.095	13.313	14.531	15.749	16.968
24.500.000	12.232	13.461	14.690	15.918	17.147
25.000.000	**12.369**	13.609	14.848	16.088	**17.327**
25.564.594	**12.522**	13.773	15.025	16.276	**17.527**

Anrechen-bare Kosten Euro	Von-satz Euro	Viertel-satz Euro	Mittel-satz Euro	Drei-viertel-satz Euro	Bis-satz Euro
51.129	**859**	954	1.048	1.143	**1.237**
52.500	869	965	1.060	1.156	1.251
55.000	888	985	1.082	1.179	1.277
57.500	906	1.005	1.104	1.203	1.302
60.000	925	1.026	1.126	1.227	1.328
62.500	943	1.046	1.148	1.251	1.353
65.000	962	1.066	1.170	1.275	1.379
67.500	980	1.086	1.192	1.298	1.404
70.000	999	1.107	1.214	1.322	1.430
72.500	1.017	1.127	1.236	1.346	1.455
75.000	**1.036**	1.147	1.259	1.370	**1.481**
77.500	1.051	1.164	1.277	1.390	1.502
80.000	1.066	1.181	1.295	1.409	1.524
82.500	1.082	1.197	1.313	1.429	1.545
85.000	1.097	1.214	1.332	1.449	1.566
87.500	1.112	1.231	1.350	1.469	1.588
90.000	1.127	1.248	1.368	1.488	1.609
92.500	1.142	1.264	1.386	1.508	1.630
95.000	1.158	1.281	1.405	1.528	1.651
97.500	1.173	1.298	1.423	1.548	1.673
100.000	**1.188**	1.315	1.441	1.568	**1.694**
105.000	1.213	1.342	1.471	1.600	1.728
110.000	1.238	1.369	1.501	1.632	1.763
115.000	1.264	1.397	1.530	1.664	1.797
120.000	1.289	1.424	1.560	1.696	1.831
125.000	1.314	1.452	1.590	1.728	1.866
130.000	1.339	1.479	1.620	1.760	1.900
135.000	1.364	1.507	1.649	1.792	1.934
140.000	1.390	1.534	1.679	1.824	1.968
145.000	1.415	1.562	1.709	1.856	2.003
150.000	**1.440**	1.589	1.739	1.888	**2.037**
155.000	1.462	1.613	1.764	1.916	2.067
160.000	1.484	1.637	1.790	1.944	2.097
165.000	1.505	1.661	1.816	1.971	2.127
170.000	1.527	1.685	1.842	1.999	2.157
175.000	1.549	1.708	1.868	2.027	2.187
180.000	1.571	1.732	1.894	2.055	2.216
185.000	1.593	1.756	1.919	2.083	2.246
190.000	1.614	1.780	1.945	2.111	2.276
195.000	1.636	1.804	1.971	2.139	2.306
200.000	**1.658**	1.828	1.997	2.167	**2.336**
205.000	1.676	1.847	2.019	2.190	2.361
210.000	1.695	1.867	2.040	2.213	2.386
215.000	1.713	1.887	2.062	2.236	2.411
220.000	1.731	1.907	2.083	2.260	2.436
225.000	1.750	1.927	2.105	2.283	2.461
230.000	1.768	1.947	2.127	2.306	2.485
235.000	1.786	1.967	2.148	2.329	2.510
240.000	1.804	1.987	2.170	2.353	2.535
245.000	1.823	2.007	2.191	2.376	2.560

Honorartafel zu § 94 Abs. 1 – Baugrundbeurteilung und Gründungsberatung, Honorarzone II

Anrechen-bare Kosten Euro	Von-satz Euro	Viertel-satz Euro	Mittel-satz Euro	Drei-viertel-satz Euro	Bis-satz Euro
250.000	**1.841**	2.027	2.213	2.399	**2.585**
255.000	1.859	2.046	2.234	2.421	2.609
260.000	1.876	2.065	2.254	2.443	2.632
265.000	1.894	2.084	2.275	2.465	2.656
270.000	1.911	2.103	2.295	2.487	2.679
275.000	1.929	2.122	2.316	2.509	2.703
280.000	1.946	2.141	2.336	2.531	2.727
285.000	1.964	2.160	2.357	2.554	2.750
290.000	1.981	2.179	2.377	2.576	2.774
295.000	1.999	2.198	2.398	2.598	2.797
300.000	**2.016**	2.217	2.419	2.620	**2.821**
305.000	2.031	2.234	2.436	2.639	2.842
310.000	2.047	2.251	2.454	2.658	2.862
315.000	2.062	2.267	2.472	2.677	2.883
320.000	2.078	2.284	2.490	2.697	2.903
325.000	2.093	2.301	2.508	2.716	2.924
330.000	2.108	2.317	2.526	2.735	2.944
335.000	2.124	2.334	2.544	2.754	2.965
340.000	2.139	2.351	2.562	2.774	2.985
345.000	2.155	2.367	2.580	2.793	3.006
350.000	**2.170**	2.384	2.598	2.812	**3.026**
355.000	2.185	2.400	2.615	2.830	3.046
360.000	2.199	2.416	2.632	2.849	3.065
365.000	2.214	2.432	2.649	2.867	3.085
370.000	2.228	2.447	2.666	2.885	3.104
375.000	2.243	2.463	2.684	2.904	3.124
380.000	2.258	2.479	2.701	2.922	3.144
385.000	2.272	2.495	2.718	2.940	3.163
390.000	2.287	2.511	2.735	2.959	3.183
395.000	2.301	2.527	2.752	2.977	3.202
400.000	**2.316**	2.543	2.769	2.996	**3.222**
405.000	2.329	2.557	2.785	3.012	3.240
410.000	2.342	2.571	2.800	3.029	3.258
415.000	2.356	2.586	2.816	3.045	3.275
420.000	2.369	2.600	2.831	3.062	3.293
425.000	2.382	2.614	2.847	3.079	3.311
430.000	2.395	2.629	2.862	3.095	3.329
435.000	2.408	2.643	2.878	3.112	3.347
440.000	2.422	2.657	2.893	3.129	3.364
445.000	2.435	2.672	2.909	3.145	3.382
450.000	**2.448**	2.686	2.924	3.162	**3.400**
455.000	2.461	2.700	2.939	3.178	3.417
460.000	2.473	2.713	2.954	3.194	3.434
465.000	2.486	2.727	2.969	3.210	3.451
470.000	2.498	2.741	2.983	3.226	3.468
475.000	2.511	2.755	2.998	3.242	3.486
480.000	2.524	2.768	3.013	3.258	3.503
485.000	2.536	2.782	3.028	3.274	3.520
490.000	2.549	2.796	3.043	3.290	3.537
495.000	2.561	2.810	3.058	3.306	3.554

Honorartafel zu § 94 Abs. 1 – Baugrundbeurteilung und Gründungsberatung, Honorarzone II

Anrechen-bare Kosten Euro	Von-satz Euro	Viertel-satz Euro	Mittel-satz Euro	Drei-viertel-satz Euro	Bis-satz Euro
500.000	**2.574**	2.823	3.073	3.322	**3.571**
525.000	2.630	2.884	3.137	3.391	3.645
550.000	2.686	2.944	3.202	3.461	3.719
575.000	2.741	3.004	3.267	3.530	3.793
600.000	2.797	3.065	3.332	3.600	3.867
625.000	2.853	3.125	3.397	3.669	3.942
650.000	2.909	3.186	3.462	3.739	4.016
675.000	2.965	3.246	3.527	3.808	4.090
700.000	3.020	3.306	3.592	3.878	4.164
725.000	3.076	3.367	3.657	3.947	4.238
750.000	**3.132**	3.427	3.722	4.017	**4.312**
775.000	3.180	3.478	3.777	4.076	4.374
800.000	3.227	3.530	3.832	4.134	4.437
825.000	3.275	3.581	3.887	4.193	4.499
850.000	3.322	3.632	3.942	4.252	4.561
875.000	3.370	3.683	3.997	4.310	4.624
900.000	3.418	3.735	4.052	4.369	4.686
925.000	3.465	3.786	4.107	4.427	4.748
950.000	3.513	3.837	4.162	4.486	4.810
975.000	3.560	3.888	4.217	4.545	4.873
1.000.000	**3.608**	3.940	4.272	4.603	**4.935**
1.050.000	3.686	4.024	4.361	4.699	5.037
1.100.000	3.764	4.107	4.451	4.795	5.139
1.150.000	3.841	4.191	4.541	4.891	5.241
1.200.000	3.919	4.275	4.631	4.987	5.343
1.250.000	3.997	4.359	4.721	5.083	5.445
1.300.000	4.075	4.443	4.811	5.179	5.547
1.350.000	4.153	4.527	4.901	5.275	5.649
1.400.000	4.230	4.611	4.991	5.371	5.751
1.450.000	4.308	4.694	5.081	5.467	5.853
1.500.000	**4.386**	4.778	5.171	5.563	**5.955**
1.550.000	4.452	4.850	5.247	5.644	6.042
1.600.000	4.519	4.921	5.323	5.726	6.128
1.650.000	4.585	4.992	5.400	5.807	6.215
1.700.000	4.651	5.064	5.476	5.889	6.301
1.750.000	4.718	5.135	5.553	5.970	6.388
1.800.000	4.784	5.206	5.629	6.051	6.474
1.850.000	4.850	5.278	5.705	6.133	6.561
1.900.000	4.916	5.349	5.782	6.214	6.647
1.950.000	4.983	5.420	5.858	6.296	6.734
2.000.000	**5.049**	5.492	5.935	6.377	**6.820**
2.050.000	5.107	5.554	6.001	6.448	6.895
2.100.000	5.164	5.616	6.067	6.518	6.969
2.150.000	5.222	5.678	6.133	6.588	7.044
2.200.000	5.280	5.739	6.199	6.659	7.118
2.250.000	5.338	5.801	6.265	6.729	7.193
2.300.000	5.395	5.863	6.331	6.800	7.268
2.350.000	5.453	5.925	6.398	6.870	7.342
2.400.000	5.511	5.987	6.464	6.940	7.417
2.450.000	5.568	6.049	6.530	7.011	7.491

Honorartafel zu § 94 Abs. 1 – Baugrundbeurteilung und Gründungsberatung, Honorarzone II

Anrechen- bare Kosten Euro	Von- satz Euro	Viertel- satz Euro	Mittel- satz Euro	Drei- viertel- satz Euro	Bis- satz Euro
2.500.000	**5.626**	6.111	6.596	7.081	**7.566**
2.550.000	5.678	6.167	6.656	7.145	7.633
2.600.000	5.730	6.223	6.716	7.208	7.701
2.650.000	5.783	6.279	6.775	7.272	7.768
2.700.000	5.835	6.335	6.835	7.335	7.835
2.750.000	5.887	6.391	6.895	7.399	7.903
2.800.000	5.939	6.447	6.955	7.462	7.970
2.850.000	5.991	6.503	7.014	7.526	8.037
2.900.000	6.044	6.559	7.074	7.589	8.104
2.950.000	6.096	6.615	7.134	7.653	8.172
3.000.000	**6.148**	6.671	7.194	7.716	**8.239**
3.050.000	6.196	6.722	7.248	7.775	8.301
3.100.000	6.244	6.774	7.303	7.833	8.362
3.150.000	6.292	6.825	7.358	7.891	8.424
3.200.000	6.340	6.876	7.413	7.949	8.486
3.250.000	6.388	6.928	7.468	8.008	8.548
3.300.000	6.436	6.979	7.523	8.066	8.609
3.350.000	6.484	7.031	7.577	8.124	8.671
3.400.000	6.532	7.082	7.632	8.182	8.733
3.450.000	6.580	7.134	7.687	8.241	8.794
3.500.000	**6.628**	7.185	7.742	8.299	**8.856**
3.550.000	6.673	7.233	7.793	8.353	8.913
3.600.000	6.717	7.280	7.843	8.406	8.970
3.650.000	6.762	7.328	7.894	8.460	9.026
3.700.000	6.806	7.375	7.945	8.514	9.083
3.750.000	6.851	7.423	7.995	8.568	9.140
3.800.000	6.895	7.470	8.046	8.621	9.197
3.850.000	6.940	7.518	8.097	8.675	9.254
3.900.000	6.984	7.566	8.147	8.729	9.310
3.950.000	7.029	7.613	8.198	8.783	9.367
4.000.000	**7.073**	7.661	8.249	8.836	**9.424**
4.050.000	7.115	7.705	8.296	8.887	9.478
4.100.000	7.156	7.750	8.344	8.937	9.531
4.150.000	7.198	7.795	8.391	8.988	9.585
4.200.000	7.239	7.839	8.439	9.039	9.638
4.250.000	7.281	7.884	8.487	9.089	9.692
4.300.000	7.323	7.928	8.534	9.140	9.746
4.350.000	7.364	7.973	8.582	9.190	9.799
4.400.000	7.406	8.018	8.629	9.241	9.853
4.450.000	7.447	8.062	8.677	9.292	9.906
4.500.000	**7.489**	8.107	8.725	9.342	**9.960**
4.550.000	7.529	8.149	8.770	9.390	10.011
4.600.000	7.569	8.192	8.815	9.438	10.061
4.650.000	7.608	8.234	8.860	9.486	10.112
4.700.000	7.648	8.277	8.905	9.534	10.162
4.750.000	7.688	8.319	8.951	9.582	10.213
4.800.000	7.728	8.362	8.996	9.630	10.264
4.850.000	7.768	8.404	9.041	9.678	10.314
4.900.000	7.807	8.447	9.086	9.725	10.365
4.950.000	7.847	8.489	9.131	9.773	10.415

§ 94

Abs. 1

Zone II Honorartafel zu § 94 Abs. 1 – Baugrundbeurteilung und Gründungsberatung, Honorarzone II

Anrechen-bare Kosten Euro	Von-satz Euro	Viertel-satz Euro	Mittel-satz Euro	Drei-viertel-satz Euro	Bis-satz Euro
5.000.000	**7.887**	8.532	9.177	9.821	**10.466**
5.250.000	8.059	8.716	9.372	10.028	10.685
5.500.000	8.231	8.899	9.567	10.235	10.903
5.750.000	8.404	9.083	9.763	10.442	11.122
6.000.000	8.576	9.267	9.958	10.649	11.340
6.250.000	8.748	9.451	10.153	10.856	11.559
6.500.000	8.920	9.634	10.349	11.063	11.777
6.750.000	9.092	9.818	10.544	11.270	11.996
7.000.000	9.265	10.002	10.739	11.477	12.214
7.250.000	9.437	10.186	10.935	11.684	12.433
7.500.000	**9.609**	10.370	11.130	11.891	**12.651**
7.750.000	9.754	10.524	11.294	12.064	12.834
8.000.000	9.900	10.679	11.459	12.238	13.018
8.250.000	10.045	10.834	11.623	12.412	13.201
8.500.000	10.191	10.989	11.788	12.586	13.385
8.750.000	10.336	11.144	11.952	12.760	13.568
9.000.000	10.481	11.299	12.116	12.934	13.751
9.250.000	10.627	11.454	12.281	13.108	13.935
9.500.000	10.772	11.609	12.445	13.282	14.118
9.750.000	10.918	11.764	12.610	13.456	14.302
10.000.000	**11.063**	11.919	12.774	13.630	**14.485**
10.500.000	11.305	12.176	13.047	13.918	14.788
11.000.000	11.547	12.433	13.319	14.206	15.092
11.500.000	11.789	12.691	13.592	14.494	15.395
12.000.000	12.031	12.948	13.865	14.782	15.698
12.500.000	12.274	13.206	14.138	15.070	16.002
13.000.000	12.516	13.463	14.410	15.358	16.305
13.500.000	12.758	13.720	14.683	15.646	16.608
14.000.000	13.000	13.978	14.956	15.934	16.911
14.500.000	13.242	14.235	15.228	16.222	17.215
15.000.000	**13.484**	14.493	15.501	16.510	**17.518**
15.500.000	13.689	14.710	15.730	16.751	17.772
16.000.000	13.893	14.927	15.960	16.993	18.027
16.500.000	14.098	15.144	16.189	17.235	18.281
17.000.000	14.302	15.361	16.419	17.477	18.535
17.500.000	14.507	15.578	16.648	17.719	18.790
18.000.000	14.712	15.795	16.878	17.961	19.044
18.500.000	14.916	16.012	17.107	18.203	19.298
19.000.000	15.121	16.229	17.337	18.445	19.552
19.500.000	15.325	16.446	17.566	18.686	19.807
20.000.000	**15.530**	16.663	17.796	18.928	**20.061**
20.500.000	15.710	16.853	17.997	19.140	20.284
21.000.000	15.889	17.044	18.198	19.352	20.507
21.500.000	16.069	17.234	18.399	19.564	20.729
22.000.000	16.249	17.425	18.601	19.776	20.952
22.500.000	16.429	17.615	18.802	19.988	21.175
23.000.000	16.608	17.806	19.003	20.200	21.398
23.500.000	16.788	17.996	19.204	20.412	21.621
24.000.000	16.968	18.187	19.406	20.624	21.843
24.500.000	17.147	18.377	19.607	20.836	22.066
25.000.000	**17.327**	18.568	19.808	21.049	**22.289**
25.564.594	**17.527**	18.780	20.033	21.285	**22.538**

Honorartafel zu § 94 Abs. 1 – Baugrundbeurteilung und Gründungsberatung, Honorarzone III

Anrechen-bare Kosten Euro	Von-satz Euro	Viertel-satz Euro	Mittel-satz Euro	Drei-viertel-satz Euro	Bis-satz Euro
51.129	**1.237**	1.333	1.429	1.525	**1.621**
52.500	1.251	1.348	1.445	1.542	1.639
55.000	1.277	1.375	1.474	1.573	1.671
57.500	1.302	1.403	1.503	1.603	1.704
60.000	1.328	1.430	1.532	1.634	1.736
62.500	1.353	1.457	1.561	1.665	1.769
65.000	1.379	1.484	1.590	1.696	1.801
67.500	1.404	1.512	1.619	1.726	1.834
70.000	1.430	1.539	1.648	1.757	1.866
72.500	1.455	1.566	1.677	1.788	1.899
75.000	**1.481**	1.594	1.706	1.819	**1.931**
77.500	1.502	1.616	1.730	1.844	1.958
80.000	1.524	1.639	1.754	1.869	1.984
82.500	1.545	1.661	1.778	1.894	2.011
85.000	1.566	1.684	1.802	1.919	2.037
87.500	1.588	1.707	1.826	1.945	2.064
90.000	1.609	1.729	1.849	1.970	2.090
92.500	1.630	1.752	1.873	1.995	2.117
95.000	1.651	1.774	1.897	2.020	2.143
97.500	1.673	1.797	1.921	2.045	2.170
100.000	**1.694**	1.820	1.945	2.071	**2.196**
105.000	1.728	1.856	1.984	2.112	2.240
110.000	1.763	1.893	2.024	2.154	2.285
115.000	1.797	1.930	2.063	2.196	2.329
120.000	1.831	1.967	2.102	2.238	2.373
125.000	1.866	2.004	2.142	2.280	2.418
130.000	1.900	2.040	2.181	2.321	2.462
135.000	1.934	2.077	2.220	2.363	2.506
140.000	1.968	2.114	2.259	2.405	2.550
145.000	2.003	2.151	2.299	2.447	2.595
150.000	**2.037**	2.188	2.338	2.489	**2.639**
155.000	2.067	2.219	2.371	2.524	2.676
160.000	2.097	2.251	2.405	2.559	2.713
165.000	2.127	2.283	2.438	2.594	2.750
170.000	2.157	2.314	2.472	2.629	2.787
175.000	2.187	2.346	2.505	2.665	2.824
180.000	2.216	2.378	2.539	2.700	2.861
185.000	2.246	2.409	2.572	2.735	2.898
190.000	2.276	2.441	2.606	2.770	2.935
195.000	2.306	2.473	2.639	2.806	2.972
200.000	**2.336**	2.504	2.673	2.841	**3.009**
205.000	2.361	2.531	2.701	2.871	3.041
210.000	2.386	2.558	2.730	2.902	3.074
215.000	2.411	2.585	2.758	2.932	3.106
220.000	2.436	2.611	2.787	2.963	3.139
225.000	2.461	2.638	2.816	2.993	3.171
230.000	2.485	2.665	2.844	3.024	3.203
235.000	2.510	2.692	2.873	3.054	3.236
240.000	2.535	2.718	2.902	3.085	3.268
245.000	2.560	2.745	2.930	3.115	3.301

Honorartafel zu § 94 Abs. 1 – Baugrundbeurteilung und Gründungsberatung, Honorarzone III

Anrechen-bare Kosten Euro	Von-satz Euro	Viertel-satz Euro	Mittel-satz Euro	Drei-viertel-satz Euro	Bis-satz Euro
250.000	**2.585**	2.772	2.959	3.146	**3.333**
255.000	2.609	2.797	2.985	3.174	3.362
260.000	2.632	2.822	3.012	3.201	3.391
265.000	2.656	2.847	3.038	3.229	3.420
270.000	2.679	2.872	3.064	3.256	3.449
275.000	2.703	2.897	3.090	3.284	3.478
280.000	2.727	2.922	3.117	3.311	3.506
285.000	2.750	2.946	3.143	3.339	3.535
290.000	2.774	2.971	3.169	3.367	3.564
295.000	2.797	2.996	3.195	3.394	3.593
300.000	**2.821**	3.021	3.222	3.422	**3.622**
305.000	2.842	3.043	3.245	3.447	3.648
310.000	2.862	3.065	3.268	3.472	3.675
315.000	2.883	3.087	3.292	3.497	3.701
320.000	2.903	3.109	3.315	3.521	3.728
325.000	2.924	3.131	3.339	3.546	3.754
330.000	2.944	3.153	3.362	3.571	3.780
335.000	2.965	3.175	3.386	3.596	3.807
340.000	2.985	3.197	3.409	3.621	3.833
345.000	3.006	3.219	3.433	3.646	3.860
350.000	**3.026**	3.241	3.456	3.671	**3.886**
355.000	3.046	3.262	3.478	3.694	3.910
360.000	3.065	3.282	3.500	3.717	3.934
365.000	3.085	3.303	3.521	3.739	3.958
370.000	3.104	3.324	3.543	3.762	3.982
375.000	3.124	3.344	3.565	3.785	4.006
380.000	3.144	3.365	3.587	3.808	4.029
385.000	3.163	3.386	3.608	3.831	4.053
390.000	3.183	3.406	3.630	3.854	4.077
395.000	3.202	3.427	3.652	3.876	4.101
400.000	**3.222**	3.448	3.674	3.899	**4.125**
405.000	3.240	3.467	3.694	3.921	4.148
410.000	3.258	3.486	3.714	3.942	4.170
415.000	3.275	3.505	3.734	3.963	4.193
420.000	3.293	3.524	3.754	3.985	4.215
425.000	3.311	3.543	3.775	4.006	4.238
430.000	3.329	3.562	3.795	4.028	4.261
435.000	3.347	3.581	3.815	4.049	4.283
440.000	3.364	3.600	3.835	4.070	4.306
445.000	3.382	3.619	3.855	4.092	4.328
450.000	**3.400**	3.638	3.876	4.113	**4.351**
455.000	3.417	3.656	3.895	4.134	4.372
460.000	3.434	3.674	3.914	4.154	4.394
465.000	3.451	3.692	3.933	4.174	4.415
470.000	3.468	3.710	3.952	4.194	4.436
475.000	3.486	3.729	3.972	4.215	4.458
480.000	3.503	3.747	3.991	4.235	4.479
485.000	3.520	3.765	4.010	4.255	4.500
490.000	3.537	3.783	4.029	4.275	4.521
495.000	3.554	3.801	4.048	4.296	4.543

Honorartafel zu § 94 Abs. 1 – Baugrundbeurteilung und Gründungsberatung, Honorarzone III

Anrechenbare Kosten Euro	Vonsatz Euro	Viertelsatz Euro	Mittelsatz Euro	Dreiviertelsatz Euro	Bissatz Euro
500.000	**3.571**	3.819	4.068	4.316	**4.564**
525.000	3.645	3.898	4.151	4.403	4.656
550.000	3.719	3.977	4.234	4.491	4.748
575.000	3.793	4.055	4.317	4.579	4.841
600.000	3.867	4.134	4.400	4.666	4.933
625.000	3.942	4.212	4.483	4.754	5.025
650.000	4.016	4.291	4.566	4.842	5.117
675.000	4.090	4.370	4.650	4.929	5.209
700.000	4.164	4.448	4.733	5.017	5.302
725.000	4.238	4.527	4.816	5.105	5.394
750.000	**4.312**	4.606	4.899	5.193	**5.486**
775.000	4.374	4.672	4.969	5.266	5.564
800.000	4.437	4.738	5.039	5.340	5.641
825.000	4.499	4.804	5.109	5.414	5.719
850.000	4.561	4.870	5.179	5.487	5.796
875.000	4.624	4.936	5.249	5.561	5.874
900.000	4.686	5.002	5.318	5.635	5.951
925.000	4.748	5.068	5.388	5.708	6.029
950.000	4.810	5.134	5.458	5.782	6.106
975.000	4.873	5.200	5.528	5.856	6.184
1.000.000	**4.935**	5.267	5.598	5.930	**6.261**
1.050.000	5.037	5.375	5.712	6.050	6.388
1.100.000	5.139	5.483	5.827	6.171	6.514
1.150.000	5.241	5.591	5.941	6.291	6.641
1.200.000	5.343	5.699	6.055	6.412	6.768
1.250.000	5.445	5.807	6.170	6.532	6.895
1.300.000	5.547	5.916	6.284	6.653	7.021
1.350.000	5.649	6.024	6.398	6.773	7.148
1.400.000	5.751	6.132	6.513	6.894	7.275
1.450.000	5.853	6.240	6.627	7.014	7.401
1.500.000	**5.955**	6.348	6.742	7.135	**7.528**
1.550.000	6.042	6.440	6.838	7.236	7.634
1.600.000	6.128	6.531	6.934	7.337	7.740
1.650.000	6.215	6.622	7.030	7.438	7.846
1.700.000	6.301	6.714	7.126	7.539	7.952
1.750.000	6.388	6.805	7.223	7.640	8.058
1.800.000	6.474	6.896	7.319	7.741	8.163
1.850.000	6.561	6.988	7.415	7.842	8.269
1.900.000	6.647	7.079	7.511	7.943	8.375
1.950.000	6.734	7.170	7.607	8.044	8.481
2.000.000	**6.820**	7.262	7.704	8.145	**8.587**
2.050.000	6.895	7.341	7.787	8.233	8.679
2.100.000	6.969	7.420	7.870	8.321	8.772
2.150.000	7.044	7.499	7.954	8.409	8.864
2.200.000	7.118	7.578	8.037	8.497	8.956
2.250.000	7.193	7.657	8.121	8.585	9.049
2.300.000	7.268	7.736	8.204	8.673	9.141
2.350.000	7.342	7.815	8.288	8.760	9.233
2.400.000	7.417	7.894	8.371	8.848	9.325
2.450.000	7.491	7.973	8.455	8.936	9.418

Honorartafel zu § 94 Abs. 1 – Baugrundbeurteilung und Gründungsberatung, Honorarzone III

Anrechen-bare Kosten Euro	Von-satz Euro	Viertel-satz Euro	Mittel-satz Euro	Drei-viertel-satz Euro	Bis-satz Euro
2.500.000	**7.566**	8.052	8.538	9.024	**9.510**
2.550.000	7.633	8.123	8.613	9.102	9.592
2.600.000	7.701	8.194	8.687	9.181	9.674
2.650.000	7.768	8.265	8.762	9.259	9.756
2.700.000	7.835	8.336	8.837	9.338	9.838
2.750.000	7.903	8.407	8.912	9.416	9.921
2.800.000	7.970	8.478	8.986	9.494	10.003
2.850.000	8.037	8.549	9.061	9.573	10.085
2.900.000	8.104	8.620	9.136	9.651	10.167
2.950.000	8.172	8.691	9.210	9.730	10.249
3.000.000	**8.239**	8.762	9.285	9.808	**10.331**
3.050.000	8.301	8.827	9.354	9.880	10.406
3.100.000	8.362	8.892	9.422	9.952	10.482
3.150.000	8.424	8.957	9.491	10.024	10.557
3.200.000	8.486	9.023	9.559	10.096	10.633
3.250.000	8.548	9.088	9.628	10.168	10.708
3.300.000	8.609	9.153	9.696	10.240	10.783
3.350.000	8.671	9.218	9.765	10.312	10.859
3.400.000	8.733	9.283	9.833	10.384	10.934
3.450.000	8.794	9.348	9.902	10.456	11.010
3.500.000	**8.856**	9.413	9.971	10.528	**11.085**
3.550.000	8.913	9.473	10.034	10.594	11.154
3.600.000	8.970	9.533	10.097	10.660	11.224
3.650.000	9.026	9.593	10.160	10.727	11.293
3.700.000	9.083	9.653	10.223	10.793	11.363
3.750.000	9.140	9.713	10.286	10.859	11.432
3.800.000	9.197	9.773	10.349	10.925	11.501
3.850.000	9.254	9.833	10.412	10.992	11.571
3.900.000	9.310	9.893	10.475	11.058	11.640
3.950.000	9.367	9.953	10.538	11.124	11.710
4.000.000	**9.424**	10.013	10.602	11.190	**11.779**
4.050.000	9.478	10.069	10.661	11.252	11.844
4.100.000	9.531	10.126	10.720	11.314	11.909
4.150.000	9.585	10.182	10.779	11.376	11.973
4.200.000	9.638	10.238	10.838	11.438	12.038
4.250.000	9.692	10.295	10.898	11.500	12.103
4.300.000	9.746	10.351	10.957	11.562	12.168
4.350.000	9.799	10.408	11.016	11.624	12.233
4.400.000	9.853	10.464	11.075	11.686	12.297
4.450.000	9.906	10.520	11.134	11.748	12.362
4.500.000	**9.960**	10.577	11.194	11.810	**12.427**
4.550.000	10.011	10.630	11.250	11.869	12.489
4.600.000	10.061	10.684	11.306	11.929	12.551
4.650.000	10.112	10.737	11.362	11.988	12.613
4.700.000	10.162	10.791	11.419	12.047	12.675
4.750.000	10.213	10.844	11.475	12.106	12.737
4.800.000	10.264	10.897	11.531	12.165	12.799
4.850.000	10.314	10.951	11.588	12.224	12.861
4.900.000	10.365	11.004	11.644	12.283	12.923
4.950.000	10.415	11.058	11.700	12.343	12.985

Honorartafel zu § 94 Abs. 1 – Baugrundbeurteilung und Gründungsberatung, Honorarzone III

Anrechen-bare Kosten Euro	Von-satz Euro	Viertel-satz Euro	Mittel-satz Euro	Drei-viertel-satz Euro	Bis-satz Euro
5.000.000	**10.466**	11.111	11.757	12.402	**13.047**
5.250.000	10.685	11.341	11.998	12.655	13.312
5.500.000	10.903	11.571	12.240	12.908	13.576
5.750.000	11.122	11.801	12.481	13.161	13.841
6.000.000	11.340	12.031	12.723	13.414	14.105
6.250.000	11.559	12.261	12.964	13.667	14.370
6.500.000	11.777	12.491	13.206	13.920	14.635
6.750.000	11.996	12.721	13.447	14.173	14.899
7.000.000	12.214	12.951	13.689	14.426	15.164
7.250.000	12.433	13.181	13.930	14.679	15.428
7.500.000	**12.651**	13.412	14.172	14.933	**15.693**
7.750.000	12.834	13.604	14.374	15.144	15.914
8.000.000	13.018	13.797	14.577	15.356	16.136
8.250.000	13.201	13.990	14.779	15.568	16.357
8.500.000	13.385	14.183	14.982	15.780	16.579
8.750.000	13.568	14.376	15.184	15.992	16.800
9.000.000	13.751	14.569	15.386	16.204	17.021
9.250.000	13.935	14.762	15.589	16.416	17.243
9.500.000	14.118	14.955	15.791	16.628	17.464
9.750.000	14.302	15.148	15.994	16.840	17.686
10.000.000	**14.485**	15.341	16.196	17.052	**17.907**
10.500.000	14.788	15.659	16.530	17.401	18.272
11.000.000	15.092	15.978	16.864	17.750	18.636
11.500.000	15.395	16.296	17.198	18.099	19.001
12.000.000	15.698	16.615	17.532	18.448	19.365
12.500.000	16.002	16.934	17.866	18.798	19.730
13.000.000	16.305	17.252	18.199	19.147	20.094
13.500.000	16.608	17.571	18.533	19.496	20.459
14.000.000	16.911	17.889	18.867	19.845	20.823
14.500.000	17.215	18.208	19.201	20.194	21.188
15.000.000	**17.518**	18.527	19.535	20.544	**21.552**
15.500.000	17.772	18.793	19.814	20.836	21.857
16.000.000	18.027	19.060	20.094	21.128	22.161
16.500.000	18.281	19.327	20.373	21.420	22.466
17.000.000	18.535	19.594	20.653	21.712	22.770
17.500.000	18.790	19.861	20.932	22.004	23.075
18.000.000	19.044	20.128	21.212	22.296	23.380
18.500.000	19.298	20.395	21.491	22.588	23.684
19.000.000	19.552	20.662	21.771	22.880	23.989
19.500.000	19.807	20.928	22.050	23.172	24.293
20.000.000	**20.061**	21.195	22.330	23.464	**24.598**
20.500.000	20.284	21.429	22.573	23.718	24.863
21.000.000	20.507	21.662	22.817	23.973	25.128
21.500.000	20.729	21.895	23.061	24.227	25.393
22.000.000	20.952	22.129	23.305	24.482	25.658
22.500.000	21.175	22.362	23.549	24.736	25.923
23.000.000	21.398	22.595	23.793	24.990	26.188
23.500.000	21.621	22.829	24.037	25.245	26.453
24.000.000	21.843	23.062	24.281	25.499	26.718
24.500.000	22.066	23.295	24.525	25.754	26.983
25.000.000	**22.289**	23.529	24.769	26.008	**27.248**
25.564.594	**22.538**	23.789	25.041	26.292	**27.543**

Honorartafel zu § 94 Abs. 1 – Baugrundbeurteilung und Gründungsberatung, Honorarzone IV

Anrechen- bare Kosten Euro	Von- satz Euro	Viertel- satz Euro	Mittel- satz Euro	Drei- viertel- satz Euro	Bis- satz Euro
51.129	**1.621**	1.716	1.810	1.905	**1.999**
52.500	1.639	1.734	1.830	1.925	2.021
55.000	1.671	1.768	1.866	1.963	2.060
57.500	1.704	1.803	1.902	2.001	2.100
60.000	1.736	1.837	1.938	2.038	2.139
62.500	1.769	1.871	1.974	2.076	2.179
65.000	1.801	1.905	2.010	2.114	2.218
67.500	1.834	1.940	2.046	2.152	2.258
70.000	1.866	1.974	2.082	2.189	2.297
72.500	1.899	2.008	2.118	2.227	2.337
75.000	**1.931**	2.042	2.154	2.265	**2.376**
77.500	1.958	2.070	2.183	2.296	2.409
80.000	1.984	2.098	2.213	2.327	2.441
82.500	2.011	2.126	2.242	2.358	2.474
85.000	2.037	2.154	2.272	2.389	2.506
87.500	2.064	2.182	2.301	2.420	2.539
90.000	2.090	2.210	2.331	2.451	2.571
92.500	2.117	2.238	2.360	2.482	2.604
95.000	2.143	2.266	2.390	2.513	2.636
97.500	2.170	2.294	2.419	2.544	2.669
100.000	**2.196**	2.322	2.449	2.575	**2.701**
105.000	2.240	2.369	2.497	2.626	2.755
110.000	2.285	2.415	2.546	2.677	2.808
115.000	2.329	2.462	2.595	2.728	2.862
120.000	2.373	2.509	2.644	2.780	2.915
125.000	2.418	2.555	2.693	2.831	2.969
130.000	2.462	2.602	2.742	2.882	3.022
135.000	2.506	2.648	2.791	2.933	3.076
140.000	2.550	2.695	2.840	2.984	3.129
145.000	2.595	2.742	2.889	3.036	3.183
150.000	**2.639**	2.788	2.938	3.087	**3.236**
155.000	2.676	2.827	2.979	3.130	3.281
160.000	2.713	2.866	3.020	3.173	3.326
165.000	2.750	2.905	3.061	3.216	3.371
170.000	2.787	2.944	3.102	3.259	3.416
175.000	2.824	2.983	3.143	3.302	3.462
180.000	2.861	3.022	3.184	3.345	3.507
185.000	2.898	3.061	3.225	3.388	3.552
190.000	2.935	3.100	3.266	3.431	3.597
195.000	2.972	3.139	3.307	3.474	3.642
200.000	**3.009**	3.179	3.348	3.518	**3.687**
205.000	3.041	3.213	3.384	3.555	3.726
210.000	3.074	3.247	3.420	3.592	3.765
215.000	3.106	3.281	3.455	3.630	3.804
220.000	3.139	3.315	3.491	3.667	3.843
225.000	3.171	3.349	3.527	3.705	3.883
230.000	3.203	3.383	3.563	3.742	3.922
235.000	3.236	3.417	3.598	3.779	3.961
240.000	3.268	3.451	3.634	3.817	4.000
245.000	3.301	3.485	3.670	3.854	4.039

Honorartafel zu § 94 Abs. 1 – Baugrundbeurteilung und Gründungsberatung, Honorarzone IV

Anrechen-bare Kosten Euro	Von-satz Euro	Viertel-satz Euro	Mittel-satz Euro	Drei-viertel-satz Euro	Bis-satz Euro
250.000	**3.333**	3.519	3.706	3.892	**4.078**
255.000	3.362	3.550	3.737	3.925	4.113
260.000	3.391	3.580	3.769	3.959	4.148
265.000	3.420	3.610	3.801	3.992	4.183
270.000	3.449	3.641	3.833	4.025	4.218
275.000	3.478	3.671	3.865	4.059	4.253
280.000	3.506	3.702	3.897	4.092	4.287
285.000	3.535	3.732	3.929	4.126	4.322
290.000	3.564	3.762	3.961	4.159	4.357
295.000	3.593	3.793	3.993	4.192	4.392
300.000	**3.622**	3.823	4.025	4.226	**4.427**
305.000	3.648	3.851	4.053	4.256	4.459
310.000	3.675	3.879	4.082	4.286	4.490
315.000	3.701	3.906	4.111	4.316	4.522
320.000	3.728	3.934	4.140	4.347	4.553
325.000	3.754	3.962	4.169	4.377	4.585
330.000	3.780	3.989	4.198	4.407	4.616
335.000	3.807	4.017	4.227	4.437	4.648
340.000	3.833	4.045	4.256	4.468	4.679
345.000	3.860	4.072	4.285	4.498	4.711
350.000	**3.886**	4.100	4.314	4.528	**4.742**
355.000	3.910	4.125	4.340	4.556	4.771
360.000	3.934	4.150	4.367	4.583	4.800
365.000	3.958	4.175	4.393	4.611	4.829
370.000	3.982	4.201	4.420	4.639	4.858
375.000	4.006	4.226	4.446	4.666	4.887
380.000	4.029	4.251	4.472	4.694	4.915
385.000	4.053	4.276	4.499	4.722	4.944
390.000	4.077	4.301	4.525	4.749	4.973
395.000	4.101	4.326	4.552	4.777	5.002
400.000	**4.125**	4.352	4.578	4.805	**5.031**
405.000	4.148	4.375	4.603	4.831	5.058
410.000	4.170	4.399	4.628	4.857	5.085
415.000	4.193	4.423	4.653	4.883	5.113
420.000	4.215	4.447	4.678	4.909	5.140
425.000	4.238	4.470	4.703	4.935	5.167
430.000	4.261	4.494	4.727	4.961	5.194
435.000	4.283	4.518	4.752	4.987	5.221
440.000	4.306	4.542	4.777	5.013	5.249
445.000	4.328	4.565	4.802	5.039	5.276
450.000	**4.351**	4.589	4.827	5.065	**5.303**
455.000	4.372	4.611	4.851	5.090	5.329
460.000	4.394	4.634	4.874	5.115	5.355
465.000	4.415	4.656	4.898	5.139	5.381
470.000	4.436	4.679	4.921	5.164	5.407
475.000	4.458	4.701	4.945	5.189	5.433
480.000	4.479	4.724	4.969	5.214	5.458
485.000	4.500	4.746	4.992	5.238	5.484
490.000	4.521	4.769	5.016	5.263	5.510
495.000	4.543	4.791	5.039	5.288	5.536

§ 94

Honorartafel zu § 94 Abs. 1 – Baugrundbeurteilung und Gründungsberatung, Honorarzone IV

Anrechen-bare Kosten Euro	Von-satz Euro	Viertel-satz Euro	Mittel-satz Euro	Drei-viertel-satz Euro	Bis-satz Euro
500.000	**4.564**	4.814	5.063	5.313	**5.562**
525.000	4.656	4.910	5.164	5.418	5.672
550.000	4.748	5.007	5.266	5.524	5.783
575.000	4.841	5.104	5.367	5.630	5.893
600.000	4.933	5.200	5.468	5.736	6.003
625.000	5.025	5.297	5.569	5.841	6.114
650.000	5.117	5.394	5.671	5.947	6.224
675.000	5.209	5.491	5.772	6.053	6.334
700.000	5.302	5.587	5.873	6.159	6.444
725.000	5.394	5.684	5.974	6.264	6.555
750.000	**5.486**	5.781	6.076	6.370	**6.665**
775.000	5.564	5.862	6.160	6.459	6.757
800.000	5.641	5.943	6.245	6.547	6.849
825.000	5.719	6.024	6.330	6.636	6.942
850.000	5.796	6.105	6.415	6.724	7.034
875.000	5.874	6.187	6.500	6.813	7.126
900.000	5.951	6.268	6.585	6.901	7.218
925.000	6.029	6.349	6.669	6.990	7.310
950.000	6.106	6.430	6.754	7.078	7.403
975.000	6.184	6.511	6.839	7.167	7.495
1.000.000	**6.261**	6.593	6.924	7.256	**7.587**
1.050.000	6.388	6.725	7.063	7.400	7.738
1.100.000	6.514	6.858	7.202	7.545	7.889
1.150.000	6.641	6.991	7.341	7.690	8.040
1.200.000	6.768	7.124	7.479	7.835	8.191
1.250.000	6.895	7.256	7.618	7.980	8.342
1.300.000	7.021	7.389	7.757	8.125	8.493
1.350.000	7.148	7.522	7.896	8.270	8.644
1.400.000	7.275	7.655	8.035	8.415	8.795
1.450.000	7.401	7.787	8.174	8.560	8.946
1.500.000	**7.528**	7.920	8.313	8.705	**9.097**
1.550.000	7.634	8.031	8.429	8.826	9.223
1.600.000	7.740	8.142	8.545	8.947	9.349
1.650.000	7.846	8.253	8.661	9.068	9.476
1.700.000	7.952	8.364	8.777	9.189	9.602
1.750.000	8.058	8.475	8.893	9.310	9.728
1.800.000	8.163	8.586	9.009	9.432	9.854
1.850.000	8.269	8.697	9.125	9.553	9.980
1.900.000	8.375	8.808	9.241	9.674	10.107
1.950.000	8.481	8.919	9.357	9.795	10.233
2.000.000	**8.587**	9.030	9.473	9.916	**10.359**
2.050.000	8.679	9.126	9.574	10.021	10.468
2.100.000	8.772	9.223	9.674	10.126	10.577
2.150.000	8.864	9.319	9.775	10.230	10.686
2.200.000	8.956	9.416	9.876	10.335	10.795
2.250.000	9.049	9.512	9.976	10.440	10.904
2.300.000	9.141	9.609	10.077	10.545	11.013
2.350.000	9.233	9.705	10.178	10.650	11.122
2.400.000	9.325	9.802	10.278	10.755	11.231
2.450.000	9.418	9.898	10.379	10.859	11.340

Honorartafel zu § 94 Abs. 1 – Baugrundbeurteilung und Gründungsberatung, Honorarzone IV

Anrechen- bare Kosten Euro	Von- satz Euro	Viertel- satz Euro	Mittel- satz Euro	Drei- viertel- satz Euro	Bis- satz Euro
2.500.000	**9.510**	9.995	10.480	10.964	**11.449**
2.550.000	9.592	10.081	10.569	11.058	11.546
2.600.000	9.674	10.167	10.659	11.151	11.644
2.650.000	9.756	10.252	10.749	11.245	11.741
2.700.000	9.838	10.338	10.838	11.338	11.838
2.750.000	9.921	10.424	10.928	11.432	11.936
2.800.000	10.003	10.510	11.018	11.525	12.033
2.850.000	10.085	10.596	11.107	11.619	12.130
2.900.000	10.167	10.682	11.197	11.712	12.227
2.950.000	10.249	10.768	11.287	11.806	12.325
3.000.000	**10.331**	10.854	11.377	11.899	**12.422**
3.050.000	10.406	10.933	11.459	11.985	12.511
3.100.000	10.482	11.011	11.541	12.071	12.600
3.150.000	10.557	11.090	11.623	12.156	12.689
3.200.000	10.633	11.169	11.706	12.242	12.778
3.250.000	10.708	11.248	11.788	12.328	12.868
3.300.000	10.783	11.327	11.870	12.413	12.957
3.350.000	10.859	11.406	11.952	12.499	13.046
3.400.000	10.934	11.484	12.035	12.585	13.135
3.450.000	11.010	11.563	12.117	12.670	13.224
3.500.000	**11.085**	11.642	12.199	12.756	**13.313**
3.550.000	11.154	11.714	12.275	12.835	13.395
3.600.000	11.224	11.787	12.350	12.913	13.476
3.650.000	11.293	11.859	12.426	12.992	13.558
3.700.000	11.363	11.932	12.501	13.071	13.640
3.750.000	11.432	12.004	12.577	13.149	13.722
3.800.000	11.501	12.077	12.652	13.228	13.803
3.850.000	11.571	12.149	12.728	13.306	13.885
3.900.000	11.640	12.222	12.803	13.385	13.967
3.950.000	11.710	12.294	12.879	13.464	14.048
4.000.000	**11.779**	12.367	12.955	13.542	**14.130**
4.050.000	11.844	12.435	13.025	13.616	14.207
4.100.000	11.909	12.502	13.096	13.690	14.284
4.150.000	11.973	12.570	13.167	13.764	14.360
4.200.000	12.038	12.638	13.238	13.837	14.437
4.250.000	12.103	12.706	13.309	13.911	14.514
4.300.000	12.168	12.774	13.379	13.985	14.591
4.350.000	12.233	12.841	13.450	14.059	14.668
4.400.000	12.297	12.909	13.521	14.133	14.744
4.450.000	12.362	12.977	13.592	14.206	14.821
4.500.000	**12.427**	13.045	13.663	14.280	**14.898**
4.550.000	12.489	13.109	13.730	14.350	14.971
4.600.000	12.551	13.174	13.797	14.420	15.044
4.650.000	12.613	13.239	13.865	14.491	15.116
4.700.000	12.675	13.304	13.932	14.561	15.189
4.750.000	12.737	13.368	14.000	14.631	15.262
4.800.000	12.799	13.433	14.067	14.701	15.335
4.850.000	12.861	13.498	14.134	14.771	15.408
4.900.000	12.923	13.562	14.202	14.841	15.480
4.950.000	12.985	13.627	14.269	14.911	15.553

§ 94

Abs. 1

Zone IV   Honorartafel zu § 94 Abs. 1 – Baugrundbeurteilung und Gründungsberatung, Honorarzone IV

Anrechen-bare Kosten Euro	Von-satz Euro	Viertel-satz Euro	Mittel-satz Euro	Drei-viertel-satz Euro	Bis-satz Euro
5.000.000	**13.047**	13.692	14.337	14.981	**15.626**
5.250.000	13.312	13.968	14.624	15.281	15.937
5.500.000	13.576	14.244	14.912	15.580	16.248
5.750.000	13.841	14.520	15.200	15.879	16.558
6.000.000	14.105	14.796	15.487	16.178	16.869
6.250.000	14.370	15.073	15.775	16.478	17.180
6.500.000	14.635	15.349	16.063	16.777	17.491
6.750.000	14.899	15.625	16.350	17.076	17.802
7.000.000	15.164	15.901	16.638	17.375	18.112
7.250.000	15.428	16.177	16.926	17.675	18.423
7.500.000	**15.693**	16.453	17.214	17.974	**18.734**
7.750.000	15.914	16.684	17.454	18.224	18.994
8.000.000	16.136	16.915	17.695	18.474	19.253
8.250.000	16.357	17.146	17.935	18.724	19.513
8.500.000	16.579	17.377	18.176	18.974	19.772
8.750.000	16.800	17.608	18.416	19.224	20.032
9.000.000	17.021	17.839	18.657	19.474	20.292
9.250.000	17.243	18.070	18.897	19.724	20.551
9.500.000	17.464	18.301	19.138	19.974	20.811
9.750.000	17.686	18.532	19.378	20.224	21.070
10.000.000	**17.907**	18.763	19.619	20.474	**21.330**
10.500.000	18.272	19.143	20.014	20.885	21.756
11.000.000	18.636	19.522	20.409	21.295	22.181
11.500.000	19.001	19.902	20.804	21.705	22.607
12.000.000	19.365	20.282	21.199	22.116	23.032
12.500.000	19.730	20.662	21.594	22.526	23.458
13.000.000	20.094	21.041	21.989	22.936	23.884
13.500.000	20.459	21.421	22.384	23.347	24.309
14.000.000	20.823	21.801	22.779	23.757	24.735
14.500.000	21.188	22.181	23.174	24.167	25.160
15.000.000	**21.552**	22.561	23.569	24.578	**25.586**
15.500.000	21.857	22.878	23.899	24.919	25.940
16.000.000	22.161	23.195	24.228	25.261	26.295
16.500.000	22.466	23.512	24.558	25.603	26.649
17.000.000	22.770	23.829	24.887	25.945	27.004
17.500.000	23.075	24.146	25.217	26.287	27.358
18.000.000	23.380	24.463	25.546	26.629	27.712
18.500.000	23.684	24.780	25.876	26.971	28.067
19.000.000	23.989	25.097	26.205	27.313	28.421
19.500.000	24.293	25.414	26.535	27.655	28.776
20.000.000	**24.598**	25.731	26.864	27.997	**29.130**
20.500.000	24.863	26.007	27.151	28.294	29.438
21.000.000	25.128	26.283	27.437	28.592	29.746
21.500.000	25.393	26.558	27.724	28.889	30.054
22.000.000	25.658	26.834	28.010	29.186	30.362
22.500.000	25.923	27.110	28.297	29.484	30.671
23.000.000	26.188	27.386	28.583	29.781	30.979
23.500.000	26.453	27.661	28.870	30.078	31.287
24.000.000	26.718	27.937	29.156	30.376	31.595
24.500.000	26.983	28.213	29.443	30.673	31.903
25.000.000	**27.248**	28.489	29.730	30.970	**32.211**
25.564.594	**27.543**	28.796	30.049	31.301	**32.554**

Honorartafel zu § 94 Abs. 1 – Baugrundbeurteilung und Gründungsberatung, Honorarzone V

Anrechen-bare Kosten Euro	Von-satz Euro	Viertel-satz Euro	Mittel-satz Euro	Drei-viertel-satz Euro	Bis-satz Euro
51.129	**1.999**	2.095	2.191	2.287	**2.383**
52.500	2.021	2.118	2.215	2.312	2.409
55.000	2.060	2.159	2.258	2.356	2.455
57.500	2.100	2.200	2.301	2.401	2.502
60.000	2.139	2.241	2.344	2.446	2.548
62.500	2.179	2.283	2.387	2.491	2.595
65.000	2.218	2.324	2.430	2.535	2.641
67.500	2.258	2.365	2.473	2.580	2.688
70.000	2.297	2.406	2.516	2.625	2.734
72.500	2.337	2.448	2.559	2.670	2.781
75.000	**2.376**	2.489	2.602	2.714	**2.827**
77.500	2.409	2.523	2.637	2.751	2.865
80.000	2.441	2.557	2.672	2.788	2.903
82.500	2.474	2.590	2.707	2.824	2.941
85.000	2.506	2.624	2.743	2.861	2.979
87.500	2.539	2.658	2.778	2.898	3.018
90.000	2.571	2.692	2.813	2.934	3.056
92.500	2.604	2.726	2.849	2.971	3.094
95.000	2.636	2.760	2.884	3.008	3.132
97.500	2.669	2.794	2.919	3.045	3.170
100.000	**2.701**	2.828	2.955	3.081	**3.208**
105.000	2.755	2.884	3.013	3.142	3.271
110.000	2.808	2.940	3.071	3.203	3.334
115.000	2.862	2.995	3.129	3.263	3.397
120.000	2.915	3.051	3.188	3.324	3.460
125.000	2.969	3.107	3.246	3.384	3.523
130.000	3.022	3.163	3.304	3.445	3.586
135.000	3.076	3.219	3.362	3.506	3.649
140.000	3.129	3.275	3.421	3.566	3.712
145.000	3.183	3.331	3.479	3.627	3.775
150.000	**3.236**	3.387	3.537	3.688	**3.838**
155.000	3.281	3.434	3.586	3.738	3.891
160.000	3.326	3.481	3.635	3.789	3.943
165.000	3.371	3.528	3.684	3.840	3.996
170.000	3.416	3.575	3.733	3.891	4.049
175.000	3.462	3.622	3.782	3.942	4.102
180.000	3.507	3.669	3.830	3.992	4.154
185.000	3.552	3.716	3.879	4.043	4.207
190.000	3.597	3.763	3.928	4.094	4.260
195.000	3.642	3.810	3.977	4.145	4.312
200.000	**3.687**	3.857	4.026	4.196	**4.365**
205.000	3.726	3.897	4.068	4.240	4.411
210.000	3.765	3.938	4.111	4.284	4.456
215.000	3.804	3.979	4.153	4.328	4.502
220.000	3.843	4.020	4.196	4.372	4.548
225.000	3.883	4.060	4.238	4.416	4.594
230.000	3.922	4.101	4.280	4.460	4.639
235.000	3.961	4.142	4.323	4.504	4.685
240.000	4.000	4.183	4.365	4.548	4.731
245.000	4.039	4.223	4.408	4.592	4.776

Honorartafel zu § 94 Abs. 1 – Baugrundbeurteilung und Gründungsberatung, Honorarzone V

Anrechen-bare Kosten Euro	Von-satz Euro	Viertel-satz Euro	Mittel-satz Euro	Drei-viertel-satz Euro	Bis-satz Euro
250.000	**4.078**	4.264	4.450	4.636	**4.822**
255.000	4.113	4.300	4.488	4.675	4.863
260.000	4.148	4.337	4.526	4.715	4.904
265.000	4.183	4.373	4.564	4.754	4.945
270.000	4.218	4.410	4.602	4.794	4.986
275.000	4.253	4.446	4.640	4.833	5.027
280.000	4.287	4.483	4.678	4.873	5.068
285.000	4.322	4.519	4.716	4.912	5.109
290.000	4.357	4.555	4.754	4.952	5.150
295.000	4.392	4.592	4.792	4.991	5.191
300.000	**4.427**	4.628	4.830	5.031	**5.232**
305.000	4.459	4.661	4.864	5.066	5.269
310.000	4.490	4.694	4.898	5.101	5.305
315.000	4.522	4.727	4.932	5.137	5.342
320.000	4.553	4.759	4.966	5.172	5.378
325.000	4.585	4.792	5.000	5.207	5.415
330.000	4.616	4.825	5.034	5.243	5.452
335.000	4.648	4.858	5.068	5.278	5.488
340.000	4.679	4.890	5.102	5.313	5.525
345.000	4.711	4.923	5.136	5.349	5.561
350.000	**4.742**	4.956	5.170	5.384	**5.598**
355.000	4.771	4.986	5.201	5.417	5.632
360.000	4.800	5.016	5.233	5.449	5.666
365.000	4.829	5.046	5.264	5.482	5.700
370.000	4.858	5.077	5.296	5.515	5.734
375.000	4.887	5.107	5.327	5.547	5.768
380.000	4.915	5.137	5.358	5.580	5.801
385.000	4.944	5.167	5.390	5.613	5.835
390.000	4.973	5.197	5.421	5.645	5.869
395.000	5.002	5.227	5.453	5.678	5.903
400.000	**5.031**	5.258	5.484	5.711	**5.937**
405.000	5.058	5.286	5.514	5.741	5.969
410.000	5.085	5.314	5.543	5.772	6.001
415.000	5.113	5.343	5.573	5.803	6.033
420.000	5.140	5.371	5.602	5.833	6.065
425.000	5.167	5.399	5.632	5.864	6.097
430.000	5.194	5.428	5.661	5.895	6.128
435.000	5.221	5.456	5.691	5.926	6.160
440.000	5.249	5.485	5.720	5.956	6.192
445.000	5.276	5.513	5.750	5.987	6.224
450.000	**5.303**	5.541	5.780	6.018	**6.256**
455.000	5.329	5.568	5.807	6.047	6.286
460.000	5.355	5.595	5.835	6.076	6.316
465.000	5.381	5.622	5.863	6.104	6.346
470.000	5.407	5.649	5.891	6.133	6.376
475.000	5.433	5.676	5.919	6.162	6.406
480.000	5.458	5.703	5.947	6.191	6.435
485.000	5.484	5.730	5.975	6.220	6.465
490.000	5.510	5.756	6.003	6.249	6.495
495.000	5.536	5.783	6.031	6.278	6.525

Honorartafel zu § 94 Abs. 1 – Baugrundbeurteilung und Gründungsberatung, Honorarzone V

Anrechen-bare Kosten Euro	Von-satz Euro	Viertel-satz Euro	Mittel-satz Euro	Drei-viertel-satz Euro	Bis-satz Euro
500.000	**5.562**	5.810	6.059	6.307	**6.555**
525.000	5.672	5.925	6.178	6.431	6.684
550.000	5.783	6.040	6.298	6.555	6.813
575.000	5.893	6.155	6.417	6.679	6.941
600.000	6.003	6.270	6.537	6.803	7.070
625.000	6.114	6.385	6.656	6.928	7.199
650.000	6.224	6.500	6.776	7.052	7.328
675.000	6.334	6.615	6.895	7.176	7.457
700.000	6.444	6.730	7.015	7.300	7.585
725.000	6.555	6.845	7.134	7.424	7.714
750.000	**6.665**	6.960	7.254	7.549	**7.843**
775.000	6.757	7.055	7.354	7.652	7.950
800.000	6.849	7.151	7.453	7.755	8.057
825.000	6.942	7.247	7.553	7.859	8.164
850.000	7.034	7.343	7.653	7.962	8.271
875.000	7.126	7.439	7.752	8.065	8.379
900.000	7.218	7.535	7.852	8.169	8.486
925.000	7.310	7.631	7.952	8.272	8.593
950.000	7.403	7.727	8.051	8.376	8.700
975.000	7.495	7.823	8.151	8.479	8.807
1.000.000	**7.587**	7.919	8.251	8.582	**8.914**
1.050.000	7.738	8.076	8.414	8.751	9.089
1.100.000	7.889	8.233	8.577	8.921	9.264
1.150.000	8.040	8.390	8.740	9.090	9.440
1.200.000	8.191	8.547	8.903	9.259	9.615
1.250.000	8.342	8.704	9.066	9.428	9.790
1.300.000	8.493	8.861	9.229	9.597	9.965
1.350.000	8.644	9.018	9.392	9.766	10.140
1.400.000	8.795	9.175	9.555	9.935	10.316
1.450.000	8.946	9.332	9.718	10.105	10.491
1.500.000	**9.097**	9.489	9.882	10.274	**10.666**
1.550.000	9.223	9.620	10.018	10.415	10.812
1.600.000	9.349	9.752	10.154	10.556	10.958
1.650.000	9.476	9.883	10.290	10.697	11.104
1.700.000	9.602	10.014	10.426	10.838	11.250
1.750.000	9.728	10.145	10.562	10.979	11.396
1.800.000	9.854	10.276	10.698	11.120	11.542
1.850.000	9.980	10.407	10.834	11.261	11.688
1.900.000	10.107	10.538	10.970	11.402	11.834
1.950.000	10.233	10.670	11.106	11.543	11.980
2.000.000	**10.359**	10.801	11.243	11.684	**12.126**
2.050.000	10.468	10.914	11.360	11.806	12.252
2.100.000	10.577	11.027	11.478	11.928	12.378
2.150.000	10.686	11.141	11.595	12.050	12.505
2.200.000	10.795	11.254	11.713	12.172	12.631
2.250.000	10.904	11.367	11.831	12.294	12.757
2.300.000	11.013	11.481	11.948	12.416	12.883
2.350.000	11.122	11.594	12.066	12.538	13.009
2.400.000	11.231	11.707	12.183	12.659	13.136
2.450.000	11.340	11.820	12.301	12.781	13.262

Honorartafel zu § 94 Abs. 1 – Baugrundbeurteilung und Gründungsberatung, Honorarzone V

Anrechen-bare Kosten Euro	Von-satz Euro	Viertel-satz Euro	Mittel-satz Euro	Drei-viertel-satz Euro	Bis-satz Euro
2.500.000	**11.449**	11.934	12.419	12.903	**13.388**
2.550.000	11.546	12.035	12.523	13.012	13.501
2.600.000	11.644	12.136	12.628	13.121	13.613
2.650.000	11.741	12.237	12.733	13.229	13.726
2.700.000	11.838	12.338	12.838	13.338	13.838
2.750.000	11.936	12.439	12.943	13.447	13.951
2.800.000	12.033	12.540	13.048	13.555	14.063
2.850.000	12.130	12.641	13.153	13.664	14.176
2.900.000	12.227	12.743	13.258	13.773	14.288
2.950.000	12.325	12.844	13.363	13.882	14.401
3.000.000	**12.422**	12.945	13.468	13.990	**14.513**
3.050.000	12.511	13.037	13.563	14.090	14.616
3.100.000	12.600	13.130	13.659	14.189	14.719
3.150.000	12.689	13.222	13.755	14.288	14.821
3.200.000	12.778	13.315	13.851	14.388	14.924
3.250.000	12.868	13.407	13.947	14.487	15.027
3.300.000	12.957	13.500	14.043	14.587	15.130
3.350.000	13.046	13.592	14.139	14.686	15.233
3.400.000	13.135	13.685	14.235	14.785	15.335
3.450.000	13.224	13.777	14.331	14.885	15.438
3.500.000	**13.313**	13.870	14.427	14.984	**15.541**
3.550.000	13.395	13.955	14.515	15.075	15.635
3.600.000	13.476	14.040	14.603	15.166	15.730
3.650.000	13.558	14.125	14.691	15.258	15.824
3.700.000	13.640	14.210	14.779	15.349	15.919
3.750.000	13.722	14.294	14.867	15.440	16.013
3.800.000	13.803	14.379	14.955	15.531	16.107
3.850.000	13.885	14.464	15.043	15.623	16.202
3.900.000	13.967	14.549	15.131	15.714	16.296
3.950.000	14.048	14.634	15.219	15.805	16.391
4.000.000	**14.130**	14.719	15.308	15.896	**16.485**
4.050.000	14.207	14.798	15.390	15.982	16.574
4.100.000	14.284	14.878	15.473	16.067	16.662
4.150.000	14.360	14.958	15.555	16.153	16.751
4.200.000	14.437	15.038	15.638	16.239	16.839
4.250.000	14.514	15.117	15.721	16.324	16.928
4.300.000	14.591	15.197	15.803	16.410	17.016
4.350.000	14.668	15.277	15.886	16.495	17.105
4.400.000	14.744	15.357	15.969	16.581	17.193
4.450.000	14.821	15.436	16.051	16.666	17.282
4.500.000	**14.898**	15.516	16.134	16.752	**17.370**
4.550.000	14.971	15.592	16.212	16.833	17.454
4.600.000	15.044	15.667	16.291	16.914	17.538
4.650.000	15.116	15.743	16.369	16.995	17.622
4.700.000	15.189	15.818	16.447	17.077	17.706
4.750.000	15.262	15.894	16.526	17.158	17.790
4.800.000	15.335	15.969	16.604	17.239	17.873
4.850.000	15.408	16.045	16.682	17.320	17.957
4.900.000	15.480	16.121	16.761	17.401	18.041
4.950.000	15.553	16.196	16.839	17.482	18.125

Honorartafel zu § 94 Abs. 1 – Baugrundbeurteilung und Gründungsberatung, Honorarzone V

Anrechen-bare Kosten Euro	Von-satz Euro	Viertel-satz Euro	Mittel-satz Euro	Drei-viertel-satz Euro	Bis-satz Euro
5.000.000	**15.626**	16.272	16.918	17.563	**18.209**
5.250.000	15.937	16.594	17.251	17.908	18.566
5.500.000	16.248	16.916	17.585	18.254	18.922
5.750.000	16.558	17.239	17.919	18.599	19.279
6.000.000	16.869	17.561	18.253	18.944	19.636
6.250.000	17.180	17.883	18.586	19.289	19.993
6.500.000	17.491	18.205	18.920	19.635	20.349
6.750.000	17.802	18.528	19.254	19.980	20.706
7.000.000	18.112	18.850	19.588	20.325	21.063
7.250.000	18.423	19.172	19.921	20.670	21.419
7.500.000	**18.734**	19.495	20.255	21.016	**21.776**
7.750.000	18.994	19.764	20.534	21.304	22.074
8.000.000	19.253	20.033	20.812	21.592	22.371
8.250.000	19.513	20.302	21.091	21.880	22.669
8.500.000	19.772	20.571	21.369	22.168	22.966
8.750.000	20.032	20.840	21.648	22.456	23.264
9.000.000	20.292	21.109	21.927	22.744	23.562
9.250.000	20.551	21.378	22.205	23.032	23.859
9.500.000	20.811	21.647	22.484	23.320	24.157
9.750.000	21.070	21.916	22.762	23.608	24.454
10.000.000	**21.330**	22.186	23.041	23.897	**24.752**
10.500.000	21.756	22.626	23.497	24.368	25.239
11.000.000	22.181	23.067	23.953	24.840	25.726
11.500.000	22.607	23.508	24.410	25.311	26.212
12.000.000	23.032	23.949	24.866	25.783	26.699
12.500.000	23.458	24.390	25.322	26.254	27.186
13.000.000	23.884	24.831	25.778	26.726	27.673
13.500.000	24.309	25.272	26.234	27.197	28.160
14.000.000	24.735	25.713	26.691	27.669	28.646
14.500.000	25.160	26.154	27.147	28.140	29.133
15.000.000	**25.586**	26.595	27.603	28.612	**29.620**
15.500.000	25.940	26.961	27.982	29.003	30.024
16.000.000	26.295	27.328	28.362	29.395	30.428
16.500.000	26.649	27.695	28.741	29.787	30.832
17.000.000	27.004	28.062	29.120	30.178	31.236
17.500.000	27.358	28.429	29.499	30.570	31.641
18.000.000	27.712	28.795	29.879	30.962	32.045
18.500.000	28.067	29.162	30.258	31.353	32.449
19.000.000	28.421	29.529	30.637	31.745	32.853
19.500.000	28.776	29.896	31.016	32.137	33.257
20.000.000	**29.130**	30.263	31.396	32.528	**33.661**
20.500.000	29.438	30.582	31.725	32.868	34.012
21.000.000	29.746	30.900	32.054	33.209	34.363
21.500.000	30.054	31.219	32.384	33.549	34.713
22.000.000	30.362	31.538	32.713	33.889	35.064
22.500.000	30.671	31.857	33.043	34.229	35.415
23.000.000	30.979	32.175	33.372	34.569	35.766
23.500.000	31.287	32.494	33.702	34.909	36.117
24.000.000	31.595	32.813	34.031	35.249	36.467
24.500.000	31.903	33.132	34.361	35.589	36.818
25.000.000	**32.211**	33.451	34.690	35.930	**37.169**
25.564.594	**32.554**	33.806	35.057	36.309	**37.560**

Honorartafel zu § 99 Abs. 1 – Vermessung, Honorarzone I

Anrechen- bare Kosten Euro	Von- satz Euro	Viertel- satz Euro	Mittel- satz Euro	Drei- viertel- satz Euro	Bis- satz Euro
51.129	**2.045**	2.135	2.224	2.314	**2.403**
55.000	2.122	2.214	2.305	2.397	2.488
60.000	2.223	2.316	2.410	2.504	2.598
65.000	2.323	2.419	2.515	2.612	2.708
70.000	2.423	2.522	2.620	2.719	2.818
75.000	2.523	2.624	2.725	2.827	2.928
80.000	2.623	2.727	2.830	2.934	3.038
85.000	2.723	2.829	2.935	3.042	3.148
90.000	2.823	2.932	3.040	3.149	3.258
95.000	2.923	3.034	3.145	3.257	3.368
100.000	**3.023**	3.137	3.251	3.364	**3.478**
105.000	3.113	3.230	3.346	3.462	3.579
110.000	3.204	3.323	3.441	3.560	3.679
115.000	3.294	3.416	3.537	3.658	3.780
120.000	3.385	3.508	3.632	3.756	3.880
125.000	3.475	3.601	3.728	3.854	3.981
130.000	3.565	3.694	3.823	3.952	4.081
135.000	3.656	3.787	3.919	4.050	4.182
140.000	3.746	3.880	4.014	4.148	4.282
145.000	3.837	3.973	4.110	4.246	4.383
150.000	**3.927**	4.066	4.205	4.344	**4.483**
155.000	4.003	4.143	4.284	4.424	4.564
160.000	4.079	4.221	4.362	4.504	4.646
165.000	4.155	4.298	4.441	4.584	4.727
170.000	4.231	4.375	4.520	4.664	4.808
175.000	4.307	4.453	4.598	4.744	4.890
180.000	4.383	4.530	4.677	4.824	4.971
185.000	4.459	4.607	4.756	4.904	5.052
190.000	4.535	4.685	4.834	4.984	5.133
195.000	4.611	4.762	4.913	5.064	5.215
200.000	**4.687**	4.839	4.992	5.144	**5.296**
205.000	4.753	4.908	5.062	5.217	5.372
210.000	4.819	4.976	5.133	5.290	5.447
215.000	4.885	5.044	5.204	5.363	5.523
220.000	4.951	5.112	5.274	5.436	5.598
225.000	5.017	5.181	5.345	5.509	5.674
230.000	5.082	5.249	5.416	5.582	5.749
235.000	5.148	5.317	5.486	5.655	5.825
240.000	5.214	5.386	5.557	5.729	5.900
245.000	5.280	5.454	5.628	5.802	5.976
250.000	**5.346**	5.522	5.699	5.875	**6.051**
255.000	5.407	5.584	5.762	5.939	6.117
260.000	5.467	5.646	5.825	6.004	6.183
265.000	5.528	5.708	5.889	6.069	6.249
270.000	5.588	5.770	5.952	6.134	6.315
275.000	5.649	5.832	6.015	6.198	6.382
280.000	5.710	5.894	6.079	6.263	6.448
285.000	5.770	5.956	6.142	6.328	6.514
290.000	5.831	6.018	6.205	6.393	6.580
295.000	5.891	6.080	6.269	6.457	6.646

Anrechen-bare Kosten Euro	Von-satz Euro	Viertel-satz Euro	Mittel-satz Euro	Drei-viertel-satz Euro	Bis-satz Euro
300.000	**5.952**	6.142	6.332	6.522	**6.712**
305.000	6.012	6.203	6.395	6.586	6.777
310.000	6.072	6.265	6.457	6.650	6.842
315.000	6.132	6.326	6.520	6.713	6.907
320.000	6.192	6.387	6.582	6.777	6.972
325.000	6.252	6.448	6.645	6.841	7.037
330.000	6.312	6.510	6.707	6.905	7.102
335.000	6.372	6.571	6.770	6.968	7.167
340.000	6.432	6.632	6.832	7.032	7.232
345.000	6.492	6.693	6.895	7.096	7.297
350.000	**6.552**	6.755	6.957	7.160	**7.362**
355.000	6.612	6.817	7.022	7.226	7.431
360.000	6.672	6.879	7.086	7.293	7.500
365.000	6.732	6.941	7.151	7.360	7.570
370.000	6.792	7.004	7.215	7.427	7.639
375.000	6.852	7.066	7.280	7.494	7.708
380.000	6.912	7.128	7.345	7.561	7.777
385.000	6.972	7.191	7.409	7.628	7.846
390.000	7.032	7.253	7.474	7.695	7.916
395.000	7.092	7.315	7.538	7.762	7.985
400.000	**7.152**	7.378	7.603	7.829	**8.054**
405.000	7.212	7.439	7.666	7.893	8.120
410.000	7.272	7.500	7.729	7.957	8.186
415.000	7.332	7.562	7.792	8.022	8.252
420.000	7.392	7.623	7.855	8.086	8.318
425.000	7.452	7.685	7.918	8.151	8.384
430.000	7.512	7.746	7.981	8.215	8.449
435.000	7.572	7.808	8.044	8.279	8.515
440.000	7.632	7.869	8.107	8.344	8.581
445.000	7.692	7.931	8.170	8.408	8.647
450.000	**7.752**	7.992	8.233	8.473	**8.713**
455.000	7.812	8.054	8.295	8.537	8.778
460.000	7.872	8.115	8.358	8.600	8.843
465.000	7.932	8.176	8.420	8.664	8.908
470.000	7.992	8.237	8.483	8.728	8.973
475.000	8.052	8.299	8.545	8.792	9.038
480.000	8.112	8.360	8.608	8.855	9.103
485.000	8.172	8.421	8.670	8.919	9.168
490.000	8.232	8.482	8.733	8.983	9.233
495.000	8.292	8.544	8.795	9.047	9.298
500.000	**8.352**	8.605	8.858	9.110	**9.363**
525.000	8.547	8.805	9.063	9.320	9.578
550.000	8.742	9.005	9.268	9.531	9.793
575.000	8.937	9.205	9.473	9.741	10.009
600.000	9.132	9.405	9.678	9.951	10.224
625.000	9.327	9.605	9.883	10.161	10.439
650.000	9.522	9.805	10.088	10.371	10.654
675.000	9.717	10.005	10.293	10.581	10.869
700.000	9.912	10.205	10.498	10.791	11.085
725.000	10.107	10.405	10.703	11.002	11.300

Honorartafel zu § 99 Abs. 1 – Vermessung, Honorarzone I

Anrechenbare Kosten Euro	Vonsatz Euro	Viertelsatz Euro	Mittelsatz Euro	Dreiviertelsatz Euro	Bissatz Euro
750.000	**10.302**	10.605	10.909	11.212	**11.515**
775.000	10.501	10.807	11.113	11.419	11.725
800.000	10.701	11.009	11.318	11.626	11.935
825.000	10.900	11.211	11.522	11.834	12.145
850.000	11.099	11.413	11.727	12.041	12.355
875.000	11.299	11.615	11.932	12.248	12.565
900.000	11.498	11.817	12.136	12.456	12.775
925.000	11.697	12.019	12.341	12.663	12.985
950.000	11.896	12.221	12.546	12.870	13.195
975.000	12.096	12.423	12.750	13.078	13.405
1.000.000	**12.295**	12.625	12.955	13.285	**13.615**
1.050.000	12.676	13.016	13.355	13.695	14.035
1.100.000	13.057	13.406	13.756	14.105	14.455
1.150.000	13.438	13.797	14.156	14.516	14.875
1.200.000	13.819	14.188	14.557	14.926	15.295
1.250.000	14.200	14.578	14.957	15.336	15.715
1.300.000	14.580	14.969	15.358	15.746	16.135
1.350.000	14.961	15.360	15.758	16.157	16.555
1.400.000	15.342	15.750	16.159	16.567	16.975
1.450.000	15.723	16.141	16.559	16.977	17.395
1.500.000	**16.104**	16.532	16.960	17.387	**17.815**
1.550.000	16.484	16.922	17.360	17.797	18.235
1.600.000	16.864	17.312	17.760	18.207	18.655
1.650.000	17.244	17.702	18.160	18.617	19.075
1.700.000	17.624	18.092	18.560	19.027	19.495
1.750.000	18.004	18.482	18.960	19.437	19.915
1.800.000	18.384	18.872	19.360	19.847	20.335
1.850.000	18.764	19.262	19.760	20.257	20.755
1.900.000	19.144	19.652	20.160	20.667	21.175
1.950.000	19.524	20.042	20.560	21.077	21.595
2.000.000	**19.904**	20.432	20.960	21.487	**22.015**
2.050.000	20.284	20.822	21.360	21.897	22.435
2.100.000	20.664	21.212	21.760	22.307	22.855
2.150.000	21.044	21.602	22.160	22.717	23.275
2.200.000	21.424	21.992	22.560	23.127	23.695
2.250.000	21.804	22.382	22.960	23.537	24.115
2.300.000	22.184	22.772	23.360	23.947	24.535
2.350.000	22.564	23.162	23.760	24.357	24.955
2.400.000	22.944	23.552	24.160	24.767	25.375
2.450.000	23.324	23.942	24.560	25.177	25.795
2.500.000	**23.704**	24.332	24.960	25.587	**26.215**
2.550.000	24.084	24.722	25.360	25.997	26.635
2.600.000	24.464	25.112	25.760	26.407	27.055
2.650.000	24.844	25.502	26.160	26.817	27.475
2.700.000	25.224	25.892	26.560	27.227	27.895
2.750.000	25.604	26.282	26.960	27.637	28.315
2.800.000	25.984	26.672	27.360	28.047	28.735
2.850.000	26.364	27.062	27.760	28.457	29.155
2.900.000	26.744	27.452	28.160	28.867	29.575
2.950.000	27.124	27.842	28.560	29.277	29.995

Honorartafel zu § 99 Abs. 1 – Vermessung, Honorarzone I

Anrechen-bare Kosten Euro	Von-satz Euro	Viertel-satz Euro	Mittel-satz Euro	Drei-viertel-satz Euro	Bis-satz Euro
3.000.000	**27.504**	28.232	28.960	29.687	**30.415**
3.050.000	27.884	28.622	29.360	30.097	30.835
3.100.000	28.264	29.012	29.760	30.507	31.255
3.150.000	28.644	29.402	30.160	30.917	31.675
3.200.000	29.024	29.792	30.560	31.327	32.095
3.250.000	29.404	30.182	30.960	31.737	32.515
3.300.000	29.784	30.572	31.360	32.147	32.935
3.350.000	30.164	30.962	31.760	32.557	33.355
3.400.000	30.544	31.352	32.160	32.967	33.775
3.450.000	30.924	31.742	32.560	33.377	34.195
3.500.000	**31.304**	32.132	32.960	33.787	**34.615**
3.550.000	31.684	32.522	33.360	34.197	35.035
3.600.000	32.064	32.912	33.760	34.607	35.455
3.650.000	32.444	33.302	34.160	35.017	35.875
3.700.000	32.824	33.692	34.560	35.427	36.295
3.750.000	33.204	34.082	34.960	35.837	36.715
3.800.000	33.584	34.472	35.360	36.247	37.135
3.850.000	33.964	34.862	35.760	36.657	37.555
3.900.000	34.344	35.252	36.160	37.067	37.975
3.950.000	34.724	35.642	36.560	37.477	38.395
4.000.000	**35.104**	36.032	36.960	37.887	**38.815**
4.050.000	35.484	36.422	37.360	38.297	39.235
4.100.000	35.864	36.812	37.760	38.707	39.655
4.150.000	36.244	37.202	38.160	39.117	40.075
4.200.000	36.624	37.592	38.560	39.527	40.495
4.250.000	37.004	37.982	38.960	39.937	40.915
4.300.000	37.384	38.372	39.360	40.347	41.335
4.350.000	37.764	38.762	39.760	40.757	41.755
4.400.000	38.144	39.152	40.160	41.167	42.175
4.450.000	38.524	39.542	40.560	41.577	42.595
4.500.000	**38.904**	39.932	40.960	41.987	**43.015**
4.550.000	39.284	40.322	41.360	42.397	43.435
4.600.000	39.664	40.712	41.760	42.807	43.855
4.650.000	40.044	41.102	42.160	43.217	44.275
4.700.000	40.424	41.492	42.560	43.627	44.695
4.750.000	40.804	41.882	42.960	44.037	45.115
4.800.000	41.184	42.272	43.360	44.447	45.535
4.850.000	41.564	42.662	43.760	44.857	45.955
4.900.000	41.944	43.052	44.160	45.267	46.375
4.950.000	42.324	43.442	44.560	45.677	46.795
5.000.000	**42.704**	43.832	44.960	46.087	**47.215**
5.250.000	44.604	45.782	46.960	48.137	49.315
5.500.000	46.504	47.732	48.960	50.187	51.415
5.750.000	48.404	49.682	50.960	52.237	53.515
6.000.000	50.304	51.632	52.960	54.287	55.615
6.250.000	52.204	53.582	54.960	56.337	57.715
6.500.000	54.104	55.532	56.960	58.387	59.815
6.750.000	56.004	57.482	58.960	60.437	61.915
7.000.000	57.904	59.432	60.960	62.487	64.015
7.250.000	59.804	61.382	62.960	64.537	66.115

Honorartafel zu § 99 Abs. 1 – Vermessung, Honorarzone I

Anrechen-bare Kosten Euro	Von-satz Euro	Viertel-satz Euro	Mittel-satz Euro	Drei-viertel-satz Euro	Bis-satz Euro
7.500.000	**61.704**	63.332	64.960	66.587	**68.215**
7.750.000	63.595	65.275	66.955	68.635	70.315
8.000.000	65.485	67.218	68.950	70.683	72.415
8.250.000	67.376	69.161	70.946	72.730	74.515
8.500.000	69.267	71.104	72.941	74.778	76.615
8.750.000	71.158	73.047	74.936	76.826	78.715
9.000.000	73.048	74.990	76.932	78.873	80.815
9.250.000	74.939	76.933	78.927	80.921	82.915
9.500.000	76.830	78.876	80.922	82.969	85.015
9.750.000	78.720	80.819	82.918	85.016	87.115
10.000.000	**80.611**	82.762	84.913	87.064	**89.215**
10.225.838	**82.318**	84.517	86.715	88.914	**91.112**

Honorartafel zu § 99 Abs. 1 – Vermessung, Honorarzone II

Anrechen-bare Kosten Euro	Von-satz Euro	Viertel-satz Euro	Mittel-satz Euro	Drei-viertel-satz Euro	Bis-satz Euro
51.129	**2.403**	2.493	2.582	2.672	**2.761**
55.000	2.488	2.580	2.671	2.762	2.854
60.000	2.598	2.692	2.786	2.880	2.974
65.000	2.708	2.805	2.901	2.997	3.094
70.000	2.818	2.917	3.016	3.115	3.214
75.000	2.928	3.030	3.131	3.232	3.334
80.000	3.038	3.142	3.246	3.350	3.454
85.000	3.148	3.255	3.361	3.467	3.574
90.000	3.258	3.367	3.476	3.585	3.694
95.000	3.368	3.480	3.591	3.702	3.814
100.000	**3.478**	3.592	3.706	3.820	**3.934**
105.000	3.579	3.695	3.811	3.928	4.044
110.000	3.679	3.798	3.917	4.036	4.155
115.000	3.780	3.901	4.022	4.144	4.265
120.000	3.880	4.004	4.128	4.252	4.376
125.000	3.981	4.107	4.233	4.360	4.486
130.000	4.081	4.210	4.339	4.468	4.596
135.000	4.182	4.313	4.444	4.575	4.707
140.000	4.282	4.416	4.550	4.683	4.817
145.000	4.383	4.519	4.655	4.791	4.928
150.000	**4.483**	4.622	4.761	4.899	**5.038**
155.000	4.564	4.706	4.847	4.988	5.129
160.000	4.646	4.789	4.933	5.077	5.221
165.000	4.727	4.873	5.020	5.166	5.312
170.000	4.808	4.957	5.106	5.255	5.404
175.000	4.890	5.041	5.192	5.344	5.495
180.000	4.971	5.125	5.279	5.433	5.586
185.000	5.052	5.209	5.365	5.521	5.678
190.000	5.133	5.292	5.451	5.610	5.769
195.000	5.215	5.376	5.538	5.699	5.861
200.000	**5.296**	5.460	5.624	5.788	**5.952**
205.000	5.372	5.537	5.702	5.868	6.033
210.000	5.447	5.614	5.780	5.947	6.114
215.000	5.523	5.691	5.859	6.027	6.195
220.000	5.598	5.767	5.937	6.106	6.276
225.000	5.674	5.844	6.015	6.186	6.357
230.000	5.749	5.921	6.093	6.265	6.437
235.000	5.825	5.998	6.171	6.345	6.518
240.000	5.900	6.075	6.250	6.424	6.599
245.000	5.976	6.152	6.328	6.504	6.680
250.000	**6.051**	6.229	6.406	6.584	**6.761**
255.000	6.117	6.296	6.475	6.653	6.832
260.000	6.183	6.363	6.543	6.723	6.903
265.000	6.249	6.431	6.612	6.793	6.974
270.000	6.315	6.498	6.680	6.863	7.045
275.000	6.382	6.565	6.749	6.933	7.117
280.000	6.448	6.633	6.818	7.003	7.188
285.000	6.514	6.700	6.886	7.072	7.259
290.000	6.580	6.767	6.955	7.142	7.330
295.000	6.646	6.835	7.023	7.212	7.401

Honorartafel zu § 99 Abs. 1 – Vermessung, Honorarzone II

Anrechen-bare Kosten Euro	Von-satz Euro	Viertel-satz Euro	Mittel-satz Euro	Drei-viertel-satz Euro	Bis-satz Euro
300.000	6.712	6.902	7.092	7.282	7.472
305.000	6.777	6.969	7.162	7.354	7.546
310.000	6.842	7.037	7.231	7.426	7.621
315.000	6.907	7.104	7.301	7.498	7.695
320.000	6.972	7.171	7.371	7.570	7.769
325.000	7.037	7.239	7.440	7.642	7.844
330.000	7.102	7.306	7.510	7.714	7.918
335.000	7.167	7.373	7.580	7.786	7.992
340.000	7.232	7.441	7.649	7.858	8.066
345.000	7.297	7.508	7.719	7.930	8.141
350.000	7.362	7.575	7.789	8.002	8.215
355.000	7.431	7.645	7.859	8.072	8.286
360.000	7.500	7.714	7.929	8.143	8.357
365.000	7.570	7.784	7.999	8.213	8.427
370.000	7.639	7.854	8.069	8.283	8.498
375.000	7.708	7.923	8.139	8.354	8.569
380.000	7.777	7.993	8.209	8.424	8.640
385.000	7.846	8.062	8.279	8.495	8.711
390.000	7.916	8.132	8.349	8.565	8.781
395.000	7.985	8.202	8.419	8.635	8.852
400.000	8.054	8.271	8.489	8.706	8.923
405.000	8.120	8.339	8.559	8.778	8.997
410.000	8.186	8.407	8.629	8.850	9.071
415.000	8.252	8.475	8.699	8.922	9.145
420.000	8.318	8.543	8.769	8.994	9.219
425.000	8.384	8.611	8.839	9.066	9.294
430.000	8.449	8.679	8.909	9.138	9.368
435.000	8.515	8.747	8.979	9.210	9.442
440.000	8.581	8.815	9.049	9.282	9.516
445.000	8.647	8.883	9.119	9.354	9.590
450.000	8.713	8.951	9.189	9.426	9.664
455.000	8.778	9.017	9.257	9.496	9.735
460.000	8.843	9.084	9.325	9.565	9.806
465.000	8.908	9.150	9.393	9.635	9.877
470.000	8.973	9.217	9.461	9.705	9.948
475.000	9.038	9.283	9.529	9.774	10.020
480.000	9.103	9.350	9.597	9.844	10.091
485.000	9.168	9.416	9.665	9.913	10.162
490.000	9.233	9.483	9.733	9.983	10.233
495.000	9.298	9.549	9.801	10.052	10.304
500.000	9.363	9.616	9.869	10.122	10.375
525.000	9.578	9.836	10.094	10.352	10.610
550.000	9.793	10.057	10.320	10.583	10.846
575.000	10.009	10.277	10.545	10.813	11.081
600.000	10.224	10.497	10.770	11.043	11.317
625.000	10.439	10.717	10.996	11.274	11.552
650.000	10.654	10.938	11.221	11.504	11.787
675.000	10.869	11.158	11.446	11.734	12.023
700.000	11.085	11.378	11.671	11.965	12.258
725.000	11.300	11.598	11.897	12.195	12.494

Honorartafel zu § 99 Abs. 1 – Vermessung, Honorarzone II

Anrechen- bare Kosten Euro	Von- satz Euro	Viertel- satz Euro	Mittel- satz Euro	Drei- viertel- satz Euro	Bis- satz Euro
750.000	**11.515**	11.819	12.122	12.426	**12.729**
775.000	11.725	12.034	12.342	12.651	12.959
800.000	11.935	12.249	12.562	12.876	13.189
825.000	12.145	12.464	12.782	13.101	13.419
850.000	12.355	12.679	13.002	13.326	13.649
875.000	12.565	12.894	13.222	13.551	13.879
900.000	12.775	13.109	13.442	13.776	14.109
925.000	12.985	13.324	13.662	14.001	14.339
950.000	13.195	13.539	13.882	14.226	14.569
975.000	13.405	13.754	14.102	14.451	14.799
1.000.000	**13.615**	13.969	14.322	14.676	**15.029**
1.050.000	14.035	14.399	14.762	15.126	15.489
1.100.000	14.455	14.829	15.202	15.576	15.949
1.150.000	14.875	15.259	15.642	16.026	16.409
1.200.000	15.295	15.689	16.082	16.476	16.869
1.250.000	15.715	16.119	16.522	16.926	17.329
1.300.000	16.135	16.549	16.962	17.376	17.789
1.350.000	16.555	16.979	17.402	17.826	18.249
1.400.000	16.975	17.409	17.842	18.276	18.709
1.450.000	17.395	17.839	18.282	18.726	19.169
1.500.000	**17.815**	18.269	18.722	19.176	**19.629**
1.550.000	18.235	18.699	19.162	19.626	20.089
1.600.000	18.655	19.129	19.602	20.076	20.549
1.650.000	19.075	19.559	20.042	20.526	21.009
1.700.000	19.495	19.989	20.482	20.976	21.469
1.750.000	19.915	20.419	20.922	21.426	21.929
1.800.000	20.335	20.849	21.362	21.876	22.389
1.850.000	20.755	21.279	21.802	22.326	22.849
1.900.000	21.175	21.709	22.242	22.776	23.309
1.950.000	21.595	22.139	22.682	23.226	23.769
2.000.000	**22.015**	22.569	23.122	23.676	**24.229**
2.050.000	22.435	22.999	23.562	24.126	24.689
2.100.000	22.855	23.429	24.002	24.576	25.149
2.150.000	23.275	23.859	24.442	25.026	25.609
2.200.000	23.695	24.289	24.882	25.476	26.069
2.250.000	24.115	24.719	25.322	25.926	26.529
2.300.000	24.535	25.149	25.762	26.376	26.989
2.350.000	24.955	25.579	26.202	26.826	27.449
2.400.000	25.375	26.009	26.642	27.276	27.909
2.450.000	25.795	26.439	27.082	27.726	28.369
2.500.000	**26.215**	26.869	27.522	28.176	**28.829**
2.550.000	26.635	27.299	27.962	28.626	29.289
2.600.000	27.055	27.729	28.402	29.076	29.749
2.650.000	27.475	28.159	28.842	29.526	30.209
2.700.000	27.895	28.589	29.282	29.976	30.669
2.750.000	28.315	29.019	29.722	30.426	31.129
2.800.000	28.735	29.449	30.162	30.876	31.589
2.850.000	29.155	29.879	30.602	31.326	32.049
2.900.000	29.575	30.309	31.042	31.776	32.509
2.950.000	29.995	30.739	31.482	32.226	32.969

Honorartafel zu § 99 Abs. 1 – Vermessung, Honorarzone II

Anrechen-bare Kosten Euro	Von-satz Euro	Viertel-satz Euro	Mittel-satz Euro	Drei-viertel-satz Euro	Bis-satz Euro
3.000.000	**30.415**	31.169	31.922	32.676	**33.429**
3.050.000	30.835	31.599	32.362	33.126	33.889
3.100.000	31.255	32.029	32.802	33.576	34.349
3.150.000	31.675	32.459	33.242	34.026	34.809
3.200.000	32.095	32.889	33.682	34.476	35.269
3.250.000	32.515	33.319	34.122	34.926	35.729
3.300.000	32.935	33.749	34.562	35.376	36.189
3.350.000	33.355	34.179	35.002	35.826	36.649
3.400.000	33.775	34.609	35.442	36.276	37.109
3.450.000	34.195	35.039	35.882	36.726	37.569
3.500.000	**34.615**	35.469	36.322	37.176	**38.029**
3.550.000	35.035	35.899	36.762	37.626	38.489
3.600.000	35.455	36.329	37.202	38.076	38.949
3.650.000	35.875	36.759	37.642	38.526	39.409
3.700.000	36.295	37.189	38.082	38.976	39.869
3.750.000	36.715	37.619	38.522	39.426	40.329
3.800.000	37.135	38.049	38.962	39.876	40.789
3.850.000	37.555	38.479	39.402	40.326	41.249
3.900.000	37.975	38.909	39.842	40.776	41.709
3.950.000	38.395	39.339	40.282	41.226	42.169
4.000.000	**38.815**	39.769	40.722	41.676	**42.629**
4.050.000	39.235	40.199	41.162	42.126	43.089
4.100.000	39.655	40.629	41.602	42.576	43.549
4.150.000	40.075	41.059	42.042	43.026	44.009
4.200.000	40.495	41.489	42.482	43.476	44.469
4.250.000	40.915	41.919	42.922	43.926	44.929
4.300.000	41.335	42.349	43.362	44.376	45.389
4.350.000	41.755	42.779	43.802	44.826	45.849
4.400.000	42.175	43.209	44.242	45.276	46.309
4.450.000	42.595	43.639	44.682	45.726	46.769
4.500.000	**43.015**	44.069	45.122	46.176	**47.229**
4.550.000	43.435	44.499	45.562	46.626	47.689
4.600.000	43.855	44.929	46.002	47.076	48.149
4.650.000	44.275	45.359	46.442	47.526	48.609
4.700.000	44.695	45.789	46.882	47.976	49.069
4.750.000	45.115	46.219	47.322	48.426	49.529
4.800.000	45.535	46.649	47.762	48.876	49.989
4.850.000	45.955	47.079	48.202	49.326	50.449
4.900.000	46.375	47.509	48.642	49.776	50.909
4.950.000	46.795	47.939	49.082	50.226	51.369
5.000.000	**47.215**	48.369	49.522	50.676	**51.829**
5.250.000	49.315	50.519	51.722	52.926	54.129
5.500.000	51.415	52.669	53.922	55.176	56.429
5.750.000	53.515	54.819	56.122	57.426	58.729
6.000.000	55.615	56.969	58.322	59.676	61.029
6.250.000	57.715	59.119	60.522	61.926	63.329
6.500.000	59.815	61.269	62.722	64.176	65.629
6.750.000	61.915	63.419	64.922	66.426	67.929
7.000.000	64.015	65.569	67.122	68.676	70.229
7.250.000	66.115	67.719	69.322	70.926	72.529

Anrechen-bare Kosten Euro	Von-satz Euro	Viertel-satz Euro	Mittel-satz Euro	Drei-viertel-satz Euro	Bis-satz Euro
7.500.000	**68.215**	69.869	71.522	73.176	**74.829**
7.750.000	70.315	72.019	73.722	75.426	77.129
8.000.000	72.415	74.169	75.922	77.676	79.429
8.250.000	74.515	76.319	78.122	79.926	81.729
8.500.000	76.615	78.469	80.322	82.176	84.029
8.750.000	78.715	80.619	82.522	84.426	86.329
9.000.000	80.815	82.769	84.722	86.676	88.629
9.250.000	82.915	84.919	86.922	88.926	90.929
9.500.000	85.015	87.069	89.122	91.176	93.229
9.750.000	87.115	89.219	91.322	93.426	95.529
10.000.000	**89.215**	91.369	93.522	95.676	**97.829**
10.225.838	**91.112**	93.311	95.509	97.708	**99.906**

Honorartafel zu § 99 Abs. 1 – Vermessung, Honorarzone III

Anrechen-bare Kosten Euro	Von-satz Euro	Viertel-satz Euro	Mittel-satz Euro	Drei-viertel-satz Euro	Bis-satz Euro
51.129	**2.761**	2.851	2.940	3.030	**3.119**
55.000	2.854	2.945	3.037	3.128	3.220
60.000	2.974	3.068	3.162	3.256	3.350
65.000	3.094	3.190	3.287	3.383	3.480
70.000	3.214	3.313	3.412	3.511	3.610
75.000	3.334	3.435	3.537	3.638	3.740
80.000	3.454	3.558	3.662	3.766	3.870
85.000	3.574	3.680	3.787	3.893	4.000
90.000	3.694	3.803	3.912	4.021	4.130
95.000	3.814	3.925	4.037	4.148	4.260
100.000	**3.934**	4.048	4.162	4.276	**4.390**
105.000	4.044	4.161	4.277	4.394	4.510
110.000	4.155	4.274	4.393	4.512	4.631
115.000	4.265	4.387	4.508	4.630	4.751
120.000	4.376	4.500	4.624	4.748	4.872
125.000	4.486	4.613	4.739	4.866	4.992
130.000	4.596	4.725	4.854	4.983	5.112
135.000	4.707	4.838	4.970	5.101	5.233
140.000	4.817	4.951	5.085	5.219	5.353
145.000	4.928	5.064	5.201	5.337	5.474
150.000	**5.038**	5.177	5.316	5.455	**5.594**
155.000	5.129	5.270	5.410	5.550	5.691
160.000	5.221	5.362	5.504	5.646	5.787
165.000	5.312	5.455	5.598	5.741	5.884
170.000	5.404	5.548	5.692	5.837	5.981
175.000	5.495	5.641	5.786	5.932	6.078
180.000	5.586	5.733	5.880	6.027	6.174
185.000	5.678	5.826	5.974	6.123	6.271
190.000	5.769	5.919	6.068	6.218	6.368
195.000	5.861	6.012	6.162	6.313	6.464
200.000	**5.952**	6.104	6.257	6.409	**6.561**
205.000	6.033	6.188	6.342	6.497	6.651
210.000	6.114	6.271	6.428	6.585	6.742
215.000	6.195	6.354	6.513	6.673	6.832
220.000	6.276	6.437	6.599	6.761	6.923
225.000	6.357	6.521	6.685	6.849	7.013
230.000	6.437	6.604	6.770	6.937	7.103
235.000	6.518	6.687	6.856	7.025	7.194
240.000	6.599	6.770	6.942	7.113	7.284
245.000	6.680	6.854	7.027	7.201	7.375
250.000	**6.761**	6.937	7.113	7.289	**7.465**
255.000	6.832	7.010	7.187	7.364	7.542
260.000	6.903	7.082	7.261	7.440	7.618
265.000	6.974	7.155	7.335	7.515	7.695
270.000	7.045	7.227	7.409	7.590	7.772
275.000	7.117	7.300	7.483	7.666	7.849
280.000	7.188	7.372	7.556	7.741	7.925
285.000	7.259	7.445	7.630	7.816	8.002
290.000	7.330	7.517	7.704	7.891	8.079
295.000	7.401	7.590	7.778	7.967	8.155

Honorartafel zu § 99 Abs. 1 – Vermessung, Honorarzone III

Anrechen-bare Kosten Euro	Von-satz Euro	Viertel-satz Euro	Mittel-satz Euro	Drei-viertel-satz Euro	Bis-satz Euro
300.000	**7.472**	7.662	7.852	8.042	**8.232**
305.000	7.546	7.738	7.929	8.120	8.311
310.000	7.621	7.813	8.006	8.198	8.391
315.000	7.695	7.889	8.083	8.276	8.470
320.000	7.769	7.964	8.159	8.355	8.550
325.000	7.844	8.040	8.236	8.433	8.629
330.000	7.918	8.115	8.313	8.511	8.708
335.000	7.992	8.191	8.390	8.589	8.788
340.000	8.066	8.267	8.467	8.667	8.867
345.000	8.141	8.342	8.544	8.745	8.947
350.000	**8.215**	8.418	8.621	8.823	**9.026**
355.000	8.286	8.491	8.696	8.901	9.106
360.000	8.357	8.564	8.771	8.979	9.186
365.000	8.427	8.637	8.847	9.056	9.266
370.000	8.498	8.710	8.922	9.134	9.346
375.000	8.569	8.783	8.998	9.212	9.426
380.000	8.640	8.856	9.073	9.289	9.506
385.000	8.711	8.929	9.148	9.367	9.586
390.000	8.781	9.003	9.224	9.445	9.666
395.000	8.852	9.076	9.299	9.523	9.746
400.000	**8.923**	9.149	9.375	9.600	**9.826**
405.000	8.997	9.223	9.450	9.676	9.902
410.000	9.071	9.298	9.525	9.751	9.978
415.000	9.145	9.372	9.600	9.827	10.054
420.000	9.219	9.447	9.675	9.902	10.130
425.000	9.294	9.522	9.750	9.978	10.206
430.000	9.368	9.596	9.825	10.053	10.281
435.000	9.442	9.671	9.900	10.128	10.357
440.000	9.516	9.745	9.975	10.204	10.433
445.000	9.590	9.820	10.050	10.279	10.509
450.000	**9.664**	9.894	10.125	10.355	**10.585**
455.000	9.735	9.967	10.200	10.432	10.664
460.000	9.806	10.040	10.275	10.509	10.743
465.000	9.877	10.113	10.350	10.586	10.822
470.000	9.948	10.187	10.425	10.663	10.901
475.000	10.020	10.260	10.500	10.740	10.980
480.000	10.091	10.333	10.575	10.817	11.059
485.000	10.162	10.406	10.650	10.894	11.138
490.000	10.233	10.479	10.725	10.971	11.217
495.000	10.304	10.552	10.800	11.048	11.296
500.000	**10.375**	10.625	10.875	11.125	**11.375**
525.000	10.610	10.866	11.121	11.376	11.632
550.000	10.846	11.106	11.367	11.628	11.888
575.000	11.081	11.347	11.613	11.879	12.145
600.000	11.317	11.588	11.859	12.131	12.402
625.000	11.552	11.829	12.105	12.382	12.659
650.000	11.787	12.069	12.351	12.633	12.915
675.000	12.023	12.310	12.597	12.885	13.172
700.000	12.258	12.551	12.843	13.136	13.429
725.000	12.494	12.792	13.089	13.387	13.685

Honorartafel zu § 99 Abs. 1 – Vermessung, Honorarzone III

Anrechenbare Kosten Euro	Vonsatz Euro	Viertelsatz Euro	Mittelsatz Euro	Dreiviertelsatz Euro	Bissatz Euro
750.000	12.729	13.032	13.336	13.639	13.942
775.000	12.959	13.267	13.576	13.884	14.192
800.000	13.189	13.502	13.816	14.129	14.442
825.000	13.419	13.737	14.056	14.374	14.692
850.000	13.649	13.972	14.296	14.619	14.942
875.000	13.879	14.207	14.536	14.864	15.192
900.000	14.109	14.442	14.776	15.109	15.442
925.000	14.339	14.677	15.016	15.354	15.692
950.000	14.569	14.912	15.256	15.599	15.942
975.000	14.799	15.147	15.496	15.844	16.192
1.000.000	15.029	15.382	15.736	16.089	16.442
1.050.000	15.489	15.852	16.216	16.579	16.942
1.100.000	15.949	16.322	16.696	17.069	17.442
1.150.000	16.409	16.792	17.176	17.559	17.942
1.200.000	16.869	17.262	17.656	18.049	18.442
1.250.000	17.329	17.732	18.136	18.539	18.942
1.300.000	17.789	18.202	18.616	19.029	19.442
1.350.000	18.249	18.672	19.096	19.519	19.942
1.400.000	18.709	19.142	19.576	20.009	20.442
1.450.000	19.169	19.612	20.056	20.499	20.942
1.500.000	19.629	20.082	20.536	20.989	21.442
1.550.000	20.089	20.552	21.016	21.479	21.942
1.600.000	20.549	21.022	21.496	21.969	22.442
1.650.000	21.009	21.492	21.976	22.459	22.942
1.700.000	21.469	21.962	22.456	22.949	23.442
1.750.000	21.929	22.432	22.936	23.439	23.942
1.800.000	22.389	22.902	23.416	23.929	24.442
1.850.000	22.849	23.372	23.896	24.419	24.942
1.900.000	23.309	23.842	24.376	24.909	25.442
1.950.000	23.769	24.312	24.856	25.399	25.942
2.000.000	24.229	24.782	25.336	25.889	26.442
2.050.000	24.689	25.252	25.816	26.379	26.942
2.100.000	25.149	25.722	26.296	26.869	27.442
2.150.000	25.609	26.192	26.776	27.359	27.942
2.200.000	26.069	26.662	27.256	27.849	28.442
2.250.000	26.529	27.132	27.736	28.339	28.942
2.300.000	26.989	27.602	28.216	28.829	29.442
2.350.000	27.449	28.072	28.696	29.319	29.942
2.400.000	27.909	28.542	29.176	29.809	30.442
2.450.000	28.369	29.012	29.656	30.299	30.942
2.500.000	28.829	29.482	30.136	30.789	31.442
2.550.000	29.289	29.952	30.616	31.279	31.942
2.600.000	29.749	30.422	31.096	31.769	32.442
2.650.000	30.209	30.892	31.576	32.259	32.942
2.700.000	30.669	31.362	32.056	32.749	33.442
2.750.000	31.129	31.832	32.536	33.239	33.942
2.800.000	31.589	32.302	33.016	33.729	34.442
2.850.000	32.049	32.772	33.496	34.219	34.942
2.900.000	32.509	33.242	33.976	34.709	35.442
2.950.000	32.969	33.712	34.456	35.199	35.942

Honorartafel zu § 99 Abs. 1 – Vermessung, Honorarzone III

Anrechen-bare Kosten Euro	Von-satz Euro	Viertel-satz Euro	Mittel-satz Euro	Drei-viertel-satz Euro	Bis-satz Euro
3.000.000	**33.429**	34.182	34.936	35.689	**36.442**
3.050.000	33.889	34.652	35.416	36.179	36.942
3.100.000	34.349	35.122	35.896	36.669	37.442
3.150.000	34.809	35.592	36.376	37.159	37.942
3.200.000	35.269	36.062	36.856	37.649	38.442
3.250.000	35.729	36.532	37.336	38.139	38.942
3.300.000	36.189	37.002	37.816	38.629	39.442
3.350.000	36.649	37.472	38.296	39.119	39.942
3.400.000	37.109	37.942	38.776	39.609	40.442
3.450.000	37.569	38.412	39.256	40.099	40.942
3.500.000	**38.029**	38.882	39.736	40.589	**41.442**
3.550.000	38.489	39.352	40.216	41.079	41.942
3.600.000	38.949	39.822	40.696	41.569	42.442
3.650.000	39.409	40.292	41.176	42.059	42.942
3.700.000	39.869	40.762	41.656	42.549	43.442
3.750.000	40.329	41.232	42.136	43.039	43.942
3.800.000	40.789	41.702	42.616	43.529	44.442
3.850.000	41.249	42.172	43.096	44.019	44.942
3.900.000	41.709	42.642	43.576	44.509	45.442
3.950.000	42.169	43.112	44.056	44.999	45.942
4.000.000	**42.629**	43.582	44.536	45.489	**46.442**
4.050.000	43.089	44.052	45.016	45.979	46.942
4.100.000	43.549	44.522	45.496	46.469	47.442
4.150.000	44.009	44.992	45.976	46.959	47.942
4.200.000	44.469	45.462	46.456	47.449	48.442
4.250.000	44.929	45.932	46.936	47.939	48.942
4.300.000	45.389	46.402	47.416	48.429	49.442
4.350.000	45.849	46.872	47.896	48.919	49.942
4.400.000	46.309	47.342	48.376	49.409	50.442
4.450.000	46.769	47.812	48.856	49.899	50.942
4.500.000	**47.229**	48.282	49.336	50.389	**51.442**
4.550.000	47.689	48.752	49.816	50.879	51.942
4.600.000	48.149	49.222	50.296	51.369	52.442
4.650.000	48.609	49.692	50.776	51.859	52.942
4.700.000	49.069	50.162	51.256	52.349	53.442
4.750.000	49.529	50.632	51.736	52.839	53.942
4.800.000	49.989	51.102	52.216	53.329	54.442
4.850.000	50.449	51.572	52.696	53.819	54.942
4.900.000	50.909	52.042	53.176	54.309	55.442
4.950.000	51.369	52.512	53.656	54.799	55.942
5.000.000	**51.829**	52.982	54.136	55.289	**56.442**
5.250.000	54.129	55.332	56.536	57.739	58.942
5.500.000	56.429	57.682	58.936	60.189	61.442
5.750.000	58.729	60.032	61.336	62.639	63.942
6.000.000	61.029	62.382	63.736	65.089	66.442
6.250.000	63.329	64.732	66.136	67.539	68.942
6.500.000	65.629	67.082	68.536	69.989	71.442
6.750.000	67.929	69.432	70.936	72.439	73.942
7.000.000	70.229	71.782	73.336	74.889	76.442
7.250.000	72.529	74.132	75.736	77.339	78.942

Honorartafel zu § 99 Abs. 1 – Vermessung, Honorarzone III

Anrechen- bare Kosten Euro	Von- satz Euro	Viertel- satz Euro	Mittel- satz Euro	Drei- viertel- satz Euro	Bis- satz Euro
7.500.000	**74.829**	76.482	78.136	79.789	**81.442**
7.750.000	77.129	78.832	80.536	82.239	83.942
8.000.000	79.429	81.182	82.936	84.689	86.442
8.250.000	81.729	83.532	85.336	87.139	88.942
8.500.000	84.029	85.882	87.736	89.589	91.442
8.750.000	86.329	88.232	90.136	92.039	93.942
9.000.000	88.629	90.582	92.536	94.489	96.442
9.250.000	90.929	92.932	94.936	96.939	98.942
9.500.000	93.229	95.282	97.336	99.389	101.442
9.750.000	95.529	97.632	99.736	101.839	103.942
10.000.000	**97.829**	99.982	102.136	104.289	**106.442**
10.225.838	**99.906**	102.105	104.304	106.502	**108.701**

Anrechen-bare Kosten Euro	Von-satz Euro	Viertel-satz Euro	Mittel-satz Euro	Drei-viertel-satz Euro	Bis-satz Euro
51.129	**3.119**	3.209	3.298	3.388	**3.477**
55.000	3.220	3.311	3.403	3.494	3.585
60.000	3.350	3.444	3.538	3.631	3.725
65.000	3.480	3.576	3.673	3.769	3.865
70.000	3.610	3.709	3.808	3.906	4.005
75.000	3.740	3.841	3.943	4.044	4.145
80.000	3.870	3.974	4.078	4.181	4.285
85.000	4.000	4.106	4.213	4.319	4.425
90.000	4.130	4.239	4.348	4.456	4.565
95.000	4.260	4.371	4.483	4.594	4.705
100.000	**4.390**	4.504	4.618	4.731	**4.845**
105.000	4.510	4.627	4.743	4.859	4.976
110.000	4.631	4.750	4.868	4.987	5.106
115.000	4.751	4.873	4.994	5.115	5.237
120.000	4.872	4.995	5.119	5.243	5.367
125.000	4.992	5.118	5.245	5.371	5.498
130.000	5.112	5.241	5.370	5.499	5.628
135.000	5.233	5.364	5.496	5.627	5.759
140.000	5.353	5.487	5.621	5.755	5.889
145.000	5.474	5.610	5.747	5.883	6.020
150.000	**5.594**	5.733	5.872	6.011	**6.150**
155.000	5.691	5.832	5.974	6.115	6.257
160.000	5.787	5.931	6.075	6.219	6.363
165.000	5.884	6.031	6.177	6.324	6.470
170.000	5.981	6.130	6.279	6.428	6.577
175.000	6.078	6.229	6.381	6.532	6.684
180.000	6.174	6.328	6.482	6.636	6.790
185.000	6.271	6.427	6.584	6.740	6.897
190.000	6.368	6.527	6.686	6.845	7.004
195.000	6.464	6.626	6.787	6.949	7.110
200.000	**6.561**	6.725	6.889	7.053	**7.217**
205.000	6.651	6.817	6.982	7.148	7.313
210.000	6.742	6.909	7.075	7.242	7.409
215.000	6.832	7.000	7.168	7.337	7.505
220.000	6.923	7.092	7.262	7.431	7.601
225.000	7.013	7.184	7.355	7.526	7.697
230.000	7.103	7.276	7.448	7.620	7.792
235.000	7.194	7.367	7.541	7.715	7.888
240.000	7.284	7.459	7.634	7.809	7.984
245.000	7.375	7.551	7.727	7.904	8.080
250.000	**7.465**	7.643	7.821	7.998	**8.176**
255.000	7.542	7.721	7.900	8.079	8.258
260.000	7.618	7.799	7.979	8.159	8.339
265.000	7.695	7.877	8.058	8.240	8.421
270.000	7.772	7.955	8.137	8.320	8.503
275.000	7.849	8.033	8.217	8.401	8.585
280.000	7.925	8.110	8.296	8.481	8.666
285.000	8.002	8.188	8.375	8.561	8.748
290.000	8.079	8.266	8.454	8.642	8.830
295.000	8.155	8.344	8.533	8.722	8.911

Honorartafel zu § 99 Abs. 1 – Vermessung, Honorarzone IV

Anrechen- bare Kosten Euro	Von- satz Euro	Viertel- satz Euro	Mittel- satz Euro	Drei- viertel- satz Euro	Bis- satz Euro
300.000	**8.232**	8.422	8.613	8.803	**8.993**
305.000	8.311	8.504	8.697	8.889	9.082
310.000	8.391	8.586	8.781	8.975	9.170
315.000	8.470	8.667	8.865	9.062	9.259
320.000	8.550	8.749	8.949	9.148	9.347
325.000	8.629	8.831	9.033	9.234	9.436
330.000	8.708	8.912	9.117	9.321	9.525
335.000	8.788	8.994	9.201	9.407	9.613
340.000	8.867	9.076	9.285	9.493	9.702
345.000	8.947	9.158	9.369	9.579	9.790
350.000	**9.026**	9.239	9.453	9.666	**9.879**
355.000	9.106	9.320	9.533	9.747	9.961
360.000	9.186	9.400	9.614	9.828	10.042
365.000	9.266	9.480	9.695	9.909	10.124
370.000	9.346	9.561	9.776	9.991	10.205
375.000	9.426	9.641	9.857	10.072	10.287
380.000	9.506	9.722	9.937	10.153	10.369
385.000	9.586	9.802	10.018	10.234	10.450
390.000	9.666	9.882	10.099	10.315	10.532
395.000	9.746	9.963	10.180	10.397	10.613
400.000	**9.826**	10.043	10.261	10.478	**10.695**
405.000	9.902	10.121	10.341	10.560	10.779
410.000	9.978	10.199	10.421	10.642	10.863
415.000	10.054	10.277	10.501	10.724	10.947
420.000	10.130	10.355	10.581	10.806	11.031
425.000	10.206	10.433	10.661	10.888	11.116
430.000	10.281	10.511	10.741	10.970	11.200
435.000	10.357	10.589	10.821	11.052	11.284
440.000	10.433	10.667	10.901	11.134	11.368
445.000	10.509	10.745	10.981	11.216	11.452
450.000	**10.585**	10.823	11.061	11.298	**11.536**
455.000	10.664	10.903	11.143	11.382	11.621
460.000	10.743	10.984	11.225	11.465	11.706
465.000	10.822	11.064	11.307	11.549	11.791
470.000	10.901	11.145	11.389	11.632	11.876
475.000	10.980	11.225	11.471	11.716	11.961
480.000	11.059	11.306	11.553	11.799	12.046
485.000	11.138	11.386	11.635	11.883	12.131
490.000	11.217	11.467	11.717	11.966	12.216
495.000	11.296	11.547	11.799	12.050	12.301
500.000	**11.375**	11.628	11.881	12.133	**12.386**
525.000	11.632	11.890	12.147	12.405	12.663
550.000	11.888	12.151	12.414	12.677	12.940
575.000	12.145	12.413	12.681	12.949	13.217
600.000	12.402	12.675	12.948	13.221	13.494
625.000	12.659	12.937	13.215	13.493	13.771
650.000	12.915	13.198	13.482	13.765	14.048
675.000	13.172	13.460	13.748	14.037	14.325
700.000	13.429	13.722	14.015	14.309	14.602
725.000	13.685	13.984	14.282	14.581	14.879

Honorartafel zu § 99 Abs. 1 – Vermessung, Honorarzone IV

Anrechen-bare Kosten Euro	Von-satz Euro	Viertel-satz Euro	Mittel-satz Euro	Drei-viertel-satz Euro	Bis-satz Euro
750.000	**13.942**	14.246	14.549	14.853	**15.156**
775.000	14.192	14.501	14.809	15.118	15.426
800.000	14.442	14.756	15.069	15.383	15.696
825.000	14.692	15.011	15.329	15.648	15.966
850.000	14.942	15.266	15.589	15.913	16.236
875.000	15.192	15.521	15.849	16.178	16.506
900.000	15.442	15.776	16.109	16.443	16.776
925.000	15.692	16.031	16.369	16.708	17.046
950.000	15.942	16.286	16.629	16.973	17.316
975.000	16.192	16.541	16.889	17.238	17.586
1.000.000	**16.442**	16.796	17.149	17.503	**17.856**
1.050.000	16.942	17.306	17.669	18.033	18.396
1.100.000	17.442	17.816	18.189	18.563	18.936
1.150.000	17.942	18.326	18.709	19.093	19.476
1.200.000	18.442	18.836	19.229	19.623	20.016
1.250.000	18.942	19.346	19.749	20.153	20.556
1.300.000	19.442	19.856	20.269	20.683	21.096
1.350.000	19.942	20.366	20.789	21.213	21.636
1.400.000	20.442	20.876	21.309	21.743	22.176
1.450.000	20.942	21.386	21.829	22.273	22.716
1.500.000	**21.442**	21.896	22.349	22.803	**23.256**
1.550.000	21.942	22.406	22.869	23.333	23.796
1.600.000	22.442	22.916	23.389	23.863	24.336
1.650.000	22.942	23.426	23.909	24.393	24.876
1.700.000	23.442	23.936	24.429	24.923	25.416
1.750.000	23.942	24.446	24.949	25.453	25.956
1.800.000	24.442	24.956	25.469	25.983	26.496
1.850.000	24.942	25.466	25.989	26.513	27.036
1.900.000	25.442	25.976	26.509	27.043	27.576
1.950.000	25.942	26.486	27.029	27.573	28.116
2.000.000	**26.442**	26.996	27.549	28.103	**28.656**
2.050.000	26.942	27.506	28.069	28.633	29.196
2.100.000	27.442	28.016	28.589	29.163	29.736
2.150.000	27.942	28.526	29.109	29.693	30.276
2.200.000	28.442	29.036	29.629	30.223	30.816
2.250.000	28.942	29.546	30.149	30.753	31.356
2.300.000	29.442	30.056	30.669	31.283	31.896
2.350.000	29.942	30.566	31.189	31.813	32.436
2.400.000	30.442	31.076	31.709	32.343	32.976
2.450.000	30.942	31.586	32.229	32.873	33.516
2.500.000	**31.442**	32.096	32.749	33.403	**34.056**
2.550.000	31.942	32.606	33.269	33.933	34.596
2.600.000	32.442	33.116	33.789	34.463	35.136
2.650.000	32.942	33.626	34.309	34.993	35.676
2.700.000	33.442	34.136	34.829	35.523	36.216
2.750.000	33.942	34.646	35.349	36.053	36.756
2.800.000	34.442	35.156	35.869	36.583	37.296
2.850.000	34.942	35.666	36.389	37.113	37.836
2.900.000	35.442	36.176	36.909	37.643	38.376
2.950.000	35.942	36.686	37.429	38.173	38.916

Honorartafel zu § 99 Abs. 1 – Vermessung, Honorarzone IV

Anrechen-bare Kosten Euro	Von-satz Euro	Viertel-satz Euro	Mittel-satz Euro	Drei-viertel-satz Euro	Bis-satz Euro
3.000.000	**36.442**	37.196	37.949	38.703	**39.456**
3.050.000	36.942	37.706	38.469	39.233	39.996
3.100.000	37.442	38.216	38.989	39.763	40.536
3.150.000	37.942	38.726	39.509	40.293	41.076
3.200.000	38.442	39.236	40.029	40.823	41.616
3.250.000	38.942	39.746	40.549	41.353	42.156
3.300.000	39.442	40.256	41.069	41.883	42.696
3.350.000	39.942	40.766	41.589	42.413	43.236
3.400.000	40.442	41.276	42.109	42.943	43.776
3.450.000	40.942	41.786	42.629	43.473	44.316
3.500.000	**41.442**	42.296	43.149	44.003	**44.856**
3.550.000	41.942	42.806	43.669	44.533	45.396
3.600.000	42.442	43.316	44.189	45.063	45.936
3.650.000	42.942	43.826	44.709	45.593	46.476
3.700.000	43.442	44.336	45.229	46.123	47.016
3.750.000	43.942	44.846	45.749	46.653	47.556
3.800.000	44.442	45.356	46.269	47.183	48.096
3.850.000	44.942	45.866	46.789	47.713	48.636
3.900.000	45.442	46.376	47.309	48.243	49.176
3.950.000	45.942	46.886	47.829	48.773	49.716
4.000.000	**46.442**	47.396	48.349	49.303	**50.256**
4.050.000	46.942	47.906	48.869	49.833	50.796
4.100.000	47.442	48.416	49.389	50.363	51.336
4.150.000	47.942	48.926	49.909	50.893	51.876
4.200.000	48.442	49.436	50.429	51.423	52.416
4.250.000	48.942	49.946	50.949	51.953	52.956
4.300.000	49.442	50.456	51.469	52.483	53.496
4.350.000	49.942	50.966	51.989	53.013	54.036
4.400.000	50.442	51.476	52.509	53.543	54.576
4.450.000	50.942	51.986	53.029	54.073	55.116
4.500.000	**51.442**	52.496	53.549	54.603	**55.656**
4.550.000	51.942	53.028	54.114	55.200	56.286
4.600.000	52.442	53.561	54.679	55.798	56.916
4.650.000	52.942	54.093	55.244	56.395	57.546
4.700.000	53.442	54.626	55.809	56.993	58.176
4.750.000	53.942	55.158	56.374	57.590	58.806
4.800.000	54.442	55.691	56.939	58.188	59.436
4.850.000	54.942	56.223	57.504	58.785	60.066
4.900.000	55.442	56.756	58.069	59.383	60.696
4.950.000	55.942	57.288	58.634	59.980	61.326
5.000.000	**56.442**	57.821	59.199	60.578	**61.956**
5.250.000	58.942	60.348	61.754	63.160	64.566
5.500.000	61.442	62.876	64.309	65.743	67.176
5.750.000	63.942	65.403	66.864	68.325	69.786
6.000.000	66.442	67.931	69.419	70.908	72.396
6.250.000	68.942	70.458	71.974	73.490	75.006
6.500.000	71.442	72.986	74.529	76.073	77.616
6.750.000	73.942	75.513	77.084	78.655	80.226
7.000.000	76.442	78.041	79.639	81.238	82.836
7.250.000	78.942	80.568	82.194	83.820	85.446

Honorartafel zu § 99 Abs. 1 – Vermessung, Honorarzone IV

Anrechen-bare Kosten Euro	Von-satz Euro	Viertel-satz Euro	Mittel-satz Euro	Drei-viertel-satz Euro	Bis-satz Euro
7.500.000	**81.442**	83.096	84.749	86.403	**88.056**
7.750.000	83.942	85.646	87.349	89.053	90.756
8.000.000	86.442	88.196	89.949	91.703	93.456
8.250.000	88.942	90.746	92.549	94.353	96.156
8.500.000	91.442	93.296	95.149	97.003	98.856
8.750.000	93.942	95.846	97.749	99.653	101.556
9.000.000	96.442	98.396	100.349	102.303	104.256
9.250.000	98.942	100.946	102.949	104.953	106.956
9.500.000	101.442	103.496	105.549	107.603	109.656
9.750.000	103.942	106.046	108.149	110.253	112.356
10.000.000	**106.442**	108.596	110.749	112.903	**115.056**
10.225.838	**108.701**	110.900	113.098	115.297	**117.495**

Honorartafel zu § 99 Abs. 1 – Vermessung, Honorarzone V

Anrechen-bare Kosten Euro	Von-satz Euro	Viertel-satz Euro	Mittel-satz Euro	Drei-viertel-satz Euro	Bis-satz Euro
51.129	**3.477**	3.567	3.656	3.746	**3.835**
55.000	3.585	3.677	3.768	3.860	3.951
60.000	3.725	3.819	3.913	4.007	4.101
65.000	3.865	3.962	4.058	4.155	4.251
70.000	4.005	4.104	4.203	4.302	4.401
75.000	4.145	4.247	4.348	4.450	4.551
80.000	4.285	4.389	4.493	4.597	4.701
85.000	4.425	4.532	4.638	4.745	4.851
90.000	4.565	4.674	4.783	4.892	5.001
95.000	4.705	4.817	4.928	5.040	5.151
100.000	**4.845**	4.959	5.073	5.187	**5.301**
105.000	4.976	5.092	5.208	5.325	5.441
110.000	5.106	5.225	5.344	5.463	5.582
115.000	5.237	5.358	5.479	5.601	5.722
120.000	5.367	5.491	5.615	5.739	5.863
125.000	5.498	5.624	5.750	5.877	6.003
130.000	5.628	5.757	5.886	6.015	6.143
135.000	5.759	5.890	6.021	6.152	6.284
140.000	5.889	6.023	6.157	6.290	6.424
145.000	6.020	6.156	6.292	6.428	6.565
150.000	**6.150**	6.289	6.428	6.566	**6.705**
155.000	6.257	6.397	6.537	6.677	6.817
160.000	6.363	6.505	6.646	6.788	6.929
165.000	6.470	6.613	6.756	6.899	7.041
170.000	6.577	6.721	6.865	7.009	7.153
175.000	6.684	6.829	6.975	7.120	7.266
180.000	6.790	6.937	7.084	7.231	7.378
185.000	6.897	7.045	7.193	7.342	7.490
190.000	7.004	7.153	7.303	7.452	7.602
195.000	7.110	7.261	7.412	7.563	7.714
200.000	**7.217**	7.369	7.522	7.674	**7.826**
205.000	7.313	7.468	7.622	7.777	7.931
210.000	7.409	7.566	7.723	7.880	8.037
215.000	7.505	7.664	7.823	7.983	8.142
220.000	7.601	7.762	7.924	8.086	8.248
225.000	7.697	7.861	8.025	8.189	8.353
230.000	7.792	7.959	8.125	8.292	8.458
235.000	7.888	8.057	8.226	8.395	8.564
240.000	7.984	8.155	8.327	8.498	8.669
245.000	8.080	8.254	8.427	8.601	8.775
250.000	**8.176**	8.352	8.528	8.704	**8.880**
255.000	8.258	8.435	8.613	8.790	8.967
260.000	8.339	8.518	8.697	8.876	9.055
265.000	8.421	8.601	8.782	8.962	9.142
270.000	8.503	8.684	8.866	9.048	9.229
275.000	8.585	8.768	8.951	9.134	9.317
280.000	8.666	8.851	9.035	9.219	9.404
285.000	8.748	8.934	9.120	9.305	9.491
290.000	8.830	9.017	9.204	9.391	9.578
295.000	8.911	9.100	9.289	9.477	9.666

Honorartafel zu § 99 Abs. 1 – Vermessung, Honorarzone V

Anrechen-bare Kosten Euro	Von-satz Euro	Viertel-satz Euro	Mittel-satz Euro	Drei-viertel-satz Euro	Bis-satz Euro
300.000	**8.993**	9.183	9.373	9.563	**9.753**
305.000	9.082	9.273	9.464	9.655	9.847
310.000	9.170	9.363	9.555	9.748	9.940
315.000	9.259	9.453	9.646	9.840	10.034
320.000	9.347	9.542	9.737	9.932	10.127
325.000	9.436	9.632	9.829	10.025	10.221
330.000	9.525	9.722	9.920	10.117	10.315
335.000	9.613	9.812	10.011	10.209	10.408
340.000	9.702	9.902	10.102	10.302	10.502
345.000	9.790	9.992	10.193	10.394	10.595
350.000	**9.879**	10.082	10.284	10.487	**10.689**
355.000	9.961	10.165	10.370	10.575	10.780
360.000	10.042	10.249	10.456	10.664	10.871
365.000	10.124	10.333	10.543	10.752	10.961
370.000	10.205	10.417	10.629	10.841	11.052
375.000	10.287	10.501	10.715	10.929	11.143
380.000	10.369	10.585	10.801	11.018	11.234
385.000	10.450	10.669	10.887	11.106	11.325
390.000	10.532	10.753	10.974	11.195	11.415
395.000	10.613	10.837	11.060	11.283	11.506
400.000	**10.695**	10.921	11.146	11.372	**11.597**
405.000	10.779	11.006	11.233	11.460	11.687
410.000	10.863	11.092	11.320	11.549	11.777
415.000	10.947	11.177	11.407	11.637	11.867
420.000	11.031	11.263	11.494	11.726	11.957
425.000	11.116	11.348	11.581	11.814	12.047
430.000	11.200	11.434	11.668	11.903	12.137
435.000	11.284	11.520	11.755	11.991	12.227
440.000	11.368	11.605	11.842	12.080	12.317
445.000	11.452	11.691	11.929	12.168	12.407
450.000	**11.536**	11.776	12.017	12.257	**12.497**
455.000	11.621	11.863	12.104	12.346	12.587
460.000	11.706	11.949	12.192	12.434	12.677
465.000	11.791	12.035	12.279	12.523	12.767
470.000	11.876	12.121	12.367	12.612	12.857
475.000	11.961	12.208	12.454	12.701	12.947
480.000	12.046	12.294	12.542	12.789	13.037
485.000	12.131	12.380	12.629	12.878	13.127
490.000	12.216	12.466	12.717	12.967	13.217
495.000	12.301	12.553	12.804	13.056	13.307
500.000	**12.386**	12.639	12.892	13.144	**13.397**
525.000	12.663	12.921	13.179	13.436	13.694
550.000	12.940	13.203	13.466	13.729	13.991
575.000	13.217	13.485	13.753	14.021	14.289
600.000	13.494	13.767	14.040	14.313	14.586
625.000	13.771	14.049	14.327	14.605	14.883
650.000	14.048	14.331	14.614	14.897	15.180
675.000	14.325	14.613	14.901	15.189	15.477
700.000	14.602	14.895	15.188	15.481	15.775
725.000	14.879	15.177	15.475	15.774	16.072

Honorartafel zu § 99 Abs. 1 – Vermessung, Honorarzone V

Anrechen- bare Kosten Euro	Von- satz Euro	Viertel- satz Euro	Mittel- satz Euro	Drei- viertel- satz Euro	Bis- satz Euro
750.000	**15.156**	15.459	15.763	16.066	**16.369**
775.000	15.426	15.734	16.043	16.351	16.659
800.000	15.696	16.009	16.323	16.636	16.949
825.000	15.966	16.284	16.603	16.921	17.239
850.000	16.236	16.559	16.883	17.206	17.529
875.000	16.506	16.834	17.163	17.491	17.819
900.000	16.776	17.109	17.443	17.776	18.109
925.000	17.046	17.384	17.723	18.061	18.399
950.000	17.316	17.659	18.003	18.346	18.689
975.000	17.586	17.934	18.283	18.631	18.979
1.000.000	**17.856**	18.209	18.563	18.916	**19.269**
1.050.000	18.396	18.759	19.123	19.486	19.849
1.100.000	18.936	19.309	19.683	20.056	20.429
1.150.000	19.476	19.859	20.243	20.626	21.009
1.200.000	20.016	20.409	20.803	21.196	21.589
1.250.000	20.556	20.959	21.363	21.766	22.169
1.300.000	21.096	21.509	21.923	22.336	22.749
1.350.000	21.636	22.059	22.483	22.906	23.329
1.400.000	22.176	22.609	23.043	23.476	23.909
1.450.000	22.716	23.159	23.603	24.046	24.489
1.500.000	**23.256**	23.709	24.163	24.616	**25.069**
1.550.000	23.796	24.259	24.723	25.186	25.649
1.600.000	24.336	24.809	25.283	25.756	26.229
1.650.000	24.876	25.359	25.843	26.326	26.809
1.700.000	25.416	25.909	26.403	26.896	27.389
1.750.000	25.956	26.459	26.963	27.466	27.969
1.800.000	26.496	27.009	27.523	28.036	28.549
1.850.000	27.036	27.559	28.083	28.606	29.129
1.900.000	27.576	28.109	28.643	29.176	29.709
1.950.000	28.116	28.659	29.203	29.746	30.289
2.000.000	**28.656**	29.209	29.763	30.316	**30.869**
2.050.000	29.196	29.759	30.323	30.886	31.449
2.100.000	29.736	30.309	30.883	31.456	32.029
2.150.000	30.276	30.859	31.443	32.026	32.609
2.200.000	30.816	31.409	32.003	32.596	33.189
2.250.000	31.356	31.959	32.563	33.166	33.769
2.300.000	31.896	32.509	33.123	33.736	34.349
2.350.000	32.436	33.059	33.683	34.306	34.929
2.400.000	32.976	33.609	34.243	34.876	35.509
2.450.000	33.516	34.159	34.803	35.446	36.089
2.500.000	**34.056**	34.709	35.363	36.016	**36.669**
2.550.000	34.596	35.259	35.923	36.586	37.249
2.600.000	35.136	35.809	36.483	37.156	37.829
2.650.000	35.676	36.359	37.043	37.726	38.409
2.700.000	36.216	36.909	37.603	38.296	38.989
2.750.000	36.756	37.459	38.163	38.866	39.569
2.800.000	37.296	38.009	38.723	39.436	40.149
2.850.000	37.836	38.559	39.283	40.006	40.729
2.900.000	38.376	39.109	39.843	40.576	41.309
2.950.000	38.916	39.659	40.403	41.146	41.889

Honorartafel zu § 99 Abs. 1 – Vermessung, Honorarzone V

Anrechenbare Kosten Euro	Von-satz Euro	Viertel-satz Euro	Mittel-satz Euro	Drei-viertel-satz Euro	Bis-satz Euro
3.000.000	**39.456**	40.209	40.963	41.716	**42.469**
3.050.000	39.996	40.759	41.523	42.286	43.049
3.100.000	40.536	41.309	42.083	42.856	43.629
3.150.000	41.076	41.859	42.643	43.426	44.209
3.200.000	41.616	42.409	43.203	43.996	44.789
3.250.000	42.156	42.959	43.763	44.566	45.369
3.300.000	42.696	43.509	44.323	45.136	45.949
3.350.000	43.236	44.059	44.883	45.706	46.529
3.400.000	43.776	44.609	45.443	46.276	47.109
3.450.000	44.316	45.159	46.003	46.846	47.689
3.500.000	**44.856**	45.709	46.563	47.416	**48.269**
3.550.000	45.396	46.259	47.123	47.986	48.849
3.600.000	45.936	46.809	47.683	48.556	49.429
3.650.000	46.476	47.359	48.243	49.126	50.009
3.700.000	47.016	47.909	48.803	49.696	50.589
3.750.000	47.556	48.459	49.363	50.266	51.169
3.800.000	48.096	49.009	49.923	50.836	51.749
3.850.000	48.636	49.559	50.483	51.406	52.329
3.900.000	49.176	50.109	51.043	51.976	52.909
3.950.000	49.716	50.659	51.603	52.546	53.489
4.000.000	**50.256**	51.209	52.163	53.116	**54.069**
4.050.000	50.796	51.759	52.723	53.686	54.649
4.100.000	51.336	52.309	53.283	54.256	55.229
4.150.000	51.876	52.859	53.843	54.826	55.809
4.200.000	52.416	53.409	54.403	55.396	56.389
4.250.000	52.956	53.959	54.963	55.966	56.969
4.300.000	53.496	54.509	55.523	56.536	57.549
4.350.000	54.036	55.059	56.083	57.106	58.129
4.400.000	54.576	55.609	56.643	57.676	58.709
4.450.000	55.116	56.159	57.203	58.246	59.289
4.500.000	**55.656**	56.709	57.763	58.816	**59.869**
4.550.000	56.286	57.327	58.368	59.408	60.449
4.600.000	56.916	57.944	58.973	60.001	61.029
4.650.000	57.546	58.562	59.578	60.593	61.609
4.700.000	58.176	59.179	60.183	61.186	62.189
4.750.000	58.806	59.797	60.788	61.778	62.769
4.800.000	59.436	60.414	61.393	62.371	63.349
4.850.000	60.066	61.032	61.998	62.963	63.929
4.900.000	60.696	61.649	62.603	63.556	64.509
4.950.000	61.326	62.267	63.208	64.148	65.089
5.000.000	**61.956**	62.884	63.813	64.741	**65.669**
5.250.000	64.566	65.567	66.568	67.568	68.569
5.500.000	67.176	68.249	69.323	70.396	71.469
5.750.000	69.786	70.932	72.078	73.223	74.369
6.000.000	72.396	73.614	74.833	76.051	77.269
6.250.000	75.006	76.297	77.588	78.878	80.169
6.500.000	77.616	78.979	80.343	81.706	83.069
6.750.000	80.226	81.662	83.098	84.533	85.969
7.000.000	82.836	84.344	85.853	87.361	88.869
7.250.000	85.446	87.027	88.608	90.188	91.769

Honorartafel zu § 99 Abs. 1 – Vermessung, Honorarzone V

Anrechen-bare Kosten Euro	Von-satz Euro	Viertel-satz Euro	Mittel-satz Euro	Drei-viertel-satz Euro	Bis-satz Euro
7.500.000	**88.056**	89.709	91.363	93.016	**94.669**
7.750.000	90.756	92.459	94.163	95.866	97.569
8.000.000	93.456	95.209	96.963	98.716	100.469
8.250.000	96.156	97.959	99.763	101.566	103.369
8.500.000	98.856	100.709	102.563	104.416	106.269
8.750.000	101.556	103.459	105.363	107.266	109.169
9.000.000	104.256	106.209	108.163	110.116	112.069
9.250.000	106.956	108.959	110.963	112.966	114.969
9.500.000	109.656	111.709	113.763	115.816	117.869
9.750.000	112.356	114.459	116.563	118.666	120.769
10.000.000	**115.056**	117.209	119.363	121.516	**123.669**
10.225.838	**117.495**	119.694	121.892	124.091	**126.289**

Baurechtliche Schriften

Bausummenüberschreitung
und Versicherungsschutz

Die Bausummenüberschreitung durch den Architekten ist eine der häufigsten Ursachen für gerichtliche Auseinandersetzungen zwischen Architekt und Bauherr. Unter bestimmten Voraussetzungen haftet der Architekt dem Bauherrn wegen einer Überschreitung der vereinbarten Baukosten auf Schadensersatz nach den Gewährleistungsregeln des Werkvertragsrechts. Nach der derzeitigen Rechtsprechung hat es der Bauherr jedoch schwer, seine Schadensersatzansprüche gegen den Architekten durchzusetzen.
Der Autor stellt die rechtlichen Grundlagen, Probleme und Besonderheiten der Haftung des Architekten für die Bausummenüberschreitung in allen Einzelheiten dar, wobei er insbesondere die **aktuellen Entwicklungen der Rechtsprechung und Literatur** aufarbeitet. Durch einen sich eng am konkreten Vertrag orientierenden, **neuartigen Lösungsansatz** gelingt es dem Autor, zu einer für Architekt und Bauherr gleichermaßen **angemessenen Verteilung des Risikos** der Nichtanrechenbarkeit von Wertsteigerungen auf den Schadensersatz des Bauherrn zu gelangen.

Der Autor stellt darüber hinaus detailliert den **Versicherungsschutz des Architekten** im Hinblick auf die Haftung für die Bausummenüberschreitung dar und gelangt u.a. zu dem Ergebnis, dass der derzeitig in den Versicherungsbedingungen der Berufshaftpflichtversicherung für Architekten (BBR) enthaltene Haftungsausschluss nach § 9 AGB-Gesetz unwirksam ist.
Daher hätte der Architekt aufgrund von Schäden, die durch eine Bausummenüberschreitung entstehen, grundsätzlich die Möglichkeit, Versicherungsschutz zu beanspruchen.

Autor:
Dr. Florian Krause-Allenstein hat mit der vorliegenden Arbeit, für die er ein Stipendium der Stiftung der Deutschen Wirtschaft erhielt, an der Universität Hamburg promoviert.

> **Baurechtliche**   **55**
> **Schriften**
>
> Krause-Allenstein
>
> Die Haftung des Architekten für
> Bausummenüberschreitung
> und sein Versicherungsschutz
>
> Werner Verlag

Krause-Allenstein
**Die Haftung des Architekten
für Bausummenüberschreitung
und sein Versicherungsschutz**
Reihe Baurechtliche Schriften

2001, 324 Seiten,
14,8 x 2,10 cm, Broschur,
€ 64,–/DM 128,–/öS 934,–*/sFr 128,–
ISBN 3-8041-4903-0

*unverbindliche Preisempfehlung
Europreise gelten ab 1.1.2002

WERNER VERLAG

Werner Verlag · Postfach 10 53 54 · 40044 Düsseldorf
Telefon (02 11) 3 87 98-0 · Telefax (02 11) 3 87 98-11
www.werner-verlag.de

Zu beziehen über Ihre Buchhandlung
oder direkt beim Verlag.